ལྷོ་ཁའི་ལོ་རིམ་མེ་ལོང་།

山南年鉴

2016

（总第5卷）

山 南 地 区 行 政 公 署 主办
山南地区地方志编纂委员会办公室 编

方志出版社
Publishing House of Local Records

本图上中国国界线系按照中国地图出版社1989年出版的1：400万《中华人民共和国地形图》绘制。

西藏自治区测绘局测绘大队 编制

2015年12月25日，西藏自治区党委常务副书记吴英杰（右二）到贡嘎县检查指导基层党建工作

2015年12月25日，西藏自治区党委常务副书记吴英杰（右二）到贡嘎县调研

2015年2月10日，西藏自治区党委常委、统战部部长公保扎西（居中）到桑日县看望慰问一线干部职工

2015年10月13日，西藏自治区党委常委、统战部部长公保扎西到桑日县调研

2015年3月8日，西藏自治区党委常委、宣传部部长董云虎（右一）到洛扎县调研

2015年3月12日，西藏自治区党委常委、宣传部部长董云虎（前排右二），山南地委书记其美仁增，地委副书记、行署专员张永泽参加植树活动

2015年3月29日，西藏自治区党委常委、自治区常务副主席丁业现（前排右二）到浪卡子县调研

2015年4月13日，西藏自治区党委常委、自治区常务副主席丁业现到加查大古电站现场检查施工情况

2015年7月7日，西藏自治区党委常委、组织部部长曾万明（右一）到山南调研

2015年7月7日，西藏自治区党委常委、组织部部长曾万明（右一）到山南看望慰问扎囊县农牧民群众

2015年5月14日，西藏自治区人大常委会副主任嘎玛（左一）到山南地区看望慰问退休省级领导干部

2015年6月23日，西藏自治区副主席甲热·洛桑丹增（前排左一）到山南地区调研文物保护情况

2015年3月27日，西藏自治区副主席董明俊（前排左二）到琼结县调研

2015年12月1日，西藏自治区副主席边巴扎西（前排居中）视察拉林铁路环保工作

2015年8月14日，西藏自治区副主席多吉次珠（后排右三）到山南地区视察“双集中”工作

2015年6月9日，西藏自治区副主席坚参（前排右二）到山南地区调研

2015年10月24日，西藏自治区副主席、教育工委副书记房灵敏（右二）到山南地区贡嘎县农村实验中学视察工作

2015年3月24日，西藏自治区政协副主席参木群到桑日县看望慰问退休老干部

2015年7月15日，西藏自治区部分省级退休领导到山南地区考察边境管控工作

2015年1月1日，山南地委书记其美仁增（前排左三）视察节日市场和维稳工作

2015年2月6日，山南地委书记其美仁增看望慰问山南地区退休老干部

2015年4月13日，山南地委书记其美仁增（居中）到错那县检查基层党建工作

2015年4月24日，山南地委书记其美仁增（居中）到加查县调研工程建设情况

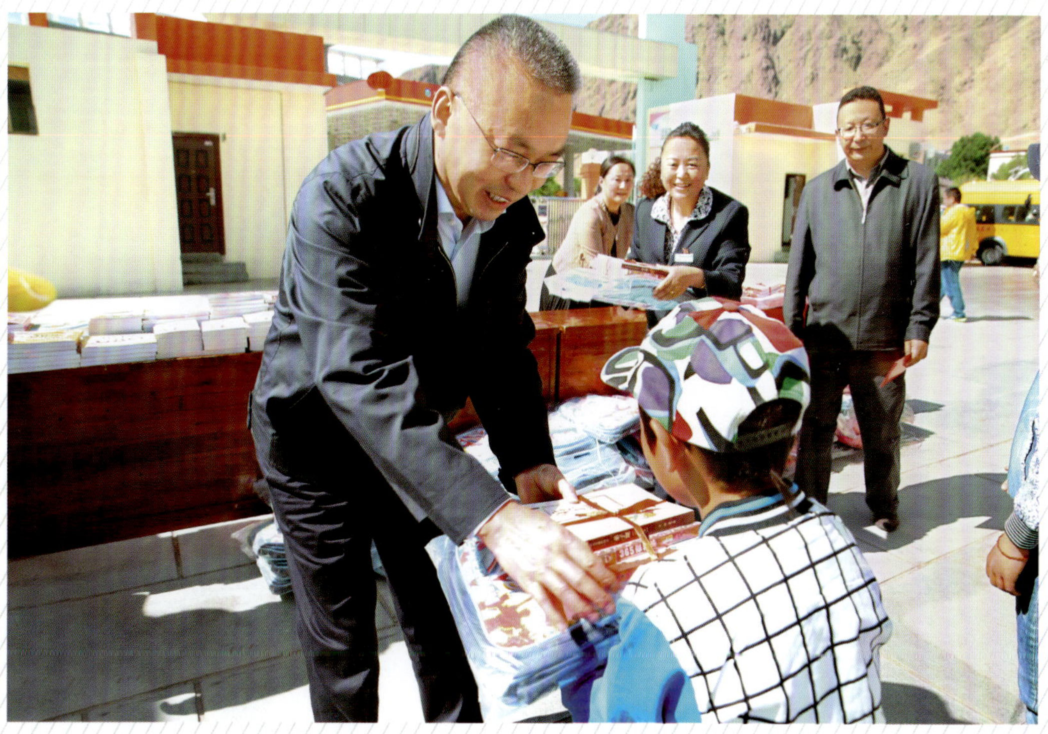

2015年5月30日，山南地委副书记、行署专员张永泽看望慰问儿童福利院小朋友

2015年6月29日，山南地委副书记、行署专员张永泽看望慰问贫困党员

2015年7月9日，山南地委书记张永泽（前排左一）会见安徽宿州党政代表团

2015年8月31日，山南地委书记张永泽（右二）视察自治区成立50周年庆祝活动相关准备工作

2015年7月28日，山南地委副书记、行署专员普布顿珠（右二）到琼结县调研农牧业工作

2015年9月2日，山南地委副书记、行署专员普布顿珠（左二）到洛扎县调研藏鸡养殖情况

2015年9月8日，山南地委副书记、行署专员普布顿珠（右二）到贡嘎、扎囊、乃东县检查指导工作

2015年12月28日，山南地委副书记、行署专员普布顿珠出席杰德秀特色小城镇示范点建设项目启动仪式

2015年5月4日，山南地委副书记丁哲峰（右一）到地区发改委检查指导工作

2015年5月11日，山南地委副书记丁哲峰（左二）到施工现场检查安全生产情况

2015年7月1日，山南地委副书记张明（右一）督查安徽第五批援藏项目建设情况

2015年2月19日，山南地委委员、统战部部长巴珠慰问寺管会干部及寺庙僧人

2015年1月6日，山南地区召开地委扩大会议

2015年1月7日，山南地区召开年度经济工作会议

2015年5月29日，山南地区开展"三严三实"专题教育党课活动

2015年10月27日，山南地区贡嘎县甲竹林镇移交西藏空港新区管委会管理会议现场

2015年11月23日，山南地区召开2015年民族团结进步表彰大会

2015年12月8日，山南地区召开优化发展环境专项行动领导小组会议

2015年3月27日，山南地区举办“3·28”百万农奴解放纪念日文艺演出活动

2015年9月15日，山南地区举办仓央嘉措情歌文化旅游节活动

2015年10月13日，山南地区桑日县巴朗村群众表演传统歌舞卓巴谐姆

修建中的泽当大桥

建设中的拉林铁路桑珠岭隧道

美丽的泽当城区

旅游胜地——羊卓雍措

图书在版编目（CIP）数据

山南年鉴. 2016 / 山南地区地方志编纂委员会办公室编. -- 北京 : 方志出版社，2016.9
ISBN 978-7-5144-2094-4

Ⅰ. ①山… Ⅱ. ①山… Ⅲ. ①山南地区 – 2016 – 年鉴
Ⅳ. ①Z527.52

中国版本图书馆CIP数据核字(2016)第238690号

山南年鉴（2016）

编　　者：山南地区地方志编纂委员会办公室
责任编辑：刘方圆

出 版 人：冀祥德
出 版 者：方志出版社
地址　北京市朝阳区潘家园东里9号（国家方志馆 4 层）
邮编　100021
网址　http://www.fzph.org
发　　行：方志出版社发行中心
电话（010）677110500
经　　销：各地新华书店
印　　刷：河南深港彩印有限公司

开　　本：889 × 1194　　1/16
印　　张：28
字　　数：645千字
版　　次：2016年9月第1版　　2016年9月第1次印刷
印　　数：001 ~ 600册

ISBN　978-7-5144-2094-4　　**定价**：398.00元

编 辑 说 明

一、《山南年鉴》由中共山南地委办公室、山南地区行署办公室和山南地区地方志办公室主办，是大型综合性、权威性、史料性年度资料性文献。《山南年鉴（2016）》以马克思列宁主义、毛泽东思想、邓小平理论、“三个代表”重要思想、科学发展观和党的十八大精神为指导，坚持为山南改革、发展、稳定服务的办刊方针，由《山南年鉴》编辑部编辑。

二、《山南年鉴（2016）》客观、翔实、全面、系统地记载2015年山南地区政治、经济、文化、社会等各方面的发展状况。为各级领导了解地情、科学决策提供依据，为各单位、各行业、各部门查阅资料提供便利，为国内外各界人士了解、认识、研究山南提供可靠信息，同时也是山南文化建设和对外宣传的重要窗口。

三、《山南年鉴（2016）》包括特载、专文、山南概况、大事记、中国共产党山南地区委员会、人大山南地区工作委员会、山南地区行政公署、中国人民政治协商会议西藏山南地区委员会、对口援藏、群众团体、法治、经济综合管理、国土·环保·住建、农牧业·水利·林业·电力、交通·旅游·邮政·通讯、金融、医疗·卫生、教育·科技·气象、文化·广电、民族·宗教、武装、民政与社会保障、县情概况、先进名录、统计资料、附录等内容。

四、《山南年鉴（2016）》采用分类编辑法，由类目、部（门）目、条目组成。类目下设部（门）目，部（门）目下设若干条目。条目标题统一使用黑体字加【 】表示。

五、《山南年鉴（2016）》所用稿件均由各县、地委各部委，行署各局、委、办、处、室，各人民团体及驻地各单位负责撰写，并经撰写单位领导审核。所用综合性资料、数据等一律截至2015年底。年鉴中的统计资料由地区统计局提供，正文中的数据由各单位提供。数据一般以现行价格计算。本卷统计资料因统计口径等原因，有关部门所用数据与统计资料中的数据不尽一致，采用时请予注意。本书中农田土地面积的计量单位使用“亩”。

六、《山南年鉴》的编辑、出版、发行，得到各级领导和各单位、各部门的大力支持，在此表示衷心感谢。有个别单位因特殊原因，本期没有刊载。

七、欢迎广大读者对本书的编辑工作提出宝贵意见，以便进一步提高《山南年鉴》编纂质量。

《山南年鉴》编辑部

2016年10月

《山南年鉴》编纂委员会

《山南年鉴》编辑部

目　录

特　载

专　文

山南概况

基本概况

自然资源

旅游资源

自然灾害

大 事 记

中国共产党山南地区委员会

综述

地委办公室

纪检 监察

组织　编办

宣传　思想

统一战线

政法

党校　行政学校

老干部工作

档案

党史　地方志

人大山南地区工作委员会

山南地区行政公署

综述

行署办公室

信访

藏语言文字工作

中国人民政治协商会议西藏山南地区委员会

对口援藏

湖南援藏

湖北援藏

安徽援藏

中粮集团援藏

群众团体

工商联

工会

共青团

妇联

残疾人事业

法　　治

公安

检察

法院

司法行政

经济综合管理

发展改革

粮食流通

工业和信息化

国有资产监督管理

财政

商务

审计

外事

安全生产监督

统计管理

经济合作

扶贫　农发

食品药品监督管理

质量技术监督

国家税务

工商行政管理

国土·环保·住建

国土资源管理

环境保护

住房和城乡建设

农牧业·水利·林业·电力

农牧业

农业技术推广

水利

林业

电力

交通·旅游·邮政·通讯

交通运输

旅游

邮政

电信

移动

联通

金　　融

中国人民银行山南地区中心支行

中国农业银行股份有限公司山南分行

中国银行股份有限公司山南地区分行

中国建设银行股份有限公司山南分行

人保财险山南分公司

中国人寿保险股份有限公司山南地区分公司

中国平安财产保险股份有限公司山南中心支公司

医疗·卫生

卫生　计划生育

疾控中心

人民医院

妇幼保健院

藏医院

教育·科技·气象

教育

职业教育

科学技术

气象

地　震

文化·广电

文化事业

广播电影电视

民族·宗教

民族宗教事务

武　装

山南军分区

武警西藏山南地区支队

公安边防

公安消防

民政与社会保障

民政

人力资源　社会保障

县情概况

乃东县

琼结县

扎囊县

贡嘎县

浪卡子县

洛扎县

措美县

错那县

隆子县

曲松县

加查县

桑日县

先进名录

统计资料

附　录

索　引

彩页目录

特　　载

中共山南地委书记张永泽在全地区经济工作会议上的讲话

（2016年2月5日）

中共山南地委书记　张永泽

这次地区经济工作会议主要任务是，深入贯彻落实党的十八届五中全会、区党委八届八次全委会、中央和自治区经济工作会议、地委（扩大）会议精神，总结2015年经济工作，分析当前经济形势，部署2016年经济工作。会上，普布顿珠专员还将作具体安排，大家要认真抓好落实。

下面，我讲四点意见。

一、领会新精神，切实把思想行动统一到全区经济工作会议和自治区主要领导的重要指示精神上来

全区经济工作会议，是自治区党委、政府在全区圆满收官“十二五”、全面开启“十三五”的重要时刻，召开的一次十分重要的会议。会上，陈全国书记、洛桑江村主席发表重要讲话。陈全国书记的重要讲话深刻阐述中央经济工作会议精神，全面总结2015年全区经济社会发展取得的成绩，明确今年经济社会发展的总体要求、思路目标，提出“九个一”重点任务，并对加强和改善各级党委对经济工作的领导提出明确要求，站位高远、内涵丰富，鼓舞人心、催人奋进，具有很强的战略性、针对性和指导性，为我们认清形势、坚定信心、开拓进取，推动经济持续健康快速发展提供基本遵循和行动指南。洛桑江村主席的重要讲话，用“六动”举措总结过去一年的工作，用“六个抓紧抓实”安排部署今年各项工作，重点突出、要求具体，为我们做好今年的经济工作提供重要指导。

自治区党委、政府历来高度重视山南工作，陈全国书记到西藏上任伊始，就到山南调研指导工作，提出建设“六个模范区”的重要指示。洛桑江村主席多次到山南调研指导工作，对山南提出率先全面建成小康社会、建设统筹城乡发展示范区的目标要求。今年，自治区党委、政府又把山南工作提到前所未有的战略高度，提出新的更高要求。在全区经济工作会议上，陈全国书记指出，拉萨—山南一体化发展是自治区党委、政府的重要发展思路，全区各方面要树立“一盘棋”思想，强力推动拉萨—山南一体化。山南要充分发挥地处藏中的独特优势，大力发展特色产业，积极融入拉萨—山南一体化进程。自治区“两会”期间，白玛赤林主任、洛桑江村主席专程到山南代表团看望基层代表，听取意见建议，与大家共同谋划山南各项事业发展。白玛赤林主任指出，山南各项工作成效显著，面临难得发展机遇，山南地区要抓好第一要务，探索走出一条符合实际、群众认可、可持续的发展路子。要抓好脱贫攻坚，精准扶贫、精准脱贫。要抓好绿色发展，大力发展特色优势产业。要抓好维护稳定，确保社会大局和谐稳定。洛桑江村主席指出，山南地委、行署坚定不移地贯彻落实中央、自治区决策部署，各项工作取得显著成效，主要经济指标位居全区前列，主要表现为发展速度快、产业基础牢、民生改善实、示范效果好、社会局势稳。山南地区要进一步解放思想、敢于担当，主动找准在自治区、七地市、藏中核心经济区中的位置，发挥优势，补齐短板，创造性地开展工作，在扶贫攻坚、全面建成小康社会、推进城镇化建设等方面走在全区前列。要挖掘动力、提升能力，科学制定符合山南实际、有针对性、可操作性强的发展规划，统筹谋划好“十三五”工作。

各级各部门和广大党员干部一定要深刻领会今年经济工作“九个一”任务和“六个抓紧抓实”要求，深刻领会自治区推进拉萨—山南一体化发展的重大部署，深刻领会科学编制“十三五”规划的重大意义，深刻领会脱贫攻坚的历史使命，深刻领会推动山南工作走在全区前列的责任担当，切实把陈全国书记、白玛赤林主任、洛桑江村主席的亲切关怀和殷切期望转化为推动工作的强大动力，进一步增强政治意识、大局意识、责任意识，自觉把思想和行动统一到自治区的决策部署上来，统一到自治区主要领导的重要指示精神上来，全面贯彻落实好全区经济工作会议精神，团结一心、奋发有为，全力推动山南经济社会持续健康快速发展。

二、认识新形势，坚定做好今年经济工作的信心和决心

当前，山南发展站在新的历史起点上，迎来前所未有的发展机遇，同时也面临着一些不容忽视的困难和问题。

（一）2015年各项工作成效显著。

在自治区党委、政府的坚强领导下，地委、行署团结带领全地区各族干部群众，主动适应经济发展新常态，坚持稳中求进工作总基调，大力实施工业强地、生态强地、文化强地战略，全面落实“四三二一”重大举措，圆满完成自治区成立50周年庆祝活动，扎实开展“三严三实”专题教育，成功举办2015中国西藏雅砻文化节，创新开展“法律进万家”活动，组织实施优化发展环境专项行动，各项事业全面发展，呈现出“快、牢、实、稳”四大特点。一是经济增长快。主要经济指标实现稳中有进、稳中向好，地区生产总值、固定资产投资、财政收入、社会消费品零售总额、城镇居民人均可支配收入、农牧民人均可支配收入同比分别增长11%、6.2%、17.6%、11.2%、14.8%、12.3%，分别完成“十二五”目标的107.5%、180.7%、144.5%、100.3%、117.1%、112.7%，实现“十二五”圆满收官。二是发展基础牢。拉林铁路全线开工，贡嘎至泽当高等级公路、雅砻水库、加查和大古水电站等重点项目开工建设，藏木水电站6台机组全部并网发电，基础设施瓶颈制约进一步缓解。培植农牧业“三推进”、清洁能源、优势矿产、建筑建材、藏医药、民族手工业等一批潜力大、效益好的特色产业，自我发展能力逐步增强。国家生态文明先行示范区、生态美好模范区和“美丽山南”建设加快推进，生态环境保持良好。三是民生改善实。自治区利民惠民、利寺惠僧“十件实事”全面落实。整合19.33亿元实施地区“十大民心工程”。召开地区增收工作会议，创新实施“一乡一策”农牧民增收办法，农牧民人均可支配收入高于全区平均水平500元以上。教育、文化、卫生、“双集中”等工作继续走在全区前列。四是社会局势稳。全面落实自治区“十项维稳措施”和地区维稳“十条规定”，狠抓重要时段、敏感节点、重大节庆的维稳工作，圆满完成自治区成立50周年庆祝活动维稳安保工作，社会大局持续和谐稳定，“先进双联户”创建评选工作荣获全区第一名，山南已成为全区最安全、最稳定的地区之一。这些成绩的取得，为全面建成小康社会奠定坚实基础。

（二）面临的机遇和挑战。在前进的道路上，机遇与挑战并存，机遇前所未有，挑战不容忽视。概括起来，就是“三大机遇、三大挑战”。

三大机遇：一是特殊优惠政策机遇。政策优势是我地区发展经济的最大优势。中央第六次西藏工作座谈会为西藏赋予财税、投资、金融、援藏、干部人才支持等一系列特殊优惠政策，这些政策将助推山南快速发展。国家、自治区把我地区确定为国家公共文化服务体系建设示范区、国家生态文明先行示范区、国家新型城镇化建设试点地区、全区统筹城乡发展示范区，赋予我们很多先行先试的优惠政策，必将助推山南以点带面、全面发展。国家已批准山南撤地设市，为山南加快发展提供强有力的组织保障。

自治区决定拉萨—山南一体化发展、建设拉萨—山南—日喀则核心经济区，为我们建设核心经济区和打造开放型经济高地提供前所未有的发展机遇，必将极大提升山南在全区经济发展中的核心地位。二是重大项目建设机遇。经过多年的努力，我们终于迎来重大项目建设高峰期。拉林铁路、贡嘎至泽当高等级公路、拉萨—山南快速通道、加桑公路、贡嘎机场改扩建等重大交通基础设施项目的建设，将极大地改善山南与拉萨、林芝等地的互联互通条件，真正形成拉萨山南1小时经济圈。加查、大古、街需水电站等重大能源项目的建设，将加快藏中清洁能源基地建设，为山南培育能源主导产业创造有利条件。雅砻、结巴、卓于水库等重大水利项目的建设，必将极大地改善农牧业发展的基础和条件。这些重大项目的实施，对解决山南瓶颈制约、强化投资拉动支撑、促进特色优势产业发展、加快新型城镇化进程、促进农牧民增收脱贫等，具有重大而深远的影响。三是厚积薄发优势机遇。近年来，我们在历届地委、行署班子打下的良好基础上，充分发挥山南的区位优势、资源优势、基础优势，继续发扬顽强拼搏、敢为人先的优良传统，改革创新、真抓实干，大力推进“六个模范区”“七个山南”“四基地一核心”建设，经济总量不断壮大，发展速度不断加快，产业基础逐步夯实，民生民利大幅改善，社会局势和谐稳定，群众基础更加牢固，许多工作不仅走在全区前列，还为深化各项事业发展积累宝贵的经验，厚积薄发优势明显，山南已经站在整体工作全面提升、优势发展强力推进的历史新阶段。

三大挑战：一是自我发展压力大。虽然我们保持快速发展的势头，各项工作取得一定的成绩，但由于自然、历史等原因，山南仍面临着不少困难和问题，主要表现在：经济总量小，综合实力不强；农牧业产业规模小、辐射带动作用不明显，工业经济不稳定，旅游业发展滞后；城镇化水平不高，公共服务能力不强，农牧区基础设施建设相对滞后，等等。发展中仍需解决好强基础、扩总量、提质量、增效益等问题。二是脱贫增收压力大。脱贫和增收是山南全面建成小康社会的短板。目前，山南仍有2.12万户5.78万贫困人口，是全区贫困人口较多的地区之一。自治区要求山南地区2018年要率先脱贫，地区提出2016年完成1.27万人脱贫，时间紧、任务重、难度大。自治区提出“十三五”期间，农牧民人均可支配收入要保持13%以上的增速，目前，我地区农牧民人均可支配收入高于全区平均水平，随着基数的不断增加，越往后保持高速增长难度越大。我们必须把脱贫和增收作为头等大事来抓。三是竞相发展压力大。纵向比，我地区主要经济指标年均保持两位数增长，发展速度快、面貌变化大。横向比，近年来，各地市发展迅猛、竞争激烈，我地区虽然财政收入、农牧民人均可支配收入、工业增加值总量等指标位居全区前列，但固定资产投资、工业增加值增速全区倒数，面对前有标兵、后有追兵的严峻形势，只有牢固树立逆水行舟、不进则退、慢进也是退的思想，发扬优势、补齐短板，奋起直追、迎头赶上，才能如期实现建成全区水平较高小康社会的目标。

各级各部门一定要在看到成绩中坚定信心、在抓住机遇中鼓足干劲、在应对挑战中奋力攻坚，咬定青山不放松，坚定目标不动摇，狠抓落实不懈怠。

三、落实新要求，确保各项工作实现新突破

2016年是实施“十三五”规划、全面建成小康社会决胜阶段的开局之年，是山南脱贫增收的关键之年。做好今年的经济工作，实现开局之年“开门红”，意义重大。

2016年经济工作的总体要求是：全面贯彻落实党的十八大、十八届五中全会、中央第六次西藏工作座谈会、中央经济工作会议精神，习近平总书记系列重要讲话精神、特别是“治国必治边、治边先稳藏”的重要战略思想和“加强民族团结、建设美丽西藏”的重要指示，贯彻落实区党委八届七次八次全委会、全区经济工作会议精神，贯彻落实地委(扩大)会议精神，坚持以“四个全面”战略布局为统领，坚持党的治藏方略，坚持依法治藏、富民兴藏、长期建藏、凝聚人心、夯实基础，牢固树立创新、协调、绿色、开放、共享的发展理念，主动适应经济发展新常态，坚持稳中求进工作总基调，围绕“两基地一核心”发展定位，以基础设施、特色优势产业、生态保护与建设为重点，以提高经济发展质量和效益为中心，以加快改革开放、促进市场要素流动为途径，大力实施“七大战略”，深入推进“六个模范区”和“七个山南”建设，确保经济社会持续健康发展，确保社会大局持续稳定、长期稳定、全面稳定，努力推动山南在新的起点上实现更大发展。

2016年经济社会发展的主要预期目标是：力争地区生产总值增长12%以上，全社会固定资产投资增长22%以上，社会消费品零售总额增长16%以上，财政收入增长16%以上，城镇居民可支配收入增长10%以上，农牧民人均可支配收入增长13%以上。

2016年的主要任务是：全面落实自治区“九个一”任务和“六个抓紧抓实”要求，努力实现项目建设、产业发展、改革创新、协调发展、脱贫增收、改善民生、开放发展、生态文明建设、和谐稳定“九个开好局”，力争在一体化发展、项目建设、产业发展、脱贫增收、改善民生上取得重大突破。为完成上述目标和主要任务，地委、行署决定，把2016年确定为拉萨—山南一体化发展推进年、重大项目建设年、民生改善提升年，突出重点、突破难点、抓住关键点，努力实现“十三五”经济社会发展开门红。

拉萨—山南一体化发展推进年。拉萨—山南一体化发展是山南人民一直以来的愿望。经过努力，我们的愿望已经上升为自治区党委、政府的重大决策部署，已经从“我要一体化”变为“要我一体化”。陈全国书记明确要求，山南要积极融入拉萨—山南一体化进程。我们一定要抓住这一难得的历史机遇，乘势而上、主动作为，力争今年有所突破。一要积极协调自治区党委政研室、发改委、财政厅等相关部门，开展拉萨—山南一体化发展专题研究。二要提前谋划，主动与拉萨市对接，开展拉萨—山南一体化发展规划编制工作，为全面推进一体化发展做好准备。三要提早开工建设贡嘎至泽当高等级公路、拉萨—山南快速通道，为拉萨—山南一体化发展、打造1小时经济圈创造良好的交通条件。四要主动与拉萨市对接特色农牧业、旅游业协同发展。五要尽快对拉萨至山南快速通道沿线城镇建设、产业布局、生态长廊建设等开展专题研究和专项规划，特别是生态长廊的建设，要与贡嘎至泽当高等级公路建设同步考虑。

重大项目建设年。经过多年的努力，我们迎来重大项目建设的高峰期。综合考虑我地区“十三五”期间经济发展情况，要实现两位数经济增长目标，固定资产投资需要达到1400亿元以上、保持20%以上的年均增速。今年作为开局之年，我们提出固定资产投资增长22%的目标，要完成178亿以上，所以我们把今年确定为重大项目建设年。一要抓衔接。成立项目工作专班，加强与国家、自治区有关部门的沟通衔接，确保一批重大项目获得审批。二要抓前期。安排一定的项目前期工作经费，组成专门力量，一个项目一个项目的谋划，一个项目一个项目的梳理，提前完成项目审批手续，及时上报国家、自治区审批，决不能因为前期工作不到位影响项目落地，更不能出现资金等项目的情况。三要抓建设。对在建项目，要在保证质量和安全的前提下，建立台账、排出工期，挂图作战、强力推进，力争早竣工、早见效。对重点项目，要建立一月一调度机制。对已审批未开工的项目，要积极创造条件，力争尽快开工建设。每个项目要由专人负责，明确开工时限。对不按时开工的，要追究相关责任。四要抓管理。严格项目建设程序，严把工程项目质量关、安全关、廉洁关。五要抓环境。深入开展优化发展环境专项行动，有序引导群众参与工程项目建设，努力营造良好的建设环境。六要抓督导。继续落实地级领导带队督导项目机制，每两月督导一次项目建设、通报一次项目进展。

民生改善提升年。改善民生、凝聚人心是经济社会发展的出发点和落脚点。民生领域是我地区全面建成小康社会的短板，必须尽快补齐这块短板，所以我们把今年确定为民生改善提升年，希望通过加大工作力度，适当增加投入，力争在改善民生上有一个大的提升。一要对接落实好自治区利民惠民、利寺惠僧“十件实事”，及时做好提标扩面工作。二要抓紧出台“十大民心工程”实施方案，及时拨付资金，并抓好落实督导工作。三要及时召开地区扶贫开发工作会议，按照中央、自治区“六个精准”“五个一批”“八个到位”的要求，对地区脱贫攻坚工作进行全面安排部署，特别要对照今年1.27万人的脱贫目标，尽早提出相关工作措施，确保开局之年起好步。四要抓紧研究完善“一乡一策”增收办法，并结合脱贫攻坚工作，制定“一村一策”增收办法。地区要尽快配齐配强增收办工作人员，各县也要成立相应机构，确保增收工作有人抓、有人管。

四、强化保障，确保全年目标任务圆满完成

实现“十三五”发展开好局、起好步，关键在于强化保障。

（一）要强化组织保障。经济工作是党的中心工作，加强党对经济工作的领导是各级党组织义不容辞的政治责任。要加强党的领导。各级党委要发挥总揽全局、协调各方的领导核心作用，把经济工作摆上重要位置，强化组织领导，抓好统筹谋划，党政主要负责同志要负总责、亲自抓。要完善研究经济社会发展战略、定期分析经济形势、研究重大方针政策的工作机制，健全决策咨询机制，定期听取汇报，实时分析形势，研究解决问题，强化工作调度和督促落实。要加强干部队伍建设。坚持中央好干部标准、民族地区好干部标准和区党委选人用人导向，按照“三严三实”“忠诚干净担当”和“四有”干部要求，大胆使用政治上靠得住、工作上有本事、作风上过得硬、人民群众信得过的优秀干部。各级领导干部要牢固树立政治意识、大局意识、核心意识、看齐意识，自觉与党中央、区党委、地委保持高度一致。要把完成任务情况作为年终考评、干部选拔任用的重要依据，支持想干事的、重用干成事的、批评不干事的、处理捣乱干坏事的。要打造过硬作风。坚持党要管党、从严治党，牢固树立西藏在党风廉政建设和反腐败问题上没有任何特殊性的思想，进一步强化党风廉政建设“两个责任”，严格落实《党章》《准则》和《条例》，严格执行中央八项规定、区党委“约法十章”“九项要求”和地区“十项规则”，持续推进“三严三实”专题教育，加强地委巡察工作，驰而不息纠正“四风”，坚定不移惩治腐败，为做好经济工作营造风清气正的政治生态。

（二）要强化规划保障。突出规划引领，科学编制好规划，为“十三五”经济社会发展提供规划保障。要抓紧编制地区规划纲要。要按照地区“十三五”时期国民经济和社会发展规划的建议，加强与自治区规划纲要的衔接，尽快编制好地区规划纲要。要抓紧编制专项规划。各行业部门要按照上级业务部门专项规划、地区规划建议和纲要，认真编制相关专项规划。各县要按照地区规划建议和纲要，特别要立足于拉萨—山南一体化发展，找准定位，发挥优势，认真编制好“十三五”发展规划。错那、加查、贡嘎3县要积极开展“多规合一”试点工作。

（三）要强化环境保障。推进山南经济社会大发展，营造和谐稳定、公平公正的发展环境是前提。要营造和谐稳定的发展环境。始终把维护稳定作为硬任务和第一责任，牢固树立稳定压倒一切和维护稳定没有局外人的思想，全面落实干部驻村驻寺、加强和创新寺庙管理、城镇网格化管理、“先进双联户”创建评选等“十项维稳措施”，强化边境管控，严防暴恐活动，深入开展矛盾纠纷排查化解，确保社会局势和谐稳定。提前谋划好“扎日转山”维稳安保工作。强化安全生产监管工作。要营造优化高效的发展环境。结合地区机构改革，进一步深化行政管理体制改革，简化审批程序，下放审批权限，强化政府社会管理和公共服务职能，努力建设与市场经济相适应的高效精干、公开透明的服务型政府。要深入开展效能建设，做到特事特办、急事急办、日常事务马上就办。要深入开展优化发展环境专项行动，强化责任担当，认真做好集中教育、清理整顿、打击整治、建章立制、巩固提高各阶段工作，对重点问题要集中攻坚、重点突破，确保优化发展环境专项行动取得实效，努力实现发展环境更加优化、发展秩序更加规范、发展氛围更加和谐。

同志们，做好今年的经济工作，对“十三五”开好局起好步具有重要意义。让我们更加紧密地团结在以习近平同志为总书记的党中央周围，在自治区党委、政府的坚强领导下，以奋发有为的精神状态、夙夜在公的责任担当，精准发力、扎实开局，奋力推进山南长足发展和长治久安，为全面建成小康社会而努力奋斗。

春节、藏历新年即将来临，祝大家节日快乐，身体健康，阖家幸福，扎西德勒！

中共山南地委副书记、行署专员普布顿珠在全地区经济工作会议上的讲话

（2016年2月5日）

中共山南地委副书记、行署专员　普布顿珠

刚才，永泽书记全面总结2015年地区经济工作，科学分析当前形势，全面部署今年工作，为我们开启"十三五"发展新征程、做好2016年各项工作指明方向。希望大家认真学习领会，抓好贯彻落实。下面，我讲两个方面的意见。

一、主动适应新常态，攻坚克难谋跨越，全面建成小康社会的基础更加坚实

2015年，在自治区党委、政府的坚强领导下，地委、行署团结带领全地区各族干部群众，按照自治区"663"工作思路，围绕建设"六个模范区"和"七个山南"目标要求，扎实做好"4321"各项工作，经济社会发展取得新的突破。预计地区生产总值、固定资产投资、财政收入、社会消费品零售总额、城镇居民人均可支配收入、农牧民人均可支配收入分别完成113.62亿元、145.91亿元、11.6亿元、40.11亿元、23881元、8991元，同比分别增长11%、6.2%、17.6%、11.2%、14.8%、12.3%。

（一）打牢基础和示范创建两大工作成效显著。基础工作更加夯实。及时召开地区农牧民增收会、优化发展环境专项行动动员会等会议。"十三五"规划建议审议通过。圆满完成自治区成立50周年庆祝活动。协助召开水利建设管理、义务教育均衡发展、"双集中"、藏语文等现场会。组织工作专班赴兄弟地市和区外进行深度考察学习。"三严三实"专题教育和创先争优强基惠民活动扎实开展。示范创建成果丰硕。"六个模范区"总体实现程度达到93.6%。国家公共文化服务体系示范区创建工作顺利通过自治区验收。国家生态文明先行示范区创建工作扎实推进。地区统筹城乡发展示范区建设全面启动。泽当被纳入国家第二批新型城镇化试点城镇。

（二）产业发展和项目建设两大抓手更加有力。产业发展步伐加快。农牧业实现丰收，6个"三推进"项目初见成效。藏木水电站6台机组全部发电，加查水电站实现截流，大古水电站正式开工，新建光伏项目5万千瓦；矿业勘探开发实现"双突破"。成功举办2015中国西藏雅砻文化节和地县物资交流会。全年接待游客234.98万人次，创收9.21亿元，增长19.4%、22.5%。项目建设扎实推进。储备"十三五"项目2200余个，总投资达到2100亿元以上。雅砻水库、曲松输变电工程、拉林铁路等重点项目加快建设，洛扎农网升级改造、扎囊雅江特大桥等一大批项目建成使用。预计国家、援藏、招商、民间投资分别完成113.45亿元、5.42亿元、19.58亿元、7.46亿元。

（三）改革开放和环境营造两大动力有效激活。改革开放不断深化。撤地设市正式获批，乃东农村综合改革试验区加快建设，机关事业单位养老保险改革等顺利完成，财政预算、金融风险补偿、商事制度等改革稳步推进。雅砻文化节和藏博会招商引资成果丰硕，灵康药业成功上市，全地区在建招商项目43个。非公经济市场主体达到1.5万户、注册资金214.8亿元，分别增长19.5%、52.7%。环境营造初见成效。项目审批权限稳妥下放。地区政务服务中心集中服务和审批项目126项。优化发展环境专项行动正式打响，各项工作全面展开，拟定失地农牧民安置保障等长效制度，部分群众主动配合整改，泽当城区专项行动初见成效，自治区主要领导给予充分肯定。

（四）统筹城乡和改善民生两大主题亮点纷呈。统筹城乡力度加大。产城一体示范区加快建设，3个特色小城镇全面启动，万人小区、地区科技文化中心

等建成投入使用，乡镇周转房开工率达到97%。完成38个人居环境综合整治、24个基层政权示范点、2770户农村危房改造和4000户建筑节能示范工程。乡镇通畅率达到91.46%，行政村安全饮水覆盖率、通电率、通电话率均达到100%。民生民利不断改善。26项补助提标政策及时兑现，扶贫开发成效显著。3县义务教育均衡发展顺利通过国家验收，体育事业蓬勃发展。全民健康体检、"两降一升"、先心病患儿免费救治等工作走在全区前列。广播电视覆盖率达到97%以上。实施科技项目74个。城镇登记失业率控制在2.1%以内。社保参保30.5万人次，"双集中"目标圆满实现。自治区利民惠民、利寺惠僧"十件实事"全面落实，整合资金19.33亿元实施地区"十大民心工程"。

（五）治理能力和生态保护两大保障全面加强。治理能力不断提升。政府决策、考核等机制更加健全，创新开展"法律进万家"活动，廉政和审计工作不断加强。圆满完成大庆安保任务，5个"十个一"工作法、"四级信访接待日"等机制发挥作用明显，"先进双联户"创建评选工作荣获全区第一名，社会大局和谐稳定。安全生产事故起数和死亡人数下降23.9%、11.5%，食品药品和质量监管成效显著。生态保护全面加强。圆满完成年度县域环境质量考核。城乡环境综合整治力度加大，主要污染物排放控制在指标范围内。泽当污水处理厂完成运营调试，羊湖生态环境保护和220处农村饮用水源地保护等项目加快建设。植树造林12.7万亩、封山育林4.6万亩。建成自治区级生态乡镇1个、生态村居69个。

这些成绩的取得，来之不易，弥足珍贵。得益于中央的亲切关怀和全国人民特别是对口援藏省市企业的大力支援，得益于自治区党委、政府的坚强领导，得益于历届地委、行署班子特别是其美仁增副主席和永泽书记两位老班长打下的坚实基础，得益于全地区各级党政组织的真抓实干和36万雅砻儿女的不懈努力。在此，我代表地委、行署，向已在自治区任职的我们的老班长其美仁增同志和地委永泽书记表示深深的敬意！向全地区各级各部门和广大干部群众表示衷心的感谢！

在充分肯定成绩的同时，我们也要清醒地看到存在的困难和问题。主要是经济保持高位增长难度较大，改革开放需要不断深化，坚守三条底线面临新的挑战，发展环境"六难"问题尚未得到根本解决，机关和干部责任担当意识需要加强，等等。这些都需要我们采取有效措施，认真加以应对和解决。

二、咬定目标不放松，突出重点求突破，确保"十三五"开局之年实现开门红

地委、行署决定，"十三五"时期，将全力打造藏中清洁能源基地、藏源文化旅游基地，把山南打造成具有比较优势和速度优势的"核心经济区"，建成全区水平较高的全面小康社会。今年是全面建成小康决胜阶段的开局之年，是推进结构性改革的攻坚之年，也是推进我地区经济持续健康发展和扶贫增收的关键之年。做好今年经济工作，意义十分重大。

各县、各部门务必要统一思想、提高认识，认真贯彻落实中央和全区经济工作会议精神，按照全国书记提出的"九个一"和江村主席提出的"六个抓紧抓实"，准确把握永泽书记提出的"三大机遇、三大挑战"形势分析，"领会新精神、认识新形势、落实新要求"总体部署，"拉萨山南一体化发展推进年、重大项目建设年、民生改善提升年"基本定位和强化组织、规划、环境"三个保障"工作要求，攻坚克难，担当作为，加快推进地区经济社会发展，确保"十三五"稳健开局。

今年经济工作的主要目标是：力争完成地区生产总值129亿元以上，增长12%以上；固定资产投资178亿元以上，增长22%以上；财政收入13亿元以上，增长16%以上；社会消费品零售总额47亿元以上，增长16%以上；农牧民人均可支配收入达到10200元以上，增长13%以上；城镇居民人均可支配收入达到26400元以上，增长10%以上。

今年经济工作的主要任务是：紧紧抓住中央第六次西藏工作座谈会赋予的政策机遇和试点示范、一体化发展等方面的特殊机遇，全面落实创新、协调、绿色、开放、共享发展"五大理念"，大力实施创新驱动、强基提质、区域一体、统筹发展、生态强地、民生优先、治理提升"七大战略"，确保实现项目建设、产业发展、改革创新、协调发展、扶贫增收、改善民生、开放发展、生态文明建设、和谐稳定"九个开好局"。

（一）奋力推动项目建设开好局。项目是地区经济发展的主要支撑，投资是地区经济发展的主要动力。各县、各部门务必要立足基本地情，把争资立项作为主责主业来抓，敢于担当，主动作为，大干快上，促进地区经济又好又快发展。

一要创新项目工作机制。强化项目工作责任，把前期工作、跑办协调等任务层层分解落实到每个专员、县长、局长身上，一个项目一个项目地谋划、摸排、协调和推动。要坚持有收有放、放而不乱，有序下放投资管理权限，探索推行“集县成片，整合力量，统抓项目”工作机制，解决投资管理权限下放后基层接不住、用不好的问题。要创新前期工作机制，建立前置部门联合审批项目制度和工作专班一线推进项目制度，加快建设区、地、县三级信息共享和纵横联动的投资项目在线审批监管平台，协调优质设计单位在山南分支设点并采取“一家单位整体设计、同类项目打包设计、分期付款督促设计”的办法推进前期工作。要创新项目建设模式，尽快制定工作方案，大力推行总承包制、代建制和公私合作PPP模式。要创新项目管理方式，继续落实地级领导督导、半月梳理调度等项目工作制度，抓紧建立项目全过程审计、稽查和督办机制。

二要掀起项目建设热潮。围绕交通互连互通、能源基地建设、水利转型升级、城镇品位提升、民生全面改善五个方面完善项目库，发挥专班作用，加强跟踪对接，抢抓中央财政赤字规模扩大和区域倾斜支持政策机遇，争取更多的项目纳入国家和自治区盘子。把今年3、4月份作为项目集中开复工月，确保拉林铁路、结巴水库、加查和大古水电站、贡嘎机场改扩建工程等沿江一带项目3月底前全部复工，确保拉萨至泽当高等级公路、加桑二期油路、扎囊等3县农网升级改造、多颇章水库等一批重大项目3月开工建设，力争4月底前基本完成拉萨至山南快速通道等项目前期工作，年内开工建设卓玉水库和6个乡镇、39个行政村道路通畅工程。同时，要确保6月底前完成今年所有项目前期工作、年底前完成2017年和2018年项目前期工作。力争今年国家、援藏、招商、民间投资分别完成149亿元、0.5亿元、20亿元、8亿元以上。

（二）奋力推动产业发展开好局。做大做强特色优势产业、构建绿色可持续发展的产业体系，是山南加快发展的必由之路。务必要按照“两区五片”产业空间布局，全面实施“产业倍增”计划，进一步提升一产、壮大二产、做强三产。

一要大力发展现代农牧业。提升常规农牧业精细化管理水平，抓紧出台加强地区常规农牧业管理方案，重点做好双降一升、田间管理、接羔育幼、病虫害防治等工作，提升农业生产机械化水平，实施现代种业提升工程，确保今年建成高标准农田2万亩、粮油总产达到18万吨、改良黄牛5万头以上、养殖禽类250万只以上。扎实做好“三推进”工作，谋划与拉萨“净土健康产业”的对接互动发展，精心实施好泽当泽贴尔、铜器、氆氇、围裙、藏药材等“三推进”项目，并按照“民办民管民受益”的要求和“扶持不干预、服务不包办”的原则，切实加强农牧民专合组织的规范、扶持和服务工作，通过以点带面、基地支撑、能人带动、企业参与的方式，培育3—4个农牧业“三推进”专合组织。力争今年新培育自治区级龙头企业1—2家、地区级龙头企业4家。

二要大力发展集约型工业。大力实施工业强地战略，力争规模以上工业增加值增长25%以上。全力打造藏中清洁能源基地，加快推进加查、大古和嘎堆水电站建设，确保全年新建5万千瓦光伏项目，扎实做好街需水电站等项目前期工作。有序推进四个矿业基地建设，争取开工建设西藏大冶努日铜矿、玉峰则当铅锌矿和华钰采选改扩建项目。做大做强建筑建材业，全力推动建工集团内部整合和资质提升，探索组建地区级劳务派遣公司，着力打造好建筑建材业品牌。加快发展天然饮用水产业，争取茅台集团、烟草总局天然饮用水项目尽早落地，培育好雅砻神水、雪域冰川、雅拉香布3个品牌。

三要大力发展现代服务业。全力打造藏源文化旅游基地，筹备召开地区旅游发展大会，修编山南旅游规划，组建旅游发展委、旅游咨询委和旅游文化投资公司，加快推进景区标准化建设和“三权”分置改革，力争全年接待游客277万人次、实现旅游收入11亿元。全力以赴扩大消费，建设县、乡两级物流配送体系，开工建设地区邮政快递物流枢纽中心和电子商务进农村试点工程，力争地区商贸物流园区和区域农产品流通项目年内开工建设，谋划推动铁器等专业市场搬迁集聚、规模发展工作，精心举办好地县物资交流会，特别是要按照全国书记提出的“深化住房制度改革，实行政府主导和市场化机制相结合，推行租售并举，放大政府投资效益、拉动社会消费”的要求，稳步推进地直单位周转房出售和保障性住宅小区建设，统筹解决本地购房需求和假期消费外流问题。

（三）奋力推动改革创新开好局。抓改革就是抓发展，谋创新就是谋未来。全地区上下务必要打破思维定式，摆脱自满惰性，通过创新培育发展新动力、塑造更多先发优势。

一要抓住试点示范这个机遇。“十三五”时期，地委、行署将扎实推进国家生态文明先行示范区、泽当国家新型城镇化试点、城乡统筹发展示范区、乃东县农村改革试验区建设，创新推进“新型农牧区综合体”建设、“公共服务型政府”试点示范建设、“分类发展科学考核”示范建设、“多规合一”试点示范建设。要坚持“先行先试、以点带面、积累经验、打造示范”的原则，精心制定单项方案，明确工作要求、年度任务和主要措施。要强化工作保障，组建工作专班，明确责任部门，加强考核督导，确保各项工作高效推进。要强化项目支撑，分行业梳理试点示范项目，积极争取国家和自治区支持。

二要抓住深化改革这个关键。推进行政体制改革，完成撤地设市工作，做好政府机构改革和事业单位分类改革，继续加大简政放权力度。要推进农牧区改革，加快建设乃东农村综合改革试验区，稳妥推进土地集中储备、耕地承包经营权确权登记颁证和草原确权承包登记，开展宅基地制度改革试点。要推进财税金融体制改革，抓紧建立全面规范、公开透明的预算制度，扎实做好财政监管、营改增、差异化信贷管理改革等工作。推进国有企业改革，重点实施好分类改革、公司制改革，健全产权制度和职业经理人制度，建立国有资本监管体系。要推进民生领域改革，全面启动教育改革，加快推进医疗卫生体制和住房保障体系改革，抓紧建立城乡一体的社会保障体系，促进发展成果普惠群众。统筹做好其他领域改革。

三要抓住创新驱动这个根本。认真筹备召开地区科技大会，抓紧出台地区加强科技工作的意见。要强化政策保障，研究出台地区大众创业、万众创新扶持政策，推进创业创新融合发展。要积极争取国家星火计划等科技项目，力争全年科技投入1500万元以上，并全力打造好地区现代农业科技示范园区。要强化科技研发，争取在良种选育、藏医药制剂研发等方面形成一批亮点成果，力争科技对农牧业的贡献率达到46%。要落实创新人才推进计划，大力实施领军人才培养和“产业 + 基地”等工程，推动人才集聚，促进经济发展。

（四）奋力推动协调发展开好局。协调既是发展手段和发展目标，也是评价发展的标准和尺度。全地区上下要立足“补短板、挖潜力、促均衡”，推进区域之间、城乡之间、边境腹心之间协调发展，不断提升整体发展效能。

一要推进拉萨山南一体发展。依托拉萨山南日喀则核心经济区，建设拉萨山南一小时经济圈，推进拉萨山南一体化发展。要明确发展方向，全力推进思想观念、区域规划、基础设施、城镇建设、产业发展、产城发展、生态建设一体化。要抓紧建立工作对接机构和联席会议制度，签订两地深度合作协议，抓紧编制江北综合开发规划和沿线昌果、桑耶等城镇规划、产业规划，争取实施拉萨至泽当快速通道项目，促进区域互联互通。要依托空港新区和“沿江百亿产业走廊”建设，全力打造好江北区域，突出民族手工、旅游产品加工、藏医药研发生产等产业，规划建设农村居民居住点，加快推进产城一体示范点建设，抓紧完成园区管委会机构组建工作，尽早完成园区保障性住房、温雄河整治等基础设施项目，力争年底前推动云雨科技等10家以上企业入园，促进产城融合发展。

二要推进城镇农村互动发展。坚持“以城带乡、城乡一体”思路，不断提升山南城镇化水平。要修编好规划，突出雅砻特色、雅砻符号，扎实做好泽当和各县县城规划修编工作，坚持“南控、北跨、东环、西沿、中优”空间发展方向，实施“一脉串三城、一环绕圣山”空间发展战略，拉开“内外双环、四桥一隧”

交通骨架，努力把泽当建成拉萨城市群副中心城市。要强化泽当功能布局、外观打造和医院、学校、公园、公厕、停车场、专业市场规划，加快推进泽当供暖、供气、给排水、污水处理等基础设施建设，制定方案推进园林城市、卫生城市和文明城市创建工作。要打造城乡示范，加快建设统筹城乡发展示范区，启动泽当新型城镇化试点和地区新型农牧区综合体试点，实施好鲁琼大道及东入口整体改造提升等工程，建成3个特色小城镇、30个基层政权示范点和一批农村危房改造工程、建筑节能示范工程。力争今年地区城镇化率达到32%，乡镇和行政村通畅率分别达到98.78%、55.77%。

三要推进腹心边境差异发展。突出“包容共享、缩小差距”目标，在推动沿江腹心县加快发展的同时，强化边境高寒县“生态、富民、固边”定位，坚持走点上开发、面上保护、适度发展的道路。要夯实基础工作，筹备召开地区边境工作会议，出台推进边境地区长足发展和长治久安的意见，配套制定边民巡边护边任务考核及补助资金管理规范制度、最美维稳固边员评选办法、控制薄弱和争议地区工作方案等政策措施，指导边境地区工作。要优化资源配置，建立互动机制，探索腹心县和边境县“抱团发展”模式，推进人口较少民族发展示范区建设，启动措美、浪卡子“新型农牧区综合体”建设，积累差异化发展经验。地区考评办要抓紧制定县域和地区中直单位两套分类考核制度，体现差异性和公平性。

（五）奋力推动开放发展开好局。开放发展是站在更宽广的视角对全面建成小康社会的谋篇布局，是全局性的大战略。各县、各部门务必要顺应趋势、主动作为，发展更高层次的开放型经济，提高对外开放的质量和水平。

一要大力培养开放进取人才。充分发挥对口援藏优势，加大广播电视、农牧科技、医疗卫生、项目包装等领域实用紧缺人才的培养引进力度。拓宽政府系统抓经济工作的视野，学习借鉴兄弟地市和发达地区的好经验、好做法，切实解决经济工作中思想认识、发展运作、项目推动、招商引资、工作执行“五个差距”问题。要坚持开门办培训、走出去办培训，办好清华大学和四川大学山南培训班，并在地区开办雅砻大讲堂，邀请专家学者每月一讲，为大家解放思想创造有利条件。

二要充分发挥兴藏援藏优势。切实把中央关心、全国支援的优势用足用好用活。要强化政策对接，争取财税政策、投资政策、金融政策、援藏政策、干部人才支持政策等中央第六次西藏工作座谈会赋予的一系列优惠政策落实到位，真正把中央的关心支持转化为推进地区发展的不竭动力。要创新受援工作，扎实做好八（六）批援藏轮换，协调三省设立民间交往交流交融联络机构，努力形成全方位援藏对接机制；抓紧上报审批“十三五”对口援藏规划，突出“四个严禁”要求和“七个优先”原则，全面启动援藏“十个一”工程，推动“三省”轮流承办雅砻文化节、规划设计机构在山南分支设点、三省援藏产业园建设、短期人才援藏等工作取得实质性突破。

三要拓宽投融资市场化渠道。树立“借助市场手段促改革、跳出国家项目抓投资”意识，提升借力发展水平。要推进政府投资项目和资金的市场化运作，进一步放宽投资领域，在规避风险、保值增值的前提下，今年要探索安排一批政府与社会资本合作项目。要积极借鉴拉萨城投运营模式，鼓励企业以独资、控股、参股和特许经营等方式，参与我地区项目建设和运营。要抓紧签订“十三五”金融支持地方发展战略合作协议，以贴息、担保和项目收益撬动信贷投放，争取通过贷款垫资提前开工一批项目，并探索合同质押贷款等方式推动项目建设。要加大招商引资力度，坚持高起点编制规划、高标准谋划项目，“走出去”与“请进来”相结合，推动招商引资实体化、项目化，合理确定企业税收区间，严守底线，落实责任，跟踪问效，力争岷山集团等一批重点企业和项目尽早落地。

（六）奋力推动扶贫增收开好局。脱贫是致富的前提，增收是致富的根本，扶贫增收既是全面建成小康社会的硬性任务，也是共享改革发展成果的根本所在。全地区上下一定要实事求是，强化措施，扎实做好精准扶贫和增收富民工作。

一要大力推进精准扶贫。地委、行署已在全区立下军令状，承诺在2018年前完成脱贫任务。各县、各部门务必要把精准扶贫作为头等大事来抓，认真贯彻落实习近平总书记提出的“六个精准”和“五个一批”精准扶贫脱困基本方略，抓紧制定“十三五”精准扶贫规划，筹备召开地区扶贫开发工作会议，确保今年完成“精准减贫1.27万人、贫困发生率降至15%以下、贫困人口人均可支配收入增长16%以上”的目标任务。要明确工作抓手，分解责任，建档立卡，对症下药，大力实施两线合一、分类定级和能人带动工程，全面落实摸底好、评估好、申报好、整合好、培训好、就业好、结对好、搬迁好、引导好、落地好“十好”措施。要抓紧摸底贫困人口具体情况，评估工作措施推进成效，认真筛选申报项目，积极对接争取自治区85亿元的扶贫总盘子资金。要整合资金集约扶贫，分类开展技能培训，突出重点区域转移就业，并通过集中分散并举的措施搬迁一批脱贫。要广泛动员结对定点帮扶，引导群众艰苦奋斗脱贫，并强化督导考核确保政策落地见效。

二要大力促进增收富民。突出精简高效原则，整合优化三推办、增收办、四业办职能。合理确定收入指标，从今年起实施增收单独考核。要认真落实“一乡一策”增收办法，打造一批增收示范乡镇和村居。要以“提高技能、增强素质、充分就业、强化管理”为目标，整合行业资金设立“四业工程”专项培训资金，依托第二职校启动“四业工程”。要深化就业援藏和就业援助工程，启动离校未就业高校毕业生就业促进计划和大学生创业引领计划，力争城镇新增就业5000人、转移农牧区富余劳动力16.4万人次，动态消除零就业家庭。要深化收入分配制度改革，认真落实自治区10个方面29项惠民提标政策，把今年作为民生改善提升年，以地委1号文件出台“十三五”时期“十大民心工程”的意见，从今年起发放年3600元的地区级环卫工生活补助和月500元的现有“双集中”专职护理人员补助，为聘用干部和农牧半脱产人员每人每月分别发放1200元、1000元的生活补助，将村医月工资标准在现行二三四类区1730元、1760元、1790元基础上统一提高300元，达到2030元、2060元、2090元；兽医月工资标准在现行二三四类区1530元、1560元、1590元基础上统一提高200元，达到1730元、1760元、1790元。

（七）奋力推动民生改善开好局。保障和改善民生是一切工作的出发点和落脚点。各县、各部门务必要付出实际行动，拿出真金白银，不断拓展深化“十大民心工程”内涵，努力构建山南“大民生”格局，全力打造“民生山南”。

一要实施教育优先工程。把今年作为教育改革年，以行署1号文件出台深化教育改革的意见，突出“山南教育引领全区、赶超西部”目标，精心组织实施好教育改革四大行动19项工程。从今年起财政投入教育比例不低于25%、援藏不低于30%；发放教师生活补助，地直和腹心县标准为每人每月300元，边境高寒县二三四类区每人每月分别为500元、600元、700元；山南籍农牧民子女上大学本科生、专科生资助标准区外为每生每年10000元、8000元，区内为8000元、6000元；就读免补专业的，每生每年资助5000元；对干部职工子女考上大学的本科生、专科生一次性奖励5000元；对本科毕业直接考上博士生、硕士 生的山南籍学生每生每年分别资助20000元、15000元。要优化教育布局，整合资金4亿元在泽当新建一所完全中学，争取到2018年前完成1所中学、24所小学、96个教学点的撤并工作。要认真做好教育“组团式”援藏工作，启动三所整体援教示范校建设，开办好内地代培班，确保隆子、加查、琼结3县义务教育均衡发展顺利通过国家验收。

二要实施卫生提质工程。整合资金5亿元实施地区人民医院新建项目，加快推进错那县藏医院等项目，稳步推进公立医院改革和隆子等4个县等级医院创建工作，健全医疗卫生服务体系。扎实做好医院点对点帮扶和卫生“组团式”援藏工作，从今年起腹心乡镇二三四类区医务人员生活补助标准在现行450元、900元、1400元基础上统一提高300元，达到750元、1200元、1700元；边境乡镇二三四类区医务人员生活补助标准在现行500元、950元、1450元基础上分别提高500元、600元、700元，达到1000元、1550元、2150元。要扎实做好全民免费健康体检、先心病患儿免费救治、全面二孩政策落地、城乡居民基本医保融合等工作，从今年起对住院分娩孕妇一次性奖励1000元、对陪护人员一次性奖励300元，并由地县财政各出资500万元建立大病救助基金，用于救助通过商业保险、医保支付和医疗救助后仍有困难的重大疾病患者。

三要实施文化惠民工程。认真查缺补漏，确保国家公共文化服务体系示范区创建工作顺利通过国家验收。要健全公共文化服务设施，实施文化信息资源共享工程，改扩建地区新华书店，加强文物保护维修和非物质文化遗产保护，开展综合性文化服务中心试点工作。要加大文化投入，继续确保财政对文化投入的比例达到3%，对民间艺术团除干部和合同制工人外的在岗人员每人每月发放1200元生活补助。要提供优质文化服务，认真办好藏历春晚、中国西藏雅砻文化节等品牌活动，做好县级数字电视建设、地区藏语频道开播等工作，争取地区数字影院尽早投入使用，丰富群众精神文化生活。

四要实施保障托底工程。按照“当前可承受、未来可持续”的原则，解决民生突出问题，积极稳妥抓好保障政策落实。从今年起，城镇低保对象最低生活保障标准在现行每人每月640元基础上提高200元达到840元，农村低保对象按ABC类最低生活保障标准每人每年分别提高600元、400元、200元；城乡低保一次性生活补贴在现行每人每年900元、300元基础上，分别提高500元、300元，达到1400元、600元。健全养老保障体系，从今年起60岁以上老人养老金标准在现行每人每月150元基础上提高30元，达到180元；把70岁段老人纳入健康补贴范围，标准为每人每年500元；将80岁段、90岁段、100岁段老人健康补贴标准在现行每人每年300元、500元、800元基础上，分别提高500元、1000元、1200元，达到800元、1500元、2000元。要加强“双集中”场所人性化、标准化、规范化、精细化、特色化、乐园化建设，将五保集中年供养标准在现行每人每年4740元基础上提高6000元，达到10740元；孤儿月基本生活补助标准在现行每人每月1000元基础上提高100元，达到1100元。要加强残疾人康复就业工作，将一二三四级残疾人生活补助标准在现行每人每月50元基础上，分别提高300元、250元、200元、100元，达到350元、300元、250元、150元。要健全住房保障体系，集中建设一批系统和行业小区，年底前建成3024套乡镇周转房，并在37个海拔4000米以上的乡镇逐步实施供暖供氧工程。要结合泽当等地农民失地情况，统筹建立失地保障金制度。

（八）奋力推动生态文明建设开好局。生态环境没有替代品，用之不觉，失之难存。全地区上下务必要把生态保护作为红线、底线和高压线，加快推进国家生态文明先行示范区建设，促进人与自然和谐共生，经济与生态和谐发展。

一要坚持环境保护和生态建设并重。完善生态综合补偿机制，强化森林生态效益补偿、草原补奖机制，探索建立湿地、水生态和地质遗迹保护补奖机制。加大森林、草原、湿地等保护力度，启动实施黑颈鹤国家级自然保护区三期项目和曲松、琼结等湿地公园建设。要认真实施羊湖生态环境保护和今年210处农村饮用水源地保护等重点项目，力争全年植树造林7.4万亩、封山育林4万亩、防沙治沙38万亩以上。

二要坚持节能减排和环境整治并重。突出“两型”社会建设，全面推行绿色生产方式。要强化节能减排，大力推行结构性节能、技术性节能、替代性节能和制度性节能，全面启动机动车尾气污染治理等工作，尽早开工建设泽当污水处理厂再生水回用工程，确保主要污染物达标排放。要强化环境整治，制定工作方案，落实片区责任，加强重点区域环境整治，力争全年完成自治区级8个生态乡镇、60个生态村居创建任务。

三要坚持环境准入和执法监管并重。按照“源头管控、全程监管”的思路，严把环评审批关、执法检查关、责任追究关。要强化环保“第一审批权”，探索建立“项目准入、空间准入、总量准入”三位一体的环境准入制度，严禁“三高一低”项目进入山南。要加强环境执法监管，严格执行项目“三同时”制度，抓紧建立项目建设、资源开发全程监管机制，深入开展污染环境、破坏生态专项整治行动，保持高压态势。

四要坚持能力提升和制度建设并重。立足“谋长远、建长规、求长效”，加快推进生态文明建设。要提升环保能力，严格执行“党政同责、一岗双责、终身追责”制度和环境保护“一票否决”制，抓紧完善环保决策、联动执法等工作机制，不断提升工作水平。要健全长效制度，推行企业环保信用等级评价制度，建立生态创建以奖代补机制，推广环保设施市场化托管运营模式，确保县域环境质量考核成绩实现更大突破。

（九）奋力推动和谐稳定开好局。社会和谐稳定是西藏发展的前提和保障。各县、各部门要牢固树立“维稳没有局外人”的思想，认真履行主体责任和属地责任，突出抓好治理能力建设，确保政府治理高效、社会和谐稳定。

一要建设法治政府。强化看齐意识，自觉向中央看齐、向区党委和地委看齐，确保做到同心同向。要加强法治能力建设，成立正县级的地区法制办和综合执法局，启动“七五”普法教育，全面建设法治型政府。要强化用权担当，按照“有职、有责、有权、有交代”的要求，推动各项工作高效落实。要规范权力运行，加强政府系统党风廉政建设，加快建立权力清单、责任清单和负面清单，抓紧建立党员干部违纪违法案件查办联动机制、财政审计部门联动监督机制、项目建设领域违法违规行为联动协查机制，加强“十大民心工程”等专项资金的审计监督，严查挪用、截留等违法违规行为，确保政府清廉。要坚持秉公办事，不以远近想问题，不以亲疏办事情，以公正无私的心态对待山南每一片土地和每一名干部群众。要加大政务公开力度，加快推进门户网站和电子政务系统建设。

二要加强社会治理。加强基层阵地建设，按总数20%的比例落实5万元的优秀村居“两委”班子奖励政策。要坚持一手抓凝聚人心、一手抓打击整治，既要按照“矛盾不上交、隐患不放过”的原则加强矛盾纠纷调处化解，又要按照“敢于亮剑、严厉打击”的要求对敌对势力露头就打、毫不手软。要突出社会面、寺庙、边境、重点目标和人员，发挥基层组织、寺管会、驻村工作队、便民警务站、公安检查站、“双联户”作用，强化值班备勤、情报搜集、舆情管控、应急处突、教育转化和督促检查，确保社会和谐稳定。从今年起每年落实5万元的乡镇食堂补助和寺管会分类食堂补助；将边境联防队员补助标准在现行每人每月300元基础上提高200元，达到500元；将一线村居边民补助标准在现行每人每年1700基础上提高1200元，达到2900元；要认真开展全民维稳固边试点工作，为拉郊等3个试点乡16岁至65岁和65岁以上边民每人每年分别发放5000元、3000元的维稳固边专项补助。

三要优化发展环境。深刻理解专项行动的背景意义和任务要求，坚持以开弓没有回头箭的勇气和不见效果不收兵的决心，突出“四个只要、四个一律”原则，认真开展优化发展环境专项行动，做到思想上同心同向、政策上不偏不倚、行动上高度自觉。要注重顶层设计，抓紧制定地材销售运输和机械租赁指导价格等文件。要攻坚难点问题，严明法律、纪律、政策底线，妥善处理各种影响和破坏发展环境的突出问题，集中开展户籍清理和“三资”清查工作，先行整治党员干部违规买卖土地、私建房屋、违规买卖房屋和裕砻酒店、鑫龙汽车检测站等违建整治问题，确保成熟一个打击一个。要凝聚工作合力，各县要严格落实属地责任和主体责任，相关部门要履职尽责、敢于担当、主动作为，地区专项办要跟进做好督促检查工作，确保专项行动取得实实在在的成效。

四要加强安全生产。牢固树立群众利益至上理念、安全发展理念、100减1等于零的理念，强化底线意识和红线意识，严格落实领导责任、部门责任、主体责任、监管责任和共抓责任，对主管部门严格问责、对违规企业严厉打击、对责任人员严肃处理。要进一步找准并弥补道路交通、非煤矿山、地质灾害、重点工程、消防安全、食品药品安全、敏感时段节点和人员密集场所八个方面的短板，建立隐患排查、预防控制、安全标准、联动执法和约谈惩戒“五大体系”，制定隐患排查员、县域联动执法、责任片区包办、社会共治、清单管理、保险补偿和撬装加油管理“七项制度”，加强应急救援能力和安全生产培训工作，确保事故起数和死亡人数“双下降”。

最后，我就强化工作保障、狠抓工作落实方面再强调四点。一要强化责任担当。本着对事业和群众负责的态度，把责任担当作为一种品格来涵养、一种精神来追求、一种纪律来执行，在遵规守纪、坚守底线的前提下，坦坦荡荡干工作，切实消除经济工作中不敢抓、不愿管、绕道走、往上推的问题。要落实主体责任，拧紧责任螺丝，把各项工作部署落实到每个部门、每个人头和每个项目上，确保工作到位。二要强化作风保障。深入实际，深入基层，调查研究，解决问题。说实话、办实事、求实效，重实绩，用实实在在的工作树立政府形象、回应群众期待。要坚持不等不靠、立说立行、迅速行动，在快推进、抓落实中体现水平、增长才干。要认真组织开展三严三实专题教育“回头看”，大力整治慵懒散软等突出问题，进一步强化作风保障。三要强化工作调度。发改部门要全面推行“月分析、季调度、年总结”工作机制，及时把握发展动态。财政部门要坚持“有保有压”，建立民生等资金拨付“绿色通道”，原则上今年不再安排追加资金。统计部门要主动把脉经济发展，提高数据实效性，准确判断发展趋势，确保经济平稳运行。各级各部门要严格按照工作程序，定期将工作推进情况报告给地委、行署，确保各项工作有力有序推进。四要强化三诺制度。各部门要就工作目标、任务、时限、质量向地委、行署作出书面承诺，并通过工作落实公开践诺，最后由考核组和各县、基层干部群众集中评诺，年底根据公开评诺排名情况，落实奖惩措施。结合“三诺制”，地办、行办要抓紧建立督查联动工作制度和政府督查专员制度，地区考评办要全面推行“集中考核、一次验收”模式，进一步提升工作效能。

同志们，任务已明确、关键在落实。让我们在以永泽书记为班长的地委坚强领导下，凝心聚力，攻坚突破，奋力开启“十三五”发展美好篇章，促进山南在长足发展和长治久安的征程上取得新的更大的成就，以优异成绩向自治区党委、政府和36万雅砻各族群众交上一份满意的答卷！

山南地区行署副专员王友华在全地区经济工作会议上的讲话

（2016年2月5日）

山南地区行署副专员　王友华

刚才，张永泽书记和普布顿珠专员分别作重要讲话。两位主要领导的重要讲话，通篇贯穿党的十八届五中全会、中央第六次西藏工作座谈会、区党委八届八次全委会、中央和全区经济工作会议精神，既着眼长远、又立足当前，思路清晰、目标明确，重点突出、措施有力，具有很强的针对性、指导性和可操作性，对于全地区各族干部群众认清形势、把握大局，增强信心、凝聚力量，做好今年全地区经济工作，推动经济社会长足发展和长治久安具有十分重要的意义。

今天的会议主题鲜明、重点突出，开得很成功，这既是一次解放思想、统一认识、抢抓机遇的动员会，又是一次理清思路、明确目标、自我加压的鼓劲会。会议总结成绩全面，坚定发展信心；分析形势准确，统一思想认识；制定目标科学，鼓舞发展斗志；工作重点突出，明确努力方向。各县、各部门要迅速行动，组织干部职工认真学习、深刻领会会议精神，切实把思想和行动统一到两位主要领导同志的重要讲话精神上来。两办督查室要抓紧制定任务分解方案，把会议确定的各项任务分解成具体事项，落实到具体单位和责任人，对分解的任务进行定期督查、跟踪问效，并纳入到年度目标考核中，确保会议确定的各项任务按时完成，目标顺利实现。

下面，我就当前工作再讲七个方面的意见。

一要突出抓好开局起步。这次会议已经明确提出今年经济工作的目标任务、具体措施。各县、各部门要严格按照此次会议的总体要求，按照两位主要领导同志的讲话要求，抓住用好系列重大机遇，采取有力措施、狠抓落实，以更大力度推动各项工作实现新突破，确保今年经济社会发展各项任务目标圆满完成，实现“十三五”稳健开局、高位起步。各级领导干部要认真践行“三严三实”要求，进一步提高能力水平，强化责任担当，切实负起领导发展的重任，在新常态下开创新局面、展示新作为。要勇于担当、主动作为，把责任扛起来、把担子挑起来，确保责任落实、任务落地、目标实现。

二要狠抓项目建设管理。各县、各部门要按照“重大项目建设年”的部署要求，紧抓冬歇期的有利时机，积极向上汇报衔接项目，加快推进项目论证、审查、环评、征地等前期工作，为项目按时开工奠定基础。对适宜冬季施工的项目，要倒排工期、抢抓时间、加快进度，确保项目尽早建成；对续建项目和已具备开工条件的新建项目，要积极做好土建、备料、招投标等开工准备工作，开春后迅速掀起项目建设高潮，确保项目开复工率达到100%。地区发改委要加强重点建设项目的调度安排和督促落实，排出工期、明确责任人，并建立项目建设进度台账。两办督查室要按照台账要求，加大项目稽查力度，实行过程追究，对没有按时开复工或工程进度严重滞后的项目，要严格实行问责。

三要妥善安排群众生活。各县和各级组织、民政、人社等部门要全面落实关心关爱弱势群体的一系列政策措施，认真开展好春节、藏历新年期间慰问和送温暖活动，重点要解决好特困户、五保户、孤儿和老弱病残等困难群体的生产生活问题，让他们切身感受到党和政府的关怀。各县和各级物价、商务、工商等部门要全面整顿和规范市场秩序，认真做好物资供应工作，加强物价监管，坚决打击哄抬物价等行为，确保“两节”市场货源充足、价格稳定。各级宣传、文化和广电部门要组织开展形式多样的文化娱乐活动，丰富群众精神文化生活，让广大群众过上一个安乐祥和的节日。

*四要扎实做好农牧业生产。*各县、各级涉农部门要认真组织广大群众积极做好春耕备耕工作，大力实施农田水利设施建设，改造中低产田，做好种子、化肥、农药、农机具等生产资料供应，保证农业生产需要。要扎实开展越冬作物病虫害监测防治工作，帮助指导群众管理冬播作物，确保冬播作物安全越冬。要切实做好接羔育幼、重大动物疫病防控、森林防火、防抗灾准备等工作，确保农牧业生产不受大的损失。

*五要持续抓好社会稳定。*各县、各部门要切实做好春节、藏历新年期间的综治工作，认真落实维护稳定工作领导责任制，强化值班备勤，做好应急准备，加强对重点区域、重点部位、重点寺庙、重点目标、重点人员的维稳防控，明确防控责任，强化工作举措，确保社会局势和谐稳定，让大家过上安稳年、平安年。要继续深入开展反分裂斗争，强化边境管控和情报信息收集等工作，严密防范并严厉打击敌对势力。要进一步加强信访工作，认真落实“四级信访接待日”制度，强化矛盾纠纷排查调处力度，切实维护人民群众的合法权益，防止“两节”期间非正常上访或其他群体性事件发生。

*六要着力做好安全生产。*各县和各级公安、安监、交通部门要抓好春运期间道路交通安全，加大对车站、重点路段的监控、路检路查和巡逻防控力度，做好应急运力储备，严厉打击超速超载、无证驾驶、酒后驾驶等违法违规行为，坚决遏制重大道路交通事故的发生。安监、消防、食药监等部门要对烟花爆竹、危险化学品、人员密集场所、食品药品销售、消防安全等行业和领域开展安全隐患大排查，从源头上消除和减少安全生产事故。卫生部门要严格落实传染病病情监测防控、医疗急救服务、突发事件紧急医疗救援和重大活动卫生保障等措施，切实维护公众身体健康。

*七要切实抓好廉政建设。*各县、各部门一定要强化纪律观念，切实按照“作风建设永远在路上”的要求，认真贯彻落实中央八项规定和自治区、地区关于厉行勤俭节约、反对铺张浪费的有关规定，杜绝“节日腐败”。要落实好主体责任，主要负责同志要切实担负起第一责任人的责任，加强对本县、本部门、本单位党员干部的教育、管理和监督。要履行好监督责任，各级纪检监察机关要认真落实监督责任，通过明察暗访、重点抽查等形式开展集中监督检查行动，对“两节”期间查实的顶风违纪案件要及时通报曝光，形成有力震慑，着力营造风清气正的良好氛围。

同志们，蓝图已绘就，关键在落实。我们一要在地委、行署的坚强领导下，按照会议的部署要求，解放思想、坚定信心、改革创新、勇于担当、真抓实干，全面完成既定的各项目标任务，推动地区经济社会长足发展和长治久安，为全面建成小康社会宏伟目标而努力奋斗！

值此春节、藏历新年来临之际，祝大家新年快乐，身体健康，阖家幸福，扎西德勒！

中国人民政治协商会议山南地区委员会工作报告

政协山南地区委员会

2015年工作总结

2015年，在地委的坚强领导下，在人大、行署的大力支持下，常委会高举爱国主义、社会主义旗帜，牢牢把握团结和民主两大主题，紧紧围绕中心、服务大局，发挥协商民主重要渠道作用，协商议政监督，建言献计出力，积极为全面深化改革、全面依法治地、加快推进“六个模范区”和“七个山南”建设做出积极贡献。

一、坚持正确政治方向，夯实共同思想政治基础

常委会坚持把加强学习作为坚定政治方向的重要前提，始终以科学理论武装头脑、指导实践。通过常委会、主席会、理论中心组学习会等形式，深入学习贯彻党的十八大和十八届三中、四中、五中全会及全国“两会”精神，贯彻落实中央第六次西藏工作座谈会精神，贯彻落实习近平总书记系列重要讲话精神、特别是“治国必治边、治边先稳藏”的重要战略思想和“努力实现西藏持续稳定、长期稳定、全面稳定”的重要指示，贯彻落实区党委八届七次全委会精神，坚持“四个全面”战略布局，坚持党的治藏方略，坚持依法治藏、富民兴藏、长期建藏、凝聚人心、夯实基础的重要原则，坚持把维护祖国统一、加强民族团结作为工作的着眼点和着力点，坚持开展主题鲜明、生动活泼的学习宣传教育，坚持理论联系实际，把所学所思所获转化为推动地区政协事业发展的强大动力与思路举措。通过学习实践，广大委员和机关干部进一步坚定道路自信、理论自信、制度自信，增强与党中央、区党委、地委保持高度一致的思想自觉、政治自觉和行动自觉。

二、紧紧围绕中心工作，确保履职尽责富有成效

常委会坚持把政协工作与全局工作紧密结合，做到与党委、政府同步合拍、协调一致，充分发挥沟通思想、促进共识、协调关系、凝心聚力的作用。一是主动承担第一政治责任，维护社会和谐稳定。坚决贯彻落实区党委十个方面维稳措施，始终做到旗帜鲜明、立场坚定、认识统一、表里如一、态度坚决、步调一致。重要敏感时段，数位副主席带领工作组进驻相关县、重点寺庙，督导维护稳定、干部驻村驻寺、“先进双联户”创建评选、生态文明建设等工作，督导“萨嘎达瓦”、“梅里雪山”羊年转山等大型宗教活动。坚决贯彻落实中央、区党委、地委关于大庆工作的各项部署要求，数位副主席参与大庆筹备领导小组工作，组织离退休老干部参加大庆活动现场观礼，向社会各界大力宣传自治区成立50年来山南翻天覆地的变化，宣传中央对西藏的特殊关心支持和全国各族人民的无私援助，为大庆活动安全顺利圆满贡献力量。二是积极履职第一要务，助推经济社会发展。在十届三次会议上，广大委员认真听取并讨论时任地委书记其美仁增同志的重要讲话和行署关于2014年全地区经济运行情况通报，积极建言献策，12名委员从推动特色产业发展、加强生态建设、创新民族宗教工作、带动群众增收等方面作大会交流发言，整理报送7个方面24条具有针对性的意见建议。围绕“十三五”规划的总体思路、奋斗目标、重点项目、保障措施等重大问题，从加强基础设施建设、加强环境保护、创新社会管理等方面积极协商讨论，提出10余条具体意见建议。积极争取区政协的支持帮助，对接民政、教育等部门，协助金利来、中国光华基金等慈善企业和组织，向我地区贫困农牧民捐赠价值200余万元的衣服，向我地区部分学校捐赠教育信息化设备。积极组织委员参加我地区行风评议、案件庭审等活动14人次，认真履行民主监督职能。

三、发挥特殊优势作用，推进协商民主有序开展

常委会坚决贯彻中央和区党委关于加强人民政

协协商民主建设工作的意见精神，注重发挥人民政协协商民主重要渠道作用。一是认真组织实施年度协商计划。依据2014年制定出台的我地区季度协商座谈会《意见》和《制度》精神，研究制定山南政协2015年协商、视察、调研计划，经请示地委批准同意，确定全年协商议题、协商形式、职责分工，在全区率先规范开展季度协商活动。政协办公室、各专委会根据年度协商计划安排，对接地直相关部门和行业专家，组织界别委员开展视察调研，推动年度协商计划落到实处。二是活跃有序开展季度协商工作。全年开展以乃东县支那村农田灌溉用水及土壤改良、加强公共文化服务体系建设、人口较少民族地区特色产业发展为议题的3次季度协商活动，参与协商的界别委员、专家学者、对口部门负责人、基层干部群众代表达200余人，共进行专题调研10次，召开现场座谈会5次，听取相关县专题汇报4次，召开季度协商座谈会3次，形成3篇季度协商活动调研报告并报地委、行署，得到高度重视，其中提出的部分意见建议已经得到落实。在季度协商座谈会上，行署相关分管领导亲自出席并作重要讲话，与会人员围绕议题坦诚相待，平等交流，面对面协商讨论，共同寻求解决问题的办法，有效搭建委员之间、委员与政协组织之间、委员与党政部门之间多种形式的交流平台，为委员履职尽责创造更好条件，有效发挥人民政协的专门协商机构重要作用。

四、把握政协工作规律，协调推进各项日常工作

常委会始终立足政协工作规律和特点，积极探索履行职能的新形式、新领域、新途径，推动经常性、基础性工作再上新台阶。一是加强提案工作。政协十届三次会议以来，共提交提案93件，立案90件，提案数量虽然有所下降，但是提案的整体质量稳步提升。为推动提案的办理和落实，及时召开提案交办会，严格执行《政协提案工作考核办法》，加强提案办理跟踪问效，立案的90件提案办复率达到100%。在7月份召开的区政协提案工作表彰大会上，边巴等7名委员联名提交的提案《关于开展雅江中游山南段综合治理和开发利用的提案》获得优秀提案奖，行办督查室徐继红同志获得优秀提案工作者的荣誉，提案工作得到区政协的充分肯定。二是加强文史资料工作。按照全国政协和区政协的统一安排部署，全面启动《藏族百年实录》山南篇的编撰工作，编撰出版藏汉双语版《山南政协文史资料选辑》（总第11辑），完成《政协志》和《政协年鉴》编撰工作，文史资料工作继续走在全区前列。三是加强团结联络工作。加强向区政协的请示汇报工作，组织驻山南全国政协委员、自治区政协常委、相关委员和机关干部，积极参加自治区政协召开的全区政协工作经验交流会、提案工作表彰会、加快推进文化产业发展协商座谈会和专题议政性常委会，并在会上就山南政协相关工作开展情况进行交流发言，得到区政协和兄弟地（市）政协的充分肯定。加强与兄弟省（区、市）政协的联系交流，全年共接待各级各类考察调研团（组）21批次、215人次；先后组织3批共37名地县两级政协机关干部前往对口援藏三省进行学习培训；组织6名地县两级政协机关干部参加全国政协干部培训班。通过考察学习，提升干部素质，交流工作经验，增进相互感情，扩大对外影响，树立山南的良好形象。

五、深入开展专题教育，不断加强自身作风建设

常委会坚持把加强自身建设作为强基固本、发挥作用的关键，协同推进界别、专委会、委员和机关“四位一体”建设。加强委员学习培训与管理，着力提高“四种能力”，派遣具备多年政协工作经验的同志，前往洛扎、曲松、加查、隆子等县协助开展县级政协委员培训，参训委员达200余人。密切与驻山南全国政协委员和区、地委员的履职联系，发挥好委员主体作用。加强界别工作，创新界别工作方法，丰富界别履职内容，全年开展界别视察调研活动3次。加强专委会工作，明确职责分工，界定履职范围，支持各专委会按照政协总体部署，遵循各自特点和职能要求开展工作。加强机关作风建设，深入开展“三严三实”专题教育，及时部署、制定方案、开办党课、深入调研、深入研讨、带头整改，教育引导机关干部职工和广大委员践行“三严三实”要求，增强宗旨意识，自觉服务群众。注重加强基层基础，扎实开展政协机关驻村工作，积极完成第一支部书记选派工作。坚决贯彻落实中央“八项规定”和区党委“约法十章”“九项要求”及地区“十项规则”，全年会议缩减、发文减少、“三公”经费支出明显下降。

各位委员、同志们，回顾一年来的工作，我们取得的每一项成绩，都离不开地委的正确领导，离不开人大、行署和社会各界的大力支持，离不开政协各参加单位和广大委员的携手奋进、扎实工作。在此，我代表十届政协常委会，向大家表示衷心的感谢和诚挚的敬意！

当然，我们也清醒地认识到，我们民主监督的方式方法还需要改进；专委会基础作用发挥还不够突出；委员履职空间需要进一步扩展，履职能力需要进一步提高。这些都需要在今后的工作中加以解决。

2016 年工作安排

各位委员，2016 年我地区政协工作的总体要求是：高举中国特色社会主义伟大旗帜，以邓小平理论、“三个代表”重要思想、科学发展观为指导，深入贯彻落实党的十八大、十八届三中、四中、五中全会精神，贯彻落实习近平总书记系列重要讲话精神，贯彻落实中央第六次西藏工作座谈会精神，在地委的坚强领导下，认真履行政治协商、民主监督、参政议政职能，努力推动山南政协工作创新发展，为山南经济社会长足发展和长治久安做出新贡献。

一、坚定不移把握人民政协工作正确方向

始终把坚持和发展中国特色社会主义作为巩固共同思想政治基础的主轴，着力加强中国特色社会主义理论体系教育，不断增强中国特色社会主义道路自信、理论自信、制度自信。要深入学习贯彻党的十八届五中全会精神，把学习贯彻党的十八届五中全会精神与贯彻落实习近平总书记系列重要讲话精神特别是治国必治边、治边先稳藏的重要战略思想和“加强民族团结、建设美丽西藏”的题词精神结合起来，与贯彻落实中央第六次西藏工作座谈会精神结合起来，与区党委八届七次全委会精神和即将召开的区党委八届八次全委会、地委（扩大）会议精神结合起来，与学习贯彻党的人民政协理论方针政策原则紧密结合起来，坚持党的治藏方略，坚持依法治藏、富民兴藏、长期建藏、凝聚人心、夯实基础的重要原则，依照宪法法律和政协章程，认真履行政协职能，着力把中央、区党委和地委的重大决策部署贯彻落实到履职各个环节，奋力推进山南长足发展和长治久安。

二、坚定不移提升围绕中心服务大局能力

坚决贯彻落实好区、地两级维稳工作总体部署，切实把思想统一到区党委、地委对反分裂斗争形势的科学判断上来，更加积极主动地履行好第一政治责任。始终把加强民族团结、推进和谐山南建设作为政协履行职能的根本任务，积极主动地协助党委、政府做好凝聚人心、解疑释惑、化解矛盾、理顺情绪、汇聚力量的工作，努力为维护全地区社会局势稳定献计出力。要紧紧围绕“十三五”规划、“六个模范区”、“两基地一中心”和“七个山南”建设任务，在突出发展主题、实现发展目标、优化发展环境上建真言，献实策。着眼保障和改善民生，就健全社会保障体系、推进教育均衡发展、实施精准扶贫等方面调研议政，提出有针对性和可操作性的意见和建议。全力助推法治山南建设，坚持党领导立法、保证执法、支持司法、带头守法，围绕建设法治山南认真履行民主监督职能。

三、坚定不移推进人民政协协商民主发展

深入学习贯彻《中共中央关于加强社会主义协商民主建设的意见》和《中共中央办公厅关于加强人民政协协商民主建设的实施意见》精神，充分发挥人民政协作为协商民主重要渠道作用和专门协商机构作用。要认真制定协商计划，合理确定协商议题。紧扣地委、行署中心工作，兼顾经济建设、政治建设、文化建设、社会建设、生态文明建设和党的建设等方面，政协办公室要协同各专委会认真制定 2016 年季度协商工作计划，合理确定全年协商议题、协商形式、职责分工，努力做到反映群众意愿、契合决策需要、着眼解决问题，切实增强民主协商的科学性、时效性、规范性。要强化共同参与协商，促进协商成果落实。各专门委员会要主动加强与地直各单位、各人民团体的工作联系、信息沟通，积极开展联合调研、共同协商。在重点协商活动的准备和实施过程中，要积极与党政部门、人民团体协调配合，推动共同参与方案制定、协同进行组织实施。完善协商成果采纳、落实和反馈机制，积极通过专项视察、跟踪调研等方式，了解协商意见建议的采纳落实情况，推进协商成果落到实处。

四、坚定不移加强人民政协履职能力建设

坚持党对政协工作的领导，完善政协工作与党政工作对接机制，严格落实重大工作主动报告、重要事项及时反映制度。推进政协履职制度建设，逐步构建科学规范的制度体系。研究制定委员管理的指导性意见，加强对委员履职的管理和服务。增强委员政协章程意识，组织委员按照政协章程尽责履职。地县两级政协党组要严格落实从严治党责任，严守政治纪律和政治规矩，坚决承担党风廉政建设“两个责任”，教育引导委员中的党员和机关干部职工中的党员遵纪守法、廉洁自律，切实发挥好模范带头作用。加强机关作风建设，深入贯彻执行中央“八项规定”和区党委“约法十章”“九项要求”及地区“十项规则”，深入践行“三严三实”要求，进一步转变机关工作作风，提升机关工作服务水平。牢固树立我地区虽处反分裂斗争前线，但在党风廉政建设和反腐败问题上没有特殊性、山南政协也不例外的思想，始终做到忠诚、干净、担当，保持政协上下风清气正的良好环境。

山南地区国民经济和社会发展2015年计划执行情况及山南市2016年计划（草案）的报告

山南地区发展和改革委员会

各位代表：

受市人民政府委托，我向大会报告2015年山南地区国民经济和社会发展计划执行情况及2016年山南市国民经济和社会发展计划（草案），请予以审议，并请市政协委员和其他列席人员提出意见。

一、2015年国民经济和社会发展计划执行情况

2015年，面对复杂严峻的宏观经济形势，在区党委、政府的正确领导下，在地委、行署的团结带领下，我们高举中国特色社会主义伟大旗帜，全面贯彻党的十八大和十八届三中、四中、五中全会和中央第六次西藏工作座谈会精神，以邓小平理论、"三个代表"重要思想、科学发展观为指导，深入学习贯彻习近平总书记系列重要讲话精神、特别是"治国必治边、治边先稳藏"的重要战略思想和"加强民族团结、建设美丽西藏"的重要指示，贯彻落实依法治藏、富民兴藏、长期建藏、凝聚人心、夯实基础的重要原则，坚持党的治藏方略，坚持走有中国特色、西藏特点的发展路子，认真实施全区"一产上水平、二产抓重点、三产大发展"经济发展战略和"663"工作思路，紧紧围绕建设"六个模范区"和"七个山南"目标要求，艰苦奋斗，开拓创新，经济健康快速发展，社会事业全面进步，人民生活显著改善，生态环境保持良好，社会大局持续稳定，全面完成"十二五"规划目标任务，呈现"四快、三稳、二优"的运行特点，为"十三五"良好开局奠定坚实基础。

"四快"：一是财政增长快。全年公共财政一般预算收入突破10亿元，达到11.6亿元，同比增长17.6%，增速居全区第一。二是项目建设快。交通、能源、水利等重点项目加快实施，"十二五"规划标志性工程拉林铁路全面开工建设，嘎拉山隧道和雅江特大桥建成通车，藏木水电站建成投运，雅砻水库、结巴水库加快推进。三是特色产业发展快。农牧业产业化经营率达40%，粮油产量首次突破17万吨；清洁能源快速发展，发电量同比增长6.85倍；接待国内外游客人数和旅游总收入分别增长19.3%、22.5%。四是城乡居民收入增长快。城乡居民人均可支配收入分别增长14.8%和12.3%。规模以上工业增加值、社会消费品零售总额等主要经济指标增速均居全区前列。

"三稳"：一是增速稳。在全国经济新常态下，我地区经济保持持续健康稳定增长的良好态势。全地区生产总值增长11%，"十二五"期间连续5年保持两位数增长，增速位居全区第一。二是物价稳。居民消费价格涨幅控制在3%以内，居民主要生活必需品供需平衡。三是就业稳。城镇新增就业0.56万人，城镇登记失业率控制在2.1%以内，农牧区劳动力转移就业10.58万人次，动态消除了零就业家庭。

"两优"：一是政策环境优。中央第六次西藏工作座谈会研究部署进一步推进西藏经济社会发展和长治久安的工作，制定一系列特殊优惠政策，完善对口援藏工作机制，为推动山南发展稳定提供强大动力。二是支撑要素优。油电气运保障有力，全社会用电量4.065亿千瓦时、增长17.9%，工业用电量1.938亿千瓦时、增长7.12%，销售成品油6.9万吨、增长12.14%，销售天然气1744.4立方米，与上年同期持平；公路完成客运量262万人次，增长8%，完成货运量203万吨，增长10%；非公市场更加充沛，各类非公市场主体和从业人员分别增长4.5%、41.4%。

——经济运行稳中有进。全地区生产总值达到113.62亿元、同比增长11%，经济增速位居全区前列，全社会固定资产投资完成145.91亿元、一般公共预

算收入11.6亿元、社会消费品零售总额40.11亿元、城镇居民人均可支配收入23881元、农牧民人均可支配收入8991元，分别是“十一五”末的2.1倍、2.7倍、2.9倍、2.2倍、1.7倍、2.1倍，分别完成“十二五”规划目标的107.2%、180.7%、144.5%、100.3%、117.1%、112.7%，城镇登记失业率控制在2.1%以内，为全面建成小康社会奠定坚实基础。

——基础设施日臻完善。公路通车里程达到6860千米，已有11个县、74个乡镇、270个建制村通油路，油路贯通率分别达到92%、90.2%、49%，83个乡镇和所有建制村均通公路，通达率达到100%。新增电力装机37万千瓦，新增发电量9.25亿千瓦时，建成和在建太阳能光伏发电达到14万千瓦，98.5%的人口用上电。新建及改扩建渠道532.97千米，新增库容32.92万立方米，农田保灌率达到30.65%，安全饮水普及率达100%。电子政务工程顺利推进，全地区电话和互联网用户实名率达到100%，所有乡镇均实现通光缆，所有建制村通电话，所有乡镇和建制村实现通邮。泽当镇建成区面积达到10.77平方千米，全地区城镇化率达到30.17%，市政设施托管运营工作走在全区前列。

——固定资产投资支撑有力。超前谋划、主动作为，积极争取国家投资，创新投融资模式，“十二五”累计完成全社会固定资产投资542.44亿元、是“十一五”时期的2.9倍。地区“十二五”规划136项重点建设项目现已完工69项、在建67项，累计完成投资392.21亿元。初步形成地区“十三五”项目库，涉及项目2237个，总投资超过2100亿元。2015年，国家、招商、援藏、民间投资分别完成113.45亿元、19.58亿元、5.42亿元、7.46亿元。泽贡高等级公路控制性工程嘎拉山隧道和雅江特大桥建成通车；拉林铁路全线开工建设，贡嘎机场改扩建工程进展顺利；藏木水电站6台机组全部投产，大古水电站、加查水电站、江北灌区、雅砻水库、结巴水库建设进展顺利。充分发挥工作专班衔接项目、地级领导督导项目、贷款垫资建设项目、按月调度项目等好经验和好做法。围绕项目决策、审批、工程质量、招投标等方面，不断强化稽察督导力度，有效规范基本建设程序。

——产业结构日趋协调。三次产业结构为5.1∶48.6∶46.3，较“十一五”末分别下降2.4个百分点、提高2.1、0.3个百分点，“二三一”产业结构进一步巩固。农牧林水完成投资20.73亿元，加大高标准农田、农牧业特色产业、防抗灾体系等建设力度，逐步扩大农机具推广使用范围，粮油产量达到17.03万吨，保持平稳增长。着力实施产业、品牌、商标特色农牧业“三推进”工作。华新水泥、华钰矿业等重点骨干企业生产经营基本保持平稳。《山南地区天然饮用水发展实施意见》出台并实施。优势矿产业、建筑建材、饮用水产业、民族手工和藏医药等产业加快发展。实施“万村千乡”“农超对接”，建成农贸市场1个、商贸中心1个，积极培育消费热点。雅砻文化节成功举办，群众广场文化活动蓬勃兴起，实施地区博物馆、藏王墓保护与维修等项目建设，推动文化产业发展。《山南地区关于进一步加快旅游业发展的实施方案》出台并执行，大力实施景区景点和乡村旅游基础设施建设，推动旅游业做大做强。全年接待国内外游客达到234.98万人次，增长19.3%；旅游总收入实现9.21亿元，增长22.5%。

——示范创建成效显著。国家公共文化服务体系建设示范区取得阶段性成果，累计投入创建资金3.19亿元，基本实现公共文化设施地县乡村四级全覆盖，创建工作顺利通过自治区初验。国家生态文明先行示范区有序推进，累计完成投资30.56亿元、占计划总投资的39.3%，53项指标中已达标18项。统筹城乡发展示范区加快推进，示范区总体规划通过自治区人民政府批准，已入园、签订协议、正在洽谈企业10家。泽当镇国家新型城镇化试点得到国家发改委批复，试点实施方案编制完成。杰德秀、桑耶、勒等特色小城镇规划通过自治区审查，建设工作全面启动。“六个模范区”建设持续推进，总体实现程度达到93.6%，基本建成和谐稳定、民族团结、生态美好三个模范区。

——生态环境质量稳步提升。羊湖生态环境保护、“两江四河”流域造林绿化、220处农村饮用水源地保护和12个乡镇垃圾填埋场等项目加快建设。植树造林12.7万亩，封山育林4.6万亩，防沙治沙38万亩。建成自治区级生态乡镇4个、生态村居69个。项目节能登记备案568个。泽当污水处理厂开展调试运营。城乡环境综合整治力度加大，主要污染物排放控制在指标范围内。积极推进“探索独立进行环境监管和行政执法”“完善污染物排放许可制和企事业单位污染物排放总量控制制度”两个制度创新。认真做好生活垃圾、建筑垃圾和医疗废物处置工作，推进各县县城生活垃圾市场化托管运营模式。圆满完成县域环境质量考核，洛扎、隆子、错那三县评为优秀，2015年度县域环境保护考核位列全区第一。

——民生民利持续改善。完成38个居委会人居环境综合整治、24个村居政权示范点建设、2770户农村危房改造和4000户农村建筑节能示范工程。实施城镇保障性安居工程7477套(户)，建设乡镇干部职工周转房3024套。自治区利民惠民、利寺惠僧“十件实事”全面落实。整合资金17.25亿元实施地区“十大民心工程”。26项补助提标政策及时兑现，扶贫开发成效显著，实现1.52万人脱贫。桑日、曲松、洛扎三县义务教育均衡发展通过国家验收，体育事业蓬勃发展。全民健康体验、“两降一升”、先心病患儿免费救治等工作走在全区前列。广播电视实际综合覆盖率达到98%以上。实施科技项目74个。全地区新增城镇就业0.56万人，城镇登记失业率控制在2.1%以内。社保参保31.06万人次。“双集中”目标圆满实现。及时兑现各项优惠政策，鼓励农牧民参与项目建设，形成以“政策、项目、产业、劳务”为主导的增收机制，推行“一乡一策”增收办法，城乡居民人均可支配收入分别达到23881元、8991元，“十二五”时期年均分别增长11%、15.7%。

——改革开放克难求进。撤地设市正式获批，乃东县农村综合改革试验区加快建设，机关事业单位养老保险改革等顺利完成，财政预算、金融风险补偿、商事制度等改革稳步推进。项目审批权限稳妥下放。地区政务服务中心集中服务和审批项目126项。优化发展环境专项行动全面推进，各项工作持续展开，泽当城区专项行动初见成效。完成“十二五”时期深化医药卫生体制改革中期评估报告。雅砻文化节和藏博会招商引资成果丰硕，灵康药业成功上市，全地区在建招商项目43个。非公经济市场主体达到1.54万户、注册资金154.5亿元，同比分别增长13.5%、52.7%。全年完成援藏投资5.42亿元、同比增长17.5%，争取1‰以外援藏资金3.1亿元。“组团式”医疗援藏和干部群众交往交流交融扎实推进，加大紧缺人才和基层干部的培养。“十三五”对口援藏规划编制工作顺利推进。

——社会局势持续稳定。认真落实自治区“十个方面”维稳措施和地区维护稳定十条规定。创新方法和举措，扎实开展强基惠民活动、法律进万家活动、城镇网格化管理、“先进双联户”创建评选、寺庙管理、边境管控、矛盾纠纷排查化解、打击专项整治和重点时段维稳工作。建立乡镇、村居两委、寺管会5个“十个一”工作法、四级信访接待日活动等制度，2013年以来连续两年社会综合治理工作均被评为全区第一名。“六五”普法成效明显。安全生产事故起数和死亡人数下降23.9%、11.5%。食品药品执法监管力度加大。防灾减灾工作有序开展。扎实推进廉政建设、公车治理和简政放权等工作，清理整顿楼堂馆所建设，“三公”经费同比下降75%。审计工作不断加强。兴边富民行动持续推进，较少民族加快发展。党的宗教政策得到全面贯彻落实，寺庙法制宣传教育活动有效开展，依法管理宗教事务和寺庙僧尼，积极引导宗教与社会主义社会相适应。

2015年是我地区经济社会发展极不平凡的一年，取得的成绩来之不易。在充分肯定成绩的同时，我们也必须清醒看到存在的不足和问题：一是发展速度明显加快，但发展基础仍然薄弱；二是发展质量不断提升，但经济转型压力较大；三是统筹城乡力度加大，但城乡差距仍然明显；四是公共服务不断加强，但总体水平仍然不高；五是改革开放稳步推进，但发展活力仍然不足；六是生态环境保持良好，但环保压力仍然较大；七是社会局势持续稳定，但隐患挑战仍然较多。

二、2016年国民经济和社会发展计划安排

2016年是“十三五”开局之年，要紧紧围绕中央第六次西藏工作座谈会和全区经济工作会议确定的目标任务，始终坚持依法治藏、富民兴藏、长期建藏、凝聚人心、夯实基础的重要原则，坚持把改善民生、凝聚人心作为经济社会发展的出发点和落脚点，按照“三严三实”要求，盯紧五年规划目标和年度计划，以更加务实的作风，抓好经济社会发展各项工作，确

保“十三五”开好局、起好步。

经济社会发展主要预期目标是：力争市生产总值增长12%以上，全社会固定资产投资增长22%以上，公共财政预算收入增长16%以上，社会消费品零售总额增长13%以上，城镇居民人均可支配收入增长10%以上，农牧民人均可支配收入增长13%以上，城镇登记失业率控制在2.1%以内，居民消费价格控制在4%以内。

实现上述奋斗目标，我们要牢固树立“创新、协调、绿色、开放、共享”五大发展理念，深入贯彻全区“663”工作思路，紧紧围绕“两基地一核心”发展定位，大力实施“七大战略”，持续推进“六个模范区”和“七个山南”建设，全面落实“三个年、三大保障，九个开好局”工作目标，保持定力，开足马力，精准发力，着力完成以下主要任务：

（一）抓投资、促产业，努力增强内生新动力。一是推动项目建设。建立健全项目前期工作情况沟通联系制度和责任制度，强化进度意识、节点意识、效率意识，将项目前期工作纳入年度综合考评范畴。以撤地设市为契机，系统谋划一批争取自治区扶持的项目。确保三年滚动项目、所有“十三五”规划项目的前期工作分别在今年年底前、2018年6月底前完成。加快推进拉林铁路、泽贡高等级公路、加桑二期油路、加查水电站、大古水电站、雅砻水库、结巴水库、泽当大道等一大批重点骨干项目建设，开工建设拉萨—山南快速通道、拉林铁路供电工程、俗坡下至三安曲林公路、市人民医院整体搬迁等项目，力争全年完成全社会固定资产投资178亿元，其中国家投资完成149.5亿元。加快推进投资审批权限的下放，指导各县投资审批权限的承接工作。认真做好市、县（区）两级项目在线审批监管平台建设。继续发挥好地级领导督导项目和项目稽查机制，强化月度、季度工作督查，加快项目建设进度，提高项目投资效益。二是推动产业发展。加大资金整合力度，力争完成农牧林水投资21.05亿元。扎实做好“三推进”工作，谋划与拉萨“净土健康产业”的对接互动发展。全力打造藏中清洁能源基地，有序推进四个矿业基地建设，加快发展天然饮用水产业，突出抓好民族手工业、绿色食饮品、藏医药研发生产等产业。加快推进产城一体示范点基础设施建设，为更多企业落户落地奠定良好基础。着手开展“沿江百亿产业走廊”专项研究。全力打造藏源文化旅游基地，加快旅游项目的建设，加强旅游文化的融合发展。加快推进流通体系建设，力争社会消费品零售总额增长13%以上。三是推动金融撬动。用足用好用活中央赋予西藏的特殊优惠金融政策，大力推行总承包制、代建制和PPP等模式，引导更多金融资本、社会资本投向基础设施、“三农”和实体经济。力争今年列入一批专项建设基金和PPP项目，超前储备一批争取列入自治区贷款计划的项目，继续巩固银行贷款建设项目工作成果，充分发挥撬动作用。

（二）抓统筹、促服务，努力提升区域竞争新活力。一是强力推动拉萨山南一体化发展。拉萨山南一体化发展已上升为自治区重要发展思路，要牢固树立“一盘棋”思想，集全市之智、举全市之力，以“六个一体化”为抓手，统筹协调做好前期研究，协同推进重大基础设施项目前期工作，开展产业差异化发展研究，着手编制一体化发展总体规划，建立健全工作机构和联席会议制度，构建区域合作体制机制，努力把山南建成全区核心经济区和开放型经济高地。二是扎实做好试点示范。圆满完成国家公共文化服务体系建设示范区迎国检工作。扎实推进国家生态文明先行示范区各项工作任务，指导错那县加快国家重点生态功能区建设试点工作。加大统筹城乡发展示范区建设力度，加快推进产城一体示范点基础设施建设，组建管理机构，强化入园企业跟进和协调力度，鼓励入园企业或项目采取独资、控股、合资合作、参股改制、特许经营等方式到园区投资兴业。主动对接、强化服务、积极配合，加快推进乃东县农村综合配套改革试点示范工作。全力打造人口较少民族发展示范区，稳步推进“新型农牧区综合体”建设。三是推进新型城镇化。启动泽当镇国家级“产城融合”新型城镇化试点工作，坚持“南控、北跨、东环、西沿、中优”空间发展方向，加快推进泽当建成拉萨城市群副中心城市步伐，加大杰德秀、桑耶、勒等特色小城镇建设协调工作力度，力争全市城镇化率达到32%。四是突出规划引领。完成市“十三五”规划纲要和相关行业专项规划编制工作，及时对外发布。加快推进贡嘎、加查、错那三县“十三五”多规合一的试点工作。

（三）抓生态、促协调，努力打造生态文明新高地。严守生态保护底线，不越红线，不触高压线，优化国土空间开发，构建科学合理的生产生活生态空间布局。全面落实主体功能区规划，加强重点生态功能区建设。完善森林生态效益补偿、草原生态保护补助奖励机制。加快实施县污水处理厂、乡镇垃圾填埋场、城乡环境提升工程、造林绿化工程和西藏生态安全屏障保护与建设工程、“两江四河”流域造林绿化工程，加快推进国家湿地公园建设步伐，加大自然保护区保护与建设力度，推进雅江中游土地沙化、藏东南水土流失和小流域综合治理。严格实行矿产开发政府“一支笔”审批制度、环境保护“一票否决”制度，合理有序开发矿产资源。严把生态环境、产业政策、资源消耗“三关”，严禁落后产能、“三高”企业和项目进入山南。严格执行县域环境质量考核制度，建立领导干部自然资源资产管理离任审计制度，建立生态环境保护和建设的绩效考核与动态监测机制。

（四）抓改革、促开放，努力开创合作共赢新局面。一是全面深化改革。做好政府机构改革和事业单位分类改革。稳慎开展土地制度改革，稳妥推进土地集中储备、宅基地确权登记颁证、农村集体土地确权登记、永久基本农田划定和草原确权承包登记。推进财税金融体制改革。重点实施好国有企业分类改革、公司制改革。全面启动教育改革。制定大众创业、万众创新扶持政策。二是持续扩大开放。坚持高起点编制规划、高标准谋划项目，坚持“走出去”与“请进来”相结合，推动招商引资实体化、项目化，力争岷山集团等一批重点企业和项目尽早落地，完成招商引资20亿元。三是发挥援藏优势。完成第八（六）批援藏轮换工作，对接做好“成建制”教育援藏和“组团式”卫生援藏工作，协调三省设立民间交往交流交融联络机构，努力形成全方位援藏工作机制。尽快落实“十三五”对口援藏规划，突出“四个严禁”要求和“七个优先”原则，全面启动援藏“十个一”工程。

（五）抓民生、促保障，努力形成以民为本新气象。落实“五个一批”，突出“六个精准”，推进“七个计划”，积极对接争取自治区85亿元的扶贫总盘子资金，完成1.9万人精准脱贫和1034人的易地搬迁任务，大力推进精准扶贫。推进义务教育均衡发展，加快双语幼儿园建设，抓好在泽当新建一所完全中学工作。实施市人民医院整体搬迁，推进市、县医院高压氧舱建设，加强医疗卫生服务体系建设。完善现代公共文化服务体系，加强基层公共文化设施建设。切实推进广播电视户户通和舍舍通等项目建设。加快社区服务中心、乡镇救灾物资储备仓库和避难场所建设。加强就业和人力资源设施建设，促进新增就业人数稳定增长。逐步完善社会保障公益设施，稳步提高社会保障和救助能力。建成保障性住房2502套。全面贯彻地区增收会议精神，深入实施农牧民增收“八大工程”，认真落实“一乡一策”“一村一策”增收办法，力争项目带动农牧民增收突破10亿元，确保农牧民人均可支配收入增长13%。稳定控制市场物价，保持价格总水平基本稳定。

（六）抓和谐、促稳定，努力实现“三个稳定”新格局。一是加强社会治理。坚持一手抓凝聚人心、一手抓打击整治，突出社会面、寺庙、边境、重点目标和人员，发挥基层组织、寺管会、驻村工作队、便民警务站、公安检查站、“双联户”作用，强化值班备勤、情报搜集、舆情管控、应急处突、教育转化和督促检查，确保社会和谐稳定。二是优化发展环境。突出“四个只要、四个一律”原则，扎实开展优化发展环境专项行动，妥善处理各种影响和破坏发展环境的突出问题。坚持依法履职，依法接受同级人大及其常委会的监督，自觉接受人民政协的民主监督，接受社会和舆论监督，权力在阳光下运行。坚持廉洁履职，坚决纠正侵害群众利益的不正之风、坚定不移惩治腐败。坚持勤勉履职，增强政治意识、大局意识、核心意识、看齐意识，加强作风能力建设，坚决整治庸政懒政怠政行为，使广大干部愿干事、敢干事、干成事。三是加强安全生产。进一步找准并弥补道路交通、非煤矿山、地质灾害、重点工程、消防安全、食品药品安全、敏感时段节点和人员密集场所八个方面的短板，建立隐患排查、预防控制、安全标准、联动执法和约谈惩戒“五大体系”，制定隐患排查员、县域联动执法、责任片区包办、社会共治、清单管理、保险补偿和撬装加油管理“七项制度”，确保事故起数和死亡人数“双下降”。

风正海阔，自当扬帆破浪；任重道远，更须策马加鞭。让我们在市委、市政府的正确领导下，在市人大和市政协的监督支持下，万众一心、锐意进取、攻坚克难、逆势而进，在“坚持两基地一核心、深化七大战略”的进程中谱写“山南梦”更加辉煌的新篇章！

山南地区2015年财政预算执行情况和山南市2016年财政预算草案的报告

在山南市第一次人民代表大会第一次会议上

山南地区财政局

各位代表：

受市人民政府委托，现将山南地区 2015 年财政预算执行情况和山南市 2016 年财政预算草案报告提请市一届人大一次会议审查，并请市政协各位委员和其他列席人员提出意见。

一、2015 年全地区财政预算执行情况

2015 年是“十二五”规划的收官之年，也是全面深化改革的关键之年。在地委、行署的正确领导下，各级财政部门主动适应经济发展新常态，攻坚克难，开拓进取，坚持稳中求进工作总基调，全面深化预算管理制度改革，深入贯彻落实稳增长、调结构、促改革、惠民生、保稳定、防风险等一系列政策措施，扎实推进经济社会发展，不断提高人民群众物质文化生活水平，圆满完成全年预算收支目标和财政工作任务，预算执行情况总体良好。

（一）2015 年财政预算执行情况

2015 年，全地区一般公共预算、政府性基金预算、社会保险基金预算、国有资本经营预算收入合计 135.3192 亿元，支出合计 128.3236 亿元。

1. 一般公共预算

收入预算执行情况：全地区一般公共预算收入完成 11.6027 亿元，为年初预算的 121.4%，比上年决算数增加 1.7386 亿元，增长 17.62%。

分结构来看，税收收入完成 8.7949 亿元，增长 6.5%，占收入总额的 75.8%，其中，增值税完成 1.9738 亿元，为预算的 81.5%，比上年决算数减少 0.1289 亿元，减少 6.1%，主要是受增值税政策性退库及矿产品批发企业效益不景气影响；营业税完成 3.7319 亿元，为预算的 127.8%，比上年决算数增加 0.6319 亿元，增长 20.4%，主要原因是重点、重大工程项目投入增加，实现营业税大幅增长；企业所得税完成 1.2127 亿元，为预算的 99.5%，比上年决算数减少 0.066 亿元，下降 5.2%，主要是根据《西藏自治区人民政府关于印发西藏自治区企业所得税政策实施办法的通知》（藏政发〔2014〕51 号），从 2015 年 1 月 1 日起至 2017 年 12 月 31 日止，暂免征收我区企业应缴纳的企业所得税中属于地方分享的部分，导致政策性减收 0.066 亿元；个人所得税完成 0.542 亿元，为预算的 97.8%，比上年决算数减少 0.1443 亿元，下降 21%，主要是财产转让和股息、红利所得等一次性入库因素减少影响。非税收入完成 2.8078 亿元，为预算的 189.2%，比上年决算数增加 1.2777 亿元，增长 75%，占收入总额的 24.2%，主要是政府性基金转列非税收入政策和一次性入库资金影响。

分级次来看，地区本级一般公共预算收入完成 5.7218 亿元，增长 29.3%；县级完成 5.8899 亿元，增长 8.2%。

另外，一般公共预算历年结余 0.2112 亿元，政府性基金调入一般公共预算资金 0.0865 亿元。

转移支付执行情况：经过积极争取，自治区财政共计下达转移支付 114.7659 亿元，比上年增加 48.5139 亿元，增长 73.2%。其中：一般性转移支付 62.5244 亿元，比上年增加 17.0797 增长 37.6%，主要原因是 2015 年增资因素等。专项转移支付 49.3608 亿元，比上年增加 31.2913 亿元，增长 173.2%，主要原因是自治区以往下达到财政专户的专项资金 2015 年通过预算内下达。地区本级财政不断加大对高寒贫困县转移支付力度，对县共安排转移支付 73.0626

亿元，比上年增加 25.8476 亿元，增长 54.8%。其中，一般性转移支付 45.4337 亿元，比上年增加 14.5687 亿元，增长 47.2%；专项转移支付 26.6314 亿元，比上年增加 11.2518 亿元，增长 73.2%。

支出预算执行情况：各级财政通过积极争取自治区财政支持、盘活存量资金、加快预算执行进度等方式，千方百计增加财政支出。全地区一般公共预算支出完成 121.841 亿元，增长 58.8%；地区本级一般公共预算支出完成 45.0604 亿元，比上年增加 21.005 亿元，增长 87.3%。全地区主要支出科目的执行情况如下：

农林水支出 24.5396 亿元，完成预算的 170.5%，比上年增加 12.4085 亿元，同口径比较（下同），增长 102.3%。一是完善对农牧民的补贴政策。落实资金 0.5314 亿元，对农作物良种和优良牲畜推广及农机具购置进行补贴。落实农牧民技能培训资金 0.065 亿元。二是加快农牧业综合生产项目建设。落实资金 0.5 亿元，支持现代农业发展。落实资金 0.0442 亿元，支持农牧业科技推广。落实资金 0.085 亿元，推进菜篮子工程实施。三是加强水利基础设施建设。落实资金 1.53 亿元，实施小型农田（牧区）水利项目建设。落实资金 0.1953 亿元，支持全地区抗旱保生产、汛后损毁水利设施修复及应急度汛工作。四是推进扶贫及农业综合开发。落实资金 5.36 亿元，用于实施全地区扶贫项目。落实资金 1.5649 亿元，实施高标准农田建设。五是提高农牧业生态保护力度。落实资金 1.4324 亿元，继续实施草原生态保护奖励补助机制。落实资金 0.5286 亿元，用于重点区域造林、草原草场和动植物保护补助、防沙治沙、森林防火等支出。落实资金 0.05 亿元，开展水生态和湿地保护试点工作。六是加快农村综合改革进程。落实资金 0.6405 亿元，用于完善农村税费改革补助政策，进一步提高村级组织工作经费、农村五保户供养、村干部基本报酬和业绩考核等补助标准。2015 年，全地区农牧民人均可支配收入达到 8991 元，财政对农牧民群众的直接、间接补贴人均达 3992 元。

社会保障和就业支出 7.7009 亿元，完成预算的 192.5%，比上年增加 2.7281 亿元，增长 54.9%。落实资金 1.7886 亿元，用于全地区“五大保险”补助和公益性岗位补贴。落实资金 0.309 亿元，保障五保户、孤儿生活和地区老年护理院、儿童福利院、县级社会福利院运行。落实资金 0.4862 亿元，用于城乡居民最低生活保障。落实资金 0.4836 亿元，用于医疗救助、优抚对象医疗补助、流浪乞讨人员救助、自然灾害救助、困难群众临时救助和三大节日一次性生活补助。

医疗卫生支出 7.6081 亿元，完成预算的 149%，比上年增加 2.4897 亿元，增长 48.6%。落实资金 1.3874 亿元，用于新型农村合作医疗及城乡医疗救助。落实资金 2.2183 亿元，继续推进基层医疗卫生机构改革。落实资金 0.3 亿元，用于公立医院各项事业发展。落实资金 0.2 亿元，建设 100 个村级卫生室，实现全地区所有村居村级卫生室全覆盖；落实资金 0.8374 亿元，实施好干部职工及城乡居民和在编僧尼免费健康体检、先心病患儿免费筛查救治工作，加大村医补贴、提升基本公共卫生服务。落实资金 0.1296 亿元，，积极推进基层医疗卫生机构实施国家基本药物零差率销售，切实减轻患者负担，让利于民。落实资金 0.0496 亿元，保障村卫生室正常运转。落实资金 0.0338 亿元，提高孕产妇住院分娩率，降低孕产妇死亡率和消除新生儿破伤风。

教育支出 18.4868 亿元，完成预算的 170.5%，比上年增加 6.8663 亿元，增长 59.1%。落实资金 1.7322 亿元，继续实施中小学校“三包”及助学金政策。落实免费教育资金 0.6139 亿元，继续实施并完善学前至高中阶段“十五年”免费教育。落实资金 0.1633 亿元，继续实施学生营养改善计划。

文化体育与传媒支出 3.2079 亿元，完成预算的 167.5%，比上年增加 1.2935 亿元，增长 67.6%，落实资金 0.0434 亿元，继续推进公益性文化设施向社会免费开放。落实资金 0.6758 亿元，用于国家重点文物保护维修项目。落实地方公共文化服务体系建设资金 0.253 亿元，重点用于 20 个村级综合性文化服务中心建设、图书馆装修和设备配置、文化信息资源共享工程、文化遗产保护、文化门户网站建设及基层群众文化活动等项目。落实农村电影公益放映场次补贴经费 0.0207 亿元。落实资金 0.0481 亿元，用于加强民间艺术团演出队伍建设。落实资金 0.2248 亿元，实施地区及县城数字影院建设，推进县级有线电视数字化进程和中央广播电视无线覆盖。

科学技术支出0.2487亿元，完成预算的179%，比上年增加0.0681亿元，增长37.7%。落实资金0.038亿元，用于支持科技特派员在基层创业，开展科普宣传活动，培养600名以上农牧民科技明白人。

住房保障支出5.1975亿元，完成预算的135.8%，比上年增加1.369元，增长35.8%。落实资金1.4551亿元，用于公共租赁住房、乡（镇）干部职工周转房，城镇棚户区改造和廉租住房建设。落实住房改革资金2.1532亿元。

节能环保支出1.8503亿元，完成预算的209.7%，比上年增加0.2951亿元，增长19%。落实退耕还林补助资金0.0995亿元。落实污染防治资金0.5538亿元。落实自然生态保护资金0.3336亿元。

城乡社区支出6.0251亿元，完成预算的170.5%，比上年增加2.0855亿元，增长53%。落实城乡社区管理事务支出0.6801亿元。落实城乡社区公用设施建设资金4.873亿元。落实城乡社区环境卫生领域资金0.1837亿元。

交通运输支出8.9785亿元，完成预算的112.5%，比上年增加8.1405亿元，增长971.4%。落实中央车购税项目资金7.5947亿元，加快全地区农村公路和交通重点项目建设，公路养和抢险保通。认真贯彻执行“两限一警”政策，兑现客运班线补贴资金0.1074亿元。

资源勘探信息等支出4.4838亿元，完成预算的1188%，比上年增加2.9361亿元，增长189.7%，落实支持中小企业发展和管理资金4.0664亿元。落实安全生产监管资金0.1926亿元。落实国有资产监管资金0.0776亿元。

商业服务业等支出0.7727亿元，完成预算的299%，比上年增加0.0871亿元，增长12.7%。落实旅游发展专项资金0.164亿元。

国土海洋气象等支出0.7913亿元，完成预算的208.6%，比上年增加0.2914元，增长58.3%。落实资金0.2878亿元，主要用于错那县觉拉乡地质灾害搬迁、隆子县三林乡崩塌群地质灾害治理、扎囊县强巴林寺周边地质灾害治理项目。

粮油物资储备支出0.2654亿元，完成预算的881.7%，比上年增加0.2321亿元，增长697%。落实种粮农民直接补贴0.0027亿元。落实粮食储备库改扩建项目资金0.0512亿元。

公共安全支出7.7379亿元，完成预算的175%，比上年增加2.9526亿元，增长61.7%。全面落实政法机关、公安现役部队和武警内卫部队等经费，确保重点领域关键节点维稳经费需求。

一般公共服务支出20.9724亿元，完成预算的136.9%，比上年增加0.9603亿元，增长4.8%。全面落实各项创新社会和寺庙管理政策，落实爱国守法先进僧尼表彰奖励资金0.0456亿元，“先进双联户”创建活动及表彰经费0.2614亿元，民族团结进步模范表彰经费0.00153亿元。落实驻寺干部特殊岗位补贴资金0.0896亿元。落实“强基惠民”驻村工作办实事经费和生活补助资金0.9085亿元。落实资金0.7088亿元，全力做好自治区成立50周年庆祝活动经费保障。

收支平衡情况：2015年，全地区一般公共预算收入11.6027亿元，加上上级财政补助、上年结转、政府性基金调入，总财力共计126.6663亿元，增长71.2%。一般公共预算支出121.841亿元，加上补充预算稳定调节基金2.2124亿元，结转下年支出2.6129亿元，支出总量126.6663亿元，实现当年收支平衡。

2. 政府性基金预算

收入预算执行情况：全地区政府性基金收入完成0.4736亿元，为年初预算的238.3%，同比下降45.4%。主要原因是地方教育附加、育林基金等按规定转列到一般公共预算，同时地区本级土地出让收入减少。

分级次来看，地区本级政府性基金收入完成0.2563亿元，比上年减少0.4448亿元，下降63.5%；县级完成0.2173亿元，比上年增加0.0512亿元，增长30.8%。

基金补助情况：2015年自治区财政下达政府基金补助1.283亿元，比上年增加0.241亿元，增长23.1%。

另外，政府性基金上年结转0.5896亿元，政府性基金调出资金0.0865亿元。

基金支出预算执行情况：全地区政府性基金支出完成1.6236亿元，比上年增加0.0961亿元，增长6.3%；地区本级政府性基金支出完成0.4166亿元，比上年减少0.1443亿元，下降25.7%。全地区主要支出科目的执行情况如下：

文化体育与传媒支出0.045亿元，比上年增加0.045亿元，同口径比较(下同)，增长100%；社会保障支出0.0087亿元，比上年增加0.005亿元，增长135%；城乡社区支出0.4324亿元，比上年增加0.0022亿元，增长0.5%；其他支出1.1375亿元，比上年增加0.6991亿元，增长159.5%。

收支平衡情况：2015年，全地区政府性基金收入0.4736亿元，加上上级财政基金补助、上年结转，减去调出资金等，基金总财力共计2.2597亿元，增长67.3%。政府性基金支出1.6236亿元，结转下年支出0.6361亿元，支出总量2.2597亿元，实现当年收支平衡。

3. 国有资本经营预算。

2015年，地区开始试编国有资本经营预算并上报自治区。全地区国有资本经营预算收入0.0172亿元，国有资本经营预算支出0.0172亿元。

4、社会保险基金预算。

收入预算执行情况：2015年，全地区社会保险基金收入6.376亿元，为年初预算的125%，同比增长22.01%。分险种来看：全地区企业职工基本养老保险基金收入1.2338亿元，比上年增加0.2606亿元，增长21.12%；城乡居民基本养老保险基金0.9652亿元，比上年增加0.3675亿元，增长38.08%；城镇职工基本医疗保险基金2.1678亿元，比上年增加0.4746亿元，增长21.89%；新型农村合作医疗基金1.3792亿元，比上年增加0.1449亿元，增长10.51%；城镇居民基本医疗保险基金0.0749亿元，比上年减少0.0162亿元，减少21.63%；工伤保险基金0.1440亿元，比上年增加0.0584亿元，增长40.56%；失业保险基金0.2986亿元，比上年增加0.0702亿元，增长23.51%；生育保险基金0.1125亿元，比上年增加0.0435亿元，增长38.67%。

支出预算执行情况：全地区完成社会保险基金支出4.8418亿元，比上年增加0.9342亿元，增长19.29%，其中：企业职工基本养老保险基金完成0.8932亿元，比上年增加0.1132亿元，增长12.67%；城乡居民基本养老保险基金完成0.6518亿元，比上年增加0.2185亿元，增长33.52%；城镇职工基本医疗保险基金完成1.4778亿元，比上年增加0.2974亿元，增长20.12%；新型农村合作医疗基金完成1.4878亿元，比上年增加0.1735亿元，增长11.66%；城镇居民基本医疗保险基金完成0.2129亿元，比上年增加0.1213亿元，增长56.98%；工伤保险基金完成0.0448亿元，比上年增加0.0107亿元，增长23.88%；失业保险基金完成0.0162亿元，比上年增加0.006亿元，增长3.7%；生育保险基金完成0.0573亿元，比上年增加0.0004亿元，增长0.7%。

收支平衡情况：2015年，全地区社会保险基金收入6.376亿元，社会保险基金支出4.8418亿元。当年收支结余1.5342亿元，年末滚存结余9.0696亿元。

（二）2015年财政改革进展情况

2015年是新预算法实施的第一年。地县两级财政部门在努力做好预算执行的同时，财政改革和管理也取得新突破。一是加强全口径预算管理，实现四部预算统筹、统编、统批、统管，做到各有侧重，有机衔接。二是财政支出结构进一步优化。2015年民生支出达到83.6亿元，占财政总支出比重达到69.4%，比上年提高5.5个百分点。三是扎实推进预算公开。截至2015年底，已有41家地直单位和120家县直单位向社会公开部门预决算和“三公”经费。四是严格落实厉行节约各项规定，严控并尽量压减“三公”经费。2015年全地区“三公”经费1.2919亿元，同比下降17%。五是积极盘活存量资金。按照财政部、自治区财政厅有关文件要求，2015年收回超过两年的预算内存量资金1.06亿元。

各位代表：过去的5年，是山南地区财政发展史上极不平凡、成果丰硕的五年。五年来，全地区财政收支规模跃上新台阶，实现历史性新跨越，财政综合实力显著增强，民生福祉全面改善，监管水平明显提升，财政改革持续推进，为全地区经济社会发展提供坚实的财力保障。全地区财政收入由2010年的4.0005亿元，增加到11.6027亿元，年均增长23.82%；财政支出由2010年的28.5263亿元增加到121.841亿元，年均增长34.25%。财政实力不断壮大的同时，财政改革不断推进，财政管理水平不断提高，服务社会稳定发展的能力稳步提升。与此同时，也面临一些困难和问题，譬如：收入增长进入新常态，而财政支出刚性却无法压减，收支平衡压力较大；财税体制改革进入“深水区”，推动难度越来越大；财政资金管理和资金使用效益有待提高；部分单位预算编制还不够完整细化，预算执行还不够严格，预算公开还不够主动等等。对于这些矛盾和问题，我们高度重视，将通过深化改革，加强管理，努力加以解决。

二、2016 年财政预算草案

根据《中华人民共和国预算法》《国务院关于编制 2016 年中央预算和地方预算的通知》（国发〔2015〕65 号）的规定和要求，结合我市实际，2016 年预算编制指导思想是：全面贯彻党的十八大和十八届三中、四中、五中全会和中央第六次西藏工作座谈会精神，认真落实市委政府决策部署，充分发挥财政职能作用，实现财政收入有速度、有质量地增长；坚持改革创新，扎实推进财税体制改革，健全事权与支出责任相适应的转移支付制度体系；坚持依法依规理财，严格预算约束，压缩资金分配自由裁量权；整合财政专项资金，集中财力办民生大事；强化资金监管，健全预算绩效管理机制，提高资金使用效益。

根据上述指导思想，2016 年预算收入、支出安排情况如下：

（一）2016 年全市预算安排情况

1. 一般公共预算

收入预算安排情况：2016 年，全市一般公共预算总财力为 89.9313 亿元，按可比口径计算（下同），比上年增加 15.9452 亿元，增长 21.6%。其中：一般公共预算收入安排 11.5812 亿元，比上年增加 2.0244 亿元，增长 21.2%；返还性收入 3.2989 亿元，比上年增加 0.6144 亿元，增长 22.9%；一般性转移支付收入 52.9471 亿元，比上年增加 11.2811 亿元，增长 27.1%；专项转移支付收入 17.4038 亿元，比上年减少 2.6582 亿元，下降 13.3%；上年结转 2.6129 亿元；调入预算稳定调节基金 2.0874 亿元。

支出预算安排情况：全市一般公共预算支出安排 89.9313 亿元，比上年增加 15.9452 亿元，增长 21.6%。其中：市本级支出安排 37.6137 亿元，剔除上年结转因素，比上年增加 5.4622 亿元，增长 17.9%，占当年预算财力的 41.1%，与上年基本持平；县（区）级支出安排 52.3181 亿元，剔除上年结转因素，比上年增加 7.8874 亿元，增长 18.1%，占当年预算财力的 58.9%，与上年基本持平。

2. 政府性基金预算

2016 年，全市政府性基金预算财力为 0.991 亿元，其中：地方政府性基金预算收入 0.35 亿元，政府性基金补助收入 0.0049 亿元，上年结余收入 0.6361 亿元。政府性基金预算支出安排 0.991 亿元。

3. 国有资本经营预算

2016 年，全市国有资本经营预算编制范围包括市直国有企业 10 户。全市国有资本经营预算收入为 0.0419 亿元，国有资本经营预算支出 0.0419 亿元。

4. 社会保险基金预算

2016 年，全市社会保险基金预算收入安排 10.7902 亿元，其中：企业职工养老保险基金 1.0069 亿元，机关事业单位养老保险基金 5.0477 亿元，城乡居民基本养老保险基金 0.9404 亿元，城镇职工基本医疗保险基金 1.9103 亿元，新型农村合作医疗基金 1.4638 亿元，城镇居民医疗保险基金 0.0929 亿元，工伤保险基金 0.0788 亿元，失业保险基金 0.1482 亿元，生育保险基金 0.1012 亿元。

社会保险基金预算支出安排 6.0539 亿元，其中：企业职工养老保险基金 0.9992 亿元，机关事业单位养老保险基金 0.5854 亿元，城乡居民基本养老保险基金 0.6287 亿元，城镇职工基本医疗保险基金 1.6276 亿元，新型农村合作医疗基金 1.7514 亿元，城镇居民医疗保险基金 0.0929 亿元，工伤保险基金 0.0505 亿元，失业保险基金 0.0151 亿元，生育保险基金 0.3031 亿元。

（二）2016 年市本级预算安排情况

1. 一般公共预算安排情况

2016 年，市本级一般公共预算总财力为 37.6137 亿元，按可比口径计算（下同），比上年增加 7.1383 亿元，增长 23.4%。其中：一般公共预算收入安排 5.7402 亿元，比上年增加 0.6902 亿元，增长 13.7%；返还性收入 1.796 亿元，比上年增加 0.384 亿元，增长 27.2%；一般转移支付收入 15.8834 亿元，比上年增加 2.9024 亿元，增长 22%；专项转移支付收入 11.5707 亿元，比上年增加 0.5551 亿元，增长 5%；上年结转 1.6929 亿元；调入预算稳定调节基金 0.9305 亿元。

市本级一般公共预算支出安排37.6137亿元，比上年增加7.1383亿元，增长23.4%，占当年总预算财力的41.8%，基本与上年持平。

2. 政府性基金预算安排情况

2016年，市本级政府性基金预算财力为0.8301亿元，其中：地方政府性基金预算收入0.3亿元，政府性基金补助收入0.0049亿元，上年结余收入0.5252亿元。政府性基金预算支出安排0.8301亿元。

3. 国有资本经营预算安排情况

2016年，市本级国有资本经营预算编制范围包括市直国有企业10户。市本级国有资本经营预算收入为0.0419亿元，国有资本经营预算支出0.0419亿元。

（三）2016年市本级预算安排的重点

1. 健全财政支农政策，支持"三农"发展。安排支农资金7.8523亿元，同口径比较，比上年增加4.1715亿元，增长113.3%。农业方面，安排农牧业各类补贴资金0.1093亿元，农业资源保护与利用0.0711亿元。加快农牧业基础设施建设，安排农村危房改造建筑节能示范点建设资金0.2478亿元。加大农牧业组织化与产业化投入，安排现代农业发展资金0.43亿元，农业组织化与产业化发展资金0.54亿元。提高农牧业防灾抗灾能力，安排农牧业防灾减灾资金0.0379亿元，政策性农业保险保费补贴资金0.05亿元。加强农业综合生产能力、农牧民科技、农村能源等服务经费保障，安排农业综合开发资金0.02亿元、土地治理项目资金1.5939亿元，病虫害控制及畜禽良繁科研及运行经费0.048亿元，青饲玉米种植及鸡苗补贴经费0.0165亿元，农产品质量安全检验检测设备购置经费0.0307亿元，农牧民技能培训资金0.067亿元，科技转化与推广服务及成果转化资金0.0637亿元，农村金融服务补贴资金0.0132亿元，农村集体土地所有权确权登记发证工作经费0.011亿元，农村公益事业项目补助及菜篮子工程资金0.143亿元。林业方面，继续完善森林生态效益补偿政策，加大重点区域造林、自然保护区管护投入。安排森林生态效益补偿基金0.0105亿元，重点区域造林资金0.4148亿元，野生动物肇事补偿资金0.075亿元，防沙治沙资金0.04亿元。水利方面，加强水利建设，推进区域规模化高效节水灌溉，加强高标准农田建设。安排农田（牧区）水利项目建设资金0.02亿元，水利工程运行与维护资金0.352亿元，防汛抗旱资金0.1188亿元，水土保持资金0.1亿元。扶贫方面，财政支农投入重点用于扶贫支出，实施脱贫攻坚工程，推进精准扶贫和精准脱贫。安排财政扶贫投入3.1647亿元，比上年增加2.211亿元，增长232%，其中扶贫开发资金2.1096亿元，少数民族发展及兴边富民资金0.95亿元，以工代赈资金0.1051亿元。

2. 完善社保政策体系，改善民生福祉。安排社会保障和就业资金4.1756亿元，比上年增加2.3143亿元，增长124.3%。社会保险方面，完善生育、城乡居民医疗等社会保险制度，进一步提高城乡居民养老保险基础养老金标准，稳步推进机关事业单位养老保险制度改革。安排城乡居民养老保险补助资金0.1068亿元，进一步将城乡居民养老保险基础养老金从月人均150元提高到180元。安排城镇居民基本医疗保险补助资金0.01亿元，工伤和生育保险缴费补助资金0.038亿元，职工基本医疗保险单位缴费补助资金0.55亿元。安排机关事业单位养老保险补助和职业年金0.1408亿元；社会救助方面，继续做好困难群众生活保障，适当提高城乡低保、五保户供养、贫困残疾人生活补贴和重度残疾人护理补贴标准，实施经济困难的高龄、失能等老年人补贴和大病救助基金政策。安排城乡低保资金0.1819亿元，进一步将城镇最低生活保障标准从月人均640元提高到840元，农村最低生活保障标准按ABC类分别提标600元、400元、200元。安排农村五保户供养补助资金0.0891亿元，进一步将农村五保户供养补助标准从年人均4740元提高到10740元。安排临时生活救助资金0.01亿元，城乡医疗救助资金0.0448亿元，孤儿童生活费及集中供养经费0.0659亿元，将孤儿生活补助标准由人均每月1000元提高到1100元，经济困难的高龄、失能等老年人补贴资金0.0065亿元，贫困残疾人生活补贴和重度残疾人护理补贴资金0.2699亿元，大病救助基金0.05亿元，伤残死亡家庭特别扶助资金0.0326亿元；社会福利方面，推进收入分配体制改革，进一步提高干部职工取暖费，建立失地保障金制度，规范正常福利发放。安排干部职工取暖经费0.0511亿元，安排健康老人补贴资金0.0324亿元，将70—79岁老人纳入补贴范围并提高健康老人补贴标准，安排聘用干部和农牧半脱产人员生活补助资金 0.0225 亿元，安排失地保障金 0.0369 亿元，安排休假探亲费等干部职工正常福利资金 0.6416 亿元；就业方面，继续实施积极的就业政策，完善就业创业扶持体系。安排政府购买公益性岗位补助资金 0.291 亿元，就业专项资金 0.084 亿元，人才引进资金 0.011 亿元；社会安置方面，做好自主择业军队转业干部、军队移交地方安置的离退休人员、优抚对象的医疗、抚恤等经费保障。安排自主择业军队转业干部取暖费补贴资金 0.0072 亿元，义务兵优待及自主就业退役士兵一次性经济补助 0.0909 亿元；保障性住房方面，继续支持全市保障性安居工程建设，加大周转房、公共租赁住房建设、棚户区改造。安排干部职工周转房建设资金 0.7862 亿元，公共租赁住房建设资金 0.183 亿元和棚户区改造资金 0.3304 亿元。

3. 加大社会事业投入力度，提高服务能力。一是坚持教育优先发展，进一步加大教育投入，教育投入比例由 20% 上调至 25%，重点支持学前双语教育、义务教育均衡发展、现代职业教育和教育信息建设等教育事业发展。安排教育事业费 3.2088 亿元，比上年增加 0.5178 亿元，增长 19.3%，安排现代职业教育质量提升计划补助资金 0.25 亿元，安排特殊教育补助资金 0.025 亿元，安排教育投入资金 1.4282 亿元，对所有教师进行生活补助，对高考考入国民教育全日制计划内的农牧民和干部子女进行资助等。二是继续深化医药卫生体制改革，进一步提高基本公共卫生人均服务经费和农牧区医疗经费财政补助标准，加大重大公共卫生项目服务整合力度，推进公立医院改革和县级以下医院国家基本药物制度改革，进一步提高乡（镇）医护人员生活补助标准。安排医疗卫生投入 1.5017 亿元，比上年增加 0.2114 亿元，增长 16.4%。其中：安排基本公共卫生服务经费 0.0062 亿元，安排村医兽医补贴资金 0.0302 亿元，将村医兽医补贴标准在自治区基础上分别每人每月增加 300 元和 200 元；安排公立医院改革资金 0.276 亿元，三家医院事业发展资金 0.5576 亿元，县级以下医院国家基本药物制度补贴资金 0.0833 亿元；安排重大公共卫生专项资金 0.08 亿元，地方病防治和传染病防控经费 0.0253 亿元，藏医药事业发展专项资金 0.0345 亿元；安排城乡居民健康体检经费 0.173 亿元，行政事业单位干部职工体检经费 0.0401 亿元；安排农牧区卫生人员培训经费 0.0156 亿元，乡镇医护人员生活补助资金 0.012 亿元；安排计划生育事业费 0.0085 亿元，出生缺陷一级干预资金 0.0156 亿元，一孩双女奖励扶助资金 0.0471 亿元，妇幼卫生及优生健康检查专项资金 0.0152 亿元；安排孕妇待产生活补助和住院分娩补助及奖励资金 0.0412 亿元。三是加大文化事业投入，促进文化信息资源共享，建设现代化公共文化服务体系，继续实施公共文化场所免费开放和体育场馆低收费开放政策，加大重点文物和非物质文化遗产保护及文化创作投入，支持创建国家公共文化服务体系示范区验收工作。安排文化事业投入 0.468 亿元，比上年增加 0.2706 亿元，增长 137%。其中：安排文化产业发展资金 0.1714 亿元，公共文化场所免费开放补助资金 0.006 亿元，公共文化服务体系建设资金 0.0463 亿元，民间艺术团补助及在岗人员生活补助 0.023 亿元；安排县级有线电视数字化项目资金 0.1066 亿元，广播电视无线覆盖运行维护 0.0052 亿元；安排重点文物保护专项资金 0.0815 亿元。四是支持应用技术研究与开发、科技成果转化。安排科技投入 0.0389 亿元，其中：科技三项费 0.028 亿元，科普专项经费 0.0086 亿元。

4. 加强生态文明建设，构建生态安全屏障。安排生态文明建设资金 0.4995 亿元。其中：环境保护专项及考核奖励资 0.0214 亿元，城市生活垃圾、医疗废物处置、公厕和污水处理运营托管资金 0.1471 亿元，创建 50 个自治区级生态村和 8 个自治区级生态乡镇项目资金 0.058 亿元，滨江湿地保护及清洁能源推广工程资金 0.168 亿元，城镇及造林绿化资金 0.0336 亿元，环卫工人生活补助 0.0053 亿元，进一步提高环卫工人工资，草原生态保护补助及奖励资金 0.0661 亿元。

5. 完善财政投入机制，促进经济发展。一是支持基础设施建设，夯实经济社会发展基础。安排农村公路建设项目资金 1 亿元。二是加大企业扶持力度，发挥财政资金杠杆作用，以贷款贴息、股权投资等方式，引导金融资本和社会资本支持我市实体经济发展，推进创业创新和特色优势产业发展，实现政府主导与市场化运作的有效结合。安排中小微企业贷款风险补偿金0.05亿元、农牧民贷款风险补偿金0.02亿元、企业产业发展资金2.1562亿元。三是进一步加大社会公共服务事业发展投入。安排旅游发展专项资金0.137亿元、信息化建设资金0.3925亿元、公交车运维费0.065亿元。四是加大安全生产投入，做好“两限一警”政策的资金保障。安排安全生产专项经费0.01亿元、县级道路旅客客运班线补助0.096亿元。

6. 加大维稳投入力度，构建和谐社会。一是加大维护稳定投入，促进社会局势长期稳定。安排政法部门业务及办案经费0.2416亿元，扎日转山活动专项经费0.2亿元，边境联防队员生活补助提标资金0.0118亿元，边境一线边民补助提标资金0.175亿元，全民维稳固边试点专项补助资金0.0212亿元，辅警员工资及消防、边防业务资金0.1311亿元，民警生活补贴资金0.0173亿元，国防专项资金0.0195亿元，武警及安全业务经费0.015亿元，情报信息奖励基金0.02亿元。二是强化社会管理投入，加强基层基础。安排强基惠民短平快项目及表彰奖励资金0.4963亿元，“双联户”补助经费0.19亿元，爱国守法先进僧尼表彰奖励资金0.0399亿元；安排民族宗教工作经费0.0131亿元，统战工作经费0.0208亿元，民族团结表彰经费0.0153亿元，基层团组织建设资金0.0029亿元。安排寺管会食堂及乡镇食堂补助经费0.0883亿元，优化环境资金0.5亿元。安排基层政权示范点建设资金0.36亿元，安排村居两委班子考核奖励资金0.0273亿元。安排村民小组组长待遇资金0.0269亿元，基层党建及村级组织党建经费提标资金0.0339亿元。安排村居第一党支部书记生活补助、办实事经费及边境高寒干部生活补助0.0544亿元。

7. 其他资金安排。按照《中华人民共和国预算法》规定，安排本级预备费0.4亿元，占本级财政支出的比重为1.1%。安排新增人员经费0.35亿元、住房公积金0.4亿元、年终一次性奖金0.2亿元、综合考评等各项表彰经费0.13亿元、各类会议及培训经费0.1亿元、项目前期经费0.2亿元、撤地设市经费0.05亿元。

各位代表，2016年是“十三五”开局之年，做好今年的财政工作意义重大。我们将在市委、市政府的正确领导下，自觉接受市人大及其常委会的监督与指导，认真听取市政协的意见和建议，按照“五大理念、七大战略”布局，牢固树立和贯彻落实创新、协调、绿色、开放、共享、和谐的发展理念，以更加饱满的工作热情，更加务实的工作作风，更加全面的工作能力，协力同心、锐意进取，为完成2016年财政目标任务、开创财政工作新局面，做出更大贡献！

各位代表，撤地设市开启山南发展的新征程，今后，财政工作将紧紧围绕着本届政府工作重点，大力支持经济发展，努力促进财政收入实现新突破，到2020年，全市财政一般公共预算收入达到23亿元以上，实现财政收入翻一番目标；不断调整优化支出结构，优先向民生领域倾斜，促进共享式发展；深化财税改革，努力构建科学规范高效的财税体制机制；不断提高财政管理水平，以数量服务意识、优化发展环境为目标，推进规范化服务型财政建设，为确保如期建成全区水平较高的全面小康社会而努力奋斗。

专　文

认真践行“三严三实” 做到“忠诚干净担当”
为山南跨越式发展和长治久安而努力奋斗

地委书记　其美仁增

（2015年5月29日）

同志们：

中央决定，从今年4月底开始，在全国县处级以上领导干部中开展“三严三实”专题教育。根据中央和自治区党委的部署要求，今天，这次专题党课，主要是贯彻落实中央、自治区“三严三实”专题教育工作座谈会精神，特别是刘云山常委、赵乐际部长、陈全国书记的重要讲话精神，全面启动我地区“三严三实”专题教育工作。

下面，我就认真践行“三严三实”，做到忠诚干净担当，推动山南跨越式发展和长治久安，谈四点认识和体会。

一、全面把握“三严三实”

全面把握“三严三实”，关键要充分认识提出的背景、重大意义、丰富内涵和内在关系，对照“三严三实”，认清“不严不实”的具体表现和严重危害。

（一）“三严三实”提出的背景。2014年3月9日，习近平总书记在参加十二届全国人大二次会议安徽代表团审议时提出：“各级领导干部都要树立和发扬好的作风，既严以修身、严以用权、严以律己，又谋事要实、创业要实、做人要实”。之后，总书记先后在党的群众路线教育实践活动总结大会、视察驻昆明部队等场合多次谈到“三严三实”，在全党、全军、全社会引起高度共鸣，形成广泛共识。“三严三实”的提出，具有深厚的历史渊源和广泛的现实基础。

——从历史角度看。“三严三实”传承党对作风建设的一贯原则要求，以毛泽东、邓小平、江泽民、胡锦涛为代表的中国共产党人，将马克思主义党建理论同中国共产党建设的具体实际相结合，创立相互联系、体现时代特征的党的作风建设思想，毛泽东同志提出理论联系实际、密切联系群众、批评和自我批评的三大作风，邓小平同志把党的作风建设提高到关系党和国家生死存亡的高度，江泽民同志对党的作风建设各方面作出全面要求，胡锦涛同志提出要按照科学发展观的要求来加强党的作风建设，这些都为“三严三实”的提出奠定重要的理论基础。

——从现实角度看。党的十八大以来，以习近平同志为总书记的党中央，从作风建设入手，出台八项规定，开展党的群众路线教育实践活动，坚决反对“四风”，形成从严治党新常态。当前，中国正处在全面建成小康社会、全面深化改革、全面依法治国、全面从严治党的关键时期，对作风建设提出新的更高要求。习近平总书记立足新的历史起点，立足党情国情现状，继承我们党历来高度重视作风建设的优良传统，提出“三严三实”要求，彰显我们党与时俱进的马克思主义理论品格，丰富和发展党的建设理论。

（二）“三严三实”的重大意义。“三严三实”要求有着深刻用意和战略思考，体现以习近平同志为总书记的新一届中央领导集体从严从实的执政风格。广大党员干部一定要从落实“四个全面”战略布局、进一步巩固党的执政地位、实现“两个一百年”奋斗目标和中华民族伟大复兴“中国梦”的高度，充分认识“三严三实”的重大意义，切实增强思想自觉和行动自觉。

——“三严三实”是新时期加强作风建设的行动指南。“三严三实”从锤炼党性、用权为民、为政清廉、求真务实、敢于担当、公道正派等方面，深刻阐明作风建设的新要求，树立新的标杆，体现共产党人最基本的政治品格和做人准则，是党员干部的修身之本、为政之道、成事之要，为加强新形势下党的思想政治建设和作风建设指明前进方向、提供重要遵循。只有按照“三严三实”要求推进作风建设，才能保持作风建设的力度和韧劲，真正祛除歪风邪气、树立清风正气。

——“三严三实”是打造高素质干部队伍的内在要求。近年来，我们坚持新时期好干部标准和区党委选人用人导向，坚持“四个注重、四个优先”，大力加强干部队伍建设，取得显著成效。但面对新形势、新任务和新要求，我地区干部队伍与“三严三实”的要求还有一定差距。“三严三实”从精神支柱、价值追求、行为规范等方面，提出新时期优秀党员干部精神特质，是正心修身的思想守则、干事创业的行动准则，是加强干部队伍建设的重要“标尺”，自觉把“三严三实”落实到干部队伍建设中，必将对打造一支忠诚干净担当的干部队伍起到重要推动作用。

——“三严三实”是推进改革发展稳定的重要保障。经过多年的努力奋斗，当前我地区呈现出经济快速发展、社会和谐稳定、民生大幅改善、生态保持良好、边境安宁巩固、人民安居乐业、党的建设不断加强的大好局面，但还面临着全面建成小康社会挑战多、维护稳定任务重、深化改革难度大等诸多问题。“三严三实”从思想层面和实践层面对精神状态、谋事理念、工作方法作系统概括，对我们提振精神、凝聚民心、抢抓机遇、攻坚克难，推进跨越式发展和长治久安具有十分重要的意义。

（三）“三严三实”的丰富内涵。“三严三实”涵盖政治建设、思想建设、业务建设、作风建设、品德建设等各个方面，蕴含着丰富的时代内涵。

——“严以修身”就是要加强党性修养，坚定理想信念，提升道德境界，追求高尚情操，自觉远离低级趣味，自觉抵制歪风邪气。古人云，“修身齐家治国平天下”，“非淡泊无以明志，非宁静无以致远”，讲的都是修身养性问题。习近平总书记更是把“严以修身”作为“三严三实”之首，多次强调共产党人要以德为先、补好“精神之钙”、坚定“三个自信”。党员干部一定要坚持做官先做人、做人先修身，加强修养、提升境界，努力铸就金刚不坏之身。

——“严以用权”就是要坚持用权为民，按规则、按制度行使权力，把权力关进制度的笼子，任何时候都不搞特权、不以权谋私。马克思主义权力观认为，一切权力属于人民，领导干部的权力是人民赋予的，权只能为民所用，不允许搞任何形式的以权谋私。所以，广大党员干部要树立正确的权力观，牢记人民重托，谨慎用权、规范用权、依法用权、为民用权。

——“严以律己”就是要心存敬畏、手握戒尺，慎独慎微、勤于自省，遵守党纪国法，做到为政清廉。领导干部地位特殊、岗位重要，面对的诱惑很多，有权力的诱惑、金钱的诱惑、美色的诱惑、利益的诱惑，如果不能自律，就难免走上歪路，最终身败名裂。党员干部要经常审视自己，经常过滤思想、检点言行，努力做到一身正气、一尘不染，始终保持共产党人的政治本色。

——“谋事要实”就是要从实际出发谋划事业和工作，使点子、政策、方案符合实际情况、符合客观规律、符合科学精神，不好高骛远，不脱离实际。我们党从小到大、从弱到强，历尽苦难走向辉煌，靠的就是“谋事要实”的品质和追求。党员干部要坚持一切从实际出发，把远大理想和现实目标结合起来，从眼前做起，从群众期盼做起，谋对路子、谋实路子。

——“创业要实”就是要脚踏实地、真抓实干，敢于担当责任，勇于直面矛盾，善于解决问题，努力创造经得起实践、人民、历史检验的实绩。“创业要实”树立的是一种正确政绩观导向，体现的是一种责任担当意识，倡导的是一种改革创新精神。“天下大事必作于细，古往今来必成于实”。大的方面说，就是保一方平安、富一方百姓、成就一番事业；小的方面说，就是干好本职、实现自己的人生价值。

——“做人要实”就是要对党、对组织、对人民、对同志忠诚老实，做老实人、说老实话、干老实事，襟怀坦白，公道正派。常言道：“做官一阵子，做人一辈子。”人生的一切成功，归根到底都是做人的成功。党员干部要以实立身、以实为守、以实行事，讲真话、讲实话、做实在人。

（四）“三严三实”的内在关系。三严三实，短短6句话24个字，言简意赅、立意高远，思想深刻、内涵丰富，具有很强的思想性、指导性和针对性，我们要把握其内在的辩证关系，以“严”字当头、“实”字筑底，向实处发力，把“三严三实”贯穿到做人履职全过程，做到对党忠诚、个人干净、敢于担当。

——“三严”的内在关系。“三严”讲的是主观世界的改造，其中，“严以修身”是基础、“严以用权”是核心、“严以律己”是保证，“三严”既是对领导干部做人的基本道德要求，也是作风建设的根本保障，集中体现共产党人的理想信念、根本价值观和党性原则，是党员干部修身、用权、律己方面的标准，也是底线、红线。

——“三实”的内在关系。“三实”讲的是客观世界的改造，其中，“谋事要实”是前提、“创业要实”是关键、“做人要实”是保障，“三实”是对党员干部“谋事、创业、做人”方面的号令、期望和鞭策，是干事创业的行动指南。

——“三严”与“三实”的内在关系。“三严”是内在要求，是根本和出发点；“三实”是价值取向，是目标和落脚点，体现内在自律和外在约束的有机统一。只有做到“三严”，才能打牢“三实”的思想基础。“三实”是“三严”的具体体现，没有“三实”，“三严”就会成为空中楼阁，“三严”与“三实”是相互联系、相辅相成、不可分割、辩证统一的有机整体。

（五）“不严不实”的表现及危害。开展专题教育，解决问题是根本。去年，通过开展党的群众路线教育实践活动，“四风”“两问题”“一薄弱”得到有效解决，全地区党员干部作风呈现出为民务实清廉的良好态势，但对照“三严三实”要求，对照中央提出的3个方面、自治区党委提出的5个方面突出问题，地委经过认真研究、梳理归纳，我地区一些党员干部身上不同程度地存在7个方面的问题。

——具体表现。一是理想信念动摇。有的党员干部信仰迷茫、精神迷失，缺乏坚定的理想信念，甚至暗地里信仰宗教、求神拜佛。二是政治立场不坚定。少数党员干部政治敏锐性和政治鉴别力不强，对十四世达赖集团的“三性”反动本质认识不清，态度暧昧，甚至抱有幻想；对反分裂斗争形势认识模糊，维护稳定的弦绷得不紧，麻痹大意、松劲厌战。三是政治纪律和政治规矩意识不强。有的党员干部党性修养缺失、党性锻炼缺乏、党性原则和大局观念不强，对党不忠诚、做人不老实，阳奉阴违、自行其是，极个别党员干部甚至信谣、传谣、造谣。四是用权不严。有的党员干部滥用权力，搞利益输送、权钱交易，办事不公、不讲程序、不讲规矩，摆不正位置、搞不清身份、群众观念淡薄、不把群众放在心上、服务群众不积极主动。五是谋事不实。有的党员干部急功近利、急于求成，不愿做打基础利长远的事，干事创业缺乏系统规划和长远考虑。六是“两心两力”不强。有的党员干部为官不为、为官不勤，不直面问题、不负责任、不敢担当，不思进取、得过且过、工作缺乏激情和动力，作风不实、工作漂浮、执行力不强，弄虚作假、报喜不报忧。七是自我要求不严。有的党员干部自律意识不强、交友不慎重、生活圈不健康，甚至顶风违纪搞“四风”、不收敛不收手。

——现实危害。出现上述问题，最根本的是个人理想信念滑坡，宗旨意识淡薄，事业心、责任心不强，“四风”问题没有真正解决，世界观、人生观、价值观的“总开关”把得不牢。“不严不实”问题，尽管只存在少数党员干部身上，但危害极大。党员干部的“不严不实”，背离党的优良传统和作风，恶化政治生态，影响党的形象和威信，必将危害党在山南的执政根基。党员干部的“不严不实”，脱离实际、徒做虚功，阻碍党的路线方针政策的落实，最终影响山南改革发展稳定各项事业。党员干部的“不严不实”，放松对自己的要求，违规违纪甚至走上违法犯罪的道路，如地区商务局原局长陆书基受贿案、隆子县副县长单增列谢贪污案，不仅葬送自己的前途，也给家庭造成伤害、辜负组织的培养，值得我们警醒。问题客观存在，危害触目惊心，需要我们对照审视，认真加以解决。

二、党员干部要做到“三严三实”

“三严三实”是党员干部修身做人的基本遵循、为官用权的警世箴言、干事创业的行为准则。作为党员干部必须自觉践行“三严三实”，以“严”养“德”、以“实”立“业”，争做忠诚、干净、担当的好干部。

（一）坚定信念，做到对党忠诚。习近平总书记指出：“理想信念是共产党人精神上的‘钙’，没有理想信念，理想信念不坚定，精神上就会‘缺钙’，就会得‘软骨病’。”作为党员干部，我们必须始终保持共产党人的政治本色，做到讲党性、重品行、守规矩。

——讲党性。党性是党的性质及其表现。讲党性，就是要坚定理想信念不动摇，始终把党的利益放在高于一切的位置，坚定不移地贯彻执行党的路线方针政策，任何时候、任何情况下，都要忠诚于党、忠诚于祖国、忠诚于人民，不管遇到什么困难，不管遇到什么大风大浪，都要始终同以习近平同志为总书记的党中央、以陈全国书记为班长的区党委保持高度一致。在西藏，反分裂斗争是首要政治任务，在这个重大原则问题上，全地区广大党员要自觉与十四世达赖集团划清界限，坚决做到旗帜鲜明、立场坚定、认识统一、表里如一、态度坚决、步调一致。

——重品行。品行是人的行为品德。重品行，就是要注重培养崇高的精神境界和道德情操，砥砺品格，磨炼意志，筑牢立身之本。从古至今，我们中华民族就强调做官先做人、从政德为先。习近平总书记多次引经据典强调，治国先治吏，官清民自安；礼义廉耻，国之四维；四维不张，国将不国。我的理解是，领导干部的道德修养，实际上就是修炼为官之德，不断增强个人政治品行、道德品行、生活品行的纯洁性。在政治品行方面，要突出正直、正气，时时出以公心、时时恪守公道，做到公道正派。在道德品行方面，要加强思想道德修养，遵守社会公德、职业道德、家庭美德，做到端正高尚。在生活品行方面，要分清情趣爱好的俗雅，谨慎交友，去除陋习，艰苦朴素，勤俭节约，做到情趣健康。

——守规矩。规矩是行为规范和行动准则。俗话说，没有规矩不成方圆。守规矩，就是要求广大党员干部自觉加强政治纪律、组织纪律和法律法规的约束，做到中规中矩。要遵守政治纪律。每一名共产党员特别是领导干部必须服从党的组织和党的原则，自觉接受党纪的规范和监督，用党章约束自己，按党的规矩办事。要遵守组织纪律。党要管党，从严治党，靠什么管？凭什么治？就是要靠严明组织纪律。我们每名党员干部要始终牢记自己是党组织的一员，任何时候都要尊重组织、相信组织、依靠组织、服从组织，脑子里要时刻有组织、有制度、有程序，随时接受组织的约束和监督。要遵守法律法规。法律法规是一切行为的底线，是为官做事不可触碰的红线，广大党员干部要对法律怀有敬畏之心，自觉带头遵守宪法和法律，推动形成研究问题先学法、制定决策遵循法、解决问题依照法的良好法治环境。

（二）牢记宗旨，做到执政为民。全心全意为人民服务，是我们党的根本宗旨，是我们党一切工作的出发点和归宿，也是对所有共产党员的基本要求。我们每一名党员干部要解决好“为谁、依靠谁、我是谁”这个根本问题，认真践行党的宗旨，做到一心为民。

——弄清“为谁”，做到为民用权。严以用权归根结底是为民用权、为民办事。习近平总书记指出，我们的权力是党和人民赋予的，只能用来为党分忧、为国干事、为民谋利。广大党员干部要坚持权为民所用，始终把人民的利益放在第一位，倾听群众呼声，回应群众诉求，把正确处理群众诉求的过程变成解决群众实际问题、维护群众利益的过程，解决好群众的普遍关切和生产生活方面的实际问题，把党和政府的温暖送到群众心坎上，让人民群众生活得更加幸福、更有尊严。

——弄清“依靠谁”，凝聚群众力量。人民群众是创造历史的真正英雄，是推动历史前进的真正动力。我们必须充分相信群众、紧紧依靠群众，把广大群众紧密团结在党的周围，汇聚起众志成城、群策群力干事创业的强大力量。要充分尊重群众的首创精神，最大限度地激发群众的创造热情和主人翁精神，使各族群众真正成为推动跨越式发展和长治久安的主力军。要始终坚持问政于民、问需于民、问计于民，虚心向群众学习，认真汲取群众智慧，真正做到集思广益，努力使各项决策部署更加符合实际、符合群众意愿。

——弄清“我是谁”，摆正自己位置。人民群众是我们的根、我们的本、我们的衣食父母，是我们事业成败的决定性力量。毛主席指出，我们的干部无论职位高低，都是人民的勤务员。每一名党员干部要牢记公仆身份，摆正自己的位置，时刻不忘自己应尽的责任和义务，视群众为亲人，把群众当主人，做到立身不忘做人之本、为政不移公仆之心、用权不谋一己之私，真正成为群众信赖的“贴心人”。

（三）敢于担当，做到尽职尽责。习近平总书记指出，做人一世，为官一任，要有肝胆，要有担当精神。什么是担当？简单地说就是承担并负起责任，在党和人民需要的时候，毫不犹豫、挺身而出，全力履行自己的职责和义务。那么，如何才能成为一名敢于担当、履职尽责的好干部呢？

——首先，要有勇于担当的意识。领导干部有职就有责，有责就要担当。如果只想当官不想干事，只想揽权不想担责，只想出彩不想出力，遇到矛盾绕着走、碰到难题往后退，就没有资格做党员干部，更没有资格做领导干部。每一位党员干部要坚决克服只想保“位子”、不去挑“担子”，只要不出事、宁愿不做事，工作不求有功、但求无过的思想和行为，把担当作为一种觉悟、一种品格、一种责任、一种习惯，融入做人、做事各个方面。

——其次，要有勇于担当的勇气。担当就是担责任、担风险，担当就要有敢于负责的勇气。勇气源于哪里？源于坚强的党性，源于一心为公、无私无畏的境界。无论担负什么工作、处于什么岗位，党员干部都要有坚强的党性，全力以赴、尽心尽职，不能有丝毫懈怠。要敢于冒风险、敢于涉险滩、敢于攻坚克难，抓住事关改革发展稳定的重大问题，抓住群众普遍关心和反映强烈的突出问题，着力寻求破解之道。要不怕得罪人、不怕被误解、不怕遇挫折，只要有利于党和人民的事，就要义无反顾、勇往直前，矢志不渝为之奋斗。

——再次，要有勇于担当的能力。想担当、敢担当，关键还要善担当、能担当。习近平总书记多次强调，领导干部既要有激情、有韧性，更要办事管用。办事管用讲的就是要有能力、有水平、有办法。当前，党员干部最大的恐慌莫过于本领的恐慌，莫过于知识的老化、能力的退化，这就需要广大党员干部特别是领导干部，不断加强学习，主动到困难大、矛盾多、情况复杂的地方，经受锻炼、增长才干，进一步提高审时度势、把握大局的能力，高瞻远瞩、科学决策的能力，统筹协调、驾驭复杂局面的能力，改革创新、破解难题的能力，练就一身敢于担当的过硬本领，真正成为带领群众战风险、渡难关的主心骨。

（四）崇尚实干，做到务求实效。空谈误国、实干兴邦。群众最盼望、最拥护的是求真务实、真抓实干、解决问题，最不满意的、最有意见的是华而不实、弄虚作假。想赢得群众的信任和拥护，就必须大力弘扬求真务实、真抓实干的作风，脚踏实地推进改革发展稳定工作，扎扎实实为人民谋福祉。

——要树好实干导向。用好一个人，激励一大片；用错一个人，打击一大片。要把倡导实干、突出实绩作为干部价值取向，大力弘扬实干精神，把选人用人的眼光更多的投向那些在艰苦环境和岗位上干出业绩的干部，提拔重用那些脚踏实地、埋头苦干的干部，让那些想干事、能干事的干部有机会、有职位，让那些当官不干事、干事不称职的干部挪位置、被淘汰，努力在全社会形成崇尚实干的良好风尚。

——要强化实干措施。方针政策确定后，关键是真抓实干、抓好落实。习近平总书记就抓落实为我们总结三条特别有效管用的措施。第一条，要有“钉钉子”精神。习近平总书记说，抓落实就好比在墙上钉钉子，得钉到点上，连敲七八下才牢固。对那些事关地区改革发展稳定的大项目、难事、要事，必须拿出拼劲和韧劲，一抓到底、抓出成效。第二条，“马上就办”。对那些急需解决而又能解决的事，要以一天也不耽误的精神抓紧组织实施，用高效率和高质量赢得发展速度、赢得民心。第三条，一张蓝图绘到底。领导干部干事创业不能朝令夕改，不能换一届领导班子就换一套思路，既要与时俱进，也要保持工作的连续性，多干一些打基础、利长远、解民忧、惠民生的实事，一年接着一年干，一任接着一任干，善始善终、善作善成。

——要注重实干成效。为政之道，贵在实效。我们要自觉从身边的小事做起，不断培养重实际、说实话、办实事、求实效的作风，将求真务实精神和作风融入到自己的世界观、人生观、价值观之中，成为我们自身可贵的政治品格。现阶段，衡量我们工作的成效，主要是看抓稳定的力度、促发展的速度、惠民生的深度、强党建的程度。这就要求党员干部特别是领导干部，无论是做决策、上项目，还是抓落实、树典型，都要看是否有利于改革发展稳定，力戒形式主义，不摆花架子，不虚张声势，不做华而不实的表面文章，不搞劳民伤财的形象工程。

（五）自重自律，做到清正廉洁。为政清廉是党的性质的根本体现，是我们党赢得民心的重要法宝。习近平总书记指出："一个人能否廉洁自律，最大的诱惑是自己，最难战胜的敌人也是自己"。怎样才能管住自己、战胜自己？关键要能守住做人、做事、用权、交友的底线，做到筑牢思想防线、心存敬畏、行有所止。

——要筑牢防线。思想上一尘不染，行动上才能一身正气。广大党员干部一定要树立正确的世界观、人生观、价值观，保持高度警惕和良好心态，不断锤炼党性、磨炼心性，正确对待名利，认清欲望的背后是陷阱，明白贪婪的尽头是毁灭，经常对照"三严三实"要求检查自己，对照先进典型反思自己，随时发现和清除思想上的灰尘，自觉做到自我净化、自我完善、自我革新、自我提高。

——要心存敬畏。不念纲纪、不守法度，廉政上必然出问题。广大党员干部一定要切实增强法治意识，心中高悬法律的明镜，手中紧握法律的戒尺，构建起廉洁从政的法治屏障，自觉做学法尊法守法用法的模范。要敬畏手中的权力，习惯于在法律约束下做决策，在制度笼子里办事情，严格按照法定职责、法定权限、法定程序，公开透明地履行职责，自觉接受群众监督。

——要行有所止。我们常说，内因决定事物发展的性质和方向。党员干部能不能经受住错综复杂的考验，关键靠自律、自己管住自己。广大党员干部要严格遵守党员干部《廉政准则》，不断规范自己的从政行为。面对金钱，一定要谨记"当官就不要发财、发财就不要当官"的告诫，不起贪恋之心，不取不义之财；面对美色，一定要洁身自好、严守操行，不能沉湎美色而道德沦丧、自甘堕落；面对亲情，一定要吃透严是爱、宽是害的辩证法，不能因徇私情而违背原则；面对朋友，一定要把握分寸、谨慎交往，不能因哥们义气而丢掉党性。总之，要讲原则、守底线，不为私利所困，不为私欲所惑，真正做到一身正气、两袖清风，清清白白做人、干干净净做事、坦坦荡荡做官。

三、用"三严三实"指导实践、推动工作

学习贯彻"三严三实"要求，关键在行动。全地区各级党政组织和党员干部一定要以"四个全面"为指引，全面贯彻中央、自治区各项决策部署，把践行"三严三实"要求，体现在奋斗目标里，贯彻到实际工作中，落实到具体行动上，以各项工作的新成效，推动山南跨越式发展和长治久安。

（一）以严和实的要求贯彻"四个全面"。党的十八大以来，以习近平同志为总书记的党中央从坚持和发展中国特色社会主义全局出发，提出并形成全面建成小康社会、全面深化改革、全面依法治国、全面从严治党的"四个全面"战略布局。当前，推进"四个全面"战略布局的贯彻落实，必须统一思想、凝聚共识，从严上要求，向实处着力，确保行动有目标、前进有方向。

——要深刻认识"四个全面"。"四个全面"战略布局，是新形势下党和国家的施政总纲和发展路线图。全面建成小康社会是战略目标，全面深化改革、全面依法治国、全面从严治党是实现这一战略目标的基本动力、基本保障、基本支撑，形象得说，如果中国特色社会主义是"腾飞的大鹏"，那么"全面建成小康社会"如同"大鹏"之"头"，指引着中国特色社会主义新阶段的发展方向；"全面深化改革""全面依法治国"如同"大鹏"之"两翼"，点燃中国特色社会主义新阶段的双引擎；"全面从严治党"如同"大鹏"之心脏，锻造中国特色社会主义新阶段的政治领导核心。"四个全面"相辅相成、相互促进、相得益彰，抓住改革发展稳定的关键，是坚持和发展中国特色社会主义道路、理论、制度的战略抓手，是实现中华民族伟大复兴"中国梦"的行动指南。

——要始终坚持"四个全面"。实现山南跨越式发展和长治久安，需要我们毫不动摇坚持以"四个全面"为统领，贯彻落实好党的十八大和十八届三中四中全会精神，落实好习近平总书记系列重要讲话特别是"治国必治边、治边先稳藏"的重要战略思想和"努力实现西藏持续稳定、长期稳定、全面稳定"的重要指示，俞正声主席“依法治藏、长期建藏、争取人心、夯实基础”的重要原则，自治区第八次党代会、区党委八届六次全委会精神，全力以赴保稳定、促发展、惠民生、强基础、扩开放，扎实推进“六个模范区”和“七个山南”建设。

——要坚决落实“四个全面”。坚定不移全面建成小康社会，这是我们党对全国人民的庄严承诺。目前，按照西部标准，我地区全面小康社会建设总体实现程度达83.3%，39项指标中还有23项没有实现，其中研究与开发经费支出、每千人拥有执业医师数等6项指标完成程度低于50%，全面建成小康社会任重道远，需要持续用力、全力攻坚、加快推进，让各族人民过上更加幸福的生活。要坚定不移全面深化改革，始终坚持正确的改革方向，坚持问题导向，谋实改革举措，从制约经济社会发展的矛盾入手，从群众反映强烈的领域改起，重点抓好经济体制、生态文明体制、民主法制、党的制度建设等改革，让山南各项事业充满生机和活力，真正把山南建设成为全区的“改革开放模范区”。要坚定不移全面依法治地，坚持严格执法、公正司法，坚决捍卫法治权威、坚定厉行法治纲纪，让群众切实感受到公平正义就在身边。广大党员干部特别是领导干部一定要增强法律意识，坚守法律底线，自觉做到尊法学法守法用法，当前，要持之以恒地抓好“法律进万家”活动。要坚定不移全面从严治党，“三严三实”是从严治党的有效抓手。山南作为边疆少数民族地区，从严加强党的建设，巩固党的执政地位更加重要。我们一定要全面落实习近平总书记从严治党“八项要求”和陈全国书记“九个严格”要求，从严加强党的思想、组织、作风、反腐倡廉和制度建设，不断夯实党在山南的执政基础，驰而不息推进“清廉山南”建设。

（二）以严和实的要求推动经济发展。发展是第一要务，是解决一切问题的关键。面对经济发展新常态，面对攻坚“十二五”规划目标的艰巨任务，我们要积极践行“三严三实”要求，全面贯彻中央、自治区方针政策，坚持稳中求进总基调，找准新常态下推动经济社会又好又快发展的路径和举措，确保经济持续健康快速发展。

——要转变观念，科学发展。树立正确的政绩观，结合山南发展层次低、生态环境脆弱等实际，创新抓经济工作的思维和方式，合理确定目标，做到速度、质量、效益相协调，推动经济持续健康发展。树立“一张蓝图绘到底”“功成不必在我”的理念，把心思用在谋划长远发展、可持续发展上，把功夫下在夯实发展基础、增强发展后劲上，把精力用在狠抓落实、务求实效上，做到谋一件、干一件、成一件。树立协调发展的思想，统筹好城乡、腹心与高寒、沿江与边远地区协调发展，促进经济发展与社会事业、生态保护相适应。

——要抓住机遇，加快发展。抓住中央重视西藏和全国支援西藏的有利机遇，特别要抓住中央即将召开第六次西藏工作座谈会的特殊机遇，用好用足用活中央赋予西藏的特殊优惠政策，开拓创新，推动加快发展。抓住我地区被纳入国家公共文化服务体系示范区、国家生态文明先行示范区和建设全区统筹城乡发展示范区、“六个模范区”的机遇，争取更多的政策、项目、资金支持，加快推进改革发展稳定各项工作。抓住山南重大项目建设高峰期的机遇，加快推进拉林铁路、泽贡专用公路、加查和大古水电站等重大项目建设，以大项目推动大发展。

——要立足优势，特色发展。立足区位优势，加快建设泽当和空港经济圈、沿江和沿边经济带，以局部发展带动全局发展。立足资源优势，加快发展特色农牧业、能源业、建筑建材业、民族手工业、藏医藏药业和天然饮用水业，不断培育新的经济增长点。立足文化优势，深入挖掘诸多第一潜力，加大宣传推介力度，加强旅游环线建设，大力发展文化旅游业，促进第三产业大发展。

（三）以严和实的要求维护社会稳定。维护社会稳定是硬任务，是第一责任，是做好一切工作的前提。山南稳定事关全区稳定甚至全国稳定，山南地处边境一线，地理位置十分重要，反分裂和维稳工作任务艰巨。这就要求我们必须牢固树立“抓好维稳工作就是对中央、自治区工作的最大支持”的思想，认真落实“三严三实”要求，以更高的标准、更严的要求、更实的措施全力抓好山南维稳工作，确保社会和谐稳定。

——思想上要紧而又紧。总体上看，我地区连续多年保持社会局势和谐稳定，但维稳形势依然严峻复杂。我们一定要牢固树立稳定压倒一切的思想，时刻牢记“社会虽安、忘战必忧”，积极适应维稳工作新常态，时刻把维稳工作放在心上、落实到行动上，高度警惕、警钟长鸣，常抓不懈、全力以赴，决不能盲目乐观，决不能掉以轻心，决不能松懈厌战。

——措施上要实而又实。坚持党政军警民协调联动，坚持抓早抓小抓快抓好，全面落实自治区“十个方面维稳措施”和地区维稳“十条规定”，发挥好驻村、驻寺、便民警务站和“先进双联户”作用，抓实社会面、寺庙、边境和重点人员管控，抓实矛盾纠纷排查、舆论监管、安全生产等工作，抓实维稳“三支队伍”“四级信访接待日”以及乡镇机关、村（居）“两委”、寺管会、便民警务站日常工作和重点人员管理5个“十个一”工作法，确保各项措施和机制执行有力、不折不扣。

——责任上要严而又严。突出责任要细、纪律要严，严格落实自治区“两套班子、两套责任体系”，进一步强化各级党政主要负责同志第一责任人的责任、分管负责同志和维稳领导班子的直接责任、各部门主要负责同志的内部维稳责任，以明确的责任推动维稳措施落实。加大维稳督查和明察暗访力度，严格执行“三个无论”要求，以严明的纪律保障维稳措施落实。

（四）以严和实的要求改善民生民利。民生工作，事关千家万户的切身利益。抓民生工作，要按照习近平总书记“始终把人民对美好生活的向往作为我们的奋斗目标”的重要指示要求，坚持承诺要实、履诺要严，全力解决好群众关心的热点难点问题，以实际行动取信于民。

——要让群众生活更富裕。坚持从拓宽增收渠道入手、从落实增收措施发力、以扶贫救助托底，大力实施农牧民增收“八大工程”，加大政策、项目、产业、劳务促增收力度，深入挖掘产业发展特别是龙头企业、合作组织、能人带动促增收潜力；及时足额兑现强农惠农政策，继续实施“百千万技能培训工程”，加大劳务输出力度；扎实抓好精准扶贫，解决好1.52万贫困人口脱贫问题，切实让群众的腰包鼓起来、日子火起来。

——要让群众生活环境更美好。突出生态环境美、公共服务优、人际关系好，加强乡村环境综合整治，加大美丽乡村、特色小城镇建设和生态乡村创建力度，让群众生活环境更怡心；坚持政策、项目、资金向农牧区倾斜，加大水、电、路、讯等基础设施建设力度，不断提高教、科、文、卫社会事业服务水平，让群众生活环境更舒适；大力加强精神文明建设，深入开展“先进双联户”“十星模范村”创建评选活动，建立和谐的邻里关系，让群众生活环境更顺心。

——要让群众社会保障更有力。近年来，随着我地区社会保障体系的不断健全，一些群众关注的教育、住房等问题已逐步解决，现在群众最关心的是老有所养、病有所医、难有所解的问题。要立足老有所养，健全农村社会养老保险制度，扎实做好“五保户”集中供养工作。要立足病有所医，加强地、县、乡、村四级医疗卫生体系建设，完善以免费医疗为基础的农牧区医疗制度，切实解决好群众看不起病的问题。要立足难有所解，落实好自治区利民惠民、利寺惠僧“十件实事”和地区“十大民心工程”、先心病患儿免费救治、资助农牧民子女上大学等惠民举措，主动为群众办实事解难事，让各族群众共享改革发展成果。

（五）以严和实的要求加强党的建设。习近平总书记指出，打铁还需自身硬，坚持党要管党、从严治党，才能使我们的党始终成为中国特色社会主义事业的坚强领导核心。各级党组织要牢牢抓住提高党的执政能力和保持党的先进性、纯洁性这条主线，从严从实抓好党的建设。

——要坚持思想建党与制度建党相结合。从严治党靠教育，也靠制度，二者一柔一刚，要同向发力、同时发力。抓好思想建党，就是要严格执行党委（党组）理论学习中心组学习制度，认真组织学习马克思列宁主义、毛泽东思想、中国特色社会主义理论体系特别是习近平总书记系列重要讲话精神，自觉用党的理论成果武装头脑、指导实践、推动工作。抓好制度建党，就是要按照务实管用的原则，健全完善党的各项规章制度，做到用制度管权、管事、管人。

——要坚持建强组织与管好队伍相结合。党的基层组织是党的全部工作和战斗力的基础，党员干部队伍素质的高低决定着党的基层组织的凝聚力、战斗力和号召力。贯彻党要管党、从严治党方针，必须坚持建强组织与管好队伍相结合，使每个党员干部都能充分发挥先锋模范作用、每个基层党组织都成为坚强的战斗堡垒。建强组织，要重点抓好扩大覆盖、发挥作用两个环节，大力实施扩点覆面工程，加快推进服务型党组织建设，不断夯实基层基础。管好队伍，要重点落实好中央新时期好干部标准和区党委选人用人导向，强化党员干部教育监督管理，打造一支忠于党、忠于人民、忠于事业的高素质党员干部队伍。

——要坚持反腐倡廉建设与作风建设相结合。反腐倡廉建设是党的作风建设的必然保证，作风建设是反腐倡廉建设的重要基础。各级党组织要严格落实党风廉政建设“两个责任”，始终坚持标本兼治、综合治理、惩防并举、注重预防的工作方针，严明党的纪律，加强廉政教育，狠抓案件查办，强化监督制约，着力构建不想腐、不能腐、不敢腐的长效机制。要大力加强作风建设，坚决贯彻落实中央“八项规定”、区党委“约法十章”“九项要求”、地区“十项规则”，持续整治“四风”问题，树立起为民务实清廉的良好形象。

四、扎实抓好“三严三实”专题教育

开展“三严三实”专题教育，是中央作出的一项重大决策部署。全地区各级党委（党组）要把“三严三实”专题教育作为当前和今后一个时期的一项重要政治任务来抓，按照中央、区党委的部署要求，高度重视，精心组织，周密部署，切实把专题教育抓紧抓好、抓出实效。

（一）要突出加强领导。各级党委（党组）要全面负责本部门、本单位的专题教育，各级党政一把手要切实担负起第一责任人的责任，各级领导干部要带头参加专题教育，形成一级抓一级、一级带一级的良好局面。组织部门要履行好牵头组织实施的责任，其他各部门要加强协作、形成合力，确保专题教育扎实有序开展。宣传部门要大力宣传“三严三实”专题教育的重要意义、基本原则、方法措施和取得的成效，营造良好的舆论氛围。

（二）要突出关键工作。中央提出，本次专题教育不分批次、不划阶段、不设环节，不是一次活动。地委明确专题教育活动的方法措施，核心是抓好四项关键工作。要讲好专题党课，各级党委（党组）书记和其他成员都要联系实际深入思考，以讲党课的形式启动专题教育，切实发挥好以上率下、带学促学的作用。要组织好专题学习研讨，精读细读规定书目，开展四个专题研讨，真正学深悟透。要召开高质量的专题民主生活会和组织生活会，认真开展严肃的批评与自我批评，进一步推动领导干部严格遵守党内政治生活准则，增强党内生活的政治性、原则性、战斗性。要严肃立规执纪，巩固活动成果，防止短期效应，扎实推进制度建设，促进践行“三严三实”制度化、常态化、长效化。

（三）要突出问题导向。坚持带着问题开展专题教育，对照中央提出的3个方面、区党委提出的5个方面、地委归纳梳理出的7个方面“不严不实”问题，紧密联系个人思想、工作、生活和作风实际，联系个人成长进步经历，联系党的群众路线教育实践活动个人整改任务落实情况，找准找实自身存在的问题。要采取自己找、群众提、集体议、互相帮等方式，综合运用多种形式，广泛征求各方面的意见建议。要坚持边学边改，对查找出来的问题，要提出整改对策，列出整改清单，明确整改时限，做出整改承诺，确保整改到位。

（四）要突出从严从实。各级纪检监察机关、组织部门、督查部门、强基惠民活动办和巡回检查组要整合力量，采取巡回检查、专项调研、明察暗访、随机抽查等形式，加大监督检查力度，层层传导压力。对领导不重视、措施不得力、成效不明显的，要严肃追究相关责任人的责任。对存在不严不实问题的领导干部，要立足于教育提高，促其改进，在民主生活会召开前解决所有主要问题。对群众意见大，没有认真查摆和解决问题的领导干部，要严肃组织处理。

（五）要突出统筹兼顾。各级党委（党组）和广大党员领导干部要正确处理专题教育与日常工作的关系，把专题教育与贯彻落实党的十八大和十八届三中、四中全会精神，与贯彻落实习近平总书记系列重要讲话精神结合起来；与贯彻落实区党委八届五次、六次全委会等一系列重要会议精神结合起来；与巩固拓展党的群众路线教育实践活动成果、创先争优强基础惠民生活动结合起来；与完成本县、本部门重点工作结合起来，做到有机融合、相互促进，两手抓、两不误。

谢谢大家。

山南地区“三严三实”专题教育工作总结

山南地区“三严三实”专题教育活动领导小组办公室

“三严三实”专题教育工作开展以来，山南地区严格按照中央精神和区党委要求，坚持把开展好专题教育作为重大政治任务来抓，精心组织、周密部署，高标准高质量推进，各项工作任务深入扎实有效开展，达到预期目标。现将相关工作总结如下：

一、总体情况

2015年4月底，中央同步在县处级以上领导干部中开展“三严三实”专题教育。2015年5月29日，山南地区以地委书记带头讲“三严三实”专题党课的形式启动开局，全地区专题教育工作全面展开，85个县级以上党委（党组）、802名党政机关和企事业单位县处级以上干部参加专题教育工作，其中，地级领导班子4个、县委12个、地直单位党委（党组）51个、地（中、区）直党委（党组）单位18个。截至2015年底，全地区各级党委（党组）严格按照中央和区党委、地委的总体要求，围绕“贯彻从严要求、抓实关键动作、解决突出问题、推动工作落实”的思路，高标准严要求组织实施，截至目前专题教育工作的各项任务基本完成。

自全地区“三严三实”专题教育工作开展以来，在区党委的正确领导下，在区党委组织部和区“三严三实”协调小组的有力指导督促下，地委高度重视，自觉向中央、区党委看齐，主动与高标准对齐，认真贯彻落实中央部署特别是习近平总书记系统重要讲话精神，认真贯彻落实区党委要求特别是陈全国书记重要讲话精神，紧紧围绕学习和践行“三严三实”，严格按照“三严三实”24字要求，聚集对党忠诚、个人干净、敢于担当，坚持把思想教育、党性分析、整改落实、立规执纪贯穿始终，着力解决修身做人、用权律己、谋事创业等方面存在的“不严不实”问题，努力在深化“四风”整治、巩固和拓展党的群众路线教育实践活动成果上见实效，在守纪律讲规矩、营造良好政治生态上见实效，在真抓实干、推动改革发展稳定上见实效。截至2015年底，所有整改落实和立规执纪已基本整改到位，后续整改工作已作出具体安排，全地区专题教育工作取得明显成效，得到广大党员干部群众的一致好评。

二、主要做法

严格按照中央、区党委的部署要求，明确总体要求，坚持问题导向，把握关键环节，以认真精神、严的要求、实的举措，统筹谋划、协调推进，确保专题教育不空不偏、不走过场。

（一）坚持从严要求，谋划开局。自治区召开专题教育工作座谈会后，地委坚持把工作做早、做实、做严、做细，及早着手筹备，科学谋划部署，确保高标准谋划、高起点开局。一是提前着手，扎实做好筹备工作。在教育实践活动深化整改、巩固和拓展成果阶段，地委将践行“三严三实”作为一项重点工作进行安排部署。2015年5月，地委组织召开2次专题会议，围绕怎样搞好专题教育、解决哪些突出问题，开展专题调研，广泛征求社会各界意见建议，找准找实“不严不实”的突出问题，为科学安排专题教育打牢基础。二是结合实际，科学制定方案。地委把制定专题教育工作方案作为重要工作紧紧抓在手上，在充分遵循中央和区党委总体部署要求，深入调研、广泛征求意见的基础上，结合山南实际予以具体化，明确12次学习研讨的具体内容、专题教育总体日程安排和需要解决的“不严不实”问题等，保证专题教育工作有力有序有效开展。三是精心备课，高质量启动开局。各级党组织认真落实主体责任，党组织书记亲自撰写讲稿，精心备好党课，严格审核班子成员党课讲稿。各级组织部门认真落实牵头抓总责任，按照总体不低于60%的比例抽查党课讲稿57份，并派员随机参加各县各单位专题党课，确保党课质量，全力推进专题教育良好开局。

（二）坚持领导带头，树立标杆。各级党员领导干部自觉树标杆、作表率，努力争做专题教育的模范践行者、组织者、推动者，以身作则发挥示范引领作用。一是带头调查研究。各级党政“一把手”紧密结合驻村、驻寺和各自联系点工作，结合开展“进村入户结对认亲交朋友”、在职党员到社区报到服务和“法律进万家”等活动，带头深入基层开展调研走访，与干部群众谈心交心，召开座谈会553场次，征求意见建议2797条，为制定符合实际的专题教育工作方案打下坚实基础。二是带头讲好党课。各级党委（党组）书记紧扣“三严三实”要求，联系思想实际、突出问题和党员干部队伍作风状况，陆续带头讲专题党课120场次、听课达7550人次，班子其他成员讲党课639场、听课达2.3万人次。专题党课围绕“五个讲清楚”，讲透中央精神、区党委部署和地委要求，点出党员干部的思想作风状况，指明群众所思所想所盼，增强广大党员干部践行“三严三实”的思想自觉和行动自觉。三是带头转变作风。各级党委（党组）书记带头担负起党风廉政建设统一领导、直接主抓的主体责任，带头开展以“明确主体责任、制定相应措施、狠抓贯穿落实”为主题的2015年党风廉政宣传教育月活动，带头严格执行中央“八项规定”、区党委“约法十章”和地区“十项规则”，驰而不息纠正“四风”，努力营造风清气正的政治生态。

（三）坚持学深学透，增强党性。切实把经常性学习教育贯穿专题教育始终，狠抓党员领导干部思想政治建设，切实拧紧“总开关”。一是注重抓好个人自学。坚持把学习习近平总书记系列重要讲话精神作为重中之重，重点学习《习近平谈治国理政》《领导干部“三严三实”学习读本》《“四个全面”学习读本》等40个学习篇目，着力在读原著、学原文、悟原理上下功夫，做到把忠诚干净担当的价值理念根植于思想灵魂深处。专题教育开展以来，县处级以上领导干部撰写个人心得体会2675篇，人均摘抄学习笔记1万余字。二是注重抓好集中学习。围绕学习十八大、十八届三中四中五中全会和中央第六次西藏工作座谈会精神，学习自治区第八次党代会、区党委八届六次七次八次全委会精神，地委召开理论学习中心组学习会29次，开展4个专题学习研讨12次，36名地级干部、61名地（中、区）直部门主要负责同志作交流发言，参加学习研讨县处级以上干部958人次。各县各单位开展专题学习研讨会720场次，受教育党员干部达3万余人次。三是注重创新方式学习。坚持专题辅导深入学，地委邀请5名区内外专家教授举办“三严三实”专题讲座5场，受教育党员干部2580余人次。各县各单位举办专题报告会和讲座264场，受教育党员干部1万余人次。坚持对照典型反思学，组织广大党员干部观看影片244场，受教育党员干部1万余人次；组织161批次3503名党员干部，参观克松村新旧西藏对比展馆、地区廉政教育警示基地和“62”中印边境自卫反击战展览馆。坚持督促教育学，各级党委（党组）书记每逢开会必讲“三严三实”，经常“咬耳朵”“拽袖子”，让干部明是非、知敬畏。同时，将“三严三实”专题教育列入2015年地委党校主体班次教学计划，共为参训学员开展专题报告会36场，有效提升干部教育培训的针对性。

（四）坚持为民服务，转变作风。注重在联系服务群众上用“三严三实”要求指导实践、推动工作、解决问题，以实际行动密切党群干群关系。一是在联系群众中树形象。在强基惠民活动中践行“三严三实”，县处级以上党员领导干部坚持立足基层服务基层，真心实意与群众结对认亲交朋友，每人直接联系2—3户群众，坚持每月登门走访1次、每半月电话联系1次，积极了解群众所想所需所盼，主动为群众解难事、办实事、做好事，努力争做人民群众的贴心人。截至目前，全地区802名县处级以上党员领导干部结对帮扶1830户、办实事好事2108件、投入资金1.1亿元。二是在法律宣讲中解矛盾。在扎实推进依法治地进程、全面建设法治山南中践行“三严三实”，2015年3月，全地区选派277名县处级干部组成的272个宣讲组，深入554个村居和214座寺庙，创新开展为期4个月的以法律法规进万家、党的政策进万家、爱国主义进万家、知恩感恩进万家、发展生产进万家、维护稳定进万家为主要内容的“法律进万家”宣讲活动，开展宣讲4万多场次，受教育群众34万余人次。三是在服务群众中转作风。在坚持群众路线中践行“三严三实”，全地区县处级以上党员干部积极到村（社区）报到服务，主动亮身份、解难事、展形象，围绕环境保护、文明建设、便民助民、扶贫济困、关爱妇女儿童5个服务项目和政策宣讲、治安维稳、民事调解、尊老爱幼、环境整治、法律援助、医疗保健、科普宣传8个岗位，为群众提供定点服务、承诺服务、菜单服务、网络服务、主题服务和组团服务920余项，增强党员领导干部的责任意识和服务意识。

（五）坚持整风精神，促进团结。认真贯彻严肃党内生活要求，以“三严三实”为标尺，搞好党性分析和自我剖析，认真开展批评和自我批评。一是认真组织谈心谈话。坚持开门听意见，每名县处级以上领导干部认真落实直接联系群众制度，主动走进基层听，积极组织群众提，广泛征求意见、查找找实问题。各级党委（党组）开展深入坦诚的党内谈心活动，紧扣问题、坦诚沟通、达成共识。经统计，各县各单位共发放征求意见表2451份，设立征求意见箱90余处，召开座谈会570场次；县处级以上党员干部实地走访干部群众2700余人次，开展谈心谈话5126人次，共整理归纳对班子的意见建议192条、对班子成员的意见建议1609条。二是明确要求撰写材料。根据中央、区党委围绕“四个方面”、对照“正反两个典型”的要求，提出撰写个人发言提纲的标准。像自己，既联系思想实际，又联系工作实际；写的实，既罗列问题表现，又列举具体事例；剖得深，既明确问题原因，又明确整改方向；把关严，对内容不实、回避问题的，一律退回修改或重写，切实做到见人见事见思想、见筋见骨见行动。三是按照规定召开会议。民主生活会上，每个党委（党组）班子认真通报上一年度民主生活会整改落实情况。开展自我批评“有辣味”，讲清楚存在问题，讲透彻问题根源，讲具体整改措施，开展相互批评坦诚相见，坚持原则，指出具体问题，提出改进建议，真正做到剖析自己不怕严、听取意见不怕刺、亮出问题不怕丑、触及思想不怕痛“四不怕”，起到红脸出汗、排毒治病的效果。截至目前，全地区121个党委（党组）、1630基层党组织分别召开高质量的专题民主生活会和组织生活会。各县各单位在专题民主生活会上共查摆出班子和个人问题1591个，制定整改措施1446个。县处级以上党员干部都以普通党员身份参加所在支部的专题组织生活会。各基层组织认真开展民主评议党员工作，42913名党员评定为“好”，469名党员评定为“一般”，24名党员评定为“差”。

（六）坚持问题导向，深化整改。坚持从严从实以整改落实的实际行动，让干部群众看到专题教育带来的新气象新变化。一是实事求是抓整改。从专题教育一开始就深入查找和着力解决问题，积极回应教育实践活动“回头看”整改情况，以动真格的作风推动问题解决。全地区1771个党组织在教育实践活动中，共梳理整改落实任务6409项、专项整治任务6908项、个人承诺整改22481项，目前已全部完成整改。在专题教育中坚持边学边查边改，通过调查研究听问题、党课报告点问题、学习研讨摆问题，地县两级党组织共查摆问题632个，县处级以上党员干部查摆问题2880个。针对存在的“不严不实”问题，按照整改有目标、推进有措施、落实有责任、完成有时限“四有”要求，逐项抓好整改落实。截至目前，班子已整改574个，个人已整改2621个，列入长期整改计划661个。二是聚焦问题抓整改。聚焦“四风”问题抓整改，全地区“三公经费”、会议、发文同比分别下降23.3%、11.5%、10.1%，查处违反中央“八项规定”精神问题15起15人。聚焦改革发展稳定抓整改，深化开展优化发展环境专项整治，梳理调整行政审批事项385项，排查化解各类矛盾纠纷554件。聚焦民生抓整改，大力开展强基惠民活动，帮助村居解决突出问题2457件，为群众办实事2267件，投入资金5482万元。聚焦“一薄弱”抓整改，整顿后进党组织55个、处置不合格党员26名。聚焦基层干部不作为乱作为抓整改，全地区共受理问题线索14个，通报查处不作为乱作为案件72件94人，依法查处贪腐谋私案件8件，挽回经济损失68万余元。三是标本兼治抓整改。大力抓好专题教育靠后工作，督促各级党委（党组）和县处级以上党员干部制定班子整改方案、制度建设计划和个人整改措施，持续推进整改。各县各单位认真抓好承接配套，坚持中央要求与群众期盼、实际需要、新鲜经验相结合，普遍建立健全党员干部直接联系群众、严肃党内生活、加强权力运行制约监督等制度。截至目前，各县各单位新修订制度312项，修改完善制度519项，废止制度56项。同时，结合整治不作为乱作为，建立健全相关制度机制237项。通过强化制度的执行力和刚性约束，对违反制度的严查严处，不搞例外，防止制度成为“稻草人”。

（七）坚持督促指导，传导压力。注重实效，坚决防止和杜绝形式主义，确保以从严从实的作风开展专题教育，取得群众满意的实效。一是强化指导，高标准推进。各级党委（党组）书记认真履行第一责任人职责，始终把专题教育紧紧抓在手上，真正把自己摆进去，提前谋划、亲自部署、严格把关，对专题教育进行具体指导，用心抓好重点工作。地县层层建立专题教育联系点制度，指派36名干部积极参加各级党委（党组）专题民主生活会，参与指导工作。2015年，全地区培训县处级以上干部401人，充分发挥组织引领作用，切实提高专题教育的针对性和实效性。二是强化督导，高要求推进。坚持全方位、立体式督导，积极整合纪检、组织、督查等力量，组成3个督查组，突出重点对象、关键动作、重点问题开展督导工作，通过巡回检查、专项调研、明察暗访、随机抽查等形式，层层传导压力，做到思想认识上不去的不放过、工作落实不到位的不放过、领导责任不落实的不放过、群众不满意的不放过。各县各单位也开展至少2次以上的自查。同时，持续加大审计监督力度，组织相关部门对4名领导干部进行经济责任审计，对12县、47个地直部门“三公”经费进行专项审计。三是强化考核，高质量推进。强化考核验收，在年度工作总结中，各县各单位立足全年中心工作任务，将专题教育学以致用、干事创业的实效纳入考核范畴，重点考核认真落实中央、区党委、地委一系列重大决策部署，大力推进“六个模范区”和“七个山南”建设，不断巩固山南科学发展、和谐稳定、民族团结、宗教和睦、民生改善、生态良好、党建加强、边疆巩固等方面取得的实际成效。同时，地委将专题教育开展情况纳入2015年度全地区领导班子和领导干部述职述廉考核内容，纳入基层党建目标责任制考核内容，作为干部选拔任用的重要依据。

（八）坚持舆论引导，营造氛围。以形成正确导向、反映教育成效、营造良好氛围为宣传目标，注重创新宣传方式、丰富宣传内容、强化宣传效果，积聚开展专题教育的正能量。一是整合宣传力量。由地委宣传部牵头，制定《山南地区“三严三实”专题教育宣传方案》，整合山南报社、山南广播电视台、山南网等地区主要媒体精干力量，实时宣传我地区专题教育的工作进展和实际成效，宣传专题教育中的好经验、好做法。专题教育开展以来，共采编新闻报道465篇（条）、发表刊登评论文章43篇，全地区专题教育工作特色不断彰显，辐射带动效应不断显现。二是创新宣传载体。强化网络宣传，策划开设“认真践行‘三严三实’、做到忠诚干净担当”专栏，下设《中央精神》《重要评论》《山南实践》《党员先锋》《心得体会》《书记讲党课》《图片报道》等栏目，确保宣传到位。强化社会宣传，充分利用宣传栏、LED电子屏、公交站台指示牌等宣传形式和载体，扩大社会影响力。强化典型宣传，坚持正面典型引路、反面典型警示，教育引导广大党员干部见贤思齐、见不贤而自省。强化媒体宣传，策划开设山南地区“三严三实”专题访谈节目，及时向公众解疑答惑。三是强化舆论引导。坚持加强舆情研判，宣传、网信、网安等部门认真开展网上网下社会舆论引导，密切关注专题教育的舆情信息，确保全地区网上网下两个舆论场可管可控。截至目前，组织专兼职网络评论员集中开展专题教育网络评论8次，在全国各大主流网站发表网评文章70余篇，参与跟帖评论3.5万余条（次）。

三、取得成效

（一）深化“四风”问题整治。通过专题教育，各级党组织认真贯彻落实从严治党要求，持续狠抓思想政治建设和作风建设，严肃整治“不严不实”问题，带动“四风”问题解决，中央八项规定精神得到有效落实。党员领导干部自觉践行“三严三实”，始终把“严”和“实”的要求体现到工作生活各个方面，推动党的作风建设进一步巩固和深化。各族群众普遍感受到党员领导干部对自己要求严，遇事肯带头、有事往前冲，干事创业精神足，主动下基层次数多，为民办好事解难事多，群众反映的不作为问题少。党员干部切身感受到会议少、文件短、庆贺少、应酬少，干事更务实。社会各界普遍反映公款吃喝的少，封路情况少，“两面人”“潜规则”“小圈子”现象少、风气更正，切身感受到专题教育带来的新变化、新气象。

（二）增强修身做人意识。通过专题学习研讨、观看教育影片、聆听讲座、实地参观、正反典型教育，增强自我教育、自我提高、自我完成、自我修正的能力。广大党员干部特别是领导干部提升学习意识，进一步加强党性修养，常补理想信念之“钙”，坚定马克思主义信仰和中国特色社会主义信念，增强“三个自信”。提升党员意识，强化忠诚意识和担当精神，坚决做到在党言党、在党忧党、在党为党、在党兴党，始终在思想上政治上行动上与党中央保持高度一致。提升个人修养，坚持把“老西藏精神”和“两路”精神作为行为准则，认真践行社会主义核心价值观，始终坚守共产党人精神家园，保持共产党人的政治本色。干部群众切实感到，党员领导干部以学修身的氛围浓，自省自律意识提高，道德情操改善，自觉抵制歪风邪气的现象多，把牢世界观、人生观、价值观和权力观、地位观、利益观。

（三）筑牢用权律己底线。通过专题教育，党员领导干部充分认识到履职用权是为政之道，人民至上、人民公仆、为民用权意识已深入人心。强化依法用权，善于运用法治思维和法治方式想问题、作决策，依法依纪深化改革、促进发展、化解矛盾、维稳稳定。强化秉公用权，始终保持敬畏之心，始终按规则规矩行使权力，始终坚守公与私的分界线，从思想深处转变用权理念。强化为民用权，深刻明白掌权只是拥有为人民服务的机会，用权就是竭尽所能为人民谋福祉的道理。守住用权底线，始终坚守“底线”思维，真正把政治纪律和政治规矩挺在前面，大力推进政务公开、权力清单制度、责任清单制度，自觉扎紧制度笼子，主动接受监督，确保权力在阳光下运行。群众普遍反映，现在当老爷的少，当公仆的多，任性用权、态度蛮横的现象少。

（四）密切党群干群关系。通过专题教育，广大党员干部特别是领导党员干部自觉把“三严三实”要求内化于心、外化于行，认真执行联系服务群众制度，在强基惠民、结对认亲交朋友、党员到社区报到服务等活动实践中，找准在联系服务群众中的差距，化解一些群众反映的问题和矛盾，理顺一批群众关心关注的难事、愁事、烦心事，整治部分基层干部不作为乱作为等损害群众切身利益的问题。执法监管部门、窗口单位、服务行业强力转变作风，有效整治执法不公、“门难进、脸难看、事难办”“吃拿卡要”问题，打破党群干群的“离心墙”，贯通服务人民的“生命线”，增进同群众的感情，拉近同群众的距离，极大地凝聚党心民心。不少群众说，党的干部把我们的事当自己的事办，我们也铁着心跟党走。

（五）激发干事创业热情。各级党组织立足知行合一，在践行“三严三实”中坚持真抓实干，在推动工作中深化专题教育，切实做到两手抓、两不误、两促进。综合实力有新提升，大力实施工业强地、生态强地、文化强地战略，注重加快发展速度与提高发展质量和效益并举，创新开展优化发展环境专项行动，深入推进重点领域改革，经济实现持续健康发展，全地区生产总值、固定资产投资、财政收入、社会消费品零售总额、城乡居民人均可支配收入、农牧民人均可支配收入分别完成“十二五”目标的107.5%、180.7%、144.5%、100.3%、117.1%、112.7%，实现“十二五”圆满收官。和谐稳定有新局面，全面落实自治区“十项维稳措施”和地区维稳“十条规定”，坚持把维稳作为硬任务和第一责任，深入实施乡镇机关、村居“两委”、寺管会、便民警务站日常工作和重点人员5个“十个一”工作法，扎实抓好维稳思想教育、重要敏感节点维稳、加强和创新社会治理和安全生产等工作，保持社会大局持续稳定、长期稳定、全面稳定，2015年“先进双联户”创建评选工作获全区第一名。

四、几点经验

（一）践行“三严三实”，必须坚定信念，做到对党忠诚。实践证明，共产党人只要有坚定理想信念，精神上才不会“缺钙”，才能做到讲党性、重品行、守规矩。专题教育中，各级党组织坚持加强理想信念教育，注重学研结合，注重实地参观与正反典型教育结合，通过学原文、悟原理、学先进、学党纪，用身边典型教育人、感染人，对照正反典型深学细照笃行，切实解决人生观、世界观、价值观这个“总开关”问题，推动党的事业发展。各级领导干部，始终坚持党的利益高于一切，任何时候任何情况下都能坚决反对分裂、维护祖国统一，争做政治上的“明白人”；始终坚持培养崇高的精神境界和道德情操，争做生活上“健康人”；始终把政治纪律和政治规矩摆在首位，自觉加强政治纪律、组织纪律和法律法规的约束，争做行为上的“老实人”。

（二）践行“三严三实”，必须牢记宗旨，做到执政为民。开展专题教育关键是强化宗旨意识，根本是解决“为谁、依靠谁、我是谁”的问题。专题教育中，各级党员领导干部带头聚焦群众反映强烈的“四风”问题和自身存在“不严不实”问题，把群众利益作为一切工作的出发点和落脚点，坚持从小事抓起，从具体问题改起，以问题整改开局亮相，以问题整改注入动力，以问题整改交出答卷，回应群众期盼，赢得群众信任。这次专题教育，自始至终坚持开门搞教育，虚心听取群众意见，回应群众诉求，弄清“为谁”的问题；自始至终引导群众帮助党员、干部查摆问题、监督整改、评议效果，弄清“依靠谁”的问题；自始至终加强和改进党的作风建设，教育引导党员干部立身不忘做人之本、为政不移公仆之心、用权不谋一己之私，弄清“我是谁”的问题。

（三）践行“三严三实”，必须敢于担当，做到尽职尽责。习近平总书记指出，做人一世，为官一任，要有肝胆，要有担当精神。专题教育中，党员领导干部充分发挥“关键少数”的作用，增强担当意识，坚持党的原则第一、党的事业第一、人民利益第一，面对大是大非敢于亮剑，面对矛盾敢于迎难而上，面对危机敢于挺身而出，面对失误敢于承担责任，面对歪风邪气敢于坚决斗争，确保专题教育质量；提升担当勇气，对事关改革发展稳定的重大问题、群众普遍关心和反映强烈的突出问题，敢于冒风险、敢于涉险滩、敢于攻坚克难，营造想干事、敢干事、干成事的良好氛围；培养担当能力，坚持深学政策理论，精学本职业务，广学各科知识，练好“看家本领”，进一步提高审时度势、把握大局的能力，高瞻远瞩、科学决策的能力，统筹协调、驾驭复杂局面的能力，改革创新、破解难题的能力，推动各项工作上新台阶。

（四）践行“三严三实”，必须崇尚实干，做到务求实效。求真务实、真抓实干、解决问题是群众最盼望、最拥护。专题教育中，各级党组织始终坚持问题导向，注重整治问题和抓稳定、促发展、惠民生、强党建等工作同步推进、互相促进，既解决一些“不严不实问题，又推动全地区长足发展和长治久安，切实做到言必行、行必果，形成崇尚实干的风气。各级党员领导干部把全部心思和精力用在干事创业上，充分发扬“钉钉子”精神，坚持马上就办、一张蓝天绘到底，对事关改革发展稳定的大事，做到狠抓到底、务求实效，对急需解决而又能立马解决的事情，做到一抓到底、不拖不等，对打基础、利长远、解民忧、惠民生的实事，做到常抓不懈、善始善终、善作善成。广大党员干部靠实招实干实绩树形象，自觉培养重实际、说实话、办实事、求实效的作风，大力发扬敬业、勤业、精业精神，让群众看到党风政风的根本好转。

（五）践行“三严三实”，必须自重自律，做到清正廉洁。实践证明，思想上一尘不染，行动上才能一身正气。专题教育中，各级党员领导干部坚持“三省吾身”，锤炼党性、磨炼心性，注重改造人生观、世界观、价值观，筑牢拒腐防变的思想防线，提升自我净化、自我完善、自我革新、自我提高的能力；坚持法治思维，自觉学法守法用法，心中高悬法律的明镜，手中紧握法律的戒尺，时时敬畏手中的权力，习惯于在法律约束下做决策，在制度笼子里办事情，推动科学化、规范化建设；坚持自我管理，讲原则、守底线，严格遵守党员干部《廉政准则》，严守做人、做事、用权、交友的底线，增强思想上的免疫力、党纪国法的执行力、为官用权的约束力，规范从政行为，做到行有所止，营造风清气正的政治生态。

山南地区工作情况汇报

庆祝西藏自治区成立50周年

（2015年9月10日）

中共山南地委　山南地区行署

尊敬的孙春兰部长，

尊敬的中央代表团各位领导：

金秋九月、青稞飘香，雅砻大地、瑞气呈祥。在这喜庆的时刻，以中央政治局委员、中央统战部部长孙春兰同志为团长的中央代表团山南分团，带着以习近平同志为总书记的党中央的亲切关怀和全国各族人民的深情厚谊来到山南，与36万雅砻儿女共同庆祝西藏自治区成立50周年，山南各族人民万分欣喜、倍感温暖、倍受鼓舞。

山南，是祖国西南边陲的重要门户，是藏民族的摇篮、藏文化的发祥地，是西藏农业耕作的起源地，也是西藏民主改革最早的地区，在西藏发展史上具有举足轻重的地位。全地区幅员面积7.97万平方千米（含印占区2.87万平方千米），边境线长630千米，平均海拔3700米左右，下辖12个县、82个乡镇、1个办事处、554个村（居），共有藏、汉、门巴、珞巴等28个民族，总人口36万。这里有第一座宫殿、第一座寺庙、民主改革第一村等西藏历史上诸多第一，境内高山草原错落、湖泊星罗棋布、自然风光秀美，文化、旅游、矿产、水能和农牧林等资源十分丰富。

1965年西藏自治区成立，掀开西藏历史的新篇章，各族人民步入当家做主的新时代。50年来，在党中央的亲切关怀下，在自治区党委、政府的坚强领导下，在全国人民特别是湖南、湖北、安徽三省和中粮集团的大力支援下，山南地委、行署团结带领全地区各族人民，坚定不移地贯彻落实党的治藏方略、习近平总书记系列重要讲话精神特别是“治国必治边、治边先稳藏”的重要战略思想，贯彻落实自治区各项决策部署，特别是自治区第八次党代会以来，以陈全国书记为班长的自治区党委关于推进西藏改革发展稳定的重大举措，同心同德、艰苦奋斗，各项事业取得举世瞩目的辉煌成就。

西藏自治区成立以来的50年，是山南经济发展取得巨大成就的50年。50年来，特别是党的十八大以来，我们始终把发展作为解决所有问题的基础和关键，牢牢抓住发展这个第一要务，主动适应经济发展的新常态，不断解放和发展社会生产力，经济社会发生翻天覆地的变化。2014年，完成地区生产总值、固定资产投资、财政收入、社会消费品零售总额101.1亿元、137.4亿元、9.9亿元、33.4亿元，按可比价格计算，分别是1965年的389倍、10905倍、986倍、1069倍，经济总量实现历史跨越，综合实力显著提升。基础设施从一穷二白到极大改善，农村安全饮水覆盖率达100%，行政村通电率达100%，县、乡镇、行政村公路通畅率分别达91.7%、84.1%、32.3%，拉林铁路开工建设将结束无铁路的历史，行政村通邮率和通电话率分别达85%、100%。产业发展从无到有、从弱到强，以藏鸡、奶牛养殖和青稞种植为重点的高原特色农牧业产业初具规模，清洁能源、建筑建材、藏医藏药、优势矿产、民族手工业成为经济增长的支撑产业，藏源文化旅游基地初步形成。开创经济援藏、教育援藏、就业援藏、科技援藏、干部人才援藏和系统援藏的新局面，创新建立企业援藏“华新模式”和“武汉立体援藏模式”，“三省一公司”累计选派援藏干部744名、落实援助资金36.3亿元，为加快发展增添强大动力。经过长期的发展，山南各项工作基础更加扎实、成效更加明显，先后被确定为国家公共文化服务体系示范区、国家生态文明先行示范区和全区统筹城乡发展示范区。

西藏自治区成立以来的50年，是山南社会大局持续和谐稳定的50年。50年来，特别是党的十八大以来，我们始终把维护稳定、守土固边作为压倒一切的政治任务和第一责任，认真贯彻落实习近平总书记“治国必治边、治边先稳藏”的重要战略思想和“努力实现西藏持续稳定、长期稳定、全面稳定”的重要指示精神，勇于担当、主动作为，社会大局进入持续和谐稳定的新阶段，各族群众的安全感满意度达98.6%，山南成为全区最安全、最稳定的地区之一。全面落实自治区“十个方面维稳措施”，持续深入开展爱国主义、揭批十四世达赖反动罪行、新旧西藏对比和法制宣传教育，2216名机关干部常年驻村，813名干部常态驻寺，90个便民警务站覆盖所有城镇，“先进双联户”创建把36万人民组织起来联户平安、联户增收，筑牢维护稳定的基层基础。坚持落实政策与创新机制相结合，建立党政军警民联防联控机制，实施地、县、乡、村四级信访接待日制度，制定乡镇机关、村（居）“两委”、寺管会、便民警务站日常工作和重点人员管理5个“十个一”工作法，组建千名督导员、万名监督员、万名信息员维稳“三支队伍”，构建“村村是堡垒、户户是哨所、人人是哨兵、生产是执勤、放牧是巡逻、处处是防范”的边境防控网络，形成全民维稳、全面维稳、全时维稳的良好格局。

西藏自治区成立以来的50年，是山南各族人民生活显著改善的50年。50年来，特别是党的十八大以来，我们始终把增进人民福祉作为奋斗目标，把本级财政收入的80%以上用于保障和改善民生，各族人民的生活水平大幅提升，实现由贫困到温饱、逐步迈向小康的历史性跨越。群众生活蒸蒸日上。农牧民人均可支配收入由1965年的77元增加到2014年的8006元，年人均纯收入2300元以下的扶贫对象今年底将全部脱贫，所有农牧民都住上安全适用的房屋，冰箱、彩电、汽车等进入寻常百姓家。公共服务水平显著提高。从学前到高中阶段实现15年免费教育，全地区小学学龄儿童入学率和初中、高中阶段毛入学率分别为99.9%、101.5%、85.5%，今年底全地区一半的县（6个）将通过国家义务教育均衡发展验收，地区资助农牧民子女上大学政策圆农牧民子女的大学梦。地、县、乡、村医疗卫生服务网络全面建立，以免费医疗为基础的农牧区医疗制度惠及各族群众，全民健康体检实现常态化，免费救治先心病患儿216名，人均寿命由1965年的35.5岁提高到68.1岁。优秀传统文化得到继承和弘扬，雅砻文化品牌初步形成，广播电视综合人口覆盖率达98%以上。社会保障更加健全。“五大保险”参保率均在97%以上，有意愿的五保户集中供养和孤儿集中收养率达100%。城镇登记失业率控制在2.1%以内，动态消除零就业家庭。各族群众切身感受到党和政府的温暖，自发插国旗、挂领袖像，内心深处充满感恩之情。

西藏自治区成立以来的50年，是山南生态环境全面改善的50年。50年来，特别是党的十八大以来，我们始终把生态保护作为底线、红线、高压线，生态环境保护事业不断发展，实现从发动到自觉、从被动到主动、从盲目到科学的质的飞跃，生态环境保持良好。加强森林、草原、湿地保护，着力构建国家生态安全屏障，建成国家级风景名胜区1处、自然保护区1处、森林公园1个和自治区级风景名胜区4处，湿地面积23万公顷，人工林保存面积100万亩，森林覆盖率达18.4%，生态环境总体保持在原生状态。加强生态环境建设，打造西藏唯一的全国防沙治沙综合示范区，昔日的荒滩变成绿洲，如今的雅江中游河谷贡嘎机场至泽当镇“绿色长廊”是山南人民坚持不懈植树造林、改善生态环境、建设美好家园的成功典范；全面开展生态乡镇、村（居）创建，建成一批功能齐全、设施完善、环境优美的高原生态宜居城镇、统筹城乡示范点、生态文明小康示范点。强化环境监管，加大水电、矿产、旅游等重点资源开发和重大基础设施建设环境执法监管，开发建设规划和重点建设项目环境影响评价执行率达100%，建设泽当镇污水处理厂、地区医废处置中心和所有县城垃圾填埋场，生活垃圾和医疗废物处置工作率先在全区实现市场化运营，主要污染物排放总量控制在自治区下达的指标范围内，主要江河、湖泊水质和空气质量达到或优于国家标准，人民群众的生产生活环境更加优美。

西藏自治区成立以来的50年，是山南统一战线不断巩固扩大的50年。50年来，特别是党的十八大以来，我们始终把统一战线作为重要法宝，努力团结一切可以团结的力量、调动一切可以调动的积极因素，凝聚起推进山南各项事业发展的强大合力。政治协商从无到有、实现长足发展，无党派人士参政议政热情高涨、民主监督作用充分发挥，党外代表人士队伍不断壮大，与各族各界人士联系更加紧密。党的民族政策全面落实，县、乡两级少数民族人大代表占90%以上,少数民族干部占76.8%,各族人民真正当家做主人。民族团结宣传教育和民族团结进步创建活动持续开展,“三个离不开”和“五个认同”思想深入人心。门巴、珞巴两个人口较少民族加快发展,人均可支配收入高于地区和全区平均水平。党的宗教政策全面落实,实施寺庙“六建”“六个一”“九有”工程和“一个创建”“一个覆盖”“一个教育”,充分保障群众宗教信仰自由,依法保护正常宗教活动,全地区宗教和睦、佛事和顺、寺庙和谐,促进宗教与社会主义社会相适应。非公有制经济健康发展,非公有制经济人士健康成长,非公经济税收占94.8%、党组织实现全覆盖。

西藏自治区成立以来的50年,是山南党的执政基础全面夯实的50年。50年来,特别是党的十八大以来,我们始终把加强和改进党的建设作为做好一切工作的根本保证,全面加强党的思想、组织、作风、反腐倡廉和制度建设,党在山南的执政基础更加牢固。全面加强思想政治建设,严格遵守党的政治纪律和政治规矩,广大党员干部在思想上、政治上、行动上始终同以习近平同志为总书记的党中央保持高度一致,特别是在反分裂斗争这个重大原则问题上,始终旗帜鲜明、立场坚定。党的组织由弱到强、党的队伍由小到大,全地区各级党组织从1965年的193个发展到1843个,党员数量从1965年的2302人发展到40801人,乡镇党政正职实现“一藏一汉”配备格局,村(居)党支部第一书记、大学生村官实现全覆盖。大力弘扬“老西藏精神”和“两路精神”,坚决贯彻落实中央八项规定,驰而不息整治“四风”,党的群众路线教育实践活动取得人民群众满意的成效,“三严三实”专题教育扎实开展。牢固树立西藏在党风廉政建设和反腐败问题上没有任何特殊性的思想,认真落实主体责任和监督责任,惩治腐败力度不断加大,干部作风明显转变,全地区形成风清气正的干事创业环境。

50年来,山南各族人民当家做主站起来、改革开放富起来、科学发展强起来,经济社会发生巨大变化,创造短短几十年跨越上千年的人间奇迹。如今的山南,呈现出科学发展、和谐稳定、民族团结、宗教和睦、民生改善、生态良好、党建加强、边疆巩固的大好局面,雅砻大地从来没有像今天这样欣欣向荣、蒸蒸日上,雅砻儿女从来没有像今天这样意气风发、斗志昂扬,各族人民更加心向党、心向祖国、心向社会主义。

50年的实践证明,中央治藏方略特别是习近平总书记“治国必治边、治边先稳藏”的重要战略思想完全正确、英明伟大,是推进山南长足发展和长治久安的行动指南。自治区党委的坚强领导、科学决策,特别是以陈全国书记为班长的自治区党委作出的一系列决策部署,深得各族干部群众拥护,是做好山南各项工作的有力保证。全国人民特别是湖南、湖北、安徽三省和中粮集团的大力支援,体现社会主义制度的优越性,是助推山南加快发展的重要动力。全地区党政军警民团结一心、艰苦奋斗,继承和弘扬中华民族的优良传统和“老西藏精神”“两路精神”,是推动各项事业从胜利不断走向胜利的力量源泉。我们深深地体会到,没有中国共产党,就没有社会主义新山南,只有坚持中国共产党的领导、坚持社会主义制度、坚持民族区域自治制度,只有在祖国大家庭的怀抱中,山南才会有繁荣进步的今天和更加美好的明天。

展望未来,我们信心百倍。中央第六次西藏工作座谈会丰富党的治藏方略,明确新时期西藏工作的指导思想、重要原则、目标任务和重大举措,开辟我们党治边稳藏的新纪元,开启西藏长足发展、长治久安的新征程,绘就西藏未来发展的宏伟蓝图。山南地委、行署将团结带领全地区各族人民,更加紧密地团结在以习近平同志为总书记的党中央周围,在自治区党委、政府的坚强领导下,在湖南、湖北、安徽三省和中粮集团的大力支援下,坚持以“四个全面”战略布局为统领,深入贯彻落实党的十八大、十八届三中四中全会精神,贯彻落实中央第六次西藏工作座谈会精神,贯彻落实党的治藏方略,贯彻落实习近平总书记系列重要讲话精神,贯彻落实俞正声主席在庆祝西藏自治区成立50周年时的重要讲话精神,贯彻落实孙春兰部长的重要讲话精神,贯彻落实自治区第八次党代会、区党委八届五次六次全委会精神,奋发有为、开拓创新,大力推进“六个模范区”和“七个山南”建设,确保到2020年与全国全区一道实现全面建成小康社会的宏伟目标,不断谱写中华民族伟大复兴“中国梦”的山南新篇章,以优异成绩回报党中央的亲切关怀和全国人民的大力支援。

山南概况

基本概况

【地理位置】 山南地区位于冈底斯山脉和念青唐古拉山脉以南，雅鲁藏布江中游，介于北纬27°08′—29°47′、东经90°14′—94°22′之间。北与拉萨市相连，东与林芝地区接壤，西与日喀则地区为邻，南与印度、不丹等国毗邻。山南地区总面积7.97万平方千米（其中印控区约2.87万平方千米），占西藏自治区总面积的1/15，边境线长630多千米，边境通道44个，其中季节性通道35个、常年通道9个，战略地位十分重要。中共山南地委、山南地区行政公署的驻地乃东县泽当镇，位于雅鲁藏布江中游的雅砻河谷平原，海拔3580米，距贡嘎机场97千米、拉萨135千米。

【历史沿革】 “泽”意为玩耍，“当”即塘，意为“坝子”，“泽当”二字全意为“玩耍的坝子”“猴子玩耍的坝子”，泽当东边贡布日山上有猴子洞，传说中猴子变人的故事就发生在这里，泽当镇因此而得名。6世纪，吐蕃赞普囊日松赞主要以泽当为中心区进行活动。7世纪，赞普松赞干布统一西藏，建立吐蕃政权，泽当成为吐蕃政权的政治、经济、文化中心。1912年，西藏地方政府在这里设有洛喀基巧堪布（即山南总管）。1956年8月，成立山南基巧办事处，驻地泽当。1959年12月，成立山南专员公署，属自治区人民政府的派出机构，驻地泽当，泽当成为山南政治、经济、文化中心。

【行政区划】 山南地区下辖12个县（乃东县、琼结县、扎囊县、贡嘎县、浪卡子县、洛扎县、措美县、错那县、隆子县、曲松县、加查县、桑日县），24个镇，58个乡，1个办事处，554个村（居）委会。边境县4个，边境乡（镇）24个，边境村（居）委会91个。民族乡5个（麻玛乡、勒乡、贡日乡、基巴乡和斗玉乡）。

【人口状况】 截至年底，山南地区总人口361167人，其中乃东68952人、琼结18622人、扎囊39065人、贡嘎51133人、浪卡子38365人、洛扎20205人、措美14919人、错那15511人、隆子36001人、曲松16868人、加查23770人、桑日17756人。农业人口298715人，非农业人口62452人。有藏、汉、门巴、珞巴等28个民族，其中藏族占96.2%、汉族占3.3%、其他少数民族占0.5%。门巴族915人、珞巴族234人。总户数114757户。

自然资源

【气候资源】 山南属高原温带半干旱季风气候。年平均日照时数为2600—3300小时。年平均气温在5.6℃左右，极端最低气温为零下27℃，极端最高气温为31℃。年降水量大约在200—500毫米,主要集中在6—9月。全年无霜期120天左右。年平均大风日为70天左右。

【土地资源】 山南地区总耕地面积约156.96万亩(含印占区72.14万亩),其中水浇地面积73.72万亩,基本农田71.62万亩(第二次全国土地调查数据)。天然草场4638.68万亩,其中可利用草场4458.72万亩。

【文化资源】 山南是藏民族的摇篮,藏文化的发祥地。有西藏第一块农田索当、第一座村庄索卡、第一座宫殿雍布拉康、第一座寺庙桑耶寺等西藏历史上诸多"第一"。有西藏民主改革第一村、第一批农牧民党员、第一个农村党支部等民主改革后"八个第一"。有目前西藏唯一的国家级风景名胜区——雅砻河风景名胜区,总面积920平方千米,共分7大景区,58个景点,景区内有藏民族遗址20余处,藏传佛教文化遗址30余处。自治区级风景名胜区4个,即卡久风景名胜区、勒布沟风景名胜区、扎日风景名胜区、哲古风景名胜区。截至2015年底,山南地区共有各类不可移动文物730余处1300个点,各级文物保护单位294处,其中国家级重点文物保护单位16处18个点、自治区级重点文物保护单位85处87个点、县级重点文物保护单位193处;现有非物质文化遗产项目205个,其中国家级非遗保护项目15项、传承人11人,自治区级非遗保护项目43项、传承人52人,县级非遗保护项目147项、传承人143人;现有珍贵古籍2188函。

【水利资源】 山南地区水利资源丰富,拥有较长河流41条、湖泊88个(不含印占区)。湖泊蓄水量约170亿立方米,冰川蓄水量约10亿立方米,地下水约230亿立方米。年均径流量706.48亿立方米。雅鲁藏布江由西向东流经境内7个县,流程337千米,流域面积1.7万平方千米。天然水能蕴藏量3510万千瓦。雅鲁藏布江中游干流段共规划6个梯级水电站,装机容量325万千瓦,其中藏木51万千瓦、加查36万千瓦、大古58万千瓦、街需51万千瓦、巴玉78万千瓦、冷达51万千瓦。

【林业资源】 山南地区控制线以内林地总面积407.09万公顷,实际控制线以内林地面积129.92万公顷,森林面积118.28万公顷,人工林面积3.26万公顷,活立木蓄积量为3449.7万立方米,森林覆盖率约24.79%。

【矿产资源】 山南地区已探明的矿藏有37种,矿产地108处。优势矿产有铬铁、铅锌、岩金、铜,具有潜在优势的有石灰岩、水晶、矿泉水、大理岩、地热等矿产。有全国最大的铬铁矿基地——罗布莎铬铁矿基地。铬铁、铅锌、岩金、铜矿累计探明储量分别达652万吨、249.5万吨、20吨、58.5万吨,远景储量分别有望达到1100万吨、600万吨、80吨、400万吨。

【植物资源】 包括花卉植物、药用植物、菌类,其中,花卉植物主要有滇藏木兰、滇牡丹、大白杜鹃、绒毛杜鹃、高山毛叶杜鹃、芒刺杜鹃、山杜鹃、长毛杜鹃、羽叶粉花绣线菊、金露梅、锡金海棠、大叶蔷薇、西康蔷薇、线叶毛蔷薇、高茎绿绒蒿、白花绿绒蒿、藏蓝绿绒蒿、美丽绿绒蒿、西藏绿绒蒿、大花绿绒蒿、尼泊尔绿绒蒿、小丛红景天等。药用植物主要有刺绿绒蒿、船盔乌头、西藏狼牙刺、翼首花、杉叶藻、虫草、贝母、雪莲花、天麻、红景天、三七、远志、爬地柏、银白杨、人参果、知母、当归、黄芪、黄柏、党参、狼毒等。菌类主要有虫草和茯苓等,食用菌繁多,珍贵的有猴头、刷把菌、牛肝菌、黄木耳、黑木耳、松茸等。

【动物资源】 鸟类有普通秋沙鸭、斑嘴鸭、绿头鸭、赤麻鸭、雪鸽、岩鸽、石鸡、西藏毛腿沙鸡、山斑鸠、喜鹊、红嘴山鸦、大嘴乌鸦、大杜鹃、小杜鹃、斑啄木鸟、棕腹啄木鸟、大山雀、高山旋木雀、小云雀、褐翅雪雀等。兽类有狼、狐、藏狐、赤狐、艾虎、黄鼬、果子狸、豹猫、野猪、高原兔、喜马拉雅旱獭等。

【特色资源】 山南地区民族手工业产品涉及16个门类400多个品种,有独具民族工艺特色的氆氇、卡垫、地毯、藏被、水晶等产品。有优质青稞、油菜、大蒜和奶牛、牦牛、绵羊、藏鸡等高原特色农畜产品。有冬虫夏草、贝母、红景天、藏红花、三指雪莲花等100多种享誉世界的名贵药材。有丰富的松茸、蕨菜等林下资源。有马鹿、野驴等国家一、二级重点保护动物76种。

旅游资源

【藏文化发祥地】 山南位于冈底斯山和念青唐古拉山以南，雅鲁藏布江干流中下游地区，是藏族古代文明的重要发祥地之一。这里是神猴同罗刹女繁衍人类著名神话的产生之地，是西藏最早掌握垦荒种地、丈量田亩、水利灌溉、贮藏牧草、冶炼金属、烧制陶器等技能的地区。这里创造出了雅砻文化和西藏历史上的众多第一：第一块农田、第一座宫殿、第一座佛法僧三宝俱全的寺院、第一部藏戏等。山南有藏王墓、桑耶寺、昌珠寺等名胜古迹，有闻名遐迩的神山神湖，如佛教理想中"胜乐金刚宫"的扎日神山，有位列西藏三大圣湖之一的羊卓雍错，有预示历代达赖喇嘛转世灵童、为众生启示未来命运的拉木拉错神湖等。山南曾两度成为西藏地方的政治中心，从这里崛起的雅砻部族创建了威镇四方的吐蕃王朝。所以，藏族人一般称山南为藏族文化的发祥地。

【雅砻河风景名胜区】 1988年，国务院批准山南雅砻河流域为全国第二批国家级风景名胜区——雅砻风景名胜区，这也是西藏第一个国家级风景区。该风景区地处藏南雅鲁藏布江中游河谷地带，阳光充足，空气清新，视野辽阔。由于海拔高，似有山低云矮、星月咫尺之感。风景区以泽当镇为中心，向东西延伸十大景区58个景点，形成雅砻风景名胜的景观网络。景点面积约1580平方公里，风景区内除雅拉香布山海拔6635.8米外，其余地带海拔高度在3450至3600米之间。地势南高北低，西高东低。雅鲁藏布江奔腾于高山深谷之中，水流湍急，景象壮观，世所罕见。江河两岸地势平坦，气候宜人，土地肥沃，村庄毗连，一派典型的藏南田园风光。

雅砻风景名胜区是以高原河谷地貌为特征，以藏民族历史、佛教文化遗存为内涵，融民族风情为一体，是具有文化保存、观光朝圣、风情体验、科学考察和学术研究等功能的国家级重点风景名胜区。

【卡久风景名胜区】 卡久风景名胜区位于山南地区洛扎县拉康镇，是西藏南部独特的高原生态森林风景区。该景区内气候温和适宜，有雪山、森林、湖泊、瀑布、峡谷等壮美的自然风光，也有名贵药材茅膏草、极具医疗保健作用的地热等稀有资源。景区内动植物资源多样、自然生态系统稳固而完整。主要有以红豆杉等为代表的珍稀植物资源；以虫草、贝母、松茸等为代表的林下经济资源；以雪豹、麝、白唇鹿、棕尾虹雉等为代表的珍贵动物资源。历史优久的藏传佛教著名寺庙卡久寺坐落在景区内，是自治区级文物保护单位。卡久风景名胜区群山郁郁，杜鹃成林，从山上神湖流下的溪水，经过山谷的原始森林，早晚升云起雾。置身卡久景区，四周忽而云雾升腾、云海波涌，忽而云开雾散、晴空万里，如同神仙漫步云海；远望卡久景区，卡久寺雄踞山顶，在云雾缥缈中若隐若现，如幻如梦、如诗如画，恍如人间仙境。

【勒布沟风景名胜区】 门隅勒布，藏语称作"贝域吉莫穷"，意为隐秘的幸福之地，位于山南错那县境内康格尔多山南侧，平均海拔2400米左右。勒布多高山峡谷，自然纯美，森林如莽，瀑布横飞，属于亚热带温湿气候，年降雨量在1000毫米以上。景区内原始森林面积达36万亩，植被繁茂，原生态物种达140多种，林下资源极为丰富，堪称天然药材宝库和野生动物乐园。著名的药材有黄莲、天麻、红景天、五味子、冬虫夏草、贝母、黄芪、当归、党参等，还有野生野长的木瓜、猕猴桃、山核桃、杏桃、草莓、蔷薇果、枸杞、沙棘等。野生动物已列入国家一级保护动物的有孟加拉虎、金钱豹、雪豹、小熊猫、藏野驴、野牛等；二级保护动物有猕猴、棕熊、獐子、四不像、黑熊、秃鹫、藏雪鸡等；三级保护动物有岩羊、狐狸等，此外，还有贝母鸡、野鸡、蛇等。勒布沟气候宜人、物种丰富、山川秀美、鸟语花香、四季常青。在古木与竹林相间的神秘原始森林中沿公路穿行，随处可见峭壁悬崖，嬉闹的猴群和飞流直下的瀑布。若在五、六月份，这里还是杜鹃花的海洋，不同品种的花卉色彩斑斓，争相斗艳，堪称西域高原一绝。

【扎日风景名胜区】 扎日风景名胜区位于中印边境喜马拉雅山脉的藏南峡谷中，地处隆子县境内，平均海拔2600米。扎日藏语意为“圣山或草盛山”。扎日神山植被茂盛、草药齐全、气候宜人、风景秀丽、神圣洁净，既有漫山的鲜花、垂落的瀑布和圣洁的雪山，又有广阔的草原、悠然的峡谷、清明如镜的圣湖和一望无际的原始森林，是西藏的香巴拉，也是山南地区原始生态保存最为完整的地域，世界二十四大名山之一的达瓜西日神山就位于景区内。传说该圣地主要由十三世纪前期噶举派得道高僧（活佛）仲贡·藏巴甲日于某一猴年开光，开光前莲花大师、白玛拉弥扎、阿底峡、杰贡益西多吉（达拉岗布活佛）等在此修行，均成正果，该地由此名声大振。此地还传说有108种树木，108种名贵药材，108眼圣泉，108座修行洞，108个神湖和108个天葬台等，历来是善男信女，骚客游人向往的“人间仙境”。

【哲古风景名胜区】 哲古风景名胜区位于山南地区措美县县城东北部50公里，由美丽的哲古草原和哲古湖组成，是集雪山、草原、湖泊、野生动物于一体的旅游景区。哲古草原平均海拔4600米，草场总面积为322多万亩。草原上有大量的野生动物，主要以国家一级保护动物野驴为主，还有野羊、草狐狸、黑颈鹤、雪豹、丹顶鹤、猞猁、雪鸡、水獭、旱獭、灰鸭、班头雁、豺狼。哲古湖面积约70平方千米，平均水深约20米，湖水清澈无暇，是青藏高原自然形成的独特高原湖泊。湖内生长着各种高原鱼类，夏季湖水解冻后，有成群的鸟类在湖面觅食，主要以高原黄鸭为主。哲古风景名胜区内一望无际的辽阔草原、碧波荡漾的圣洁湖水以及连绵起伏的雄伟雪山，既是一道靓丽的风景，也是当地牧民的主要牧场。

自然灾害

【水灾】 1月18日，洛扎县生格乡木村4组因集中强降雨引发滑坡地质灾害，一次性冲出方量约1.93万立方米。灾害涉及村民15户130人，导致1间民房、1座水磨坊、2亩农田、80米水渠受损，75米道路阻塞，造成直接经济损失300余万元。

7月4日晚，隆子县雪沙乡当孜村当孜组、桑白那组区域，突降暴雨，导致一幢村民新修房屋倒塌、教学点受损。

7月8日18时30分左右，隆子县日当镇加洛村一带出现短时强对流天气，致使该村17户农牧民63.1亩青稞田受损，造成较大经济损失。

7月12日22时左右，隆子县日当镇一带出现短时强对流天气，突降冰雹，引发大量洪水、泥石流，致使日当镇毕念、曲古塘、沙琼、加洛、才布、卡当等村57户农牧民农田、房屋不同程度损毁。

7月13日17时30分左右，错那县曲卓木乡塔嘎村、洞嘎村12组（妮西村）出现强对流天气，突降强降雨夹冰雹，持续时间约10分钟，最大冰雹的最大直径为8毫米。导致塔嘎村山体多处发生泥石流，被掩埋水渠1560米，被淹农田10.32亩、草场6亩；洞嘎村12户居民住宅区后侧发生较大泥石流，被掩埋水渠300米，被淹农田14.8亩、草场14亩，3户居民房内进水；曲卓木村被掩埋水渠200米，2座小桥被河水冲垮，被淹草场4亩。此次灾害造成直接经济损失约18万元。

8月6日17时左右，贡嘎县杰德秀镇、甲竹林镇甲日新村2组出现强降雨，引发洪水灾害。灾害涉及2镇13户69人，导致1户6间农房进水、小麦田受灾面积53亩，造成直接经济损失约16.44万元。同时，洪水引起贡嘎县吉雄镇扎庆社区4组干渠地段河水暴涨，扎庆社区7户36人受灾，造成直接经济损失约17.85万元。

8月19日17时20分左右，贡嘎县杰德秀镇秀吾村出现强降雨，引发洪水灾害。灾害涉及该村3户13人，导致青稞绝收5亩，造成直接经济损失约0.6万元。

【雹灾】 7月12日9时55分至10时25分，浪卡子县浪卡子镇翁果村遭受冰雹袭击，此次雹灾强度大、持续时间长，最大冰雹直径约为8毫米。灾害涉及该村120户508人，受灾农田面积达718.1亩（青稞547.3亩、油菜162.3亩、青饲草料8.5亩），造成直接经济损失43.12万元。

8 月 4 日 18 时至 19 时，贡嘎县东拉乡广嘎村、东拉村突降冰雹，持续一个小时左右。灾害涉及 2 村 300 户 1144 人，受灾农作物面积 840 亩，造成直接经济损失约 52.21 万元。

8 月 5 日 17 时至 24 时，隆子县日当镇加洛村、预备村、塔新村一带突强冰雹，引发雹灾。灾害涉及 3 村 37 户 123 人，受灾农作物面积 79.75 亩，造成经济损失约 1.95 万元。

8 月 19 日 21 时 10 分左右，贡嘎县朗杰学乡岗则村突降冰雹，灾害涉及该村 57 户 425 人，冬小麦轻灾面积 300 亩，造成直接经济损失 7.2 万元。

8 月 24 日 21 时 10 分左右，贡嘎县江塘镇保吾村突降冰雹，灾害涉及该村 80 户 323 人，受灾农作物面积 100 亩，造成直接经济损失 3.62 万元。

8 月 25 日 19 时至 19 时 30 分，浪卡子县卡龙贡热村、米巴村遭受强冰雹袭击，灾害涉及 2 村 36 户 116 人，受灾农作物面积 231.5 亩，造成直接经济损失共计 5.75 万元。

8 月 26 日 20 时 45 分左右，贡嘎县朗杰学乡朗达村 1、2、3 组突降冰雹，灾害涉及该村 92 户 477 人，受灾农作物面积 352 亩，造成直接经济损失约 14.34 万元。

【旱灾】 5—7 月，浪卡子县各乡镇持续高温少雨，各乡镇均出现不同程度旱灾。灾害涉及浪卡子县各乡镇 7352 户 31296 人，导致农田受灾 26909 亩（青稞绝收 5815.1 亩、小麦绝收 40 亩、油菜绝收 1063.8 亩，青稞重灾 8175 亩、小麦重灾 315 亩、油菜重灾 1366.2 亩，青稞轻灾 7815.9 亩、小麦轻灾 705 亩、油菜轻灾 1613 亩），死亡牲畜总数 3074（头、只、匹），草场受灾 5546412 亩（干旱面积 4823690 亩、鼠害 654098 亩、虫害 68624 亩），估计造成经济损失约 1380 万元。

【火灾】 3 月 10 日，洛扎县拉康镇发生森林火灾，过火面积 14 亩，受灾森林面积 13 亩。

11 月 28 日，桑日县与加查县交界处发生森林火灾，过火面积 4359.87 亩，受灾森林面积 2143.38 亩。

【雷灾】 9 月 4 日 17 时左右，隆子县日当镇扎村萨布放牧区（北纬 28° 35′，经 92° 20′）一带出现雷雨天气，1 头牦牛遭雷击致死，造成直接经济损失 0.8 万元。

大 事 记

1 月

5—6 日 全区水利工程建设管理与运行维护工作现场会在山南地区召开。自治区水利厅副厅长赵东晓出席并讲话，行署副专员黄金城致辞。

6 日 地委（扩大）会议召开，传达学习、贯彻落实区党委八届六次全委会精神，特别是陈全国书记的重要讲话精神，全面总结地委 2014 年工作，安排部署全面推进法治山南建设和落实从严治党要求、进一步加强党的建设工作。地委书记其美仁增主持并讲话。地委副书记、行署专员张永泽传达区党委八届六次全委会精神。地委副书记丁哲峰就《中共山南地委关于全面落实从严治党要求进一步加强党的建设的意见（讨论稿）》作说明。地委副书记、政法委书记、公安处党委书记晶明就《中共山南地委关于全面推进法治山南建设的意见（讨论稿）》作说明。

7 日 地区召开经济工作会议，贯彻落实中央、自治区经济工作会议精神，全面总结 2014 年经济社会发展情况，安排部署 2015 年经济工作。地委书记其美仁增讲话，地委副书记、行署专员张永泽对 2015 年经济工作提出具体要求，地委副书记丁哲峰主持并作会议总结。地委委员、秘书长姜太强宣读《中共山南地委、山南地区行署关于表彰 2014 年度综合考评先进集体的决定》。

▲ 地区综治工作表彰大会暨《2015—2017 年山南地区社会治安综合治理工作责任书》签字仪式召开。地委书记其美仁增，地委副书记、行署专员张永泽出席会议并代表地委、行署与各县签订综治工作责任书。

18 日 自治区村（居）“两委”换届工作验收组就村（居）“两委”换届工作验收情况向山南地区反馈意见。地委副书记、行署专员张永泽主持并讲话。

27 日 山南地委、行署召开联席会议，研究《山南地区推进新型城镇化建设重点工作》和《山南地区关于加快推进种养业产业化发展的实施意见》。地委书记其美仁增主持，地委副书记、行署专员张永泽传达自治区推进新型城镇化工作电视电话会议精神。

29—30 日 自治区残疾人联合会副理事长旺青格烈率慰问组一行深入山南地区开展就业援助月走访慰问活动。行署副专员王友华陪同走访慰问。

2 月

5 日 地区召开安全生产工作电视电话会议，学习贯彻全国、自治区安全生产工作会议精神，总结 2014 年安全生产工作，安排部署 2015 年各项任务。地委副书记、行署专员、地区安委会主任张永泽作讲话。

6 日 地区政协召开第十届三次会议提案交办会。会议总结回顾政协十届二次会议提案办理工作，安排部署十届三次会议提案办理工作。地区政协党组书记、主席边巴，行署副专员喻昌出席，政协副主席王怀亭主持会议。

7 日 地区召开宗教界爱国人士座谈会，地委书记其美仁增向宗教界爱国人士代表敬献哈达，为与会代表送上国旗和《习近平总书记重要讲话汇编（藏文版）》，并提前向大家祝贺春节和藏历新年。

9日 地委书记其美仁增主持召开地委会议，传达学习八届自治区纪委六次全会精神、自治区农村工作会议精神、自治区党委政法工作精神和自治区宣传部长会议精神，研究山南地区党风廉政建设、农村、政法和宣传工作。

11日 春节、藏历新年前夕，自治区党委常委、宣传部部长、自治区慰问总团山南分团团长董云虎率慰问团深入山南地区，走访公安干警、驻寺驻村干部和寺庙僧尼，看望慰问贫困户、企业困难职工、退休干部和劳模，代表区党委、政府和自治区党委书记陈全国、自治区主席洛桑江村向大家致以节日问候和新春祝福。地委书记、区慰问总团山南分团副团长其美仁增一同慰问。

12日 地区召开政法工作电视电话会议，认真贯彻落实中央、区党委政法工作会议精神，总结2014年全地区政法工作，安排部署2015年政法工作。地委书记其美仁增出席并讲话。

17日 地委、行署召开全地区维护社会稳定工作会议，传达学习中央、自治区有关文件精神，贯彻落实全区维护稳定工作会议精神，总结2014年维稳工作，对2015年特别是春节、藏历新年期间全地区维稳工作进行安排部署。地委书记其美仁增出席会议并讲话。

19日 贡嘎县特色旅游产品展销店贡嘎机场店正式开业，展销店位于机场候机楼入口处，项目投资20万元。

20日 首届“全国十佳农民”评选在北京揭晓。乃东县泽当镇泽当居委会党支部副书记、贡桑禽类养殖专业合作社理事长益西卓嘎荣获“全国十佳农民”荣誉称号。

3 月

1日 自治区召开维稳指挥部视频会议，安排部署近期全区维稳工作。自治区副主席、自治区赴山南维稳督导组副组长董明俊出席山南分会场会议。地委书记其美仁增在会上作维稳工作情况汇报。自治区督导组成员及地区领导张永泽、晶明、姜太强、邵昌等出席。

▲ 自治区副主席、自治区赴山南维稳督导组副组长董明俊率督导组一行前往桑耶寺，检查指导维稳工作，并代表区党委、政府向寺管会干部职工和寺庙僧尼致以新春问候。地委副书记、政法委书记、公安处党委书记晶明陪同。

▲ 地区“法律进万家”活动出发仪式在地区体育场举行，标志着为期四个月的“法律进万家”活动正式启动。自治区副主席、自治区赴山南维稳督导组副组长董明俊出席活动并为宣讲组授旗。地委书记其美仁增讲话，地委副书记、行署专员张永泽主持，并宣布宣讲组出发。自治区政府副秘书长才旦南杰，区党委宣传部副部长王能生、晋美旺措，区新闻出版广电局副局长许文彤以及自治区维稳督导组其他领导出席。

2日 地区召开维护稳定工作汇报会。自治区副主席、自治区维稳督导组副组长董明俊出席并讲话，区政协副主席、区党委老干局局长、自治区维稳督导组副组长参木群出席会议。地委书记其美仁增汇报工作，地委副书记、行署专员张永泽主持。

4日 地区纪检监察工作会议在泽当召开。地委书记其美仁增讲话，地委副书记、行署专员张永泽主持，地委委员、纪委书记吴维作工作报告。地区领导丁哲峰、党宗莲、边巴、张明、姜太强、柯东海、邵昌等出席泽当主会场会议。

5日 自治区召开维稳指挥部视频会议，传达中央有关精神和陈全国书记重要批示指示精神，就贯彻落实中央和自治区党委、政府关于维稳工作的部署要求，扎实做好当前全区维稳工作进行再强调、再部署。自治区党委常委、宣传部长、自治区驻山南地区维稳工作督导组组长董云虎出席山南分会场会议。自治区政协副主席、区党委老干部局局长、自治区驻山南地区维稳工作督导组副组长参木群出席加查县分会场会议。

▲ 区党委常委、宣传部部长、自治区驻山南地区维稳工作督导组组长董云虎前往扎囊县检查督导，代表区党委、政府和陈全国书记、洛桑江村主席走访慰问一线执勤民警、驻村驻寺干部和寺庙僧人。自治区督导组成员，地委副书记、政法委书记、公安处党委书记晶明，地委委员、统战部长巴珠陪同。

▲ 地区2015年维稳安保誓师大会在泽当举行。区党委常委、宣传部长、自治区维稳督导组组长董云虎出席并作重要讲话。自治区维稳督导组成员，

地区党政军领导张永泽、丁哲峰、党宗莲、边巴、张明、岳安德、吴维、姜太强、柯东海、邵昌等出席誓师大会。

▲ 地委、行署召开全地区农村工作会议,全面总结山南地区2014年“三农”工作,安排部署当前和今后一个时期的农村工作。地委副书记、地委农村工作领导小组组长丁哲峰出席并讲话。

3—5日 自治区副主席、自治区驻山南地区维稳工作督导组副组长董明俊率督导组前往隆子县、贡嘎县检查督导维稳工作,看望慰问一线执勤民警和基层干部职工,视察维稳值班备勤和文化市场安全情况。

7—10日 区党委常委、宣传部长、自治区驻山南地区维稳工作督导组组长董云虎深入洛扎县检查督导维稳工作,看望慰问公安民警、基层干部和寺庙僧人。自治区督导组各成员,行署副专员丹增等陪同。

8日 地区妇女思想道德教育基地在乃东县克松居委会揭牌,标志着山南地区第一个“妇女思想道德教育基地”正式建立。

9日 自治区政协副主席、自治区驻山南地区维稳工作督导组副组长参木群,在桑日县各乡镇、村(居)、寺庙以及便民警务站、加油加气站等检查督导维护稳定工作。

10日 地区组织军分区、公安、武警、特警、医院等各方面维稳力量,在泽当镇开展2015年反自焚反暴恐实战技能演练。区党委常委、宣传部长、自治区驻山南地区维稳工作督导组组长董云虎亲临现场观摩演练。地区党政军领导其美仁增、张永泽、党宗莲、边巴、张明、吴维、姜太强、邵昌、周太国等出席并观摩技能演练。地委副书记、政法委书记、公安处党委书记晶明主持实战技能演练。

▲ 自治区副主席、自治区驻山南地区维稳工作督导组副组长董明俊在措美县检查督导维稳工作,看望慰问基层干部群众。

11日 自治区2015年文化科技卫生法律和爱国爱教宣传服务“五下乡”活动在贡嘎县江塘镇举行,标志着自治区“五下乡”活动全面展开。区党委常委、宣传部长董云虎出席启动仪式并讲话。地区领导其美仁增、党宗莲、嘎玛旦巴、姜太强、柯东海、扎西加措及自治区相关部门负责人出席启动仪式。

▲ 地区召开财政工作会议,全面总结2014年地区财政工作,安排部署2015年各项工作。地委副书记、行署专员张永泽讲话。2014年,全地区财政收入完成9.86亿元,同比增长24.4%,总量位居自治区第二,完成“十二五”规划目标的132.1%,提前一年完成“十二五”规划确定的五年财政收入总任务。

13日 区党委常委、宣传部长、自治区驻山南地区维稳工作督导组组长董云虎深入桑日县企业、寺庙、维稳一线和宣传文化单位检查指导工作。地委委员、宣传部长嘎玛旦巴陪同。

▲ 地区召开政府系统廉政工作电视电话会议,地委副书记、行署专员张永泽发表讲话。地委委员、纪委书记吴维出席会议。地委委员、行署副专员柯东海主持会议。

14日 地区在泽当镇举行武装拉动巡逻演练。区党委常委、宣传部长、自治区驻山南地区维稳工作督导组组长董云虎观摩演练并讲话。地区党政军领导其美仁增、张永泽、党宗莲、边巴、晶明、姜太强、周太国等陪同。

▲ 区党委常委、宣传部长、自治区驻山南地区维稳工作督导组组长董云虎在乃东县看望慰问各族外来经商务工人员并举行座谈。地委书记其美仁增主持座谈会。自治区督导组各成员,地区领导张永泽、姜太强、加央出席座谈会。

15日 自治区召开维稳指挥部视频会议,总结近期全区维稳工作,安排部署当前全区维稳工作。区党委常委、宣传部长、自治区驻山南地区维稳工作督导组组长董云虎出席山南分会场会议。自治区副主席、自治区驻山南地区维稳工作督导组副组长董明俊,自治区政协副主席、自治区驻山南地区维稳工作督导组副组长参木群分别出席所在县分会场会议。地委副书记、行署专员张永泽出席山南分会场会议并作汇报。

19日 地区召开落实2014年党风廉政建设责任制情况检查考核会议。区党委常委、宣传部长、区党委落实党风廉政建设责任制第三检查考核组组长董云虎出席会议并讲话。地委书记其美仁增就落实地委党风廉政建设责任制主体责任和“第一责任人”责任进行述职述责,地委委员、纪委书记吴维就履行党风廉政建设监督责任进行述职述责。地委副书记、行署专员张永泽主持。

20日　地区在泽当镇开展2015年“综治宣传月”活动。区党委常委、宣传部长、自治区驻山南地区维稳工作督导组组长董云虎专程来到各宣传点视察指导，看望慰问工作人员。自治区副主席、自治区驻山南地区维稳督导组副组长董明俊一同视察。区督导组各成员，地区领导其美仁增、张永泽、晶明、吴维、洛桑扎西随同视察。

21—26日　由人民日报、中央人民广播电台、光明日报、经济日报、中新社以及区、地各主流媒体组成的采访组，到洛扎县次麦居委会对“次麦模式”进行深入采访。

22日　来自湖北省的康辉、国旅、悦行天下等7家旅行社的50名旅行商齐聚山南，考察西藏旅游东环线交通设施和景点分布情况。

▲　地区召开重点项目推进工作电视电话会议，通报当前地区项目工作情况，安排部署2015年的重点项目建设工作。地委副书记、行署专员张永泽出席并讲话，地委委员、行署副专员卜建才主持。

▲　地区召开金融工作电视电话会议，传达学习自治区金融工作会议和辖区人民银行工作会议精神，总结近年来金融工作成绩，研究部署下一步工作。地委副书记、行署专员张永泽出席泽当主会场会议并讲话，行署副专员纪世德主持。

26日　地委书记其美仁增，地委副书记、行署专员张永泽接见第四届“感动山南十大人物”。

28日　地区各族各界干部群众代表聚集在西藏民主改革第一村——克松居委会，隆重举行纪念西藏百万农奴解放56周年升国旗仪式。自治区副主席、自治区驻山南地区维稳工作督导组副组长董明俊，自治区政府副秘书长才旦南杰出席升旗仪式。地区领导其美仁增、张永泽、丁哲峰、党宗莲、边巴、云丹、嘎玛旦巴、吴维、巴珠、卜建才等出席。地委副书记张明致辞，地委委员、行署副专员柯东海主持升国旗仪式。

29日　财政部赴藏调研组一行在浪卡子县考察调研。区党委常委、自治区常务副主席丁业现陪同考察。地委副书记、行署专员张永泽汇报山南地区经济社会发展情况。

30日　地区与中央主要新闻媒体赴藏采访团座谈会召开。地委副书记、行署常务副专员云丹介绍山南地区经济社会发展情况，地委委员、宣传部长嘎玛旦巴主持。

30—31日　地委书记其美仁增深入浪卡子县、曲松县调研视察基层党建、“双联户”数字化服务管理和特色产业发展以及社会稳定等工作。

4　月

1日　自治区副主席边巴扎西一行到贡嘎县岗堆镇森布日村，调研指导植树造林工作。

1—2日　全区推进义务教育均衡发展现场会暨工作部署会在山南召开。自治区副主席、区教工委书记、区教育督导委员会主任孟德利出席并讲话。自治区政府副秘书长李秀珍，地委副书记、行署专员张永泽出席。

3日　自治区维稳指挥部召开视频会议，总结3月份维稳工作，部署下一阶段全区维稳工作。自治区副主席、自治区驻山南地区维稳工作督导组副组长董明俊，自治区政协副主席、自治区驻山南地区维稳工作督导组副组长参木群出席山南分会场会议。地委书记其美仁增出席山南分会场会议并作汇报。地区领导张永泽、晶明、嘎玛旦巴、巴珠、姜太强等出席山南分会场会议。

▲　地区召开基层党建暨组织部长会议，传达贯彻全国、自治区组织部长会议精神，总结2014年基层党建和组织工作，安排部署2015年各项工作。地委书记其美仁增讲话，地委副书记、行署专员张永泽主持。

4日　地区召开维稳工作会议，贯彻落实自治区维稳视频会议精神，全面总结地区维稳，安排部署下一阶段维稳工作。地委书记其美仁增出席并作重要讲话，地委副书记、行署专员张永泽主持。

6日　最高人民检察院刑事申诉厅厅长宫鸣率最高人民检察院督导检查工作组到山南地区，就检察机关规范司法行为专项整治工作开展情况进行督导检查，并与地区检察分院进行座谈。

9日　自治区副主席边巴扎西率调研组在贡嘎县杰德秀镇，就推进新型城镇化、特色小镇示范点建设进行专题调研。

10 日 地区人大工作会议在泽当召开。自治区人大常委会党组副书记、副主任赵正修出席会议并作讲话，自治区人大常委会副秘书长王德文出席会议。地委书记其美仁增出席会议并讲话。

13 日 区党委常委、自治区常务副主席丁业现一行，到山南地区实地调研拉林铁路控制性工程、华电大古电站、贡嘎机场至泽当专用公路雅鲁藏布江泽当大桥新建工程、华能藏木水电站、加查至桑日公路、华能加查水电站以及沃卡 500 千伏变电站选址地等工程进展情况，看望慰问工程建设者。地委副书记、行署常务副专员云丹陪同调研。

21 日 由湖北省卫生计生委党组副书记、副主任张晋率领的湖北省卫计委考察组在山南地区调研。

▲ 地区水利工作会议在泽当召开。会议签订《2015 年地区防汛抗旱责任书》《2015 年地区水利系统综合管理目标责任书》和《2015 年地区水利系统党风廉政建设责任书》。

24 日 地区召开一季度经济运行情况通报电视电话会议，总结一季度经济运行情况，分析当前经济形势，动员部署下一步经济工作。地委副书记、行署专员张永泽出席并讲话，地委副书记、行署常务副专员云丹主持会议。

▲ 地区召开创建国家公共文化服务体系示范区工作推进会。地委委员、行署副专员柯东海出席并讲话。

27 日 地区党委议军暨人武部党委第一书记述职会议在山南军分区召开。地委书记、军分区党委第一书记其美仁增主持并讲话，地委副书记、行署专员、地区国动委主任张永泽讲话，地委委员、军分区政委张晓对各县人武部党委第一书记履职尽责情况进行讲评，军分区司令员岳安德作后备力量建设工作报告。

28 日 全地区维护稳定工作会议在泽当召开。地委书记其美仁增作讲话，地委副书记、行署专员张永泽主持，地委副书记、政法委书记、公安处党委书记晶明传达自治区纪委、自治区党委组织部有关通知精神。

30 日 地委书记其美仁增到贡嘎县对 S101 线空港段市政环境整治项目进行实地视察。贡嘎县 S101 线空港段市政环境整治工程总投资 1665 万元，主要对 101 省道空港段西藏银行至空港加油站路段市政环境进行改造，线路总长 1.5 千米。

5 月

4 日 山南地区举行首届“山南地区十佳基层青年干部”表彰大会。格桑顿珠等 10 名基层青年干部受到表彰。地委委员、组织部长邵昌出席并讲话。

13 日 自治区人大常委会副主任嘎玛在琼结县调研加强和创新寺庙管理工作开展情况，看望慰问广大驻寺干部和僧尼。人大地区工委主任党宗莲，地委委员、宣传部长嘎玛旦巴陪同。

15 日 地区召开汇报会，向自治区督导组汇报发展稳定工作情况。自治区人大常委会副主任嘎玛出席会议并讲话。地委书记其美仁增汇报山南地区维护稳定、经济社会发展和党的建设工作情况，地委副书记、行署专员张永泽主持会议。

▲ 地区举行拉林铁路、大古加查水电站、加桑公路项目建设协调会。拉林铁路项目山南段全长约 202 千米，山南境内共 25 个隧道，大小桥梁 75 座，总投资约 185 亿元。共完成投资 1.74 亿元。

18 日 地区邀请中共中央党校马克思主义理论教研部李海青教授开展“四个全面”战略布局宣讲报告会。地区领导其美仁增、张永泽、丁哲峰等与地（中、区）直单位干部职工、退休老干部、学校师生代表等共同聆听报告。

19 日 地区中学科技馆在实验学校正式开馆。该馆总投资 30 余万元，总面积约 60 多平方米。

20 日 地区召开藏语言文字工作电视电话会议。地委副书记、行署专员张永泽，自治区藏语委办副主任曲扎分别讲话，地委副书记、行署常务副专员云丹主持。

22 日 由地区艺术团创作表演的 2015 年文化部“春雨工程”文化惠民剧目、大型民俗风情歌舞乐《雅鲁藏布》在湖北省武汉市京韵大舞台隆重上演。湖北省政协主席杨松等领导观看演出。

25 日 西藏藏菜研发中心山南工作室在地区职业技术学校签约授牌。

27 日 国家实行最严格水资源管理制度检查组深入乃东县、桑日县和琼结县，考察调研水资源管理工作，并举行座谈，听取相关工作汇报。地委副书记、行署专员张永泽，水利部水资源司副司长许文海在座谈会上讲话。行署副专员丹增陪同调研并汇报山南地区实行最严格水资源管理制度情况。

29日　自治区政府副主席、地委书记其美仁增为地区各县各单位广大干部职工上一堂题为《认真践行“三严三实”做到忠诚干净担当、为山南跨越式发展和长治久安而努力奋斗》的专题党课。这标志着山南地区全面启动“三严三实”专题教育工作。地委副书记、行署专员张永泽主持会议。地委委员、组织部长邵昌传达自治区“三严三实”工作座谈会精神。

30—31日　自治区政府副主席、地委书记其美仁增在错那县就发展稳定工作进行调研。

31日　贡嘎机场高速公路控制性工程，全长8.73千米的嘎啦山隧道和雅江特大桥按期贯通。

6　月

1日　地区维稳指挥部召开视频会议，传达学习自治区维稳视频会议精神，听取各县维稳工作汇报，安排部署近期工作。自治区政府副主席、地委书记其美仁增出席并作重要讲话，地委委员、统战部长巴珠主持。

6—10日　自治区统战部副部长贡嘎桑珠率自治区督查组深入贡嘎县、错那县就中央和全区民族工作会议精神贯彻落实情况进行实地督查。10日上午，地区举行汇报会，地委委员、统战部长巴珠向自治区督查组汇报中央和自治区民族工作会议精神贯彻落实情况，地委委员、行署副专员卜建才主持。

8日　自治区安监局长达木拉率自治区安全生产督导检查组，督导检查山南安全生产情况，听取山南地区2015年以来安全生产工作汇报。行署副专员格桑汇报安全生产工作情况。

9—10日　自治区政府副主席坚参率调研组在山南调研农牧水利工作。

10日　地区在收听收看自治区安全生产工作电视电话会议后，召开维稳指挥部会议，就切实做好“6·10”交通事故相关后续工作和全地区安全生产特别是道路交通安全管理工作进行再强调、再安排、再部署。自治区政府副主席、地委书记其美仁增主持并讲话。

15日　地委副书记、行署专员张永泽以《自觉践行三严三实，做忠诚干净担当的好干部》为题，为行署党组讲一堂生动具体又富有针对性的“三严三实”党课。他强调，“三严三实”抓住做人从政的根本，切中干事创业的要害，划定为官律己的红线。广大党员干部一定要自觉践行“三严三实”，真正“严”字当头、落到“实”处，争做忠诚、干净、担当的好干部。

17日　自治区政府副主席、地委书记其美仁增到包村扶贫联系点乃东县颇章乡夏果村，视察了解发展、稳定、党建工作及当前农牧业生产情况，看望慰问结对认亲户、村“两委”班子和驻村工作队。

▲　由湖北省农业厅党组书记、厅长戴贵洲率领的湖北省农业厅考察组到山南考察，看望慰问湖北援藏干部和专业技术人才，并与行署举行座谈。地委委员、行署副专员、湖北省第七批援藏工作队总领队柯东海出席并讲话。

18日　地区举行“让世界充满爱”助残专题晚会。来自北京心灵之声残疾人艺术团、湖北生命之舟残疾人艺术团和地区岗拉美朵残疾人艺术团的演员们为现场观众献上一场精彩绝伦、震撼心灵的演出。地区政协党组书记、主席边巴，地委委员、宣传部长嘎玛旦巴，地委委员、行署副专员柯东海与地区广大干部群众一同观看演出。

19日　地区“三严三实”专题教育第二次学习研讨会在地委会议中心举行。自治区政府副主席、地委书记其美仁增主持，地委副书记、行署专员张永泽传达《习近平总书记五谈“三严三实”》和《习近平总书记关于坚持和发展中国特色社会主义的重要论述》，地委委员、秘书长姜太强传达刘云山、赵乐际在“三严三实”专题教育工作座谈会上的重要讲话精神和《信仰的味道》。

22—25日　湖南省委常委、宣传部长许又声率湖南省宣传文化系统考察团一行，深入山南地区考察调研对口文化援藏工作，看望慰问农牧民群众及援藏干部人才。23日下午，考察团与地委、行署和湖南省第七批援藏工作队进行座谈。自治区政府副主席、地委书记其美仁增主持座谈会。地委副书记、行署专员张永泽，区党委宣传部副部长刘建敏，地委委员、宣传部长嘎玛旦巴，地委委员、秘书长姜太强，地委委员、行署副专员、湖南省第七批援藏工作队领队卜建才等出席座谈会。

23日　自治区副主席甲热·洛桑丹增率领工作组,先后到乃东县昌珠镇、雍布拉康和地区博物馆,视察文物抢救和修复保护工作情况。地委副书记、行署专员张永泽陪同。

▲　地委理论中心组召开学习会,传达学习习近平总书记在接受班禅额尔德尼·确吉杰布拜见时的重要讲话精神和孙春兰部长在藏视察调研时的重要讲话精神等。自治区副主席、地委书记其美仁增主持会议并讲话。

24日　地区残联举行智力残疾儿童康复训练开班仪式,标志着山南地区残疾人专项彩票公益金智力残疾儿童康复救助项目正式启动。

25—26日　自治区人大常委会献血实施办法调研组在山南地区展开立法调研。人大地区工委副主任嘎玛洛桑陪同调研。

26日　地委组织领导干部在地区廉政教育基地参观,接受反腐倡廉教育和警示教育。自治区政府副主席、地委书记其美仁增,地区领导张永泽、丁哲峰、边巴、嘎玛旦巴、吴维、邵昌等一同参观。

30日　山南地区召开2015年上半年和谐模范寺庙暨爱国守法先进僧尼表彰大会,会议表彰20座和谐模范寺庙和592名爱国守法先进僧尼。自治区政府副主席、地委书记其美仁增,地委副书记、行署专员张永泽等为获得先进荣誉称号的集体和个人颁奖,地区政协副主席、民宗局长普布多吉主持会议。

7　月

6日　国家“十二五”重点水利工程项目之一,投资3.9亿元的结巴水库在乃东县结巴乡正式开工。工程主要由碾压式沥青混凝土心墙堆石坝、输水兼泄洪洞及溢洪洞等组成,最大坝高67.60米,工程的开发任务为以灌溉与供水为主,兼顾生态。

7日　自治区党委常委、组织部长曾万明深入山南地区调研农村基层党建工作。地委委员、组织部长邵昌陪同调研。

▲　湖北省总工会副主席张卫、省总工会财务部部长王钧荣一行在加查县考察。

▲　下午,山南地区召开干部大会,宣布区党委关于山南地区有关干部调整的决定。自治区党委决定:其美仁增不再担任山南地委书记,张永泽任山南地委书记,普布顿珠任山南地委副书记、行署专员。区党委常委、组织部长曾万明出席会议并讲话,自治区政府副主席其美仁增主持会议。新任地委书记张永泽,地委副书记、行署专员普布顿珠分别作表态发言。

8日　山南与国务院扶贫开发领导小组赴藏调研组座谈。国务院扶贫开发领导小组专家咨询委员会主任范小建出席并讲话,自治区人大常委会副主任许雪光出席。地委书记张永泽主持,地委副书记、行署专员普布顿珠作汇报。调研组成员、中国人民大学社会与人口学院副教授张耀军,自治区政府副秘书长刘萱,地区领导丁哲峰、姜太强、丹增等出席座谈会。

9日　地委书记张永泽在泽当会见由宿州市委副书记张孝成率领的安徽省宿州市党政代表团。地委副书记、安徽省第五批援藏工作队总领队张明,地委委员、秘书长姜太强一同会见。

10日　山南地区2015年中职班毕业生专场招聘会在泽当举行。

12日　地区东辉中学举办文艺演出活动,庆祝建校50周年。

16日　自治区抗震救灾先进事迹报告团在山南举行巡回报告会。地委书记张永泽主持报告会。

▲　山南地区召开“法律进万家”活动总结暨表彰大会,全面总结活动成果,表彰活动中涌现出的先进集体和先进个人。地委书记张永泽出席并讲话,地委副书记、行署专员普布顿珠主持。

17日　地区召开“党风廉政建设宣传教育月”活动动员大会,安排部署相关工作。地委决定,将每年的7月份定为山南地区“党风廉政建设宣传教育月”,这是山南地区开展的第一个宣传教育月活动。地委书记张永泽出席会议并讲话。地委副书记、行署专员普布顿珠主持会议。

▲　来自山南地区东辉中学的益西措姆及其他地(市)区的5名选手,代表西藏自治区参加2015年第三届中国汉字听写大会全国总决赛首场复赛。

16—18日　来自全国各地的记者团一行21人在山南地区采访西藏的发展变化、人民的幸福生活、生态小康示范村建设等内容。

13—19日 由区党委原副书记、全国政协民族和宗教委员会原副主任、全国妇联原副主席巴桑率领的自治区省级退休老领导考察组深入错那、乃东、扎囊三县乡镇、村居、寺庙，深入边境一线、基层一线、农牧民家中，视察发展稳定实情，慰问基层干部群众、看望基层部队官兵、调研干部驻村驻寺工作，并听取当地经济社会发展稳定情况汇报。19日，地委、行署召开座谈会，向自治区省级退休老领导考察组汇报工作。巴桑讲话，地委书记张永泽作汇报，地委副书记、行署专员普布顿珠主持。

21日 山南行署召开2015年第六次办公会，专题研究《教学质量激励奖惩办法》《学前教育三年行动计划》等议题。地委副书记、行署专员普布顿珠主持并讲话。行署领导柯东海、卜建才等出席。会议确定，山南地区每年安排1000万元设立教育教学质量激励专项资金，用于表彰在提升教育教学质量和水平方面取得突出成绩的各级各类学校、教职工和学生。

▲ 湖北省食品药品监督管理局党组书记、局长李昌海率考察组在山南考察，并与地区食品药品监督管理局干部职工座谈。

22日 最高人民检察院反渎职侵权检察厅副厅长关福金带队就山南检察分院反渎局开展规范司法行为专项整治工作进行专项督查，自治区检察院党组副书记、副检察长王平、反渎局局长刘涛年陪同检查。检察分院党组书记、检察长刘志刚向督导组一行汇报山南地区检察工作开展情况。

▲ 湖南省科协党组书记、常务副主席毕华与湖南省委统战部副部长龙建湘率联合考察团在山南考察，并与行署座谈。地委委员、统战部长巴珠汇报相关工作开展情况，地委委员、行署副专员、湖南省第七批援藏工作总领队卜建才致辞，行署副专员燕红主持。

▲ 青藏铁路公司火车票山南代售点挂牌成立。

15—22日 自治区政协副主席策墨林·单增赤列，区政协常委、民族和宗教委员会主任德青旺姆率区政协联合调研组一行深入山南隆子、桑日、曲松等县，实地调研有特殊疗效的传统温泉水资源布局、现状和保护利用情况，以及人口较少民族语言使用、保护、传承情况。

24日 地区召开上半年经济运行分析电视电话会议，通报地区上半年经济运行情况，分析研究当前经济形势，安排部署下半年经济工作。地委副书记、行署专员普布顿珠讲话，地委委员、行署副专员柯东海主持。

27日 山南地区2015年首期残疾人创业扶持（缝纫）技能培训班在山南鸿图职业技能培训学校开班。

28日 由湖北省委组织部副部长、省人社厅厅长、省公务员局局长翟天山带队的湖北省人力资源和社会保障厅赴藏代表团在山南考察，与山南签订捐赠人力资源市场信息化建设项目终端设备协议，捐赠资金100万元，并与短期援藏专业技术人才座谈。

29日 山南地召开边境工作汇报会，向由自治区政协社会法制外事委员会副主任顿珠率领的区政协联合调研组一行汇报山南地区边境工作开展情况。

30日 山南召开2015年大学生志愿服务西部计划西藏专项工作会议，回顾总结一年来志愿服务管理工作，安排部署下一阶段工作，并表彰优秀项目县和优秀志愿者。地委委员、组织部长、地区大学生志愿服务西部计划西藏专项工作领导小组组长邵昌讲话。行署副专员燕红主持并宣读表彰决定。

31日 山南举行Ⅲ级食品安全事故应急演练。国家食品药品监督管理局应急管理司副司长吕富全，自治区食品药品监督管理局党组副书记、副局长格桑玉珍出席并分别讲话。

▲ 地委副书记、行署专员普布顿珠视察调研泽当城区市政项目。

8 月

3日 人社部副部长胡晓义一行在自治区人社厅副厅长蔡宜田、地区行署副专员王友华、地区人社局党组书记罗布占堆的陪同下到琼结县检查指导工作。

2—5日 由安徽省中医院、安徽省针灸医院、芜湖市中医院、六安市中医院组成的安徽省中医药系统代表团一行6人到山南地区，就对口帮扶山南地区传统医药发展进行考察调研。

6—8日 安徽省淮北市委副书记、市长黄晓武率市党政代表团到山南检查指导对口援藏工作,看望慰问援藏干部。6日下午,地委副书记、行署专员普布顿珠会见黄晓武一行。7—8日,黄晓武一行先后深入错那镇完小、错那居委会、麻玛乡、勒乡、曲卓木村等地检查调研,安徽省第五批援藏工作队领队张明全程陪同。

7日　行署召开促进农牧民增收工作专题会议,研究有关增收事宜。地委副书记、行署专员普布顿珠主持并讲话。

▲　山南地区政协副主席克珠主持召开政协十届山南地区委员会常务委员会第十二次会议。会议传达学习《习近平五谈“三严三实”》和《中共中央办公厅关于加强人民政协协商民主建设的实施意见》精神。审议通过边巴因退休,不再担任十届山南政协主席、委员职务;张世清、王怀亭因退休,不再担任十届山南政协副主席、委员职务;王胜祝因调离,不再担任十届山南政协副主席、委员职务。

10日　国家卫生和计划生育委员会调研组一行深入曲松县,就地方病防治工作进行调研。自治区卫生计生委常务副主任王寿碧、地区行署副专员张福臣等陪同调研。

8—10日　由人民日报、新华社、光明日报、经济日报、中国日报、中央电视台等十多家中央媒体组成的采访团深入山南各县,对西藏自治区成立50年来山南各方面事业的发展变化进行集中报道。

9—11日　中国社科院推动西藏文化大发展大繁荣战略研究课题组在区文化厅党组书记李访希的陪同下,先后到地区图书馆、艺术团和群艺馆,以及加查县、桑日县、扎囊县和贡嘎县,调研综合文化站、文化活动中心和非物质文化遗产传承等情况,并举行座谈。

13日　地区收听收看自治区维稳视频会议,并随即召开全地区维稳视频会议,总结前一阶段工作,安排部署近期工作。地委书记张永泽向自治区汇报我地区维稳工作,并就做好近期全地区维稳工作进行再强调、再部署;地委副书记、行署专员普布顿珠主持会议;地委委员、政法委书记、公安处党委书记龚兵就做好当前和今后一个时期维稳工作作安排部署。

14日　自治区副主席多吉次珠到乃东县五保户集中供养服务中心和地区儿童福利院,视察五保集中供养和孤儿集中收养爱心工程项目建设情况及消防、食品、卫生防疫的安全情况等。地委副书记、行署专员普布顿珠陪同。

15日晚21时　以“藏源·藏缘——幸福山南”为主题的2015年中国西藏雅砻文化节在泽当开幕。地委书记张永泽宣布2015年中国西藏雅砻文化节开幕,地委副书记、行署专员普布顿珠致辞,地委委员、行署副专员柯东海主持。江西省政协副主席刘晓庄,尼泊尔驻拉萨总领事馆总领事哈里·普拉萨德·巴道,尼泊尔驻拉萨总领事馆领事普鲁苏塔姆·东格尔等受邀出席。

16日　2015年中国西藏雅砻文化节“合作·共赢”招商引资推介会在泽当隆重举行。地委副书记、行署专员普布顿珠出席并致辞,行署副专员王友华主持。地区领导柯东海等出席。推介会上,山南地区共推出招商引资项目20个,总投资近43亿元;签约项目15个,资金达27.13亿元。

9—17日　第十届全国少数民族传统体育运动会在内蒙古自治区鄂尔多斯市举行,琼结县民间艺术团和久河卓舞演出队代表西藏自治区参加开幕式演出和表演项目比赛。由县民间艺术团和久河卓舞演出队联合演出的“久河卓舞”——《古都春雷》喜获表演项目一等奖。

18日　国家电投集团公司党组成员、副总经理夏忠一行在桑日县考察10兆瓦太阳能光伏并网电站。

22日　地委举办坚定“三个自信”专题讲座。昆仑策研究院副院长、秘书长兼高级研究员、解放军大校王立华作《中国共产党人的道路与信仰》专题讲座。地委委员、秘书长姜太强主持。地区领导张永泽、丁哲峰、邵昌、赫沛等聆听讲座。

24日　山南地委书记张永泽在泽当会见由襄阳市副市长丁亚琳率领的湖北省襄阳市党政代表团。地区领导姜太强、柯东海一同会见。

26日　洛扎、加查、措美、错那供电有限公司揭牌暨农电代管签字仪式在山南地区举行。

28日　地委理论学习中心组召开第20次学习会,传达学习中央第六次西藏工作座谈会精神。地委书记张永泽主持会议并讲话。地委副书记、行署专员普布顿珠传达中央第六次西藏工作座谈会精神。地委副书记丁哲峰传达《中共西藏自治区委员会关于认真学习宣传贯彻落实中央第六次西藏工作座谈会精神的通知》。

25—29日 自治区副主席、自治区驻山南维稳督导组组长董明俊深入泽当各加油站、民爆炸药仓库、烟花爆竹储存仓库、便民警务站以及乃东县、琼结县等地检查督导维稳工作，看望慰问坚守岗位的一线工作人员和农牧民群众，并与各县维稳指挥部进行视频连线，听取各县维稳部署情况汇报。地区领导张永泽、丁哲峰、吴维、邵昌、龚兵、丹增分别陪同。

31日 自治区副主席董明俊在地区质监局检查指导工作，并召开座谈会。自治区人民政府副秘书长才旦南杰、行署副专员喻昌出席，自治区质监局局长刘家杰主持。

9 月

8月31日—9月2日 地委副书记、行署专员普布顿珠深入洛扎县拉郊乡、生格乡、洛扎镇等，亲切看望边防部队官兵和广大基层党员干部，了解当地发展稳定和新农村建设、特色产业发展等情况。

3日 山南地区各县、各部门通过组织观看纪念抗日战争胜利暨世界反法西斯战争胜利70周年阅兵式、参观地区烈士陵园等形式，隆重纪念中国人民抗日战争胜利暨世界反法西斯战争胜利70周年。自治区副主席、自治区驻山南维稳督导组组长董明俊在地区维稳指挥部，与值班人员一同收看阅兵式盛况。自治区督导组成员及地区领导张永泽、普布顿珠、丁哲峰、姜太强、柯东海、卜建才、龚兵等一同收看。

4日 山南举行庆祝西藏自治区成立50周年安保誓师大会暨武装拉动巡逻演练。自治区副主席、自治区驻山南维稳督导组组长董明俊出席。地委书记张永泽讲话，地委副书记、行署专员普布顿珠主持。自治区政府副秘书长才旦南杰，自治区督导组成员及地区党政军领导丁哲峰、党宗莲、张明、张晓、姜太强、龚兵、赫沛等出席。

8日 西藏自治区成立50周年庆祝大会在拉萨举行，山南游行彩车以“藏源山南”为主题，意气风发地经过布达拉宫广场。地区领导普布顿珠、丁哲峰、党宗莲、吴维、邵昌、龚兵、赫沛等在地区维稳指挥部同地直各部门负责人一起观看现场直播。

9—10日 中央代表团副团长、中共中央政治局委员、中央统战部部长孙春兰率中央代表团山南分团，带着党中央、国务院的亲切关怀和全国各族人民的深情厚谊到山南地区，赠送习近平总书记题词“加强民族团结建设美丽西藏”贺匾，慰问各族干部群众，并举行座谈会。中央代表团山南分团副团长、农业部党组副书记、副部长余欣荣，中央代表团成员乙晓光、杨松、斯塔、钱洪山、汤涛、吴晓青、王宾宜、李微微一同参加相关活动。区党委副书记、区人大常委会主任白玛赤林主持座谈，区党委常委、自治区常务副主席丁业现，西藏军区副政委郭岚等陪同。地区党政军领导普布顿珠、丁哲峰、党宗莲、张晓、岳安德、吴维、姜太强、邵昌、龚兵、赫沛、嘎玛洛桑、扎西加措、燕红等参加座谈会。

11日 由湖北省教育厅厅长刘传铁率领的湖北省教育厅考察团在山南地区考察对口援助工作，并与地区行署及有关单位座谈。山南地区行署副专员燕红出席并讲话。

12日 由湖北省团委书记、省青联主席张桂华率领的湖北省青年代表团到山南考察对口援助工作，看望慰问援藏干部和西部志愿者，并召开座谈会。地委委员、组织部部长邵昌出席并讲话。

13日 以湖南省岳阳市市委副书记、市长刘和生为团长的岳阳市党政代表团深入桑日县考察调研援藏工作并举行座谈。地委副书记丁哲峰主持座谈并讲话，地委委员、行署副专员、湖南省第七批援藏工作队总领队卜建才出席。

11—13日 由湖北省政协主席杨松为团长的湖北省党政代表团到山南地区，实地考察湖北省第七批援藏项目，看望慰问援藏干部、专业技术人才和企业代表，并与地委、行署座谈，共商“十三五”对口援藏工作。区党委副书记、区人大常委会主任白玛赤林陪同考察并出席座谈会。地区领导张永泽、普布顿珠、丁哲峰、巴珠、姜太强、柯东海、邵昌、赫沛等陪同考察或出席座谈会。

11—13日 安徽省委常委、纪委书记王宾宜率领安徽省援藏工作调研组在山南调研。自治区副主席、区党委政法委副书记、区司法厅党委书记何文浩，地委副书记、行署专员普布顿珠，地委副书记张明，地委委员、纪委书记吴维全程陪同。

15 日 以“藏源山南·情缘勒布——畅游错那”为主题的 2015 年西藏仓央嘉措情歌文化旅游节在错那县勒布沟开幕。

16 日 党史专家、中共湖南省委党史研究室主任张志初为湖南省援藏干部和地委办公室干部职工作题为《用“严”与“实”铸造湘藏情》的专题党课。地委委员、行署副专员卜建才主持党课。

17 日 地委理论学习中心组召开学习会，传达学习俞正声主席在出席自治区成立 50 周年庆祝活动期间的重要讲话精神和孙春兰部长在庆祝西藏自治区成立 50 周年座谈会上的重要讲话精神。地委书记张永泽主持并讲话。地委副书记张明，地委委员、秘书长姜太强，地委委员、组织部长邵昌分别传达相关重要讲话。

18 日 地区召开第二次全国地名普查培训工作暨动员会。

21 日 山南地委副书记、行署专员普布顿珠主持召开行署专题会议，听取考察组赴拉萨、日喀则、林芝、那曲四地（市）学习考察调研情况汇报。

▲ 湖南、湖北、安徽、武汉三省一市工商局对口援助山南地区工商局对接会暨援助协议签约仪式在拉萨举行。三省一市工商局分别与山南地区工商局签订《对口援助西藏山南地区工商局（2016—2018）协议书》。

22 日 山南地委书记张永泽在泽当会见由黄石市委副书记、政法委书记张家胜率队的湖北省黄石市党政代表团一行，地委委员、行署副专员、湖北省第七批援藏工作队领队柯东海一同会见。随后，代表团赴曲松县考察慰问。

▲ 安徽省委教工委书记、教育厅长程艺率安徽省教育考察团到山南考察，山南地区行署与考察团一行举行座谈。

22—23 日 由住建部城乡规划管理中心副主任于静带队的国家级风景名胜区执法检查组，到山南检查雅砻河国家级风景名胜区保护管理工作。雅砻河风景名胜区以雅砻河谷为中心，涉及贡嘎、扎囊、乃东、琼结、桑日、曲松、加查七县，风景区规划叠加面积约 920 平方千米，共分七大景区、58 个景点。

25 日 “4·25”地震抗震救灾暨自治区成立 50 周年庆祝活动表彰大会在西藏人民会堂举行。地委书记张永泽出席拉萨主会场会议。地区领导普布顿珠、丁哲峰、姜太强、柯东海、卜建才、赫沛等出席山南分会场会议。

▲ 山南地委副书记、行署专员普布顿珠会见由安徽省铜陵市委常委、常务副市长江娅率队的铜陵市党政代表团。地委副书记、安徽省第五批援藏工作队领队张明一同会见。

27 日 山南地区召开维稳视频会，安排部署近期维稳各项工作。地委副书记、行署专员普布顿珠出席并讲话。地区领导丁哲峰、姜太强、卜建才、龚兵等出席。

28 日 山南召开农牧民增收工作会议。会议分析当前农牧民增收形势，安排部署当前和今后一个时期农牧民增收工作。地委书记张永泽出席并作重要讲话，地委副书记、行署专员普布顿珠主持会议。

29 日 山南召开庆祝西藏自治区成立 50 周年活动总结表彰大会。地委书记张永泽出席会议并讲话。地委副书记、行署专员普布顿珠主持。地区党政军领导党宗莲、张明、巴珠、姜太强、柯东海、卜建才、龚兵、赫沛等出席。

▲ 地区召开“十三五”项目暨 2016 年项目计划座谈会，安排部署地区“十三五”项目库建设、“十三五”规划项目前期工作以及 2016 年项目建设工作。行署副专员格桑出席会议并作讲话。目前，全地区“十三五”规划储备项目 2206 个，总投资 2151.38 亿元，其中投资过亿元以上项目 137 个，总投资 1966.25 亿元。

30 日 是日是中国第二个“烈士纪念日”，山南各界在地区烈士陵园举行公祭烈士活动。地区领导张永泽、普布顿珠、丁哲峰、党宗莲、张明、张晓、巴珠、姜太强、柯东海、卜建才、龚兵等与社会各界代表一起，向革命烈士敬献花圈，深切缅怀烈士的不朽功绩，表达继往开来、勇于奋斗的坚定信心。

▲ 中共山南地委（扩大）会议在泽当举行。地委书记张永泽作重要讲话。地委副书记、行署专员普布顿珠主持会议。地区领导党宗莲、巴珠、姜太强、柯东海、卜建才、龚兵、赫沛出席。

▲ 西藏自治区党委宣传部副部长丁勇率自治区中央第六次西藏工作座谈会宣讲团到山南宣讲中

央第六次西藏工作座谈会精神。地委领导张永泽、普布顿珠、丁哲峰、党宗莲、巴珠、姜太强、龚兵出席报告会。地委委员、宣传部长赫沛主持报告会。

10 月

1日 上午，地区各族各界代表在地区体育场举行升国旗仪式，热烈庆祝中华人民共和国成立66周年。地区领导张永泽、普布顿珠、党宗莲、巴珠、姜太强等出席。地委副书记丁哲峰致辞。地委委员、宣传部长赫沛主持升国旗仪式。

▲ 地委副书记、行署专员普布顿珠到桑日、加查两县调研拉林铁路建设情况和藏木电站建设情况并看望慰问广大建设者。

2日 扎囊县首届“氆氇文化节”在扎囊县文化广场隆重举行。地委委员、统战部长巴珠宣布“氆氇文化节”开幕。自治区有关部门负责人以及山南地委委员、宣传部长赫沛等出席开幕式。

10日 山南地委书记、山南军分区党委第一书记张永泽到浪卡子县打隆镇，看望慰问各族干部群众、驻村工作队员和公安边防官兵，检查指导打隆镇维护稳定、产业发展、城乡统筹、群众增收、扶贫开发等工作。地区政协副主席洛桑扎西、浪卡子县委书记次仁等陪同。

10—11日 自治区党委宣传部副部长、区新闻出版广电局党组书记德吉卓嘎一行在山南调研公共文化服务体系建设情况。

11日 湖南省人大常委会秘书长彭宪法率湖南省人大考察团在山南考察，并与人大地区工委座谈。人大地区工委党组书记、主任党宗莲汇报相关工作情况，人大地区工委党组副书记、副主任嘎玛洛桑主持座谈。

12—13日 国家督学、宁夏回族自治区人民政府教育督导室专职副主任衡鸣率国家义务教育均衡发展检查验收组在桑日县、曲松县、洛扎县验收义务教育均衡发展工作。

13日 山南举行首届文化志愿者启动仪式，共招募首批文化志愿者883名，设支队1个、中队13个、大队58个。

▲ 自治区党委常委、区政协党组书记、副主席，区党委统战部长公保扎西到桑日县巴朗村，看望慰问区党委统战部第七批驻村工作队，调研指导驻村工作。自治区副主席格桑次仁一同调研。地委委员、统战部长巴珠等陪同。

14日 山南召开前三季度经济运行分析会议，总结前三季度经济运行工作，分析当前经济形势，安排第四季度各项工作。会议以电视电话形式召开。地委副书记、行署专员普布顿珠出席并作重要讲话。

▲ 山南地区艺术团召开成立50周年座谈会。自治区党委宣传部副部长嘎玛旦巴出席，区文化厅副厅长张治中出席并讲话，地委委员、组织部长邵昌致辞。

15日 藏木水电站鱼道投入使用，共放流增殖珍稀鱼类5.3万尾。藏木水电站鱼道全长3.62千米、落差达67米，是世界海拔最高和规模最大的鱼道。

19—23日 自治区人大教科文卫委员会副主任嘎旺率调研组在山南地区调研食品安全工作开展情况。人大地工委副主任嘎玛洛桑陪同调研。

20日 西藏自治区政协副主席、工商联主席、总商会会长阿沛·晋源出席山南地区隆子县非公有制经济组织党建工作会议。自治区工商联副主席兼秘书长、区总商会副会长刘炳行，山南地委委员、统战部长、地区非公党工委书记巴珠一同出席。

21—23日 以湖北省宜昌市副市长、市援藏工作领导小组副组长刘建新为团长的宜昌市党政代表团一行在加查县实地考察宜昌市第三批援藏项目，看望慰问援藏干部、专业技术人才，并与加查县委、县政府座谈，共商下一步对口援藏工作。23日下午，地委副书记、行署专员普布顿珠会见代表团一行。

22—24日 自治区副主席房灵敏一行在山南地区贡嘎、扎朗等县调研指导义务教育均衡发展、学校党建、安全稳定、德育工作等开展情况并听取汇报。山南地委副书记、行署专员普布顿珠主持汇报会。

23日 山南地委召开“三严三实”专题学习研讨会，地委书记张永泽，地委副书记、行署专员普布顿珠出席学习研讨会。地委副书记丁哲峰主持并讲话，地委委员、组织部长邵昌传达习近平总书记在中央政治局第二十六次集体学习时的讲话精神和陈全国书记在区党委理论学习中心组“三严三实”专题教育第三次学习研讨会上的重要讲话精神。

▲ 山南收看自治区维稳指挥部视频会议。随

后，地委书记张永泽主持召开地区维稳指挥部视频会议，对近期维护稳定工作进行再安排、再部署。地区领导普布顿珠、丁哲峰、邵昌、龚兵等出席。

▲ 国家中医药管理局派出专家，对地区重点民族医医院建设项目——地区藏医院进行评估验收。

26—27 日　由农业部种植业管理司副司长何才文率领西藏农牧业发展专题调研组在山南调研。

27 日　山南地区收听收看自治区学习贯彻新修订的《中国共产党廉洁自律准则》和《中国共产党纪律处分条例》电视电话会议。地委书记张永泽主持并作重要讲话。

▲ 拉萨、山南两地合作推进西藏空港新区稳定发展座谈会召开。自治区党委常委、拉萨市委书记、空港新区管委会常务副主任、托管移交工作领导小组组长齐扎拉主持会议并讲话。地委书记张永泽，地委副书记、行署专员普布顿珠分别讲话，拉萨市委常委、常务副市长、西藏空港新区管委会筹备办公室主任、托管移交工作领导小组副组长斯朗尼玛，行署副专员、托管移交工作领导小组副组长格桑等出席。

30 日　地委副书记、行署专员普布顿珠主持召开行署专题会议，听取赴拉萨市调研组学习考察拉萨市“四业工程”和职业教育、农牧民技能培训及就业情况汇报、赴青海考察调研情况汇报以及赴昌都考察学习有关工作情况汇报。

11　月

2 日　山南地区青少年事务社会工作站在地区青少年宫举行揭牌仪式。

▲ 农业部产业政策与法规司副司长、农村改革试验区办公室副主任赵长保率农业部农村改革专题调研组来山南调研农村改革试验区建设、农牧民增收、农村耕地和草场确权登记颁证等工作情况并举行座谈。行署副专员丹增出席座谈会。

3 日　山南地区农牧产业与湖北武汉销售合作对接签约仪式在武汉国际会展中心举行。签约涵盖5个项目，涉及资金 1180 万元。

3—12 日　以区党委组织部部务委员、编办副主任祝良刚为组长的自治区综治及“双联户”工作考评验收组来到山南地区，先后深入错那、贡嘎、乃东3县和地区综治办、职业技术学校、第一高级中学、邮政公司等单位和部门，实地检查指导综治及“双联户”工作，并与人大代表、政协委员和社会各界人士代表召开座谈会，听取对综治及“双联户”工作的意见建议。12 日上午，地委书记张永泽汇报山南地区社会治安综合治理及“双联户”工作开展情况。地委副书记丁哲峰主持汇报会。

5 日　地区优化发展环境专项行动动员大会在泽当召开。地委书记张永泽出席并作重要讲话。地委副书记、行署专员普布顿珠主持会议。

9 日　自治区举行中共十八届五中全会精神宣讲报告会，中央宣讲团成员、中国社会科学院副院长蔡昉应邀到会作宣讲报告。地区领导张永泽、普布顿珠、丁哲峰、柯东海、卜建才、嘎玛洛桑、燕红、等在山南分会场聆听报告。

▲ 山南地区隆重举行“参与社区消防、建设平安家园”为主题的消防宣传月启动仪式。

10 日　山南地委召开党的群团工作会议，学习贯彻中央、区党委党的群团工作会议精神，安排部署山南地区党的群团工作。地委书记张永泽讲话。地委副书记丁哲峰主持。

▲ 山南召开精准扶贫工作座谈会，学习贯彻自治区精准扶贫现场会议精神，对进一步做好当前和今后一个时期的全地区精准扶贫工作进行安排部署。

11 日　山南地区举办贯彻落实国家新《预算法》培训讲座。财政部条法司一处副处长江昊受邀授课。地区领导普布顿珠、丹增等聆听讲座。行署副专员王友华主持讲座。

▲ 区党委组织部副部长、第七批援藏干部总领队王奉朝一行到山南地区调研第八批援藏干部人才需求计划、援藏干部人才管理服务和如何吸引留住人才等工作。地委书记张永泽主持座谈会。

12—13 日　推进自治区学校食堂规范化管理现场会在山南召开。自治区副主席、自治区食品安全委员会副主任德吉出席并讲话。自治区食安办主任、区食品药品监督管理局局长喜乐，自治区教育厅副厅长刘伯清分别部署相关工作。地委副书记、行署专员普布顿珠致辞。

13 日　由地委、行署主办，地区文化局、地区艺术团承办的大型民俗风情歌舞乐——雅鲁藏布在拉萨民族文化艺术宫上演。自治区政府党组副书记孟德利观看演出、自治区文化厅党组书记李访希、厅长尼玛次仁，地委委员、行署副专员柯东海等出席。

16日　自治区党委、政府召开全区第四批驻村工作总结表彰暨第五批驻村工作动员大会。地区领导张永泽、普布顿珠、丁哲峰、党宗莲、张明、巴珠、卜建才、邵昌、龚兵、嘎玛洛桑、燕红等在山南分会场收听收看。山南地区乃东县驻泽当镇赞堂社区工作队等68个驻村工作队荣获驻村工作先进集体，乃东县驻泽当镇乃东社区工作队队长蔡蔺等276名驻村队员荣获先进个人。

▲　山南地区召开"先进双联户"创建评选工作总结表彰大会。地委书记张永泽出席会议并讲话，地委副书记、行署专员普布顿珠主持会议。

17日　山南地区召开2015年下半年和谐模范寺庙暨爱国守法先进僧尼表彰大会。会议表彰乃东县亚桑寺等20座和谐模范寺庙、普布旦增等594名爱国守法先进僧尼、甲萨拉康管委会等20个先进寺庙管理委员、次旺等100名优秀驻寺干部和罗布扎西等15名优秀宗教工作干部。地委书记张永泽出席并作重要讲话，地委副书记、行署专员普布顿珠主持会议。

▲　山南地委副书记、行署专员普布顿珠主持召开行署专题会议，听取行署副专员丹增一行赴那曲考察调研农牧民专业合作组织建设、畜牧业发展、虫草采集和乡镇取暖工程建设情况汇报，以及行署副专员王友华赴拉萨市考察招商引资工作、土地储备工作情况和地区招商引资工作开展情况汇报。地区领导柯东海、卜建才、燕红等出席。

18日　山南地区召开第四批驻村工作总结表彰暨第五批驻村工作动员电视电话会议。会议表彰乃东县驻克松社区工作队等69个先进驻村工作队、文晓军等277名先进驻村工作队员、地区教体局等30个优秀组织单位，授予乃东县昌珠镇克松社区、扎囊县桑耶镇松卡居委会"十星模范村"荣誉称号。地委书记张永泽出席会议并讲话，地委副书记、行署专员普布顿珠主持。

19日　由工业和信息化部党组成员、国家烟草专卖局党组书记、局长、中国烟草总公司总经理凌成兴率领的国家烟草专卖局赴藏考察组赴山南考察指导工作。自治区副主席姜杰陪同考察。地委书记张永泽，地委副书记、行署专员普布顿珠，地委委员、行署副专员卜建才陪同。

21—22日　国务院副秘书长、国家信访局局长舒晓琴在山南调研信访工作开展情况。自治区党委副书记、自治区常务副主席、区党委政法委书记邓小刚，区党委常委、秘书长、政法委常务副书记、区信访局局长王瑞连一同调研。地委书记张永泽，地委副书记、行署专员普布顿珠以及地区领导巴珠、龚兵、张永林陪同调研。

23日　山南召开选派第一批村（社区）第一书记总结表彰暨选派第二批第一书记动员电视电话会议。地委书记张永泽出席并作重要讲话，地委副书记、行署专员普布顿珠主持。

▲　山南地区召开民族团结进步表彰电视电话会议。地委书记张永泽出席会议并讲话，地委副书记、行署专员普布顿珠主持，地委委员、统战部长巴珠宣读地委、行署关于表彰2015年山南地区民族团结进步模范集体和模范个人的决定。

24日　地委副书记、行署专员普布顿珠主持召开地区旅游发展务虚会议。地区领导柯东海等出席会议。

25日　山南地区举行中共十八届五中全会精神宣讲报告会。自治区宣讲团成员、区党委党校副教授万金鹏应邀到会作宣讲报告。地委书记张永泽出席报告会。地委副书记张明主持。

26日　山南召开网络通讯行业消费维权评议会。自治区工商局副局长徐建宏出席，行署副专员王友华出席并讲话。

▲　山南地区召开推进商标战略实施暨著名商标企业表彰大会。"雅砻""雍布拉康""杰秀""山南""金珠雅砻""雅砻源""塞卡古托""泽帖尔""雅拉香布""敏珠林积聚熏香"10家商标先后被认定为西藏自治区著名商标。

27日　地区举行"山南当代文学丛书"首发暨配送仪式。该套丛书共五部，总字数128万字，总印数9500册，共收录全地区64位作者的424篇（首）小说、散文和诗歌。

12　月

1日　第35届雅砻物资交流会在乃东县卡多居

委会开幕。山南地委副书记、行署专员普布顿珠致辞并宣布物交会开幕。地委委员、行署副专员卜建才主持开幕式。自治区商务厅副厅长嘎松美郎，人大地区工委副主任嘎玛洛桑，地区政协副主席克珠出席开幕式。

▲ 自治区副主席边巴扎西在山南调研拉林铁路工程建设环境保护工作。山南地委书记张永泽陪同调研。

4日 山南地区职业技术学校举行40周年校庆文艺晚会。

7日 山南地区人民医院举行远程会诊中心揭牌仪式。地委副书记张明出席并为远程会诊中心揭牌；地委委员、组织部长邵昌出席揭牌仪式。

▲ 由自治区文化厅厅长尼玛次仁率队的自治区国家第二批公共文化服务体系示范区创建工作验收组在桑日检查验收。

8日 由自治区文化厅副厅长任淑琼率队的自治区国家第二批公共文化服务体系示范区创建工作验收组在措美县开展验收工作。

9日 时长15秒的山南形象宣传广告在CCTV-新闻频道顺利播出。

10日 扎囊县阿扎乡章达村发现稀有工艺饰料汉白玉，根据地质部门勘查，储量在100万立方米以上。

7—10日 由自治区文化厅厅长尼玛次仁率队的自治区国家第二批公共文化服务体系示范区创建工作验收组在加查县、隆子县开展验收工作。

9—10日 区党委常委、自治区常务副主席丁业现前往华能加查水电站、藏木水电站、华电大古水电站、沃卡电厂三级站以及拉林铁路桑珠岭隧道、桑日车站等工程建设标段进行实地考察调研。地委书记张永泽，地委副书记、行署专员普布顿珠等先后陪同。

10—11日 政协第十届山南地区委员会第五次会议在泽当胜利召开。会议审议通过《政治决议》《常委会工作报告决议》和《提案工作情况报告决议》。地区领导张永泽、丁哲峰、张明、姜太强、邵昌等出席会议开、闭幕式。

11日 山南地区召开森林防火电视电话会，安排部署今冬明春各项防火任务。行署副专员黄金城出席并讲话。

▲ 中国公安民警英烈基金会副秘书长毕重谦在山南地区慰问基层一线特困民警和基层派出所民警。

▲ 地区财政局召开2015年全地区财政、财务决算会议，总结2014年度决算工作，部署2015年财政决算工作及后期财政国库管理其他工作。

13日 中国葛洲坝集团公司发布消息，由该公司参建的西藏最大水电工程藏木水电站6号机组当日正式并网发电，这标志着在雅鲁藏布江干流上规划建设的首个水电站全面建成并投入商业运行。藏木水电站位于山南地区加查县，电站安装6台8.5万千瓦水轮机组，总装机容量51万千瓦，年发电量25亿千瓦时，是西藏电力史上由10万千瓦级跨入50万千瓦级的标志性工程。

14日 由自治区纪委常委、监察厅副厅长刘辉带队的《中国共产党廉洁自律准则》和《中国共产党纪律处分条例》学习宣传贯彻情况调研组在乃东县调研。地委委员、秘书长姜太强陪同调研。

18日 贡嘎县与西藏空港新区管委会办公室签订《贡嘎县甲竹林镇整体托管移交西藏空港新区管委会管理协议》，标志着贡嘎县甲竹林镇正式移交给西藏空港新区管委会。拉萨市委常委、常务副市长、西藏空港新区管委会筹备办公室主任、托管移交工作领导小组副组长斯朗尼玛，行署副专员燕红出席交接工作会议并讲话。拉萨市委常委、组织部长陈军主持会议。

▲ 山南地委班子召开“三严三实”专题民主生活会，深入学习贯彻习近平总书记系列重要讲话精神特别是关于“三严三实”专题教育的重要指示，以“三严三实”为主题，联系班子和个人实际深入查摆问题，严肃认真开展批评和自我批评。地委书记张永泽主持会议。自治区纪委、区党委组织部有关同志到会全程指导。地区领导普布顿珠、丁哲峰、张明、吴维、姜太强、柯东海、卜建才、邵昌、龚兵、赫沛参加专题民主生活会。

20日 拉萨市委常务副书记龙志刚率考察团一行在桑日县考察葡萄和核桃产业发展情况。山南地委委员、秘书长姜太强陪同考察。

23日 自治区副主席其美仁增到乃东县颇章乡

夏果村检查指导扶贫开发工作，并看望慰问了结对认亲户。地委委员、秘书长姜太强等陪同调研。

▲　山南收听收看自治区维稳指挥部视频会议。地委书记张永泽出席山南分会场会议并作汇报。地区领导丁哲峰、吴维、邵昌、龚兵、赫沛、格桑等出席。

24 日　山南地区召开维稳视频会议，贯彻落实 12 月 23 日自治区维稳视频会议精神，全面总结 2015 年维稳工作，安排部署 2016 年元旦新年和自治区“两会”期间维稳工作。地委书记张永泽主持会议并讲话。

25 日　区党委常务副书记、区党委党的建设（基层组织建设）工作领导小组组长吴英杰到贡嘎县实地考察调研基层党校建设、党的组织建设和民族团结、发展稳定情况，并代表区党委、政府看望基层干部群众。区党委常委、秘书长王瑞连，区党委常委、组织部部长曾万明，自治区副主席何文浩一同调研。地区领导张永泽、普布顿珠、巴珠、龚兵等陪同调研。

26 日　中共山南地委（扩大）会议在泽当召开。会议由地委主持。地委书记张永泽讲话。地委副书记、行署专员普布顿珠就《山南地区“十三五”时期国民经济和社会发展规划的建议（讨论稿）》向大会作说明。地区领导丁哲峰、吴维、姜太强、邵昌、龚兵、赫沛等出席。

29 日　山南地区召开安全生产工作电视电话会议，认真贯彻落实自治区安全生产工作电视电话会议精神，安排部署地区今冬明春安全生产工作。行署副专员格桑讲话。

29—30 日　自治区藏语委办（编译局）工作会议暨规范藏语文社会用字总结表彰会议在泽当召开。自治区副主席德吉出席并讲话。地委副书记、行署专员普布顿珠致辞。

31 日　中共山南地委书记张永泽，地委副书记、行署专员普布顿珠通过《山南报》、山南广播电视台、山南网发表 2016 年新年贺词。

中国共产党山南地区委员会

综述

【开展“三严三实”专题教育】 按照中央、区党委的部署要求，制定工作方案。聚焦“忠诚、干净、担当”，扎实开展学习研讨、问题查摆与整改等工作。全地区县处级以上党员干部讲党课451场，开展专题学习研讨416场，地委、行署主要领导带头讲党课，全地区39名地级干部全部作交流发言，84名县级干部作交流发言，参加研讨的县处级以上党员干部达1万余人次，受教育党员干部达2.2万余人次。地县两级党委（党组）共查摆不严不实问题632个，已整改409个，县处级以上党员干部查摆问题2880个，已整改2400个。广大党员干部理想信念进一步坚定，党的意识、纪律意识、规矩意识、法治意识进一步增强。

【“十三五”规划编制】 启动地区“十三五”总体规划编制工作，就重大发展战略、重大项目建设等主动加强与自治区发改委和各厅局的汇报对接，深入开展《山南地区国民经济和社会发展“十三五”规划小康实现程度研究》等9个专题研究，编制完成《山南地区国民经济和社会发展“十三五”总体规划》初稿，初步确定山南地区“两基地一中心”发展定位，确定“十三五”期间发展目标和重大举措，储备项目2207个、总投资2173亿元以上。

【农牧民增收工作】 召开地区农牧民增收工作会议，分析当前农牧民增收形势，安排部署当前和今后一个时期农牧民增收工作，决定全面推行“一乡一策”增收办法，力争到2020年农牧民人均可支配收入达到1.8万元以上、人均收入2.5万元左右的乡镇达到20个、人均收入达到或接近全国水平的乡镇达到40个，其余22个乡镇与全国平均水平的差距显著缩小。地、县、乡、村四级成立工作专班，制定考核办法，层层签订责任书，全力推动农牧民增收工作。

【优化发展环境】 成立地区专项行动领导小组，组建办公室，下设9个专项小组，制定《山南地区优化发展环境专项行动总体实施方案》，召开动员大会，分前期准备、动员部署、调查摸底、集中教育、清理整顿、打击整治、总结提高七个阶段实施，重点清理整顿地材开采销售运输、农牧民运输车辆及机械租赁、非法买卖租赁土地、违规建房、私搭乱建、抢栽抢种、村（居）财务管理混乱等问题，努力实现发展环境更加优化、发展秩序更加规范、发展氛围更加和谐。

【法律进万家宣讲活动】 加快推进“法治山南”建设，开展以“法律法规进万家、党的政策进万家、爱国主义进万家、知恩感恩进万家、发展生产进万家、维护稳定进万家”为主要内容为期4个月的“法律进万家”宣讲活动。共组织3635名干部，组成由县级干部担任组长的272个宣讲组，深入554个村（居）和214座寺庙，开展宣讲4万多场（次），宣传法律法规、政策措施近2.4万条，受教育群众达34.6万余人(次)，各族群众的法治意识、法治观念明显增强。

【综合实力发展】 全年完成地区生产总值113.62亿元，同比增长11%。固定资产投资145.91亿元，同比增长6.2%。财政收入11.6亿元，同比增长17.6%。税收收入8.72亿元，同比增长5.6%。社会消费品零售总额40.11亿元，同比增长11.2%。城镇居民人均可支配收入23881元，同比增长14.8%。农牧民人均可支配收入8991元以上，同比增长12.3%。第一、第二、第三产业实现增加值5.85亿元、55.21亿元、52.56亿元，同比分别增长3.3%、13.3%、11.5%。

【基础设施建设】 实施重大交通和水利工程等基础设施建设，城乡面貌、基础条件得到极大改善。雅江中游水电规划通过国家审批，藏木电站6台机组全部并网发电，拉林铁路全线开工，泽贡专用公路、桑日至墨竹工卡公路、加桑公路二期、贡嘎机场航站区改扩建、雅砻水库、结巴水库、卓玉水库，以及加查、大古、街需水电站等一大批投资过亿元的大项目陆续开工建设。农村安全饮水覆盖率达100%，行政村通电率达100%，县、乡、村公路通畅率分别达91.7%、84.1%、32.3%，行政村通邮率和通电话率分别达85%、100%。

【产业发展】 农牧业生产保持稳定，全年粮油总产16.4万吨、同比增长0.2万吨(其中油菜总产预计达1.6万吨、与去年持平)，年末牲畜存栏165万头(只、匹)、出栏率达38.5%。制定推进种养业产业化发展意见，大力实施“三推进”战略，成功打造优质青稞、红土豆、禽类养殖、茶叶、粉丝、葡萄和奶制品加工等7大特色产业。大力实施工业强地战略，优势矿产、清洁能源、建筑建材、民族手工、藏医药和天然饮用水等重点产业加快发展。加快发展园区经济，产城一体示范区、民族手工业园、雅砻工业园等产业园区建设稳步推进。全年全地区规模以上工业企业实现增加值12.7亿元，同比增长30%。制定促进旅游业发展意见，成功举办2015中国西藏雅砻文化节，全年接待国内外游客230万人次，实现旅游收入9.1亿元，同比分别增长17%、21%。

【改革开放成果】 重点领域改革深入推进，制定下发《2015年全面深化改革工作要点》，撤地设市步伐加快，完成行政审批事项清理和“吃空饷”治理工作，财政预算、“先照后证”和便民办税、农电代管、国企划拨土地作价入股等改革工作。扎实推进乃东县农村改革试验区工作，“产城一体”示范区建设取得新进展，完成农村宅基地、集体土地确权登记工作。国家学前“双语”教育改革试点工作成果丰硕。加大招商引资力度，全年引进企业或项目43个，到位资金19.37亿元，同比分别增长7.5%、20.46%。积极做好受援工作，七(五)批援藏项目全部实现两年建成，第一批“组团式”援藏医疗人才正式开展工作，“十三五”援藏规划基本编制完成。全面落实自治区“五放六支持”等一系列优惠扶持政策，深入推进商事制度改革，非公经济不断壮大，市场主体达14868户，注册资金148.2亿元，同比分别增长2.1%、52.7%，吸纳就业人员9.1万人，上缴税金15.14亿元，占全地区税收总额的95%。

【反分裂斗争】 始终把维护祖国统一、加强民族团结作为着眼点和着力点，坚持“旗帜鲜明、针锋相对、掌握主动、争取人心、强基固本”的对达赖集团斗争方针，广泛开展反分裂斗争、民族团结、新旧社会对比、感党恩、社会主义法制、核心价值观、“中国梦”宣传教育，反对分裂、维护稳定的思想基础不断夯实。牢牢掌握反分裂斗争主动权，持续开展“深入揭批十四世达赖集团反动罪行”活动，教育引导各族干部群众深刻认识达赖集团所谓“中间道路”“大藏区”“高度自治”及变相搞西藏独立的反动图谋和险恶用心，自觉与十四世达赖集团划清界限，自觉维护祖国统一和民族团结。

【社会局势持续稳定】 认真落实自治区“两套班子、两套责任体系”要求，多次召开专题会议研究部署维稳工作，夺取“三月敏感月”、中央第六次西藏工作座谈会、“9·3”阅兵、“大庆维稳安保”四大维稳攻坚战的胜利。大力实施“环山南安全工程”，严格落实“四必查”措施，有效防范输入型隐患。严格执行“一线堵、二线查、三线防”管控措施，维护边境和谐安宁。深化严打整治专项斗争，全年共立刑事案件199

起、破案 175 起，受理治安案件 179 起、结案 179 起。强化安全生产，认真落实“党政同责、一岗双责、齐抓共管”要求，安全生产形势总体向好，安全生产事故起数同比下降 21.7%。加强和创新社会治理，严格落实党政军警民协调联动机制和“四级信访接待日”制度，全地区共排查调处各类矛盾纠纷 554 起，调处率达 100%。常态做好干部驻村、驻寺工作，“三支队伍”维护稳定作用充分发挥。广泛开展“先进双联户”创建评选活动，“双联户”工作获得自治区第一名的好成绩。

【宗教领域】 全面落实党的宗教政策和自治区加强和创新寺庙管理重大举措，群众信教自由得到充分保障，正常宗教活动得到依法保护，全地区宗教和睦、佛事和顺、寺庙和谐。继续办好利民惠民、利寺惠僧“十件实事”，寺庙“六建”“六个一”“九有”工程和“一个创建”“一个覆盖”“一个教育”成果得到巩固。认真执行党政领导干部联系寺庙制度，充分发挥寺管会和驻寺干部作用，全地区 90 个寺管会、723 名驻寺干部常年驻寺，投入资金 1100 万元，为寺庙、僧尼、僧尼家庭办实事 950 余件。做好赴四省藏区学经人员教育管理，制定《转世活佛寻访认定和教育管理工作办法》，西藏佛学院桑耶寺分院加快建设。召开山南地区和谐模范寺庙暨爱国守法先进僧尼表彰大会，表彰地县两级和谐模范寺庙 174 座、爱国守法先进僧尼 3162 名、先进寺管会 49 个、优秀驻寺干部 212 人。

【民族团结】 全面落实党的民族政策，按照习近平总书记把西藏建成民族团结典范的重要指示，扎实推进“民族团结模范区”建设。坚持不懈开展民族团结宣传教育、民族团结进步创建活动，建立民族团结示范点 14 个，“三个离不开”和“五个认同”思想深入人心。召开山南地区 2015 年民族团结进步表彰大会，对 15 个民族团结进步模范集体和 11 名模范个人进行表彰。大力支持门巴、珞巴等人口较少民族发展，全年落实少数民族发展资金项目 81 个、资金 4372 万元，兴边富民项目 70 个、资金 5130 万元。召开地区藏语言文字工作会议，制定实施《山南地区关于加强藏语言文字工作的意见》，藏民族使用和发展本民族语言文字的权利得到充分保障。加大优秀传统民族文化发掘保护力度，积极推进非物质文化遗产申报工作，优秀传统民族文化得到传承和弘扬。

【社会事业】 坚持“教育优先”原则，加快推进全日制普通教育、现代职业教育、继续教育、特殊教育事业发展，继续实施 15 年免费教育政策，落实资助农牧民子女上大学政策，改善贫困地区学校办学条件，有力促进教育公平和教育质量的提高，桑日、曲松、洛扎 3 县顺利通过国家义务教育均衡发展验收。地、县、乡、村四级医疗卫生服务网络全面建立，“一村两医”目标基本实现，加查、隆子、洛扎、措美四县中心医院成功创建国家二甲医院，全民健康体检实现常态化，以免费医疗为基础的农牧区医疗制度惠及各族群众。加快基层公共文化设施建设，支持特色文化产业发展，成功举办 2015 年中国西藏雅砻文化节，国家公共文化服务体系示范区建设加快推进。科技事业明显进步，农牧科技成果丰硕，科技下乡、科普宣传不断深入，科技对经济发展的贡献率达 44%。

【惠民政策】 坚持把促进农牧民持续稳定增收作为地委、行署的中心工作，召开增收工作会议，继续实施促进农牧民增收“八大工程”，落实政策惠民促增收、产业增效促增收、项目带动促增收、就业创业促增收、兜底保障促增收举措，全力推动农牧民持续稳定增收。年内，农牧民人均可支配收入达 9000 元以上，其中项目、产业、政策、劳务分别带动人均增收 2500 元、2000 元、2800 元、2000 元以上。大力实施农牧民技能培训“百千万”工程，全年培训农牧民和城镇失业人员 1.5 万人，输出劳务 9.3 万人次，创收 4.46 亿元。认真落实中央、自治区扶贫开发工作会议精神，全力推进精准扶贫、精准脱贫，对 2.65 万户 7.49 万贫困人口建档立卡，制定实施“五个一批”扶贫脱贫举措。

【社会保障】 千方百计扩大就业，实现山南籍应届高校毕业生全部就业、往届大学毕业生基本就业，动态消除了零就业家庭，全年开发就业岗位 4300 个，新增就业人员5601人，城镇登记失业率控制在2.1%以内。覆盖城乡居民的社会保险体系和社会救助体系基本建立，五大保险参保率达97%以上。实施“弱势群体关爱工程”，残疾人康复和就业工作扎实推进，有意愿的五保户集中供养和孤儿集中收养率达100%。泽当“万人小区”主体工程全部完工，开工建设公租房1324套、乡镇干部职工周转房2944套，完成城镇棚户区改造1017套、农村危房改造4000户。

【利民举措】 对接落实自治区民生“十件实事”26项补助提标政策。整合自治区和地、县财政资金19.33亿元（自治区专项资金6.71亿元、地区财政9.16亿元、县级财政3.46亿元），实施“十大民心工程”。落实教育“三包”经费1.62亿元、农村义务教育学生营养改善金0.1亿元。及时足额兑现涉农惠农政策资金1.55亿元，城乡最低生活保障金0.72亿元。城乡居民和在编僧尼体检工作全部完成，到位农牧区免费医疗资金1.34亿元，标准由每人每年380元提高到420元。创先争优强基础惠民生活动深入推进，投入资金0.68亿元，为群众办实事好事4328件。

【生态环境保护】 认真落实森林生态效益补偿、草原生态保护补助奖励和野生动植物肇事补偿等生态保护机制，全年兑现保护补助（补偿）资金1.53亿元。启动地区生态功能区划与生态保护红线划分工作。加强森林、草原、湿地保护，建立各类保护区7个。加快生态安全屏障建设，大力实施重点区域生态公益林保护、退耕还林、防沙治沙等工程，全年完成植树造林12.67万亩、封山育林4.6万亩、防沙治沙31.48万亩，全地区森林覆盖率达24.79%。泽当污水处理厂项目基本建成，正在开展运营调试。国家生态文明先行示范区创建工作加快推进，10项指标已经达标。继续开展生态乡镇、生态村（居）创建工作，15个生态乡镇、74个生态村通过地区初审。

【环境监管整治】 严格执行项目建设环保“第一审批权”和“三同时”制度，严格落实矿产开发自治区政府“一支笔”审批制度，环境保护“一票否决”制度，加大对水电、矿产、旅游等重点资源开发和重大基础设施建设环境执法监管，重大项目开发建设规划和建设项目环境影响评价执行率达100%。深入开展城乡环境综合整治，完成38个村（居）环境整治工程。开展环境整治检查21次，对江北石材加工、砂石开采环境问题进行专项整治。加强污染物排放控制监管，主要污染物排放总量控制在自治区下达的指标范围内，主要江河、湖泊水质和空气质量达到或优于国家标准。

【思想政治建设】 严格执行党委（党组）理论学习中心组学习制度，深入开展中国特色社会主义和中华民族伟大复兴“中国梦”教育、社会主义核心价值观教育、“老西藏精神”和“两路精神”教育，引导党员干部始终高举中国特色社会主义伟大旗帜，坚定共产主义远大理想，坚定中国特色社会主义道路自信、理论自信和制度自信。加强宣传思想文化阵地管理，积极开展舆论引导和舆情管控，加大正面宣传力度，办好山南网等公共媒体，教育引导广大党员干部特别是领导干部始终站稳政治立场，带头遵守党的政治纪律，在政治方向、政治立场、政治言论、政治行为方面守好规矩，在反分裂斗争这个重大原则问题上，坚决做到旗帜鲜明、立场坚定、认识统一、表里如一、态度坚决、步调一致。

【干部队伍建设】 坚持抓班子、带队伍，全面贯彻《党政领导干部选拔任用工作条例》，严格落实中央好干部标准，选拔使用藏族和其他少数民族干部、长期在藏工作的汉族干部、援藏干部，全地区少数民族干部占干部总数的76.8%。注重在基层困难地区、斗争复杂地区、边境一线地区培养锻炼干部、发现使用干部，截至年底，提拔调整县级干部136人、乡镇党政正职67人，选拔26名优秀村（居）党支部书记为乡镇公务员，干部队伍活力不断增强。加大干部培养力度，全年培训干部11565人次。不断优化党员队伍结构，稳慎推进处置不合格党员试点工作，处置不合格党员26名。

【基层组织建设】 不断巩固乡镇党政正职“一藏一汉”配备格局。顺利完成村（居）党支部第一书记轮换，对表现突出、成绩优异的第一书记进行表彰。继续实施“一村一名大学生村官”计划，大学生村官达452名、覆盖率达81.6%。大力推进基层服务型党组织建设，深入开展在职党员到村(社区)报到服务群众活动，全地区11583名在职党员到477个村(社区)报到服务。建成覆盖地县乡的“一站式”便民利民为民服务点95个(地区级1个、县级12个、乡镇级82个)。加强村级阵地建设，投入资金5320万元实施24个基层政权示范点建设。创新实施“边境党建长廊”建设，将党组织建到边境放牧点、药材采挖点。实施后进党支部“转化工程”，55个后进基层党组织全部实现晋位升级。大力实施扩点覆面工程，90家符合建立党组织条件的非公有制企业、专业合作社、新社会组织全部建立党组织。创建山南地区基层党建信息交流平台，反映问题、交流经验。

【反腐倡廉建设】 地委班子以身作则、率先垂范，以召开电视电话会议的形式带领全地区乡镇以上党员干部集中学习《中国共产党廉洁自律准则》和《中国共产党纪律处分条例》，教育引导各级党组织和广大党员切实把准则和条例作为基本底线和行为遵循。坚决贯彻落实中央“八项规定”、区党委“约法十章”“九项要求”和地区“十项规则”，全地区“三公经费”同比下降18%。认真落实党风廉政建设“两个责任”，将每年的7月确定为山南地区“党风廉政建设宣传教育月”，组织开展以“明确主体责任、制定相应措施、狠抓贯彻落实”为主题的2015年党风廉政宣传教育月活动。加大案件查办力度，查处违反中央“八项规定”精神15起15人，全年受理各类问题线索117件，立案54件，给予党纪政纪处分46人，移送司法机关2人，挽回经济损失400余万元。扩大个人有关事项报告和抽查核实范围，全地区副科级以上干部全部填写《领导干部个人有关事项报告》。

【民主政治建设】 支持各级人大及其常委会依法履行职权，开展代表视察和专题调研9次，提出意见建议38条，全力支持“人大代表之家”创建工作。支持人民政协认真履行政治协商、民主监督、参政议政职能，开展视察调研10次，收集提案93件，立案90件。召开地委统战工作会议和地委党的群团工作会议，全面贯彻落实中央、区党委统战工作和党的群团工作会议精神，研究部署全地区统一战线工作和群团工作，制定出台《中共山南地区委员会关于加强和改进党的群团工作的实施方案》。

地委办公室

【概况】 2015年，地委办公室全面贯彻落实中共十八大，十八届三中、四中、五中全会精神和习近平总书记系列重要讲话精神，贯彻落实自治区第八次党代会，区党委八届六次、七次、八次全委会精神，紧紧围绕地委中心工作，以领导满意、部门满意、群众满意为宗旨，以提高服务水平为目标，全面履行“三服务”职能，在以文辅政、协调上下、督促落实等方面做大量工作，取得显著成绩。

【严谨细致办文】 严格执行《西藏自治区党政机关公文处理办法》，规范公文内容格式和签转流程。2015年，共传阅公文2500余份，起草核发公文600余件，印制文件10万余份，做到文件起草审核符合方针政策、围绕工作大局、体现领导意图，文件收发传阅无积压、无遗漏、无泄密，实现“办文零差错”。

【周到规范办会】 切实强化会前协调、会中保障、会后落实，积极改进办会方式、优化办会流程、创新办会机制，确保会议服务“周到、高效、安全”。2015年，共承办、协办各类会议670余次，编发会议纪要45期，重点做好孙春兰等中央领导人及援藏省市领导同志在山南考察的接待工作，实现“办会零差错、接待零纰漏”。

【调查研究】 围绕领导关注、群众关心的问题，开展调查研究，为地委科学决策提供第一手资料。2015年，共起草各类讲话和发言材料300余篇，撰写理论文章、调研报告15篇，编发《山南兴略》6期、组稿200余篇，完成《山南年鉴(2015)》编辑工作。认真贯彻落实自治区关于全面深化改革的部署要求，明确地区改革要点、下发具体分工方案，协调推进乃东县农村改革示范区建设。2015年，共报送改革信息50期、改革案例5期、工作小结7期，其中，9期被自治区改革办采用。

【信息服务】 全方位、多层次、宽领域筛选、编辑、报送信息，为领导掌握情况、科学决策提供及时准确信息服务。2015年，共编发《山南信息》2100余期、《综合信息》800余期、《山南快报》63期、《业务通讯》10期、《工作专报》24期，其中，300余期被自治区采用。

【督导检查】 对中央、区党委重大方针政策的贯彻执行，地委、行署重大决策部署的组织落实，人民群众反映强烈的热点难点问题的协调解决情况进行全方位跟踪督办，确保件件有着落、事事有回音。2015年，跟踪督办重要工作166项，现场督办180余次，召开协调推进会4次，上报《情况报告》103期、《督查专报》75期，跟踪督办区党委、地委领导同志重要批办件54项，办结率100%。

【档案方志】 对县级综合档案馆建设进行跟踪指导，对地（区、中）直各单位档案人员配备、经费保障、硬件设施、业务工作开展情况进行摸底调查。加大对档案干部的教育培训力度，有力促进全地区档案工作水平整体提升。2015年，共接收文书档案506卷，实物档案142件，声像档案86盘，照片档案2500张，接待查询人员319人。地区档案馆被评为全国档案系统优秀单位。整理编写《山南地区2015年大事记》，加快全地区县志修编步伐，先后参与扎囊、浪卡子、洛扎、曲松、错那、加查县志的审改工作，累计审稿350余万字。邀请湖南党史研究室、安徽省方志办对地区党史方志人员进行业务指导，组织全地区修志人员到林芝、安徽参加业务培训，提高全地区党史方志工作人员的业务能力和水平。

【后勤服务】 为地委领导提供及时周到的后勤保障服务。对办公室“三公经费”使用管理存在的问题，进行认真整改，进一步严格财经纪律和审核制度，切实提高财务管理水平和资金使用效益。2015年，筹措资金367.8万元，对老旧周转房进行维修改造，筹措资金170万元，对地委大院进行环境综合整治，营造良好的工作生活环境。

【保密工作】 开展各类保密检查5次，检查涉密和非涉密计算机400余台，对部分县涉密介质清理工作进行检查，发放保密检查结果告知单110余份、保密工作整改通知书5份。共收集需销毁涉密文件5吨、涉密光盘6000余张、涉密计算机50余台，按规定送自治区涉密载体销毁中心销毁。完成20余场各类考试押卷保密巡查工作，举办3期保密教育培训班，培训新录用干部职工300余人。

【机要密码】 依托“520加密系统”完成区地县三级重要会议联调保障服务43次，协调资金26万元对备份会场硬件设备进行更新升级。完成地区电子政务内网升级改造，并投入试运行。组织开展密码安全保密自查和专项检查，确保密码安全、通讯畅通。加强密码干部队伍建设，分批轮训基层密码干部，对77名机要干部、132名机要秘书进行全面政审和培训，确保持证上岗率为100%。2015年，共完成密码电报收发15878份，办理网民留言23期。地委机要局被区党委机要局评为全区机要密码工作先进单位。

【机关党群】 成功举办党员示范培训班和县直机关党委、地直机关党总支（党支部）书记培训班。组织近4000名党员干部参加全区党内法规知识竞赛，选派代表队参加自治区“依法治国、依法治藏”法律知识竞赛，并取得优异成绩，组织3000余名在职党员到村（社区）报到服务，组织2000余名干部职工参观地区廉政教育基地。地直机关共发展党员34名。

【队伍建设】 加大干部培训力度，组织25名干部职工参加区内外各类学习培训。健全干部能进能出机制，为12名工作人员办理调入调出手续。完成机构编制实名制相关工作和在职公务员、退休干部等统计任务，办理完成1名提前退休人员相关手续，组织3名干部职工赴内地疗养。

【干部驻村】 围绕自治区“五项任务”和地区“七项要求”，地办驻村工作队共开展走访1000余次，慰问困难群众2500余人，争取资金1000余万元，实施一系列惠民利民项目。2015年,驻卡热乡卡普村工作队荣获自治区级先进工作队,6名队员荣获先进驻村工作队队员荣誉称号。11月26日,在办公室工作人员紧缺的情况下,抽调12名干部职工,对驻村人员进行轮换。

纪检 监察

【概况】 2015年,山南地区各级党政组织和纪检监察机关以习近平总书记系列重要讲话精神为指导,深入贯彻党的十八大和十八届三中、四中、五中全会精神,全面落实十八届中纪委五次全会、八届区纪委六次全会的各项决策部署,坚持从严治党、依规治党,落实"两个责任",严明政治纪律、加强纪律审查,强化监督执纪问责,持之以恒落实中央八项规定精神,坚定不移推进党风廉政建设和反腐败工作,为山南经济社会长足发展和长治久安提供坚强的政治保障。

【"两个责任"落实工作】 2015年,地区纪委积极协助地委抓党风廉政建设,全面协调反腐败各项工作,促进全地区党风廉政建设和反腐败工作的深入开展。3月,自治区副主席其美仁增带领地区纪委书记吴维、地委组织部部长邵昌先后到12个县及30多个乡镇、40多个村居,对基层党政组织如何落实党风廉政建设主体责任和监督责任等工作进行专项督促指导;10月,地委书记张永泽率调研组,深入洛扎、隆子、错那、措美、浪卡子等县和部分地直单位就"两个责任"落实情况开展专项调研和督导。督促各级党委和党员领导干部牢固树立抓好党风廉政建设是本职、抓不好党风廉政建设是失职、不抓党风廉政建设是渎职的理念,切实把"两个责任"放在心上、抓在手上、扛在肩上,对党风廉政建设不重视、不部署、不检查的,进行通报,对落实不力、措施不到位和不担当、不作为的,严格追究责任,对出现问题的,实行"一案双查"。5月,地委委员、纪委书记吴维到地区国资委、财政局、交通局、住建局、检察分院、教体局、发改委、人社局等地直单位,就党风廉政建设工作进行专题调研;7月,到贡嘎、乃东、加查、措美、桑日等县,为党员干部讲授廉政党课,促进"两个责任"的落实。年内,地委班子成员按照分工,就各级党委(党组)落实主体责任和纪委(纪检组)落实监督责任的情况进行调研指导和监督检查,在党风廉政建设宣传教育月活动期间,地委班子成员按照分工,到各自联系的县和地直单位,对主体责任落实情况进行督促指导,确保宣教月活动的有序开展。地委组派由4名地级领导带队的党风廉政建设检查考核组,从11月开始,到12个县和60多个地(中、区)直单位,采取听汇报、查阅资料、个别谈话、民主测评等方式,对各县、地直各单位贯彻落实党风廉政建设责任制和推进惩治和预防腐败体系建设情况进行全面考评验收,促进"两个责任"的落实。

【作风建设工作】 2015年,地委多次召开作风建设专题部署会,就如何进一步落实中央"八项规定"精神和整治"四风"问题进行强调部署,5次下发通知,重申节日期间作风建设纪律要求,确保各族干部群众务实节俭文明廉洁过节。8月,地区纪委联合地区财政、审计等单位,组织专项工作组,深入扎囊、加查、措美、曲松4县以及地区财政局、农牧局、卫生局等26家地直单位,对"三公"经费使用情况进行抽查。10月份,配合区纪委"三公"经费检查组开展"三公"经费使用情况专项检查。通过各县各单位自查、地区抽查、自治区检查,规范"三公"经费的管理和使用。前三季度,地直单位"三公"经费支出2286.74万元,同比减少510.96万元,下降18%。对地直单位和12县干部职工是否存在早退、脱岗或上班时间上网聊天、玩游戏、在茶园赌博、是否使用公款大吃大喝等现象,以及是否存在公车私用、公车私驾等进行20余次突击检查。截至年底,查处违反中央"八项规定"精神的问题16起16人,给予党纪政纪处分10起10人,给予组织处理6起6人,对出现违反中央"八项规定"精神的贡嘎、浪卡子、扎囊、洛扎四县的县委书记进行了约谈。

【执纪监督工作】 2015年,全地区各级纪检监察机关采取三项措施,严明政治纪律,维护党的权威。"三大节日”、三月份维稳敏感节点、“萨嘎达瓦”宗教活动期间，纪念中国人民抗日战争暨世界反法西斯战争胜利70周年、庆祝西藏自治区成立50周年等重要节点，对党员干部和国家公职人员不信谣、不造谣、不传谣、不参与宗教活动等纪律进行重申和检查，对3名违反政治纪律的党员和国家公职人员分别给予开除党籍和留党察看二年处分，严明政治纪律。在维稳敏感节点对全地区各级党政组织及广大党员干部落实值班带班、巡逻检查、隐患排查、在岗履职等情况，开展60余次专项检查，对2名违反维稳工作纪律的干部给予党纪政纪处分，维护纪律的严肃性。对中共十八届四中和五中全会、中央第六次西藏工作座谈会、区党委八届六次和七次全会、地委（扩大）会精神学习宣传和落实情况及驻村驻寺工作开展情况、地区“一优两促”工作情况等开展了监督检查，对1名行政不作为、乱作为的干部进行了严肃处理，优化了发展环境，维护了政令畅通。

【反腐败工作】 2015年，山南纪委围绕“四种形态”，突出抓早抓小，创新方式方法，既加大约谈提醒，又严惩腐败分子，不断推进反腐倡廉工作深入开展。2015年，全地区各级纪检监察机关受理问题线索184件，立案查办违纪问题61件，给予党纪政纪处分46人。严把第一道关口，扩大约谈提醒范围。正所谓“上医治未病，中医治欲病，下医治已病。”保持清正廉洁，最好的办法就是在贪腐“病毒”还未感染之前根除它，只有“治病于未起”，保护好每一棵“树木”，才能有茂密的“森林”。2015年实践“第一种形态”中，咬耳扯袖、红脸出汗合计39件39人。其中，约谈话25人次，占全年问题线索的28.8%；函询14件，占全年问题线索的16.1%；初查了结问题线索86件，占全年问题线索的46.7%。坚持动辄则咎，及时纠正轻微违纪问题。对咬耳扯袖、红脸出汗达不到效果，依然我行我素的少数党员干部，及时通过党纪轻处分或组织处理等方式进行惩处，既充分体现纪律刚性约束力，又体现对党员干部的关心爱护，达到惩前毖后、治病救人的效果。2015年，山南纪委准确运用“第二种形态”，给予党纪轻处分和组织处理的合计23件。其中：给予警告处分10人，占全年处分人数的11.5%。给予严重警告处分13人，占全年处分人数的15%。坚决惩腐不松劲，严重查处违纪违规案件。对于极少数严重违纪违规的党员干部，只有坚决及时果断地给予纪律处分，才能以儆效尤，避免沦为“阶下囚”。2015年在运用“第三种形态”中，给予党纪重处分和重大职务调整的有12件12人。其中，撤销党内职务1人次，占1.2%；留党察看4人次，占4.6%；开除党籍7人次，占8%。谨慎处理极极少数，坚决移送涉嫌违法的严重违纪问题。当前党员干部主流是好的，但仍有极少数党员对党章党规党纪和法律法规置若罔闻。虽然这只是极少数，但却给党带来恶劣的负面效应，严重影响党在群众中的形象。2015年，山南纪委运用“第四种形态”，始终保持惩治腐败高压态势，将2名严重违法乱纪的党员干部移送司法机关，占全年处分人数的2.3%。

【党风廉政建设】 1月6日，组织参加地委（扩大）会的县处级以上党员领导干部，开展党风廉政建设宣誓承诺活动。宣誓结束后，全体党员干部在“中共山南地委加强党风廉政建设宣誓承诺书”上进行郑重签名。截至年底，组织党员干部和部队官兵4000余人次，参观廉政教育基地，营造“以廉为荣，以贪为耻”的浓厚氛围。为深入贯彻落实中央、自治区关于党风廉政建设的各项决策部署，全面加强党风廉政建设和反腐败工作，山南地委将每年的7月定为山南地区“党风廉政建设宣传教育月”。2015年的宣教月活动以“明确主体责任、制定相应措施、狠抓贯彻落实”为主题，以“开展五项活动、完善四个制度、抓好两个结果应用、签订一份责任书”为载体。活动中，各县、各单位专题学习“主体责任”、理顺工作关系、明确工作责任、强化工作措施、签订责任书。搭建党员领导干部廉政短信群发平台，每月定期通过移动、电信、联通三家通讯运营商，向12个县、83个乡镇、59个地直部门的2400多名党政领导干部推送廉政短信。全年已推送廉政短信6次，发送廉政短信14000条次。利用城市公交站台，制作反腐倡廉宣传专栏，营造建设清廉山南的浓厚氛围。年内，16块党风廉政宣传展板，分布在乃东路湖南路2个路段8个公交站台。安排党委（党组）书记“话廉政”活动，山南网与《山南报》分别刊登党委（党组）书记“话廉政”文章26篇，12县县委书记和19个地直单位党委（党组）书记接受落实主体责任电视专访。

【队伍建设】 深入学习《西藏纪检监察干部行为规范》，教育纪检干部勇于担当，敢盯、敢管、敢惩、敢硬，以新的思维、新的方式、新的举措、新的状态，狠抓机遇，克服困难，深入推进党风廉政建设和反腐败斗争。深入学习《中国共产党廉洁自律准则》和《中国共产党纪律处分条例》，引导纪检干部准确把握精神实质，提高廉洁自律意识，树立高尚精神追求，筑牢思想道德防线。深入开展“三严三实”专题教育。地委委员、纪委书记带头讲授题目为《自觉践行“三严三实”，争做党的忠诚卫士》的专题党课。委局班子其他成员、各室各组负责同志围绕严以修身、严以律己、严以用权等主题，纷纷开展专题发言活动。通过教育，从根本上解决纪检监察干部不严不实的问题，使纪检监察干部做到心中有党、心中有民、心中有责、心中有戒。全年选派27名工作人员参加中纪委业务培训，选派66名工作人员参加区纪委业务培训，选派31名工作人员参加区纪委网络在线培训，选派7名工作人员到湖南、安徽进行挂职培训，选派3名工作人员参加区、地两级党校业务培训。组建地委巡察工作领导小组，成立地委巡察办、设立巡察组，明确工作人员和办公场所。

组织　编办

【概况】 2015年，在区党委、地委的坚强领导和区党委组织部的有力指导下，山南地委组织部深入贯彻落实全区组织部长会议精神，围绕“四个全面”战略布局，积极适应新常态，认真履行管党治党职责，以党的建设和组织工作新进展、新成效，持续释放服务保障改革发展稳定正能量，为推进山南跨越式发展和长治久安提供坚强的组织保证和干部人才支撑。

【干部队伍建设】 开展“三严三实”专题教育，将专题教育与巩固党的群众路线教育实践活动有机结合，5月，地区举办专题讲座5次，专题学习研讨会11场，1000余名县处级以上干部参加研讨，受教育党员干部2580余人次，全地区县处级以上干部共查摆问题2880余个，已整改2400余个，专题教育成效明显。深化干部人事制度改革，认真学习贯彻新修订的《党政领导干部选拔任用工作条例》，研究制定《地委“五人小组”会议酝酿干部任免事项规则》《地委管理干部人选动议酝酿办法》《干部考察办法》《县级领导班子和领导干部日常考核办法》和《山南地区关于建立领导班子和领导干部实绩档案的实施意见》，构建有效管用、简便易行的选人用人机制。切实选优干部配强班子，全年提拔调整县级干部136人、乡镇党政正职67人。集中开展干部人事档案专项审核，对干部人事档案进行全面清理规范。强化干部日常监督管理，全覆盖摸底排查超职数配备、违规兼职、“吃空饷”“带病提拔”等重点问题，扎实开展违规办理和持有因私出国（境）证件专项治理工作，认真落实领导干部离任经济责任审计制，严格执行领导干部个人有关事项报告抽查核实制度，并在全区率先将个人有关事项报告和抽查核实范围延伸至科级干部。认真做好公务员招录工作，顺利开展从非公务员身份驻寺人员中考录公务员工作，全地区153人参加考试，录用102人，干部队伍活力进一步增强。加强干部教育培训，全年共培训干部11565人次，干部的综合素质和能力得到明显提升。做好干部援藏工作，圆满完成25名湖南、湖北省一年半期短期援藏干部轮换工作；积极衔接安徽省选派20名“组团式”援藏医疗人才对口支援地区人民医院；协调对口支援三省选派150名专技人才赴山南开展为期半年的短期援藏工作。

【基层组织建设】 抓好村（居）“两委”班子建设，扎实开展选派干部轮换筹备工作，稳步推进从优秀村（居）党支部书记中选拔乡镇公务员工作，确定预备人选26名；大力实施万名村（居）干部文化素质提升工程，全年区、地两级举办培训班26期，培训村（居）干部1429人次，巩固村（居）“两委”班子换届成果。积极推进扩点覆面工程，共有90家符合建立党组织条件的非公有制企业、专业合作社、社会组织和城乡各类协会建立党组织，组建率100%；集中开展党组织整顿工作，形成清理规范意见180

条；实施后进党支部“转化工程”，实现全地区55个后进基层党组织晋位升级；探索推广乃东县“党员积分制”“五务合一”工作法，扎囊县“微心愿墙”等服务型基层党建工作特色做法。加快村级组织活动场所标准化建设，投入资金5320万元启动实施24个基层政权示范点建设；投入资金1201元提升村（居）干部报酬待遇，比全区提前一年实现翻一番目标，在此基础上，投入资金146万元，为村（居）党支部书记和村（居）委会主任每人每年增加600元，其他村（居）干部每人每年增加400元；投入资金258.8万元为村（居）民小组组长每人每年解决2500元报酬待遇。积极拓展在职党员直接联系群众渠道，组织11583名在职党员到477个村（社区）报到服务；稳慎推进处置不合格党员试点工作，全地区9313名党员参与区、地两级试点工作，共处置不合格党员26名（其中限期整改24名、劝退1名、除名1名），为疏通党员队伍出口积累经验、提供有益借鉴。深入开展创先争优强基础惠民生活动，从地区纪委接过强基惠民活动“接力棒”，指导各县完成交接工作。第四批驻村工作开展以来，各驻村工作队已帮助村（居）培养入党积极分子6649名、后备干部2924名、致富带头人626名；完善村级组织规章制度5723条；建立完善农牧区维稳机制4124项，化解矛盾纠纷2457起；制定完善村（居）经济发展规划1668项，扶持发展农牧民专业合作组织389个；整合资金13487万元实施“短平快”项目677个；投入资金6814万元办实事解难事4328件，加快农牧区经济社会发展，维护农牧区和谐稳定。

【人才强地工程】 开展人才调研工作，编制《山南地区“十三五”人才规划》，健全完善人才信息交流机制，基本实现重要人才信息“一点清”的目标。2次邀请国内知名专家举办人才工作专题讲座，地县有关领导干部、人才工作者等500余人参加培训。深化“领军人才培养开发工程”，选派15名领军人才培养对象赴对口支援三省深造锻炼。深化“产业+基地+人才”工程，依托各县特色产业，整合涉农培训资源，指导各县举办各类实用技术人才培训班98期。深化“招才引智工程”，从区外引进16名紧缺领域专技人才。深化“人才工作基础工程”，选派2名专业技术人才作为“西部之光”访问学者进修学习；实施“山南人才公寓”，切实解决人才“住房难”问题。

【机构编制改革工作】 开展政府职能转变和机构改革调研，拟定《全地区地、县政府职能转变和机构改革初步方案》；完成地区级和12县食品药品监督管理局“三定”规定的拟定下发；完成地区第二中等职业技术学校的组建工作；稳妥推进城市管理综合行政执法局的筹建工作。全面推行机构编制实名制管理工作，为地县两级编办增设电子政务中心，配备25名工作人员；成立专项督导组，加大督查整改力度，制定下发《山南地区机构编制管理和控编减编专项督查整改工作方案》和《山南地区机构编制管理和控编减编“回头看”工作方案》，保障实名制信息的真实、准确和完整。稳妥推进行政审批制度改革工作，成立山南地区政务服务中心，共设置对外服务窗口58个，入驻单位28家，设立126项行政审批及公共服务项目，并已正式对外运行。推进事业单位分类工作，对地县乡三级806家事业单位进行类别划分。扎实开展事业单位法人年检，严把“进人关”，严格控制编制和领导职数，有效防止盲目进人、超编进人等现象，确保编制使用效率。

【老干部工作】 加强思想政治和党支部“两项建设”，抓好老干部政治理论学习和形势政策教育，与老干部签订责任书，明令禁止参加“转湖”“转山”等民俗宗教活动。改选2名离退休党支部书记，培训离退休党支部书记25名，争取1628.25万元资金建设离退休干部活动场所。认真落实老干部的政治和生活“两项待遇”，从地委老干部局业务经费中支出5000余元，为老干部征订发放《离退休干部党支部学习参考》等杂志，邀请老干部代表参加地委、行署重大会议活动1000余人次，定期向老干部通报地区经济运行和维稳情况。组织238名离退休老干部在区内外参观疗养，发放“三大节日”老干部慰问金200余万元，按时足额发放离退休费和医药费，看望慰问220名生病住院的老干部和病故老干部遗属，发放慰问金10余万元；从地区老干部帮扶专项资金中出资26.6万元，对106名困难老干部及遗属进行帮扶。积极搭建平台，组织老干部积极为山南改革发展稳定建言献策，提出意见建议 20 余条，撰写理论文章 20 余篇；组织老干部为地震灾区捐款 60 余万元。

宣传　思想

【概况】 地委宣传部设机关行政科室 6 个：办公室、宣传科（国防教育委员会办公室）、理论科（地委讲师团）、精神文明建设委员会办公室、干部管理科、文艺科（文化体制改革办公室）；事业科室 3 个：山南报社、山南网、网评中心；地区网信办 2 个正科级行政科室和一个正科级事业科室（不计机构个数）网络管理科、网络宣传科、网评中心；地区文化市场综合执法支队（参公）内设 2 个正科级机构，综合科（法规科）、执法科。截至年底，总编制为 73 个（含网评中心编制 10 个），其中：行政编制 23 个，机关后勤编制 2 个，机关其他编制 12 个，事业编制 36 个（含执法支队及网评中心事业编制 16 个）。实有人数共 67 人。

【理论学习】 围绕学习贯彻落实中共十八大和十八届三中、四中全会精神，中央第六次西藏工作座谈会精神，特别是习近平总书记系列重要讲话精神，地委理论学习中心组开展集中学习研讨 30 次，各级党委（党组）理论学习中心组开展集中学习 2800 余次。以建设学习型党组织为契机，发放《学习活页文选》杂志 5500 余本，组织全地区各县、地（区、中）直单位征订《法治热点面对面》1300 余册，发放《十件实事 实事实办》藏文版和汉文版各 3000 余册、《习近平治国理政》藏文版和汉文版共 5000 余册、《习近平关于党风廉政建设和反腐败斗争论述摘编》1600 余册。配合区党委宣传部理论处完成《民之所需 政之根本——西藏民生工程·2014（山南篇）》的编写工作，参与编写《山南地区优化环境专项治理宣讲资料》一书中央、自治区、地区重大会议精神摘编部分，上报多篇信息被区党委宣传部采用，并在《理论参考与交流》中刊登。

【政策法规宣讲】 围绕学习宣传贯彻党的方针政策及重大会议精神，自治区重大节庆节点，适时举办不同主题宣讲报告会，特别是及时组织开展中央第六次西藏工作座谈会精神的宣讲工作。配合区党委讲师团开展纪念西藏百万农奴解放 56 周年巡回宣讲报告会、“4·25”抗震救灾先进事迹报告团巡回报告会及中央第六次西藏工作座谈会精神宣讲报告会；邀请中央党校马克思主义理论教研部马克思主义中国化教研室副主任、教授李海青到地区作“四个全面”战略布局宣讲报告会，邀请自治区社会科学院马克思主义研究所所长、研究员王春焕作中共十八届四中全会、区党委八届六次全委会、地委（扩大）会辅导报告。举办中央第六次西藏工作座谈会精神宣讲骨干培训班和农牧民宣讲员培训班，160 余人参加培训。选派 12 名农牧民宣讲员参加自治区中央第六次西藏工作座谈会精神培训班。全年，全地区举办各类宣讲 10300 余场。

【理论调研】 组织全地区党员干部围绕学习贯彻习近平总书记系列重要讲话精神，带头学习调研、带头解放思想、带头分析查找问题，研究解决影响工作的最直接、最现实问题，撰写理论文章。围绕西藏自治区成立 50 周年，组织全地区开展以庆祝自治区成立 50 周年为题进行理论征文，共征集理论文章 70 余篇，部分文章被收入《庆祝西藏自治区成立 50 周年理论文集》；以开展“基层工作加强年”活动为契机，组织全地区宣传思想文化系统就如何开创宣传思想文化工作新局面，开展大调研活动，向区党委宣传部上报《进一步加强和推进基层宣传思想文化工作》《浅谈在农牧区培育和践行社会主义核心价值观》及《山南地区宣传思想文化队伍建设情况》调研报告 3 篇。配合区党委宣传部调研处完成在地区就关于加强基层宣传思想文化工作的调研工作。

【舆论宣传】 年内，中央、自治区媒体共刊播有关地区新闻 18700 余篇，其中《人民日报》23 篇，中央电视台《新闻联播》16 篇。央媒刊播量创历史新高。为营造庆祝西藏自治区成立 50 周年喜庆热烈浓厚的节庆氛围，组织泽当城区各单位、学校、商铺、街道、村居（社区）等悬挂国旗 43000 余面，在城区重要路段悬挂横幅 200 余条、彩条 80000 余米，在主要交通沿线插挂大庆会徽彩旗2200余面，张贴墙体广告200余幅，《山南报》、山南广播电视台、山南网等地区媒体推出“七个山南”系列报道，刊发《乘风破浪富裕梦》《甜美生活醉心田》等7篇综述和2篇评论员文章。围绕学习宣传中央第六次西藏工作座谈会精神，《山南报》开设《解读第六次西藏工作座谈会精神》专栏，撰写3片特稿，并在藏文报刊发“六次会”相关文章30余篇，为地委（扩大）会配发7篇社论、评论。在雅砻文化节期间，邀请《人民日报》、新华社等中央、自治区媒体20余家，对整个活动进行宣传报道，地区还实现“两网三微博一微信”同步直播，引来100万人次的围观，山南网网站日均点击量20000次左右。

【系列主题活动】 深入开展揭批十四世达赖集团反动罪行教育活动，通过“3·28”西藏百万农奴解放纪念日、形势政策教育、宣誓承诺活动、新旧西藏对比教育、“爱国、感恩、守法、文明”四项教育、民族团结一家亲等主题系列活动和“我身边的山南50年”主题演讲比赛，进一步坚定各族干部群众永远跟党走的信心和决心。在开展“法律进万家”“五下乡”活动中，邀请区内外媒体实地采访，大力宣传山南地区在全面推进依法治地、建设法治山南的主要做法和取得的成绩，大力宣传“五下乡”活动启动以来，群众从中得到的实惠。地区主要媒体刊播刊载《培育和践行社会主义核心价值观主题工作——“图书我们的价值观”》，山南电视台和山南网播放“梦娃”系列动画视频，利用户外墙体、大型户外广告牌张贴核心价值观广告，做到随时可学、处处可见。

【专题策划】 围绕新农村建设，策划实施“次麦模式”大型系列报道，《山南报》推出《游民村的历史性跨越》《为双联户工作加把劲》等13篇综述、述评以及评论员文章，得到原区党委常委、宣传部长董云虎的充分肯定，4月，中央、自治区、地区媒体连续对“次麦模式”进行大规模、长时间的宣传报道，“次麦模式”在全区范围内打响，得到地委、行署主要领导的充分肯定和好评。围绕保障和改善民生，策划实施“十大民心工程”系列报道，刊发《一份厚重的民生清单》《暖暖的民心工程》等9篇通讯及评论员文章，全面地区民生工作发生的翻天覆地变化。围绕项目建设，推出《重点项目建设》专栏，全面报道重点工作开展情况。围绕农牧民增收工作，推出《推行一乡一策 增加群众收入》专栏，介绍12县“一乡一策”举措。通过系列宣传报道，较好的展示山南地区发展成就和人民群众精神面貌。

【社会监督】 定期、不定期召开新闻通气会，认真总结工作进度、对阶段性新闻工作作部署、督促，对全地区的新闻走向在整体上进行把握、主动引导舆论。以《新闻采访工作》和《新闻报道提示》的方式下发通知，对各县、各新闻单位近期的宣传内容和宣传注意事项进行提示。山南报社向地委、行署主要领导及行署分管领导报送《推进“双联户”发展 山南人民首创“次麦模式”》《农村户用沼气废弃严重》等7篇《山南报内参》，内容涉及生态、民生，起到很好的舆论监督的作用，各媒体开辟《曝光台》、“民声回应”等栏目，对不文明、不作为行为进行曝光，起到一定的监督作用。制定下发《关于开展山南地区户外广告整治清理工作的通知》，对全地区户外广告进行集中清理整治。下发《关于做好规范悬挂国旗工作的通知》，进一步规范国旗的悬挂。

【网络空间管理】 组织召开地区网信工作会议，对全年的工作进行安排部署。制定地区网信办机构组建和舆情监测平台建设方案，组织编写《互联网管理法规汇编》，研究制定《网络舆情监督员管理办法》。在全区率先建成网络舆情监测指挥中心，全面启用舆情检测平台二期系统和网络安全检查平台。严格落实24小时值班制度，累计落实自治区网信办指令37条，有效处置本地舆情29起，先后报发40期、2万多字舆情产品，果断处置“山南最牛违建物”“山南出现人贩子倒卖人体器官”等影响较大的负面舆情。以即时通讯工具、社交网络、搜索引擎为重点，严厉打击网络敲诈、网上政治类谣言、“藏独”反宣品、涉恐涉暴涉黄等有害信息，对全地区登记备案网站运行情况进行检查，先后关停12个“僵尸网站（网页）”。

围绕“三严三实”专题教育和“西藏自治区成立50周年”“中国西藏雅砻文化节”“中央第六次西藏

工作座谈会”，先后指导各网站开辟专题专栏40余个，转载新闻报道、评论文章、政策解读等文章2万余篇。加强各县政府网站议题新闻报送和主题宣传工作，按时完成每季度的信息报送任务，信息报送总量一直处于全区前列，有力地提升网站的新闻传播力、感染力和影响力。组织开展第二届网络安全宣传周和首届网络安全主题宣传日活动。先后编发24期《网络舆情》专报。圆满完成1300册的《党建》和《大讲堂》的征订工作。

组织开展4场以“西藏自治区成立50周年”“达赖庆生”等为主题的线上虚拟应急，线下实战处置的舆情管控模拟演练，提升队伍的业务素质。共计选派25人次参加区内外培训，并积极选拔培养本地的业务培训员，建立8人组成的讲师团，组织实施3场培训，145名县级网信工作人员接受培训，提升网信干部的业务素质和综合能力。

召开山南地区互联网党工委第二次全体会议，制定下发网络党建工作方案，编写党建工作台账和党建指导手册。做好52家网站党建指导工作，新建13家网络党支部，培养12名网络党员，确定9名网络预备党员。进一步巩固党在互联网领域的执政基础，实现网络党组织全覆盖的目标。顺利通过地区党建考核工作领导小组的考核验收，并取得党建考评第一名的好成绩。山南网、山南教育网和一名党建指导员荣获自治区区级先进党支部和优秀党务工作者的称号。

【公民思想道德建设】 成功举办第四届“感动山南十大人物”评选表彰活动，组织开展第五届全国道德模范推荐评选活动，向自治区推荐爱国守法模范、助人为乐模范、诚实守信模范、孝老爱亲模范、敬业奉献模范共10人，乃东县刘纲华荣获全国敬业奉献道德模范提名奖。扎囊县加措老师获得由中央电视台和光明日报社联合主办的2015“寻找最美教师”大型公益活动“最美教师”荣誉称号。在《山南报》、山南网等媒体，刊登“感动山南十大人物”、全国全区道德模范等先进事迹，积极营造向善、行善的良好氛围。制定下发《山南地区关爱帮扶道德模范实施办法》，推动关爱帮扶活动制度化、长效化。开展公民道德日集中宣传活动，集中宣传社会主义核心价值观与公民道德要求、文明礼仪常识、志愿服务理念以及各自相关业务知识、法律法规等内容。发放各类宣传资料万余份，相关光碟1000余套、宣传画报2000余张。

【精神文明创建工作】 制定印发《山南地区“践行核心价值观、文明引领新风尚”主题教育实践活动方案》，在机关单位开展法治教育和廉政文化进机关”活动，在企业开展“中国梦·我与改革同行”演讲活动，在广大干部群众中开展“节俭养德全民行动”文明餐桌、“文明交通从我做起”活动，深化学雷锋志愿服务活动，在全地区开展“六彩微公益”志愿服务活动，开展活动23次。把诚信建设摆在道德建设的突出位置，深入开展道德领域突出问题专项教育和整治。积极组织开展网上文明志愿者传播活动，组织网络文明志愿者，在新浪、中国文明网、搜狐等网站通过微博、博客、QQ群、论坛等形式对公益广告、道德模范先进事迹等进行传播，受到网友广泛跟帖。认真开展第五届自治区级文明村镇文明单位推荐工作，经审查筛选，向自治区文明办推荐17个文明村镇、15个文明单位、2个文明县城、150户文明户。参与地区年终综合考评，完成12个县精神文明建设考核工作。

【未成年人思想道德建设】 广泛开展“感动人物进校园”活动，发挥榜样和模范引领作用，北大学生土登加措到山南地区东辉中学、二高等学校作巡讲报告，2000余名师生参加现场报告会，反响热烈。开展以发一份文明家书倡议书、上一节专题辅导课、写一封文明家书、写一句读后感言、做一次点评、建立一套档案、进行一次表彰为载体的“文明家书”活动，以“小手拉大手”掀起全社会文明有礼新热潮。截至年底，共收到文明家书及家长读后感言5000余份，经与教体局联合评选出10份优秀家书，此项活动受到广大师生与家长一致好评。以维护民族团结、反对分裂为主题，以开展“开学第一个课”“网上祭英烈”“向国旗敬礼”活动为契机，在师生中开展爱国主义教育活动，参与学生达10000多人（次）。全力推动乡村学校少年宫建设，乃东、扎囊、贡嘎县等7所2014年少年宫项目建设完成，并积极协调确定2015年琼结、加麻完小等7个县10所少年宫建设项目。组织推荐全区第二届“格桑梅朵杯·美德少年”

候选人，经全区广泛评选，地区白玛卓嘎等6名学生获奖；与地区教体局联合开展“雅砻十佳少年”评选活动，进一步引导广大青少年学生见贤思齐，向先进典型学习。

【对外宣传工作】 围绕山南是藏民族摇篮和藏文化发祥地的资源优势，争取安徽蚌埠电视台投资拍摄《寻歌山之南》（暂定名）纪录片，已完成纪录片前期调研踩点以及实地拍摄工作。为推进外宣品本土化，加大对外推介雅砻文化精髓力度，投入16万元，制作《印象雅砻》外宣光碟，使民俗民间“非遗”节目继续光彩夺目，有力地批驳达赖集团的西藏“文化灭绝论”。

截至年底，共召开新闻发布会13场次，其中6月在拉萨召开西藏自治区成立50周年以来山南地区经济社会发展取得的成就新闻发布会一场，12县各召开一场，2015年底在地区召开山南地区第二批国家级公共文化服务体系示范创建工作新闻发布会。选派5名新闻发言人到北京参加国新办举办的新闻发言人培训。

协助北京卫视《解密西藏》摄制组完成在山南地区前期工作。做好《人民日报》、新华社、中央人民广播电视台、中央电视台等中央主要新闻媒体和重点涉藏网站记者就山南地区经济发展、民生改善、民族团结、生态保护等方面的采访工作，圆满完成意大利、斯洛文尼亚、澳大利亚、新西兰等外媒记者团在山南地区的采访和接待工作。配合中央电视台英语频道与西藏电视台联合制作的《西藏50+》大庆对外宣传片拍摄工作，以及纪录片《织机的回响》《藏地传奇》和《废奴》（暂定名）的拍摄工作。进一步完善洛扎县、浪卡子县外宣点业务用房的各类配套设施，提升媒体接待能力。

【公共文化服务体系建设】 按照国家公共文化服务体系示范区创建要求，积极推进公共文化设施标准化建设，基本实现地区有“三馆、两院、一场”（艺术馆、博物馆、图书馆，剧院、数字影院，体育场），县有综合文化活动中心、影剧院、新华书店、文化广场，乡（镇）有综合文化站，村（居）有文化室、农家书屋、文化信息资源电子阅览室、篮球场，寺庙有书屋，地、县、乡、村四级公共文化设施网络更加完善。建成地区广播电视台综合虚拟演播室，购置高清电视转播车和12部藏语译制剧的播映权。落实县（乡）综合文化活动中心（站）编制438个、人员358人，为554个村各配备1名享受财政补贴的文化指导员或辅导员，文化志愿者队伍达883人。认真开展图书阅览、电子阅览、体育健身、文艺培训等免费开放服务活动，山南文化网和文化信息资源共享中心正在建设中。县乡村图书资料累计达133万余册，积极开展电影、文艺、图书“三下乡”活动，实现每个行政村每月观看电影2场以上、自行举办文艺演出3场以上、观看演出5场以上、开展各类文体活动3场以上目标，进一步满足群众的精神文化需求。

【群众性文化活动】 成功举办2015年春节藏历新年晚会、纪念西藏百万农奴解放56周年文艺演出活动、山南地区群众文艺大赛、2015年中国西藏雅砻文化节等大型节庆文化活动，2015年地区艺术团和各县民间艺术团完成演出550余场。2015年，中国西藏雅砻文化节期间，邀请中华全国总工会文工团、日喀则市艺术团在山南地区文化交流演出；湖北生命之舟残疾人艺术团在山南地区举办“让世界充满爱”助残文艺演出，集中展示残疾人文化艺术成果。地区艺术团携大型风情歌舞乐《雅鲁藏布》赴湖北省演出，进一步增进湖北省和山南之间的友谊。地区制作1辆彩车、组织背鼓方队、卓舞方队、牛皮船方队共计545人参加庆祝西藏自治区成立50周年大庆活动，向各界展示山南50年来取得的辉煌成就。地区艺术团、地区群艺馆、各县民间艺术团新创节目共计达30个，其中歌曲16首、舞蹈14个、曲艺类节目6个。地区群艺馆和各县民间艺术团派辅导老师，将地方果谐融入广场舞，充分利用文化广场，广泛开展广场舞活动，深受干部群众的喜爱和参与，促进群众文化事业的发展，2015年广场文化活动参与群众达70余万人次。

【文化遗产保护】 开展第一次全国可移动文物普查工作，完成全地区范围内12个县绝大多数文物点的文物测量、拍摄、信息数据资料采集和登记工作，完成第六批自治区级文物保护单位“四有”工作，为地区博物馆展陈工作征集3000余件民间流散的文物。

精选乃东县泽当藏戏等6支具有一定演出实力的演出队完成演员个人录音、实景拍摄等各项工作，完成非物质文化遗产丛书——《山南之韵》（藏汉版）。成功举办第十个“文化遗产日”宣传展演活动，贡嘎县朗杰学藏戏队和浪卡子县曲括子藏戏队参加全区藏戏展演，琼结县民间艺术团和久河卓舞演出队代表自治区参加第十届全国少数民族传统体育运动会，杰德秀邦典编织技艺、加查木碗制作技艺、泽贴尔编织技艺等10个生产性项目参加第二届中国西藏旅游文化国际博览会，向区内外展示地区优秀传统手工技艺的独特魅力。

【出版发行工作】 完成《山南文艺》编辑出版发行工作，共发行4400册，编辑出版《山南当代文学丛书》。创新开展地区徽韵文化科技中心“人文历史”展活动，设立五大板块，共展出图片380余张，展现山南悠久深厚的文化底蕴，区内外参观人数达7000余人次。向全国“藏文书法大赛”推荐藏文书法作品24幅，其中4幅获奖。为农家（寺庙）书屋更新图书1万册，争取150套卫星数字书屋设备，配发给150个农家书屋。全面推广使用正版软件，全地区政府机关安装正版软件操作系统1630套、办公软件2161套。依法加强对内部资料出版物的管理，全年审批图书3本，并发放内部资料图书准印证。县新华书店建设实现全覆盖，乃东、洛扎等5县新华书店投入运营。地区新华书店2015年购进图书17万册1326万元，销售图书171万册1315万元，实现利润20万元。

【文化市场管理】 召开全地区深入开展全面清理和打击十四世达赖集团“藏独”“涉藏”反宣渗透专项行动电视电话会议，部署全地区专项清理和打击行动，地区文化市场综合执法支队联合地区公安处、文化局、广电局、安全局、工商局、消防支队等成员单位对网吧、歌舞娱乐场所、音像制品店、茶园、宾馆、手机铃声下载点、书报刊亭、打字复印店进行全面检查，坚决清理“藏独”“涉藏”反宣品。深入开展“扫黄打非·珠峰工程”和“清源2015”“秋风2015”“固边2015”“净网2015”“护苗2015”等专项行动，全面查缴政治性非法出版物、有害图书、非法网络游戏、侵权盗版行为和非法印刷复制窝点。2015年，全地区文化市场综合执法机构共开展检查284次，检查各类文化经营场所810家次，查缴盗版光盘45张、盗版书籍29本、涉藏违禁音像制品5张，删除反宣违禁歌曲84首，依法没收和拆除擅自销售、安装卫星电视广播地面接收设施62套，集中销毁去年以来收缴的盗版光盘和非法图书6000余张（本）、以及非法广播电视地面卫星接收器75个；受理群众举报15件，查办案件9件，行政处罚款共4.2万元。

【综治维稳工作】 严格履行综治委成员单位职责，以“加强正面宣传、强化舆论引导”为导向，以精神文明建设、互联网信息管理和文化市场综合执法工作为抓手，认真贯彻落实区、地两级综治会议精神和维稳工作会议精神，不断健全完善综治工作机制，落实综治工作责任制，以3月份“综治宣传月”、6月的“综治宣传周”和“9·16”宣传日等重要节点为切入点，积极参与综治各类宣传活动，组织报纸、电视、网络和手机报等各类媒体，广泛宣传地区社会治安管理综合治理各项工作，并积极向自治区媒体推报地区综治成果和亮点工作。

统一战线

【概况】 2015年，在地委、行署的坚强领导下、在区党委统战部、区民宗委、区宗教办的有力指导下，山南地区各级统战民宗部门认真贯彻落实中共十八大和十八届三中、四中、五中全会精神及中央统战工作会议、中央民族工作会议、中央第六次西藏工作座谈会精神，贯彻落实习近平总书记关于西藏工作的一系列指示精神，贯彻落实区党委八届七次、八次全委会和区党委、山南地委统战工作会议精神，紧紧围绕山南地区中心工作大局，以加强党对统一战线的领导，充分发挥职能职责，团结一心、凝聚智慧、凝聚力量、扎实工作，不断拓展山南统一战线和民族宗教领域新局面，为西藏自治区成立50周年和山南的改革、发展、稳定做出积极贡献。

【思想政治教育工作】 年内，地区统战民宗部门高度重视广大统一战线人士的思想政治教育，安排专门时间，通过召开座谈会、组织专题报告、举办联谊会等形式，组织各界人士认真学习习近平总书记系列重要讲话、俞正声主席在西藏自治区成立50周年庆祝活动上的重要讲话及中央统战部部长孙春兰在藏考察期间的重要讲话精神，突出抓好中央、自治区统战工作会议、民族工作会议和中央第六次西藏工作座谈会精神的学习贯彻，先后召开山南地委统战工作会议，地区统战民族宗教工作会议，就贯彻落实各项会议精神进行全面安排部署。组织宣讲组深入寺庙宣讲历代高僧大德先进典型事迹，宣讲890余场次，僧尼参学率达100%，寺庙覆盖率达100%。举办山南地区宗教界人士骨干培训班，全地区50名寺管会副主任、活佛、经师、堪布参加培训；选派100名寺庙僧尼参加自治区佛学院边境偏远寺庙僧尼培训班；联合地区妇联选派20名尼姑赴内地考察学习；召开宗教界代表人士座谈会。通过学习教育，提高各族各界人士的思想理论水平，增强对伟大祖国、中华民族、社会主义制度、民族区域自治制度的认同感，打牢共同的思想基础。

【民族团结工作】 始终严格按照习近平总书记关于民族工作的重要战略思想和中央民族工作会议精神，组织全地区统战民族宗教系统干部职工深入学习习近平总书记在接见基层民族团结优秀代表时的重要讲话精神，坚持把加强民族团结作为战略性、基础性、长远性工作来抓，不断创新加强民族团结的载体和方式，巩固和发展平等团结互助和谐的社会主义民族关系。认真制定《山南地区2015年度民族团结宣传教育活动方案》，深入开展民族团结宣传教育进机关、进企业、进学校、进社区、进寺庙等“七进”活动。集中开展第25个民族团结月宣传活动，使广大各族群众牢固树立“三个离不开”思想。2015年，山南地区召开民族团结表彰大会，表彰15个民族团结模范集体，20名民族团结模范个人。截至年底，山南地区先后分两批组织实施少数民族发展资金（兴边富民）项目共152个、落实资金1.03亿元，有力促进边境地区和人口较少民族聚居区发展。利用“感动山南十大人物”评选表彰、民族通婚模范家庭表彰以及山南电视台、山南报、山南网舆论宣传阵地，广泛宣传民族团结模范先进典型事迹，营造人人维护民族团结、争当民族团结先进的良好氛围。

【创新寺庙管理工作】 各级涉宗部门齐心协力、密切配合，认真贯彻落实党的宗教政策和利寺惠僧政策，加强教育、服务、管理，创新寺庙管理工作取得新成效。健全机制，落实责任。不断总结工作经验、做法，进一步完善措施、改进方法，健全机制，继续深入推进创新寺庙管理工作。建立完善地级领导联系寺庙、活佛制度和宗教工作领导小组成员单位主要领导联系寺庙、活佛制度，形成全地区各级部门密切配合，全力抓好宗教领域工作的强大合力。建立驻寺干部联系僧尼制度，各寺管会通过建立联系制度、僧尼家庭走访制度、亲情联系卡制度、扶贫帮困制度，切实加强与僧尼的联系，及时掌握寺庙和僧尼的思想动态，得到寺庙和广大僧尼的好评。对全地区201名非公务员身份驻寺人员进行考前培训，选派130余名涉宗干部参加全区驻寺干部、基层民宗干部、少数民族干部、宗教工作、保密工作等培训班。组织20余名涉宗干部赴日喀则市、拉萨市，学习交流加强和创新寺庙管理工作经验。2015年提拔寺管会正科级干部35人、副科级干部19人，交流33人。制定下发《山南地区民族宗教领域维稳工作方案》《山南地区民族宗教领域维稳工作应急预案》《关于做好萨嘎达瓦宗教活动期间宗教领域维护稳定工作通知》《关于做好50大庆期间全地区民族宗教领域维护稳定工作的通知》等文件，及时对宗教领域维稳工作进行安排部署；加大外来人员、重点人员、社会流动从事宗教活动人员、修行人员管控力度；严格执行僧尼请销假制度，加强僧尼管理。坚持从严审批各类佛事活动；组织实施宗教领域优化发展环境专项行动。召开山南地区宗教领域优化发展环境专项整治专题部署会，抽调人员成立专班，开展宗教领域稳控工作；及时成立宗教领域维稳督查专项组，先后80余次深入12个县170余座宗教活动场所进行督导检查，做到发现问题及时整改。通过有效措施，确保305座宗教活动场所、1788名僧尼、270多项佛事活动“三无”“三不出”。地、县两级财政共投入1100余万元帮助寺庙、僧尼及僧尼家庭办实事950余件；开展家访累计3900余户，走访僧尼家庭每户达2次以上；解决僧尼低保28名，并对1878名在编僧尼进行免费健康体检；投入资金580万元新建290名新吸收僧尼僧舍；地委、行署领导、各有部门负责人、各县领导节前慰问累计资金达54.41万元。2015年，山南地区表彰40座和谐模范寺庙、1186名爱国守法先进僧尼，落实表彰资金434.8万元。2015年，圆满完成浪卡子县羊卓甘丹寺第十三世活佛的寻访、认定、坐床工作，牢牢掌握活佛转世工作的主动权。

【党外代表人士教育管理】 推荐76名党外干部参加区内外各级各类培训班，提拔使用4名党外人士分别担任县政协副主席和地区佛协副会长，制定《山南地区佛协换届方案》，认真做好佛协换届筹备工作。

【非公经济领域统战工作】 制定《山南地区2015年“五好”县级工商联建设工作实施方案》，成立5个县商会；起草《山南地区非公有制经济组织党工委关于加强非公有制经济组织党的建设工作的实施办法》，制定非公有制经济领域2015—2018发展党员工作规划和年度党员发展计划，成立1个直属党支部；组织非公党组织及党员募集帮扶资金780余万元，树立非公经济企业的良好社会形象；参与地区“十大民心工程”中“产业富民工程”1500万中小微企业发展专项资金项目的审核审批工作，支持中小微企业技术改造、扩大生产规模、更新设备，带动非公企业健康发展。

【服务管理藏胞接待工作】 对要求回国探亲的7批23名藏胞进行调查、审核，接待3名回国藏胞；加强对回国探访藏胞管理，明确管理责任，严格落实按期劝返和跟踪管理制度，确保回国藏胞的绝对安全。加大境外藏胞的联络，向境外藏胞大力宣传山南地区经济社会发展取得的巨大成就；走访慰问33名定居藏胞、回国探亲藏胞和滞留藏胞。

政法

【概况】 中共山南地委政法委委员会（山南地区社会治安综合治理委员会办公室），设有8个正科级机构，分别为办公室、政工科、综治协调科、执法监督科、山南地区维护稳定工作领导小组办公室（山南地区防范和处理邪教工作领导小组办公室）、社会管理科（实有人口服务与管理科）、社会稳定科（反分裂斗争科、情报信息科）、山南地区“先进双联户”创建评选工作办公室。核定编制29名，其中，行政编制12名，事业编制15名，后勤事业编制2名。

【维护社会和谐稳定工作】 年内，以“三月敏感月”和西藏自治区成立50周年庆祝活动为重点，突出沿江一带、边境一线、神山圣湖、旅游景区景点，严格既定戒备等级要求，全面落实各项维稳防控措施，做到严管严控。特别在重点时段、敏感节点，向桑耶寺、敏竹林方向派出机动打击力量，在泽当镇区安排集结待命点，随时做好应急处突、机动打击、反恐维稳准备工作，做到防范在先、预防在前。下发《关于切实做好西藏自治区成立50周年庆祝活动期间维护稳定工作方案》《关于进一步明确和落实一级戒备维稳措施的通知》《关于大庆和中央重要会议活动期间地级领导干部督导各县维稳安保工作的通知》《党政机关、企（事）业单位一级戒备安全防范措施》《关于进一步严肃大庆期间政治纪律和工作纪律的紧急通知》《西藏自治区成立50周年庆祝活动山南地区安全保卫工作总体方案》，并按照“一个活动一套方案”的要求，制定《迎送中央代表团警卫方案》《中央代表团赴山南活动线路警卫方案》等11个子方案。全地区共投入专业维稳力量10260余人次，群防群治力量182210余人次。坚持“两个一律”和“一个出不去，一个进不来”要求，严密过滤进出边境管理区人员、车辆和物品，有效封堵通外山口和出入境通道，共出动警力20251余人次、护边联防队员30093余人次，检查出入边境管理区车辆87284台次、人员180603余人次，劝返无证或无有效证件人员255人。进一步强化“环山南安全工程”，对进出山南的重要通道做到严查、严审、严控、严管，重点加强对四省藏区和新疆籍人员的验证盘查，切实防止“输入型”隐患。全地区17个公安检查站累计检查进出山南人员2991209人次，其中四省藏区藏族人员39019人，劝返330人。围绕2016年隆子县扎日“转山”民俗宗教活动，及早着手、提前谋划，在前期实地调研基础上，对扎日“转山”民俗宗教活动进行社会稳定风险评估，形成风险评估报告及相关方案、预案。

【创新社会治理工作】 强化宣传教育工作，开展为期4个月的以“法律法规进万家、党的政策进万家、爱国主义进万家、知恩感恩进万家、发展生产进万家、维护稳定进万家”为主要内容的“法律进万家”活动，组织3635名干部，组成由县级干部担任组长的272个宣讲组，深入554个村（居）和214座寺庙，精选内容、分类施教，取得良好的社会效果。强化网格化服务管理，建立《网格站》《网格五员》2项工作职责；建立《社区日常检查登记表》《群众测评登记表》《绩效考评登记表》《网格员周报登记表》《重大事项随时上报处理情况登记表》等9类台账；建立《网格工作例会制度》《网格研判办理机制》等5种工作机制。强化流动人口服务管理，认真落实“以证管人、以房管人、以业管人”服务管理措施，加强流动人口子女就学、计划生育、法制教育、法律援助等工作，提升服务管理水平。全面落实各项帮教措施，对监狱保外就医罪犯进行筛选和摸底，积极开展“创无重新违法犯罪县、乡镇、村”活动，切实做到刑释解教人员不脱帮、不漏帮，不脱管、不漏管。截至年底，地区256名刑释解教人员，其中刑满释放248人，全部建立个人档案并纳入帮教对象，帮教率达到100%，就业安置率达到100%，重新犯罪率控制在1%以下。强化矛盾纠纷排查调处工作，落实“五个一”工作责任制，及时就地化解，切实把问题解决在基层、把矛盾化解在内部，把隐患解决在萌芽状态。健全专业性行业性调解组织，完善地三方矛盾纠纷调解机制。全地区共排查各类矛盾纠纷554件，调处554件。深入开展地、县、乡（镇）、村（居）“四级信访接待日”活动，共有3410名领导干部参与接访，接待来信来访群众315批次625人次，受理信访案件40件（批）163人次，办结39件（批）160人次。

【“先进双联户”创建工作】 各联户单位积极参与平安建设、开展治安巡逻、履行“十八员”职责，做到大街小巷有人管、村村户户有人看。截至年底，共化解矛盾纠纷1399起，组织治安巡逻82748人次，整治安全隐患2427起，协助有关部门联管联教重点人员3302人次，收集社情民意543条。组建4008个农牧区联户单位党小组，2354名党员联户长担任党小组组长，将党员联户长家庭设为“党员中心户”，我地区将联户增收纳入2015年“十大民心工程”中，解决1600万元联户增收扶持资金，重点扶持联建联营致富项目和联户合作社发展。共扶持38个地区级和33个县级联户增收项目，包括养殖业、民族手工业、农牧畜产品加工业、服务业、建筑业，覆盖12个县、52个乡（镇）、65个村（居）145个联户单位1333户5274人，已实现经济效益864.76万元。深入开展农牧区“信用乡镇”“信用村”“信用户”创建活动，截至年底，全地区新增信用乡（镇）12个，信用村（居）27个，累计发放小额贷款18526笔9.96亿元。

【政法队伍建设工作】 2015年，全地区政法系统深入开展“三严三实”专题教育，不断提升政法干警党性修养，重点学习十八届三中四中五中全会精神，习近平总书记系列讲话精神以及中央第六次西藏工作座谈会精神，开展“严以修身”“严以律己”“严以用权”专题讨论会，不断提升党性修养。深入开展中国梦和社会主义核心价值观宣传教育，深化“老西藏精神”和“两路精神”将要，开展廉洁从政警示教育，引导广大党员干部牢固树立正确的世界观、人生观、价值观和权力观、地位观、利益观，努力打造一支政治强、业务精、作风硬、纪律严的政法队伍。全面提高政法队伍的整体素质，建立政法队伍培训长效机制，政法各部门通过调训、以会代训、专家授课、分期轮训、上挂下派、岗位练兵等多种方式，有针对性地开展以提高政法干警业务技能、拓宽知识面为重点的业务培训，干警的业务素质、文化素质得到全面提升。2015年，地委组织部、地委政法委、地区综治办联合举办第十一期综治干部业务培训班，培训各级综治专干144人，参加地区统一调训8人，参加自治区政法干部培训1人。深入开展政法队伍建设调研工作，摸清政法队伍的现状，建立地直政法部门正科级以上干部库，形成专题调研报告，并就机构建设、人员编制、干部管理等提出建议，为下一步理顺、健全党委政法委协管干部的职能奠定基础。6月，根据干部提拔任用有关程序和要求，提拔6名干部到重要岗位。

党校 行政学校

【概况】 山南地委党校(山南地区行政学院)内设办公室、教务处、总务处、学员管理科(函授处)、教研室、理研室和信息科。现有核定编制55人,实有人员44人。

【干部培训】 发挥"主渠道"作用,切实办好各类培训班次。2015年度,学校先后举办各类班次14期,培训学员共计1642人(次)。包括:新任副县(处)级领导干部学习贯彻"三级"会议精神培训班、中青年干部培训班、基层党支部(总支)书记培训班、村支部书记培训班、乡镇干部培训班、专业技术人员政治理论培训班、科级干部轮训班、大学生村官培训班等主体班次。先后举办党外干部培训班、公务员培训班、企业管理人员培训班等班次,共培训学员800余人(次),取得较好的成效。

【教学改革】 采取"走出去"的方式,进行异地教学。为进一步拓宽干部的工作思路,加强实践锻炼,提高地区干部的综合素质和能力。针对中青年干部教育培训需要,围绕"科学发展、和谐发展、富民强地"确定调研课题,组织中青年干部培训班、乡镇干部培训班学员,到湖南、湖北两省进行实地学习考察。学员们分别结合考察课题和本人工作实际,按照"提出问题、分析问题、解决问题"的基本思路,从不同角度,撰写20余篇33万余字质量较高,符合山南实际的学习考察报告。组织其他班次学员到山南的有关县乡村进行现场教学。

根据形势和任务的要求不断充实和创新教学内容,优化党校教学布局。2015年,有35名教师申报44个新专题,22名教师试讲33个新专题,涉及新中国工作政策与实践、中国共产党十八届五中全会和六次座谈会等20个西藏方面的内容。通过新专题试讲活动,充分调动教师工作积极性和主动性,使教学布局更加完善,内容更加丰富,从而形成一个富有生机和活力的党校教学局面。

学校在主体班次中开展三堂拓展培训课程。通过开展拓展培训,提高学员的团队合作精神与自我能力及各位学员对问题进行平等、和谐、融洽的交流表达能力。

【科研工作】 按照党校科研为推进党的理论创新服务、为提高教学质量服务、为促进各级党委和政府科学决策服务,为社会主义经济建设、政治建设、文化建设、社会建设和党的建设服务的要求,牢牢把握正确方向,充分发挥在马克思主义基本理论学科上的优势,积极参与马克思主义理论研究和建设工程,紧紧围绕党的重大理论创新,关注先进理论的发展动向,紧密结合山南地区经济社会发展中的重大理论和现实问题,紧密结合山南地区经济社会发展中的重大理论和现实问题,积极主动谱写中华民族自强不息壮丽凯歌的光辉历程,共撰写论文24篇。通过学校学术评审领导小组筛选录用的有16篇,向上级相关部门上报的有17篇。《一切从西藏实际出发是西藏革命和建设的基本立足点》一文获区党委宣传部优秀论文奖并做大会交流;《西藏现代化建设的现实思考》《西藏社会阶级阶层结构变迁的60年》等7篇论文入选区委党校理论研讨会,并在理论研讨会上做大会交流;《铭记六十年伟大历史 开创繁荣发展的明天——纪念西藏和平解放六十周年》《西藏60年法制建设的主要成就和经验》等5篇论文被山南地委宣传部入选"山南60年变迁"征文集。与地委宣传部共同协作,完成论文评审及修改等工作,共计30余篇。

积极组织全体专兼职教师参与自治区党委宣传部组织的"纪念国家实施西部大开发战略十周年"活动完成论文4篇,经审核上报地委宣传部4篇;"推荐老西藏精神理论研讨会论文"的征文活动,完成论文1篇,经审核上报地委宣传部1篇;在报刊杂志上发表15篇。完成校级课题7个。

【基础设施和信息化建设】 学校投入资金28万元,对地下给水管道进行维修改造。投入约8万元对县处学员楼的屋面、内墙、地板砖及教职工周转房的热水器、屋顶等进行维修,更换自来水水泵及管道等,切实改善学员、教职工住宿和生活条件。

2011年4月，学校信息网络与区党委党校的数字资源库成功对接，标志着学校信息网络建设中的数字资源库工作走上一个新的台阶。使广大教职员工拥有更好更大的信息资源平台，有助于促进教学科研工作质量的提升。筹建2个新的多媒体教室，截至年底，学校共6个媒体教室。同时，完成与山南电信分公司的联网改造项目。

【干部思想建设】 中央召开第六次西藏工作座谈会以后，组织主体班学员及全体教职工共计150余人次进行集中学习。学校选派教学经验丰富的教师到部分地直单位和县就学习中央第五、六次西藏工作座谈会精神专题宣讲51次，听课人数达6000余人，宣讲效果良好，并受到一致好评。

在注重理论中心组学习的同时，把“三级”会议精神的轮训和宣讲各项工作作为干部培训的重中之重。与地委组织部联合举办山南地区新任副县（处）级领导干部学习贯彻“三级会议”精神培训班，共培训轮训学员80余人次；选派教师到部分地直单位、部分县宣讲10次，听课人数达500余人次。

【机关效能建设】 结合党校实际，组织教职工集体学习次数达20多次，个人自学时间约60小时。教职工撰写心得体会40余份。选派教学经验丰富的专兼教师到部分县、地直单位进行专题辅导20余次，听课人数约15000人。通过开展效能建设年的各项工作，全校党员领导干部和全体党员进一步增强工作的自觉性，自身的科学发展意识和科学发展能力得到明显增强，整体工作有显著提高，未有违纪违法的人和事发生。

【创先争优活动】 全体党员干部参与公开承诺34人，承诺事项14件，兑现承诺8件。自活动开展以来，建立党员领导干部联系点1个，深入联系点9次；建立创先争优领导小组成员联系点1个，深入联系点9次；带头讲党课20余次，带头参加基层组织活动1次。为帮扶对象提供经济援助资金7万元，为基层和群众办实事好事6件。结合创先争优强基惠民活动，2015年度校委班子组织在职的36名党员教职工与普姆村、江惹村19户贫困党员开展结对帮扶，个人自掏腰包，共投入资金23450元（含驻村工作队8人结对10户，自掏腰包3600元）。投入各类帮扶资金217200元（含地区帮扶资金），为群众办实事15件。争取资金210余万元，用于村集体“短平快”等项目建设。

【党风廉政建设】 认真贯彻执行与地委、行署签订的党风廉政建设责任书和《西藏自治区贯彻落实〈建立健全惩治和预防腐败体系2008—2010年工作规划〉实施办法》，校委与各科室签订《山南地委党校党风廉政建设责任书》，做到层层把关，层层落实，形成良好的党风廉政建设工作氛围。加强工作作风建设，牢固树立为基层服务、为学员服务意识，自觉增强党性意识、政治意识，在思想上政治上行动上同党中央保持高度一致，维护党的威信、中央的权威和党校的形象，始终坚持“科学研究无禁区，党校讲坛有纪律”的原则要求，在党校的讲坛上决不能出现“杂音”。在学术研究中，以科学的态度，大胆探索，敞开思想，畅所欲言，但同时做到头脑清醒，旗帜鲜明，分清是非，在党校的论坛上确保不出现“噪音”。坚持从严办学、从严施教、从严管理，讲党性、讲纪律、讲标准、严要求，坚决按规章制度办事，在党校的教学科研上确保不出现“偏向”。

【队伍建设】 地区纪检委、地委组织部、财政部、发改委、卫生、劳动等部门的领导作为党校兼职教授和讲师，结合实际工作到党校主体班次，授课100多次，受到学员的一致好评。继续采取“送出去”的办法，将3名教师送到中央党校攻读研究生，选派6名教师分别在国家行政学院和自治区委党校进行业务培训。全面正确地贯彻干部队伍“四化”方针和德才兼备原则，坚持高标准、严要求，积极配合地委考察组安排，认真做好领导班子调整工作。经组织培养，截至年底，学校共提拔县处级领导干部3名，其中副县2名，正县1名。为进一步充实中层干部队伍共提拔正科级干部6人，副科级干部5人。

【维护稳定工作】 年内，学校继续按照地委、行署的部署，认真贯彻落实自治区维稳指挥部和地区维稳指挥部关于做好敏感时期维护稳定工作有关精神，进一步提高认识,统一思想,不断增强忧患意识,切实提高政治敏锐性和政治鉴别力,旗帜十分鲜明、立场十分坚定地深入开展反分裂斗争。进一步加强组织领导,明确维护稳定工作责任,切实把思想和行动统一到地委、行署决策和部署上来。结合工作实际,对每年的维护稳定工作进行安排部署,做到内紧外松,采取有效措施,确保防范工作不放松,努力确保社会政治局势稳定。

【制度建设】 以开展效能建设和创先争优活动为契机,结合校委制的实行,不断完善和细化各项规章制度,修订党校、行政学校的规章制度;建立和完善关于经费节约、量化考核、车辆管理、教学评估等几项新的规章制度。特别是行政决策、绩效考核、财务管理、教学服务等规章制度,强化责任意识,切实提高全体教职员工的工作积极性、主动性和规范性,确保工作秩序正常,提高行政后勤保障服务能力,进一步推进党校作风建设。截至年底,校委班子就结合党校工作实际和科室职能,研究制定工作责任书,做到区分职责、科学设计、落实责任,并及时与七个内设科室负责人签订工作职能责任书。其间,为强化责任落实,校委班子成员先后多次对分管科室所签订的各类责任落实情况进行检查,常务副校长李国庆先后2次听取各科室落实责任书的情况汇报,提出落实工作中存在的不足和问题,并作出相应要求,党校的各项工作得到有效推进。

老干部工作

【概况】 地委老干部局为正县级机构,由地委组织部管理,内设一个综合科。行政编制6名,事业编制4名,现实有4人;局领导职数3名,实有2名;科级领导职数2名,实有2名,其中1人在扎囊县桑耶镇松卡村任第一支部书记。地委老干部局下设泽当老干部服务站,是参照公务员管理的正科级事业机构,编制10名,实有7人。截至年底,山南地区共有离退休干部3486人,其中:离休干部11人,退休干部3475人;区内安置3336人,区外安置139人;党员2396人。全地区共有离退休党总支6个、党支部58个,建有离退休党支部活动中心3个,活动室57个(其中租用15个)。

【"两项待遇"落实情况】 为各离退休党支部继续订阅《西藏日报》《山南报》《半月谈》《离退休干部党支部学习参考》等相关杂志。邀请离退休老干部代表参加地委、行署组织的重大会议、活动20次1000余人次,通报全地区经济运行和维稳情况共计20次,让离退休老干部了解党的方针政策和地委、行署的工作部署,为山南发展稳定贡献力量。截至年底,地区财政每年预算50万元用于离退休干部参观疗养,各县也预算每年不少于20万元的参观疗养经费。通过地、县两级合力,已安排离退休老同志区内外参观疗养共计238人。按时足额发放离退休费和医药费,妥善解决个别离退休干部工资遗留问题、增资问题、医疗报销问题、待遇落实问题、寿星老人待遇问题等,"三大节日"慰问离退休老干部金额总计200余万元。对220名生病住院的离退休人员和病故离退休老干部遗属进行看望慰问,发放慰问资金达10万余元。对家庭困难的106名离退休干部及遗属兑现帮扶资金26.6万元,切实将党的温暖及时送到他们的心坎上,为特困离退休干部及遗属解燃眉之急。

【思想政治教育工作】 以开展"展示新风采、共话新西藏、发挥正能量"为主题的为党的事业增添正能量活动为契机,在离退休党支部中经常性开展反对分裂、维护稳定思想教育以及习近平总书记系列重要讲话、党章、中央第六次西藏工作座谈会为主要内容的学习活动,让广大离退休干部及时了解党和国家的大政方针。各离退休党支部通过每月集中学习两次(全体退休干部、全体党员各学习一次),每半年大会总结一次,并定期召开组织生活会、民主评议党员会议和座谈会、开展谈心谈话活动、定期走访等形式,对离退休干部提出纪律要求。扎实深入开展法律进支部活动,加强离退休老干部的学法、懂法、用法意识。对行动不便和长期生病不能参加活动的离退休干部采取电话联系、登门拜访等方式通报情况,寄送学习资料,让每位老领导感受到党组织的关怀和温暖。

【离退休党支部建设】 组织全地区25名离退休党支部书记在地委党校举办首届离退休党支部书记培训班，做到支部管理能力的不断提升。结合离退休党支部党建工作实际，2015年为集中安置点的各离退休党支部统一张贴上墙《山南地区离退休党组织党建工作宣传栏》和《温馨提示》，发放“三会一课”记录本，为进一步明确党建职责，更好地开展党建活动提供保障。2015年，把离退休党支部活动场所建设列入地、县两级“十大民心工程”中，投资2000余万元，修建9个老干部活动室，开展老干部喜闻乐见的各种活动。

【离退休老干部主要活动】 以活动室为依托，开展“每天早上锻炼一小时”，每月学习党的理论知识，每季度开展讲党课等活动，使离退休老干部活力常在，思想常新。组织离退休老干部参观新农村建设、博物馆、克松村等，让离退休老干部们在目睹城市、农村经济和社会的发展变化，感受党的路线方针政策的正确和伟大。在2015年的“七一”、50大庆等重大节庆日，组织各离退休党支部开展离退休老干部联谊活动、文艺演出、知识竞赛等，充分表达广大离退休老干部对中国共产党的赞美之情和美好祝愿。组织安置在泽当的各离退休党支部参加地区的“全民健身日”活动，展示老干部良好的精神面貌。

【离退休老干部发挥余热】 根据地区相关部门的要求，组织离退休老干部对地、县两级“十三五”总体规划的征求意见稿进行充分讨论，并提出建设性意见和建议20余条，为更好更全面制定“十三五”总体规划发挥离退休老干部的经验优势。撰写党的事业增添正能量理论文章20余篇。组织部分离退休老干部，深入学校、寺庙、企业，通过现身说法，向学生、僧尼、干部群众宣传旧西藏的黑暗落后、新西藏的美好幸福和光明未来。并自筹资金购买《党的十八大知识读本》等书籍，赠予给寺庙僧尼及企业职工。结合离退休老干部的自身特点，鼓励担任“双联户”户长、维稳“三支队伍”队员、村“两委”班子等，让离退休老干部充分发挥余热，贡献力量。2015年，在日喀则发生地震以后，全地区广大离退休老干部心系灾区，主动参与为灾区人民捐款活动，自发捐款累计达60余万元。

档案

【概况】 山南地区档案局（馆）隶属中共山南地委办公室，实行两块牌子、一套人马，合署办公。机构编制11人（含副县级及以上领导职数2人），实际在编8人（含副县级及以上领导职数2人）。局（馆）内设4个科室：办公室、业务指导科、现行科、历史档案科。

【思想政治建设】 组织全体干部职工深入学习中共十八大，十八届三、四、五中全会和中央第六次西藏工作座谈会，以及习近平总书记系列重要讲话精神，深入学习贯彻中共中央办公厅《关于加强和改进新时期档案工作的意见》、自治区党委办公厅《关于加强和改进新时期档案工作的实施意见》，以及档案法律法规知识。通过学习，领导班子和干部职工的宗旨意识和责任意识更加牢固，档案法治意识和民族团结意识进一步增强，全局上下呈现出齐心协力、开拓创新、真抓实干、埋头苦干的良好氛围，为完成年度工作任务凝聚战斗力，为山南档案事业的稳步发展和做好民生服务工作起到助推作用。

【档案基础设施建设】 在自治区档案局的支持下，经过地、县两级发改委和档案部门的不懈努力，2013年建设的隆子县档案馆，2015年4月通过验收并投入使用。列入2014年度建设计划的浪卡子、措美两县档案馆，工程主体部分于2015年9月、10月相继竣工，年内已进入装饰装修阶段。同时列入的扎囊县档案馆建设，已与党政办公楼整合建设，年初竣工验收并投入使用。年内，列入2015年度建设计划的琼结县档案馆建设已与统战、国土、人社几家单位整合建设，年初通过验收，已投入使用。贡嘎、曲松、加查、错那四县县级综合档案馆新馆建设项目前期准备工作已经就绪。曲松、错那、贡嘎三县已动工建设，工程形象进度分别为40%、40%、10%；未开工的加查县，当地资金追加的80万元已落实，11月20日至23日进行招投标，招投标工作结束后放线开工。

【档案资源建设】 地区档案局（馆）和12个县档案馆认真贯彻落实国家档案局9号令，严格按照《山南地区各级各类档案馆档案接收进馆标准》，以民生档案、重大活动、重点建设等各类专门档案为主，制定年度接收工作计划，有序地开展移交接收工作，做到按计划执行，各类档案（资料）应收尽收。2015年，地区档案馆共接收文书档案506卷，10660件；实物档案（废弃印章）142件；声像档案86盘；照片档案2500张；勘界档案1871卷（正本257卷，副本1497卷，图纸117卷）；重大活动档案6盒/428件。会议记录40本；各类资料56册。检索工具（各类文件目录）39本。各县档案馆在完成年度档案接收计划任务的同时，收集婚姻、勘界、科技、实物、照片、声像等档案，丰富馆藏。

【业务指导工作】 为有效改善地直单位档案管理工作，2015年3月至6月，地区档案局工作人员分两组，对86个地（中）直单位的人员配备、经费保障、设备购置、档案业务工作开展情况进行全面摸底调查，调查中，对发现的问题及时进行指导。年内，共指导12家分设出来的和3家新成立的单位完成《文件材料归档范围及保管期限表》的编制；指导31家档案整理不规范的单位，按照《国家档案局8号令》进行规范化整理、组卷。指导2015年度移交接收计划内的21家单位，开展档案进馆前的各项准备工作。

【档案利用工作】 2015年，地区档案馆全年共接待档案（资料）利用者319人，提供利用档案（资料）583卷（件/册），复印557份/1530张。在做好提供利用工作的同时，做好档案利用效果登记与收集工作，及时整理典型事例上报自治区档案局法宣处，2015年共上报典型事例9例。自治区档案局采用2例。各县馆在抓整体工作的同时，在利用工作上下功夫，以利用工作来体现馆藏档案的价值。2015年度各县馆接待利用者448人次，提供档案（资料）601卷（件/册）。

【重大活动档案工作】 年内，藏木电站档案室保存有科技档案1089卷，7216件；文书档案161盒/2672件；实物档案103件，照片档案317张。85%的档案已完成电子录入工作，基本实现电子化管理，开创山南地区档案数字化管理的先河。2015年，主要对“雅砻文化节”“五十大庆（山南地区活动）”档案进行跟踪服务，指导档案的分类、整理、组卷，并按时接收进档案馆保管，确保山南地区重大活动档案的案卷质量和安全保管。

【农业农村档案建设】 为做好地区的农业农村建设档案工作，2015年，地区加强对乡镇及村级建档工作的服务和指导，采取以点带面，逐步推进的办法，落实村级建档工作，促进山南地区农村经济与社会和谐发展。4月，自治区、地区两级档案局联合组成人员，到错那县开展村级档案工作知识培训，深入错那居委会、贡日村、勒村指导村级建档工作。

【档案执法检查监督】 依照《中华人民共和国档案法》《西藏自治区实施〈中华人民共和国档案法〉办法》的有关规定，每年制定检查方案和评分标准，指派人员对12个县档案馆进行全面检查，对地（区、中）直单位和县直单位、乡（镇）、寺管会进行分批抽查。2015年，检查12个县级综合档案馆和51家机关档案室，并依据检查结果对工作做得好的单位给予表扬，对落后的单位进行通报批评，并责令限期整改。

【档案法制宣传工作】 6月9日，档案局在人口集聚的白日街口举办“走进档案”国际档案日主题宣传活动，共发放档案宣传资料5000多份，并且利用宣传展板，展示馆藏的部分珍贵档案；以展出宣传挂图、悬挂宣传横幅等进行档案法律法规宣传，并开展档案进学校活动，取得很好的宣传效果。

党史　地方志

【概况】 中共山南地委党史研究室（地区地方志办

公室）于1988年9月7日成立，前身为山南地委党史资料征集编纂办公室（简称山南地委党史办公室），为地委下属常设机构，县级事业单位，编制7人。1993年3月，撤销地委党史办公室，成立地委党史研究室，属地委办公室内设机构，科级事业单位。1997年，成立山南地区地方志办公室，与地委党史研究室合署办公，实行两块牌子，一套人马，事业机构、科级建置，核定编制9人。目前，实有工作人员2名。山南地区12县均未成立专门的党史（地方志）工作机构，相关的工作由各县县委办或政府办承担。

【理论学习】 深入系统地学习党的十八大、十八届三中、四中、五中全会精神，中央第六次西藏工作座谈会精神，习近平总书记系列重要讲话精神，自治区第八次党代会、区党委八届五次六次七次全委会精神、陈全国书记重要指示精神和地委重大决策部署，深入学习《国务院地方志工作条例》和《全国地方志事业发展规划纲要（2015—2020年）》，切实用理论联系实际，更好地推动各项工作的开展。坚持个人学与集体学、理论学与实践学相结合，注重学习方式的灵活性、多样性，做到集体学习有方案，有纪律，个人学习有计划、有心得。2015年，科室形成各类学习笔记3万余字，心得体会6篇。

【业务工作】 党史工作方面，搜集整理和编写山南地区2015年大事记；邀请湖南省委党史研究室主任张志初为地办干部职工和湖南省援藏干部，讲一堂题为《用“严”和“实”铸造湘藏情》的专题党课；严格按照区党委党史研究室有关要求，积极推荐地区党史、地方志系统先进集体和先进个人，撰写先进集体事迹材料。地方志工作方面，先后参与《扎囊县志》复审稿、终审稿，《浪卡子县志》复审稿，《洛扎县志》终审稿，《曲松县志》验收终审稿，《错那县志（2000—2010）》初审稿，《加查县志（2000—2010）》初审稿的审改工作，共计350余万字。《扎囊县志》顺利通过复审、终审，《浪卡子县志》通过复审，《洛扎县志》通过终审，《曲松县志》通过验收，《错那县志（2000—2010）》通过初审，《贡嘎县志》、《隆子县志》已于今年出版发行。

【督导工作】 及时加强对县志编修工作的指导，通过实地调研、电话督查、个别抽查等方式，了解掌握全地区各县修志工作进展情况，对浪卡子、扎囊、洛扎、曲松等工作开展相对滞后的县进行督促检查，对编修过程中遇到的问题给予指导，提出合理的意见和建议，有力促进地方志工作开展。

【业务培训】 邀请安徽省地方志办公室市县志处处长黄玉华对地区12个县地方志工作人员进行培训；组织12县修志人员赴林芝参加中国地方志指导小组举办为期7天的援藏志鉴编纂业务培训；受安徽省地方志办公室邀请，组织12县修志人员，赴安徽省参加为期7天的地方志业务培训。

人大山南地区工作委员会

【概况】 1982年11月，经区党委批准，成立山南地区人大联络处筹备组，1983年10月正式成立山南地区联络处，为西藏自治区人大常委会的派出机构，副地级建制，联络处设办公室，1983—2003年办公地址设在地委院内。1996年12月，人大联络处改设为西藏自治区人大常委会山南地区工作委员会，主任由地委书记兼任，地级建制，一直延续至今，地工委下设办公室，办公室下设秘书一科、秘书二科、法宣科、选联科。2002年建成人大地工委办公楼，2003年正式独立办公，办公地址在山南地区泽当镇湖北大道30号。西藏自治区人大常委会山南地区联络处和西藏自治区人大常委会山南地区工作委员会均属西藏自治区人大常委会派驻机构，受西藏自治区人大常委会和山南地委的直接领导。人大山南地工委总编制24名，实有干部职工17名，其中行政编制17名，事业编制7名。

【执法检查】 对《西藏自治区民用机场保护条例》、职业教育法、道路交通安全法、交通安全条例、水污染防治法、科普法及实施办法、体育法、妇女权益保障法及实施办法、老年人权益保障法及实施办法、体育法和登山法等法律法规实施情况进行检查，提出有针对性的意见建议共32条，促进法治山南、法治政府、法治社会一体化建设。

【立法调研】 开展《天葬事务条例》《地方性法规草案征求意见》等立法调研，对山南地区人民陪审员工作情况、反贪污贿赂情况进行专题调研。

【法制宣传】 把执法检查、立法调研的过程变为宣传相关法律法规的过程，并利用各种机会和条件，宣传宪法、民族区域自治法、选举法、代表法、安全生产法、环境保护法、土地法等法律法规。

【财政预算监督】 专门听取和讨论《山南地区2015年财政收支预算报告》，提出《关于山南地区2015年财政收支预算的意见》，提出5条具体建议。

【宏观经济监督】 对“十二五”规划目标任务完成情况特别是“十二五”规划重点项目建设情况进行专项检查；组织部分十二届全国人大代表、自治区十届人大代表对“十三五”规划编制工作进行调研检查。

【民生问题监督】 开展卫生质量提升工程、民族团结进步和较少民族经济发展、食品药品安全专题调研，对自治区人大常委会《农牧业特色产业建设与促进农牧民增收情况报告的审议意见》落实情况进行跟踪督办，对惠农支农财政补助落实情况进行专项监督检查。

【生态环境监督】 以开展2015年“中华环保世纪行——西藏行”活动为契机，对旅游景区的生态建设和环境保护工作进行检查，开展山南地区水资源保护管理的专题调研，形成调研报告，为地委、行署决策提供参考依据。

【司法监督】 定期听取“两院”工作汇报，积极参与

“两院”重大司法活动，支持“两院”依法独立行使职权。

【“人大代表之家”创建工作】 认真贯彻落实全区推广创建“人大代表之家”现场会精神，6月12日成功召开全地区创建“人大代表之家”动员部署会，明确创建标准，提出具体要求，加强督查指导，全地区12个县级、大部分乡镇“人大代表之家”和村(居)“人大代表小组活动室”建成并投入使用。

【代表履职交流】 协调组织驻山南各级人大代表和人大干部到厦门、湖北、贵州、广西等地进行业务培训和考察学习，邀请150余人次人大代表参与各类视察、专题调研、执法检查、工作座谈20余次，协调36名人大代表赴日喀则、林芝等地学习考察，接待湖南、湖北、日喀则、林芝、阿里、那曲等省市(地区)人大考察团100余人次，搭建洛扎、隆子、错那、贡嘎、桑日等县人大代表相互交流平台。

【代表服务工作】 组织驻山南地区自治区十届人大代表参加区十届人大三次会议，向大会正式提交建议意见19条。认真梳理山南代表团分组审议时对山南经济社会发展、生态环境保护等方面提出的59条意见建议，上报地委，以正式文件下发至各县、各单位，要求及时答复办理，全年共办理55条。

【基层指导工作】 实行地工委领导干部包县制度，相关科室协同配合，定期不定期加强对县乡人大工作的指导，使他们进一步明确职责、健全机制、落实责任、强化督查，依法依规履行职能，正确行使监督权、重大事项决定权和选举任免权，促进各县人大工作不断向制度化、规范化方向迈进。

山南地区行政公署

综述

【概况】 2015年,按照自治区“663”工作思路,围绕建设“六个模范区”和“七个山南”目标要求,扎实做好“4321”各项工作,经济社会发展取得新的突破。地区生产总值、固定资产投资、财政收入、社会消费品零售总额、城镇居民人均可支配收入、农牧民人均可支配收入分别完成113.62亿元、145.91亿元、11.6亿元、40.1亿元、23881元、8991元,同比分别增长11%、6.2%、17.6%、11.2%、14.8%、12.3%。

【会议活动】 及时召开地区农牧民增收会、优化发展环境专项行动动员会等会议。“十三五”规划建议审议通过。圆满完成自治区成立50周年庆祝活动。协助召开水利建设管理、义务教育均衡发展、“双集中”、藏语文等现场会。组织工作专班赴兄弟地市和区外进行深度考察学习。“三严三实”专题教育和创先争优强基惠民活动扎实开展。

【示范创建工作】 “六个模范区”总体实现程度达到93.6%。国家公共文化服务体系示范区创建工作顺利通过自治区验收。国家生态文明先行示范区创建工作扎实推进。地区统筹城乡发展示范区建设全面启动。泽当被纳入国家第二批新型城镇化试点城镇。

【产业发展和项目建设】 农牧业实现丰收,6个“三推进”项目初见成效。藏木水电站6台机组全部发电,加查水电站实现截流,大古水电站正式开工,新建光伏项目5万千瓦;矿业勘探开发实现“双突破”。成功举办2015中国西藏雅砻文化节和地县物资交流会。全年接待游客234.98万人次,创收9.21亿元,同比分别增长19.4%、22.5%。储备“十三五”项目2200余个,总投资达到2100亿元以上。雅砻水库、曲松输变电工程、拉林铁路等重点项目加快建设,洛扎农网升级改造、扎囊雅江特大桥等一大批项目建成使用。

【深化改革开放】 撤地设市正式获批,乃东农村综合改革试验区加快建设,机关事业单位养老保险改革等顺利完成,财政预算、金融风险补偿、商事制度等改革稳步推进。雅砻文化节和藏博会招商引资成果丰硕,灵康药业成功上市,全地区在建招商项目43个。非公经济市场主体达到1.55万户、注册资金154.5亿元,同比分别增长14.2%、53.27%。地区政务服务中心集中服务和审批项目126项。优化发展环境专项行动正式打响,各项工作全面展开,拟定失地农牧民安置保障等长效制度,部分群众主动配合整改,泽当城区专项行动初见成效,自治区主要领导给予充分肯定。

【统筹城乡和改善民生】 产城一体示范区加快建设,3个特色小城镇全面启动,万人小区、地区科技文化中心等建成投入使用,乡镇周转房开工率达到

97%。完成38个人居环境综合整治、24个基层政权示范点、2770户农村危房改造和4000户建筑节能示范工程。乡镇通畅率达到91.46%，行政村安全饮水覆盖率、通电率、通电话率均达到100%。26项补助提标政策及时兑现，扶贫开发成效显著。3县义务教育均衡发展顺利通过国家验收，体育事业蓬勃发展。全民健康体检、“两降一升”、先心病患儿免费救治等工作走在全区前列。广播电视覆盖率达到97%以上。实施科技项目74个。城镇登记失业率控制在2.1%以内。社保参保30.5万人次，“双集中”目标圆满实现。自治区利民惠民、利寺惠僧“十件实事”全面落实，整合资金19.33亿元实施地区“十大民心工程”。

【治理能力和生态保护】 政府决策、考核等机制更加健全，创新开展“法律进万家”活动，廉政和审计工作不断加强。圆满完成大庆安保任务，5个“十个一”工作法、“四级信访接待日”等机制发挥作用明显，“先进双联户”创建评选工作荣获全区第一名，社会大局和谐稳定。安全生产事故起数和死亡人数下降23.9%、11.5%，食品药品和质量监管成效显著。城乡环境综合整治力度加大，主要污染物排放控制在指标范围内。泽当污水处理厂完成运营调试，羊湖生态环境保护和220处农村饮用水源地保护等项目加快建设。植树造林12.7万亩、封山育林4.6万亩。建成自治区级生态乡镇1个、生态村居69个。

行署办公室

【概况】 行署办公室内设正科级行政科室10个：分别为行署办公室政务综合办公室（地区行署应急管理办公室）、秘书一处、秘书二处、督查室、信息综合科、法制科、保卫科、接待处、地区驻拉萨办事处、地区驻成都办事处。行署办公室内设正科级事业科室2个，分别为机关后勤服务中心、信息技术中心。行署研究室内设正科级行政科室3个：行署研究室综合研究科、经济研究科、社会研究科，地区信访局内设正科级行政科室3个：地区信访局综合科、接访科、办信科。

【以文辅政】 对经济社会发展重大问题、跟踪领导关注的焦点问题，积极主动开展调研，认真办好《山南调研》，编发《山南地区民族手工业和旅游业调研报告》《山南地区全面建成小康社会统计监测分析与思考》和《山南地区义务教育均衡发展调研报告》等12篇高质量的调研报告，为地委、行署科学决策提供参考依据。文稿服务精益求精，积极参与地委、行署重要文稿起草工作，出色完成《山南地区关于加强藏语言文字工作的意见》《山南地区教育教学质量激励办法》《山南地区进一步加快旅游业发展的实施意见》等20余篇推进地区跨越式发展和长治久安的重大文件和地区经济工作会议、季度经济运行分析会、重点项目建设推进会、部门年度工作会议等大型会议材料的撰写。全年共撰写领导讲话、工作汇报、工作交流、实施方案等综合材料330余篇，及时高效地完成行署领导交办的文稿起草任务，以文辅政水平和领导满意度不断提升。

【督导检查】 围绕地委、行署中心工作和决策部署，改进督查方式，突出督查重点，提高督查效率，有效促进各项决策和目标任务的推进落实。对地委、行署的重大决策和确定的重点工作，进行重点督查，抓好跟踪调度，使领导在第一时间准确掌握进展情况；对行署办公会议、专题会议确定的事项，及时督办汇总，限期落实到位；对领导批示文件，积极做好分办、转办、催办工作，下达督办通知，及时反馈结果，确保事事有回音、件件有着落。创新督查方式，加强与地委督查室的联合督查，加大对重点项目、“十大民心工程”、农牧业、增收工作、民生资金落实等重点工作的实地督查力度，减少文电督查的弊端，使行署领导准确掌握工作进展情况。全年共下发《督办通知》69期、《督查通报》4期，《督查专报》31期，分解下达任务25期，开展实地督查10余次，向自治区上报工作落实情况报告18篇，确保地委、行署的决策部署得到有效落实。

【法制建设】 以“科学化、规范化、合法化”为原则，认真把好行政规范性文件的法律关和质量关，审查

《山南地区农业产业化经营龙头企业认定和考核管理暂行办法》《乃东县人民政府关于泽当镇三个居委会失地农牧民安置保障意见(试行)》《山南地区关于规范干部职工正常福利发放的暂行办法》等规范性文件21件,提出修改意见99条,确保行政规范性文件的合法性和效力。对3件规范性文件依法进行备案。参加自治区人民政府、政府法制办等9件法规和规范性文件的征求意见及修改工作,提出修改意见26条。认真开展规范性文件清理工作,对1990年至2014年期间全地区政府系统现行有效的规范性文件进行全面集中清理,共清理文件287件,其中废止125件,修改26件,保留136件。组织行政执法人员培训,对来自12县、20个行政执法部门的560名执法人员进行执法培训,全部通过执法资格考试。

【信息报送】 充分发挥信息载体作用和服务功能,从全地区经济建设、社会发展、民生改善等各个领域,搜集素材,捕捉信息,编写有情况、有分析、深层次、高质量的信息,及时、准确、全面地为行署领导提供有价值的信息。及时总结、上报全地区经济社会发展的新成绩、新经验、新做法、新典型,全年共采编《山南信息》1440篇,被自治区政府办公厅采用160余篇,总分排名居全区第四。

【信访工作】 开展"四级信访接访日"活动,完善接访公示、台账建立、问题解决、督导考核、责任追究等配套机制,促进信访工作的制度化、规范化和法制化进程,有力维护社会稳定。全年共办理(接待)群众来信来访184批(件)672人次,分别同比下降58.8%和61.6%;受理案件182批(件),妥善解决信访问题174批(件),办结率达95.6%。

【公文办理】 公文办理坚持从严、从精、及时、实效的原则,严把公文制发政策关、体例格式关、文字关和校核关,确保公文质量优良。规范发文行为,精减文件数量,全年行署及行署办公室发文940余件,实现年初确定的发文数量比上年减少的目标。提高公文办理效率,实行办文限时制度和公文处理全程跟踪服务制度,做到急件急办,特件特办,密件专办。全年运转各类公文2680余件,收发电报1700余件,整理归档往年文件5900余件,接待档案查阅1200余批次。文件收发及时,传递迅速,校印规范,分发准确,归档完整,实现零积压、零延误、零泄密,切实提高行署工作的实效性。

【会议活动】 严格执行会议审批制度,认真审查会议议题,努力做到少开会、开短会。狠抓会前准备、会中服务、会后落实三个环节,力求会议主题明确,中心突出,务求实效。年内,先后筹备或协助筹备2015年中国西藏雅砻文化节、自治区成立50周年庆祝活动、全区"双集中"工作现场观摩、全区规范藏语文社会用字工作总结表彰暨藏语委办(编译局)工作会议等重大活动、会议。全年共承办各类会议560余次,其中大型会议31次,行署办公会议10次,会议组织周密细致、承办有条不紊,受到各级领导的好评。

【沟通协调】 发挥办公室承上启下、协调左右、联系内外的桥梁纽带作用,主动与地委办公室、人大工委办公室、政协办公室衔接协调各项工作。加强与自治区政府办公厅及相关厅局的沟通衔接,配合做好自治区成立50周年庆祝活动、在地区召开的全区性会议的会务工作以及国家、自治区领导调研工作。围绕全面深化改革的关键之年和全面推进依法治国的开局之年各项决策部署,协调相关部门加快推进重大项目建设、特色产业发展、民生改善、改革创新等各项重点工作。

【应急管理】 坚持24小时全日制政务值班制度,上传下达快捷有序,全年各类指示、通知等信息的上传下达无一差错、无一延误。进一步完善应急预案体系,修订完善并以行办文件下发《关于印发地区防汛应急预案的通知》《关于印发地区抗旱应急预案的通知》和《关于印发地区泽当镇城市防洪应急预案的通知》。充分发挥应急办"指挥中心"作用,协助行署领导及时、高效处置3起重大突发事件,向自治区应急办报送突发公共事件12件,接收、办理各县、各部门电话请示、突发公共事件19件,突发事件处置做到协调有力、反应迅速、信息报送准确无误。

【公务接待】 认真贯彻执行自治区、地区接待工作规定，坚持热情接待、从俭招待的原则，提前精心谋划，认真准备，完成全区、全地区各类大型会议和上级工作组、内地考察团、兄弟地市考察团及自治区成立50周年、雅砻文化节等重大庆典活动的接待任务，促进对外交流与协作。全年共接待282团次、5889人次，接待费用同比下降55%。

【派出机构工作】 驻拉萨办事处、成都办事处认真履职，在考察接待、招商引资、服务管理老干部和服务领导、部门等方面发挥积极作用，在协助处理信访、维稳及小型旅游客运车辆报废等工作方面做大量工作，为地区经济社会发展做出贡献。

【后勤服务】 抓好干部职工周转房、机关食堂管理和行署大院环境综合整治工作，为行署领导和办公室工作人员改善办公条件和生活环境。加强对驾驶员的教育管理，合理安排车辆调度，严格车辆检修保养，确保车况良好和安全行车。

【财务管理】 严格遵守财务制度和财经纪律，严把财务支出关，坚持厉行节约，勤俭持“家”，做到账目清晰、票据齐全，为办公室高效运转提供强有力的财力保障。

【“三严三实”专题教育】 严格按照地委关于“三严三实”专题教育要求，扎实开展“三严三实”专题教育，坚持边学边查边改，将开展“三严三实”教育与改进办公室作风相结合，着力抓好“不严不实”问题的整改落实和跟进。办公室集中开展“三严三实”党课4次、专题讲座10次，发放知识竞赛题40余份，有6名县级干部作专题发言，行署秘书长班子5名成员作专题党课。召开“三严三实”专题民主生活会，取得预期效果，达到行署秘书长班子和班子成员提高解决自身问题能力的目的。

【强基惠民活动】 选派12名工作人员入驻扎囊县吉汝乡吉汝、阿玉、热正岗3个村开展驻村工作，第四批驻村工作队共争取资金200余万元。按照地区强基办统一安排，将扎囊县热正岗村驻村工作队调整至乃东县泽当居委会开展驻村工作，顺利完成第五批驻村轮换工作。开展在职党员到村（社区）报到服务群众活动，派出4名干部赴基层开展“法律进万家”活动，取得良好成效。

【干部队伍建设】 坚持“任人唯贤、德才兼备、以德为先”原则，加大干部培养力度，先后两次调整办公室“二级班子”，共调整提拔21名干部，调动干部职工的工作积极性。加大干部交流、培训力度，年内，共组织12名干部职工到湖南省政府办公厅开展业务培训，组织5名从事督查、接待工作的干部职工到湖北省开展督查、接待业务培训，提高干部队伍素质。加强党风廉政建设，严格落实“一岗双责”制度，与各科室和党员干部签订《党风廉政建设责任书》。针对党建工作存在的薄弱环节，建立4项整改任务、8项整改措施，有效提升党建工作水平。将7名预备党员转为正式党员，吸收2名入党积极分子，壮大党员队伍。积极开展节日慰问活动，在“三大节日”、妇女节、重阳节期间，为联系点“三老”人员、贫困母亲、妇女干部及拉萨办事处下属退休支部送去慰问金和物资共计11.74万元。

信访

【概况】 山南地区信访局属行署办公室管理的二级局单位，人员编制为11人，实有人数7人；其中县级领导职数2个（实配2人）；科室3个，分别为综合科、接访科、办信科，地区人民群众来信来访接待室归接访科管理。

【来信来访情况】 截至年底，全地区共办理（接待）群众来信来访177批（件）次662人次，较上年同期下降62%。包括来访149批（次）615人次，较上年同期下降60.1%。其中集体访33批次333人次，较上年同期下降59.2%，个体访108批次230人次，较上年同期下降60.2%，重复访8批次52人次，较上年同期下降61.9%；来信28件52人次，较上年同期下降72.5%，其中联名信4件24人次，较上年同期下降66.6%，单信24件28人次，较上年同期下降71.9%，重复信0件0人次，较上年同期下降100%。妥善解决信访事项174批(件)，办结率达98%，较上年同期提升38%；化解集体访29件，较上年同期下降12.3%。

【信访维稳工作】 山南地委、行署历来高度重视信访工作，地委书记张永泽、地委副书记、行署专员普布顿珠等地区主要领导亲自阅批群众重要来信来访件，亲自协调处理和跟踪督办突出信访问题，国家局交办的杜某网上信访事项、玛罗村部分群众集体上访事件等疑难、复杂信访事项得以有力推进和及时妥善解决。各县、各部门坚持把信访工作同改革发展稳定工作同部署、同落实、同推进，主要领导履行“第一责任人”责任，做到负总责、谋全局；分管领导担负直接责任，做到经常抓、具体抓；其他领导履行“一岗双责”，形成一级抓一级、层层抓落实的信访工作良好格局，有效确保信访工作有人抓、有人管，责任到人、落实到位。

【信访事项办理】 坚持以“事要解决”为核心，下大力气抓好源头预防和治理，提高初信初访一次性办结率，加大地、县两级特殊疑难信访问题专项资金落实和管理使用力度，对中波台管线影响耕作信访事项、雅砻金珠藏药厂部分员工要求解决就业信访事项等6个现存突出信访问题落实责任分解和限期办结要求，集中人力、物力、财力化解信访积案，取得明显成效。针对上级交办的信访事项，如国家信访局交办的杜某信访事项，地委、行署高度重视，指派由行署办公室、住建、残联等相关部门组成的工作专班，专程赴成都市龙泉驿区调查核实相关情况，掌握信访人思想动态，加强与当地政府的衔接协调，妥善解决其要求解决廉租房等合理合法诉求，最大限度地维护信访群众合法权益。严格落实自治区、地区维稳十项规则和十条规定，突出“三大节日”、三月份维稳敏感期、“萨嘎达瓦”宗教节日、自治区成立50周年大庆、中央第六次西藏工作座谈会、十八届五中全会等重大政治活动和重要敏感节点，重点围绕工程领域“双拖欠”信访问题防范处置、突出信访问题的排查化解、信访老户和缠访闹访人员的教育稳控等环节，切实做好信访维稳工作。2015年，被地委、行署授予“50大庆维稳安保先进集体”荣誉称号。同时，派驻信访干部赴北京和拉萨两地开展信访靠前值守工作，积极配合上级相关部门做好涉及山南地区信访事项的分流和处置工作，实现“三无”和“三不出”目标。高度重视矛盾纠纷排查调处工作，严格落实“属地管理”责任，本着“预防为主，防治结合”的原则，紧密结合城乡网格化管理、社会治安综合治理，采取“横向到边、纵向到底，无死角、消盲区”的方式，健全工作台账，落实排查措施，完善调处机制，强化责任追究，变被动处置为主动预防，变事后处置为事前防范，做到底数清、情况明，排查实、化解到位。截至年底，开展矛盾纠纷排查调处30余次，排查涉信涉访矛盾纠纷452起，妥善化解450起，办结率99.5%。

【信访工作制度改革】 坚持以信访工作制度改革为主线，巩固“四级信访接待日”活动成果，深化活动内涵，按照“谁接访、谁负责、谁督办”的原则，采取“下督一级、层层督导”的方式，加大领导干部定期定点参与接访的督促检查和指导力度，注重发挥党员领导干部接访下访的示范带头作用，引导采取重点约访、专题接访、带案下访、包案解决等方式，集中基层行政资源用于解决突出信访问题，确保诉求表达渠道畅通、问题解决及时有效。截至年底，全地区地、县、乡、村四级政府、纪检、组织、公安四个系统共有3410名领导干部参与“四级信访接待日”活动，受理群众来信来访315批(件)625人次，妥善解决各类信访问题315件，办结率达到100%。地区各级、各部门认真践行“三严三实”教育，切实改进作风、转变工作思路，牢固树立“下访解决上访”的思想，着力开展“干部下访群众工作、解决信访突出问题”活动，严格落实包掌握情况、包思想教育、包解决化解、包息诉罢访“四包”责任制和“六个一”工作要求，促进基层信访问题依法、及时、就地就能得到妥善化解，从源头上减少矛盾上行，有效推动“事要解决”和“案结事”。地区高度重视网上信访信息系统的推广应用工作，严格按照国家和自治区的相关要求，5月召开全地区网上信访信息系统培训工作会议，配齐配全12个县和联席会议成员单位网上信访业务操作办理专职人员，完成业务培训、密钥发放、参数录入等基础工作，并组成工作组到12个县和部分联席会议成员单位开展实地督促检查和验收。截至年底，共办理国家、自治区信访局通过网上信访信息系统转送（交办）件34件，其中来访30件，来信4件。妥善解决32件，办结率达到94%（鉴于补录工作正在开展，为确保数据准确性，以上数据中未包含本级和各县自登件）。

【规范信访秩序】 根据中央办公厅、国务院办公厅《关于依法处理涉法涉诉信访问题的意见》规定，坚持诉访分离，把涉及刑事、民事、行政等诉讼权利救济的信访事项从普通信访体制中分离出来，积极引导涉诉信访群众向政法机关反映问题；对按规定受理的涉及公安机关、司法行政机关的涉法涉诉信访事项，收到群众涉法涉诉信件后按规定转至政法机关依法处理。消除了个别信访群众“信访不信法”的心理，有效维护司法权威。根据国家信访局《关于进一步规范信访事项受理办理程序引导来访人依法逐级走访的办法》，按照“属地管理、分级负责，谁主管、主负责和依法、及时、就地解决问题与疏导教育相结合”的原则和有关规定，对越级到地区上访的群众，认真细致做好解释说明工作，引导来访人以书面或走访形式逐级向问题属地信访部门和有权处理机关提出，消除其“小闹小解决、大闹大解决”的不良信访心态和潜在的“青天”情结，最大限度地降低群众走访成本和经济负担，有效规范信访秩序。

藏语言文字工作

【概况】 山南地区藏语言文字工作委员会办公室（编译局）共有4个内设机构，即办公室、综合科、语管科、和编译科。办（局）核定编制14名，实有干部职工25名，（1名公益性岗位、1名临时工）。2015年藏语言文字工作专项业务经费40万元，经费来源为全额拨款。

【藏语言文字工作】 成功召开藏语言文字工作会议，部署全地区藏语言文字工作，明确提出“利用2—3年的时间，把地区建设成为全区藏语言文字工作的示范地区”的目标。在多方调研，广泛征求意见的基础上，以行署办公室文件出台《山南地区关于加强藏语言文字工作的意见》。各县各部门认真贯彻落实会议和意见精神，尤其是各县党政“一把手”亲自过问，为藏语言文字部门和藏语言文字工作解决实际问题，加大工作力度，形成推动藏语言文字工作的良好氛围。5月，国家民委等五部委联合调研组在贡嘎县开展调研时，对山南地区和贡嘎县藏语言文字工作特别是干部职工“双语”学习工作给予高度评价。

【组织保障】 按照《山南地区关于加强藏语言文字工作的意见》中“地区财政每年给地区藏语委办安排不少于40万元的藏语言文字工作专项业务经费”和“各县财政每年安排不少于8万元的藏语言文字工作专项业务经费”的要求，通过列入本年度财政预算、本年度追加、列入下年度财政预算等方式，地、县藏语言文字工作专项业务经费已得到落实。根据《山南地区关于加强藏语言文字工作的意见》要求，地区藏语委办力量有所增加，各县正在落实工作人员不少于5人的要求。地、县藏语言文字工作部门办公场所、设备等条件普遍得到改善。

【藏语文用字规范工作】 根据《西藏自治区人民政府办公厅关于印发进一步做好藏语文社会用字检查整改工作的实施方案的通知》和行署办公室《关于印发〈山南地区藏语文社会用字检查整改工作方案〉的通知》精神，开展新一轮检查整改。组织开展专项行动4次，共检查门牌、商铺牌匾、广告标语、标识提示等9426处，发现问题248处，整改245处，整改率达到98.8%。地区藏语文社会用字检查整改工作顺利通过自治区验收。在自治区第十二届运动会、2015年雅砻文化节、自治区成立50周年大庆活动前期，按照高标准、严要求的检查原则，集中检查泽当城区、省道101沿线和重点旅游景区的规范用字情况，及时整改一批不规范问题，提升山南美誉度。根据《山南地区行署办公室关于开展地名标志牌整改工作的通知》要求，协助地区民宗局、民政局、交通运输局、旅游局开展地名标志牌整改工作。推动会议用字规范化，地区四办牵头使用藏汉对照的会议座签。协助地区四办完成会议座签翻译、重大会议座签审校等工作。开展山南地区边境乡(镇)、村藏语文社会用字现状调研。

【翻译服务】 选派1名业务骨干参加地区驻加查县拉绥乡玛落村信访工作专班，出色地完成翻译任务。选派1名业务骨干正式入驻地区政务中心，把翻译服务推向前台。全年承接各类社会用字翻译1400余条、9万余字，提供咨询、校审服务420余次。突出服务职能，为“三严三实”专题教育、“法律进万家”活动、雅砻文化节、自治区成立50周年大庆活动、优化发展环境专项行动等专项工作提供大量翻译服务。地、县编译部门全年翻译总量达600余万字。

【人口较少民族语言保护】 错那县和隆子县分别制定门巴、珞巴民族语言文字保护传承工作方案，形成《错那县门巴族日常用语藏门对照汇编》和《隆子县珞巴族日常用语藏珞对照汇编》初稿。隆子县斗玉珞巴民族乡还编写藏汉珞三语小册子供乡干部学习珞巴语。斗玉乡教学点还编写珞巴语教材，为学前班和一、二年级学生开设珞巴语课程，由本地老师授课。

【藏语言文字业务培训】 实施以岗代训计划。制定“六县六人六月”的培训方案，加强以岗代训，参训人员反映良好。实施干部业务拓展培训。1名主要领导参加国家教育行政学院举办的第三十八期全国地(市)教育局长研修班，1名中层干部参加地委党校“中青班”学习，1名语管干部参加国家民委召开的全国民族语文工作研讨推进会，2名工作人员参加在上海举办的藏语文信息化培训班，4名人员到昌都、甘孜开展藏语言文字工作考察学习。千方百计争取和创造培训机会，先后选派22名地、县藏语言文字工作相关人员参加自治区第一、二期“汉藏”翻译培训，举办山南地区2015年藏汉双语翻译骨干培训班，培训各县业务干部、乡(镇)文书、寺管会干部等学员80名，并即将选派20余名各县业务干部参加西北民大藏汉翻译干部培训班，基本实现业务骨干培训一遍的目标。

【党建和强基惠民工作】 深入学习贯彻中共十八届四中和五中全会精神、中央第六次西藏工作座谈会精神及地委扩大会议等系列重要会议精神，统一思想，凝聚力量。扎实开展基层党建，思想、组织、制度建设等方面基本完成年初地委确定的总任务，顺利完成第一、二批村党支部书记轮换前期工作。深入开展“三严三实”专题教育，加强班子和干部队伍作风建设，取得明显成效。落实“两个责任”，党风廉政建设得到加强，风清气正的政治生态得到保护。落实维稳综治责任，确保“三不出”，完成平安和谐创建任务。深入开展“六五”普法工作，选派6名干部深入7个村开展“法律进万家”活动，积极主动翻译整理近1万字法律知识，投入1.6万余元制作法律手册1500本、购买法律知识录音SD卡播放器120个发放给农牧民群众，帮助德吉新村解决公用车辆维修费用1.1万余元，其间还积极为罗布村争取人畜饮水工程项目资金10万元。开展“强基惠民”驻村工作。提出并落实“一村一品”计划，争取资金400多万元，实施藏系标准化绵羊基地、奶牛养殖基地、种植业农民专业合作社、农田水渠建设、客土改良等诸多项目，为该村经济发展注入强劲活力。

中国人民政治协商会议西藏山南地区委员会

【概况】 山南地区政协成立于1960年2月，现在是政协第十届山南地区委员会。十届政协共有委员165人，分13个界别。地区政协下设办公室，虚设提案委员会、文教卫生经济科技委员会、民族宗教文史法制委员会，现有正科级科室7个，分别为行政科、秘书科、保卫科、综合办公室、提案委员会办公室、文教卫生经济科技委员会办公室、民族宗教文史法制委员会办公室。共核定编制35个，其中行政编制27个，机关事业编制4个，后勤事业编制4个；地级领导职数10名，县级领导职数4名，科级领导职数11名，科级非领导职数2名。现有机关干部职工30人，其中主席班子成员7人、秘书长班子成员4人、副调研员1人、科级干部8人、普通干部2人、工人8人。

【重要会议】 2015年3月9日，审议通过《选举办法》（草案）；审议通过大会选举总监票人、监票人名单（草案）。全会依据政协章程规定，选举洛桑扎西同志为政协第十届山南地区委员会副主席。

2015年12月10日至11日，审议通过政协第十届山南地区委员会第五次会议议程（草案）；听取和审议政协第十届山南地区委员会常务委员会2015年度工作报告；听取和审议政协第十届山南地区委员会常务委员会关于山南政协十届三次会议以来提案工作情况的报告；听取2015年度经济运行情况通报；传达学习中共十八届五中全会精神和中央第六次西藏工作座谈会精神；听取提案审查委员会关于提案审查情况的报告；审议通过山南政协十届五次会议政治决议；审议通过关于常务委员会工作报告的决议；审议通过关于提案工作情况报告的决议。

2015年3月9日，由地区政协党组书记、主席边巴主持。会议听取地委组织部负责人关于增补地区政协1名副主席、2名副秘书长人选和免去1名副秘书长职务说明；增补1名本届政协委员；协商通过1名副主席人选名单；免去1名副秘书长职务；增补2名副秘书长；撤销2名地区政协委员的资格；审议通过《关于召开政协第十届山南地区委员会第四次会议的决定（草案）》。

2015年8月7日，会议由地区政协副主席克珠主持。会议传达学习《习近平五谈“三严三实”》重要精神；传达学习《中共中央办公厅关于加强人民政协协商民主建设的实施意见》精神；审议通过有关委员、副主席、主席辞职名单；普布多吉副主席作闭幕讲话。

2015年12月，审议通过政协第十届山南地区委员会第五次会议议程（草案）；听取和审议政协第十届山南地区委员会常务委员会2015年度工作报告（草案）；听取和审议政协第十届山南地区委员会常务委员会关于山南政协十届三次会议以来提案工作情况的报告（草案）。

中国人民政治协商会议第十届山南地区委员会第五次会议于2015年12月10日至11日在泽当召开。会议以邓小平理论、“三个代表”重要思想、科学发展观为指导，深入贯彻中共十八届五中全会精神、中央第六次西藏工作座谈会精神，深入贯彻区党委八届七次全委会精神、地委（扩大）会议精神，紧紧围绕山南地区经济社会长足发展和长治久安，扎实履行人民政协职能，积极建言献策。会议开得隆重热烈，圆满成功，是一次团结、民主、和谐的大会，是一次求真务实、开拓奋进、共谋发展的大会。会议期间，地委书记张永泽同志及在家的地委、人大、行署领导出席会议，参加分组讨论，与委员共商山南改革发展稳定大计。全体委员牢记人民的重托，以饱满的政治热情和高度的社会责任感，紧紧围绕贯彻落实中共十八届五中全会精神、中央第六次西藏工作座谈会精神，紧紧围绕地委、行署的中心工作，畅所欲言，献计献策，充分显示中国共产党领导的多党合作和政治协商制度的蓬勃生机与活力。会议听取2015年度山南地区经济运行情况通报，听取并审议通过政协第十届山南地区委员会常务委员会工作报告和提案工作情况报告，审议通过提案审查委员会关于提案审查工作情况报告。会议传达学习中共十八届五中全会精神、中央第六次西藏工作座谈会精神。会议认为，过去的一年，地委、行署以科学发展观为指导，团结带领全地区各族干部群众，主动适应新常态，艰苦奋斗，攻坚克难，全力推进“六个模范区”“七个山南”建设，确保山南经济社会持续健康发展和长治久安。政协第十届山南地区委员会常务委员会在地委的坚强领导下，始终高举中国特色社会主义伟大旗帜，以邓小平理论、“三个代表”重要思想、科学发展观为指导，深入贯彻中共十八大、十八届三中四中五中全会精神，深入贯彻习近平总书记系列重要讲话精神，牢牢把握团结、民主两大主题，团结和依靠广大政协委员、社会各界人士，紧紧围绕中心，主动服务大局，认真履行政治协商、民主监督、参政议政三大职能，认真践行中共群众路线，认真践行“三严三实”要求，认真开展政协协商民主建设，开创山南政协事业新局面，为助推山南地区经济社会持续健康发展和长治久安做出积极贡献。委员们对山南各项事业取得的新成就感到无比振奋。会议指出，中共十八届五中全会是在全面建成小康社会进入决胜阶段召开的一次具有全局性、战略性、里程碑意义的重要会议，对于坚持和发展中国特色社会主义，实现“两个一百年”奋斗目标、实现中华民族伟大复兴的中国梦，具有十分重大的现实意义和深远的历史意义。中央第六次西藏工作座谈会是以习近平同志为总书记的党中央站在党和国家战略全局的高度，为推进西藏经济社会发展和长治久安，召开的一次具有划时代意义的重要会议，是党的西藏工作新的里程碑，开辟党治边稳藏的新纪元。学习贯彻好中共十八届五中全会精神、中央第六次西藏工作座谈会精神，切实统一全地区政协组织和政协委员、政协机关干部的思想认识，进一步激发大家贯彻落实重要精神、齐心协力推进政协事业创新发展的热情和干劲，是当前山南地、县两级政协组织的首要政治任务，一定要站在党和国家工作全局的高度，采取切实有效措施，迅速兴起学习宣传和贯彻落实的热潮，真正把思想和行动统一到中共十八届五中全会、中央第六次西藏工作座谈会精神上来。会议强调，2016年是山南优化发展环境专项行动年，是“十三五”开局之年，也是山南政协再创新业绩、再谱新篇章的重要一年。会议要求，在新的一年里，全地区各级政协组织和全体政协委员、政协机关干部要自觉肩负起时代和人民赋予的神圣使命，深入学习贯彻好中共十八届五中全会精神、中央第六次西藏工作座谈会精神，紧密结合工作实际，牢牢把握政协主题，高举大团结旗帜，发挥大联合优势，切实用党的最新理论创新成果武装头脑、指导实践、认真履职、推动工作，努力在各个领域发挥政协作用、唱响政协声音。会议号召，全地区各级政协组织和全体政协委员、政协机关干部要在地委的坚强领导下，始终高举中国特色社会主义伟大旗帜，以邓小平理论、“三个代表”重要思想和科学发展观为指导，深入贯彻中共十八届五中全会精神，深入贯彻习近平总书记系列重要讲话精神，深入贯彻中央第六次西藏工作座谈会精神，深入贯彻区党委八届七次全委会精神、地委扩大会议精神，继续解放思想，锐意开拓创新，切实履行职能，以更开阔的视野、更振奋的精神、更务实的作风，为实现山南地区“十三五”良好开局、推进山南地区经济社会长足发展和长治久安做出新的更大的贡献。

【重要活动】 2015年5月4日，自治区政协党组副书记、副主席，机关党组书记罗松多吉带领部分区教育界政协委员，深入山南地区调研边境教育、维稳固边、寺庙管理和提案办理协商等工作。调研组沿边境一线行程2000多千米，实地察看2所中学、7所完小、5所小学、3个教学点和6座寺庙。每到一处，罗松多吉一行都深入教学楼、学生宿舍、学生食堂、操作间、菜窖、温室大棚和寺庙僧舍等了解情况，与地、县领导和学校师生、驻寺干部、寺庙僧人进行面对面交流，深入研究探讨存在的突出问题和困难，掌握大量第一手资料。座谈会上，罗松多吉对山南地区工作给予充分肯定。他指出，山南地区在推进改革发展，特别是边境教育、维稳固边、寺庙管理和提案工作中，有思路举措、有边境特色、有具体成效。洛扎和隆子县始终把边境教育摆在优先发展的战略地位，呈现出“办学思路清晰、学前双语教育加快普及、义务教育均衡发展、教学质量稳步提升、尊师重教氛围浓厚”等特点。他强调，山南地区高度重视提案办理协商工作，做到思想认识、办理协商、督办落实、宣传引导到位。他要求，务必找准边境教育的科学定位，继续推进边境教育的协调发展；务必加强边境基础设施建设，全力做好维稳固边工作；务必加强政治纪律和作风建设，全力推动跨越式发展和长治久安。调研期间，罗松多吉还看望慰问部分边境教职工、驻寺干部、寺庙僧人和边防官兵，送去慰问金和办公用品。

【重要讲话】 山南地区政协主席边巴在政协第十届山南地区委员会第四次会议闭幕会上的讲话（2015年3月9日）（摘要）：学习宣传贯彻全国“两会”精神是我们政协当前和今后一个时期的首要政治任务，要认真学习，深刻领会，掌握精髓，学以致用，扎实推进山南政协事业发展。一、深入学习贯彻全国“两会”精神，努力开创政协工作新局面；二、进一步完善协商机制，切实加强政协协商民主建设；三、牢记职责使命，积极助推“四个全面”战略；四、承担第一政治责任，着力维护社会和谐稳定；五、抓好自身建设，确保政协队伍的先进性和纯洁性。

山南地区政协副主席普布多吉在乃东县支那村农田灌溉用水及土壤改良协商座谈会上的讲话（2015年4月24日）（摘要）：这次协商座谈会是我地区历史上召开的首次季度协商座谈会，是贯彻落实中央、区党委关于加强社会主义协商民主建设重大决策部署的具体体现，是推动社会主义协商民主广泛多层制度化发展的积极尝试，标志着山南地区季度协商座谈会制度的正式实施。地委、行署高度重视，其美仁增书记和张永泽专员亲自审定今年地区政协的季度协商计划，丹增副专员代表行署亲自出席这次座谈会，为会议的成功召开提供坚强保证。可以说，我地区首次季度协商座谈会，在大家的共同努力下，圆满完成各项议程，达到预期效果，开得很成功，为我们做好今后的季度协商工作探索路子、积累经验。这次协商座谈会的主要收获，概括起来，解决乃东县支那村农田灌溉用水及土壤改良问题，就是要重点抓好三项工作。一是加强水利基础设施建设。二是改良盐碱化土地。三是引进耐盐性作物品种。下面，我就进一步做好今年我地区的季度协商工作讲三点意见：一要抓好首次季度协商座谈会的成果转化；二要抓好今年后三个季度的协商工作；三要抓好季度协商的制度完善。政协协商民主工作是新形势下人民政协履职为民的最强音，是新时期党的群众路线在人民政协工作领域的生动体现。我们一定要紧紧抓住社会主义协商民主建设的重大机遇，按照地委、行署的要求，讲政治、敢担当、有作为，不断深化拓展政协协商民主工作，全力推进我地区人民政协事业科学发展，为我地区全面建成小康社会、全面深化改革、全面依法治地、全面从严治党做出新的更大贡献。

山南地区政协副主席尼玛扎西在政协第十届山南地区委员会第五次会议闭幕会上的讲话（2015年12月11日）（摘要）：这次会议是在全地区上下深入贯彻党的十八届五中全会精神、习近平总书记系列重要讲话精神、中央第六次西藏工作座谈会精神以及区党委八届七次全委会精神、地委（扩大）会议精神，奋力推进山南经济社会长足发展和长治久安的重要时刻，召开的一次重要会议。会议听取山南地区经济运行情况通报，审议通过政协第十届山南地区委员会常务委员会工作报告和提案工作情况报告，审议通过提案审查委员会关于提案审查工作情况报告，表决通过会议决议。会议期间，委员们以高度的政治责任感和强烈的时代使命感，对事关我地区经济社会发展和涉及人民群众切身利益的重要问题，积极献计献策、参政议政。地委、人大、行署领导到会认真听取意见和建议，与委员们一起座谈讨论，共商我地区改革发展稳定大计。会议开得隆重热烈、富有成效，是一次团结民主、求实鼓劲的大会，是一次和衷共济、催人奋进的大会，达到统一思想、凝聚力量的目的。目前，全地区上下正以饱满的热情、昂扬的斗志、扎实的工作，全面推进“六个模范区”和“七个山南”建设，不断推进全面建成小康社会进程。为此，地委、行署开展优化发展环境专项行动，旨在进一步推动山南地区长足发展和长治久安。这既是目标，又是任务，既是大局，又是中心。新的一年里，我们人民政协必须深入学习贯彻党的十八届五中全会、中央第六次西藏工作座谈会精神，习近平总书记系列重要讲话精神，区党委八届七次全委会和地委（扩大）会议精神，紧密结合工作实际，牢牢把握工作主题，同心同德，尽责尽力，努力在各个领域发挥政协作用、唱响政协声音，以更好的履职成效促进山南地区经济社会长足发展和长治久安。一、更加自觉地坚持党的领导；二、更加主动地服务工作大局；三、更加积极地提高政协工作科学化水平；四、更加有力地推进协商民主；五、更加扎实地抓好队伍建设。

【提案委员会】 年内，共提交提案93件，比十届二次会议有所下降，但提案质量稳步提高，经审查立案90件。在立案的90件提案中，经济建设方面的提案40件，占立案总数的44.5%；科技、教育、文化、卫生方面的提案17件，占立案总数的18.9%；维稳、综治方面的提案7件，占立案总数的7.8%；生态文明建设方面的提案13件，占立案总数的14.4%；组织人事及其他方面提案13件，占立案总数14.4%。这些提案，按照“分级负责，归口办理”的原则，分别交给30个承办单位进行办理。截至年底，90件提案均已办复完毕，办复率达100%，政协提案工作切实为全地区的经济发展、社会稳定和民生改善等方面做出积极贡献。

【经济人口资源环境委员会】 2015年4月24日，山南地区政协首次季度协商座谈会在地区政协一楼会议室召开。地区行署副专员丹增、地区政协副主席普布多吉出席会议并讲话，地区政协副主席克珠、陈海清、秘书长郭建军出席会议，地区政协副主席尼玛扎西主持会议。座谈会上，部分政协委员在深入调研的基础上，围绕解决支那村农田灌溉用水及土壤改良问题畅所欲言、各抒己见，提出许多有针对性和可操作性的意见建议。有关部门负责人虚心听取委员意见，积极与委员互动交流，共同商讨解决问题的方案，取得良好效果。会议认真听取和归纳各方面意见，就解决“支那村农田灌溉用水及土壤改良”问题，向有关部门提出具体明确要求。这次协商座谈会是地区历史上召开的首次季度协商座谈会，是贯彻落实中央、区党委、地委关于加强社会主义协商民主建设重大决策部署的具体体现，是推动社会主义协商民主广泛多层制度化发展的积极尝试，标志着山南地区季度协商座谈会制度的正式实施。

【科教文卫法制委员会】 2015年6月3日，山南地区创建国家公共文化服务体系示范区协商座谈会在地区政协一楼会议室召开。地区政协党组书记、主席边巴，地委委员、行署副专员柯东海，地区政协副主席克珠、陈海清、尼玛扎西，秘书长郭建军等出席会议，地区政协科教办要根据此次季度协商座谈会形式的共识，对意见建议进行归纳整理，以专项报告的形式报送地委、行署。要加强对协商成果转化的跟踪督办，及时了解办理、落实的进展情况，适当时机向政协委员反馈办理结果。要注重总结经验，逐步完善我地区政协协商民主机制。

【民族宗教文史资料学习委员会】 10月23日，山南地区政协第三季度协商座谈会在地区政协二楼会议室召开。政协委员围绕“山南地区人口较少民族地区特色产业发展”问题，积极建言献策、协商议政。地区行署副专员丹增，地区政协副主席克珠、普布多吉出席会议，地区政协副主席陈海清主持会议。座谈会上，地区政协秘书长郭建军、错那县政协主席扎西巴珠等委员，在深入调研的基础上，围绕解决我地区人口较少民族地区特色产业发展问题畅所欲言、各抒己见，提出许多有针对性和可操作性的意见建议。有关部门负责人虚心听取委员意见，积极与委员互动交流，共同商讨解决问题的方案。会议氛围民主平等、宽松和谐，贯彻民主协商、平等议事的工作原则，体现求同存异、体谅包容的优良传统，提高合作共事、解决问题的能力，取得良好效果。地区政协其他秘书长班子成员，错那县、隆子县政府主要负责同志，地区旅游局、商务局、工信局、民宗局、扶贫办、“三推办”负责人，勒布办事处、斗玉民族乡负责同志应邀参加会议。为确保协商会议的针对性和有效性，会前，山南地区政协多次召开会议，专题研究部署季度协商座谈会事宜，多次带领界别委员、专家学者、对口部门负责人深入山南勒布、斗玉珞巴民族乡实地调查研究，分析原因，科学论证，提出对策建议，形成调研报告。协商成果：会议认真听取和归纳各方面意见，就解决“我地区人口较少民族地区特色产业发展”问题，向有关部门提出具体明确要求。一是提高思想认识。站在全局的高度，进一步提高思想认识，把门巴族、珞巴族聚居区特色产业发展作为当前的一项重要工作来抓，主动作为，积极配合，加强组织领导，强化工作保障，精心组织实施，确保人口较少民族地区特色产业发展取得实效。组织专人深入门巴族、珞巴族聚居区调研，进一步明确发展思路，尤其是做好申报项目、争取资金等重点工作。在人口较少民族地区特色产业品牌打造上主动作为，有所突破，充分发挥龙头企业引领、带动作用，力争创建更多的知名品牌、驰名商标。会议要求，地区政协办公室要及时归纳整理意见建议，形成专题报告，报送地委、行署及相关部门，供决策参考。积极开展监督性强的视察、调研、会议等履职活动，着力推进成果应用。会议建议，错那县、隆子县政府以及地直相关部门进一步提高思想认识，切实吸收此次协商会议的成果，在实际工作中、在推动发展中落实好此次会议形成的意见建议，尤其是要加强项目申报、资金争取、品牌打造等重点工作，扎实推动地区人口较少民族地区特色产业的科学发展。

【提案工作报告】 地区政协十届三次会议以来，共审查立案90件。截至年底，90件提案均已办复完毕，办复率达100%，政协提案工作切实为全地区的经济发展、社会稳定和民生改善等方面做出积极贡献。围绕维护社会稳定建言献策。索朗巴珠委员提出的“关于加强隆子县一年一度的扎日转山活动及2016年猴年扎日转山维稳工作的提案”，引起地委政法委的高度重视，由维稳指挥部牵头会同驻军部队、公安部门等组成专门调查组，对扎日转山中转的途径进行全面调研，形成专题调研报告，为上级决策提供科学依据。围绕助推经济发展献计出力。次仁委员提出的“关于维修加查镇江塘水渠的提案”，地区水利局已将该水渠列入加查县小型农田水利专项县项目中予以实施。觉巴委员提出的“关于维修浪卡子县张达乡张达村水库的提案”、普布多吉委员提出的“关于修建乃东县昌珠镇普奴沟防洪堤工程的提案”等也已被水利部门列入“十三五”规划中。洛桑委员提出的“关于修建油路、加快新农村建设步伐的提案”，地区交通局积极争取项目资金后，2015年初落实该项目，按计划年底将竣工通车。次仁塔庆委员提出的“关于规范公路标志牌藏汉用语的提案”，地区交通局组织各县交通局及局属各养护段进行拉网式排查，对不合规范、擅自埋设的非公路标志牌、藏汉用语不规范、无藏文的标志牌等全部进行整改。围绕保障改善民生竭智尽力。民生连着民心，民心凝聚民力。委员们关于改善民生方面的提案，切实帮助群众解决涉及切身利益的实际问题，受到群众的广泛好评。索朗边巴委员提出的“关于加强农村中小学医务室建设的提案”，地区教体局根据各县乡（镇）完小寄宿生规模和学校实际情况，在自身经费较紧张的情况下，安排部分资金解决学校医务室医疗设备及常用药品问题。边巴加措委员提出的“关于建立地直各学校向基层学校支教制度的提案”，地区教体局在深入落实《关于加强教师校长交流工作意见》的基础上，深入开展调查研究，提出并正在落实五个方面的工作措施，将进一步推动区域教育事业均衡发展。围绕党风廉政建设开展监督。罗布卓玛委员提出的“关于继续加强干部工作作风建设的提案”，地区纪检委就此涉及的问题深入相关部门调研后，进行认真的答复和落实。积极通过在地区的全国政协委员和自治区政协委员分别向全国、自治区政协会议提交提案4件和52件。7月，召开的自治区提案工作表彰会议上，边巴委员等6名区政协委员提交的《关于开展雅江中游山南段综合治理和开发利用的提案》获得优秀提案奖。

对口援藏

湖南援藏

【概况】 年内,各县、各部门相互配合,抓进度、抓工期、抓质量,湖南省主要实施湖南省援藏干部人才周转房、地区藏医院医技保障楼、地区建材物流园基础设施建设等项目38个,完成投资21162万元,完善基础设施,推动城乡一体化进程,提升山南整体形象,建成一批示范项目、民生工程。

【资金到位及管理情况】 按照对口援藏资金计划,2015年湖南省对口援助9910万元,年内已全部到位。所有对口援藏资金都是由地区财政国库集中管理,并严格按照对口援藏资金拨付程序,做好每一笔资金的签批及拨付。

【推进1‰计划外项目实施】 为加大对口援藏资金投入力度,拓宽援藏渠道,湖南省从1‰计划外解决6380万元用于山南地区基层条件改善、民生等方面的工作。

【智力援藏】 为充分发挥湖南省教育、科技和人才优势,加大智力援藏力度,缓解山南专业技术人才匮乏问题,选派50名专业技术人员到山南开展为期半年的短期援藏工作,传经验、带徒弟、抓攻坚,为促进山南经济社会发展发挥重要作用。

【产业援藏】 为牢固树立"互惠互利、合作共赢"的理念,积极将内地企业优势与山南资源优势相结合,深化产业援藏内涵,推动援藏工作由"输血型"向"造血型"转变。积极组织企业进藏考察,争取企业进藏投资兴业,金健米业、西藏山南功德林农牧产业发展有限公司等企业达成合作意向,意向资金达1.2亿元。

湖北援藏

【概况】 年内,为确保项目建设的顺利进行,各县、各部门相互配合,抓进度、抓工期、抓质量,湖北省实施项目47个,完成投资19438万元。

【资金到位及管理情况】 按照对口援藏资金计划,2015年湖北省对口援助9800万元,年内已全部到位。所有对口援藏资金都是由地区财政国库集中管理,并严格按照对口援藏资金拨付程序,做好每一笔资金的签批及拨付。

【推进1‰计划外项目实施】 为加大对口援藏资金投入力度,拓宽援藏渠道,湖北省从1‰计划外解决17602万元用于山南地区基层条件改善、民生等方面的工作。

【智力援藏】 利用对口援藏省(市)科教人才聚集的优势,采取引进来的办法,开展包括农牧、会计、工程管理等各专业短期人才进藏开展工作,年内,50名短期技术人才到藏开展工作；强化人才培养力度，提高人才队伍综合素质和专业水平，促进山南地区人才队伍由“输血型”向“造血型”转变。

【产业援藏】 为牢固树立“互惠互利、合作共赢”的理念，积极将内地企业优势与山南资源优势相结合，深化产业援藏内涵，推动援藏工作由“输血型”向“造血型”转变。积极组织企业进藏考察，争取企业进藏投资兴业，湖北海信隆食品工业集团股份有限公司、湖北哲峰农特长产业开发有限公司等企业达成合作意向，意向资金达1.8亿元。

安徽援藏

【概况】 为确保项目建设的顺利进行，各县、各部门相互配合，抓进度、抓工期、抓质量，安徽省主要实施山南地区妇幼保健院康复中心、安徽省援藏干部周转房、错那县人居环境综合整治、措美县拉玛组整体搬迁省26个，完成投资12517万元，完善基础设施，推动城乡一体化进程，提升山南整体形象，建成一批示范项目、民生工程。

【资金到位及管理情况】 按照对口援藏资金计划，2015年安徽省对口援助10262.4万元，年内，已全部到位。所有对口援藏资金都是由地区财政国库集中管理，并严格按照对口援藏资金拨付程序，做好每一笔资金的签批及拨付。

【推进1‰计划外项目实施】 为加大对口援藏资金投入力度，拓宽援藏渠道，安徽省从1‰计划外解决6200万元用于山南地区基层条件改善、民生等方面的工作。

【系统援藏】 为充分发挥安徽省教育、科技和人才优势，切实加大智力援藏力度，缓解山南专业技术人才匮乏问题，选派50名专业技术人员到山南开展为期半年的短期援藏工作，传经验、带徒弟、抓攻坚，为促进山南经济社会发展发挥重要作用，8月，选派20名卫生技术人才，组团式援助地区人民医院。

中粮集团援藏

【概况】 年内，中粮集团紧紧围绕实现洛扎跨越式发展和长治久安两大历史任务统筹做好援藏工作，坚持把保障和改善民生放在援助工作的第一位，将援助项目和援助资金向农牧区倾斜、向农牧民倾斜，着力改善农牧民生产、生活条件，不断提升洛扎基层公共服务能力。先后选派5批8名援藏干部赴洛扎工作，与当地干部群众一道艰苦奋斗、共建洛扎，累计投入援藏资金9450万元，建设项目97个，涉及民生改善、产业扶持、文化建设等各个领域，为洛扎跨越式发展和长治久安起到积极的推动作用。

【对口支援】 在“十三五”期间继续以改善民生为抓手，重点抓好教育援藏和医疗援藏项目建设。突出扶持特色种养殖业，以示范带项目，用“好产品”连接市场；以产业带就业，用“产业链”助力洛扎。

【战略合作】 充分发挥中粮“全产业链”粮油食品企业优势，助力西藏自治区农牧业产业化进程，为双方开展互利合作奠定坚实基础。

积极促成中粮我买网、中国粮油、中粮粮油、中粮肉食等中粮下属企业赴藏考察，在电子商务、饲料加工、米面加工、畜禽养殖等方面与相关部门探讨对接的可能性，努力实现双方在业务层面的交流交往。通过中粮的品牌背景和线上、线下的成熟渠道，向西藏消费者推荐中粮好产品，向内地消费者推荐西藏好产品，将西藏的田间与内地消费者的餐桌链接起来，帮助西藏将资源优势转化为产品优势，打造西藏特色品牌。同时，带动洛扎特色产品外向发展。

年内，中粮我买网、大米业务单元已经开始与自治区相关部门进行业务对接，集团战略部正在起草与西藏自治区之间的战略合作协议文本。中粮与西藏自治区之间的深度合作，对促进西藏农牧业产业发展、农牧民增收、社会和谐稳定等方面将发挥更大的作用，为西藏各族人民与全国人民一道全面建成小康社会、早日实现伟大复兴的中国梦做出更大贡献。

群众团体

工商联

【概况】 机关共设办公室(信息中心)、组织会员科(地区非公党工委办公室)、经济联络科(宣传教育科、商会秘书科)3个正科级科室,总编制10名,其中,行政编制5名、事业编制5名,核定县级领导职数3名,科级领导职数3名。机关实有编制6名,县级3名,科级3名。

【服务经济发展】 围绕非公经济“两个健康”工作重心,认真履行工商联服务非公有制经济健康发展主体责任,在非公经济人士中宣传自治区、地区有关会议、文件、政策和领导讲话精神。配合地区工信、财政等部门做好地区“十大民心工程”中“产业富民工程”1500万中小微企业发展专项资金项目的审核审批工作。2014年上报的3个非公项目通过自治区综合评审。积极深入非公经济领域尤其是直属会员企业开展调研。发展会员69个。与西藏四川商会就成立山南分会多次进行洽谈,做好相关筹备工作。积极在非公经济领域开展安全生产宣传教育、督导检查等工作。向地区民族团结领导小组推荐1个非公经济组织先进集体和1名非公经济先进个人,并受到表彰。选派10名非公经济人士到自治区社会主义学院培训。推荐1家会员企业参加自治区第二届非公企业文艺晚会。开展非公经济“两个健康”先进事迹、经验宣传报道工作。指导相关县工商联募集扶贫资金126万元。

【非公党建工作】 围绕非公党建“两个覆盖”工作目标任务,召开非公党建办公会议4次,13次到有关县和直属党组织开展调研。实现县级非公党工委组织的全覆盖。制定《2015年非公党建工作要点》。制定《关于进一步加强非公党建工作的整改方案》,对非公党建工作进行查漏补缺,整改提高。制定非公有制经济领域2015—2018发展党员工作规划和年度党员发展计划,成立党支部5个,发展预备党员22名。向地委推荐1名地区优秀共产党员候选人,并受到表彰。协调培训入党积极分子6名。从地县非公党支部中选派7名党组织负责人及党员赴自治区参加培训。选派2名党务工作者赴浙江参加主题培训班。指导洛扎、隆子两县召开非公有制经济组织党建工作会议,指导贡嘎县召开非公企业党建工作暨党务工作者培训会,指导四川邛崃流动党支部“七一”期间赴乃东县结巴乡结巴村和昌珠镇扎西托美村开展慰问困难党员活动,指导隆子县非公党工委组织非公党组织及党员募集帮扶资金780余万元。协调地委组织部为7个非公企业党支部解决党建经费1.4万元。“七一”看望慰问2名非公企业困难党员,各发放慰问金1000元。

【对口援藏】 开展对口援藏工作研究,加强与安徽、湖南、湖北三省工商联的联系。9月,由湖北省工商联党组成员、副主席梅建敏带队的省工商联、民营企业家赴藏考察团莅临山南考察指导工商联工作，地区工商联与考察团进行座谈，汇报工作，就逐步开展组织两地企业相互考察学习、推进两地相关市县工商联对口援藏工作、成立西藏湖北商会组织等工作进行交流，还围绕成立商会组织、推动项目引进、加强公益援藏、开展政策宣传等内容进行探讨。

工会

【概况】 西藏自治区总工会山南地区办事处是自治区总工会派驻山南地区的办事机构，同时也是在山南地委领导下为全地区经济社会发展大局服务的重要工作单位。山南地区工会办事处受自治区总工会委派，现指导管理全地区12个县总工会和696个工会组织，其中农民工组织143个，覆盖率达100%；会员共计35029名，入会率达84%。地区工会办事处机关下设办公室、综合科（组宣科）、法律保障科3个科室和1个困难职工帮扶中心（参公管理事业单位）；现有党组书记、处主任各1名，副主任1名，调研员1名。工会职工游泳馆有偿服务实体1个。

【思想政治教育工作】 围绕加强职工思想教育，在职工中广泛开展新旧对比、形势政策、社会主义核心价值观宣传教育引导活动，切实打牢各族干部群众反对分裂、维护祖国统一、加强民族团结的共同思想基础。各级工会组织按照地委、行署的安排部署，全面贯彻落实自治区、地委的维稳要求，建立健全劳动人事关系预警机制和应急预案，做到妥善处理职工群众信访问题，认真接待群众来信来访，教育引导职工群众通过正常的维权渠道表达诉求。狠抓在重大敏感节点矛盾纠纷排查，扎实开展“双联户”创建评选工作，确保社会大局的和谐稳定。为促进安全生产形势的持续稳定好转，切实维护广大职工的安全健康权益，围绕“扩面提质强基础，文化引领增素质”竞赛主题，引导职工牢固树立安全生产“红线”意识，树立正确的安全生产价值观，坚定安全发展理念，在向国有企业不断推进的同时，不断向非公企业扩展，全地区共有15家企业参加竞赛活动，圆满完成区总下达的以大力培育和践行社会主义核心价值观为目标，积极开展劳模推荐评选活动。教育引导广大职工大力弘扬劳模精神、劳动精神，以榜样的力量激励和带动全地区各族职工投身各项事业建设的积极性、创造性，传递正能量，引导职工群众积极投身于改革发展事业。2015年，推荐评选出全国劳模2名，工人先锋号1个，西藏“五一”劳动奖章1名，巾帼标兵1名，巾帼标兵岗1个，为广大职工树立起榜样和标杆。

【基层工会建设】 按照“党建带工建、工建服务党建、党工共建”的原则，以“两新组织”建设为契机，加强基层工会组织建设，基层组织建设不断夯实。按照“巩固、发展、提高”的总要求，以普遍建立工会组织为基础，以提高建会质量、增强基层工会活力为主线，以增强基层工会吸引力凝聚力战斗力为目标，突出问题导向，突出改革创新，努力把基层工会建设成为职工群众信赖的“职工之家”，把工会干部锤炼成听党话、跟党走、职工群众信赖的“娘家人”，为地区工运事业的发展提供坚强有力的组织保证。截至年底，全地区已建立基层工会组织696个（其中农民工组织143个），发展会员35029人，入会率达84%，超额完成区总下达的组建任务。各级工会积极推动社会民主政治建设，充分发挥工会组织民主参与、民主监督作用，在地区（县）国有企事业单位全面实行厂务公开、职代会建制率达到100%，非公有制企业建制率达到70%。按照2015—2018年帮扶中心规范化建设规划要求，积极筹措资金，严格按规范化要求实施改（扩）建困难职工帮扶中心办公场所，拓展困难职工帮扶中心的服务功能，扩大服务范围和对象。2015年山南地区工会办事处、乃东县总工会、洛扎县总工会、曲松县总工会4个困难职工帮扶中心通过自治区验收。以文化活动为载体，积极推动“创建学习型组织、争做知识型职工”活动，不断提高职工队伍的整体素质。2015年，与地委宣传部、团地委联合开展“我身边的山南50年”演讲比赛，组织职工开展“迎大庆、讲文明、树新风”知识竞赛，在职工中广泛开展“书香山南”全民阅读活动。为加强职工文化阵地建设，多方协调，积极筹措，帮助基层工会新建“职工书屋”2家，扩建一家，进一步丰富职工精神文化生活，营造积极向上、健康文明的文化氛围，得到广大职工的一致好评。

【维护职工权益工作】 认真履行工会职能，切实维护好职工群众的合法权益，着力构建和谐社会，让广大职工充分感受到“娘家人”的温暖。服务群众有新成效，立足为民服务宗旨，充分发挥工会桥梁纽带作用，积极为广大职工群众办实事、做好事、解难事。按照“不漏一家困难企业、不漏一户困难职工”原则，2015年帮扶救助在档职工941人，救助资金达125.35万元，通过开展生活、医疗、大（重）病、助学救助等活动，及时帮助困难职工解决遇到的实际困难，让广大职工感受到党和政府的关怀、社会主义大家庭的温暖。树立职工群众利益无小事的思想，急职工所急、想职工所想、解职工所难，从大处着眼，小处着手，解决职工群众的切身利益。为40名女职工进行“两癌”筛查，组织60名干部职工区外疗休养。创新服务，强化维权，深化工资集体协商工作和民主管理制度化、规范化建设，广泛开展法治宣传和法治维权活动，促进职工队伍与劳动关系和谐稳定。

【机关自身能力建设工作】 各级工会以“三严三实”专题教育为契机，转变作风，切实加强和改进工会自身建设，严格执行落实中央“八项规定”，自治区“约法十章”“九项要求”和地区“十项规则”，严格执行“三重一大”决策制度。认真学习贯彻落实《中国共产党廉洁自律准则》和《中国共产党纪律处分条例》，强化作风建设和党风廉政建设，严格按照反腐倡廉工作部署和党风廉政建设责任目标，加强工会系统党风廉政建设。强化机关内部管理，“三公”经费和一般性支出明显下降。落实对目标责任书考核机制，层层签订目标责任书，以目标管理为抓手，明确“抓什么、怎么抓、谁来抓”，确保有人管事、有人干事。同时采取形式多样的方式，通过以会代训、网络平台、业务培训等方式，培训工会干部91人次。严格按照全总“一个指导意见，一个资金管理办法”的要求，以实现“项目精准对接，确保资金落地”为工作重点，以改善职工群众基本生活，改善工会基础设施为抓手，以“突出倾斜基层、民生援藏、能力建设和民族交往交流交融”为工作核心，采取有力措施，完成本年度各项受援工作任务。2015年，三省援藏资金落实到位723.2万元（包括乃东、琼结、曲松、加查130万元）。按照《中华人民共和国工会法》规定收缴和管理工会经费，严格按操作规定使用帮扶专项资金，规范各项资金审核审批制度。规范工会会计管理，会计与经审委员分离分责，确保无“私设账户”“小金库”等行为发生。

共青团

【概况】 团地委编制12名（行政编制10名，事业编制2名），现有干部职工18人，其中书记4人，正科级干部4人，副科级干部2人，一般干部7人，驾驶员2人。内设办公室（组宣部）、青工青农部、学少部和一个副科级建制的青少年活动中心。

【“中国梦·青春行”系列活动】 开展“我身边的山南50年”主题演讲比赛、“首届山南地区十佳基层青年干部”评选表彰宣讲及“我的中国梦——奋斗的青春最美丽”“开学第一课”“迈入青春门、走好成人路”“红领巾心向党”等主题教育实践活动，活动开展1653余场次，参与人数达9万余人次；开展“感党恩、知党恩”“团结稳定是福、分裂动乱是祸”“民族精神代代传、红领巾召唤我前进”“民族团结代代传”宣传教育、青少年万人交流等活动，全年共组织73名各族优秀青少年代表，前往北京、香港、澳门、广西、青岛及对口支援三省等地参加培训交流活动；开展“六彩微公益”志愿服务活动、“乡村好青年”“向上向善好青年”“最美青工”评选活动，举办青年马克思主义者培养工程、“守望家乡·青春建功”乡村好青年座谈分享会。活动场次达1200余次，参与青年人数达3万余人次。

【青年创业就业】 全年共争取培训资金44.2万元，开办藏式家具绘画及制作、汽车摩托车维修、蔬菜园艺及藏餐厨师等青年职业技能培训项目，共培训203名农牧民青年。举办2015年度山南地区青年创新创业创意大赛，推荐11个青年农牧民创业项目代表山南地区参加首届西藏青年农牧民创新创业大赛，组织27个创新创业创优项目参加团区委举办的首届西藏共青团创新创业创优成果展。帮助18名2014年见习生向地区人力资源和社会保障局申报见习生活补助，2015年成功推荐3名应届毕业生为见习生。

【青年文明号系列活动】 组织各级青年文明号集中开展“守望家乡青春建功”服务农村青年月、“五下乡”“六一”慰问系列活动，送去折合人民币35万余元的物资，覆盖人数达2600余人。开展“青年文明号结对帮扶”活动，地区57家青年文明号单位与194户贫困进行结对帮扶。组织各级青年文明号向日喀地震灾区进行捐款，累计达67.1991万元。

【志愿服务系列活动】 开展“青年网络志愿行动专项工作”，组建成由1362人加入的山南共青团青年网络文明志愿者（网络宣传员）队伍，对地区网络文明志愿者代表进行相关业务培训。

组建包括工作经验丰富的老团干部、创业就业导师、志愿律师等在内28名干部群众组成的山南“青年之声”专家服务团队，通过“微邦”社交互动平台，为广大青少年答疑解惑。组织动员全地区各县及地直单位1042名平安志愿者积极参与到“平安三月·志愿护航”、大庆维稳活动中，共开展各类活动1947次，服务时长超过2512小时。开展“学雷锋、树新风”“弘扬雷锋精神、共建和谐山南”主题活动，参与人数达1万余人次，做好事3000余件。联合地区文化局招募942名文化志愿者，全力服务地区第二批国家公共文化体系建设，招募培训50名抗震救灾志愿者，充实地区应急救援力量。招募49名雅砻文化节志愿者，全面参与文化节场馆服务、接待引导等志愿服务工作。以“青年行——共筑生态文明先行示范区”为主题，开展保护母亲河植树造林活动，全年植树4.6万余株，参与青年达3570人次。开展“节能减排青年在行动”“迎雅砻文化节环境综合整治”等“禁白”活动45余场次，参与青年达4000余人次。为困难村民送去生活必需品折合人民币1.25万元，发放生产用品折合人民币3350元，送出慰问金3000余元。向地区财政申请资金28万元，帮助龙巴村购买装载机一台。开展亲情陪伴28次、308个小时，开展自护教育32次、106个小时，组织青年志愿者组织39个和个人494人与农民工子女结对304对。在地区儿童福利院成立首个“乐群”读书站并赠送600本高质量、可读性强的少年读物。

【团的基层组织建设工作】 进一步夯实团的基层组织建设，出台下发《共青团山南地委关于深入推进基层区域化团组织建设的方案》，重点针对区域化建组织、区域化配干部、区域化搞活动、区域化建阵地、区域化强机制等五个方面集中开展整顿规范工作，并针对存在的问题对标整改，共撤销4个非公团组织和3个直属团组织。新型领域团组织格局不断创新，7个县级团委如期换届，新建青工委5家，新建直属团组织4家，新建农村专业合作社团组织11家，新建非公企业团组织10家，新发展团员4625名，其中农牧区发展团员1733名，推优入党834名。进一步加大团干部队伍建设力度，全年共选派17名团干部参加井冈山等地团口业务培训、64名各级团干部参加对口团省委组织的团干部培训和挂职锻炼。进一步强化团干部作风建设，以中央、区党委、地委党的群团工作会议为契机，深入开展“三严三实”专题教育活动，全面开展“团干部如何健康成长”大讨论活动，健全完善团干部联系服务普通青年制度，持续开展“走进青年、转变作风、改进工作”大宣传大调研和开展党风廉政宣传教育月、党员干部进村入社区服务等活动。

【青少年思想引导工作】 深入开展“我身边的山南50年”主题演讲比赛、“首届山南地区十佳基层青年干部”评选表彰及宣讲、“我的中国梦——奋斗的青春最美丽”“开学第一课”“迈入青春门、走好成人路”“红领巾心向党”等主题教育实践活动，活动开展1653余场次，参与人数达9万余人次。以民族团结、反分裂斗争教育为重点，在广大青少年中广泛开展“感党恩、知党恩”“团结稳定是福、分裂动乱是祸”“民族精神代代传、红领巾召唤我前进”“民族团结代代传”宣传教育、青少年万人交流等活动，全年共组织73名各族优秀青少年代表，前往北京、香港、澳门、广西、青岛及对口支援三省等地参加培训交流活动,共推荐第六届全区各族青年团结进步先进个人候选人7名、先进集体1个。围绕培育和践行社会主义核心价值观这一主线,广泛开展“六彩微公益”志愿服务活动及“乡村好青年”“向上向善好青年”“最美青工”评选活动,举办青年马克思主义者培养工程、“守望家乡·青春建功”乡村好青年座谈分享会,活动场次达1200余次,参与青年人数达3万余人次。积极开展“青年网络志愿行动专项工作”,组建成由1362人加入的山南共青团青年网络文明志愿者(网络宣传员)队伍,并对地区网络文明志愿者代表进行相关业务培训;组建包括工作经验丰富的团县委书记、老团干部、创业就业导师、志愿律师等在内28名干部群众组成的山南“青年之声”专家服务团队。山南共青团手机报共发送39期,山南共青团微信——青春雅砻,发送信息150期,山南共青团网络正面引导力不断提升。

【青少年成长发展服务工作】 促进青年创业就业,全年共争取培训资金44.2万元,培训203名农牧民青年,其中46名农牧民青年已获得自治区职业技能培训鉴定中心认证的资格证书,5名学员已在拉萨就业。成功举办2015年度山南地区青年创新创业创意大赛,3个项目获得地区“十大民心工程”产业富民中小企业专项扶持资金,并获得共计14万元的现金奖励,推报44个融资推介项目,为青年创业项目搭建投融资平台。积极做好见习生服务工作。大力推进希望工程,共争取到芙蓉、圆梦、国酒茅台、华融湘江等各类希望工程助学金70万元,帮助150名品学兼优的贫困学子圆梦大学;开展“湘藏情”爱心助学金发放活动,34名在地直单位工作的湖南援藏干部人才为37名贫困生送去7.4万元助学金;深入开展关爱农民工子女活动,累计受益农民工子女100人。

【青少年权益维护工作】 深化青少年权益维护,山南地区现有“青少年维权岗单位”53家,其中国家级1家、自治区级1家、地区级7家、县级44家。全地区84个乡镇均设置预青办,预青机构设置率达到100%,地区、县、乡镇三级预青专项经费均得到各级财政落实。以“青春与法同行——青少年法律大课堂”为统揽,各类法制教育宣传活动持续深入开展,2015年各级预青办共开展法制宣传教育活动157余场次,受教育青少年达11万人人次,发放藏汉文宣传册近11万份,青少年法制宣传教育工作队伍不断完善,山南地区现有法制副校长106人、辅导员286人、消防法制副校长9人。共青团与人大、政协“面对面”合作机制不断完善,专项调研不断深化,全年全地区共形成调研报告13份、提案议案3份,开展“面对面”活动13次。成立山南地区首个青少年事务社会工作站,畅通“12355”青少年服务热线,共同打造地区青少年维权服务体系。

妇联

【概况】 山南地区妇女联合会核定编制15人,其中行政编制9人、事业编制5人、后勤编制1人,有干部职工17人(包括第一支部书记1名)。下设办公室、权益部、城乡部及妇女儿童活动中心(事业编制)四个部室,全地区共有12个县级妇女联合会,83个乡(镇)级妇女联合会,595个村妇代会,69个地(中)直妇委会。

【强基础惠民生活动】 开展“感党恩、批达赖、守法纪、保稳定、促发展”教育活动。在“三大节日”期间向驻村点贫困户发放慰问金、慰问品折价3万余元。为民办实事解难事5件,投入资金70.3万元。

【维护社会稳定工作】 配合自治区妇联、区党委统战部做好尼姑暨驻寺女干部培训工作,出台《关于在山南地区联合举办尼姑暨驻寺女干部培训班的方案》,联合地委统战部组织19名尼姑、10名驻村女干部、5名工作人员共34人到安徽、湖南参观考察,教育引导尼姑爱国爱教、遵规守法、增强修持、提高造诣,为推动宗教和睦、佛事和顺、寺庙和谐作贡献。发挥12个县“巾帼志愿者”职能,开展矛盾纠纷调解、“三月敏感月”治安巡逻、安全隐患排查等工作,减少不和谐因素产生的途径。坚持24小时值班、领导带班、零报告和安全隐患排查制度，确保“三不出”。把“平安家庭”创建活动作为社会稳定和精神文明建设的一项重要工作纳入富民惠民整体规划，把预防和制止家庭暴力作为社会治安综合治理的重要内容，作为建设“平安家庭”的主要任务，以家庭和谐促进社会和谐稳定。

【妇女增收致富工作】 配合人社局开展“春风行动”，发放宣传资料18000份，各级妇联组织为672人提供就业服务，跨地区组织女性劳务输出901人，组织576名女性参加职业技能培训，其中享受培训补贴人数307人，邀请各类企业及农民施工队80个，吸纳地区农牧民就业250余人，免费提供劳动维权服务和法律咨询服务55人。组织劳务输出，增加群众现金收入。全地区组织劳务输出78214人（次），其中妇女32377人（次），占41.4%，其中妇女创收10317.88万元。

【妇女儿童合法权益维护工作】 参与“法律进万家”活动。围绕群众最关心、最直接、最现实利益问题，上门走访、召开座谈会、深入田间地头讲解各类法律法规知识。活动期间，地区妇联共组织集中宣讲19次、入组宣讲32次、入户宣讲70次，基层党员宣讲7次、2000人次参加，发放宣传资料300余份。在土地确权登记中积极参与，跟踪服务，切实做到妇女“证上有名，名下有权”，确保妇女和男性同样作为承包方代表或共有人进行登记。组织本单位16名在职党员到泽当居委会报到，举办妇女权益保障法专题讲座，进一步增强广大妇女的法律意识和依法维权能力。做好信访接待工作。截至年底，地区妇联接待来访5件9人次，做到“事事有回音、件件有落实”。积极参与“六五”普法各项宣传活动，发放宣传资料5000余份，宣传覆盖率达90%以上。加强督查，确保“两个规划”实施。由地区妇联主要领导亲自带队，赴妇儿工委各成员单位和12个县开展调研和自验，督导“两规”实施情况，做好“两规”监测统计工作，确保“两规”如期达标，以良好的状态迎接自治区、国家“两规”终期评估验收。利用家长学校举办讲座，加大对留守儿童的教育引导和心理疏导。年内，地区共有家长学校53所，家长接受教育率达90%。

【活动开展】 开展文化科技卫生法律和爱国宣教服务“五下乡”活动，举办妇幼保健知识讲座，增强妇女的保健意识，发放卫生用品200余盒，折价8000元，宣传资料及学习用品2500余份。争取“蓝天春蕾项目”一个，投资50万元在洛扎县边巴乡完小修建一栋综合教学楼。湖北省妇联在地区开展“金凤工程助梦飞翔”活动，资助25名应届贫困女大学生生活补贴5万元。“爱心妈妈”为地区贫困儿童编织爱心毛衣100件。湖南省妇女干部学校为地区提供2名调训名额。在做好已建成的“母亲水窖”项目后期管理工作的同时，争取6个“母亲水窖”项目，概算投资207.7万元，362户，1486人受益。地区妇联组织本单位干部职工及所辖双联户为日喀则地震灾区群众捐款6750元，奉献人间大爱。

全地区各级妇联组织以元旦、春节、藏历年、“三八”“六一”等节点为契机开展庆祝活动，营造喜庆氛围。地区妇联走访慰问退休干部、尼姑和“最美家庭”代表，发放慰问金25000元，赠送慰问品价值2000元，为寺庙“妇女之家”解决活动经费2000元。各县妇联和地直各妇委会开展“送温暖·献爱心”活动，为孤儿、孤老等弱势人群赠送慰问金、慰问品折价共32万余元，发放宣传资料5000余份。机关党支部组织全体党员重温入党誓词，为全体党员上党课，组织知识竞赛，文体活动。并为驻村点解决1000元“七一”活动经费，组织村党员开展活动。为喜迎自治区成立50周年，各县妇联以广场舞比赛、演讲比赛、歌咏比赛、才艺大赛等形式歌颂新生活，抒发爱党爱国的热情。

【妇联组织建设】 地委组织部在基层党建验收工作中将“党建带妇建”作为重要内容列入考评范畴并进行专项考评，极大地推进妇联组织建设。充分发挥妇女在基层民主政权中的作用，村居妇代会主任进“两委”比例一直巩固在100%。完善矛盾纠纷调处机制，积极发展妇女信访代理员。进一步推进“妇女之家”建设，拓展活动阵地。年内，地区共有“妇女之家”631个，其中机关16个、乡镇47个、村居554个、尼姑寺7个，企业7个，实现村级“妇女之家”全覆盖。

2015年共选派妇女干部参加上级机关和援藏省妇联举办的各种培训班7期，18人次。举办2015年村（居）妇代会主任培训班。对45名妇代会主任进行为期7天的业务培训。各县妇联立足本县实际举办业务培训班，进一步增强基层妇联干部业务能力。

【"三严三实"专题教育】 党组书记和班子成员上党课、开展专题研讨、广泛征求意见、对照检查、认真整改，6名县级领导干部与12户群众结对认亲，办实事6件，投入资金1.8万元。对查摆出的问题整改，不严不实问题得到有效的遏制，干部纪律得到加强，各项制度有效落实，专题教育工作取得良好成效。出台《地区妇联党员干部作风建设专项治理实施方案》，修改完善7项规章制度，制定出台3项新的规章制度，在机关内部层层签订《工作责任书》，严格组织纪律，转变工作作风，形成一级抓一级，层层抓落实的工作格局。严格落实中央"八项规定"、自治区"约法十章"和地区"十项规则"，组织开展党员"戴党徽、亮身份、发挥作用"活动，巩固和拓展党的群众路线教育实践活动成果。

残疾人事业

【概况】 山南地区残疾人联合会成立于1990年，原隶属于民政局内部的一个正科级业务科室，当时的工作人员只有两名，由于受各方面因素的制约，工作业务开展比较单一，只有办理残疾证业务。残疾人康复、培训、就业等业务工作基本处于空白，相对制约残疾人事业的发展。

山南地区残疾人联合会共设3个正科级内设机构，分别是办公室、综合科和教育就业科。下设2个正科级全额拨款事业单位，分别是山南地区残疾人康复中心和山南地区残疾人托养服务中心。地区残联共核定编制14名，其中行政编制9名、事业编制5名，核定理事长、副理事长3名（副县1名、正科2名）；核定内设机构科级领导职数6名（正科3名、副科3名）；核定事业单位科级领导职数4名（正科2名、副科2名）。

【扶残助残】 年内，为11724名残疾人兑现资金1257.96万元。落实2014年、2015年"阳光家园"计划项目1120户，兑现资金67.2万元。落实残疾人机动轮椅车燃油补贴340人，兑现资金12.92万元。

【残疾人就业培训】 年内，全地区通过培训、扶持创业、解决公益性岗位等形式共帮助176名残疾人实现就业。地区审核单位79个，征收残疾人就业保障金237万元。乃东县残联也开始残疾人就业保障金征收工作，共计征收保障金47.678万元。委托地区特殊教育学校、山南地区宏图职业技术学校、加查县兴旺手工业编织厂等单位举办缝纫、竹编、卡垫编织创业扶持培训、美发创业扶持、盲人按摩、氆氇编织等6期残疾人创业技能培训班，培训人员共151名，培训投入资金共91.9万元。80%以上的培训人员实现就业。加强残疾人创业扶持力度，为3名残疾人解决创业资金4万元。协调地区人社局举办残疾人招聘会，共有6名残疾大学生参加招聘会。全面开展残疾人基本服务和需求专项调查工作。共录入残疾人11399人，核查11311人。

【残疾人康复工作】 免费为贫困残疾人发放轮椅、拐杖等各类辅助器具120件。积极争取地区行署支持，为单位解决52台助听器和120辆轮椅，折合人民币约10.86万元。将7名肢体残疾人转借到自治区康复中心安装假肢。配合自治区残联在隆子县开展残疾人辅助器具适配，共配发各类辅助器具89件，价值62.6万元。认真实施残疾人事业专项彩票公益金智力残疾儿童康复救助项目。与地区人民医院协商为符合条件的儿童进行免费常规体检。6月，举办首届智力残疾儿童康复治疗和训练培训班，培训时间为6个月，每天按时对21名智障儿童进行康复，并发放救助金24万元。做好精神病防治康复工作。为91名精神病康复人员解决医药费5.46万元。

【残疾人扶贫工作】 实施残疾人危房改造和无障碍设施建设项目。年内，落实2014年残疾人危房改造项目35户，落实资金21万元。落实2014年残疾人无障碍设施建设改造30户，落实资金10.50万元。开展贫困残疾人慰问活动。在“三大节日”、助残日、残疾人就业援助月活动期间，地区残联对贡嘎、曲松、隆子等县的106户贫困残疾人每户发放慰问金500元，共计5.4万元。单位13名党员与隆子县12户贫困户结对认亲，自筹资金6000元进行帮扶。自治区残联对地区32户贫困残疾人进行慰问，每户发放慰问金800元，共计2.5万元。各县残联也开展慰问活动，其中：桑日县残联为30户贫困残疾人发放慰问金1万元；曲松县残联为该县60户贫困残疾人发放慰问品和慰问金2.6665万元；贡嘎县为55户贫困残疾人发放慰问品和慰问金10.92万元。地区残联为1名残疾少年解决医疗费0.4万元。各县残联分别开展贫困残疾人救助工作，其中：桑日县残联为15名残疾人解决救助金0.7万元；琼结县残联为7名残疾人解决生活救助和创业帮扶资金2.5万元；乃东县残联为1名残疾人解决创业帮扶资金0.5万元。

【残联组织建设和基础设施建设】 开展残联首次科级干部选拔任用工作。年内，单位根据《党政领导干部选拔任用工作条例》，对科级领导班子进行综合分析研判，制定《地区残联科级干部选拔任用工作方案》，严把民主推荐、考察等程序关，选拔5名工作责任心强、能力突出、敢于担当的干部担任上一级领导职务，确保选人、用人的公平、公正。地区残疾人托养服务中心建设项目和贡嘎、扎朗、错那、措美四县残疾人基础服务设施建设项目已全部完工，正在做项目后续工作。洛扎县残疾人基础服务设施建设项目已于6月开工建设并竣工。争取到“十三五”期间山南地区残疾人康复中心改扩建项目。

【残疾人文化体育工作】 选派7名残疾运动员参加全国第六届特奥会。地区运动员积极发扬身残志坚、顽强拼搏的精神，获得5枚金牌、2枚铜牌，为全地区残疾人作出榜样。组织地区“岗拉梅朵”残疾人艺术团参加“2015年西藏自治区春节、藏历新年电视文艺晚会”等区内各类文艺演出8次；并于12月20日—26日赴安徽省举办三场演出，取得圆满成功，合肥爱心人士向艺术团演员赠送物品0.77万元。同时，地区残联为“岗拉梅朵”残疾人艺术团争取并投入资金19万元购买演出服装和演出道具、制作节目。自治区残联为艺术团残疾学生发放3万元的慰问金和价值2.4万元的服装及物品。

【活动开展】 扎实开展“全国助残日”活动。组织各残工委成员单位开展以“关注孤独症儿童、走向美好未来”为主题的第二十五次“全国助残日”活动宣传。发放《残疾人就业条例》《中华人民共和国残疾人保障法》等宣传资料2000余份。并开展助残日慰问。通过开展助残日活动，提高公众的扶残、助残意识。对琼结县白日居委会和下水乡塘布齐村两个监测点的残疾人家庭进行持续的监测，全面掌握残疾人状况的动态变化。截至年底，单位共接待残疾群众来访21件21人次，通过为信访人员配备辅助器具、解决医疗救助金等方式，使残疾群众的信访诉求得到圆满解决。派驻4名工作人员到隆子县开展驻村工作，2015年，强基惠民工作共投入资金9.4837万元。认真做好第二代“中华人民共和国残疾人证”的换发工作。年内，为13175名残疾人办理“二代残疾人证”。加强与湖北、湖南、安徽对口援藏三省的沟通和联系。年内，共组织5名工作人员到三省学习，借鉴内地残疾人托养服务中心、残疾人康复中心等单位的工作方法和先进经验；就“十二五”期间的对口援助资金、人员培训等事宜进行协商；与湖北慈善物资中心签订协议，为地区捐赠轮椅、校服等价值60万元的物资，同时对泽当镇完小5名残疾学生进行慰问。

法　治

公安

【概况】 山南地区公安处机构级别正县级，内设副县级机构1个，正科级机构24个，副科级机构7个；核定政法专项编制307名，实有民警424名。

【维护社会和谐稳定工作】 强化情报信息搜集分析研判，强化对重点人员、寺庙管理工作，强化突出网上斗争。强化突出抓好重大活动安全保卫工作，确保活动顺利安全圆满。

【社会面管控工作】 扎实开展严打整治，严厉打击各类违法犯罪活动。年内，全地区公安机关共立刑事案件249起，破213起，破案率85.54%，抓获刑事案件作案成员223人，男201人，女22人；受理治安案件215起，比上年同期增加19起，查处违法人员482人次，其中拘留302人；2015年全年共立毒品刑事案件18起，抓获嫌疑人22人，办理涉毒行政案件36起，抓获吸毒人员71人，缴获各类毒品831.11克。

两级治安部门共检查涉危涉爆单位351家次，发现整改安全隐患32处，群众主动上缴子弹2473发、雷管908枚，导火索15米、导火线6000米，藏火枪1支，收缴各类子弹5发、雷管14枚，管制刀具186把。收缴非法销售鞭炮14串，收缴销毁A类礼花2箱、三无产品雷王1箱。检查加油站475余家次，排查整治隐患67处，发放宣传资料14730余份，收缴非法销售、违规存储汽油49.5公升、柴油1215.5公升。走访群众4661人次，企事业单位566家次，工地558次，排查调处矛盾纠纷499起，调处499起，共排查6起因拖欠农民工工资引发的纠纷，共涉及人员160余人，成功化解该6起纠纷，为农民工追回工资金额达到114.7万元。共检查出版物、音像制品批发、零售、出租、印刷企业等经营单位310家次，收缴淫秽光碟35张。查处非法开设具有赌博性质的游戏场所4处，收缴赌博机24台，查处涉赌案件9起（治安案件3起，刑事案件6起），抓获违法人员38人，收缴赌资20余万元，赌具三台麻将机及200余副扑克牌，共追究刑事责任10人，行政处罚28人。对辖区内的旅店业进行24次专项检查，共检查旅店1875家次，现地区共有旅店业194家，纳入系统数139家，覆盖率72%。

2015年，山南地区共接报道路交通事故50起，造成21人死亡、71人受伤、直接经济损失460000元。与上年同期相比，事故起数减少12起，下降19%；死亡人数减少4人、下降16%；受伤人数增加2人，上升3%；直接经济损失减少164954元，下降26%。

扎实开展消防安全工作，山南地区共发生火灾5起，直接财产损失9732元；同比上年，火灾起数下降37.5%，继续实现零伤亡目标，直接财产损失下降98.9%。共检查社会单位6496家次，督促整改火灾隐患或消防违法行为4384处，下发《责令改正通知书》3716份，下发《行政处罚决定书》109份，下发《临时查封决定书》7份，责令“三停”单位11家，罚款131500元；督导派出所检查单位3919家，督促整改火灾隐患887处，下发《责令改正通知书》851份。共组织开展各类集中消防宣传活动102次，发放宣传资料10万余份，举办培训班220余次，培训人员2.3万余人次；利用户外媒体播放公益广告、宣传标语等950余条次，联系电视台播放消防公益广告340余条次，发送消防宣传短信40余万条。

【专项整治工作】 年内，先后开展三次各自有所侧重的“零点行动”专项打击工作。对格桑桥及其周边各“发廊”“洗浴中心”“小酒吧”涉嫌卖淫嫖娼进行专项治理工作。出动警力50人次，警车18台次，共清查各类场所28家（无名店2家，小酒吧3家，木桶浴4家，美容美发19家），取缔26家，处罚49人，其中行政拘留37人，罚款4人共2000元。对泽当镇区规模较大、影响较广的赌博场所中聚众赌博、放高利贷等涉恶犯罪行为进行专项打击工作。出动警力45人次，警车20台次，共查获3个赌博场所，抓获组织赌博人员及参赌人员35人，收缴赌资20万余元、赌具3台麻将机及200余副扑克牌。追究刑事责任10人，行政处罚25人。对泽当镇新菜市场两侧各酒吧及其他娱乐场所中涉嫌组织卖淫、强迫交易、非法拘禁、拐骗、伤害等违法犯罪活动进行专项打击工作。共出动警力120余人次，警车20台次。清查小酒吧29家，盘查人员117人，在进一步调查当中，发现75名人员涉嫌违法犯罪行为，共计刑拘18人，行政拘留48人，取保候审9人，解救被拐骗妇女46人，督促结算拖欠从业人员工资28.3万余元，取缔变相经营酒吧29家。

对打击“建设领域、土地领域、运输领域”存在的突出问题，及时形成并上报风险评估报告。成立专案组。截至年底，先后召开五次工作会议，走访调查大小工地30余处、建设单位20余家及镇区各居委会、县辖乡镇村和邻县，制作笔录40份，辨认笔录10余份；收集各类统计报表100余份，采集现场照片20张，核实比对各类信息50余条。逐步查明各领域涉及的主要问题及尼某等人的违法犯罪事实，按照突出重点、打击少数、教育多数的原则，对涉嫌强迫交易罪、聚众扰乱社会秩序罪、倒卖土地罪的尼某等8人进行打击处理。

检察

【概况】 2015年，山南检察机关编制312名，实有干警310名。所辖乃东、贡嘎、扎囊、桑日、隆子、琼结、洛扎、浪卡子、加查、措美、错那、曲松12个县检察院。分院编制94名，实有干警86名，设有检察委员会、办公室、政治部、纪检组、反贪污贿赂局、反渎职侵权局、侦查监督一处、侦查监督二处、公诉一处、公诉二处、职务犯罪预防处、控告申诉检察处、刑事执行检察局、民事行政检察处、法律政策研究室、案件管理处、检察技术处、计划财务装备处、法警支队等内设机构。

【履行检察职能】 严厉打击各类刑事犯罪，全力维护社会稳定。两级院受理审查批准逮捕127件178人，案件数上升21.62%，批准逮捕90件121人，不批准逮捕27件44人；受理移送审查起诉案件172件245人，同比案件数上升33.33%，提起公诉108件138人、不起诉11件18人。两级院立案侦查职务犯罪案件36件37人，立案数居全区第一。其中，反贪部门立案查办案件35件36人，大案30件31人，要案8件8人；反渎部门立案侦查1件1人。通过办案，为国家和集体挽回经济损失2183.88万元。开展警示教育、法制宣讲98次，接待参观警示教育基地41次，开展预防调查5次；为166家单位提供行贿犯罪档案查询服务，首次与湖南省院在加查藏木电站开展跨区域远程职务犯罪预防工作。监督公安机关立案2件2人，监督公安机关侦查案件3件3人，向公安机关发出检察建议2份，发出纠正违法通知书3份；受理提请抗诉案件2件2人，支持抗诉1件1人，复议案件1件1人；受理民事行政案件5件，提出改进工作检察建议4件；受理来信来访16件次；调查处理发生在监管场所的职务犯罪案件线索4件7人，发出检察建议2次，提出书面整改意见2次，提出纠正意见5次。

【提升司法公信度】 成立案管处，统一案件管理工作。受理侦查监督、公诉流转案件17件，接待律师2次，进行流程监控电话预警提醒17次，监控职务犯罪录入系统40次，监控检委会案件录入系统3次。

升级“12309”举报电话，举办首次“检察开放日”活动，邀请机关、社会各界、人大代表、政协委员、人民监督员和新闻媒体共20余人，零距离感受检察院工作。同时，自觉接受人大的法律监督、政协的民主监督、人民群众监督，向地委、人大请示汇报重大事项9件次，地委、人大领导视察检察工作8次，邀请人大代表、政协委员视察检察工作4次。

检查整改执法办案不规范突出问题，教育引导干警牢固树立“理性平和文明规范”的执法理念，制定业务操作流程和制度。

【干部队伍建设】 深入开展“三严三实”专题教育活动，巩固和强化党的群众路线教育实践活动成果，强化县级以上领导干部学习教育，分析检察队伍和工作中存在的“不严不实”突出问题，切实整改落实，努力打造领导班子及成员干事创业氛围和清廉本色。坚持党组理论中心组学习、“三会一课”制度，推行“211岗位培训”“AB岗制”；优化领导班子结构，调整、充实院领导班子成员2名，提拔22名年轻有为、业务能力强的干警到领导岗位工作，对基层县院4名副检察长提出任职意见。

建立健全规章制度，如党组议事规则、干部休假等规章制度，做到用制度管人、管事、管权，不断形成纪律约束常态机制；对干警上下班、请销假制度、公车使用管理、“三公经费”公开等情况进行5次督查，为23名科级以上干部定期发送廉政提醒信息，发放自侦案件“一案三卡”20份，对43名干警竞争上岗工作进行监督。推进“358”人才受援计划。从湖南、湖北、安徽三省检察机关协调22名援藏业务专家，负责带领两级院专案组，指导案件查办工作；加强与对口支援三省检察机关及安徽大学的交流与合作，成立法律咨询委员会。

【检务保障工作】 完成技侦楼项目建设选址、勘测定界、地质勘查，项目建设可研批复、初设审查，施工图纸设计及项目合并等事宜；积极向本级财政和上级院争取办案经费和维稳经费，解决四个驻村点生活补助、差旅费以及扶贫联系点困难资金150余万元，拨付办案经费1458万元。配合自侦部门开展手机定位13次，配合纪委开展手机数据恢复3次，完成检察人员定位系统和停车场管理系统，认真做好身份认证系统和电子印章系统的录入工作；开通“两微”平台，编发检察工作简报109期，发布各类信息共56期100余份，统一业务应用系统和统计管理系统正式运行。投入资金约300万元、出动警力1600余人次，完成自治区成立50周年、重大节点、敏感时期的巡逻值勤和安全保卫任务，开展创建“先进双联户”工作，完善和健全12个联户长90户联户电子档案，建立联户长七项工作台账，落实专项工作经费。“强基惠民”驻村工作队研究制定村级“三年发展规划”，向“三老”人员、五保户、残疾人员和贫困户发放慰问品、慰问金以及协调解决项目资金共计497.26万元。

法院

【概况】 年内，市法院在编、内设机构19个，共有编制102名，实有人数91人。下辖1个区法院和11个县法院。

【审判业务】 年内，地区两级法院共受理各类刑事案件139件，审结113件，结案率81.29%；共受理民商事案件542件，审结507件，结案率93.54%，其中，调解结案182件，占结案总数的49.86%；共受理、审结1件行政诉讼案件；共受理各类执行案件239件，执结204件，执结标的1788.09万元，执结率为85.36%；共受理民事申请再审案件2件，经审查进入再审的2件，驳回再审申请的2件。

审结百姓之家破产一案。该案涉案债权人数93人，债权总额31677460.19元，破产财产总成交价33000000元，资产转让缴纳税费5091810元。

【诉讼服务中心和信息化建设】 截至年底，两级法院在互联网公布各类裁判文书共274篇，其中，公布

2015年各类裁判文书共87篇，公开率达50.6%。纳入“十二五”规划的28个乡镇人民法庭建设项目，已竣工的7个项目，总投资为864万元。两级法院科技法庭建设已完成并投入使用，中院科技法庭正式开庭27次，各县法院正式开庭46次，均实现同步录音录像。中院远程视频接访室和地区看守所远程视频讯问室建设已经完成，远程接访和视频讯问工作正式启动。

【维稳工作】 年内，两级法院共投入警力参加值班备勤、巡逻等工6584人次，抽调干警参加当地党委、政府维稳中心工作70余人次，出动车辆2731次，购置警用器械等设备投入资金300万余元；两级法院共开展法制宣传308场次、发放宣传资料37000余份、法制授课34次、法律咨询968人次、受教育群众111300余人次；车载流动法庭行程134000千米，巡回办案116件；两级法院共为54件案件当事人减、免、缓诉讼费3.3399万元；两级法院共投入18.7万元解决群众生产生活中的困难，争取280万元资金（不含强基办下达的资金），落实饲草料机、温室大棚、牦牛暖圈、草场围栏、卫生所、水渠、封山育林、羊毛加工厂、党员活动室等20余个项目。

司法行政

【概况】 山南地区司法处成立于1992年8月，经地区2009年三定方案核准，内设办公室、法治宣传科、基层工作科、律师公证仲裁管理科、安置帮教科、法律援助工作科、政治部和社区矫正支队8个行政科室，以及地区公证处和西藏雅砻律师事务所2个事业单位。地区司法处核定编制44人（其中10名事业编制），实有38人，党员27人。在编人员，女14人，男24人；藏族24人，汉族14人；大专及本科学历22人。处领导班子4人，平均年龄48.7岁。

【干部队伍建设】 深入学习《习近平总书记重要论述摘编》《中国共产党章程》《廉政条例》等法律法规，切实增强班子的执行能力和履职能力，使处领导班子成为“学习创新、民主团结、勤政为民、清正廉洁、公正执法”的坚强核心。抓好干部管理制度的落实，干部的日常管理工作得到进一步规范。处党组本着“重教、严管、厚爱”的干部队伍管理方针，加大对干部的教育、管理力度。按照《中华人民共和国公务员法》要求，完成对公务员基本情况的登记工作。并按照编办要求做好机构编制实名制登记工作。依照《干部选拔任用工作条例》认真做好科级干部选拔任用工作。根据工作需要和科级领导班子建设实际，调整充实处科级领导干部，配齐配强处7个科室（除公证处）10个岗位的负责人。按照地委直属工委的要求，认真开展党建自查工作，在全面了解和掌握党员队伍建设的情况下，对党支部规章制度进行全面的规范和完善。积极组织党员干部向日喀则地震灾区捐款9000元整。完成2015年中央司法警官学校招录审核工作，审核通过137人。

【思想政治教育】 处党组继续加强对干部队伍的理论学习和业务学习工作，着力提升干部队伍的理论水平和业务能力。一是认真学习中共十八大、十八届三中和四中全会、中央第五次西藏工作座谈会、区党委八届三次全委会、全区政法工作会议、全区司法行政工作会议、地委扩大会议、地区稳维工作会议、地区经济工作等会议精神。根据年初制定的《中共山南地区司法处党组理论中心组2015年学习计划》，共组织召开司法处党组理论中心组学习会11次。加大对干部职工的日常教育和培训力度，组织地区司法处及12个县司法局社区矫正业务骨干36人，参加司法厅举办的两期社区矫正业务培训。使干部职工的政治素质、业务素质都有明显的提高，科学发展观牢固树立，政治敏锐性、大局意识明显增强。据统计，全年共组织安排各类干部培训7次，41人，其中跨省培训3人（次）。

【“三严三实”专题教育】 按照地委统一部署，为认真贯彻落实全面从严治党要求，巩固和拓展党的群众路线教育实践活动成果，持续深入推进党的思想政治建设和作风建设，处党组高度重视，积极安排部署，认真组织实施。根据中共山南地委办公室印发的《关于在全地区县处级以上领导干部中开展“三严三实”专题教育的工作方案》要求，结合实际，制定《山南地区司法处关于在县处级以上领导干部中开展“三严三实”专题教育的工作方案》。积极组织学习地委书记其美仁增在地委“三严三实”专题学习研讨会上的讲话精神，开辟学习“三严三实”专题教育专栏，并利用简报、信息等宣传阵地，宣传“三严三实”的深刻内涵、重大意义和落实举措。

【党风廉政建设和反腐败工作】 认真贯彻、落实区、地纪检工作会议精神，把党风廉政建设纳入处党组中心工作，继续推行党风廉政建设工作责任制，狠抓党风廉政建设和反腐败工作。处党组与各业务科室签订党风廉政建设责任书，由党组书记负总责，各分管领导、各科室负责人为直接责任人。全面贯彻落实地区纪检工作会议精神、《中国共产党党员领导干部廉洁从政若干准则》和《中央八项规定》。认真学习并贯彻执行领导干部选拔任用工作条例和领导干部选拔任用四项监督制度。党员干部严格遵守“四大纪律、八项要求”“八个坚持、八个反对”“十个不允许、十个不准”和“四条禁令”。坚持从严治党、从严治政和从严治警的方针，不断完善处机关内部廉政机制，建立健全司法行政特色鲜明的惩治和预防腐败体系。继续推行党务、政务公开，加强对机关支部的工作指导，加大对班子成员、各部门党风廉政建设的督促检查，将党风廉政建设纳入全年工作考核之中，确保党风廉政责任制落到实处。根据相关要求，全体党员领导干部均能严格贯彻落实中央“八项规定”、区党委“约法十章”“九项要求”及地委“十项规则”，没有出现违反党员领导干部廉洁自律规定、利用各种名义大操大办、收钱敛财、奢侈浪费和公车私用等情况。认真贯彻落实自治区第三次廉政工作电视电话会议精神，及时对廉政工作进行具体安排。规定处机关在进行接待时，要严格按照相关接待办法执行，不得接受下级机关和单位在地区的宴请；出差时，要轻车简从，不准接受超标准接待，不准收受礼品、纪念品、土特产品。取消原有的领导上下班接送制度，公务用车一律不允许用于办理私人事务。2015 年，共节省公务接待费 59717 元，交通费 105394.15 元。

【维护稳定工作】 以“四个严防”为重点，以反自焚为重中之重，认真落实全国“两会”及“3·10”“3·14”“萨嘎达瓦”“雅砻文化”和西藏自治区成立五十周年纪念大会等高危敏感节点和日常的维稳部署工作。为充分发挥好“三支队伍”预知、预警、预防的作用，加强对处机关维稳督导员、维稳监督员、维稳信息员的思想教育和管理工作，进一步提高维稳预警防范、动态控制和矛盾纠纷排查调处能力。配合地区维稳办抽调 1 名县级干部完成一线指挥部值班主任工作，抽调 1 名工作人员参加一线指挥部中心工作。

【社会治安综合治理】 全面贯彻“打防结合、预防为主、专群结合、依靠群众”的综治工作方针。成立由党政一把手任综治工作领导小组组长的司法处社会治安综合治理领导小组。调整充实综治、平安单位、反邪教工作、国家安全人民防线、扫黄打非等领导小组。强化对出租商品房和办公区域的服务管理工作，加强防火、防盗等安全生产工作，对流动人口做到底数清、情况明。加强车辆（私家车）的管理和驾驶员的交通安全教育管理工作，签定《车辆及驾驶员管理责任书》。根据人员变动，对“双联户”户长进行改选，完善《“双联户”服务管理工作实施方案》，并根据方案要求，层层签订责任书，建立工作台账，确保“双联户”活动的有效扎实开展。加强对商品出租房流动人口的服务管理工作，实行专人建档管理制度，建立工作台账，对承租人的户名、户主、经营项目、从业人员、办理流动人口计划生育工作相关证件等内容逐项登记在册，做到底数清、情况明。根据地委、行署和地委政法委的统一安排和部署，多次安排人员参加地区维稳督导组，深入部分县进行维稳督导；并结合全地区司法行政工作实际，多次组织司法处工作组对 12 个县司法局维稳工作和司法行政工作进行检查指导，平均每县达到两次以上。据统计：全年综治、维稳和“双联户”共投入资金共计 18 万余元。

【创先争优强基惠民工作】 地区司法处驻加查县冷达乡玛岗村、仲沙村第四批驻村工作队紧紧围绕自治区“五项任务”和地区“七项任务”深入扎实开展创先争优强基惠民工作。一是积极加强驻村工作队自身建设，为驻村各项工作的有效推进提供坚强保障。配合村第一支部书记强化对村“两委”班子的传、帮、带、导、扶和党员队伍建设工作。强化措施，严格落实“三大节日”“三月敏感月”“萨嘎达瓦”、雅砻文化节、西藏自治区成立五十周年等各敏感时期、敏感节点的社会面管控工作，确保两个村的和谐稳定。扎实开展法治宣传工作，玛岗村、仲沙村共投入2450元制作十八届四中全会和“六五”普法宣传展板。并配合地区“法律进万家”工作队共开展法律和惠民政策宣传65场次，悬挂横幅10条，受教育人数达3499人（次）。在元旦、春节、藏历新年、“3·8”“3·28”和西藏自治区成立五十周年纪念大会期间积极开展为民办实事活动，两个村开展慰问和同娱乐活动共投入经费8564元。为村委会及村民解决实际困难，先后从处机关争取经费10250元，驻村工作队员自筹资金1000元，用于村集体设施维修、困难村民慰问及贫困学生学费资助等。实地调研，认真申报《加查县玛岗村利民纺织品加工厂（村属经济合作社）》和《加查县仲沙村自来水入户工程建设》两个短平快项目。司法处两个驻村工作队共投入各项经费22264元。同时，积极配合地区强基办完成第五批驻村工作队员轮换工作，配齐配强驻村工作队员。

【普法工作】 法治宣传教育工作根据“六五”普法规划，及全地区中心工作，创新思路，完善机制，制定措施，明确责任，狠抓落实，使全地区法治宣传教育各项工作有序推进。根据地区司法处、地区民政局、地区法治宣传教育工作领导小组办公室《关于命名表彰2014年度地区级“民主法治村”决定》，对被评为地区级“民主法治村”的20个行政村授予牌匾，各发放3000元的奖金，共计6万元整。1月23日，深入琼结县加麻乡昌嘎村举行授牌仪式。结合实际制定下发《山南地区2015年普法依法治理工作要点》和《认真开展山南地区2015年开展文化科技卫生法律和爱国爱教宣传服务“五下乡”活动之“法律下乡”活动的通知》，转发《西藏自治区宣传部 区司法厅 区普法办关于开展“学习宪法 尊法守法”主题活动的通知》，并结合地区“法律进万家”活动，紧紧围绕“守法律、讲政策、爱祖国、感党恩、促发展、保稳定”这一主题，加强对《宪法》的宣传力度。2月14日，组成“法律下乡”小分队参加在扎囊县扎塘居委会举行的山南地区2015年科技、文化、卫生、法律和爱国爱教“五下乡”活动启动仪式。发放普法书籍600本，宣传册800份，宣传画300余张，普法扑克100份。积极参与配合并圆满完成在贡嘎县江塘镇江塘居委会举行的西藏自治区2015年文化科技卫生法律和爱国爱教宣传服务“五下乡”活动启动仪式。发放各类藏汉文法治宣传书/册600余本，漫画图片100余份，悬挂宣传横幅1条，设法律咨询点1个。协同地区强基办向全地区各驻村工作队发放《防范打击传销活动信用卡诈骗邪教组织和拐卖妇女儿童犯罪宣传手册》。根据地委宣传部的统一安排，选派法治宣传骨干深入扎囊、琼结、措美三县，为干部职工开展十八届四中全会精神讲座。根据地委政法委的安排，选派宣讲员为前来培训学习的12个县500余名村（居）干部开设法治讲座。协同地委政法委深入开展“法律进万家”活动。2名业务骨干作为“法律进万家”领导小组办公室工作人员。以地区普法办名义制定下发《山南地区“六五”普法自查验收实施方案》，根据安排，地区普法办对个别地直部门进行督导抽查，各县普法办对本县所辖乡镇、寺庙、学校以及县直单位的“六五”普法工作开展情况进行同步督促检查。6月8日，召开山南地区“六五”普法验收启动会。经地区法治宣传教育工作领导小组研究决定，分别从地区人大、地委宣传部、地委政法委、地区中院、检察分院、公安处、司法处等普法成员单位及12个县司法局抽调人员组成8个考评组，分别对地（中、区）直单位及12个县67家单位进行“六五”普法考核验收。7月，自治区“六五”普法验收组对地区普法办、质监局、工商局、邮政局、实验学校以及乃东、隆子、桑日、加查4个县的县直机关、县普法办、部分学校、企业和寺庙的普法工作进行全面的检查验收，得到考评组的高度肯定。紧扣“弘扬宪法精神，推动创新、协调、绿色、开放、共享发展”这一主题，协调相关部门深入开展“12·4”法治宣传活动。投入普法经费10万元印制藏汉双语版《中华人民共和国宪法》5万册，并在第一时间将双语版《中华人民共和国宪法》单行本呈送至地区四大班子各位领导手中，随后又将该读本免费向全地区12个县普法办和基层农家书屋，以及寺庙书屋予以发放，并要求各县普法办保证本县所有县级干部人手一册。同时，地区普法办还协同地区工会，向企业职工发放法律书籍 500 本。

2015 年全地区共开展各类法治宣传活动 900 余场（次），发放宣传资料 16 万余份，发放法律书籍 5.5 万余本，解答法律咨询 1100 余人（次），受教育人数达 21 万余人（次）。

【人民调解和刑释人员安置帮教工作】 全地区现有各类人民调解组织 931 个（行业性专业人民调解组织 50 个），调解员 4163 人。人民调解工作紧紧围绕全地区改革、发展、稳定大局和地委、行署的中心工作。认真做好“三大节日”“三月敏感月”“萨嘎达瓦”节、雅砻文化节、大庆等各敏感节点和日常的矛盾纠纷排查化解工作。结合矛盾纠纷排查化解工作，深入开展多种形式的法治宣传教育工作。建立并深入贯彻落实“三早、三移”矛盾纠纷排查调处机制。2015 年，共受理各类矛盾纠纷 145 件，调处 145 件。调处率 100%，调处成功率 100%。

地区现有刑释解教人员 256 人，其中刑满释放 248 人，撤帮 8 人，全部建立个人档案并纳入帮教对象。截至年底，共衔接刑释解教人员 17 人，安置就业 248 人，安置率达 97%，帮教率达 100%，重新犯罪率在 1% 以内。

【社区矫正工作】 根据《暂予监外执行规定》以及区党委领导就进一步加强区监狱保外就医罪犯的审查筛选和严格管理等工作的重要批示精神，按照司法厅的通知要求，司法处社区矫正支队积极与地区检察分院监所处沟通协商，共同对地区乃东县和扎朗县的监狱保外就医罪犯逐一进行审查核实。通过到社区矫正部门或乡镇、村居委会进行调阅档案、病历、疾病治疗诊断和入户走访，询问派出所、乡镇、村居社区矫正工作人员、双联户户长、保外就医罪犯在保外就医期间的思想动态、治疗情况、就医期限和表现情况等摸底调查，地区年内保外就医罪犯共有 6 人，全部按暂予监外执行相关规定进行保外就医，无超过保外就医期限暂时未办理续保手续的情况。根据《司法厅关于协调为罪犯暂予监外执行工作推荐医疗机构和医疗专家的通知》（藏司字〔2015〕37 号）要求，司法处以最高人民法院、最高人民检察院、公安部、司法部、国家卫生计生委联合下发的《暂予监外执行规定》（司法通〔2014〕112 号）为依据，积极与地区卫生局沟通协调并说明工作要求，经地区医疗主管部门和医疗机构帮助为地区罪犯暂予监外执行工作确定医疗专家两名。根据区司法厅关于做好社区矫正工作调研活动的通知精神，上半年由党组成员、副处长旦增率队深入错那、隆子、桑日、浪卡子、洛扎、措美等县和部分乡镇，对社区矫正、人民调解、刑释人员安置帮教工作开展综合调研。根据区司法厅《关于对符合特赦条件社区服刑人员进行再摸排的紧急通知》（藏司发电〔2015〕15 号）要求，及时召开会议，精心安排部署，准确把握特赦条件、程序和基本要求。对符合特赦条件罪犯的类型、人数和个人基本情况进行全面摸底排查，做到检查细致、情况掌握真实。通过排查山南地区有 2 名未成年社区服刑人员符合特赦条件，积极衔接协调，现已将 2 人纳入安置帮教对象。根据自治区司法厅社区矫正局相关部署，及时制定实施方案，认真做好自治区政府成立 50 周年大庆期间社区矫正对象的管控工作。地区社区矫正工作开展以来，矫正对象中无一人脱管、漏管，无重新犯罪人员。

【法律援助工作】 法律援助工作秉承“化解社会矛盾、创新管理方式、服务弱势群体”的工作理念，恪尽职守，热情服务，积极开展优质高效的法律援助工作。为有效维护妇女、未成年人等弱势群体的合法权益，积极构建妇女、未成年人法律援助工作长效机制。在司法部、区司法厅的大力支持和亲切关怀下，地区争取“1+1”法律援助律师 2 名，志愿律师 6 名，分别到乃东、扎朗、贡嘎、琼结、桑日、加查、隆子 7 个县和处机关开展律师服务工作。

经济综合管理

发展改革

【概况】 2015年，地区发改委认真贯彻落实中共十八大和十八届五中全会、中央第六次西藏工作座谈会精神，紧紧围绕地区经济工作会议确定的年度目标任务和“三个突出”“4321”的工作要求，牢牢把握“稳中求快”的工作总基调，准确把握宏观政策取向，坚定信心，顺势而为，以更高的标准、更强的措施、更硬的作风，切实推进各项工作的贯彻落实。七大主要经济指标（GDP、人均GDP、固定资产投资、财政收入、消费品零售总额、城镇居民人均可支配收入、农牧民人均可支配收入，下同）均实现两位数以上增长，“十二五”期间年均分别增长16.5%、15.4%、21.3%、23.7%、17%、11%、15.7%。财政收入占GDP比重、工业增加值占GDP比重、投资贡献率分别比“十一五”末提升2.7、3.3、3.6个百分点。七大主要经济指标分别完成“十二五”规划目标的107.2%、109.8%、180.7%、144.5%、100.3%、117.1%、112.7%。26项补助提标政策及时兑现，义务教育均衡发展、“两降一升”等工作走在全区前列，“双集中”目标圆满实现，自治区利民惠民、利寺惠僧“十件实事”全面落实，地区“十大民心工程”顺利推进。

【发展规划】 在全面评估“十二五”规划实施情况的基础上，起草“十三五”时期国民经济和社会发展规划的建议，并已经地委批准下发；编制“十三五”时期国民经济和社会发展规划纲要，已形成初稿。泽当镇国家新型城镇化试点得到国家发改委批复。山南统筹城乡发展示范区总体规划通过自治区人民政府批准；在各方共同努力下，基础设施加快建设，已入园、签订协议、正在洽谈企业10家。国家生态文明先行示范区有序推进，完成投资30.56亿元、占总投资的39.3%，53项指标中已达标的指标18项。“六个模范区”建设稳步推进，实现程度达到93.6%，基本建成和谐稳定、民族团结、生态美好三个模范区。起草上报《山南地区乃东县泽当镇国家新型城镇化试点实施方案》《山南地区发展改革委推广随机抽查规范事中事后监管工作实施方案》《山南地区争取自治区政策扶持和专项资金、项目扶持的意见》等，启动拉萨——山南一体化发展前期研究。

【社会固定资产投资】 针对新常态下经济下行压力不断加大的趋势，依托经济运行联席会议制度，及时对全地区经济运行情况进行分析研判，客观反映经济运行中面临的突出困难和问题，为地委、行署科学决策提供参考。地区“十二五”时期136项中（其中3项已转入“十三五”），已完工69项，在建67项，累计完成投资392.21亿元。初步形成地区“十三五”项目库，涉及项目2237个，总投资超过2108亿元，计划完成投资1400亿元。完成全社会固定资产投资145.91亿元，同比增长6.2%，其中，国家、招商、援藏、民间分别完成投资113.45亿元、19.58亿元、5.42亿元、7.46亿元，分别增长14.3%、

21.8%、17.6%、-57.2%。

【特色产业发展】 农牧林水完成投资20.73亿元,加大高标准农田、农牧业特色产业、防抗灾体系等建设力度。着力实施产业、品牌、商标特色农牧业“三推进”工作,粮油产量达到17.03万吨。新增电力装机37万千瓦,新增发电量9.25亿千瓦时。建成和在建太阳能光伏发电达到14万千瓦。《山南地区天然饮用水发展实施意见》出台并实施。优势矿产业、建筑建材、饮用水产业、民族手工和藏医药等产业加快发展。雅砻文化节成功举办,群众广场文化活动蓬勃兴起,《山南地区关于进一步加快旅游业发展的实施方案》出台并执行。

【民生改善】 完成38个居委会人居环境综合整治、24个村居政权示范点建设、2770户农村危房改造和4000户农村建筑节能示范工程。实施城镇保障性安居工程7477套,建设乡镇干部职工周转房3024套。自治区利民惠民、利寺惠僧“十件实事”全面落实。整合资金17.25亿元实施地区“十大民心工程”。26项补助提标政策及时兑现,扶贫开发成效显著,实现1.52万人脱贫。桑日、曲松、洛扎三县义务教育均衡发展通过国家验收,体育事业蓬勃发展。全民健康体验、“两降一升”、先心病患儿免费救治等工作走在全区前列。广播电视实际综合覆盖率达到97%以上。实施科技项目74个。全地区新增城镇就业0.56万人,城镇登记失业率控制在2.08%以内。社保参保31.06万人次。

粮食流通

【概况】 山南地区粮食局是管理全地区粮食流通和储备粮工作的行政职能部门,现内设办公室、财务科(调控科)、监督检查科三个行政科室和一个事业科室——粮油信息统计中心(粮油检化验室),核定行政编制9名、事业编制2名;全地区国有粮食企业14家(12县粮食局和地区粮食局直属企事业单位2家——山南国家粮食储备库和山南雅砻粮油购销公司);全地区从事粮食经营的非国有粮食经营户74户。

【粮食收购工作】 组织国有粮食企业坚持全年敞开收购农民余粮,加强对非国有粮食企业收购粮食的监督检查。严格粮食收购资质审核,狠抓旺季粮食收购工作,严守粮食收购“五要”“五不准”准则和收购工作纪律,宣传收购优惠政策,开展奖励收购、兑换收购等措施,全地区国有粮食企业全年收购粮食2749.9吨,其中:小麦2080吨、青稞669.9吨,为农民增加现金收入795.36万元。

【地区粮食市场和价格】 加强粮食市场监测和预警分析,结合市场动态落实供应措施,重点抓好节假日期间供应工作,确保地区粮食市场稳定。全地区国有粮食企业全年采购粮食4653.4吨,销售粮食5289.9吨,充分发挥购销主渠道作用,基本满足城乡居民粮食消费需求。抓好放心粮油供应,大力推进放心粮油工程建设,协调桑日、曲松、隆子三县政府解决44万元基层放心粮油配送工具资金,自筹资金99万元新建6个县级放心粮油店和1个放心粮油配送中心,全地区放心粮油经营网络建成率达64.3%,正式运营的山南地区国家粮食储备库放心粮油示范店和配送中心顺利通过自治区、地区两级验收,全年供应粮食1548.6吨、供应粮食品种达40种,在实现纯利59万元的同时切实做到便民、利民、惠民,服务民生能力进一步提高。按照行署专题会议安排,在教育部门大力支持和配合下积极推进放心粮油进学校工作,供应“三包”学生4.54万人,供应口粮2087.5吨,供应覆盖率达84.12%。抓好民生粮食供应,供应日喀则地震救灾粮食20.97吨,供应琼结县防抗灾粮食65吨,供应乃东县贫困户慰问粮食190吨,为救灾应急、改善民生发挥应有的职能作用。

【依法管粮工作】 夯实依法管粮基础,沟通各县政府解决预算64万元的基层粮食监督检查和流通统计经费,地、县粮食部门分别配备1名监督检查人员和2—4名专、兼职统计人员,配置计算机设备,为顺利开展依法管粮工作创造条件。开展依法管粮宣传工作，分别在粮食科技宣传周和世界粮食日期间加大资金投入力度，采取藏汉双语、群众喜闻乐见的方式，深入泽当主要街道、地直各学校、各县、各驻村点和居委会宣传粮食监督检查、流通统计职责和爱粮节粮知识，营造良好的依法管粮社会氛围。加强粮食质检建设，系统校对检验设备，全年抽样检测自治区储备粮样品16份和收购样品57份，对26种商品大米进行新陈度检测，为依法管粮提供科技支撑。开展库存交叉检查、原粮卫生和质量专项检查、粮食收购资格检查、储备粮管理检查，在联席会议机制下，联合工商、质监等部门加大粮食市场执法力度，全年开展联合执法5次，切实维护正常粮食流通秩序。认真贯彻执行《中华人民共和国统计法》和《西藏粮食流通统计制度》，加强统计培训，宣讲新的统计指标和填报要求；开展社会粮食供需平衡调查、粮食生产成本和收购数据调查、国家粮食统计数据直报、非国有粮食经营者经营台账检查和市场信息报送工作，及时汇总、编制、上报各类报表和统计分析报告，为宏观决策提供及时、准确、科学的依据。

【推进“粮安工程”建设】 认真开展粮食仓储设施GPS定位检查，全面掌握地区粮食仓储设施状况和布局。认真编制粮食行业“十三五”建设规划，梳理2016年申报项目和三年滚动投资计划，全面完成2016年10个申报项目和总投资163.2万元的山南地区雅砻粮油购销公司路面硬化及洛扎县仓库维修项目的前期工作，为项目实施和“十三五”开局奠定基础。开展粮食应急工作总结和评估，找准应急工作存在的问题，明确“十三五”期间粮食应急工作思路和措施，并如实上报应急工作相关报表。狠抓项目建设管理工作，实施投资358万元的公租房项目建设并顺利通过地区验收，协调财政部门解决窗帘、热水器等配套设施的安装，改善干部职工居住条件；实施粮食仓储设施维修项目6个（琼结、桑日、洛扎、浪卡子、扎囊县库和山南地区国家粮食储备库），新建粮食仓库4个（洛扎边巴乡库、桑日县库、山南地区国家粮食储备库建设和改扩建项目），总计落实自治区投资1963.02万元。建立地区和部门项目管理双重领导机制，认真落实领导责任制、项目法人制、招标投标制、工程监理制和合同管理制，切实加强项目实施管理和建设资金及财务管理，有效杜绝“双拖欠”事件，确保项目建设有序实施、“粮安工程”顺利推进。

【粮食流通领域改革】 推进粮食管理制度改革，结合党的群众路线教育实践活动和“三严三实”专题教育，修改完善机关考勤、请销假、车辆管理、工作督查等各项制度，督促所属2个企事业单位参照山委办〔2015〕66号文件完善正常福利发放等各项规章制度，使企业建立符合现代企业制度要求的劳动、分配、激励制度。推进粮食行政管理体制改革，向地区行署、编办等部门起草上报《山南地区粮食行政管理机构设置的请示》，提出地、县粮食行政管理机构设置方案，为地区机构改革宏观决策提供参考意见。推进财务管理制度改革，按照财政规定完成地区粮食局机关财务账户整合，按照财政监督检查工作组的要求整改规范财务管理办法，加大预算执行力度，年度预算执行率位居地直单位前5名，“三公经费”同比减少62.4%；第一期归还自治区企业改制资金300万元。深化国有粮食企业改革，推进县级国有粮食企业政企分开，全面完成县级粮食企业经营资质办理、挂牌经营等工作；办理雅砻粮油购销公司面粉“贡布日”商标注册和生产许可手续，并报国家工商总局审批；落实生产加工专业人员到内地和日喀则地区面粉厂实地学习加工技术的计划，积极打造面粉、食用油“两位一体”的粮油加工体系，企业发展基础不断筑牢。强化储备粮管理，做好“四无粮仓”精神弘扬、传承和评先推荐工作，推进粮情监测和质检体系建设，全面落实储备粮管理制度，切实加强储备粮日常管理，做好5004吨中央储备粮轮换和新增900吨自治区储备粮入库工作，动态管理地区储备粮，确保各级储备粮数量真实、质量完好、储存安全，自治区储备粮管理工作在年度考核工作中获得好评。

【粮食援藏工作】 进一步加大援藏工作衔接力度，5月和10月由主要领导带队2次到湖南、湖北、安徽三省粮食部门衔接粮食产销协作、援藏项目资金落实等事宜，取得丰硕成果。认真做好援藏设备接收工作，对国家粮食局援助的9台办公电脑和中储粮总公司援助价值81.88万元的储粮机械设备进行接收登记和入账处理。加大援藏资金落实力度，协调安徽省粮食局落实地区粮食局化验室土建项目资金65万元（总计到账115万元，尚有35万元未落实）。加大人才援藏工作力度，组织自治区储备库8名人员参加中储粮总公司储备库主任、仓储管理负责人培训，仓储管理水平进一步提高；派出2名人员到安徽参加粮食经营管理人员培训，基层企业经营管理水平明显提高。加大粮食产销协作力度，与中粮集团岳阳米业合作，购进价值384万元、共计600吨的大米，满足地区“三包学生”供应粮源和城乡不同层次粮食消费需求；与湖南金健米业签订价值180万元的粮食产销合作协议，建立长期、固定的粮食产销协作关系。

【粮食流通发展环境】 加强内部事务管理，做好公务员实名制管理和2名享受藏政发〔2012〕64号文件提前退休人员退休申报工作，落实公务员工资制度改革，加大党员结对帮扶力度和困难党员职工慰问工作力度，落实帮扶和慰问资金4.6万元，将党和政府对干部职工、困难群众的关心关怀落到实处。切实加强党风廉政建设，坚持“一岗双责”，全面落实两级班子和成员主体责任，将“三严三实”专题教育拓展到科级干部和局属企事业单位中层干部，加大中央“八项规定”落实和监督检查力度，党员干部作风明显改善，全年未发生腐败案件和违纪违规行为，顺利通过地区党风廉政建设考核验收。全力做好维护稳定工作，认真贯彻落实地委、行署、一线指挥部和地区发改委的维稳工作安排部署，加强值班备勤，强化储备粮库和储备油罐等重点部位巡逻值守，狠抓安全生产隐患排查和各项应急预案的落实，全面抓好综治和双联户管理工作，确保粮食系统平安稳定，综治工作相比去年取得明显进步，顺利通过乃东县验收。深化创先争优强基惠民驻村工作，积极支持第四批驻村工作队开展工作，投入后勤保障资金36.24万元，争取资金232.6万元在3个驻村点实施绵羊改良、优质青稞试种、青稞水磨加工、综合市场集体经济等项目建设，优质青稞试种比当地粮每亩增产65千克，促进基层发展和农牧民增收，被评为自治区驻村工作优秀组织单位。强化干部队伍建设，加大干部职工培养和能力建设，按照地区发改委党组要求优化干部结构，弥补岗位空缺，推荐3名科级干部任职，组织干部职工30余人次参加各类培训，稳定干部职工队伍，提高干部职工能力水平，为粮食流通工作发展创造良好的外部环境、提供坚强的组织保障。

工业和信息化

【概况】 根据《山南地区行署办公室转发关于印发西藏山南地区工业和信息化局主要职责内设机构和人员编制规定的通知》（山行办发〔2010〕38号），山南地区工业和信息化局内设5科1室，即产业规划科、运行监测协调科、中小企业科（非公有制经济办公室）、工业科（节能与综合利用科）、信息化科（无线电管理科）、办公室。核定人员编制总数18人，其中：行政编制8人，事业编制8人，后勤编制2人。

【“十三五”产业发展规划】 依托地区产业基础和发展优势，统筹区内外两个大局，委托四川大党社会经济咨询有限公司，开展“十三五”产业发展规划编制工作，详细规划全地区“十三五”期间一、二、三产业发展。贯彻落实自治区、地区关于加快发展天然饮用水产业的决策部署，组织两个工作组深入调研，基本摸清地区天然饮用水资源分布水质、水温、水量等情况，编写天然饮用水水源地调查评价报告和加快天然饮用水产业发展实施方案，规划未来十年可开发利用重点水源点13处，预测年出水量2.2亿立方米，可开采量1.1亿立方米，可开采率达50%。充分学习借鉴兄弟地市及内地先进经验，结合实际起草雅砻工业园区建设方案，协调工信厅将雅砻工业园作为自治区级工业园区报请自治区人民政府待审批，并将园区建设项目作为三年滚动投资项目报自治区工信厅，总投资达9亿元。

【项目建设】 加大对重点企业和重点项目建设的跟踪服务和协调力度，总装机容量达51万千瓦的藏木电站6台机组全部建成；加查电站、大沽电站建设工程进展顺利；乃东协合20兆瓦、中广核二期20兆瓦、琼结丰华10兆瓦太阳能光伏项目成功并网发电，全地区太阳能光伏装机容量达90兆瓦；措美装机20兆瓦、中电投二期装机20兆瓦、曲松装机20兆瓦的光伏发电项目有序推进；全年重点工业项目可完成投资41.1亿元，同比增长18.3%。编印天然饮用水招商引资项目简介，加强项目推介，吸引一大批企业来山南考察，年内，茅台集团已正式确定收购康达天然饮品有限公司；中力鼎盛投资有限公司拟选取桑日县比巴河、加查县崔久沟两水源点建设年产30万吨天然饮用水项目；西藏善水投资有限公司拟开发浪卡子县岗布沟矿泉水，正开展项目前期工作；西藏天穹第三极水资源开发有限公司已与扎囊县人民政府签订协议，拟选择扎囊县桑耶沟分四期建设100万吨天然饮用水生产基地。认真做好项目筛选、论证工作，建立健全优势产业发展指导目录，累计向工信厅上报扶持项目10个，拟申请扶持资金2500万元。起草《山南地区工业和信息化局“产业富民工程”实施方案》下发各县及34家重点监控企业，在各县推荐、组织人员实地核查的基础上，联合地区财政局、工商联召开评审会两次，拟采取无偿资助方式扶持9家企业，扶持资金730万元；采取贷款贴息方式扶持2家企业，扶持资金71.73万元。

【优化企业发展环境】 围绕行署关于建设乃东滴新村产城一体示范点的发展规划，加强与自治区工信厅的衔接汇报，积极争取政策、项目、资金扶持，全力服从和服务于行署建设江北工业园区的工作规划；开展银企对接活动，定期搜集并向各类银行推荐优势企业融资需求，缓解企业融资瓶颈；协助雍布拉康藏药厂上报制剂准字号审批资料30余份，自治区食药监局已正式受理20份，其中12份已获批准。举办泽贴尔印染培训班1期，培训人员达30人次，并实现全员就业。组织地区16家民族手工企业参加西藏自治区成立50周年产品展示和西藏自治区第二届藏博会，提升地区民族手工产品知名度，截至年底，全地区非公有制经济市场主体达到14868个，其中，登记注册私营企业1449家，注册资金134.04亿元，雇工人数5525人；登记注册个体工商户12497户，注册资金8.63亿元、从业人员23285人。全地区民族手工企业（农牧民专业合作社）达到70家，其中企业26家，农牧民专业合作社44家；从业人员达1800人，产值达4100万元，同比增长18%；销售收入2800万元，同比增长17%；利润1500万元，同比增长14%。

【运行监测】 建立健全工业经济运行分析制度，完善工业企业数据采集体系，每月对34家重点监控企业报送的月度报表进行汇总和分析，并3次深入到企业和重点县进行实地调研，及时向地委、行署报送调研报告和工业经济运行分析报告，切实加强对工业企业生产的监测调度，及时发现运行中出现的新情况、新矛盾、新问题，准确掌握重要生产要素储备情况，加强煤电油运的协调调度，保障重点行业和企业正常生产经营。全年完成工业产值24.65亿元，完成工业增加值11.09亿元，同比增长5.2%；规模以上工业企业完成工业产值19.4亿元，完成工业增加值8.16亿元，同比增长1.4%。

【信息化建设】 加强与自治区工信厅的沟通衔接，进一步加快电子政务网建设进度，各单位接线工作已完成80%。积极加强农村信息工作，在深入调研，认真培训的同时，全面完成217个农村信息服务站建设项目，地区农村信息服务站点达363个，占行政村总数的65.5%。积极配合有关部门，切实加强信息监管，有效防止各类考试期间有害信息的传输。进一步强化网络安全监管，地区三家通讯运营商落实电话和互联网用户实名登记率达到100%。

【节能减排】 坚持自治区提出的“三条红线”要求，强化企业技术创新主体地位，鼓励和支持提高创新能力。突出抓好企业节能行动，进一步加强项目审核管理，严格控制“两高”和产能过剩行业新上项目。全面加强工业企业节能环保工作的监督管理，华新水泥、华钰矿业顺利通过自治区工信厅组织开展的节能监察。制定《地区工业行业安全生产工作方案》和《地区民爆行业安全生产专项整治行动方案》，定期深入到高争民爆仓库企业检查，企业安全生产实现常态化、制度化，全年未出现一起安全生产责任事故。及时调整春运工作领导小组，指导客运企业科学安排运力，确保春运工作有序开展。

【驻村工作】 认真开展创先争优强基惠民驻村工作,圆满完成第四五批驻村轮换工作,第四批驻村工作队深入农户走访679人次,慰问困难群众36户,促成单位与所在村群众结对帮扶对子25对,帮助所在村进一步理清发展思路,健全村务管理机制,受到当地群众的一致好评。积极加强对上衔接,为浪卡子县伦布学乡苏格村开通电信服务基站,修建农用桥,进一步方便群众的生产生活。为群众解决抗灾饮料30吨,有效解决牲畜越冬难题,受到基层群众的一致欢迎。认真落实地委关于第一书记轮换要求,安排1名年轻干部赴浪卡子县卡热乡最堆村担任第一书记,着力抓好村级组织建设。

【作风建设】 认真落实党风廉政建设责任制,层层签订工作责任书;紧密结合"三严三实"专题教育,定期组织党员干部学习党风廉政建设各项规定,切实打牢拒腐防变思想防线;通过制作办事指南,明确办事流程,实施政务公开等制度,进一步方便外来办事人员,提高工作透明度;通过健全和完善各项规章制度,形成务实管用的制度体系,力求将权力关进"制度的笼子";加强干部作风和工作落实督办检查,重点整顿迟到早退、中途外出办私事、在岗不尽责、工作拖拉等突出问题,干部作风明显转变,工作效率和质量明显提高。

国有资产监督管理

【概况】 截至年底,地区国资委监管的6家国有企业实现销售收入31519万元,同比减少8.1%,盈亏相抵后实现利润2923万元,同比增长68.3%;应交税金1897万元,同比增长18.9%;企业资产总额达11.999亿元,所有者权益7.63亿元。

【工作思路】 根据地区实际,提出"双十亿"工程和"2346"工作思路。"双十亿"工程即:未来3—5年内,江南矿业通过上市和找矿工作,资产总额达到10亿元;通过并购重组,组建山南地区建工集团,集团工程结算收入(营业收入)达到10亿元。"2346"工作规划即:到2020年,培育2家资产总量超过10亿元的企业集团;监管企业利润总额达到3亿元,是"十二五"末的3倍;营业收入达到20亿元,是"十二五"末的4倍;企业职工平均工资实现稳步增长,力争到2020年达到6万元以上。

【增资扩股工作】 根据行署下发的市政公司和长盛路桥公司的产权划转批复,按照产权划转的相关程序,将市政公司和长盛路桥公司的产权无偿划转到地区国资委;在完成资产评估和审计报告的基础上,完成建工总公司及下属分公司的公司制改革变更登记,将长盛路桥、雅砻工矿、市政公司的评估后净资产整体注入地区建工有限责任公司,实现增资扩股。

【划拨土地作价投资(入股)】 根据《国资委监管企业划拨土地作价投资(入股)工作方案》,在充分征求国土、规划和测绘、评估公司意见的基础上,基本完成监管企业划拨土地作价投资(入股)工作,已全面进入重新办证阶段。启动县属国有企业划拨土地变性为出让用地工作,已进入审核资料阶段。

【集团公司挂牌注册工作】 资产评估审计工作、股权划转工作、建工总公司及下属公司的改制变更工作、股权注入工作都已完成并通过专家评审,完成工商登记,待地委、行署确定集团公司的领导人员后,完成集团公司的挂牌注册工作。

【棚户区改造工作】 为做好山南地区国有企业棚户区(危旧房)改造工作,解决棚户区居民居住条件,根据自治区国资委《关于编制全区国有企业棚户区改造规划的通知》(藏国资发〔2014〕29号)的文件要求,对委属地直各监管企业及12个县属国有企业棚户区改造情况进行统计,并征求地区发改委、财政局、国土局、住建局等部门意见后形成《山南地区2014年—2017年度国有企业棚户区改造规划》,并已上报自治区国资委,待自治区政府下发文件后实施。

【企业安全生产和维护稳定】 国资委把安全生产、维护稳定等工作摆在重要议事日程,取得明显效果。

各企业全面实行维稳、安全生产工作“一把手”负总责制度，一级抓一级，层层抓落实，及时开展矛盾纠纷排查，确保企业的安全稳定，加大安全设施投入，层层落实安全生产责任制，实现安全生产“双零”的目标任务。国资委系统15个驻村工作队在高危期组织巡逻队24小时不间断巡逻1300人次，使驻村点维稳工作不留死角、不留盲区、不留空白点，确保维稳高危期间15个驻村点和谐稳定。

【“三严三实”专题教育】 在抓好国有企业改革发展稳定的同时，县级以上领导干部讲党课5场，开展学习研讨4次，共查摆出问题17个，已整改15个，广大党员干部理想信念进一步坚定、党性修养进一步提高、工作作风进一步转变；第四批驻村工作中，国资委系统15个驻村工作队，共投入资金300余万元，为民办实事办好事170余件，争取项目17个；组织国资委28名在职党员到社区报到服务，组织党员干部与38户农牧民群众结对认亲，积极帮助社区居民讲解法律法规以及强农惠农政策，察民情，解民忧。

【党建和党风廉政建设】 为落实国资委党委党风廉政建设责任制，国资委党委与各监管企业负责人签订党建、党风廉政建设责任书，并层层分解，将党风廉政建设的任务、要求、责任逐级落实，形成上下贯通的责任体系，构建有利于国有企业发展的惩治和预防腐败体系。落实国有企业领导人员廉政责任，认真学习《中国共产党廉洁自律准则》《中国共产党纪律处分条例》，严格执行中央“八项规定”、自治区“约法十章”、地区“十项规则”等各项规定。严格把关，做好企业党员发展工作，2015年，委党委审批吸收预备党员11名，审批预备党员转为正式党员4名。

财政

【概况】 全地区一般公共预算总财力为126.6663亿元，其中：一般公共预算收入完成11.6027亿元，为年初预算的121.4%，同比增加1.7386亿元，增长17.62%；自治区下达转移支付114.7659亿元，同比增加48.5139亿元，增长73.2%；一般公共预算历年结余0.2112亿元；政府性基金调入一般公共预算资金0.0865亿元。

全地区一般公共预算支出完成121.841亿元，增长58.8%，补充预算稳定调节基金2.2124亿元，结转下年支出2.6129亿元。

全地区政府性基金总财力为2.2597亿元，其中：政府性基金收入完成0.4736亿元，为年初预算的238.3%，同比下降45.4%；自治区下达政府基金补助1.283亿元，同比增加0.241亿元，增长23.1%；政府性基金上年结转0.5896亿元；政府性基金调出资金0.0865亿元。

全地区政府性基金支出完成1.6236亿元，同比增加0.0961亿元，增长6.3%；结转下年支出0.6361亿元。

全地区国有资本经营预算收入0.0172亿元，国有资本经营预算支出0.0172亿元。

全地区社会保险基金收入6.376亿元，为年初预算的125%，同比增长22.01%。全地区社会保险基金支出4.8418亿元，同比增加0.9342亿元，增长19.29%，当年收支结余1.5342亿元，年末滚存结余9.0696亿元。

【财政宏观调控】 截至年底，争取自治区基本建设项目资金97.75亿元，地方政府债券资金1.1亿元，本级财政对重点项目投资10亿余元，投入援藏资金15.61亿元，投资公司垫资项目前期经费4.9亿元，重点支持交通、水利、医疗卫生、文化教育等重大民生工程建设。地区财政累计安排中小企业发展专项资金9793万元，扶持中小企业成长；建立中小微企业风险补偿机制，2015年，地区本级安排中小微企业贷款风险补偿金500万元，帮助缓解中小微企业融资难等问题。积极落实减免、取消行政事业性收费及所得税优惠政策，截至年底，共免除各种税费8000余万元，优化企业发展环境。地区财政投入专项资金10.4亿元，支持招商引资企业发展壮大，激发经济发展活力。

【发展社会事业】 截至年底，全地区与民生相关的支出达到83.6亿元，占财政总支出比重由2010年的50%提高到69.4%，年均增长4%。投入教育资金66.69亿元，其中，投入48.04亿元主要落实“三包”经费、学生营养改善等经费；投入11.5亿元重点实施基层薄弱学校改造等教育基建项目；地县两级财政投入7.15亿元，重点用于改善教育教学条件、资助农牧民子女上大学等工作，以最大限度支持教育事业发展。医疗卫生和计划生育支出达到24亿元，人均基本公共卫生服务经费从2010年的27元提高到2015年的50元、新农合财政补助标准由2010年的180元提高到420元、城镇居民医保财政补助标准由2010年的180元提高到380元；城乡医疗救助对象近4.8万人，发放救助资金1.02亿元；投入就业资金2.45亿元，落实就业政策，支持公共就业服务工作；筹措缴费补贴3.32亿元，发放基础养老金2.07亿元，18.23万人享受城乡居民基础养老金，2015年企业离退休人员月人均基本养老金达到3740元；城镇居民低保由2010年的每人每月320元提高到2015年的590元、农村低保由2010年的每人每年1300元提高到2350元；农村五保分散供养年人均补助由2010年的2000元提高到2015年的4400元。投入保障性住房建设资金9.68亿元，新建周转房4962套、廉租房1968套、公租房5860套、棚户区改造3945套、乡镇周转房3024套，有效解决城市低收入群体及干部职工住房困难问题；筹措资金9.3亿元，实施生态文明小康示范村等工程；修建安居住房41889套，改善农牧区住房条件。“十二五”期间地区本级财政安排资金1275万元对农牧民安居工程贷款进行贴息。全地区财政文体传媒事业费支出达到8.59亿元，其中2012年以来地区本级筹集资金1.03亿元，为创建国家公共文化服务示范区提供财力支持；投入3.06亿元，实施农村电影放映、文化信息资源共享、乡镇综合文化站、农家书屋等文体惠民工程建设；投入0.95亿元，支持雅砻文化节等大型群众文化活动，丰富干部群众业余文化生活；投入1.69亿元支持藏王墓等文物古迹保护和修缮以及非遗传承工作。全地区“十大民心工程”支出86.98亿元。地县财政整合资金19.3亿元支持“十大民心工程”建设，其中，教育强基工程2.1亿元、科技引领工程0.06亿元、文化提升工程0.7亿元、卫生改善工程1.7亿元、扶贫帮困工程3.1亿元、产业富民工程1.3亿元、美好家园建设工程1.6亿元、社会保障工程3.1亿元、便民服务工程3.6亿元、基层基础强化工程2.3亿元。

【统筹城乡发展】 全地区发放粮食直补、农机具购置、家电家具下乡等各类农业生产补贴共2.59亿元，有效调动农牧区群众发展农业生产的积极性，促进农民直接增收。共投入17.25亿元，支持农村公路建设；投入6.31亿元用于小农水建设；投入0.95亿元支持农牧区安全饮水工程建设；投入3.6亿元用于农牧区环境保护项目建设。投入扶贫资金12.27亿元，实施高寒边境山区脱贫解困等一批暖人心、得民心的德政工程；累计投入农牧区危房改造资金2.7亿元，帮助解决13998户农牧民住房困难问题。地县财政共投入7838万元，支持35个基层政权示范点建设。

【财政改革工作】 完善公用经费定额标准体系，建立地直部门正常运行经费保障机制；规范预算编制程序，完善并实行“两上两下”的预算编审程序；稳步推进预算公开，有41家地直单位和120家县直单位向社会公开部门预决算和“三公”经费；地区本级试编国有资本经营预算，形成包括一般公共预算、政府性基金预算、国有资本经营预算及社会保险基金预算的政府预算体系。全地区93家（含12个县）预算单位、3家财政代编管理单位全部实施国库集中支付改革，实现“横向到边，纵向到底”的改革要求；启动地区本级财政资金电子支付改革试点工作，为构建安全高效、功能完备的现代国库管理体系奠定基础；加强存量资金管理，收回存量资金1.06亿元。加大财政借款清理催收力度，2015年收回、处理以往年度财政借款2.7亿元。地县两级财政加大乡村财务人员的业务培训力度，同时制定出台有关“乡财县管乡用”实施细则和“村财乡管村用”财务管理办法等，有力促进乡、村级财务管理规范化。全地区政府采购规模达到6.34亿元；全地区共实施投资评审项目1119个，涉及金额56.33亿元，审减资金7.34亿元，审减率达到13%。严把资产购置和处置两个关键环节，确保国有资产保值增值。2015年底，地区国有资产总额达到43.45亿元，公务替换车辆拍卖收入达到2715万元。

商务

【概况】 山南地区商务局内设办公室、政工人事科、计财科（对内称科，对外称地区盐务局）、烟草专卖局、外经科（对外经济贸易合作局）、医药管理局、物资局、供销合作社科8个科室，共有编制24人，下设地区医药公司、地区外贸公司、地区物资经销公司、地区商贸总公司4家科级法人企业。

【社会消费品零售】 地区社会消费品零售持续快速增长，增速居全区第二，2015年全地区流通企业实现社会消费品零售总额40.1亿元，同比增长11.2%。成品油共销售72366.58吨，同比增长19.13%，液化气1729吨，同比增长1.15%。雅砻文化节期间，成功筹办山南特民族手工艺商品展销会，7天接待顾客5万人次，成交额达1200余万元，为增加农牧民现金收入提供平台。

【商品市场运行监管】 继续巩固万村千乡市场工程建设。截至年底，已完成20个配送中心，15个乡镇商贸中心建设，新建和改造标准化农家店878家，农家店实现行政村全覆盖。加大对报废汽车市场的监管力度，做好报废汽车定点拆解相关工作，现已完成93辆强制报废汽车的回收拆解工作，并及时兑现通过审核的报废汽车补贴资金。狠抓商品市场运行监测、预测、预警机制，确保全地区商品市场监测网络和应急调配机制的正常运转，重要商品市场供应不脱节，不断档，针对"三大节日"期间地区牦牛肉价格上涨情况，年底前在地区投放惠民牦牛肉，以达到平抑节前市场物价，保证低收入群体买到价廉物美的平价牦牛肉的目的。强化"碘盐推广"工作，已将全地区农牧区碘盐配送计划分配给各县，盐业公司已完成向各县的碘盐配送100%；

【商贸服务】 继续推进家电家具下乡工程，按照《西藏自治区商务厅 西藏自治区财政厅关于购买家电、家具补贴政策的通知》（藏商发〔2014〕199号）和自治区家电家具补贴工作座谈会精神，及时向行署重要领导进行汇报，召集12个县分管县长和商务局局长召开工作座谈会，制定完善《山南地区家电家具补贴工作实施方案》，并将补贴资金按农牧民比例下拨各县，为地区更好地开展此项工作奠定基础。做好早餐示范工程。地区已有2家早餐馆列为早餐示范工程，已投入使用。商务部项目支持的4家家政服务公司和1家家政网络服务平台已运营，有从业人员120名。推进电子商务工作，起草《山南地区加快电子商务产业发展的实施方案》。地区现代物流业发展迅速，圆通、中通、宅急送、申通、韵达、顺风等快递公司已落户，服务区域覆盖12县城，满足地区城乡快递物流的需求。

【规范市场秩序】 扎实推进商务综合行政执法，发挥"12312"商务投诉服务综合平台作用。针对6.10、8.12安全生产事故，加强对全地区各加油站、加气站的安全监管，截至年底，出动执法9次，出动人员360人次，检查商贸网点129个，查处违法经营15起，已下令立即整改。加强屠宰市场信息监测和屠宰执法检查工作，严厉打击私屠乱宰和病害猪、病死猪非法交易行为。

【"三严三实"专题教育】 班子成员按照中央、自治区、地区开展"三严三实"专题教育活动的要求，结合商务实际，制定《山南地区商务局开展"三严三实"专题教育活动实施方案》，成立领导小组，根据学习计划，认真开展活动，现已召开专题学习会5次，集中理论学习会12次，完成严以修身、严以用权两个专题讨论，并对照本职工作，通过召开意见建议征求会、发放意见建议征求单，谈心交心、基层访问等形式征求意见建议，形成整改清单，对照整改，将本项活动抓紧、抓好，落到实处

【项目推进】 2015年在建项目3个，总投资7829万元的山南地区商贸中心和家具市场建设项目，监理招标工作已完成，现着手项目主体工程招标工作。总投资710万元的贡嘎县供销合作社综合交易市场建设项目，主体建设已竣工，并交付使用；总投资1000万元的山南地区乃东县电子商务平台建设项目

和总投资1850万元的贡嘎县争创电子商务进农村综合示范县项目，均已通过专家组项目评审。隆子县综合市场建设项目将此项目列入2016年中央预算内投资计划报送区发改委，将按要求做好项目的各方协调工作。完成申报2015年农业综合开发供销总社新型合作示范项目2个，其中总投资各156万元的贡嘎县康松传统民族服饰专业合作社升级改造项目和贡嘎堆氆氇改扩建项目已通过评审。总投资300万元的错那县勒布茶叶田产供销建设项目和总投资300万元的错那县勒布荞麦产供销项目已完成评审。国家扶持50万元的贡嘎县庆源菌业食用菌推广资金项目已通过验收。

审计

【概况】 2015年，山南地区审计局定编44名，其中：行政编制38名，事业编制3名，后勤事业编制3名。局领导职数6名（含副县级总审计师1名）；内设行政机构副县级领导职数1名，科级领导职数19名；事业单位科级职数2名。实有在职干部职工45人。内设9个行政机构和1个事业机构，均为正科级建制，分别为办公室、法规科、财政金融审计科、行政事业审计科、社会保障审计科、经济责任审计处、固定资产投资审计科、经贸外资审计科、农业与资源环保审计科；1个事业机构，即审计信息中心，为全额拨款的事业单位。

【审计成果】 2015年，共实施17个审计（审计调查）项目，完结12个项目的审计（审计调查），完成年度计划的150%（年初拟定审计计划8个）。审计查出主要问题金额39773.33万元，其中：管理不规范资金38553.33万元，违规资金1220万元。移送处理案件4起，针对存在的问题，就进一步规范财务处理、建立健全内控制度等方面提出审计建议53条。

【县级财政审计】 对贡嘎县人民政府2014年度财政预算执行和其他财政收支情况进行审计（含2014年度“三公经费”政策执行及压缩情况专项审计调查），审计查出主要问题金额34072.64万元，其中：管理不规范资金33601.1万元，违规资金471.54万元。移送处理案件2起，涉及2人，提出审计建议6条。

【经济责任审计】 受地委组织部委托，有重点地对5个部门主要领导任期经济责任履行情况进行审计（含区审计厅组织异地交叉经济责任审计），通过审计，查出主要问题资金551.66万元。其中：违规资金50.6万元，管理不规范资金501.06万元，提出审计建议13条。

【专项资金审计】 对2014年各类城镇保障性安居工程和农发、扶贫专项资金的投资、建设、分配、运营等情况及山南地区教育“三包”经费专项资金和2015年雅砻文化节经费进行审计。查出主要问题金额5145.69万元，其中：违规资金364.41万元（上缴地、县两级国库资金），管理不规范资金4781.28万元，移送处理案件1起，提出审计建议29条。

【固定资产投资审计】 对山南地区2013年民政救灾物资储备项目进行审计（含12县），重点对高寒边远乡镇救灾仓库点建设管理情况进行实地查看，查出主要问题金额3.34万元（管理不规范资金），就规范整合项目等行为提出审计建议5条，移送处理案件1起。

外事

【概况】 山南地区外事办公室内设综合科、礼宾接待科、边境管理科、涉外项目科、出国境管理科五个科室，核定编制总数16名。2013年，经地委组织部批准，出国境管理科加挂侨务科合署办公。

【业务工作】 始终按照“计划周密、安排有序、职责明确、协调配合、内紧外松”的要求，精心制定接待方案，注重接待细节，积极配合自治区外侨办认真做好礼宾接待工作，全年共接待内外宾8批40人次，批次较上年同期增加60%，人次较上年同期减少0.7%。坚持把外事接待与涉藏外宣工作有机结合起来，重点向国内外客人宣传介绍山南地区改革开放成果和发展变化，进一步提高山南地区的知名度和影响力。

【边境调研】 5月26日至31日，组成边境联合调研组深入隆子县加玉乡、准巴乡、斗玉珞巴民族乡、三林乡、扎日乡开展为期6天的边境调研工作，进一步准确了解和掌握地区隆子县边境一线通外山口实际走向、边民思想动态、反蚕食工作开展、边境政策与法规、惠农支农政策落实等情况，边境地区资料得到进一步完善，边境调研深度得到加强，边境调研报告得到地委主要领导和区外侨办的很高评价。同时，积极配合外交部和自治区外侨办做好不丹首相赴中国不丹争议地区视察情况的跟踪掌握。

【党建工作】 坚持把党建工作摆在突出位置，列入重要议事日程，坚决落实党建工作责任制，强化活动阵地建设，扎实推进党建工作上水平。专门召开党建工作会议安排部署2015年党建工作要点，及时充实调整办党支部成员，周密部署，明确职责，合理分工。落实党建工作责任制，签订机关党建工作目标责任书，不断增强机关党支部书记抓党建的责任意识。强化经费保障，克服经费紧张实际困难，把机关党建活动经费列入单位财务计划，做到实报实销，确保机关党组织建设工作扎实推进。重点加强机关党支部活动场所软硬件建设，完善活动场所配套设施，制定相关管理运行制度，机关党建活动阵地基本实现"六有"。办党支部全年共组织党员学习12次，参加党员100余人次，参观警示教育基地2次。认真落实党员发展长期规划和年度计划，注重培养和发展党员，严格入党程序，严把党员入口关，不断壮大党员干部队伍，1名预备党员已转正，已发展预备党员2名。进一步推进党内民主，完善党务政务管理，提高党务、政务活动的透明度，落实党员干部和群众对党内事务、政务活动的知情权和监督权，实行党务政务公开制度，对党组、党支部重大决策建议、办行政经费收支等情况进行公示。

【党风廉政建设】 从加强学习教育、强化日常管理和完善廉政制度入手，采取切实有效的措施，狠抓党风廉政建设各项工作的落实，将党风廉政教育列入全年学习计划，全面推进廉政文化建设。以廉政文化进机关活动为契机，采取举办党组书记廉政讲座、集体观看警示教育片、廉政文化大家谈等形式使广大党员干部坚定理想信念、坚定政治立场和牢固拒腐防变意识。加强组织领导，办领导及时召开专题会安排部署党风廉政建设工作要点，做到党风廉政建设工作与行政业务工作同安排、同布置。加强党风党纪、廉政法规、廉洁自律教育，牢固树立"红线"和"底线"思想。组织党员干部及时学习中央、区党委、地委廉洁从政的有关规定和涉外工作纪律等法律法规，不断筑牢不想腐、不能腐、不敢腐的拒腐防变思想道德防线。从严控制"三公"经费支出，加强公车规范管理，严格公务接待活动，坚决整治公车私用、超标准接待等违规行为。严把因公出国（境）初审关，对因公出国（境）出访内容、团组、人员、经费使用等进行严格审核和监督管理，做到勤俭办外事。

【维稳综治工作】 始终把维护社会稳定和社会治安综合治理工作作为一项重要工作，坚持以"三不出、三稳定"的总体目标，认真贯彻落实地区维稳和社会治安综合治理工作的一系列文件精神和领导讲话精神，把维稳综治工作纳入重要议事日程。严格执行24小时值班带班制度和"零报告"制度，保证岗上有人，做好外来人员的盘查、登记。进一步完善车辆管理制度，切实加强公务用车、私家车辆的管理工作，预防道路交通事故发生。加强单位内部治安防范和消防安全生产工作，切实做好防火、防盗、防破坏、防失泄密、防治安灾害事故工作，努力消除引发各类事故的隐患，确保单位内部安全稳定。

【强基惠民活动和"法律进万家"工作】 "三大节日"期间，在办领导的大力协调沟通下，为全村70户村民发放大米和砖茶，为20户贫困户额外发放被子、棉衣、棉裤和胶靴等价值40000余元的慰问品。为驻村点患有胃癌及病毒性慢性乙肝的村民小扎西共募集到治疗资金18190元。召开村"两委"班子确定2015年"短平快"项目即修建林堆村农田围墙。年底，第四批驻加查县林堆村工作队被评为"山南地区创先争优强基础惠民生活动”先进工作队；驻村工作队队长被评为“自治区创先争优强基础惠民生活动”先进个人。

在“法律进万家”活动中，围绕村（居）实际，针对林堆村部分村民将村集体财产私有、村委会召开会议组织纪律和时间观念差、村车辆较多及上访事件时发等问题，重点对《中华人民共和国土地管理法》《村规民约》《中华人民共和国道路交通安全法》和《信访条例》作重点宣传和解读。针对杰德秀居委会村民人口及外来人员多、商铺较多、辖区有寺庙的特点，重点宣讲《中华人民共和国土地管理法》《中华人民共和国治安管理处罚法》《中华人民共和国食品安全法》《中华人民共和国安全生产法》《藏传佛教法律法规读本》等内容。这些有效的做法使宣讲工作有实质性的效果，增强群众的法制意识、公民意识和国家意识，受到农牧民群众的一致好评。法律宣讲与解决群众问题相结合。林堆村宣讲组协助村“两委”起草完善《林堆村村规民约》，民约共计十一章，五十多条，内容涵盖社会治安、土地管理、林地管理、邻里关系等。杰德秀宣讲组通过加强对双联户户长的法律知识教育培训工作，不断提高双联户户长的法律知识水平，把双联户培养成为一支扎根在基层群众中“永不走”的法律宣讲队伍。截至年底，派驻的两个宣讲组共开展各类宣讲活动310次，其中集中宣讲48次，入组宣讲87次，入户宣讲175次，受教育群众达3000余人次。驻林堆村宣讲组组长被推荐为加查县“法律进万家”活动先进个人；驻杰德秀镇杰德秀居委会宣讲组和组长分别被推荐为山南地区“法律进万家”活动先进集体和先进个人。

【因公出国（境）管理】 认真贯彻落实中央“八项规定”、区党委“约法十章”和地区“十项规则”，严把因公出国（境）初审关，严格对因公出国（境）出访内容、团组、人员、经费使用等进行审核，做到无实质内容不初审。全年共办理因公出国（境）初审10批16人次。批次较上年同期增加42.9%，人次较上年同期减少55.6%。加强因公出访团组和人员行前外事纪律教育，会同地区国家安全机关对共青团山南地委和人大地区工委参加“山南地区代表团赴泰国调研访问团组”共计10人进行行前教育。

【境外非政府组织（NGO）监管工作】 建立和落实境外非政府组织（NGO）日常跟踪监督、活动开展备案登记、年度综合调研等制度，加强防范渗透破坏工作力度，及时跟踪掌握境外非政府组织（NGO）和中方雇员动态，切实做到行之去向，动之轨迹。充分发挥涉外项目协调领导小组办公室的作用，牵头召开境外非政府组织协调会。加强境外非政府组织（NGO）工作调研，联合地区公安、安全部门于8月25日至31日集中对乃东、贡嘎、扎囊、桑日、曲松、措美、琼结7个县的境外非政府组织（NGO）进行回访和摸底排查，查找存在问题，认真思考对策建议，形成并上报专题调研报告。调研报告得到行署主要领导的高度评价，并作出批示。

【友城友协工作】 推动与尼泊尔巴德岗市建立友好城市工作，2015年，应邀成功组团调研访问巴德岗市，初步达成建立友好城市关系意向，已签订建立友好城市关系电子备忘录。同时，关注尼泊尔震后重建工作，落实地委、行署对尼泊尔“4·25”地震巴德岗市20万元援助。

【涉藏侨务工作】 加强与自治区外侨办的汇报衔接，配合自治区外侨办开展涉侨活动。9月18日至23日完成“国侨办·暨南大学侨爱工程—送温暖医疗队”山南行侨务品牌活动，开展医技培训、义诊和发放药品等工作。

安全生产监督

【概况】 山南地区安全生产监督管理局成立于2005年，成立之初为政府直属的副县级单位，2010年机构改革后升格为正县级单位。单位内设办公室、政策法规科、监督管理科、执法支队、应急救援指挥中心和教育培训中心6个科（室），全局编制为23人，实有23人（其中1人为援藏干部）。

【安全生产指标控制情况】 全年共发生各类事故54起，死亡23人、受伤71人、直接经济损失47万元，其中：道路交通事故47起，死亡21人、受伤69人，直接经济损失46万元，火灾事故5起，无伤亡，直接经济损失1万元；工矿商贸事故2起，死亡2人、受伤2人。全年没有发生特别重大事故，发生重大道路交通事故1起、较大道路交通事故1起，事故起数和死亡人数分别占控制指标的35.5%和46.9%，事故起数、死亡人数、受伤人数、直接经济损失同比分别下降23.9%、下降11.5%、上升1.4%、下降70.4%，各项指标进度可控。

【安全责任落实】 为认真履行属地管理、综合监管和行业监管职责，与13个统计单位、19个行业监管部门逐一签订年度安全生产目标责任书，各县与乡（镇）、村（居）组，各部门与下属单位、企业也层层签订责任书，对安全生产指标、责任与重点工作任务进行细化分解，确保有人抓、有人管。针对安全生产重点工作，及时成立领导小组，制定方案，明确责任部门和责任人，确保专项行动取得实效。及时调整充实市安委会组成，明确各成员单位职责。狠抓地、县、乡、村“五个全覆盖”，6月底，全市按计划全面实现“四级五覆盖”，地、县安委会主任均由政府主要领导担任，均出台相应规范性文件，82个乡（镇）、554个村（居）全部成立安委会或安全生产工作领导小组并由行政一把手任主任或组长，配备乡、村安全监管员与信息员，初步构建权责统一的安全生产立体监管体系。督促企业严格落实主体责任，加大安全投入，强化教育培训，中等规模以上企业“五落实、五到位”基本覆盖。

【宣传教育】 以宣传贯彻安全生产法为重点，集中各方力量，发挥媒体作用，围绕重要时段和节点，认真开展安全生产“六进”和“安全生产月”“安全生产山南行”活动，在不同领域开展“安全第一课”“安全进万家”“送安全进企业”等活动。抓住强基惠民、党员报道服务社区、法律进万家等活动契机，深入乡、村、企业向广大群众和从业人员面对面宣讲安全生产基本知识。全年共组织各类宣传60余次，开展走村入户宣讲1500余次、进企业专题宣讲7次，发放各类宣传资料12万余份，接受群众咨询2100余人次，发送宣传短信80余万条，举办2期监管人员业务培训班，1期企业负责人与安全管理人员培训班并邀请到湖北省安全生产专家前来授课，协调对口援助省在安徽省举办1期监管业务骨干培训班，在全区率先制作安全生产专题公益广告并在山南电视台全年滚动播放，效果良好。

【执法检查】 按照“全覆盖，零容忍，严执法，重实效”的原则，以排查治理隐患和打击非法违法行为为重点，开展“打非治违”、安全生产大检查和大检查“回头看”“重拳治安”“一检查两整治”、安全隐患排查整治、职业健康专项检查、非煤矿山和危险化学品领域专项整治等行动，对非法违法生产经营建设行为坚决落实“四个一律”措施，从严处罚，进一步规范安全生产秩序、净化安全生产环境、提升安全生产水平。全年共组织开展各类检查290余次，检查生产经营单位9500余家次，排查隐患11000处，当场整改9672处，限期整改1328处，整改率94%，停产整顿非法违法企业6家，罚款10.2万元，下达整改责令29份。“6·10”“10·30”事故发生后，立即按照山南地委、行署安排部署，针对道路交通开展专项整治，加强国省干道、旅游重点道路、江北公路、加桑公路等重要路段的管控，增设检查站（点），严格落实“两限一警”措施，严密排查整改事故隐患，维修完善交通安全设施。“7·5”事故发生后，立即组织对全市建筑施工项目进行地毯式排查，做到不漏一个、不留死角，全年建筑施工项目没有发生亡人事故。“8·12”事故发生后，深刻吸取事故教训，针对加油站、液化气站、烟花爆竹批发企业、民用爆炸物品使用单位开展一次全面排查，坚决消除隐患，全年危险化学品领域零事故。

【督导检查】 采取“随机抽查，临时选点，不听汇报，直插现场”的方式，持续加大督导检查和明察暗访力度。全年共开展各类督查检查34次、明察暗访11次，检查生产经营单位195家次，排查隐患206处，当场整改203处、限期整改3处，停工整改企业2家、罚款4万元。“6·10”事故发生后，地委成立6个由地级领导带队的督导组，包县进行为期

2周的督导检查，切实消除了隐患，杜绝再次发生类似事故。针对自治区安全生产大检查第四督导组2015年4轮督导检查排查出的272处隐患，下发督办通知73份，明确整改责任单位、整改措施、整改时限，对隐患整改情况进行3次复查，截至年底，已全部整改完毕，整改率100%，隐患排查治理做到“五到位”。

【激励约束机制】 年内，对2014年度13个统计单位和16个地安委会成员单位安全生产情况进行考核，兑现奖励177.57万元，处罚32万元。

统计管理

【概况】 地区统计局内设5个行政机构（正科级）：综合科、农牧业统计科、社会和科技统计科（人口和就业统计科）、能源统计科、社会经济调查队（参公事业）。国家统计局山南调查队设7个职能科（室）（正科级）：办公室、工交投资调查科、农业与农村住户调查科、城镇住户与贸易调查科、法规科、价格调查科、专项调查科。

【统计改革工作】 按照区局、总队的安排部署，完成5000万元以上项目的核对入库工作，投资统计双轨制运行良好。开展重点服务业统计每月试报，实施非重点小微企业抽样调查，完成全地区能耗统一核算，基本实现统计改革预期目标任务。

【常规统计工作】 加大统计巡查和数据质量整治力度，建立健全常态化的源头数据质量核查机制和推行“即录即审即验”工作模式，高质量完成GDP核算任务，全力做好农牧业、工业、投资、建筑业、房地产、商业、居民收入、物价、劳动工资等各行业各领域28项常规统计工作。周密部署，组织实施6437户、21971人的1%人口抽样调查工作。精心实施群众安全感、党风廉政建设等7项社情民意调查和专项调查，统计数据质量持续提高。

【统计职能作用】 积极适应经济发展新常态，加强经济运行监测分析，提高主要指标监测预警密度，主动建言献策，向地委、行署报送大量有深度、有价值的统计信息和分析报告，为科学决策提供重要依据。4篇统计分析获地委书记、行署专员批示表扬，编发统计信息、月报、手册、年鉴，向各单位、社会各界提供统计咨询560余次。研究提出县域分类考核办法。成功举办山南地区第六届中国统计开放日系列活动。统计决策支撑作用明显提升，开展统计工作的外围环境显著改善。

【建立统计共享机制】 加强与相关部门合作共同开展经济运行监测、基本单位名录库建设、联网直报单位管理、投资统计改革，协调相关单位制定科学合理的目标计划和任务分解，建立统计信息共建共享机制。以经济形势分析为平台强化部门联席会议制度，每月召开由行业主管部门参加的企业统计协调会，共同把脉经济发展，协调解决企业发展中的困难和问题，统计工作整体合力显著增强。

【干部教育培训】 开展统计业务能力建设，加强全系统干部教育培训，举办山南投资统计改革试点动员暨建设领域统计程序培训会、统计调查综合业务培训班、全地区经济运行知识培训会等专题培训4场、900人次。采取党校授课、进部门、进乡镇、进企业等方式开展面对面交流培训400人次。通过系列培训，基层统计人员的业务水平不断提高。

【党风廉政建设】 贯彻落实党风廉政建设责任制，细化局队党风廉政建设“两个责任”的具体内容和落实机制，做到党风廉政建设和统计工作同部署、同检查、同落实。深入开展“三严三实”教育实践活动，下大力气整改落实，工作作风得到极大改善。严格执行中央八项规定，“三公”经费支出明显下降。开创统计业务经费拨付乡镇统计站的全区先例，全年共下拨资金112万元。加大人才、业务和资金援统力度，首次引进2名短期技术援藏人才。加强统计队伍建设和内部管理，理顺局队业务关系，全地区统计系统凝聚力、战斗力进一步提升。

经济合作

【概况】 根据《西藏自治区人民政府办公室关于印发〈山南地区行署机构改革方案〉的通知》《中共山南地委办公室、山南地区行署办公室印发〈山南地区行署机构改革方案的实施意见〉的通知》精神，设立山南地区经济合作局（正县级），为地区行署工作部门。山南地区经济合作局内设5个正科级行政机构，分别为办公室、投资服务科、项目规划科、经济协作科、信息管理科；核定编制总数16名，其中行政编制10名，事业编制4名、后勤事业编制2名。局领导职数4名；内设行政机构科级领导职数10名。

2015年，经合局各项工作在地委、行署的坚强领导下，以“强党建、促发展”为主题，以推动山南“富裕、和谐、幸福、法治、文明、美丽、清廉”建设为目标，以“推动科学发展、构建和谐社会、维护社会稳定、服务人民群众、加强基层组织”为重点，充分发挥职能作用，促进招商引资工作稳步推进。2015年，地区招商引资在建项目48个，其中新建项目32个，续建项目16个；招商引资企业完成固定资产投资19.57亿元，完成年度任务的97.45%，同比增长18.75%，对地区固定资产投资的贡献率达13.4%。招商引资企业上缴税收11.85亿元，完成全年目标任务的148.1%，同比增长18.57%，对地区税收的贡献率达63.7%。

【招商引资】 积极组织参加中博会、西博会、厦洽会、渝洽会、雪顿节等各类经贸洽谈活动，利用各种文化节平台，扩大开放和推介洽谈力度。先后组织5次有针对性的经贸洽谈活动，专项对接，不求规模，注重落实，让企业感受山南招商诚意，了解山南的投资环境，为山南招商赢得更多机会。雅砻文化节期间，地区推介涉及7个方面的20个重点招商项目。会议共签约项目15个，总投资27.13亿元，与岷山集团、藏草堂等10家企业签订合同协议，签约资金21.63亿元，与中力鼎盛、北京国测等5家企业达成意向投资，协议资金5.5亿元。另外，积极参与第二届藏博会招商活动，签约项目达15个，总投资58.53亿元。其中，会上集中签约项目3个，总投资20.28亿元；会议期间签约项目12个，总投资38.25亿元。分批次组成招商小分队，深入大企业集团上门推介，做到主动出击。先后赴成都、深圳、北京和援藏三省市等有意向在山南地区投资兴业的企业，进行考察和对接，全年深入各地企业洽谈招商事宜30余次，形成多份质量高的考察对接报告。加大以商招商力度，着力发展中介招商。加强与有实力、有信誉的投资促进机构、经贸合作服务机构、商会协会的广泛交流与合作，建立友好关系，密切沟通、广泛联系，发挥中介招商的积极性。借助现有的具有影响力、号召力的外来投资者，引进更多的商家投资山南。山南地区投资产业园成功引进13家企业入驻山南，以商招商、中介招商的作用不断增强。

【产业援藏】 按照地委、行署的要求，招商工作围绕产业援藏开展。三省援藏工作队高度重视，积极探索援藏工作新途径，在落实资金和实物援藏的同时，充分调动社会各界的积极性，大力实施以经济合作和项目建设为核心的产业援藏新模式。三省援藏工作队紧紧围绕每省每批完成援藏招商5亿元的任务，积极实施内引外联战略，将内地的企业优势与山南的资源优势进行嫁接，产业援藏初见成效。

【项目监督】 全力推进在谈项目的签约进程，制定详细的工作方案和项目推进计划。对合同项目从制约项目落户的关键环节入手，帮助企业解决实际问题；对意向项目密切跟踪，加大项目洽谈力度，为项目的签约落地创造良好条件；对已落户项目实行全程监督机制，全面了解项目后续资金投入及到位情况，定期召开外来投资者征求意见会议，不定期的集中检查、随机抽查、跟踪督查，对重点建设项目逐月查进度，逐个搞盘点，力争项目早投产、早见效。积极加强与丰华能源投资、岷山集团等企业的联系，发挥地区发改、国土、药检等职能部门的作用，全力争取自治区相关部门的支持，帮助企业办理相关项目审批手续，以推进项目进展。

地区各级各部门齐心协力引进优质企业，企业在政府支持下得到快速发展。同时，有力地促进当地群众增收就业，促进各项产业的蓬勃发展。仅招商引资企业华新水泥、华钰矿业2家企业就解决当地群众就业近600人，年人均创收4万余元，并带动当地运输业、餐饮服务业的发展。

【优化投资环境】 本着“亲商安商”“诚信双赢”的原则，以“投资商的事就是我们自己的事”为服务宗旨，坚持“零距离”全程式服务，对重点企业、重大项目专班负责，专人跟踪，简化办事程序，规范工作秩序，提高工作效率，优化提升服务质量。做到紧盯在建招商企业（项目），促使其尽早建成投产；抓住意向投资企业（项目），促其尽早落户山南；常态联系落户企业（项目），协调解决困难，支持企业发展。围绕载体建设，构建招商平台。江北产城一体示范点配套服务和软、硬环境建设已经起步，招商载体逐步形成。

扶贫　农发

【概况】 地区扶贫开发领导小组办公室（地区农业综合开发办公室）为地区行署直属事业单位，正县级。人员编制45名，领导职数5名，内设科室7个，分别为综合科、政研规划科、社会扶贫和培训科、扶贫开发科、农牧开发科、工程管理科，内设机构科级领导职数14名。经费来源为全额拨款。截至年底，实有人员44人。

【扶贫农发计划落实情况】 2015年，扶贫农发计划投资5.6亿元，完成投资4.65亿元。全年扶贫农发落实项目283个，落实投资60332.53万元，较上年的52928.65万元增加7403.88万元，增长14%，全年完成投资49603.48万元，完成年初计划投资的107%。

【扶贫开发工作】 2015年，扶贫开发落实投资33514.7万元，实施各类扶贫开发项目260个，覆盖12个县、72个乡镇、27300户76883人。按照建基础、管长远的目标，投入专项资金9769万元，实施小型水利工程和低产田改造等农田基本建设工程项目75个，修建灌溉渠道187.65千米、水塘34座库容136750立方米、截潜流2处、提灌站2处、人畜饮水1处，开挖机井5口，修建防洪堤1处、河堤3处，总长1700米，开展土地治理13302亩，夯实生产生活发展基础。同时，大力实施危房改造工程，落实投资1800万元，改善720户贫困群众生活条件。立足贫困地区的资源禀赋和现有产业基础，投入专项资金21070.7万元，实施产业项目161个。建经济林及藏香等种植基地9个、温室147座、苗圃基地7处，开展人工种草2088亩，建养殖基地18个（扶持牛羊、猪、鸡12022头、只），暖圈427座、放牧点3处，建农畜产品加工基地24个、藏药材加工基地2个、民族手工业加工基地16个，建旅游基地7个、农家乐4家、开发温泉1处，建就业基地6处，扶持贫困户各种农用机械709台（套），扶持农牧民经济合作组织37家，形成以藏药材种植、藏鸡养殖、银铜器加工、藏式家具制作、采石采砂等为重点的产业体系，形成促进贫困群众增收新的增长极，增强贫困地区脱贫内生动力。坚持培训与就业相结合，落实培训资金318万元，实施烹饪、施工技能、装载机技能等培训项目13个，培训1600人次，进一步提高贫困群众劳动技能，有效带动贫困群众就业，培训后就业率达80%以上，人均增收9000元。根据自治区关于开展精准扶贫的有关要求，及时开展建档立卡核查工作，进一步摸清贫困人口底数，掌握贫困现状，找准致贫原因，了解帮扶需求。同时，根据建档立卡贫困人口不同致贫原因、不同帮扶需求，拟定发展生产脱贫一批、易地搬迁脱贫一批、生态补偿脱贫一批、发展教育脱贫一批、社会保障兜底一批“五个一批”脱贫攻坚计划，为确保到2018年全地区的扶贫对象全部脱贫夯实基础。进一步推进贫困村互助工作持续健康发展，提高财政扶贫资金的使用效益和可持续性，缓解贫困村发展生产的资金短缺问题，促进贫困户增收和贫困村各种生产要素的整合，逐步培育专业合作经济组织和新型农户，提高群众自我管理、自我组织和自我发展的能力，不断夯实新农村建设基础，扎实有效推进贫困村互助资金工作，共投入300万元为7个县12个乡镇14个贫困村开展扶贫互助资金项目。针对“一方水土不能养活一方人”的地方，结合新型城镇化和生态环境建设规划，积极衔接、争取易地扶贫搬迁项目，投入资金 330 万元，实施易地扶贫搬迁 30 户 150 人，帮助贫困群众“挪穷窝”。在抓好面上扶贫、整乡整村推进、扶贫培训等专项扶贫工作的同时，行业扶贫、社会扶贫、金融扶贫、援藏扶贫工作也得以推进。协调各行业各部门发挥职能优势参与扶贫开发工作，加强水、电、路等基础设施建设，大力发展社会事业。扶贫贴息贷款余额达到 33.45 亿元，落实援藏扶贫资金 1500 万元，落实地、县按上年度本级财政收入 2.5% 的比例投入扶贫开发资金 1100 万元，实施基础设施、产业扶贫等项目。全年全地区扶贫对象 15238 人如期脱贫。

【农业综合开发工作】 2015 年农业综合开发落实投资 26817.83 万元，实施农业综合开发区 9 个，国家级农业综合开发区 6 个，为浪卡子、贡嘎、扎囊、乃东、隆子、桑日 6 个县，自治区级农业综合开发区 3 个，为曲松、错那、琼结 3 个县。以高标准农田建设为重点，实施以高标准农田建设、生态综合治理、中型灌区节水配套改造工程为主要内容的土地治理项目 12 个，开发总规模达 9.55 万亩，包括建成高标准农田 7.8 万亩、生态综合治理 1.75 万亩，中型灌区节水配套改造工程 1 个。以培育优势产业发展为重点，大力支持农牧业产业化经营，落实农业产业化经营财政补助项目 10 个，扶持产业化经营龙头企业 2 家、农牧民经济合作组织 8 家。强化科技成果转化，大力推进科技示范推广，推广种植黑青稞 0.9 万亩、“藏青 2000”2.95 万亩、山油 4 号 0.65 万亩、山冬 7 号 1.8 万亩。

实现新增灌溉面积 1.68 万亩，改善灌溉面积 4.43 万亩，新增粮食 293.9 万千克、油料 27 万千克、干草 1280 万千克、蔬菜 64.8 万千克，新增总产值 9753.22 万元，群众增收 5419 万元。

【党的建设工作】 办公室党组始终注重领导班子和队伍建设，通过采取集中学习、个人自学、组织讨论等形式学习文件精神，调整充实党的建设工作领导小组，制定出台《地区扶贫办机关党建工作考核方案》《地区扶贫办党建工作“联述联评联考”工作方案》等一系列工作方案。及时对科室人员进行调整充实和提拔使用。积极选派优秀干部到村居担任第一书记。加强强基惠民工作，三个驻村点共争取资金 558 万元，为民办实事，解难事。

【党风廉政建设】 认真贯彻落实党风廉政建设的各项规定和精神文明创建活动的有关要求，树立机关和广大党员干部为民、务实、清廉、文明的良好形象。

【“三严三实”专题教育】 按照区党委、地委部署要求，聚焦忠诚干净担当，坚持从严从实要求，高度重视、精心组织，周密安排、扎实推进，县级党员干部讲党课 6 次，开展专题学习研讨 8 场，受教育党员干部达 150 余人次。县级党员干部认真查摆问题并进行整改。广大党员干部理想信念进一步坚定，党性修养进一步提高，工作作风进一步转变，突出问题进一步解决。

食品药品监督管理

【概况】 地区食品药品监督管理局在编人员 29 人。依据《中华人民共和国药品管理法》《中华人民共和国食品安全法》等法律法规，对辖区内药品、器械、餐饮服务单位、保健品和化妆品生产、经营、使用单位进行监督执法活动。

年内，全地区医疗机构和药品医疗器械生产经营企业总计 391 家，其中：综合医院 12 家，民族医院 1 家，妇幼保健医院 1 家，乡镇卫生院 78 家，村卫生室 194 家，个（集）体诊所 47 家，疾控中心 13 家，企事业单位医务室 10 家，药品生产企业 2 家，药品批发企业 3 家，医疗器械经营企业（批零兼营）12 家，药品零售企业 18 家；全地区餐饮服务、保健食品和化妆品经营单位总计 2074 家，其中：餐饮服务单位 2217 家，保健食品经营单位 14 家、化妆品经营单位 43 家（以下简称“保化”）。

【日常监管】 多次组织对地区、部分县学校食堂等餐饮单位的食品安全情况进行检查，并会同地区教体局联合制定印发《山南地区学校食堂食品安全监管工作合作机制》和《学校食堂食品安全规范化建设考核验收办法(试行)》,共同建立学校食堂食品安全监管工作联席会议制度,签订《山南地区学校食堂食品安全监管协议》,编印800册《山南地区学校食堂食品安全规范化管理指导手册》分发各学校,要求地、县食药监局与餐饮单位、学校法人签订餐饮服务食品安全责任书。同时,加强对各药品经营企业的日常监管,3月,签订《2015年药品经营企业和药品生产企业药品质量安全责任书》。做好药品抽样工作,完成对地区6个县服务中心、7家乡镇卫生院及地直、各县部分药店、诊所、门诊部、学校医务室等27家涉药单位进行胶囊药品监督抽样,抽查药品28个品种、48批次,并已送至自治区药检所;对辖区范围内保健食品市价经营使用单位就非法添加化学物质进行快筛检测,检测20个品种、22批次,未发现不合格产品。药品检测结果不合格问题立案1起,结案1起,涉及金额160432.93元。

【餐饮业监管】 大力实施"明厨亮灶"工程,鼓励餐饮服务单位积极打造"透明厨房",实现后厨"阳光操作",制定下发《山南地区餐饮环节"明厨亮灶"实施方案》和《山南地区餐饮业文明餐桌活动实施方案》,要求开展辖区内各类餐饮单位"明厨亮灶"工程达到15%以上。制定创建餐饮诚信示范单位"十化"标准,并于3月底对6家餐饮单位举行创建"餐饮诚信示范单位"授牌仪式。大力推进量化分级管理工作,并做到全地区评定标准统一、公示内容统一。已完成全地区餐饮服务单位量化分级管理餐饮单位2214家(其中优秀等级单位800户、良好等级单位1392户、一般等级单位22户),总体量化分级评定率达94%。

【食品安全检查】 组织开展"三大节日前夕火锅店""两节前餐饮环节食品安全专项评估检测""春季学校食堂食品安全""新西兰输华乳粉""校园及周边餐饮单位无证经营"等专项整治,实现全地区餐饮服务食品安全零事故、零投诉;同时对承办团圆饭、年夜饭、宴会的餐饮单位实行备案制度。扎实做好"三大考试"期间学校食堂食品卫生检查工作,确保地区广大师生饮食安全。截至年底,共出动执法人员490人次,执法车辆130台次,检查餐饮服务单位(学校食堂)892家,开展专项评估检测食品原料20个品种600个批次,快检合格率达98%;发现学校周边无证经营的餐饮单位5家,未办理健康证的9人,查处过期食品原料共71类,总折价5830元整,下达监督意见书110份。

【药械专项整治】 积极开展医疗器械"五整治回头看"专项检查。根据国家食品药品监督管理总局的部署和自治区局《西藏自治区医疗器械"五整治"专项行动"回头看"实施方案的通知》(藏食药监械〔2015〕81号)要求,结合实际,制定下发《山南地区医疗器械"五整治"专项行动"回头看"实施方案》,协同各县采取分头行动和联合行动的方式,对辖区内经营企业、使用单位进行全面专项整治。重点对风险隐患整改情况、夸大宣传、使用无证产品等行为的整改情况进行拉网式检查。截至年底,共检查21家单位(其中:零售药店医疗器械专柜6家、个体诊所9家,专营批发企业2家),出动执法人员52人次,执法车26台次,对发现的问题已责令其限期整改。同时,对地区4家隐形眼镜经营企业的经营管理情况进行监督检查。

【药品零售企业GSP认证】 加强药品不良反应和安全监测,积极推动新版GSP的全面实施,根据自治区食品药品监督管理局有关要求,结合地区实际制定下发《实施药品经营质量管理规范两证换发通知》和《关于实施新版药品经营质量管理规范的补充通知》,进一步细化企业和各县实施GSP工作任务,同时要求各县局加大宣传新版GSP内容,从时间、人员、硬件、软件四个方面进行指导和监督,保证广大人民的用药安全,并要求企业在2015年12月31日前,必须达到新版GSP认证标准,明确自2016年1月1日起,未达到要求的不得继续从事药品经营活动。截至年底,出动执法人员40余人次,出动车辆11台次,已完成对11家企业的新版GSP现场验收工作,且6家单位已发证。

【食品药品安全宣传】 深入开展食品安全教育培训工作,3月27日,举办地区局直管餐饮单位管理人员食品安全知识培训,培训率达100%。6月20—21日,举办为期2天的药品化妆品不良反应及医疗器械不良反应事件监测基础培训，参训人数104人。大力加强食品药品安全宣传。切实加强新食品安全法宣传工作，通过协调已获得在白日街农行及雅砻剧院门口电子显示屏的宣传时限，下一步将继续加强沟通，筹集资金，争取更多的宣传平台，力争新食品安全法、食品药品相关科普知识家喻户晓。充分利用综治宣传月、宣传周、安全宣传月等广泛宣传食品药品监管工作和安全知识等。通过各种宣传活动，发放宣传资料8000余份，为群众解疑答惑200余条。

质量技术监督

【概况】 山南地区质监局机关内设5个科（室），分别是办公室、质量监督管理与认证科、标计科、特种设备安全监察科、稽查队。1个正科级直属事业机构为山南地区质量计量特种设备监督检验测试所。全局现有在职干部职工32名（含1名援藏干部）。

【深入推进质量振兴战略】 参照自治区质量和标准化工作领导小组组成，及时请示行署将山南地区质量兴地工作领导小组更名为山南地区质量和标准化工作领导小组，调整充实人员。山南地区质监局牵头组织协调，完成自治区人民政府质量工作考核组对行署质量工作考核，考核组对山南质量工作给予高度肯定，获得“B”等次。地区12个县全部启动质量兴县工作。加强请示汇报，大力争取行署支持，质量兴地工作经费纳入地区预算，给予50万元经费支持。广泛动员产品、工程、服务和环境质量相关企业积极争创雅砻质量奖，认真组织开展首届雅砻质量奖评审工作。根据《西藏自治区实施质量振兴战略2015年行动计划》，牵头制定山南地区实施质量振兴战略方案。组织召开2015年质量技术监督暨质量振兴工作会议，举行质量考核和质量安全培训班，各县分管县长，质量兴县领导小组办公室主任，质量协管员，质量兴地领导小组成员单位负责人，企业代表等共100余人参加会议。强化质量工作顶层设计，不仅将质量安全和质量发展战略纳入地区国民经济和社会发展“十三五”规划，而且争取智力援藏，由湖北省质监局和山南地区质监局共同编制的《山南地区“十三五”质量发展规划》广泛征求意见建议。开展质量工作考核试点，完成《山南地区质量工作考核办法》，对乃东、琼结、贡嘎、加查、桑日五个县质量兴县工作进行考核。

【加强特种设备安全监管】 大力贯彻落实《特种设备安全法》，结合地区实际，研究制定《关于加强山南地区特种设备监督管理的意见》，已呈行署研定。召开特种设备安全工作会议并与特种设备使用单位签订目标责任书。加强各节日（国家法定节日和中国西藏雅砻文化节）、“三月敏感月”“萨嘎达瓦”宗教活动、中央第六次西藏工作座谈会、西藏自治区成立50周年大庆等重大节日和活动期间重点区域、重点特种设备专项检查整治，尤其为确保世界反法西斯战争暨中国抗日战争胜利70周年、西藏自治区成立50周年和第二届藏博会安全，深入地区12个县开展集中专项整治。共检查特种设备使用单位420家次，设备900台次，排查隐患85处（其中挂牌督办2处），整改率100%。积极落实质检总局、自治区质监局特种设备“三大战役”，尤其大力落实《质检总局电梯安全监管大会战工作实施方案》《自治区质监局电梯安全监管大会战工作方案》以及“无物业管理、无维保单位、无维修资金”的“三无”电梯整治要求，结合《西藏自治区电梯安全监督管理暂行办法》，联合地区安监局成立指挥部，并联合下发《关于开展山南地区电梯安全管理自查自纠的通知》，组织50余家电梯使用单位负责人召开电梯安全监管大会战动员会，出动监、检人员166人次，监督、检验89家单位97台电梯，发现隐患29处，现场整改11处，限期整改18处，责令停止使用12台电梯。加强液化气充装行业整治。组织18家液化气站负责人专项签订《气瓶安全充装承诺书》，完成到期的14家液化气站充装许可换发证工作，检查餐饮业、学校食堂等重点单位50家次，没收超期未检的液化气瓶15只。组织检验液化气瓶9200只。认真落实《山南地区安委会关于印发2015年度“安全生产月”和“安全生产山南行”活动方案的通知》（山安委发〔2015〕14号），制定《山南地区质监局关于开展“安全生产月”和“安全生产山南行”活动实施方案》,开展为期一个月专项整治,检查80家单位235台特种设备,排查整治隐患15起。举办特种设备作业人员培训班,120人参加学习培训考核。

【质量安全监管】 开展建筑建材、汽车配件和餐用洗涤剂“三大”执法打假,查处假冒伪劣案件5起,案值4万余元。特别是联合住建局下发《山南地区建筑建材专项整治实施方案》,将建筑建材执法打假延伸到建筑工地。大力开展“质检利剑”专项行动,出动执法人员85人次,对儿童用品、装饰装修材料、复混肥料、食品相关产品、农资、建材等重点产品质量整治,查处违法行为4起。积极实施质量投诉举报奖励制度,接到并成功处理汽车质量、防冻液质量和电表计量等投诉13起。做好食品监管职能划转前食品安全工作,确保不发生系统性、行业性、区域性食品安全事故。督促食品生产单位落实安全主体责任,召开食品安全工作会议并与生产企业签订目标责任书。加强食品制造业巡查、抽检和许可,出动执法人员210人次,查处问题38项,整改率100%。5家企业完成生产许可换发证工作。食品监管职能10月12日正式全面移交食药监局。强化民生计量整治。立足服务保障改善民生,组织开展土特产、加油机、贵重金属、“菜篮子、米袋子、油罐子”及“四大”计量专项整治,抽查计量器具420台件,抽取样品550件,计量器具和定量包装样品合格率分别达到95%和93%,查处违法行为8起。对1家重点耗能企业加强监督检查。与车检、建材、疾控等8家公共检测机构签订责任书,组织开展计量认证专项检查,督促隐患全部整改。

【技术支撑】 举办质监业务综合培训班,时间为3天,12个县质量协管员和企业共50人参加培训。举办卓越绩效、认证认可和特种设备作业人员专项培训班,培训人员230人。推行分片区检验,按县域将山南地区12个县分成两个片区,将技术人员分成两个小组,将检验日期相近的计量器具和特种设备集中检定(检验),极大提高工作效率,节约人力财力物力,夯实安全生产基础。检定计量器具800台件,检验特种设备505台,特别是确保拉林铁路(山南段)、电站、劳动密集型企业等计量、特种设备100%检测、监管。协调青海省和自治区质监局专家,历时近2个月,完成地区液化石油气储罐内部检验。

【品牌建设】 召开专题会议,研究部署特色优势产品品牌创建工作。建立质监、农牧、工商三部门协同创牌联席会议制度。三部门各自完成国家地理标志保护产品、原产地保护认证和地理标志证明商标的报告。研究确定“十三五”期间三部门单独创建和聚力打造的品牌。行署明确,在品牌创建和标准制修订工作中按“一事一请”的原则,予以支持。建立特色优势农牧产品和民族手工纺织品资源库,收录36个产品。向隆子县和乃东县政府颁发隆子黑青稞、隆子黑青稞糌粑和泽贴尔(泽贴、泽当哗叽)国家地理标志保护产品牌匾。通过《西藏日报》《山南报》和山南电视台以及援藏三省媒体,开展扎囊氆氇、隆子黑青稞、隆子黑青稞糌粑、泽帖尔(泽帖、泽当哗叽)国家地理标志保护产品和其他特色优势产品宣传和展览。指导扎囊县、隆子县和乃东县人民政府制定《地理标志保护产品专用标志管理规定》。深入推动加查核桃、加查核桃油、敏竹林藏香、姐德秀围裙和琼结藏帽国家地理标志保护产品创建工作,成功创建加查核桃国家地理标志保护产品,截至年底,山南地区国家地理标志保护产品达到5个。研究制定《山南地区加强地理标志产品保护工作的意见》,已呈行署研定。联合云南省农产品检测院、自治区农科院、自治区质检所,启动黑白青稞质量检测和优势分析工作。制定实施隆子黑青稞、昌果红土豆和琼结农业新型体系3个国家级农业标准化示范区中期推进计划。着手规划桑日葡萄和勒布茶叶示范区建设,加强示范区管理体系和标志标牌建设。扎实推进泽当饭店服务业标准化试点,完成泽当饭店服务质量标准化工作验收。

国家税务

【概况】 山南地区国税系统内设机构13个,事业单位2个，直属机构3个，其中稽查局为副县级单位。下辖12个县国家税务局，全系统干部职工174人，负责11601户纳税人的税收征管工作。

【税收政策】 全年共减免税金3.31亿元。享受小微企业税收优惠政策的纳税人共计42564户次，累计减免税款共计1458万元。认真落实营改增工作，“营改增”试点纳税人345户。全年“营改增”纳税人整体减负512.86万元。在严格执行各项税收政策的前提下，积极应对，克难奋进，不断强化税收征管，圆满完成税收任务。2015年税收首次突破18亿元大关，达到18.6亿元（为“十一五”时期总量），同比增收1.79亿元，增长10.66%，“十二五”时期税收总规模达66.08亿元，税收总量再创历史新高。

【税收征管】 强化组织领导，把金税三期作为“一把手”工程，精心部署，实现机构、方案、人员、职责、任务“五个到位”，做到各环节不脱节、不掉链；强化实战操作培训，形成“传、帮、带、学、比、拼”的良好氛围；强化应急处置，完善应急预案，排查舆情风险点，增强应急处理能力，及时解决问题，使各项税收业务有序运转。“金三”系统上线累计为36959户纳税人办理业务，设立登记2363笔，纳税申报32298笔，入库税款5.56亿元。

【执法督察】 开展税收执法督察工作，责令书面检查5人次，经济惩戒10人次，金额3000元。加大案件查处力度，发挥稽查对税收违法行为的震慑作用。查补各项收入939.78万元，同比增收418万元，增长80.11%，占“十二五”期间稽查查补收入的43.59%。严肃财经纪律，安排各单位对财务制度、预算管理、财务收支、固定资产、政府采购和项目经费等开展自查自纠工作。

【纳税服务】 科学开展纳税人信用等级评定工作，共评定422户纳税人，评定A级企业1户。提高财税库银横向联网电子缴税占比，共有225户纳税人通过该系统入库税款11.27亿元，占总收入的60.59%。严格落实行政审批制度改革，取消53项行政审批项目，减少比例达62.4%。推行网上申报，已达200余户。加强“互联网＋税务”知识的探索和思考，撰写体会和想法，召开干部和纳税人座谈会，集思广益，研究部署“互联网＋税务”启动方案。加强信息共享，落实三证合一登记制度改革，全地区新办102户，变更23户，注销3户。

工商行政管理

【概况】 山南地区工商局成立于1987年，现内设7个科室，挂靠2个协会，下辖12个县工商局，4个工商所，共有干部职工154人，其中：男98人、女56人，少数民族干部95人，大中专以上文化程度120人，党员89人。

服务地方经济发展成效明显。深入推进商事制度改革，激发市场活力，大力促进大众创业、万众创新。截至2015年底，全地区各类市场主体发展到16053户，注册资本（金）221.19亿元。其中，非公经济主体15456户，注册资金154.48亿元。

实施商标广告战略成果辉煌。截至年底，全地区拥有注册商标562件，自治区著名商标13件、地理标志商标2件、国际商标1件，反映山南特色产业结构的商标集群正在形成。广告经营主体发展到71家，从业人员224人，广告经营额超过1000万元。

加强市场监管执法优化环境。创新监管执法机制，加强事中事后监管。2015年共查缴不合格商品5000多件，查处违法违章案件307起，案值达50.62万元，罚款21.85万元；开展行政约谈2次，行政指导70次，辖区市场秩序不断规范。

提升消费维权效能忠诚为民。健全12315维权网络，建立“一会两站”61个；加强投诉热点分析，及时发布消费警示和提示，开展重点行业和领域专项整治；开展山南网络通讯行业消费维权评议活动；编制山南消费维权白皮书。2015年共受理消费者投诉412件，办结率100%，为消费者挽回经济损失18.6万元。

加快基层基础建设改善条件。加大基层局所建设力度，截至年底，80%以上县局和工商所办公和住宿用房都进行重建,基层工作、生活条件得到根本改善。坚持人财物向基层倾斜,增加高寒边远县局干部职工补助,营造留住人、履好职、人心稳的良好氛围。

加强干部队伍建设树立形象。始终把政治思想教育放在首位,扎实开展群众路线教育实践活动、"三严三实"专项教育活动、强基惠民活动;加强科技工商、法治工商、服务工商、廉政工商建设;加强干部业务培训和学习,干部政治立场更加坚定,宗旨意识、法治意识明显增强,服务质量和执法能力显著提升。

【商事制度改革】 截至年底,积极推进注册资本认缴制、简化住所登记手续、"先照后证"、年度报告信息公示及抽查、"三证合一"五项改革措施,严格落实国务院取消和调整行政审批项目,实行"一体化"办公、"一条龙"服务,办照时间由法定5个工作日缩短为2个工作日以内,80%的工商登记业务实现当日办结,大大降低市场准入门槛、优化营商环境、激发创业热情,推动市场主体快速发展,拓宽就业渠道、增加财税收入,为地区经济发展社会稳定发挥积极作用。年内,发放"三证合一、一照一码"营业执照233户,其中新设立88户、变更及换照145户。全地区各类市场主体发展到15480户,注册资本(金)214.84亿元,同比增长18.6%、69.3%,特别是非公经济发展势头很好,非公主体发展到14868户,注册资金148.2亿元,同比增长19.5%、52.7%,吸纳就业9.1万人,上缴税金15.14亿元,占全地区税收总额的95%。

【市场环境监管】 年内,山南地区工商局创新监管机制,变市场巡查为重点抽查,强化信息公示、信息共享、信用约束,以企业信息公示制度为核心的新型监管模式正在形成。2013年度、2014全地区年度年报公示率均达到99%。同时,高度重视市场主体数据质量建设,已清理并依法注销名存实亡各类市场主体1206户。严格执行企业公示信息检查抽查制度,认真开展2015年企业、农民专业合作社和个体工商户年报信息抽查工作,从而加强对年报信息的监督管理,强化对市场主体的信用约束。截至年底,共抽查企业95家、农民专业合作社17家、个体工商户348户,其中6家企业、1家农民专业合作社因为公示信息隐瞒真实情况、弄虚作假被列入经营异常目录,1家企业因不配合工商部门核查,依法在企业信息公示系统公示,行政处罚案件信息公示率达97%。开展成品油、易燃易爆化学品、食品、农资、文化市场、虫草交易市场等领域的专项整治,共开展各类专项行动85余次,检查各类市场主体2.4万余户,依法查处违法违章案件307起,案值达50.62万元,罚款21.85万元,依法没收过期和无中文标识种子97袋(盒),不合格润滑油40桶,不符合食品安全标准的食品17110.1千克,仿真玩具枪42支,盗版淫秽光碟4000张,带有恐怖迷信内容的书籍11本。在全地区范围内深入开展针对医院、通讯行业、金融业等行业不合格格式条款的专项检查,对公用事业滥收费用、公共服务强制交易等领域案件查办实现突破,开展行政约谈1次,行政指导70余次,规范合同35件。加强宣传教育,突出防范防控,实现全年全地区无一起传销案件、无一人外出参与传销活动的目标。

【商标广告战略】 在"广泛宣传、定向培育、跟踪服务、打击侵权"的基础上,通过选派商标联络员和开展实地走访,进一步增强全社会的商标注册、使用和保护意识。截至年底,全地区拥有注册商标483件,新增83件,比上年增长20.8%,拥有著名商标10件,新增4件,地理标志商标2件,正在申请的著名商标5件,地理标志商标7件,国际商标1件。以新"广告法"为契机,制定联合机制,使广告市场主体快速发展,营造良好发展环境。2015年以来,登记备案广告经营单位10家,其中企业7家,个体工商户3家,审核登记户外广告107条,审查各类户外广告500余条,查处广告违法案件9起,依法清理未经批准擅自发布的户外广告、虚假广告17条,协调市场主体发布重大宣教内容40余条,登记造册LED电子显示屏238块。年内,商标注册创新高,比上年增长20.8%;地理标志商标新进展,新申请认定2件;国际商标实现零突破。

【消费者合法权益维护】 通过联办"3·15"专栏、张贴标语、发送短信等方式,面向社会广泛宣传新《中华人民共和国消法》《中华人民共和国商标法》《侵害消费者权益行为处罚办法》等有关法律、法规，开展法制宣传103次、制作宣传栏52个，印制发放普法宣传资料7.4万份，悬挂横幅标语81条。每季度对投诉情况进行统计分析，并针对消费投诉热点切实加强对节日及换季商品、手机质量、汽车配件、网络购物、服务质量等方面监管。加强消费维权工作培训，修改完善“12315”机构建设和工作规范等相关制度，全面提升消费维权工作效能。截至年底，共受理消费者投诉412件，办结率达100%，为消费者挽回经济损失18.6万元。其中，妥善处理国外游客医疗投诉案，受到游客的赞誉和媒体广泛宣传。采取调查问卷、随机走访、统计分析、自查自纠、集中评议等方式，对山南地区电信、移动、联通三家通讯网络企业进行一次全面消费评议。

【机关自身建设】 通过开展专题党课、研讨会、专题学习等主题活动，进一步坚定理想信念，强化党性原则，明确干事创业的行为准则。制定《山南地区法治工商建设工作规划（2015—2017年）》，落实法治工商建设目标任务，通过开展“一周一法”“一月一交流”“一季一考”、模拟办案、部门交叉评查案件、内地业务骨干短期援藏等做法，进一步提升干部的法律素养和执法办案能力。共举办“一月一交流”7次、“一季一考”3次，组织参与网络培训7期，组织专题学习培训（包括党课）67次，共计参学416人次。严格贯彻中央“八项规定”、区党委“约法十章”“九项要求”、地委“十项规则”，认真落实“一岗双责”，以加强党性党风党纪教育为先导，开展党风廉政建设宣传教育月活动，以日常干部管理为重心，切实加强政风行风工作，不断增强全地区工商系统干部职工的廉洁自律意识和服务改革发展的能力。全年对系统开展监督检查21次。

国土·环保·住建

国土资源管理

【概况】 山南地区国土资源局是主管全市土地、矿产等自然资源规划、管理、保护及合理利用和地质灾害防治的政府工作部门。内设机构有办公室、耕地保护科（土地利用科）、市不动产登记局（地籍管理科）、矿产开发管理科、地质环境科、执法监察科（地区国土资源执法监察支队）6个行政机构和市土地储备中心、市国土资源信息技术中心（市不动产登记中心）2个事业单位。人员编制31名，实有干部职工45人。

【土地管理利用】 认真落实耕地保护责任制，完成自治区人民政府下达的“2015年耕地保有量不低于85万亩，基本农田保护区面积不低于72万亩”的目标任务。浪卡子县、措美县土地整治项目和琼结县、曲松县、桑日县高标准基本农田建设项目已完成实施，待验收。甲竹林镇10000亩高标准基本农田项目，已通过自治区财政厅评审，待下达投资概算批复。严格落实节约集约用地制度，全年共预（初）审166宗项目建设用地，申请用地面积10469.17亩，占用耕地788.61亩。经自治区审批的项目用地共30宗（其中17宗属2014年上报项目2015年获得审批），面积607.01亩，其中耕地228.74亩。已上报自治区待批的项目用地8宗，面积719.98亩，其中耕地31.41亩。20宗乡镇周转房建设项目用地（83.38亩）和拉林铁路建设项目控制性单体工程“两隧一桥三个站场”的项目用地（1077.15亩）获得先行用地审批。按照“统一收回、统一规划、统一开发”的原则，加强对地区机关单位划拨闲置土地的储备。挂牌出让建设用地6宗，面积36.6亩，上缴土地出让金2073万元，划拨转出让5宗，面积56.91亩，上缴土地出让金548.11万元。14宗312.97亩国有土地，完成以评估价1.2288亿元作价出资（入股）。地区农村宅基地确权登记发证工作接近尾声，覆盖地区12个县、82个乡（镇）、554个行政村（居委会）的农村宅基地确权登记工作共确权登记70603宗，已发证51898宗，发证率完成率为73.51%。12县土地利用总体规划原则通过地区行署审查，已上报自治区国土资源厅审查。地区农村集体土地所有权确权登记发证试点工作已完成自治区终验。认真开展不动产统一登记工作，及时成立工作领导小组，制定下发《山南地区不动产登记工作方案》，地区整合不动产登记职责和成立不动产登记机构事项已经完成。备案土地勘测定界单位11家，勘测项目23个，形成总面积7093.91亩土地勘测定界报告。

【作风建设】 深入开展创先争优强基惠民活动、党的群众路线教育实践活动和“三严三实”专题教育，干部队伍贯彻落实中央“八项规定”、区党委“约法十章”“九项要求”和地委“十项规则”更加坚定自觉；深入开展党建和党风廉政建设，严格落实党组“主体责任”和班子成员“一岗双责”，强化法纪意识，强化依法行政，强化制度约束，确保干部清廉。健全完善单位内部管理、财务管理、项目审批流程、业务部门协作等20余条规章制度，特别是制定土地审批内部会审、执法巡查、国土联席会议制度，确保单位三公经费明显下降，干部职工作风明显提升，办事程序明显规范；以整改土地专项审计发现问题为契机，规范完善建设用地预（初）审、补充耕地验收、国有建设用地使用权出让及办证等工作流程。2015年，采取技术援藏人才授课方式，举办全系统业务培训班1期，受训60余人。

【发展优质矿业】 利用年检、备案等手段，对最低勘查投入严格把关，全地区共登记备案探矿权40个、探矿权年检37个，勘查投入3700万元，2015年新增铬铁资源量45万吨（矿石量）；铅+锌资源量9.3万吨（金属量）；岩金资源量0.2吨（金属量）；铜资源量4万吨（金属量）。7月，召开“扎西康铅锌多金属矿、山南地区铜多金属矿”整装勘查区2015年度工作推进会，为加快完成2片整装勘查区各项目标任务打下坚实基础。通过引进采矿新技术、增加投入、专题研讨等方式，加大罗布莎老矿山外围和深部资源接替的勘查，罗布莎老矿山找矿工作取得重大突破。全年登记备案金属及水汽矿产采矿权12个，铬铁矿年产量6.8万吨、年产值1.02亿元；铅锌矿年产量46.48万吨、年产值4.36亿元；矿泉水年产量0.3万吨，年产值0.15亿元。登记备案非金属采矿权82个，水泥用石灰石年产量120万吨、年产值0.48亿元，砂石土年产值0.8亿元。协调服务采矿手续办理。充分发挥协调服务职能，加强与上级部门的沟通联系，协助企业办理采矿权手续。年内，山南地区康达公司五金岭矿泉水、西藏矿业公司曲松罗布莎Ⅰ、Ⅱ矿群南部铬铁矿已取得采矿许可证；西藏玉峰公司隆子则当铅锌矿采矿权核准立项，已提交自治区人民政府待审批。启动“山南地区矿产资源开发总体规划”“山南地区饮用水调查与评价”的前期准备。编制地区砂石土矿业权设置方案，现已提请自治区国土资源厅向国土资源部报备。深入开展矿产领域违法违规行为专项整治行动，结合矿产卫片执法检查及地、县国土实地联合巡查，发现无证开采建筑用砂、花岗岩、大理岩共14处，现场下达停工通知书14份，依法罚款2.3万元。完成资源补偿费费征收入库812万元。

【地质灾害治理】 突出自然灾害多发易发时期，多次组织地区交通、安监、地震、气象、防汛办及乃东、扎囊、桑日等县级国土部门召开地质灾害防治工作紧急视频会议，制定下发《山南地区2015年度地质灾害防治方案》《突发性地质灾害应急预案》《山南地区汛期地质灾害巡查监测制度》《山南地区汛期值班制度》《山南地区灾情速报制度》等指导性文件，确保农牧民生命财产安全。根据2015年发生的5起地质灾害，组成考察组深入到灾害发生实地，认真分析成灾原因、发展趋势、防范措施，起草调查报告及意见10余份，为地区行署、县人民政府提供防灾减灾可靠依据。全年共排查整理出地质灾害隐患点1369处（其中：泥石流706处、滑坡268处、崩塌313处、不稳定斜坡81处、地裂缝1处），重大地质灾害隐患点29处。主动与地区气象局加强合作，建立风险预警预报机制，共联合发布5条地质灾害气象风险预警信息，成功预报两起，避免240名群众生命安全，挽回潜在经济损失5000余万元。推进地灾治理项目建设。全年共投资2132万元，分别完成总投资224万元的扎囊县强巴林寺周边不稳定斜坡应急治理工程、总投资263.3万元的洛扎县生格乡木村滑坡地质灾害应急治理工程，总投资1644.70万元的洛扎县城南侧不稳定斜坡及泥石流灾害治理工程已完成总工程量的80%。扎囊县扎塘镇强巴林村崩塌及泥石流灾害治理工程、琼结县加麻乡白松村幼儿园崩塌灾害应急治理工程完成终期验收工作；隆子县三林乡崩塌群地质灾害治理工程完成施工图设计审查工作；错那县贡日乡滑坡地质灾害治理工程完成野外勘查验收和勘查报告及施工图报告审查工作；桑日县比巴沟泥石流灾害治理工程完成野外勘查工作，待自治区国土资源厅组织专家验收；全地区“十三五”地质灾害防治规划编制经费已经落实，地区评审中心正在评审。全年共组织大型地质灾害应急演练2次，小型演练30余次，曲松县堆随乡柏林村滑坡地质灾害应急演练被国土资源部地质灾害应急技术指导中心成功编入《2014年地质灾害应急演练选编》，在全国范围内推广、学习。

【执法监察】 严格落实执法监察动态巡查制度，大力开展土地、矿产领域违法违规清理整顿行动，严肃查纠违法违规问题。全年共开展动态执法巡查3次，下达《责令停止违法行为通知书》36份（1至10月份），查处违法案件20起，罚款75.18万元。8月，地区行署召开2014年度土地卫片执法检查约谈问责会，对自治区国土资源厅挂牌督办的重点违法用地涉及的乃东、贡嘎、琼结、浪卡子、加查五县人民政府相关负责人进行约谈。深入开展地区优化发展环境专项行动。严格按照地委、行署及地区优化发展环境专项行动领导小组的决策部署，及时成立组织机构，专题讨论研究，制定完善《地区优化发展环境专项行动泽当城区土地整治工作实施方案》《山南地区泽当规划区内2016年土地收购储备实施方案》等多个针对性文件，同时抽调7名工作人员到泽当城区6个居委会开展调查摸底工作，为推动土地整治工作深入开展奠定基础。认真开展卫片执法检查。根据《国土资源部关于2014年度土地矿产卫片执法监察检查工作的通知》要求，对涉及地区土地、矿产违法图斑进行检查整改。截至年底，已整改到位48个土地违法图斑。

【信访和法律法规宣传工作】 健全完善信访工作制度和矛盾纠纷排查制度，全年共受理矛盾纠纷案件7起，化解7起。以“4·22”地球日、“6·5”世界环境日、“6·25”土地日及“12·4”法制宣传日等主题宣传日为契机，运用新闻媒体、手机网络、电子横幅等宣传媒介，宣传国土资源法律法规，推动普法宣传工作深入开展。全年共制作宣传展板8个、宣传海报50张、发放各类主题宣传资料5000余份。

环境保护

【概况】 山南地区环境保护局设办公室、规划与项目科、环境监测科、环境影响评价科、污染防治科（辐射环境管理科）、自然生态保护科（生物多样性保护与环境安全管理办公室）6个行政科室和环境检察支队（环境应急与事故调查中心）、环境监测站（辐射环境监测站）、环境工程评估中心（固体废物监督管理站）3个参工事业科室，核定编制总数为29名。截至年底，环保局实有干部职工44名，局领导6名（含援藏2名），调研员1名，科级干部19名，一般干部及工作人员18名。

【生态环境建设】 年内，创建69个自治区级生态村和14个生态乡镇，地区财政安排的600万元生态创建补助资金已全部拨付各县。完成2015年度羊卓雍错环境保护项目方案编制、报审，落实资金3000万元。完成2015年曲松县湿地保护、扎朗县人工湿地污水处理厂、贡嘎县东拉乡生态修复项目的初步设计工作，落实环保专项资金1842.48万元。

【环保基础设施建设】 年内，开展泽当镇污水处理厂项目运营调试工作。实施220处农村饮用水源地保护工程。建成山南地区生态环境监测站。完成乃东、隆子、错那、措美县生态文明小康示范村环境基础设施建设。

【环境保护考核工作】 地委、行署高度重视环保考核工作，成立领导小组，举办考核工作培训班，开展预考核工作，加大对各县考核工作的指导力度，完成2015年度环境保护考核工作。洛扎、隆子、错那3个县被评定为自治区优秀县，乃东、贡嘎、措美3个县被评定为良好县，曲松等6个县被评定为合格县，山南地区环保工作在全自治区名列第一，获得环保考核奖励资金3000多万元。

【污染减排工作】 年内，完成2014、2015年度大气污染防治行动计划实施情况和主要污染物总量减排自查工作。与12个县签订《山南地区大气污染防治目标责任书》。拟定《山南地区机动车排气污染检测站建设实施方案》《山南地区2015年主要污染物总量减排工作计划》。对华钰选矿厂放射源、隆子等县卫生服务中心射线装置进行监督性检测，雅砻水泥厂放射源安全移送区辐射监督站进行贮存。妥善处置国策环保公司违规处置危险废物的问题，及时消除环境安全隐患。

【环境执法监管】严守环境保护红线、底线、高压线，制定印发《山南地区环境保护大检查工作方案的通知》，对矿产、水电资源开发，集中式饮用水源地、重点监督、重点建设项目等33处开展集中检查7次，发现环境安全隐患1处、责令整改1家。为确保庆祝抗日战争胜利70周年和西藏自治区成立50周年山南地区环境良好，对重点交通干线、重点旅游景区（点）和城乡接合部开展环境整治检查21次，下达环境污染整治函及督办通知16份，整治点位189处，"脏、乱、差"得到有效整治，城乡环境明显改善。

【环评审批工作】截至年底，地区环保局共审批环境影响报告书1个，报告表51个，登记表105个，环评执行标准11个，出具预审意见9个。推进重大项目环评审批，组织对拉林铁路、加查电站、大古电站、拉郊电站等重大项目的"三同时"落实情况进行现场检查；对乃东县协合太阳能发电项目、措美县垃圾填埋场、琼结县垃圾填埋、华新水泥厂脱硝等项目开展试运行前检查。

【环境监测宣传工作】在国家环境监测网实验室能力考核中，地区环境监测站三项指标全部通过。参加自治区首届环境监测技术人员竞赛，获得团体二等奖、个人一等奖的优异成绩，1人荣获全国"五一"劳动奖章。完成地区23个土壤监测点位布设工作。完成地区泽当镇功能区噪声、交通噪声及区域环境噪声点位布设工作。开展以"低碳出行"为主题的自行车骑行活动。首次发布山南地区2014年环境质量状况公告。

住房和城乡建设

【概况】年内，桑日县、措美县县城总体规划已通过自治区规划委员会审查，错那、隆子两县县城总体规划正处于修改完善过程中；82个乡镇规划覆盖率达到55.5%，在自治区范围处于领先；完成乃东县克松居委会、隆子县斗玉村、措美县扎扎村规划及加查县洛林村搬迁规划。2015年，共核发选址意见书349份，建设用地规划许可证34份（含补办），建设工程规划许可证51份，规划设计条件7份。共组织召开5次山南地区规划委员会专题会议，2次山南地区规划委员会办公会议，对泽当镇城区重点地段的建筑方案设计（雅砻广场建设项目、家具市场建设项目、地区游乐园建设项目等）进行审查。

【保障性住房建设管理】2015年，公租房建设1324套，总投资17014.8万元，开工率89%；棚户区改造1017套，总投资4567万元，全部开工建设，工程形象进度达70%；公租房（周转房）维修改造806套，已全部完工。地区乡镇干部职工周转房建设项目共计划建设3024套，总投资47181万元，已在80个乡镇开工建设2944套，开工率达97%，完成投资28000万元，工程主体形象进度75%，进度在自治区范围内位于前列。指导各县完成2015年全地区廉租住房租赁补贴发放工作，共发放865户、1218人、37.2708万元。归集住房公积金3.14亿元，同比增加0.31亿元，增长11%；提取使用住房公积金1.79亿元，同比减少0.21亿元，下降11%，提取总量占同期归集总量的57%；期末归集余额达11.49亿元，较上年同期增长19%；发放住房公积金贷款1.4亿元，同比减少0.13亿元，下降1.4%，回收住房公积金贷款6605万元，同上年基本持平；期末贷款余额2.46亿元，同比增长41%。

【城镇化质量提升】共计27个项目，总投资75731万元，已完成投资54075.2万元。建成项目20个，4个在建项目。未开工项目2个，贡嘎县姐德秀镇基础设施项目尚未开工，因姐德秀镇列入小城镇示范点建设，城镇规划重新修编，致使实施滞后，乃东县昌珠镇垃圾转运站因与规划冲突，正重新选址。泽当大道建设项目，总投资1.45亿元，已完成投资5000余万元；贡布路、湖南路、格桑路人行道改造项目总投资4800余万元，已全部完工；老城区供排水工程一期，总投资3200余万元，已完工，老城区供排水工程二期，总投资400万元，正在实施；市容市貌综合整治工程，总投资约600余万元，已完工；地区科技文化中心大楼亮化工程，总投资约130万元，已完工；2015年为民办实事项目，总投资约990万元。完成贡嘎县杰德秀镇、扎囊县桑耶镇、错那县勒乡三个特色小城镇的总体规划、控制性详细规划、城市设计及风貌打造规划、实施方案、建设规划等规划，并全部通过审查，同时进一步梳理特色小城镇一期建设项目库，按照“先地下、后地上”的原则，优先安排道路、给排水、环卫、地下管网等64个基础设施项目，及时开展项目可研、项目选址、土地征用、环评等项目前期工作，地区特色小城镇示范点项目在自治区20个特色小城镇示范点内率先破土动工。结合地区实际，完成“十三五”项目申报工作，共计145项、总投资112,1310.18万元，其中投资类124项、环资类30项和设发类1项。编制“十三五”三年滚动投资计划项目，包括139项，总投资49,3436.26万元，其中2016年计划实施项目52项、总投资18,9735.78万元。为做好“十三五”头一年的项目实施工作，已安排开展和平路一期、金珠路、格桑路与乃东路交叉口环形天桥、湖北大道南延伸段、香曲西路G319等5个项目的前期工作。制定《山南地区鲁琼建筑垃圾填埋场清运回执单》；按照《山南地区城市环境卫生市政公用设施维修保养作业标准》，继续加大对托管公司的监管力度。对泽当城区的各个单位的环境卫生“门前五包”责任书进行重新修订，并与各单位完成签订。加强对城区内脏乱差、占道经营、乱停乱放现象的治理，共查处乱摆摊设点30余次、乱放乱停车辆65余辆、查处流动占道经营68余次、乱倒建筑垃圾13次。

【规范建筑建材业】 根据《中华人民共和国建筑法》等有关法律法规的规定，严格执行基本建设程序办理报建手续，截至年底，工程项目报建212个。按照《建筑工程施工许可管理办法》《住房城乡建设局关于进一步加强建筑施工许可管理工作的通知》，对施工许可办理事项进行清理和规范，并向各建设单位印发《山南地区住房和城乡建设局关于办事建筑工程施工许可有关落实问题的紧急通知》，严格施工许可证的办证工作，年内，办理施工许可108份。根据自治区“双清欠”办关于开展在建项目拖欠工程款和民工工资专项排查通知的精神，在庆祝西藏自治区成立50周年大庆前对全地区在建项目进行全面排查，对排查中发现的问题及时进行调解处理。认真受理信访工作，截至年底，受理来信来访7件，涉及7人，金额约125.716万元。4月，局组织地区施工企业200人次，参加自治区建筑协会举办的建造师考前培训工作，培训时间为期一个月，提升地区施工企业主要管理人员从业素质。在地区施工企业备案147家，中介咨询公司备案64家，新办企业初审19家，住建厅已审批10家，有8家办理增项延续。

【工程质量安全监督】 截至年底，在单位安全生产备案137个，共检查施工工地、单位150家次，排除安全隐患120处，下发工程质量安全整改通知书40份、停工通知书40份、责令当场整改90处、限期整改10处。全地区工程质量安全监督合格率达到95%以上。地区施工领域未发生特重大人员伤亡事故。2015年，共组织9次针对394个建设项目200家建设单位和266家施工单位的监督检查，下发整改通知书71个，行政处罚8家、罚款11万元，信用惩戒3家，签署授权书、承诺书146份。严格执行“见证取样”等送检制度，完成工程质量建筑用砂试验274组、卵石试验271组、水泥试验274组、钢筋2580组（含焊接）试件组、混凝土试验751组、砌墙砖220组、铝合金试验56组、土工密实度检测49点，在检测中，发现各项材料检测结果不合格或达不到相关国家标准时，及时通知施工单位、建设单位、监理单位等有关部门，立即将该建筑材料清除施工现场，同时要求将再次进场的施工材料进行委托送检；对施工未达到检测要求的项目，由监督员责令施工单位进行整改或返工。

【50周年大庆活动保障】 及时组织在庆祝西藏自治区成立50周年大庆前完成130多处破损井盖及雨水蓖更换维修，完成湘雅广场4个文化景区代征地硬化、雨水篦修复、升旗台花岗岩修复、地灯维修、花岗岩地砖维修、文化墙面修复、雕塑马腿维修等19项内容的整修，完成安徽大道门楼刷漆翻新、在门楼上安装“安徽大道”字样藏汉两种文字、门楼顶部安装上“泽当”字样藏汉英三种文字等装饰亮化工作；完成香曲西路、香曲东路、格桑路等路段约1500平方米破损路面的整修，并按地委要求抢修完成泽雍

公路补缝4300平方米；在大庆前完成格桑路人行道约1.8万平方米的人行道铺装改造、湖南路3.1万多平方米黑色路面铺设项目，并基本完成贡布路黑色路面铺设项目，以崭新的道路面貌迎接大庆。从8月29日至9月14日累计投入人员501人次，分成五个小组，调动装载机约40个小时，再次对各路段进行拉网式清扫，清理清运建筑、生活垃圾约255吨，确保城区环境卫生的整洁；建设网围栏约400米，修建彩钢围栏1700米，修建围墙350米，杜绝过境公路老林业局等路段再次有人倾倒建筑垃圾，抑制建筑垃圾乱倒现象，泽雍路上的白色彩钢围栏成一道良好的风景线；完成卫生死角代征地硬化1434平方米，解决卫生死角“脏、乱、差”问题；联合各职能部门及乃东县人民政府开展占道经营、车辆乱停乱放和随意搭棚的集中整治活动。开展综合执法检查5次，查处超门面经营违章126起，发放占道洗车整改通知书27份，拆除违规大件临时构筑物10起，收缴流动摊贩经营工具4起；整治房屋立面和建筑施工场地。针对部分建筑物立面“破、旧、杂、乱”的问题，结合实际，下发通知，限期整改3处破旧立面，下达泽当城区施工工地停工通知书22份，并督导城区内建筑和装修工地，强化文明施工，加强现场管理，确保工地的环境整洁。完成营造喜庆氛围的灯笼安装。多次甄选筛选，根据灯杆高度选择具有民族特色、能烘托喜庆色彩的三种样式灯笼，在时间紧、任务重的情况下，分组施工，从发货到收货，再到组装安装，加班加点，历经二十几天，泽当城区湖南路、安徽大道、乃东路、湖北大道、三湘大道、民族路以及体育场周边等主要路段970余盏灯笼全部在“大庆”前如期安装完成，并安装地委、行署大院灯笼，营造隆厚的节日氛围；在“大庆”前完成雅砻河两岸景观及灯光维修、城区各路段700余盏路灯检修工作，并在“大庆”期间成立路灯处置应急组，第一时间处理损坏路灯及景观等，确保亮灯率，保障城区亮化效果；在“大庆”期间根据活动节点及路线安排，事先预演，并根据当天路线合理安排洒水时间节点和洒水车辆，做到及时准确的洒水降尘；完成代表团途经主要路段教体桥灯杆喜庆装饰包裹工作。

农牧业·水利·林业·电力

农牧业

【概况】 完成各类作物播种 49.17 万亩(含复种),较上年增加 0.7 万亩。全地区粮食、油菜、蔬菜总产分别达 16.4 万吨(含薯类折粮)、1.6 万吨和 5.93 万吨,完成既定目标任务。2015 年,全地区各类新生仔畜成活 59.31 万头(只、匹),成活率达到 95%,成畜死亡率 0.59%,同比下降 0.11%。全年肉、蛋、奶产量分别达到 30150 吨、1100.3 吨、60012 吨,分别同比增长 0.5%、0.03% 和 0.02%。禽类养殖出栏 100 余万羽,存栏达到 250 万羽;完成 5 万头黄牛改良任务,有新建"三位一体"黄改配种点 369 个,黄改覆盖率达到 66.6%,优质奶牛存栏达到 10.5 万头,带动群众人均增收达到 871 元。全年地区范围内无重大动物疫情发生。

【农牧业项目建设】 2015 年,全地区实施各类农牧业基本建设项目 171 个,其中续建项目 93 个,新建项目 78 个,涉及国家投资 50549.97 万元。截至年底,已完成国家投资 32775.84 万元,实现产值 41867.78 万元,带动群众增收 16747.11 万元,项目区人均增收 2850 元。在完成 2015 年农牧业基本建设项目的基础上,开展高原特色农产品基地、农牧业防抗灾体系、现代农业青稞生产基地、草原鼠虫害治理、人工种草与天然草地改良、草原监理体系、乡镇农牧综合服务中心等十大类项目可研编报、前置审批和衔接协调等工作,涉及国家投资 2.16 亿元。根据自治区"十三五"规划总体盘子和储备原则,地区重点围绕高原特色农产品基地、草原生态保护、农牧业防抗灾体系、农牧业保障体系工程和规划外的其他项目,对农牧业"十三五"规划储备库进行优化和梳理完善。共遴选储备一批带动作用强、辐射范围广、市场前景好、产业链条长的 15 项重点项目,总投资达到 16.1 亿元。

【农牧产业发展】 根据行署印发的《2015 年"三推进"工作方案》和《山南地区 2015 年种养产业发展实施意见》,2015 年重点打造"青稞产业提升、乃东县利群农畜产品经销产业合作社奶制品加工、浪卡子县卡龙乡甜奶渣加工、桑日县葡萄种植基地扩建、加查县蓝莓种植基地扩建、农牧特色产品宣传展示平台"等 6 个"三推进"项目,总投资达 2326.51 万元(其中地区财政安排"三推进"专项资金 1457.66 万元,整合 2015 年种养产业资金 80 万元,整合农牧项目资金 90 万元,整合农发部门资金 276 万元,各有关县配套资金 232.69 万元,企业自筹资金 190.16 万元);重点打造《优质青稞基地建设项目》《黄牛改良"三位一体"黄改配种点建设项目》《人工种草和青储窖建设项目》《优质毛绒原料基地建设项目》《蔬菜产业建设项目》《奶源基地建设项目》及《加查蓝莓种植基地建设项目》7 个种养产业项目,总投资达 21500 万元(其中 2015 年种养产业发展资金 1500 万元,整合各类涉农资金 19420 万元,各县配套580万元）。

2015年，全地区955家合作社总注册资金达58082.27万元，总产值36057.93万元，总利润12953.57万元，带动当地就业29031人，参与社员14870人，辐射带动农户20137户47385人，带动社员人均增收4415余元，辐射带动户均增收3950余元，人均增收2150余元。2015年地区拥有各类农产品加工企业23家（较2014年新增3家），涵盖青稞、豌豆粉丝、红土豆、藏鸡蛋、核桃油等农产品加工、藏鸡养殖、毛绒编织等方面，总注册资金达18660万元，实现产值24600万元，实现利润1320万元，辐射带动农牧民12591户32785人，户均增收2542元，人均增收1231元，解决当地557人就业，员工人均工资3689元。

【农牧业安全生产】 全面完成区、地两级草原生态保护补助奖励机制验收工作；冬虫夏草采集量达2458.5千克，产值达到2.21亿余元，同比增长1.2%，人均增收达8481.6元，没有发生重大纠纷事件。中央和自治区共下拨农机购置补贴资金5000万元，较上年同期增加2780万元。“三项”作业（机耕、机播、机收）分别完成38万亩、31万亩、28万亩。农畜产品质量安全监管和农牧业安全生产工作井然有序，农牧业项目管理、农业机械操作和农药、兽药等农业生产投入品使用实现零事故的发生。

【草原生态建设】 推进草原生态保护补助奖励机制工作顺利通过自治区级草补奖验收。全年冬虫夏草采集人数累计达26059人，发放采集证26059本。采集点96个、成立工作组64个384人、劝退及禁止无证人员57人。各县人民政府安排20万—60万不等的工作经费，提供良好的资金保障。狠抓草原防火知识宣传，共发放宣传资料1200余份，宣传教育人数达2700人次。

【农畜产品检疫监管】 2015年，地区农牧局不断加大农畜产品质量监管力度，开展市场专项执法和宣传10次，出动执法人员45人（次），立案查处违法案件5起。屠宰检疫生猪10723头、牛971头、羊378只，无害化处理病害生猪6头；产地检疫牛1792头、羊197只、马驴439匹、犬3条、鸡18009只。累计抽检“瘦肉精”样品735份，未发现超标情况，样品合格率达100%；抽检蔬菜样品440份，检出农药超标2份，样品合格率达到99.5%；抽取畜禽饲料样品6份，处在检测中。全年无重大农畜产品质量安全事故，确保老百姓吃上“放心肉”和“放心菜”。

【科技推广服务】 地区农业技术推广中心、地区畜牧兽医总站充分发挥技术力量优势，下派技术人员进村入户，到田间地头、牧场，帮助指导农牧民开展农牧业生产工作。同时注重发挥各县农牧技术人员和全地区1000名科技特派员的积极作用，深入生产第一线，坚守本职工作，夯实农牧业丰产丰收基础。针对不同区域、不同作物、不同作物生长时期，实施不同的田间管理，做到一个作物一个作物的抓、一个生长期一个生长期的管，坚持肥水并重，以促为主，培育壮苗，提高抗逆能力，确保农作物长势良好。2015年通过举办各类农牧民实用技能培训共108期，培训农牧民12000余人（次），发放培训资料14500份。

【农业信息化建设】 年内，地区开通“12316”惠农短信平台和农业信息服务平台网站，主要包括农业信息平台的平台控制中心、“12316”呼叫中心、门户网站的开发和远程大屏幕LED实时农业信息系统等四部分。已通过农业信息服务网站公开农牧信息150余条，农牧法律法规50条。该平台的运行有效地解决农牧科技信息进村入户“最后一千米”难题，已成为农牧部门服务“三农”的重要窗口。

【农畜产品质量安全检验】 地区首家农畜产品质量安全检验检测中心通过自治区农牧厅验收，该中心囊括农畜产品质量安全、土壤肥料、农作物种子、动物疫病检验检测内容，该中心的投入使用，成为西藏自治区首个地（市）级具有法定资质的土壤肥料检测机构、西藏唯一的农业部测土配方标准化实验室，填补地区无检验检测中心的空白。

【粮食增产增收】 2015年，全地区播种面积为49.17万亩，其中粮食播种面积达33.02万亩、经济作物播种面积达9.56万亩，饲草料作物播种面积达6.59万亩，粮经饲种植比例调整为67:20:13。其中：冬播总面积达12.08万亩，春播总面积35.35万亩，复种面积1.74万亩。建立农作物良种繁育基地2.9785万亩（本地优良品种自建繁育田875亩），较上年增加0.6107万亩。在乃东等6个粮食主产县实施高产创建面积达18万亩，较上年增加6万亩；实施测土配方施肥示范区总面积达25万亩，较上年增加14万亩；落实“山冬7号”“藏青2000”“喜拉22号”示范推广21.76万亩，较上年增加14.76万亩。全面开展病虫草害监测工作，全地区农田病虫草害总面积6229亩，其中虫害4917亩，农作物病害1162亩，草害150亩。组织农户采取病虫草害防治15921亩，普遍防治2—3次，防治效果明显，病虫危害基本得到控制，防抗灾物资储备充足。全地区共筹备种子364万千克，无缺种现象；种子田用种精选、包衣率达100%，大田用种精选率达90%以上，包衣率达85%以上；调运农药共计114.96吨，到位率100%；2015年地区化肥使用总量达到10860吨。投入资金957万元，在乃东、扎囊等4个粮食主产县新建32眼抗旱机井，有效缓解“厄尔尼诺”气候对农业生产的影响，实现“重旱区少减产、轻旱区不减产、保灌区多增产”的目标。中央和自治区财政安排农机购置补贴资金共5000万元，受益农户2695户，补贴各类农机具3402台，全地区完成机耕面积达38万亩、机播面积31万亩、机收28万亩，三项作业综合水平达到65.8%，共完成农机检修5023台（套）。

【动物疫病防控】 为有效防控春秋重大动物疫病，行署专门召开春秋季重大动物疫病防控工作会议，安排部署春秋季重大动物疫病防控工作。地区农牧局先后安排业务技术干部深入农户、放牧点开展动物防疫技术指导与服务工作。春秋两季共发放各类疫苗1520万毫升（头份），注苗率、免疫率均达到100.00%。截至年底，全地区范围内无各类疫情发生。完成动物疫病监测采样7877头份，各类样品合格率均达标。

【防灾减灾】 严格按照“以人定燃料、以畜定草料”的要求和“牲畜每个羊单位每天饲草1千克、饲料0.25千克，高寒县乡必须储备足15天的饲草料，河谷地区必须储备足7天的饲草料”的标准扎实做好防灾减灾物资储备。地区储备抗灾饲料1000余吨、草料250吨，各县共储备饲料842余吨，草料1536吨。全地区代储中央储备粮17736吨，区级储备粮5650吨，地区级储备粮200吨；全地区储备棉帐篷5635顶、棉衣裤10235套、棉大衣6620件、油7691桶、砖茶8.135万千克、药品1295件、燃料16.93万袋、种子209.89万千克、化肥14.07万袋；地区储备防抗灾资金300万元，各县财政自筹756.75万元，做到未雨绸缪、防范在先，变被动应急为主动防御，确保牲畜安全越冬。

【农牧民增收】 2015年，全地区兑现惠农资金4925.248万元（其中畜种良种补贴830万元，疫病防控经费99万元，农机购置补贴788.608万元，基层兽医自治区补贴598.32万元，农作物良种补贴2609.32万元），草补奖10610.02万元。全地区农牧民人均可支配收入达到9300元，同比增长16.2%。

农业技术推广

【概况】 围绕农业产业发展需求，继续实施以“三大作物”为主的科研育种工作。青稞育种完成亲本圃杂交139份，种植不同试验材料702份，开展品比和区试试验，统计总结筛选出当年产量较高的品种4个。油菜育种完成亲本圃杂交80份、种植不同试验材料334份，品比试验10个品种（系）、区试试验13个品种（系）。冬小麦育种完成亲本圃22份、选种圃768份、品比试验11个品种（系）、区试试验5个品种（系）和国家区试9个品种（系）。完成国家燕荞麦产业发展体系内的35个品种（系）种植任务。

【农业科技创新推广服务】 年内，共下派12名技术干部到6个粮食主产县进行蹲点技术服务，6个县共实施高产创建面积12万亩。重点种植“山冬7号”“藏青2000”“喜拉22号”“山油2号”“藏油5号”等品种，通过配套精量播种、精量施肥、病虫害防控等良种良法，青稞平均单产达288千克/亩、冬小麦435千克/亩、油菜157.5千克/亩，各个品种单产较往年增辐约15%。完成种子田种植任务3.89万亩，其中，原种田0.01万亩（山冬7号）、一级田0.18万亩、二级田2.64万亩、油菜繁殖田0.06万亩。在扎朗县示范推广由地区农科所培育的春青稞新品种“山青9号”面积560亩，单产达341千克/亩，较“藏青320”亩增产37千克左右，示范效应明显。扎朗点承接完成由自治区农科院安排的春青稞新品种对照藏青2000品种品系对比试验工作。乃东点承接完成由自治区推广中心安排的春青稞新品种对照藏青2000品种品系对比试验工作和青饲玉米新品种展示工作。共完成测土配方面积25万亩，项目区覆盖150个村，指导服务农户数1300户。扎囊县作为全地区首个测土配方整建制推进县，2015年，完成对全县83%耕地测土配方全覆盖，面积达5.71万亩。共举办种植业各类形式培训班20余期，参训人员8200余人（次），发放宣传资料6025册。主要包括山冬7号、黑青稞、藏青2000、山青9号等当前主推品种的栽培技术规程，农业主要病虫草害的防治技术等。

【科技服务体系建设】 截至年底，完成6个粮食主产县的耕地地力评价工作，建立起基于GIS技术的“耕地资源管理信息系统”。完成40万字的6县耕地地力评价工作报告、技术报告和相关图件整理，6个县技术报告已通过自治区推广中心专家初审。该项工作的完成，填补山南地区农业测土配方施肥项目的空白，对全地区合理利用耕地资源，促进耕地质量和综合生产力的提高产生重要现实意义。10月，利用多功能直播机和智能终端配肥机在乃东县600亩种子基地和1000亩大田内实施50吨精量配肥和全程机械化播种。通过整套设备在小范围内的投入使用，个性化的配肥和机械化的配套操作，科学有效的为群众展示科技作用于大田的直观效果。

【“三推进”工作】 2015年，三推进项目总投资300万元，实施优质青稞基地建设项目青稞千斤万亩模式攻关示范田和春青稞“山青9号”原种圃和一级种子田，现已完成资金的86%。申报立项完成2015年科技计划项目1个，春青稞新品种“山青9号”高产栽培技术集成示范项目，总投资为173万元，推广面积10794亩。

【“三严三实”专题教育】 年内，按照地区统一安排部署，中心党支部组织干部职工认真开展以“三严三实”为主的理论学习活动，共召开“三严三实”专题学习会8次，撰写习得体会40余篇。为营造良好的学习氛围，开辟学习专栏、制作学习“三严三实”活动展板共4幅。

【强基础惠民生活动】 年内，驻加查县热果和拉岗两村工作队，紧紧围绕驻村重点任务，走村入户，查民意，摸实情，积极为民办难事，解难事，共为群众办实事10件，落实资金13万余元；多方争取落实项目资金75万余元；开展“三大节日”走访慰问4次，投入资金3.6万余元。两村共荣获县级优秀驻村队先进集体1个、自治区级驻村先进个人1名、地区级优秀驻村队员2名、县级先进个人2名。

水利

【概况】 山南地区水利局内设正科级行政科室7个，分别为：办公室、财务科、规划建设管理科、农村水利科、水土保持科（水政监察支队）、水政水资源科技科（节约用水办公室）、山南地区行署防汛抗旱指挥部办公室。截至年底，山南地区水利局在职干部职工42人，其中：少数民族23人，具有大专以上学历的34人。水利专业工程师4人、助理工程师7人。山南地区水利电力勘测设计研究院，在职干部职工11人，其中少数民族6人，具有大专以上学历的9人。水利专业高级工程师1人，工程师3人、助理工程师4人。

【工程建设安全管理】 2015年，按照相关要求和程序，积极开展项目建设，对于难度较大的江北灌区工程，雅砻水库工程指定专人负责，定期调度督办，全年完成投资7.01亿元，农牧民增收10515万元，超额完成投资任务。2015年,无拖欠农民工工资现象,无上访和矛盾纠纷事件。地区年内计划开展验收工作的项目共23项,已竣工验收17项,验收合格率100%。对12个县水利工程建设进行现场督导检查,对发现的问题进行及时整改,为局质检站配备专业设备,优先安排用车,人员经费优先保证。同时,对新开工的项目先进行试验段施工,待本局检查验收合格后,再参照试验段标准进行下一步施工,全地区水利工程建设质量良好。坚守好安全生产底线。在安全生产上,严格按照地区坚守安全生产底线的要求,层层签订目标责任书,定期进行安全生产大检查。2015年,先后多次组成工作组深入施工现场开展建设质量和安全生产大检查,共检查项目52个,项目质量与安全监督覆盖率达100%,检查发现隐患数67个,隐患排查整改数67个,整改率达100%,安全监管工作做到无缝隙、无盲区、无空白点,山南地区水利工程建设领域实现连续十三年安全生产零事故。

【农田水利工作】 2015年,加强去冬今春小型农田水利基本建设,共投入小型农田水利建设补助资金6137万元(含部分小型农田水利重点县和专项资金)。全年实施小型农田水利重点县及专项县建设18项,概算总投资25617.04万元,截至年底,完成投资23966.5万元,达到93.6%。按照自治区人畜饮水管理办法,出台山南地区的管理办法,人饮工程都由用水协会进行管理,不断加强水源地保护,确保发挥效益。11月,自治区水利厅联合验收组对地区寺庙饮水工作进行验收,计划完成181处,实际完成193处,评定为优秀。

【水政水保工作】 5月,组织人员编写《山南地区实行最严格水资源管理制度汇编》,收集梳理实行最严格水资源管理制度各类文件50余份,下发各县执行,加强对用水总量、用水效率、限制纳污“三条红线”指标管理;同时从全地区规模企业中,筛选2家用水量大的企业,进行重点监察,加强节约用水指导,推广节水新技术、新方法,提高用水效率。水政科、水保科、防办联合对泽当大道、琼结县翻身沟、洛扎县拉郊电站及农网改造等在建工程项目、加查县冷达乡热当村采沙场进行现场执法检查。充分利用世界水日、中国水周、世界环境日、节能宣传周和低碳日等宣传活动,大力宣传《中华人民共和国水法》《中华人民共和国水土保持法》《西藏自治区取水许可和水资源费征收管理办法》等法律法规,倡导节约保护水资源,大力建设生态文明。全年大规模宣传2次,发放宣传单1万余份,设置宣传板与宣传横幅,扩大社会影响,增强社会监督。全国水土保持进党校在我地区成功试点,在地委党校面向党政领导干部进行集中宣讲。依法向扎囊县白鸡山、孤西鸟两家采石场征收水土保持设施补偿费3万元,水土保持费征收实现零的突破;完成浪卡县子章普沟小流域水土保持综合治理工程,确定“十三五”水土保持规划项目14个,总投资1.69亿元,其中5个已通过初步设计审查,下达审查意见2个;完成乃东、扎囊、隆子三县水土保持监测站监测网络建设任务。

【防汛抗旱】 2015年调整充实地区防汛抗旱领导小组,修订完善《山南地区防汛应急预案》《山南地区抗旱应急预案》《山南地区泽当镇城市防洪应急预案》《山南地区水利工程抢险工作方案》和《人员安全转移方案》等各类预案、方案;修订完善并以指挥部名义印发《山南地区2015年防抗旱工作方案》,将辖区内重点水库、重要河段防汛明确政府负责人,并在新闻媒体上进行公示,接受社会监督。地区财政在年初预算安排1953万元防汛抗旱资金用于防汛抗旱工作;12个县共落实山洪灾害防治非工程措施运行维护费137.35万元。2015年通过政府采购储备20吨铁丝、150卷铅丝笼、8万条编织袋、50箱旱地龙、彩条布8000平方米。地县两级共储备铁丝269.1吨、铅丝笼1034卷、防汛袋62.97万条、彩条布21630平方米、块石26408立方米、旱地龙126箱、水泵16台。2015年局防办、水保、水政等科室联合开展安全度汛隐患排查工作,重点排查1次,监督检查3次,排查隐患点4处,对涉及影响行洪安全的单位下达整改通知书2份,及时督促检查单位整改落实。地区全年各类水库、电站汛期均有专人管理,溢洪道、放水闸正常运行,通讯畅通,所有已建、在建堤防、水库及其他水利工程均安全度汛,无一决口、垮坝,保障人民群众生命财产安全。

【机关党建】 2015年，提拔科级干部9名，明确职务1人，平职调整2名，提高干部干事创业激情。“三严三实”专题教育活动扎实有效。局党组班子成员带头讲党课4次，专题研讨3次，筹备好专题民主生活会，大力开展批评与自我批评，以普通党员参加组织生活会，找出存在的问题，认真剖析存在问题的根源，确定整改方向和措施。党风廉政建设教育深入人心。按照“党政同责，一岗双责”的要求，层层签订党风廉政建设责任书，大力开展党风廉政建设教育，确保工程安全资金安全干部安全。

林业

【概况】 全地区现有林地面积407.09万公顷，森林面积345.28万公顷，有林地面积248.15万公顷，活立木蓄积量41056.34万立方米，森林蓄积量409.382万立方米，森林覆盖率43.57%（含印控区，实际控制线以内24.79%）。人工林100余万亩，居自治区第一；湿地23万公顷，居自治区第四。全地区林木绿化率为50.47%。地区有国家一级重点保护野生动物23种，国家二级重点保护野生动物53种；有长苞冷杉、云南铁杉，红豆杉、巨柏、大果圆柏等珍稀植物20余种。

【营林工作】 2015年，全地区计划植树造林12.67万亩（其中重点区域造林37967.8亩、拉萨周边造林29000亩、安全屏障防护林人工造林59775亩）、封山育林38000亩，项目总投资20557.29万元。实施完成“两江四河”森布日段造林绿化工程项目，面积7945亩，总投资2975.8万元。实施防沙治沙工程项目31.48万亩，总投资6326万元。工程已全部完成。

【林业产业建设】 地区林业产业基地建设有待加强，其中加查县本地核桃产业基地项目，自2012年开始实施，总投资为800万元，规模达到3000亩，项目资金已全部下拨。截至年底，加查县木本粮油基地项目顺利通过自治区审批，该项目计划建设面积277.1亩（核桃种植面积237.4亩，核桃防护林建设面积39.7亩），计划投资305.2万元。

【种苗培育工作】 地区中心苗圃2015年度计划培育各类苗木50万株，规模100亩，由于气候环境等原因，实际培育苗木35万株，规模83亩，其中植树造林引进苗木培育23万株，主要品种有一年生新疆杨10万株、两年生榆阳10万株、一年生青杨3万株。城镇绿化常绿苗木本地培育12万株，主要树种有围矛、绿犁、镜叶女真、北海道黄杨、洒金柏等。

【义务植树】 义务植树每年计划任务为3000亩，共栽植树木25500株，树种有新疆杨、榆阳树，年内任务已全部完成。

【公益林专业管护队伍建设】 2015年第一批公益林专业管护队伍17支，每站5—6人组成，共89人（所有管护员，除了加查县公开选拔考试以外，其余县都采取民主推荐和选举产生），总投资1301.62万元，其中管护站方建设费613.7万元、人员工资127.5万、交通工具费268.6万元、管护站运行经费127.5元。

【林政管理工作】 经自治区林业厅批复的建设工程征占用林地12宗，面积196.8672公顷，其中永久占用189.778公顷，临时占用7.0892公顷，大部分为国家重点公益林，经地区审核后上报自治区林业厅待审批3宗。

年内，山南地区林业局先后在全地区采取大规模的“林业严打”“林政巡查行动”3次，共出动人员56人（次），车辆32台（次），发放保护森林资源知识读本450余册，宣传覆盖面达96%以上。2015年，全地区共查处各类林政案件11起，查处率达100%，其中毁坏林木、苗木案件1起、罚款7.99万元、补种树木3996株；非法收购、出售、运输野生动物及其他产品案件1起；非法猎捕野生动物案件3起、没收非法所得2.06万元，罚款0.8万元；小叶杜鹃非法采伐案件2起、没收小叶杜鹃15立方米，没收非法所得0.13万元，罚款0.12万元；红景天采挖案件1起、罚款0.216万元。各类破坏森林资源的违法行为得到有效遏制。

【野生动物保护及自然保护区】 自治区全面开展"西藏自治区集中打击破坏森林资源和野生动物资源违法犯罪专项行动"即"雷霆行动"。接到行动通知后,地区立即按照本地区特点,制定《山南地区集中打击破坏森林资源和野生动物资源违法犯罪专项行动方案》(山林字〔2015〕223号),并下发12个县。

通过护林员举报、林政执法人员不定期巡查,在乃东县索珠乡、亚堆乡查获砍伐和倒卖野生小叶杜鹃,非法采挖和倒卖红景天,倒卖鹿角等违法行为。共查获野生小叶杜鹃277袋(捆)、红景天200斤、鹿角3只。查获的野生小叶杜鹃和部分红景天及鹿角收缴后库存在索珠乡村委会和县林业局。地区林业局还印发各类法律、法规和政策宣传资料246份,专项行动投入经费1.6万元,投入人员21人次,出动车辆7车次。

【野生动物救护】 截至年底,共救护野生动物15只。其中棕熊3只,黄鸭3只,斑头雁5只,岩羊4只。

【自然保护区建设】 拟建的雅江中游河谷黑颈鹤国家级自然保护区三期项目,山南地区总投资为525.789万元。落实雅江中游河谷黑颈鹤国家级自然保护区管护资金20.01万元,保障国家级自然保护区管理工作的顺利开展。国家共拨付19.0152万元资金,用于支付雅江中游河谷黑颈鹤国家级自然保护区管护人员工资、开展培训和支付巡护补助。

【生态补偿机制】 2015年,《西藏自治区雅鲁藏布江中游河谷黑颈鹤国家级自然保护区》及周边湿地,已纳入生态效益补偿试点。国家拨付257.53万元资金,用于湿地生态效益补偿,湿地周边农田,因黑颈鹤等越冬候鸟的冬季觅食,产量受损的,将得到相应的补偿。

【野生动物疫源疫病监测防控】 地区管辖范围内的1个野生动物疫源疫病监测市级管理机构和2个野生动物疫源疫病国家级监测站(西藏雅鲁藏布江中游河谷黑颈鹤国家级自然保护区山南监测站和西藏雅鲁藏布江中游河谷黑颈鹤国家级自然保护区浪卡子监测站),能够按照上级业务部门的规定,严格执行每日网络直报工作,将各县上报的野生动物疫情,通过野生动物疫源疫病网络直报系统,上报国家林业局。年内,国家共拨付11.015万元资金,用于支付野生动物疫源疫病监测人员工资和开展培训。截至年底,地区未出现野生动物疫情。

【森林病虫害防治】 年内,发生各类病虫、鼠兔害47.8万余亩。其中:以春尺蠖为主的食叶害虫发生面积为33万余亩;鼠兔害发生面积为10万余亩;各类病害约4万余亩。在总发生面积中轻度占13万余亩;中度13万余亩;重度21万余亩。

【苗木检疫】 截至年底,地区共有45家苗圃,组织各县林业局森检人员对辖区内的国有、集体和个体苗圃进行产地检疫,产地检疫率达100%。全地区共复检各类苗木3540390株622批次(按调运苗木车辆大小不间统计),其中违规调运一起,罚款2000元。

【林业有害生物防治】 遵循"突出重点、分区治理、属地管理、联防联治"的原则,坚持预防和防治并重。采取的主要措施:首先是对雌虫产卵期的防治。地区2月下旬至3月初,是春尺蠖雌虫上树产卵的关键时期,利用这一时期在重点地区喷洒农药,以便降低虫口密度,以防爆发成灾。其次是对幼虫的防治。紧紧抓住2—3龄幼虫的最佳防治时期,组织人员进行防治。1—6月份全地区防治工作动用各类设备264台,出动劳力11078人次,出动拖拉机1802台次,水车120台次,使用各类药剂302箱,桶装1615公升。地区森防站下发各类药剂94箱,桶装23桶(每桶200公升),各类设备26台。全地区防治面积达41万余亩,防治率86%左右。2015年6月12日,地区贡嘎县境内发现蛀干害虫,虫害发生地段为贡嘎县101省道扎庆社区路段,危害树种以银白杨为主,在极少数的北京杨上也有发现,有的树上虫孔多达20个,受害部位主要在离地面30厘米以内。经清查危害较轻的有75(每亩按174株折算)亩左右。采取的主要措施有:虫害发生之后,第一时间组织人员进行清查,对干枯树木进行清理,将疫木采用水侵和烧毁。对于受害较轻的11622株树木采用虫孔注药,再将虫孔用混有药剂的泥巴封死。

【园林绿化工作】 为迎接西藏自治区成立50周年大庆活动，地委、行署安排244.1万元资金，将泽当城镇重要路段绿化工程进行改造提升。按照年初的工作计划抓住春季黄金季节完成民族路、体育场、迎宾大道、乃东路、雅砻河两岸等重点地段绿化工程的改造提升，及时完成55127平方米绿化改造提升任务，共栽植各类苗木167676株，摆放藤本植物39000个，安装2080米防护栏。完成地区徽韵科技文化中心广场绿化工程项目，该项目共栽植以银杏、雪松、高杆女贞、金叶榆、樱花等13种1784棵乔木树种；紫叶矮樱、大叶黄杨2种10488株灌木；以及种植6560平方米草坪。

【日常养护管理】 按照“三分造绿，七分管理”工作目标，加强现有绿化的养护管理工作。抓好春季补植补栽工作，共补栽40多万株绿篱苗及495棵乔木树种，补种3020平方米草坪。加强日常养护管理工作，对20多万平方米绿化浇水次数达10次，除草次数达12次，以物理防治虫害4次，绿篱修剪次数达6次以上绿化效果显然与往年好。认真抓好按程序报批拆除绿化带，坚决杜绝违规拆除绿化带，尽量保存现有绿化成果。

【农牧民增收工作】 2015年，地区农牧民群众通过参与林业项目建设，发展果林经济产业，享受补助政策资金等渠道实现收入2011.11万元。其中，造林绿化工程带动群众增收300万元；兑现2013和2014年野生动物肇事损失补偿资金1413.3万元；兑现野保员（病虫害监测人员）工资30余万元；林下资源产业经济增收95万元；地区中心苗圃落实民工工资89.81万元；各县苗圃基地落实民工工资83万元（主要为扎囊县苗圃）。

电力

【概况】 国网西藏电力有限公司山南供电公司（以下简称“国网山南供电公司”），是国网西藏电力有限公司的下属分公司，正处级建制。公司负担地区12个县、36万余人的供电工作，人口通电率99.7%，营业户数13234户。

【电网发展】 截至年底，国网山南供电公司负责运行维护的变电站共有：110千伏变电站共有7座，变电容量192.9兆伏安；35千伏变电站共有17座变电容量44.05兆伏安。110kV输电线路10条，全长609.004千米；35kV输电线路13条，全长262.211千米。

2015年，山南电网负荷及供电量持续保持较快增长趋势，年度最大网供负荷为7.806万千瓦，日最大供电量153.7433万千瓦时，累计供电量41958.6516万千瓦时，最大负荷同比增长3.09%，供电量同比增长13.42%。全年完成售电量40654.3603万千瓦时，同比增长17.9%。

【人力资源】 截至年底，国网山南供电公司共设立部门13个；公司员工总数206人，其中，藏族及其他少数民族93人，汉族113人，分别占职工总数的45%、55%；经营类人员6人，管理类人员52人，技术类人员16人，技能类人员126人，服务类人员5人（驾驶员），分别占职工总数的3%、25%、8%、61%和2%。具有专业技术资格163人（高级2人，中级9人，初级152人），占职工总数的79%；具有高级技师1人，高级技能等级资格49人，中级技能等级资格41人，初级技能等级资格21人，分别占职工总数0.4%、24%、20%和10%；学历层次为：研究生1人，占在职职工总数的0.4%，大学本科77人，占在职职工总数的37%，大学专科98人，占在职职工总数的48%；高中及以下文化程度职工30人，占在职职工总数的15%。全年新增加员工30人。

注重员工职业技能培训培养，通过师带徒、外送培训、岗位锻炼等形式，加大员工培训培养力度，鼓励员工岗位成才，2015年公司有1名职工考取会计师资格；组织开展变电运行专业竞赛，通过笔试考试、现场操作等形式，检验一线员工的理论水平和实操能力；组织2015年参加工作的员工签订师带徒协议，加强考试、考核，测试大学生员工现场分析、判断、解决处理实际问题的能力；结合年度新建、大修技改项目,选派自动化运维班、电能计量班、信息通信班和继电保护班四个班组19名青年人才先后参加洛扎变电工程安装调试、冲木达变电站大修技改,有针对性地“压担子”,提升青年人才技能水平,发挥专业支撑作用;调整任用中层干部10人,选派7名中层副职后备干部任代管县公司副经理,加强培养锻炼。激发大学生学习的积极性和主动性,提高员工独立开展工作的能力和意识,引导和督促大学生员工成长成才;组织参加国网西藏电力有限公司第五届供电“服务之星”劳动竞赛,1名职工荣获第一名,团体第四名的好成绩。调控班青年职工共同研发的“便携式光纤接续平台的开发”项目,获得2015年国家电网公司职工技术创新优秀成果奖三等奖、国网西藏电力有限公司第一届青年创新创意大赛第1名。

【电网建设与发展】 截至年底,公司全力推进农网改造升级等重点工程建设,强化工程安全、质量、进度管控,深化基建物资管理,顺利完成各项建设任务。洛扎县农网改造升级35千伏及以下工程六个标段、加查普麦囊农网改造升级工程和110千伏冲木达技改工程建成投运,彻底解决山南地区最后一个无电县、无电村生产生活用电问题,为当地群众致富、奔小康提供优质的电力保障;曲松县110千伏输变电工程(含35千伏及以下接入系统工程)作为2015年至2016年重点工程建设项目,工程总投资6830万元,工程于2015年10月开工。

【经营管理】 全面加强计划和预算管控,严肃刚性执行,严控计划和预算外开支。深化经营活动分析,及时协调解决计划和预算执行存在的问题。加强营销基础管理,强化电费预收管理制。采用现场普查及电能信息采集系统监控相结合的方式,发现违约用电及窃电共13起,追回电量198326千瓦时,追补电费及违约使用电费合计46244.92元。加强线损管理,实施分线、分台区关口用电信息实时采集,建立实时线损分析机制。开展物资清仓利库,2015年共利库物资行项295项,共计金额40.46万元;现有库存物资行项355项,金额685.69万元;全面开展资产清查盘点工作,切实加强集团化物资管理,实现账、物、卡片一一对应;坚持审计检查全覆盖,扎实开展专项审计、项目建设审计和代管县公司审计;加强对各代管县管理提升指导工作,截至年底,完成对加查、错那、措美、洛扎4个县的农电代管工作。

【安全生产】 严格执行新安全生产法,落实各级安全生产责任制,强化现场安全风险管控和安全“红线”意识。成立安全巡视督察组,领导班子成员分片分点包干,定期不定期开展巡视检查。认真开展专项隐患排查治理,推进安全管理、作业现场和操作过程标准化。加强交通、消防、信息、保密安全管理。公司安全生产工作取得明显成效。全年共整改各类隐患115项。2015年,公司未发生人身伤亡事故;未发生设备事件;未发生非生产性交通、消防、信息事件;未发生恶性误操作事件和人员责任的检修、试验事件。截至年底,实现连续安全生产天数462天。年内实现3个安全百天。

【营销工作】 严格落实1个窗口对外、首问负责、一次告知、限时办结制度,切实提高窗口服务、故障报修、抄表收费效率。认真落实国家电网公司业扩报装专项治理工作部署,精简报装接电审批流程,建立业扩工程快速响应机制,提高用电报装效率和服务质量。注重过程管控,强化电费回收预警,健全考核评价机制,电费回收率达到100%,进一步开展预付费推广活动,引导客户从“后付费”向“预付费”方式转变,2015年预交电费1.75亿元,比重达到66.8%,居西藏公司系统首位。防窃电效果明显,查处违约用电及窃电13起,追回电量198326千瓦时,追补电费及违约使用电费46244.92元。定期对重要用户进行安全隐患排查,对重要保电场所,制定一对一现场保电方案,顺利完成“全国两会”“三月敏感月”“4·25”抗震救灾、6月中高考、“抗战胜利70周年纪念”、自治区成立“五十周年大庆”等重大活动电力保障任务。

【优质服务】 加强服务窗口建设,严格规范“1个窗口对外、首问负责、限时办结”要求,简化办电手续,提高办电效率。加强“95598”工单整改落实情况,促进服务提升。积极拓展缴费渠道,增加营业网点,方便用户缴费。高度重视计划检修和事故抢修停电管理，细化抢修方案，加强工作组织，严格过程管控，最大限度减少停电时间和影响。主动接受政府监管和社会监督，严肃查处侵犯客户利益、以权谋私等行为。

【党的建设和维护稳定工作】 提升党建工作水平。深入学习贯彻习近平总书记系列重要讲话精神。加强“六有”学习型、服务型党组织建设，规范和丰富党组织活动，增强组织凝聚力和感召力。坚持和完善“三会一课”、党员党性定期分析等制度。加强党章、准则和条例的学习贯彻，严肃党内政治生活，抓好意识形态工作，严守纪律规矩。深入开展“电网先锋党支部”创建和共产党员服务队竞赛活动。强化驻村工作管理。巩固拓展教育实践活动成果，组织开展“回头看”，防止“四风”问题反弹，形成作风建设新常态。

加强综治维稳工作。全面落实自治区党委、政府和国网西藏公司各项决策部署，扎实做好综治维稳工作。加大信访工作力度，加强信息沟通和矛盾排查调处，严防发生群体性事件。高度重视公司改革发展中可能出现的不稳定因素，及时化解矛盾和风险。加强重要设施、重点部位的安全守护。做好重大节日和特殊敏感时期维稳、安保值班工作。加强网络信息、舆情监测和保密工作，落实舆情分析与危机处置联动机制，严防信息安全和泄密事件发生。加强企业文化建设。加强文明创建工作。完善文明创建标准，落实文明创建责任，丰富文明创建载体，为实现“国家级文明单位”创建目标夯实基础。落实公司《企业文化建设实施细则》，利用公司网络平台传播企业文化“五统一”知识，宣传文化活动先进典型、发布文化活动动态信息，引导广大员工自觉实践统一的企业文化；推进“最美国网人”选树活动，选树一批具有时代特征和公司特色的先进典型，增强公司文化建设的感召力。加强团员和团干部队伍建设，开展“青年志愿者服务队”“青年安全生产示范岗”创建活动，发挥青年安全生产主力军作用，实现青年自身无违章、无伤害、无事故目标。

交通·旅游·邮政·通讯

交通运输

【概况】 全年落实固定资产投资 26 亿元，完成固定资产投资 18.17 亿元，超额完成年初确定的 13 亿元目标。重点项目完成固定资产投资 9 亿元。续建项目完成投资 6.2 亿元。其中：江北公路 2015 年完成投资 0.16598 亿元，扎囊特大桥 2015 年完成投资 0.674 亿元，泽贡高速公路控制性工程专用公路机场雅江大桥 2015 年完成投资 3.212 亿元，专用公路嘎拉山隧道（山南段）2015 年完成投资 1.2152 亿元，专用公路泽当大桥 2015 年完成投资 0.9 亿元，扎日至形穷普张边防公路 2015 年完成投资 0.0338 亿元。新建完成投资 2.8 亿元。其中：泽当大桥至增期公路完成投资 1.2634 亿元；增期至日多公路完成投资 1.54 亿元。农村公路完成固定资产投资 8.1 亿元。其中：新建项目完成投资 5.5 亿元、续建项目完成投资 2.6 亿元，截至年底，全地区 75 个乡（镇）、270 个建制村通油（水泥）路，通畅率分别达到 91.46% 和 48.73%。公路养护完成投资 1.07 亿元。

【公路管养】 全地区共发生水雪毁灾害 69 起，投入抢险保通人员 1557 人次，机械 147 台次。对管养路段桥涵、隧道日常养护和隐患排查 223 次，检查完善标志标牌 153 块。实施 S307、S202 养护大中修工程两项，安保工程、危桥改造工程各 1 项，完成投资 1.07 亿元。认真做好西藏自治区成立 50 周年大庆活动期间的保通工作，成立“大庆”期间道路安全保通工作领导小组，制定细化实施方案，组织各养护段在 S101 线沿线设立 4 个保通点，S202 线设立 1 个保通点，每个保通点均部署 1 台装载机和 1 台推土机，确保人员、机械部署到位，为西藏自治区成立 50 周年大庆活动的顺利开展提供强有力的交通运输保障。为减轻 2016 年扎日转山期间的道路保通压力，积极应对可能发生的突发事件，在实地调研的基础上，制定《山南地区交通运输局关于 2016 年扎日转山活动应急抢险保通预案》及《山南地区交通运输局关于 2016 年扎日转山活动公路养护方案》，确保转山期间道路安全畅通。

【行业管理】 全年完成公路旅客运输量客运量 238 万人、周转量 33773 万人 / 千米；货运量 186 万吨、周转量 46504 万吨 / 千米。同比上年分别增长 10%、35%、12%、54%。出动执法人员 2609 人次，检查车辆 10375 辆，查处和纠正违章车辆 60 余辆。受理违法违规投诉 22 起，投诉反馈率达 100%，接到群众咨询 3 起，协助开展企业和场站安全生产监督检查工作 4 场次，参与道路运输事故调查 2 起。路政执法派出人员 2108 余人次，检查超限超载车辆 36000 余台次，依法办理公路路政案件 54 件、公路路政许可 33 件，查处超限运输车辆 2642 台次，卸载货物 3928.78 吨，收取公路路产补偿费 32.88 万元，有效地保护路产路权，将超限运输对行车安全和公路的危害降到最低。

【民生工程】 进一步拓展城市公交改革深度，新建雍布拉康站点、华新水泥厂站点、金鲁居委会站点3个公交客运分站以及63个公交停靠点，拉宽城市公交的覆盖范围，为群众出行提供便利条件。认真执行自治区“两限一警”的相关要求，在开展相关政策宣传教育工作的基础上认真兑现客运班线车辆及客运站运营补助，兑现市际、县际班线补贴资金共1920.21万元，其中市际班线补贴1223.42万元。

【党的建设】 强基础惠民生活动派驻驻村干部2批25人，共落实项目资金155万元，实施帮扶项目12个，结对帮扶14户，捐赠物款共计6.2万元。交通系统共发展10名新党员，6名入党积极分子。按照“不扰民、不烦民、不乱民”的原则，共派出144名党员到社区报到，党员干部每人认领一个岗位，并集中于2月2日、5日、6月26日对结莎居委会进行服务社区活动。组织机关党员为基层为群众办实事、好事，走访慰问困难群众10户，接待、办理来信来访3件（次）。

旅游

【概况】 年内，全地区共接待国内外旅游者2349803人次，比上年同期增长23%，其中：接待海外旅游者14298人次，较上年同期增长26%；国内旅游者2335505人次，较上年同期增长19%。其中，一日游游客总计1058003人次，较上年同期增长18%。全年实现旅游总收入92111万元，比上年同期增长22%，其中：国内旅游收入86765万元，较上年同期增长20%；旅游外汇收入368万元，较上年同期增长19%。

【筹办旅游工作会议，加速旅游发展升级】 4月28日，由行署主办，旅游局承办的地区旅游工作会议隆重召开。本届大会以认真贯彻落实习近平总书记“守住发展和生态两条底线”“做大做强旅游业”的重要指示和自治区党委、政府“打造西藏旅游升级版”的决策部署，从发展理念、政策保障、项目带动、营销升级、管理服务等方面着手，全面分析当前的旅游形势并就下一步山南旅游的发展规划作出安排部署。此次会议的成功举办，进一步完善地区旅游产业的发展思路，直接推动《山南地区关于进一步加快旅游业发展的实施意见》的出台。“实施意见”为地区加快旅游业发展提供政策指导。

【项目规划编制】 为全面贯彻落实中央国务院41号文件精神，围绕“把西藏打造成为重要世界旅游目的地”的战略部署，在正视规划、牢抓重点的前提下，切实把握设计的准确性和实用性，积极争取规划资金，科学合理布局、开发全地区旅游资源。争取资金建设错那县勒布景区、乃东县昌珠、雍布拉康景区旅游基础设施，推进加查县催久自驾游营地、琼结县民族文化旅游街建设，对桑耶古镇进行民房改造和环境综合整治，争取曲松县色吾温泉和拉加里、加查聂曲、错那县让荣和曲卓林沙棘林、隆子县扎日、洛扎卡久等景区景点旅游基础设施建设资金，建设措美县乃西乡、浪卡子县扎马龙村特色乡村旅游服务点和琼结县昌嘎农业观光园。为适应当前地区旅游发展形势，进一步推动山南旅游业发展，及时修编《山南地区旅游总体规划》以及编制“十三五”旅游发展规划。2015年，行署下达涉旅项目任务共计5145万元，其中风景局700万元，旅游局4445万元。实际完成发改项目2385万元，完成财政项目1770.29万元，企业投资300万元，风景局700万元项目，共计完成5155.29万元。

【旅游宣传促销】 邀请专业摄制团队进驻山南地区考察采风，制作精致的山南地区旅游形象宣传片（10秒、30秒、6分钟等）共计7个版本，利用电子媒体视觉表达性强、传播速度快的优势，把“藏源山南”旅游宣传片投放至西藏卫视汉语频道、中央电视台第四国际频道、武汉市中心LED屏、武汉市地铁（1+2+4号线），通过拉萨市分众传媒公司将山南地区旅游宣传片投放至拉萨市各大星级酒店及高档楼宇，同时与百度搜索合作,利用其强大的中文搜索引擎优势,只要搜索“西藏旅游”相关词汇,便可在网页右上角出现山南旅游地区宣传片。充分利用机场进出人员多为收入较高的公干及外出游客属性,与西藏民航空港经济发展有限公司合作印制38万张印有山南地区旅游宣传图片的登机牌。考虑到拉萨市作为西藏最大的游客集散地,与拉萨市公交公司主动联系合作,在20辆公交车体贴上山南地区旅游宣传图片。户外广告方面,在贡嘎机场出口处、拉萨火车站、嘎拉山隧道三块户外大型广告牌上,悬挂山南地区旅游宣传图片及标语,在雅砻文化节期间制作10幅山南地区旅游景点宣传画面悬挂在体育场外围。围绕打响“藏源山南”文化旅游品牌,通过人民网、征集网、中国旅游信息网、第一旅游网、山南网、山南旅游政务网大力开展“藏地新密码·山南微旅行”之“10万元藏源山南有奖征文活动”,共征集到投稿600余份,经过邀请专家评审组公开、公正、公平的评审,共评出特等奖1名、一等奖5名、二等奖10名、三等奖20名入围作品100篇。通过举办此次征文活动,让更多人了解山南地区旅游内涵,进一步提高山南地区旅游知名度和美誉度,活动已进入公示、兑奖阶段。参加2015西班牙加泰罗尼亚国际旅展、十一届海峡旅游博览会、第八届华中旅游博览会、2015中国—东盟博览会旅游展、2015北京国际旅游博览会、2015年天津中国旅游博览会、2015中国国际旅游交易会,青岛西藏旅游东环线推介会等,共发放宣传资料10余种近10000份。在推介会中召集湖北国旅、湖北海外、百事通等6家旅行社公司的300家门市一线销售人员,推介山南地区旅游资源的同时培训其销售山南地区旅游线路流程技巧,成功在湖北悦行天下旅行社设立山南地区旅游驻武汉办事处,同时邀请湖北康辉、湖北国旅、湖北悦行天下、成都华夏国际旅行社等10余家旅行社公司的100余名旅行商、一线销售人员赴山南地区主要景点进行实地踩线,突破性开发国内旅游客源市场。成功举办2015年环羊湖自行车体验游、哲古牧人节、加查县达布核桃节、中国西藏仓央嘉措萨玛酒歌节、扎囊县首届氆氇文化旅游节、“金秋崔久”色不荣风景区摄影徒步露营活动、隆子县“常德人游隆子”等活动。同时积极组织参加第二届中国西藏旅游文化国际博览会。选派10余家旅游企业(星级饭店、旅行社、旅游纪念品)参加藏博会,整个藏博会期间山南馆共达成商品交易额170万余元,签订意向协议达500余;参观人数达12万余人次。发放各类旅游宣传资料30余种20000余册。通过产品陈列、视频播放、发放宣传资料、现场讲解、现场咨询解答、现场体验等形式营造浓厚的宣传氛围,极大地提高山南地区旅游的大众知晓率,提升知名度。

【优化旅游服务环境】 为大力推进旅游标准化建设,切实做好月度、“五一”“雅砻文化节”“十一”黄金周的旅游统计报送工作;认真做好旅游饭店网上统计填报系统及旅游景区网上填报系统的报送审核工作。6月,旅游局牵头举办山南地区第二届旅游饭店服务技能大赛,为旅游饭店业搭建一个开拓视野、展示才能、提高技艺的平台。山南泽当饭店、雅砻河酒店、山南地区职业技术学校等9家单位派出选手参赛。各参赛代表队和参赛选手表现出精湛的职业技能和良好的精神风貌。技能大赛的举办,有效提升山南地区旅游饭店从业人员的服务技能和服务水平,对山南地区旅游行业的健康全面发展起到积极的推动作用。为充分调动农牧民参与旅游的积极性,提高地区乡村旅游接待点整体质量,加大星级家庭旅馆标准化工作,4月,对新开办的家庭旅馆实施星评和扶持相结合的方式,按照《西藏自治区家庭旅馆评星标准》进行评定确定发放扶持资金,并加强现有星级家庭旅馆的卫生、安全等检查工作力度,提高家庭旅馆整体服务质量,截至年底,已完成2014—2015年新评定的19家星级家庭旅馆、334家普通家庭旅馆共计200万元扶持资金的兑现。星级饭店复核方面,于11月底之前完成对旅游星级酒店的复核工作,年底前完成对斯迈时尚大酒店、豪迪酒店3星级评定前摸底检查等前置工作。已完成拉姆拉错大酒店3星级评定前的摸底检查及整改建议反馈。启动羊卓雍措、琼结藏王墓、神湖拉姆拉措等景区的A级景区评定工作,截至年底,已完成对羊卓雍措AAA级景区评定(升级)及拉姆拉错AAA级景区评定前摸底调查等前置工作。主动协调工商、公安、食药监局、安监等部门联合执法，按照“安全、秩序、质量、效益”四统一的工作要求，对地区星级饭店、旅行社认真进行安全隐患排查工作，坚决打击“黑导游”和旅行社恶意竞争导致的“零团费”行为。根据中华人民共和国《食品安全法》、西藏自治区食品安全委员会《关于开展2015年全区食品安全宣传周活动的通知》、西藏自治区旅发委《关于做好2015年食品安全重点工作的通知》《2015年旅游安全年活动方案》，并结合自治区党委、政府关于加强安全生产工作的相关决策部署，对旅游行业重点领域安全生产工作展开隐患排查，切实加强对旅游交通、旅游饭店、景点设施和旅游餐饮的安全监管，通过及时监督检查，及时消除安全隐患，及时做好防范，确保旅游各项安全工作落到实处，保障全地区旅游安全。督促各县旅游局、各星级酒店完善“旅游突发事件应急预案管理和演练工作”并将此项工作纳入常态。指导和督促旅游企业进一步完善应急处置和救援预案，加强旅游企业安全应急管理，加强旅游企业安全管理队伍建设，并监督指导企业旅游安全教育培训和应急救援演练工作。以西藏自治区“平安景区”创建工作及考核为抓手，树立12个县以人为本、服务游客、优化环境的理念促进景区安全应急长效机制建设。

【旅游信息化建设】 年内，旅游局集中力量办好管好“山南旅游政务网”，建立《山南地区旅游局旅游政务门户网站信息发布制度（试行）》，规范信息采集、编辑、审核、发布、更新机制，确保发布信息的准确性、及时性和有效性。开通电话咨询和邮箱留言咨询两种方式，游客可采用打电话或者发送电子邮件等形式咨询山南旅游相关问题。“山南旅游政务网”共发布相关信息167条，各类图片98幅，接受电话、电子邮件留言咨询共计46人次，有效发挥作为地区旅游宣传的网络窗口示范作用。为充实山南旅游网络资讯，与中国旅游门户网站乐途旅游网进行合作，提高山南旅游知晓度及美誉度。为全天候、全方位宣传山南地区旅游资源，让旅游者随时随地了解山南地区旅游信息及动态，在原有的山南旅游微信公众平台上建立山南旅游微网站，并利用山南网、山南旅游政务网、山南旅游微信、微博公众平台等自身网络平台，将山南地区旅游资源、旅游咨询、旅游动态等进行全方位的宣传和报道。积极与地区公安处合作协调，分享公安处强大的视频监控资源，建立山南地区旅游景区监控中心。为进一步实现山南地区景区监控全覆盖，4月，旅游局在雍布拉康、昌珠寺、羊卓雍措、朗赛林庄园等景区点布置安装7个高清监控摄像头，中心监控机房内新装3块显示屏，更新监控软件并投入日常运行。

邮政

【概况】 山南地区邮政管理局内设办公室和行业管理科（机要通信科）2个内设机构，编制8人，实有工作人员7人，主要负责贯彻执行国家和自治区邮政法律法规、方针政策；研究拟定本地区邮政发展规划、具体方案并组织实施；监督管理本地区邮政市场及邮政普遍服务和机要通信等特殊服务的实施；负责行业安全生产监督、统计等工作；保障邮政通信与信息安全。

【业务工作】 地区邮政及快递市场行业运行情况良好，全地区乡镇通邮率达到100%，村通邮率达到90%。截至年底，全地区邮政企业和规模以上快递服务企业业务总量累计完成2210.36万元，同比增长17.49%；业务收入（不包括邮政储蓄银行直接营业收入）完成3575.32万元，同比增长6.7%；全地区函件业务量完成4.39万件，同比增长35.35%；包裹业务量完成1.51万件，同比下降28.77%；报纸业务量完成1265.27万份，同比增长6.36%；杂志业务量完成36.83万份，同比增长10.67%；汇兑业务量完成7.95万笔，同比下降20.34%。

【网点覆盖】 年内，总投资496万元的62个空白乡镇邮政局所的补建工程全部投入运营，实现山南地区空白乡镇邮政局所100%验收交接、投入运营的“双百”目标。服务网点的延伸与完善，解决山南地区农牧民享受邮政普遍服务的均等化问题，为邮政服务“三农”，推动农村经济社会发展提供基础的用邮保障。

【改革创新】 年内，智能信报箱项目完成招投标工作，根据招投标情况，智能信报箱建设总投资640万元，安装信报箱80组，格口数为4380个，运营维护期为8年。山南局将把智能信报箱建设作为2016年山南地区“十大民心工程”之一来打造，督促中标企业做好智能信报箱的安装、调试与维护等工作。

【行业监管】 年内，开展宣传活动4次，发放宣传资料1000余份。组织开展快递企业从业人员寄递安全生产培训2次。与邮政企业、申通、圆通、宅急送等快递企业签订《西藏山南地区邮政管理局安全保障建设责任书》，明确人员安全、车辆安全、邮件安全及生产场所安全等执法检查的重点。紧密结合自治区局的工作要求和地区综治办的工作部署，以重点时段专项检查和日常巡查为主，采取联合交运、文化、公安、消防、通信、工商等行业部门联动执法的形式，对全地区各邮政网点、快递网点开展行政执法检查活动，确保邮路全时、全程安全，确保寄递渠道不出现非法有害出版物、易燃易爆和危化物品。截至年底，与邮政业一线员工签订安全生产责任书58份，累计检查寄递网点119个，出动人次360人次，其中专项检查30次，联合检查4次。

【维稳综治工作】 按照山南地委、行署及综治办的要求，结合邮政行业的特点和规律，山南局以强化“安全寄递”为主线，以保障“民生安全”为目的，以抓实“内部安保”为基础，认真履行综治成员单位职责职能，确保行业系统的和谐稳定。一是注重强化寄递企业安全主体责任。无论是开展寄递企业从业人员培训，还是开展行业监管，山南局利用一切机会强调寄递企业负责人是安全生产、维稳综治的第一责任人，促使寄递企业牢固树立“安全是企业的生命线”理念，认真贯彻落实国家、自治区及山南地区有关安全生产、维稳综治的部署和要求，确保人员、设备、措施、经费四到位，严守维稳、安全底线。二是注重明确收寄具体要求。在督促各邮政、快递企业建立完善收寄验视、寄递实名制、应急处置演练、安全隐患排查整改、持证上岗等制度的基础上，针对收寄验视环节提出“三要五坚持”的具体要求，即要持证上岗、熟悉业务、逐级负责验视，坚持收寄物品当面验视并加盖验视章；坚持如实填写面单，做到填写内容和实物一致；坚持客户拒绝验视，一律不予收寄；坚持发现可疑情况立即上报；坚持实名制收寄。做到寄递入口关严把严控，确保寄递渠道安全。三是注重强化安全监管责任。注重区分重要时间节点和日常时段，严格按要求开展专项检查，不断强化安全监管职责，确保安全稳定。同时，科学合理安排局内部值班备勤工作，做到全时值班、岗不离人、要素齐全、报告及时，顺利通过山南地区的维稳综治考核验收工作。当前，山南局针对“三大节日”即将来临，邮政收寄量剧增的特点，在认真分析“11·11”“12·12”邮政业务旺季寄递渠道工作职责履行情况的基础上，准备适时启动节前寄递渠道安全专项检查活动，重点检查各企业安全生产责任和措施落实、实名登记和验视把关、邮件快件及时交接、用户申诉处理、行业防灾防患应急保障等情况，确保寄递渠道安全畅通。

电信

【概况】 2015年，中国电信山南分公司持续保持快速发展势头，全年新发展移动用户5万户，移动过网用户份额达到34.6%，新增用户市场份额84.6%；翼支付账户数全年累计到达8万户，翼支付个人账户交易额达到5000万元，连续蝉联区公司“天翼先锋金奖”四连冠，员工收益得到较大提升，企业正向着改革持续深化、发展持续提升、凝聚力持续增强的良好态势稳步前行。

【主营业务】 2015年，山南分公司主营业务收入累计完成7582.96万元，完成年度预算目标的100%；其中固网收入完成2998.83万元，完成年度预算目标的

100%；移动收入完成4584.13万元，完成年度预算目标的100%。

【网络建设运维能力】 2015年共投资14750万元，实施“光网城市”工程，使地区及县城以上的光纤到户（FTTH）覆盖率达到80%以上，改善城区及县城用户的上网速度，为打造“智慧城市”提供良好的网络基础；实施省道沿线信号补盲及旅游景点3G基站建设项目，满足出差及旅游人员的宽带通信接入的需求；实施拉林铁路以及加查电站施工单位等专线接入项目，满足工程技术人员对宽带通信接入的需求；新建120个4G基站，实现县城以上4G信号的100%覆盖，为山南市民提供更快更好的天翼4G服务体验。

【应急通信保障演练】 山南分公司配合维稳一线指挥部完成反恐应急拉练，圆满完成西藏自治区成立50周年大庆、雅砻文化节等重大节日、敏感日期间的通信保障工作，得到地方各级党委、政府的充分肯定和高度评价。

【惠民经营服务工作】 2015年，针对已在网老客户，按期开展外呼，及时将优惠信息传递给用户，供用户做出选择；针对农村客户，开展“199礼包”主题营销活动，赠送款式多样的终端手机、49元云卡及2070元话费等惠民政策。截至年底，3296户农牧民享受此项优惠活动；在乡镇及部分行政村开设20个营业网点、安装自助缴费机60台；在98个乡镇开通缴费、业务办理网点，为农牧民提供优质、实惠、便利的服务。

【维稳安防工作】 2015年，按照自治区党委、山南地委、自治区公司的要求，山南分公司克服人员紧张、值班任务重等困难，合理调配，制定维稳安防应急处置预案，出台维稳保通举措，特殊重要时期实行护院队巡逻值班制度，完成抗日战争胜利70周年、西藏自治区成立50周年期间的维稳安防工作，实现“大事不出、中事不出、小事也不出”的目标。同时，山南分公司全年投入资金700余万元，新建分公司本部消防、安防监控指挥系统，新建各县电信局的消防、安防监控系统，实现分公司两院及各县电信局消防、安防系统的集中监控，提高维稳安防工作的信息化和科技化水平。5月14日，西藏自治区人大常委会副主任嘎玛到分公司检查指导维稳安防工作时，对分公司的维稳安防工作给予充分的肯定。

【划小承包经营工作】 2015年，认真贯彻落实区公司全面深化改革的部署，实施“向改革要红利，向流程要效率，向管理要效益”的全面深化改革工作；完成12个县电信局、开放渠道中心、营业厅店等划小承包经营工作，试点推进网络末梢维护外包划小；成立综合服务支撑响应中心，推进“倒三角”支撑服务体系的建设。

【关心关爱企业员工】 年内，通过组织提拔和职业发展积分晋升等方式，累计晋升员工岗位45人次；5名优秀核心、1名20年以上工龄劳务派遣制转入合同制用工；2名通过竞聘方式转入合同制；123名员工岗位工资档次得到晋升，4名员工参与自治区的集中疗养，员工休假率达到85%以上。

【强基惠民工作】 2015年，山南分公司继续积极响应“创先争优 强基础 惠民生”工作安排，落实好驻村工作，认真对待驻村联系点群众反映的民生问题，截至年底，中国电信山南分公司3个驻村工作队共计申请到各种项目资金达663万元。项目涉及水利、道路建设、畜牧养殖及加工业等民生方面，这些项目的实施和投入使用，极大地改善所驻村基础设施条件，提高农牧民群众生产生活水平，激发农牧民群众干事创业、致富奔小康的积极性，赢得广大群众的赞扬。

移动

【概况】 年内，运营收入157992万元，累计纳税共计204万元；在网客户189976户，同比下降19.0%，农村客户83456户。公司拥有无线基站1316个,其中2G基站523个,3G基站348个,4G基站445个。2G网络覆盖全地区82个乡镇,覆盖率达100%,覆盖527行政村(共554个行政村),覆盖率达95.13%;行政村光缆覆盖率达67.33%,乡镇光缆覆盖率达到100%。专线建设150条,家宽预覆盖小区数:382个、总端口数:18728个,使用端口数:4693个,端口利用率25%。

【服务保障】 为保障山南地区农牧民的通信需求和全地区无障碍联动,特别是为满足偏远地区的通信覆盖需求,山南分公司坚持实施“广覆盖”工程,网络覆盖率逐年提升,实现西藏自治区“十二五”规划确定的“加快农牧区通信建设、有序推进宽带通信工程”目标,有效落实信盲区、民生重点覆盖政策。投资2500万元建设边际网工程,有效满足边境乡镇、村庄通信需求。投资1000万元打造应急通信体系工程,截至年底,山南移动分公司应急通信车、应急物资及应急短波通讯已配备齐全,能较好地应对突发事件应急管理体系的保障工作。投资1800万元加强旅游线路工程,对重要旅游景点及线路、重要干道沿线实施深度覆盖工程,进一步推动旅游业发展。2015年TD—LTE(4G)覆盖工程投资2800万元,建设项目107个,加大数据网资源储备,为后期数据业务高速发展及信息化发展储备能量。

【信息化发展】 山南分公司致力于打造“移动信息专家”,形成可满足客户多方面需求的信息化产品,面向公安、教育、文化等行业推出综合信息化解决方案,提升经济社会运行效率。提供视频监控、四级网、智能卡口、企信通、语音专线在内的信息化产品。通过校信通、电子白版、教育手机报等项目,为教师提供实时的互联网服务,为学生提供智能上课服务。搭建县、乡、村级文化站专线网络,制订行业手机报,丰富地区农牧民精神文化生活,推动农村经济发展。

【新业务开发推广】 山南分公司与地委宣传部合作开发紧扣时代脉搏、具有地方特色的《山南手机报》,宣传山南地区新闻、资讯、法律、政策等内容,实现“一机在手,尽知天下事”的手机新媒体的具体应用。山南分公司利用自治区公司推广的“天上西藏”项目,与地区旅游局达成旅游信息化服务合作意向,制定出符合山南旅游市场推广方案。通过信息化平台宣传山南地区独特的人文历史、自然风光等旅游资源。

【通信保障与精神文明建设】 积极配合地区维稳要求,完成在“3·14”、桑耶寺佛会期间、雅砻文化节、第十一届自治区运动会、雅砻物资文化交流节等重大活动通信保障任务。坚决落实电话用户真实身份登记,建成并使用“用户真实身份登记系统”“预提卡彩信处理与激活平台”和“用户真实身份信息数据库”三大系统,在全地区开展存量用户信息补录工作,已实现在用户真实身份100%登记。加强精神文明建设,抓好员工思想道德提升,开展丰富多彩的文艺活动,营造浓厚的企业文化氛围,树立优秀企业形象。2015年,分公司先后荣获国家级“安康杯”竞赛优胜单位,自治区级文明单位,厅局级年度网络维护优秀奖。

联通

【概况】 2008年10月30日,中国联合网络通信有限公司山南地区分公司成立。是中国联合网络通信有限公司西藏自治区分公司在山南设立的分支机构,由原中国联通有限公司山南分公司和原中国网络通信集团公司山南地区分公司两家公司合并组建而成。公司以山南为重点,11个县分营业部为支撑,在职人员60人。

【3G业务工作】 着重发展中高端客户,充分利用网速快的优势,重点向部队用户、商务客户进行推荐,通过集中促销与散户促销相结合,开展IPHONE6及6S、PLUS等重点产品上市促销、新兵入伍促销、“5·17”世界电信日促销、599产品包促销及3G业

务进单位等活动，凸显出3G业务发展的重要性。

【增值业务工作】 以流量营销为核心，大力推介话费周周报、炫铃、漏话提示、新闻早晚报、3G加油站和3 G省内流量包等重点业务，培育用户的使用习惯，提高增值业务的使用率及用户活跃度。

【固网业务】 在地区市场，优化固网宽带产品体系，促进融合业务发展，明确业务受理流程、系统管理流程，减少业务环节，降低用户临柜等待时间，增加上门服务要求提升服务感知，促进宽带规模发展。

【渠道体系建设】 推进扁平化进程，扩大产品与市场、用户的接触面，初步建立起公司自有、合作、代理、电子渠道、直销等多元化的渠道体系，有县级营业部11个、自有营业厅3个、合作营业厅1个，进一步提高各个渠道的销售和服务能力。

【服务工作】 健全服务体系，落实“服务提升工程”，加强对营业渠道的监督和指导，开展首问负责制、零容忍活动、电话营销及3G专属服务等活动，投诉解决率明显提高。落实116114信息收集专项工作。

【网络能力】 对全公司ONU和DSLAM资源进行全面清查，进一步完善资源管理数据，为提高网络资源利用率和业务发展成功率提供参考依据，截至年底，移动网WCDMA基站88个，GSM基站共计130个，固网：719户语音用户、534户ADSL用户、30家光纤+LAN用户、总端口3192个端口及2个机房。

金　融

中国人民银行山南地区中心支行

【概况】 中国人民银行山南地区中心支行内设办公室、货币信贷统计科、货币金银科、国库科、会计业务科、征信管理科、人事科、纪委监察室、保卫科、宣传群工部、科技科等11个部门。现有职工97人,在册行员86人,援藏干部2人,青年志愿者1人,聘用制员工8人。平均年龄为38岁。行级领导8人、正科级13人、副科级25人、科级非领导职务19人,一般干部24人,中级职称42人、初级职称30人,干部83人、工人6人,党员65人。

【金融体系】 截至年底,山南地区有人民银行1家监管机构,农业银行、建设银行、中国银行、西藏银行、邮政公司5家银行业金融机构,人保、人寿、平安、安邦4家保险公司,同信证券1家券商机构。截至年底,全地区共有银行业分支机构21家、保险业分支机构5家、证券业分支机构1家,金融机构服务网点105个,从业人员共990人。

【金融业发展】 截至年底,山南地区各项存款连续五年增速保持20%以上,各项贷款连续五年增速保持在25%以上。山南地区金融机构本外币存款余额达301.05亿元,同比增长27.71%;各项贷款余额达231.50亿元,同比增长22.30%;各项保费收入11586万元,保险理赔支出3674万元;证券交易额16.43亿元。

【服务地方经济发展】 发挥人民银行组织协调作用,积极组织召开政银企合作洽谈会、融资对接会、推介会等,促成银政企达成“山南地区“十二五”金融部门支持经济社会发展战略协议”。2015年2月,提请行署召开山南地区金融服务地方经济发展座谈会,组织辖区金融机构和重点企业面对面开展对接,围绕山南地区23家支柱企业和48家重点联系企业发展的新需求开展合作,重点给予文化旅游业、天然饮用水业、农牧业产业化龙头企业、藏木电站、华新水泥、拉林铁路、优势矿业信贷支持。截至年底,各类企业贷款余额达186亿元,同比增长23.74%。

引导金融机构结合地区实际,主动创新金融产品,简化审批流程,方便企业和群众需要。率先推出雪域小企业简式快速贷款产品,截至年底,小企业简式快速贷款户数达34家,贷款投放达6329万元。2015年,开办西藏第一笔国内信用证敞口开证业务、山南第一笔国内信用证收单业务和供应链融资业务。开证金额达4285.7万元,办理收单业务金额达1182.5万元。

【金融“助民工程”】 截至2015年底,涉农贷款保持较快增长,余额达39.24亿元,同比增长21.44%;扶贫贴息贷款余额达36.31亿元,同比增长43.48%,共扶持7.61万人,使19783人脱贫。

【金融“便民工程”】 截至年底，共有ATM机181台、POS机终端达到1168台，建成助农取款服务点611个，消除金融服务空白行政村432个，发放惠农卡5569张，惠农卡存量达到25912张。2015年山南地区辖区共发生银行卡业务672.15万笔、金额307.71亿元，分别占非现金支付工具总笔数和总金额的96.29%和38.24%；2015年山南地区移动支付的交易笔数同比增长143.12%，交易金额同比增长43.28%。电子支付客户累计达到104,701户，与同比增加55.30%。推进财税库横向联网，共完成对乃东县、桑日县、隆子县、曲松县的财、税、库、银横向联网推广工作，提高税费收解效率。大力推动刷卡缴税业务，解决群众缴税费难问题，截至2015年底，共有255家商户参与签订三方缴库协议，通过横向联网完成电子缴税11.27亿，占本级征收税款的91%。推动人民币“净化工程、放心工程”，做好人民币发放和回笼工作，建立28个便民兑换网点，对菜市场、超市、寺庙、学校周边商铺等开展上门兑换残币活动，人民币流通环境得到进一步净化。2015年共投放货币40亿元、回笼货币15亿元，净投放25亿元。较上年同期增长10%，其中，10元以下小面额券种投放0.97亿元。比上年增长156%，充分满足市场交易的现金需求。

【社会信用体系建设】 完成对全县4505个农户、三乡一镇以及20个行政村的信用信息的采集和录入工作；评定信用乡（镇）4个、信用村（居委会）20个、评定信用户4483户。引导金融机构在试验区开展金融产品创新，试验区农牧户小额信用贷款金、银、铜“三卡”贷款额度由之前的5万元、4万元、3万元提高至8万元、5万元、4万元；农村信用体系建设试验区建设有效推动农村信贷发展，截至年底，琼结县农户贷款余额为12097万元，较年初增长33.18%。截至年底，机构信用代码证累计发放3404户。引进个人信用报告自助查询机，为群众提供便捷的查询服务。加大失信惩戒力度，依法严厉打击逃废债行为，切实解决银行诉讼难、执行难、抵贷资产变现难等问题。山南地区不良贷款余额为640万元，不良贷款率仅为0.03%，较年初下降12.31%。

中国农业银行股份有限公司山南分行

【概况】 年内，农行山南分行有在职员工664人，共有经营机构7 6个，其中12个县支行、1个营业部、59个营业所、3个分理处，1个二级支行。除泽当城区外，全行70个机构服务于县及县以下，占比达到92.1%。年内，全行业务产品涉及存贷款业务、结算业务、银行卡、自助银行、网上银行、电话银行、现金管理、国际业务、第三方存管、消费信贷、开放式基金买卖、代发工资、代理保险、国债、养老金、医疗保险等业务。截至年底，全行各项存款余额为179.85亿元，较年初增加48.35亿元，较年初增长36.77%，存款市场份额为63.20%，较年初上升4.19个百分点。各项贷款余额57.36亿元，较年初增加17.53亿元，较年初增长44.01%，贷款市场份额为24.78%，较年初上升3.74个百分点。实现中间业务收入1795万元。

【服务地方经济发展】 截至年底，全行涉农贷款余额32.81亿元，较年初增加6.84亿元，完成全年计划的131.53%；布放助农机具588台，完成全年任务的367.5%，助农机具总数达到588台，其中：POS机具446台，转账电话142台，已覆盖山南地区554个行政村的90.79%。配合自治区分行大客户部完成华能西藏发电有限公司、中铁五局（集团）、十二局等重点单位在山南项目贷款发放工作，公司类贷款余额达30亿元。累计投放小微企业贷款21笔，金额9797万元，贷款余额达8835万元，较年初新增6246万元，贷款增速高达241.25%，贷款户数较上年增加13个，截至年底，小微企业贷款户数28户，小微企业贷款获得率较同期增加19.60个百分点，小微企业贷款超额实现“三个不低于”监管要求。小微企业贷款投放主要用于民族手工业、各类合作社、农牧民施工队、餐饮业和旅游招待等项目。年内完成曲松县信用县评定工作，山南地区信用县总数达4个，占地区县总数的33.33%；评定信用乡镇69个，覆盖率占地区乡（镇）总数的84.15%；

评定信用村533个,覆盖率占地区行政村总数的96.21%,构建完整的县域金融生态环境图谱。

【重点工作】 主要业务指标实现稳健增长,存款、贷款等10个业务指标超额完成全年任务,主要业务指标超额完成率达90.91%。风险控制水平进一步提升,尤其是不良贷款占比不仅控制在自治区分行要求范围内,而且占比较年初下降0.12个百分点。年内分行配合自治区分行完成银烟合作、银邮合作、银移合作任务推进工作。年内,中国烟草山南分公司的基本户从建设银行转户到农行,并在3月底成功上线资金归集系统,带动该公司职工代发工资业务、随薪贷业务和1332户烟草零售商的个人结算卡在农行的开立。年内分行分别在自治区农行首届产品知识竞赛中夺得第一名,在自治区农行业务技术比赛中获得团体第一名,在全区农行"中国梦"主题演讲比赛中获得第二、第三的好成绩,在山南地区银行系统社会主义核心价值观知识竞赛中获得团体第一,各项赛事竞争能力的不断提升,提振全行员工敢拼敢为的竞争意识,也为凝聚士气、激发朝气起到积极的促进作用。

中国银行股份有限公司山南地区分行

【概况】 山南地区分行有正式员工38人;大学本科及以上学历31人,大专学历7人;藏族员工16人,汉族员工22人,藏族员工比例为42.11%;35岁以下员占总数的86.84%,中国共产党员(含预备党员)25人。分行本部内设综合管理部、业务发展部、监察保卫部、营业部4个部门。

【存贷款经营情况】 截至年底,山南分行各项人民币存款余额65.30亿元,公司存款61.45亿元,储蓄存款3.84亿元。山南分行人民币贷款余额105.84亿元,公司贷款102.15亿元,个人贷款3.69亿元。

【产品创新】 不断丰富融资类产品,通过向客户提供金融解决方案,满足客户多样化的金融需求。新产品实现三个第一:开办第一笔国内信用证敞口业务,开办山南分行第一笔国内信用证收单业务,开办山南分行第一张银行承兑汇票开票业务。辖内第一笔同业投融资(SPV投理财)业务,金额2亿元。

【内控合规】 资产质量风险控制常抓不懈,全行连续保持公司授信零不良,零售贷款不良率0.18%,围绕总行内控50条和自治区分行运营服务部梳理的140条,做到防微杜渐。

【社会责任】 认真贯彻落实开展创先争优强基惠民生活动,中行员工下基层驻隆子县加玉乡普玉村,截至年底,有21人下乡驻村,捐资20万用于修建农村农作物灌溉基础设施;分行领导班子成员认领"认亲结对"10户贫困户,对驻村点村民及结对户进行慰问。全行员工捐款为驻村点低保户、五保户等困难群众发放慰问金。并积极配合各级政府部门、相关单位对驻村情况的检查工作。在2015年的驻村活动中分行驻村工作队队长荣获自治区级先进个人、副队长荣获县级先进个人、驻村工作队获得县级先进集体。

中国建设银行股份有限公司山南分行

【概况】 建行山南分行现有员工57人,中长期劳动合同员工50人,定向招聘员工7人。中共党员20人,占比35%;藏、汉员工比例为4∶6;学历结构,研究生4人、本科28人、大专16人、其他学历9人;具备中级专业技术资格9人、初级专业技术资格31人;中层管理人员13人。

内设部(室)5个:办公室、风险管理部、财务会计部、业务部(批发业务部、零售业务部合署办公)和安全保卫部;营业网点3个:营业部、雅江支行和藏木支行。

设立自助银行服务区5处,投入存取款一体机8台,取款机5台。其中附行式自助银行服务区3处,分别位于营业部、雅江支行和藏木支行；离行式自助银行服务区2处，分别位于民族路、泽当花园。

【负债业务】 截至年底，建行山南分行一般性存款时点余额为360003.03万元，较年初新增85300.88万元。

【资产业务】 截至年底，建行山南分行各项贷款时点余额为699801.28万元，较年初新增324114.76万元。

【经营效益】 截至年底，建行山南分行实现营业收入6044.99万元，较上年同期增加1131.44万元，同比增幅23.03%；实现营业利润2414.1万元，较上年同期增加428.61万元，同比增幅21.6%。

【业务发展】 稳固势头，有效拓展负债业务。在做好存量客户维护工作的基础上，积极拓展优质客户，有效提升建行山南分行资产业务规模，加大重点项目的营销力度，继续做好下游施工企业金融服务工作。继续加强与铁路施工企业业务合作，成功签约拉林铁路前期控制工程中标单位的代发工资业务，不断推进居委会金融服务工作，召开产品推介会，给上百户老百姓开立建行金融IC卡账户，建立与居委会的良好关系。

为进一步做好山南地区重大基建项目金融服务工作，把握“十二五”收官之年经济结构调整的机遇，继续重点做好山南地区境内“十二五”规划确定的重大项目的信贷支持，满足水电、铁路等行业的信贷需求。继续做好水电项目建设融资工作，2015年实现水电项目贷款投放237200万元。主动做好拉林铁路项目建设融资支持，2015年针对拉林铁路项目实现贷款投放110000万元。加大小微企业信贷扶持力度，拓展“以存定贷”业务模式，成功为小微企业主办理个人贷款8笔，共计1540万元。

【风险防控】 内控合规管理是各项工作开展的基础，山南分行一直坚持以夯实基础为发展主基调，强化制度建设，认真落实各项检查发现问题的整改工作，持续做好合规培训工作，切实提升银行内控合规管理水平。强化制度建设，完善制定《建行山南分行2015年风险内控检查实施方案》；制定《山南分行案件防控专项治理活动实施方案》，并严格落实方案要求。

安排部署“一加强 两遏制”自查工作，积极配合人民银行综合执法检查、国家财政部专项检查、西藏银监局检查、内部审计及自治区分行内部控制评价工作。风险管理部将各项检查发现问题及时整理下发各条线部门，督促整改工作的落实，并按时向相关部门报送整改进度报告。国家财政部对资产业务及信贷投放合规专项检查未发现任何违规问题。

【渠道建设】 为更好地适应山南地区经济建设新趋势，建行山南分行在山南地区商业区新设2处自助银行服务区，满足山南人民的业务需求；通过在网点内设置电子银行体验区、大堂经理积极引导客户激活使用电子银行产品，有效发挥信息技术在银行业务中的作用，为山南地区金融现代化建设步伐提供渠道保障。2015年，在西藏银行业协会开展的“中国银行业文明规范服务星级营业网点”评比中获得四星级网点称号，成功塑造建行山南分行合规经营、文明服务的良好社会形象。

通过开展形式多样的金融活动，落实“客户至上，注重细节”的服务理念，进一步提升建行山南分行社会形象。2015年，开展“百日优质服务”竞赛、“消费者权益保护”宣传、“5·15”打击和防范经济犯罪宣传、“普及金融知识万里行”以及零钞兑换等活动，得到自治区分行的高度肯定，也得到广大客户的认可。

【人文关怀】 通过不定期组织召开员工座谈会、落实行长接待日制度，公开行领导外网邮箱、建立员工微信群等措施，实现领导班子成员与普通员工之间的充分交流，方便员工提出自身在工作、学习和生活中的合理诉求。进一步加大对藏木支行员工的关爱力度，通过搭建阳光房，安装员工宿舍区网络、电视、更换衣柜等，切实改善藏木支行员工生活条件。继续改善员工办公生活环境。硬化办公楼院内地面，对办公楼二、三层进行消防改造，对办公楼、雅江支行和基地值班室屋面进行防水处理，为各部门、营业网点添置空气净化器、配置花草，切实改善员工办公环境。丰富基地绿化植物品种，栽种新的苗木、鲜花，添置割草机具，为员工食堂购置餐椅、配备电视，使员工生活环境得到进一步美化。

积极组织各类文体活动，推动文明单位创建活动。丰富员工业余生活。为职工活动室购置健身器材、为职工书屋添置图书，积极推行工间操、“健步走”，举办“绿色骑行”、员工趣味运动会等活动，使员工在释放工作压力的同时增强团队协作能力。建设党团活动阵地。党支部加强阵地建设，购置党建工作内容的书籍，确定3名入党分子，1名发展对象，1名预备党员，同时团支部积极鼓励员工积极参加“核心价值观”知识竞赛，选派员工参加团地委组织的“我身边的山南五十年”演讲比赛。日喀则地震发生后，建行山南分行积极响应号召，情系灾区，全行动员，共计捐款11900元，为帮助灾区同胞共渡难关、重建家园尽一份绵薄之力。

【“三严三实”专题教育】 扎实开展“三严三实”专题教育活动，组织召开以“三严三实”为主题的党员领导干部民主生活会，深入查摆工作中存在的“不严不实”问题，全面贯彻落实中央全面从严治党要求，巩固和拓展党的群众路线教育实践活动成果，持续深入推进全行党的思想政治建设和作风建设。有组织、有计划、有步骤地开展党风廉政建设工作，深化惩治和预防腐败体系建设，做到守土有责、守土尽责。签订员工廉洁合规从业承诺书，努力形成不想腐、不能腐、不敢腐的长效机制、廉政氛围。2015年，山南分行被总行授予“中国建设银行思想政治工作先进单位”荣誉称号。

【维稳驻村工作】 2015年，山南分行切实做好各敏感时间节点的维稳值班工作，着力建设平安银行。高度重视驻村工作的有序开展，严格实行驻村人员轮换制度，调整驻村人员，确立新的驻村工作队。行领导定期到驻村工作点指导工作，明确工作任务，强调驻村纪律，传达上级精神，关心并解决驻村队员工作、生活中的实际困难，将分行相关政策落到实处。驻村工作队员积极开展“法律进万家”宣传活动，让当地居民进一步知法、懂法、守法，增强法律意识和观念。

人保财险山南分公司

【概况】 人保财险山南分公司于2003年1月8日开始筹建，2004年12月经保监委正式批准成立。公司承保业务包括车险、企业财产险、普通家财保险、工程保险、普通意外保险、旅游保险、责任保险、政策性涉农保险等。

【业务指标完成情况】 2015年，山南分公司累计保费收入5353.80万元（其中企财险27.46万元，家财险0.34万元，责任险243.5万元，交强险1514.22万元，商业车险2719.51万元，货运3.7万元，意外险445.18万元，工程险29万元，能繁母猪73.89万元，健康险297万元），完成全年任务计划的78.99%（保费任务按6778万元计算），非农险同比增长2.99%（6319.15万元，不含农险5264.15万元），应收保费530万元，应收保费率8.74%，费用率31.57%。实现直接赔款2765.10万元，赔付成本2920.90万元，赔付率59.88%，综合成本率91.46%。实现承保利润454万元，承保利润率9.31%。

截至年底，共接报案4115件，其中车险案件3583件，非车险案件490件，省间通赔案件外代本42件；共处理案件4404件（包含历史数据），其中交强险为1068件、商业险为2298件；电销业务为690件；非车险已决案件为312件，省间通赔案件为36件。案件处理率98%。车险理赔周期为10.56天，非车险理赔周期9天。政策性农业保险共接报案273件，已决198笔，赔款共计418.76万元，（其中：种植业4.92万元，养殖业350.63万元，农房62.51万元，能繁母猪0.7万元）；在藏户籍结案144件，赔付391.40万元；农牧民意外结案67件，赔付151.12万元。

【重点工作】 2015年，人保财险山南分公司认真贯彻落实总公司“七项”工作思路加快发展速度，提升业务质量，降低理赔成本，以“三农”保险为切入点，积极设立“三农”服务网点，大力拓展县域商业保险市场，严格贯彻“两加强、两遏制”各项要求，加强依法合规经营理念，防范经营风险，推进山南人保健康发展。

【“两加强，两遏制”工作】 2015年，人保财险总公司和自治区分公司对“两加强，两遏制”工作提出了更高更严厉的要求，山南分公司坚定不移地贯彻保监会、上级公司的精神实质，把“两加强、两遏制”工作作为常态化工作来抓。对前期“两两”查出的问题的整改情况再进一步自查，确保整改工作和问责落实到位；组织业务部门对当月已发生的业务进行自查，使自查工作常态化，避免同样的问题履查履犯；进一步加强反洗钱工作的贯彻落实，坚持做到有制度、有宣传、有培训、有检查。强化法制宣传的培训力度，增强全员的法律合规意识。

【服务“三农”】 2015年，人保财险山南分公司积极贯彻落实年初全保工作会上党委书记、总经理孙国新提出以“党委信得过，政府靠得住，人民群众满意”为工作目标，以“新西藏、新发展、新变化、新生活”凝聚力量，在自身不断发展壮大的同时，充分发挥政策性保险的特殊作用，从讲政治、顾大局的高度，投入大量人力、物力、财力，开展“三农”保险服务，扩大农牧区保险新产品和服务的覆盖面，提高保险服务“三农”的能力，为西藏建设社会主义新农村做出应有贡献。

结合山南实际，因地制宜，合理确定基层网点建设规划。三月底完成除乃东和琼结以外十县的“三农”服务网点建设调研，积极向县委、县政府汇报“三农”服务网点建设事宜，争取到当地县委、县政府的大力支持。

完成加查、贡嘎、扎囊三县的租房及装修，这一举措将进一步提高公司基层农网的服务能力，让更多的老百信得到人保方便、快捷的“三农”保险服务。

协助区分公司和山南地区人行，为推进琼结县农村小额信贷保证保险业务开展做好衔接工作，从而为山南农牧民脱贫致富提供坚实的保险保障。

【保险业务】 人保财险山南分公司针对山南地区80%的私家车未出险的情况，调整车险业务方向，将私家车作为车险业务新的增长点。结合山南实际和借鉴内地嘉兴公司客户服务管理先进经验做法，人保财险山南分公司正着手通过运用现代互联网，通过系列软件开发工作，现已成立“山南人保之友俱乐部”，并引导广大客户注册公司俱乐部，向客户推出了免费洗车和代审年检的优惠。推进非车险业务，明确业务部在环保、水利、交通、工程领域拓展的市场责任划分；落实财险与寿险业务的交叉销售，邀请人保寿险公司老师对山南分公司全员进行寿险业务培训；依托政策性农险工作和县域网点优势，推进非政策性农险产品，如农牧民意外险、家财险、车险等。

【树立和巩固PICC品牌】 2015年，人保财险山南分公司加大现场赔付宣传力度，从每一笔赔付做起，赔出效益，赔出满意度，赔出服务水平，赔出品牌形象。政策性保险或商业保险赔款，都进行电视、报纸、网络宣传。加大惠民保险政策宣传力度。2015年，公司与山南网协商，在山南网主页面开设惠民保险政策宣传窗口，加大政策性农业保险产品、理赔知识宣传让更多的社会人士了解金融保险知识和政府的惠民保险政策。

【党风廉政建设】 2015年，人保财险山南分公司为进一步贯彻落实全面从来治党的要求，公司上半年继续巩固和拓展党的群众路线教育实践活动成果，持续深入推进党的思想政治建设和作风建设，根据《人保财险西藏分公司开展“三严三实”专题教育实施方案》（藏人保财党发〔2015〕5号）精神，结合公司实际，出台相应《实施办法》，并着手开始实施，从而进一步推进作风转变，着力营造“干部清正、政府清廉、政治清明”的良好环境。

【社会管理综合治理】 维稳是长期工作，天天讲、月月讲、年年讲，从而不断加强全体员工的维稳思想防线，为确保“三不出”，实行“一把手责任制”和“一票否决制”。为全力抓好安全工作，开展消防安全检查，防范火灾隐患；重大节日、重大活动期间严格实行领导带班和24小时值班制度，职工轮流值班，确保山南分公司内部安全稳定，同时对重点部位安装监控，确保公司生命财产安全保障。

【"青年文明"建设】 2015年，人保财险山南分公司利用"三八"妇女节，组织全员开展以"团结就是力度"为主题的拔河、团队过河、绑腿赛跑等有利于培养员工团队协作的活动；二是利用"五四"青年节，开展"五·四'感恩'演讲比赛，暨为'4·25'地震灾区捐款仪式"，让员工从内心深处感受感恩，同时因为感恩而学会付出。

中国人寿保险股份有限公司山南地区分公司

【概况】 中国人寿保险股份有限公司山南地区分公司成立于2009年1月6日，中国人寿西藏自治区分公司在拉萨之外设立的第一家分支机构。主要经营人寿保险、意外伤害保险和健康保险三大类人身保险业务。公司编制15人。

【业务指标完成情况】 2015年，山南地区公司实现保费收入3578.56万元，同比增长116.62%，其中长险新单保费2127.26万元，同比增长460.62%，公司业务规模保持了较大幅度的增长。个险完成保费收入1634.14万元，同比增长38.03%；首年期交保费491.73万元，首年标保320.92万元。银保完成保费收入1634.14.68万元（趸交保费1551万元），同比增长344.17%，其中新单期交保费82.44万元。团险完成短期险保费123.2万元，同比增长–28.90%，达成全年任务的35.70%。

【个险渠道】 2015年，山南地区分公司精英主管队伍运营成立精英突击队，完善追踪体系，明确各项目标差距，实施1对1，人盯人战术，加强目标追踪。（包括：各项荣誉，竞赛目标为抓手全力追踪。）每月组织召开创业说明会，确保参训人员不得低于10人。完善培训体系，专人专岗负责新人育成。

2015年，山南地区分公司成立了精英突击团队，完善了签约追踪体系。实施一对一、人盯人战术，加强目标追踪。定期召开创业说明会，确保参训人员不低于10人。由专人专岗负责新人育成，完善新人培训体系，个险的队伍规模得到了有效扩充。按照区公司和人行山南中心支行的要求，积极开展反洗钱、反集资诈骗、销售督查、纪检监察、社会综合治理等工作，规范了综合部所属的后勤管理保障工作。2015年综合部积极参三严三实活动开展，拟定工作方案、制定学习计划、撰写活动各阶段汇报材料，顺利完成了活动的所有流程。

【团险渠道】 2015年，山南地区分公司加强客户经理队伍管理建设。团险客户经理队伍有4人，已全部通过代资考试，其中藏族客户经理1人。成立了小额信贷服务小组。安排专人对农行和中行进行点对点服务，定期对山南所辖的十二个县行逐一进行拜访和对账。但由于地域限制，公关力度不够，小贷保险未能取得突破。成立了大项目公关小组，由团险部负责人担任组长，对事业单位及大型企业逐一做公关拜访。

【银保渠道】 2015年，山南地区分公司利用有利时机，抓住农行主渠道重点突破，"开门红"工作收效良好。在区公司银保部与区农行良好沟通与协作的基础上，银保渠道及时参与了山南农行的业务启动会，对山南地区分公司的产品进行了详实讲解。

【综合管理】 2015年，山南地区分公司综合部做到了各类文件的及时归档，制定公司收付费、单证等7项管理制度，全面落实岗位责任制度、为山南分公司管理上台阶做到有力支撑。认真做好双人在岗维稳值班工作，达成了"三不出"目标。根据新的印章管理办法，按照相关检查要求，重新完善加强了印章使用的日常检查和管理，有效防范了风险。按照区公司和人行山南中心支行的要求，积极开展反洗钱、反集资诈骗、销售督查、纪检监察、社会综合治理等工作，规范了综合部所属的后勤管理保障工作。2015年综合部积极参三严三实活动开展，拟定工作方案、制定学习计划、撰写活动各阶段汇报材料，顺利完成了活动的所有流程。

中国平安财产保险股份有限公司山南中心支公司

【概况】 中国平安财产保险股份有限公司山南中心支公司成立于2013年9月24日，主要经营财产损失保险、责任保险、信用保险、保证保险、短期健康保险、意外伤害保险以及经中国保监会批准的其他财产保险等业务。2015年，公司在职员工19名，其中，经理1名、前线人员10名、后线人员8名。

【服务西藏经济】 2015年，中国平安财产保险股份有限公司西藏分公司山南中心支公司严格按照自治区党委、政府和监管单位的要求，参照总公司的原则，结合当地实际情况，首先积极配合监管单位组织的“保险业支持西藏经济社会发展座谈会”工作，进一步推动平安集团深度参与和支持西藏经济发展，全面参与西藏“三农”保险，在涉及社会稳定民生安全的责任保险方面做出贡献，规模快速增长，服务提升，并且在人才建设、合规经营、社会公益等方面加大投入力度，保证了各项工作的顺利进行。

【保险业支持西藏经济建设座谈会】 为推动西藏经济社会又好又快、更好更快发展，2015年8月2日，中国保监会组织召开“保险业支持西藏经济建设发展座谈会”，平安集团高度重视并委托集团总经理任汇川全程参与，深入探讨保险业在未来如何更好的服务西藏自治区经济发展，发挥保险业对于社会经济发展的支持作用，并代表集团表态愿意进一步支持西藏经济发展，在2014年与自治区政府签署的战略合作协议基础上深化合作内容、扩大合作范围，旨在实现双方优势互补，共同促进西藏自治区经济与金融业全面建设与发展。在投融资方面，平安财产保险股份有限公司山南中心支公司帮助西藏的企业利用资本市场进行融资，协助西藏实现资本市场发展目标。开展股权、债权及物权等投融资业务，直接参与和大力支持西藏在城镇化、工业化、信息化、农业现代化、大型基础设施及能源矿产开发等领域。

2015年，中国平安集团总部捐赠了180万元用于西藏经济建设，参与建立西藏保险培训基金。平安财险西藏分公司配合自治区金融办、西藏保监局组织举办了“第一期西藏基层党政干部保险知识培训班”，本次培训班学员共27人，涉及拉萨、日喀则、林芝分管财政、金融的领导，培训取得了实际效果，帮助在藏干部充分认识保险对社会经济协调发展的作用，有利于拓宽保险发展空间，使保险业在更深层次和更广领域参与到国民经济和社会发展的全局工作中，维护社会稳定和经济秩序。

【保险服务理赔】 2015年，平安保险山南中心支公司保费收入1501万元，比上年同比增长74%，业务发展迈上了新的台阶。

2015年，平安财产保险股份有限公司山南中心支公司保费收入情况如下：

时间	保费收入	利润	市场份额
2015年	1501万	181.9万	13.2%

2015年，平安财产保险股份有限公司山南中心支公司理赔情况及主要产品理赔数量和赔付金额如下表：

险种 / 产品		案件数量（件）	赔付金额（万元）
车险	交强险	490	289
	商业险	380	53
财产险	责任险	8	1
	企财险	4	2
	工程险	3	2
	货运险	0	0
意健险	建工意外险	0	0
	其他团意险	1	0
	个人意健险	0	0
合计	886	347	9211

2015 年，平安财产保险股份有限公司山南中心支公司始终坚持以“服务促发展”为指导，不断提升客户服务水平，全国上线车险理赔“新高铁”系统，再度刷新保险行业理赔速度。践行“全国通赔”、“万元以下一天赔付”等常规服务承诺，推出了“电话直赔”、“简单快赔”等创新服务举措。对于 3000 元以下车险简单事故，客户在事故报案后十几分钟就可以完成全部理赔程序，当场就能收到赔款到账的短信通知。注重实效，取得了客户满意和社会认可的效果。

【人才发展和机构建设】 平安财产保险股份有限公司山南中心支公司自成立以来始终高度重视人才的招聘、培训和培养，不断优化人才资源结构，着重培养以经营管理人才、专业技术人才和保险营销人才为主体的人才队伍，坚持以人为本，关心人才、尊重人才，紧紧抓住吸引、培养、用好人才三个环节，造就一支适应保险业改革发展需要、素质优良、结构合理、作风过硬的人才队伍，以提升平安财产保险股份有限公司山南中心支公司的核心竞争力和整体实力，为实现平安财产保险股份有限公司山南中心支公司持续健康发展的目标提供坚实的保证。

【合规经营、健康发展】 2015 年，平安财产保险股份有限公司山南中心支公司合规工作进一步深化，并重点围绕制度建设，培训学习，自查自纠等方面落实各项要求，分公司合规建设制度体系不断完善。2015 年根据西藏保监局《关于开展“亮剑行动”工作的通知》（藏保监发〔2015〕9 号）文件要求，重点开展消费者权益保护机制建设工作，全面梳理消费者投诉处理工作流程，建立多渠道客户投诉处理机制，快速响应客户诉求，有效维护消费者合法权利，全面修订《西藏分公司理赔部投诉管理办法》《平安产险西藏分公司投诉责任追究机制》《重大突发事件上报制度及媒体危机公关管理》，制订年度客户满意度提升方案，开展各类切合消费者实际需求的活动，提升客户体验，进一步强化全员服务客户和理念和意识。

2015 年，在反洗钱工作方面，平安财产保险股份有限公司山南中心支公司反洗钱制度体系不断完善，强化责任到人，层层抓培训，严格抓落实，在中国人民银行拉萨中心支行 2015 年度反洗钱工作评级中获得 A 级，得分居在藏保险企业之首，并荣获西藏保险业唯一一家“反洗钱工作先进单位”荣誉称号。

【公益事业】 2015 年，西藏分公司在经营发展的同时，积极参与各项社会公益活动和爱心善举行动，由平安投资 105 万元在西藏参与修建三所希望小学，并持续推动希望小学助学金活动，2015 年共计为“林芝八一镇希望小学”、“昌都察雅县烟多镇若普村平安希望小学”、“日喀则地区江孜县龙马乡平安希望小学”三所希望小学的 69 名学生发放奖学金。为巩固对希望小学的支持，分公司每年为每所希望小学投入 2 万元用于日常维护，并开展多种形式的助学支教活动。同时，西藏分公司积极参与驻村工作建设，驻村工作队连续被评为日喀则市先进驻村工作队。

医疗·卫生

卫生　计划生育

【概况】 山南地区卫生局(人口和计生委)定编27名,其中:行政编制21名,事业编制4名,后勤事业编制2个。局(委)领导职数5名。实有在职干部职工39人,含援藏干部3人。内设8个行政科(室)和2个事业科(室),均为正科级建制。2个科级事业单位,分别为地区妇保院、地区疾控中心。地区妇保院编制59人,现有职工74人。地区疾控中心编制58人,现有职工51人。

【卫生宣教】 收集、整理、汇编卫生法律法规、健康保健知识、常见病防治措施和惠民政策,投入8万元印制《医疗卫生法律法规宣传手册》《日常生活中的健康知识手册》《居民健康知识手册》《中小学生健康知识手册》和《常见疾病防治手册》共计4万份,创办《山南疾控工作动态》。已通过12个县卫生局、驻村工作队、双联户长和卫生宣传活动向广大人民群众发放各类宣传手册3.8万份,提高地区广大人民群众尤其是农牧区群众卫生法规、卫生惠民政策知晓率和自我健康与防护的意识和技能。开展卫生“送医、送药、送健康”活动,世界卫生日、世界高血压日、全国儿童预防接种宣传日等重大卫生节日期间,组织地区人民医院、藏医院、妇幼保健院、疾控中心4家地直医疗机构在惠好超市对面开展医疗卫生“送医、送药、送健康”活动,接诊300余人,免费发放价值30余万元的药品。积极拓宽宣传渠道,充分利用电视和广播宣传范围广、受众人数大的优势,积极与山南电视台沟通,开办卫生宣传专题栏目。举办2015年度山南地区“十佳护士”表彰活动,表彰卫生行业涌现出来的医技精湛、医德高尚、扎实工作的先进个人,在卫生行业系统中树立楷模,掀起学习榜样的热潮。

【医疗卫生服务体系】 2015年国家投资项目计划总投资12433万元,截至年底,共完成投资6112万元,续建洛扎县和曲松县36个村卫生室和扎囊县急救站,新开工建设地区人民医院儿科项目、浪卡子县急救中心、琼结县疾控中心、地区妇幼保健院周转房、措美县藏医院综合楼等14个项目。新建97个村级卫生室,完成措美县疾控中心、错那县藏医院、桑日县卫生监督所、措美县措美镇卫生院等20个项目建设前期工作。向自治区卫计委争取投入资金1373万元将地区人民医院和扎囊县卫生服务中心作为全区信息化建设试点医院和县级信息化建设试点医院,其中山南地区人民医院660万元,扎囊县713万元。

【规划编制工作】 邀请西藏大学医学院教授研究指导地区藏医药事业。针对“十三五”期间藏医药事业发展,邀请自治区西藏大学医学院、藏医学院和地区藏医院专家对全地区12个县藏医药情况和基本现状进行调研，形成《西藏山南地区藏医资源配置与利用现状研究》。积极做好援藏项目申报工作，与地区受援办沟通，将总投资4.6亿元的地区人民医院整体搬迁、各县卫生综合业务用房、地区疾控中心实验楼建设、地区妇幼保健院医疗设施设备纳入到“十三五”对口援助项目。与自治区卫计委和地区发改委沟通，将总投资6.77亿元基层医疗服务体系、公共卫生服务基础设施建设和重点医院等项目建设纳入国家投资项目，待国家审批。

【受援工作】 深化受援内涵，做好2015年湖南、湖北、安徽第13批共计30名卫生对口援藏技术人员和组织部对口援助医疗队64名短期医疗卫生援藏队员“传、帮、带”工作。针对中组部和安徽省委组织部关于医疗卫生人才“组团式”援藏要求，起草山南地区人民医院“组团式”援藏需求。做好安徽省医疗卫生“组团式”援助地区人民医院工作。邀请湖北、湖南两省卫计委到地区对卫生受援工作进行考察指导，建立省对地区、市对县、院对院的长效帮扶机制。地区行署与湖南省签订《湖南省卫生计生委对口援助山南地区卫生系统框架协议书》。加强与对口援助省市沟通衔接，充分利用内地丰富的医疗资源和先进的医疗技术帮助地区提高本地医务人员业务水平，组织24名本地医务人员分别到对口援助三省进修学习。10月12日，同行署分管卫生副专员到湖北武汉参加国家卫生计生委疾控局组织召开的湖南湖北安徽三省疾控中心对口援助山南地区疾控工作协调会，制定三省轮流坐庄“组团式”援助山南地区疾控工作机制。10月13日到三省卫计委沟通衔接，援受双方就“十三五”期间项目支持、医疗卫生“组团式”援助进行深入交流、沟通，达成共识。

【公共卫生服务工作】 积极做好春、夏季传染病的防控，加强艾滋病、结核病、鼠疫、手足口病防治工作，加强自然疫源性和人畜共患疾病等重大传染病防控力度，建立和巩固各县艾滋病常规监测点和快速监测点，做好疫情应急处置备勤演练工作；包虫病防治试点项目通过国家卫计委疾控局验收，得到国家卫计委疾控局于竞进局长高度好评。起草出台《山南地区国家免疫规划疫苗预防接种管理工作方案》，乙肝、卡介苗和百白破等9种国家免疫规划疫苗种有序开展，接种率达到96%以上。做好雅砻文化节、庆祝西藏自治区成立五十周年活动、第35届雅砻物资交流会以及各种重要大型会议的应急保障工作。全地区各类卫生监督覆盖率比上半年提高4.80%，比上年同期34.95%提高到38.03%。组织食品安全相关成员单位开展2次联合检查，有效地保障广大群众的饮食安全。规范医疗行业行为，打击非法行医，利用年度医疗机构校验契机，组织卫生监督员对泽当镇区内39家个体诊所和3家民营医院开展执法检查，对2家执业地点变更和医护人员不及时申请变更执业地点、科目的情况，下达整改意见书，要求限期整改。加强藏医药人员培训、招录、民间藏医师带徒认证，全地区藏医从业人员达到410人。藏医预防保健及防治疑难疾病临床服务能力明显提高，藏药生产规模不断扩大，2015年地区藏医院制剂准字号达到122种，申报待批准字号达到10种，制剂生产品种达到260余种，产量达到36吨，销售收入达到1900余万元。

【“两降一升”工作】 全地区强力推进“两降一升”工程，2015年全地区孕产妇活产总数5257例，住院分娩5156例，住院分娩率达到98.08%，较2014年提高3.06%。孕产妇死亡2例，孕产妇率38.04/10万，较2014年降低0.69/10万。5岁以下儿童死亡54例，死亡率10.27‰，较2014年降低1.74‰。婴儿死亡50例，死亡率9.51‰，较2014年降低1.53‰，“两降一升”工作指标从2012年的自治区末尾跃升到自治区前列，接近全国平均水平。

【医疗保障能力】 2015年，农牧民医疗制度覆盖率达100%，参保人数达到321129人，参合率99%，到位农牧区免费医疗资金13364.99万元，由每人每年380元提高到每人每年420元，其中中央、自治区补助12735.62万元，地区配套91.91万元，县级配套65.3万元。全地区公立医疗机构继续认真贯彻地委、行署重要指示精神，实行先住院后结算，方便群众住院报销。积极落实政府办医主体责任，在地区人民医院、藏医院和妇幼保健院从2014年开始实行财政全额预算，医院收入（2014年约5000万元）全部用于医院卫生事业发展的基础上，2015年各县卫生服务中心实行全额预算，医院收入用于自身发展。狠抓等级医院创建，以地区人民医院2015年4月成功创建三级乙等医院为动力，加查、措美、洛扎4个县正在以积极创建二级医院为契机持续提高医疗服务能力和水平，隆子、洛扎两县卫生服务中心通过自治区二级甲等医院评审专家组预审，加查和措美两县卫生服务中心通过地区二级医院评审组初验。开展群众满意乡镇卫生院创建活动，2015年确定12个县、25个群众满意乡镇卫生院，大力开展群众满意乡镇卫生院建设，全地区乡镇卫生院群众满意率达到30%，达到自治区要求。全地区82个乡镇卫生院在自治区率先实现国家基本药物零差率销售，继续鼓励县卫生服务中心和地直医疗机构优先使用国家基本药物目录药品。

【医疗卫生人才队伍建设】 通过地区人社局在昆明医科大学、青海医学院、遵义医学院，引进医疗卫生人才8人和新招录112名医学类专业毕业生，充实到全地区各级医疗机构。认真开展村医考试工作，121名新招录村医学员全部顺利毕业走上实习岗位，全地区村医总数达到1108名，实现“一村一室两医”目标；与自治区母婴保健协会联合举办开展村医提高班，培训村医100名，针对错那和桑日县出现孕产妇死亡的情况，组织两县30名村医赴日喀则卫校进行在岗村医培训。举办县级骨干医师培训、卫生监督执法培训、基层妇幼保健、藏医藏药、疾病防治、水质检测、临床医疗、农牧区医疗基金管理等培训班、培训1600人次；同时，根据自治区卫计委安排，选派地区、县级等管理、技术人员共计16余人到自治区、北京、海南、南京、重庆等地进修学习。完成2015年度353名考生卫生专业技术资格考试和护士执业、451人全国医师资格网上报名、现场审核工作和24名经国家专业技术资格考试合格的职称评审工作。

【卫生惠民工程】 2015年，全地区健康问题人群从2014年的72338人，减少为41265人，减少31073人，健康问题人群比重从21.96%降低为12.37%，降低9.59%。先心病患儿筛查工作与全民免费健康体检工作同步开展，发现疑似患儿114名，邀请湖南、湖北、安徽医疗专家3批23人进藏对地区先心病疑似患儿确诊，确诊符合手术指证24例，完成免费救治24例；免费救治唇腭裂患儿40名，完成白内障复明手术233例，“两癌”筛查2588人。落实“一孩双女”和“特殊子女家庭”扶助政策，全年扶助“一孩双女”5331人，扶助资金511.776万元，扶助“特殊子女家庭”1382人，扶助金283.596万元。开展避孕节育技术服务2778例，减轻育龄妇女经济负担4.41万元。积极开展免费孕前优生优育健康检查和出生缺陷干预项目，完成免费健康检查3480人、出生缺陷干预1740人。

疾控中心

【概况】 山南地区疾控中心是市卫计（委）下属科级建制非营利性全额拨款单位，内设9个科室，其中，业务科室7个和2个职能科室。编制58名，其中领导职数4名。现有人员50名，专业人员36名，工勤人员11名，专业技术人员中副高职称1名、中级职称9名、初级29名。2015年，在地委、行署的的正确领导下，在山南地区卫生局和自治区卫生厅的指导帮助下，山南地区疾控中心坚持以自觉加强理论学习，认真学习党的十八大报告，认真学习习近平总书记重要讲话精神，以邓小平理论和科学发展观为指导，践行党的群众路线，贯彻落实“预防为主”的工作方针，进一步完善疾病预防控制体系，认真履行防病工作职能，落实重大疾病防控措施，切实加强党组织建设和队伍建设，全体干部职工齐心合力，各项工作取得明显成效，为保障全地区人民群众身体健康、构建和谐社会做出了积极贡献。

【常规免疫】 根据《西藏自治区预防接种管理办法》为了有效控制和消除相应传染病疫情，正常开展了生物制品、预防接种卡、证、各种表格的逐级领发,检查指导辖区常规免疫工作,按时收集各县常规免疫数据资料。全地区 12 县及两家地直医疗单位和门诊共冷链运转 84 次,地区疾控中心免疫预防门疹每周全天运转,根据西藏自治区卫生厅、教育厅《关于做好入托入学儿童预防接种证及补种工作实施方案》的要求,山南地区在 12 县及地直小学及托儿所进行新生入学预防接种查验补种工作,应查学生数 7047 人,实查学生数 7032,查验率为 99.79%,托儿所共查 156 所,其中地直 4 所,查验率为 100.00%,有效提高山南地区各县及流动儿童的常规免疫接种率。九种疫苗应接种数为 30607 人次,实种数为 30526 人次、接种率为 99.73%;其中卡介苗应种 4004 人次,实种 4000 人次,接种率为 99.9%;糖丸应种 4374 人次,实种 4365 人次,全程接种率为 99.79%;百白破应种 4851 人次,实种 4843 人次,全程接种率 99.84%;含麻疫苗应种 4485 人次,实种 4476 人次、接种率为 99.8%;乙肝疫苗应种 4184 人次,实种 4177 人次,全程接种率为 99.83%;A 群流脑应种 5332 人次,实种 5317 人次,接种率 99.72%;甲肝疫苗应种 3377 人次,实种 3348 人次,接种率 99.14%。山南地区各县按双月或季度冷链运转制,杜绝了免疫预防空白的存在。

【AFP 监测工作开展情况】 全年对地直医疗单位被主动监测 AFP 共 108 次,应报告次数 108 次,实际报告次数 108 次,报告率 100%。检查门诊 20003 发现 AFP 病例。全地区各县疾控中心应询报告次数 540 次,实际询报告次数 535 次,报告率 99.07%。迟报 5 次,占实报次数的 0.93%,未报 5 次,占应报次数的 0.92%,全年未发现 AFP 病例。

【疫情防控工作】 年内,山南地区共发生法定乙、丙类传染病 13 种,共 794 例,病种分别为肺结核、肝炎、菌痢、手足口病、麻疹、流行性腮腺炎、包虫病、淋病、艾滋病,流型性腮腺炎、麻风病、风疹。无死亡病例。总发病率为 226.86/ 十万,无甲类传染病发生,非法定传染病为 1 种,共 8 例,为感染性腹泻。全年未发生突发公共卫生事件及重大传染病疫情。

【肿瘤病例登记情况】 根据自治区疾控中心要求,开展肿瘤病例登记录入工作,2015 年,山南地区全年共登记录入各类肿瘤病例 85 例,其中 2015 年全年肿瘤数 30 例、2014 年肿瘤补录 40 例、死亡登记录入 15 例(包括 2014 年肿瘤死亡数补录)。

【鼠疫防控】 宿主动物:路线法调查 10960 公顷,见獭数 118 只,旱獭密度达 0.01 只 / 公顷。共放鼠夹 2000 夹次,捕获数 23 只,捕获率 1.15%,其中藏仓鼠 18 只、田鼠 5 只。

媒介监测:疏检 18 只小型鼠体(藏仓鼠 18 只),获蚤 5 只,染蚤率 0.28%。探旱獭洞干 484 个,获蚤 21 只。

“三不、三报”为主题对人群全面普及鼠疫防治知识宣传,全年累计宣传人数 8925 人、发放藏汉宣传资料 13783 余份,7 份自治区疾控和地区疾控联合调查组在部分县农牧民群众中鼠防知识知晓率调查,群众知晓率达到 75%。

【碘缺乏病防治】 2015 年,山南地区疾控中心做好碘缺乏病病情监测工作。对重点地方病监测要求,四个县开展了碘缺乏病病情监测。对 8–10 岁儿童 B 超检查和尿、盐中碘含量检测共 200 个学生,结果显示平均尿碘中位数为 247.9 毫克 / 升、甲肿率为 2.1%、平均碘盐中位数为 20.3 毫克 / 升;对 160 个孕妇进行尿中检测碘含量及、家中食用的盐碘含量检测,结果显示平均尿碘中位数为 187.9 毫克 / 升、平均碘盐中位数为 20.3 毫克 / 升。

2015 年,山南地区疾控中心做好碘盐监测工作。12 个县共检测 3600 个盐样,其中碘盐为 3589 样、非碘盐为 11 样、碘盐覆盖率为 99.7% 。

2015 年,山南地区疾控中心做好 IDD 终期评估工作:根据全国地方病防治“十二五”规划终期评估方案要求,巡回 12 个县检查代训的方式讲解有关“十二五”规划终期评估所需各项防治工作资料(收集、整理、归档)已漏补就等内容。各县训后认真开展各项评估工作任务,迎接地区级自查评估。3、9 月份全面开展地区级评估工作。组织领导、防治措施、经费使用、资料归档等四项内容评分结果分等级为加查、曲松、隆子、琼结、桑日、扎囊等县评为“优”85分以上，措美、贡嘎、错那、洛扎评为“好”80分内，乃东、浪卡子为“差”80分以下，全地区总分达到国家标准80份。现场各指标检测评估（对象为儿童和孕妇），尿碘含量国标为100微克每升以上，山南地区8—10儿童尿中碘含量平均值为187.08微克每升，12县均达到国标。各县孕妇尿中碘含量平均值为102.65微克每升。虽孕妇总的均值达到国标但以县级为单位结果分析，措美、洛扎、隆子、琼结、桑日、扎囊6县平均尿碘中位数分别为89.06、99.41、95.47、98.17、82.72、83.7微克每升，未能达到国标，2016年需继续补碘工作。

【麻风病防治】 2015年，山南地区疾控中心最大限度地发现管理新、复发麻风病人。年内，隆子县加玉乡发现及确诊了1例麻风病例，现进行正规联合化疗治疗。错那县发现1例麻风复发病例，现麻风初治方案进行正规联合化疗治疗。

【大骨节病防治】 2015年，桑日、乃东、洛扎三县完成了大骨节病治疗后的评价工作。药物综合治疗效果评价为盐酸氨基葡萄糖和六合维生素治疗效果比较明显，减轻了病区病人痛苦和增强了劳动力。2011年—2015年，7-12岁儿童中未检出X线拍片阳性病例，说明了大骨节的预防与综合治疗有了明显的成效。

【包虫病防治】 2015年是十二五规划终级评估的关键一年，中心组织检查督导工作组，先后曲松、措美两个项目县进行了2010年至2014年近五年包虫病防治工作情况全面检查评估。10月份自治区疾控中心领导和专家到山南地区两个项目县考核评估2010年—2014年包虫病防治组织领导、经费使用、防治管理、防治效果、健康教育等项内容进行一一检查打分，两个项目县均达到考核标准，总分80分以上。11月份正式国家评估验收，山南地区曲松县抽为国家级考核评估县，经听县委防治工作汇报、现场查看资料痕迹、实地抽选两个乡两个村核实数据等每一项专家们给予了很高的评价，实际得的分为83分，圆满句号了国家考核。

【结核病防治科】 2015年1月1日—11月23日地区及12个县初诊（可疑结核病病人）登记714人次，拍免费胸片310人次，查痰625人次共计1875张玻片。新涂阳患者57例、复发涂阳患者8例、初治失败1例、涂阴患者198例 、结核性胸膜炎37例、肺外结核23例、未查痰2例、一年诊断并治疗结核病人共304例，全部已归口管理和治疗。从业人员体检392人次。

9月份自治区委托办理乡村医生培训，经结核病发现情况乃东县列为本次培训的县城。本次35人参加培训，讲解结核病的症状、传播途径、发现、转诊、登记、报告等重要环节，为做好结核病防治工作打下了扎实基础。

山南地区疾控结防科及乃东县疾控中心结核病防治专业人员对地区看守所羁押人员进行结核病防治宣传、检查，未发现结核病患者。

总结上报2011年至2015年《十二五》中期评估相关工作开展情况及到10个县检查五年内工作开展情况。

做好结核病防治工作的宣传积极响应号召，切实践行群众路线的重要内容，山南地区利用今年3.24世界结核病防治宣传日在地区市中心及乃东县克松乡进行为期两天的宣传，发放各种宣传资料15000张，接受咨询群众达300余人次，取得了良好的宣传效果。

【食品风险监督监测】 按照《2015年国家食品安全风险监测计划》结合山南地区食品风险监测任务，全年对泽当镇、措美县、错那县、加查县、洛扎县、浪卡子县进行了食品采样工作，共完成221份样品的采样任务，其中理化采样41份、微生物180份。并在规定时间内完成了监测样品检验结果数据的录入工作。

【饮用水卫生监督】 2015年，山南地区疾控中心完成了国家《2015年农村饮用水安全工程水质监测项目》全年水样采样任务，共计678份水样的采集。其中，农村饮用水枯、丰水期248个监测点、546份水样，城市饮用水，枯、丰水期 132 个监测点 132 份水样。协助其它单位送检水质样品 95 份。监测游泳场所水质 2 份。以上水样经中心检验室检验，合格水样 540 份，合格率 69.85%，不合格水样 233 份，不合格率 30.14%。水质不合格项目均为菌落总数或大肠菌群超标，但是 2015 年洛扎县贡祖 1 组和 2 组的硫酸盐严重超标。

【公共场所体检、发证情况】 年内，完成了本辖区公共场所从业人员健康体检 355 人（其中：甲肝阳性 2 人、肺结核阳性 1 人）。发放健康证 352 人。

【公共场所用品消毒效果监测】 2015 年，山南地区疾控中心对 26 家公共场所的公共用品共 96 份样品进行了采样检测，其中 12 份样品不符合卫生要求。

【学校卫生监督】 2015 年，山南地区疾控中心对辖区内 7 所学校进行了日常监督并对学校自建供水进行了抽样检测。

【公共卫生监督】 2015 年，山南地区疾控中心对本辖区 128 家公共场所经营单位进行了日常监督检查，对发现的问题及时提出了整改意见。

【卫生检验工作】 2015 年，根据自治区卫生厅关于切实加强人感染 H7N9 禽流感疫情防控工作的紧急通知的文件精神对山南地区各县禽类养殖业进行了摸底工作，并采集流感样病例标本 72 份经网络实验室核酸检测后结果录入国家流感监测网。协助卫生监督科完成公共场所从业人员体检 355 人，检出甲肝阳性 2 人。协助卫生监督科检测公共场所用具及餐具检测共 96 份，完成国家饮用水风险监测丰水期和枯水期水质样品 678 份，协助其他单位送检水质检测 95 份，游泳场所水质检测 2 份，完成国家食品风险检测样品 221 份。积极配合传染病防治科完成疑似麻疹病人检测 8 人其中阳性 5 人，风疹检测 ,8 人，阳性病 1 人。疑似食物中毒病人检测 45 份粪便其中 11 份检出沙门氏菌。检测 2 份疑似食物中毒病人呕吐物均为阴性。

【性病、艾滋病防治工作】 2015 年，山南地区疾控中心根据不同人群的特点，开展多种形式的宣传工作。2015 年 9–10 月在地区职校和二高共采样 800 多人次的血并宣讲有关艾滋病预防知识，发放了 800 多本宣传册，其中部分学生将作为义务宣传员将此次宣传内容传达给更多的人。2015 年 7–8 月在乃东县看守所和地区看守所共采集 45 人次血并进行了艾滋病基础知识宣讲，同时发放宣传册 50 多本。在日常从业人员中发放艾滋病宣传册。全年在艾滋病科干预了公共娱乐场所 418 家，干预暗娼 466 人次。全年咨询检测 135 人份，其中 HIV 阳性 1 例，阳性率为 0.7%，梅毒阳性 93 例，阳性率为 68%，未发现 HCV。

对孕产妇、暗娼、按照尊重、自愿、保密的原则，在知情同意后进行调查。根据监测的健康调查表填写的要求进行一对一问卷调查，包括一般人口学信息、血清学信息、行为学信息、艾滋病防治有关信息进行调查填写，采集调查对象静脉血 5 ml，按常规方法进行分离血清 –18℃保存备用，调查表的编号与血清标本编号是一致的。血样的采集、保存和运送是由指定专人负责，以确保生物安全。孕妇血样采集 400 人份，暗娼血样采集共 400 人份，从暗娼的 400 人中未检出 HIV 阳性感染者，检出梅毒阳性者 49 人，阳性率为 12%、未检出 HCV 阳性者。从孕妇的 400 人中 、未检出 HIV 感染者、检出梅毒阳性者 7 人，阳性率为 1.75%、检出 HCV 阳性者 1 例。从本次调查结果显示；暗娼梅毒的感染率有所下降、HCV 的感染率比去年有所下降、有数人都是双重性感染主要是性传播所致，感染者大多数都是低档娱乐场所的，因她们文化程度较低、安全套的使用、和艾滋病、性病知晓率较低自我保护意识不强。孕产妇梅毒感染率占 1.75%，也是由不洁性关系所致，受感染后多为隐性方式存在，临床上易误诊、漏诊，只有主动接受这方面检查，才能真正有效控制梅毒在孕妇中的传播，对孕产妇开展艾滋病、性病健康教育干预，降低出生缺陷，提高下一代健康是很有必要的。各县，各医院送往山南地区疾控中心样本 9 例，经筛查及送自治区疾控中心 HIV 确认实验室确认 ,3 份血样确认为 HIV 阳性。

【健康教育工作】 2015年，山南地区疾控中心为切实保障健康教育的组织管理工作的正常运转，对县乡医务工作者、乡镇政府有关人员、村（居）干部、学校（幼儿园）保健老师、食品从业人员（农家乐、建筑工地）以及农村游厨等开展相关健康知识培训，培训覆盖率和合格率均为100%。

为进一步普及健康教育知识，扩宽健康教育宣传阵地，建立立体的多渠道的健康教育模式，山南地区疾控中心健康教育科与加查县卫生局、县电视台联合在该台开办了《卫生与健康》专栏，共同打造传播快、覆盖面广的健康知识传播平台，积极开展健康教育。编印季刊《山南疾控动态》4期，200份，邮寄全区7个地市、自治区卫计委、疾控中心，下发到山南地区12个县卫生局、疾控中心，对健康教育工作起到了交流、表彰、总结的作用。

健康教育科结合本地自身特点，在学校、医院、窗口单位、商场、农市场等场所，围绕重点疾病防治开展健康教育活动，增强市民对手足口病、狂犬病、麻疹以及禽流感炭疽为主的人畜共患病等传染病。

统一组织健康教育下乡活动，组织各级医疗卫生单位的专业人员，对重点人群和场所，积极开展健康宣教"五进活动"。重点开展农村慢病健康宣教。针对慢性病、65岁以上老人、慢病管理人员及其它人群，开展慢性病、常见病防治及基本卫生保健知识、地方病、传染病的防治知识宣传，全地区83个乡镇、554个村（居）委会均按计划和要求共举办了健康知识巡讲202场次，覆盖县、乡、村、学校不同目标人群180000余人，其中进机关巡讲10场次、进工地巡讲20场次、进学校巡讲98场次、进农牧区巡讲74场次。5、地区健康教育科十分注重健教宣传阵地建设，目前12县和80乡镇卫生院内设置专门健康教育固定宣传栏，做到每半年更换一次健康教育宣传栏的内容，共更换宣传栏1370期，使山南地区宣传栏更换工作开始步入常态化。增强了对农村居民健康行为干预的针对性。

山南地区疾控中心健康教育科克服人员紧张，工作量大等实际困难，截止目前，先后设计制作了18种藏汉双语疾病预防传播材料，其中宣传手册4种、宣传海报8种、宣传单6种，移动展板14套，成为电视、广播、报纸、网络等大众传播媒介的有益和有效补充，以及农民获取卫生健康知识、卫生政策导向的又一渠道。

以健康教育项目为龙头，推动健康教育工作不断发展。2015年山南地区被自治区确定为健康素养、健康促进医院和戒烟门诊试点项目的试点地区，为了做好各项准备工作，首先成立了以地区卫计委分管领导为组长的项目领导小组和项目实施小组；二是确定人民医院、藏医院、保健医院、41医院、洛扎县卫生、扎囊县作健康促进医院项目的试点单位；三是制定了健康教育与烟草控制项目实施方案；四是举办了基线调查员培训班，并对扎囊、洛扎县分别抽出270户居民进行了基线调查，完成了对各项目点现场调查、督导工作；五是针对项目的实施情况和项目实施过程中存在的问题，举办了居民个人访谈班。

人民医院

【概况】 年内，全院有事业编制235名，编制床位145张，内设21个正科级机构，2个副科级机构，院领导职数5名，科级领导职数44名。现有干部职工404人，编制内255人，其中高中级职称81人，大专以上学历171人；编外人员149人，其中援藏医疗人员25人，西部计划志愿者9人，公益性岗位35人，临时工80人。设有6个党支部，党员128名。实际开放床位274张。设有内一科、外一科等13个临床科室，28个专业组，设有放射、检验等8个医技科室，7个职能科室。

【医疗业务】 截至年底，全院门（急）诊量108807人次，日均300人次，比上年同期增加3683人次；出院7091人次，同比增加970人次；手术1686台次，较上年增加271台次。其中，住院手术1605台（外科998台，妇产科324台，眼科230台，血透室2台，耳鼻喉科51台），门诊手术81台（外科10台，妇产科25台，眼科40台，胃镜室6台）；床位周转次27.6次，比去年增加 5.9 次；出院病人平均住院日 13.7 天，较上年减少 0.8 天。完成各类体检 7191 人次，其中城镇居民健康体检 1830 人次。完成白内障复明手术 230 例，全年血站总采血量 105100 毫升，供血量 100700 毫升。

【巩固创建成果】 进一步巩固创建“三级乙等”医院成果，始终把提高医疗质量、健全服务功能作为工作的重中之重，进一步强化科学管理，不断提升服务能力。以服务患者为己任，重点打造“重症医学科”和“血液净化中心”两个重点专（学）科，将儿科和妇产科作为年度重点学科进行扶持和建设，完成儿科与内二科护理单元的分设工作，儿科分设普儿科、新生儿两个专业组，并选派专业技术骨干到内地接受专业培训教育，进一步提高医院儿科学科建设水平，为地区儿童疾病预防和救治提供更加优质、专业、安全的医疗服务奠定基础。把制度建设作为促进科学管理的重要手段，今年先后修订和完善《山南地区人民医院绩效考核管理办法（试行）》《山南地区人民医院公务接待管理办法》等规章制度，全院废除制度 1 项，修订完善制度 2 项，新建制度 6 项。医院近 50 项医疗新项目和新技术在临床上得到应用，两项科研项目被地区科技局立项，特别是宫颈癌筛查（TCT 腋基细胞学）诊断技术在地区首次开展，并与地区妇联联合开展地区妇女宫颈癌健康筛查 242 例。6 月 2 日，医院首次成功承办自治区卫计委主办、湖南省人民医院协办的“西藏自治区医疗质量管理与医院等级评审评价”培训班，自治区各地市卫生局、医疗服务机构共 150 余人参加培训会，进一步扩大医院在自治区的影响力。

【人才队伍建设】 医院采取鼓励岗位成才、院内培养和脱产培训等形式加大医疗人才培养培训力度。邀请区内外专家授课 9 次，培训 920 余人次；院内组织医疗专家授课、学术讲座 56 次，参加学习 2840 余人次。充分发挥“组团式”援藏医疗队和三省医疗技术援藏人员的传帮带作用，通过师带徒形式确定 46 名带培承接团队，向专业技术人员加压力、定目标，使专业技术人员了解医学前沿动态，学习掌握相关专科技能。选派教育培训 108 人次，其中学历教育 20 人次，专业培训 56 人次，理论培训 32 人次。根据医院业务发展需要，院感、手术、ICU、儿科等专业培养 8 名特需紧缺专业人才。定期开展“三基三严”考核、病历书写、护理操作技能等比业务、比技能活动，丰富专业知识，提升医护人员业务技能。

【改善诊疗条件】 制定《山南地区医院“十三五”援藏建设项目规划》《山南地区人民医院“组团式”援藏规划》《山南地区人民医院创建“三级甲等”医院总体规划方案》和《山南地区人民医院异地新建方案》，为推动“十三五”工作再上新台阶奠定坚实基础。完成由国家投资 1755 万元的儿科病房楼建设项目以及医技综合楼项目的后续验收交付工作。先后投入 600 余万元购买两台自治区内领先彩色多普勒 B 超、口腔治疗设备、耳鼻喉诊断设备，为临床诊断和治疗工作提供硬件保障。投入 98 万元购买一台 120 急救车辆，保障院前急诊急救能力。自筹资金 1100 万元的医疗设备更新计划已委托政府招标采购完成，极大改善救治条件，提高救治能力，为“组团式”援藏搭建好工作平台。争取到湖南省私人援助 30 余万元的病理科诊断设备一批，使医院病理科设备设施基本达到三级医院水平，病理诊断水平实现质的飞跃；争取到 60 余万元检验科化学发光仪诊断设备一台，在安徽省组团式援藏专家的协调下，争取到安徽省立医院赠送的价值约 40 余万元的便携式心脏彩超 1 台，解决临床急诊急救中无床旁彩超的局面。争取到价值 35 万元的影像科全自动胶片洗片机一台，有效缓解医院设备紧缺的实际。

【服务基层群众】 围绕地委、行署关于民生工作的决策部署，主动承担保障和改善民生的重要职责，积极服务群众、服务基层。落实“先住院后结算”诊疗服务模式，为全地区 12 个县 789 名患者开通医疗救治的“绿色通道”，确保患者得到及时有效治疗。把优化门诊服务流程，方便群众就医作为服务群众的重要举措，强化弹性排班，错峰服务，无假日门诊日均诊疗 200 余人次，为群众节假日、双休日看病就医提供便利。年内共接收西藏大学、西藏民族大学等医学院校临床实习生和基层医院进修人员57人，其中临床实习生34人，县医院骨干医师15人，培养基层紧缺专业进修生15人。应有关县医院邀请深入基层指导疑难、危重症手术10台次，会诊8人次，开展学术讲座20余次，切实提升基层医院学术水平。在住院部内投入2.98万元改造暖心病灶，为患者提供服务。扎实开展强基惠民活动，建立健全联系服务群众、联系患者制度，深入开展“结对认亲交朋友”活动。医院38名科级以上干部在隆子县叶巴村、且巴村开展结对帮扶52户，充分利用节假日、驻村调研和慰问等契机，向帮扶群众带去慰问品和慰问金共计3.6万元，免费为驻村点群众送药4万元。医院自筹11.6万元在“三大节日”期间为两个驻村点339户群众购买大米、面粉和青油等物资进行慰问。深入隆子、措美、琼结、贡嘎等县偏远乡村，重要时间节点及宣传日开展各类义诊12次，义诊3100余人，免费发放药品10万余元，受到基层群众的普遍欢迎。对困难住院患者采取职工捐款、医院减免等方式，减免医疗费用8.3万余元，切实减轻患者负担。“三大节日”期间，慰问关心离退休干部职工，发放慰问金12.7万元；“七一”建党节期间慰问退休困难党员8人，发放慰问金4000元，切实把党和政府的温暖送到群众中；全年慰问住院、去世职工及家属45人次，发放慰问金3.2万元。

妇幼保健院

【概况】 山南市妇幼保健院始建于1985年（原乃东县人民医院基础上改扩建），位于乃东县以南，雅砻河西畔，距泽当镇中心一千米处，总占地面积14260平方米，建筑面积8062平方米。担负着临床医疗、妇女儿童保健、科研教学、计划生育、优生优育和基层妇幼保健业务督导任务，是一所集预防保健、临床科研、培训督导为一体的专科医院。全院事业编制59名，现有干部职工73人，医院设置床位120张（妇产科70张、儿科50张），实际开放床位80张。住院部设有妇产科、儿科；门诊设有妇产科、儿科、妇保科、儿保科、儿童五官保健科；设有心电B超、放射、检验、药剂、消毒供应室5个医技科室；设有医务科、护理部、收费室、院办、后勤、财务科6个职能科室。医疗设备有全自动生化分析仪、彩超、DR、胎心监护仪、阴道镜、全自动化学发光分析仪、新生儿暖箱、新生儿黄疸治疗箱、多参数心电监护仪、血液细胞分析仪、高压灭菌设备、微量元素分析仪、无创黄疸检测仪等。

【“两降一升”工作】 年内，在地区行署和各级政府的高度重视和强有力措施之下，极大地提高新法接生率和住院分娩率，孕产妇和新生婴儿的生命安全得到有效保障、成绩显著，地区为进一步加强孕产期保健管理。将“两降一升”工作纳入年度目标考核内容，强化责任主体，落实管理责任，组织人员编写《山南地区妇幼保健管理服务手册》，手册规范孕产妇保健管理规范，0—3岁儿童保健管理服务规范，孕产妇分级管理及转诊规范以及县级产、儿科人员配备要求及设置标准等，同时根据地区卫生局安排，每年组织妇幼保健专业人员，到乡、村二级，进行业务督导，有力改善乡、村二级保健网的服务能力，已显现出效益。监督县、乡、村建立月报告制度及孕产妇死亡24小时报告制度落实情况及孕产妇死亡评审工作，并安排妇保科专人认真统计各县上报的孕产妇、新生儿、5岁以下儿童等数据；加强日常监督和管理，提高妇幼卫生服务质量；每季度对各县进行一次妇幼保健、妇幼卫生统计业务指导、培训等，并抓好各项工作的落实。2015年普通（常规）督导12个县四轮，妇幼保健工作稳步发展全地区活产数5257，住院分娩率98.08%、孕产妇死亡率38.04/10万、5岁以下儿童死亡率10.27‰、婴儿死亡率9.51‰。

【医疗基础设施建设】 随着康复中心楼的按期完成，按照上级部门要求的确保不影响人民群众接受正常的医疗服务，顺利完成医院整体搬迁工作，并按时进入医院的试运行。康复中心楼的建成，极大改善地区妇幼保健院整体面貌，缓解床位紧张状况，大大提升妇幼保健服务能力和水平，有效提高全地区孕产妇住院分娩率。在财政局帮助下新配置医疗设备800万元正在采购当中，改善新院医疗环境，附属工程包括小型医疗设备、增加工程量、放射科工作站、供应室改造窗帘科室挂牌医院文化行政办公楼及食堂配置设施等，70%事业经费322.6万元，已全部用完。

【医疗、保健日常服务】 2015年度住院1093人次，门诊病人18269人次，医疗毛收入580万元。

【优生优育工作】 为落实“妇女健康保健月”，不断提高妇女保健意识，切实保障妇女健康，在地委、行署的高度重视和妇儿工委及有关部门的联合倡导下，经过乃东县卫生局的组织，保健院在6月、8月、12月三次进行乃东县孕前优生及出生缺陷检查，共计检查744人次。

【制度建设及受援工作】 基本完成绩效考核方案的制定，补充制定全院各科室制度200个，业务培训方面，送出去中短期学习30余人次，带教进修生6人，骨干医师12人。根据上级卫生行政部门的要求，充分利用好医院的援藏队力量，选取各科室中业务较好、年龄较小、学习能力强的人员，由援藏队员作为指导教师开展“一对一”的“传、帮、带”活动，时间覆盖援藏整个期间，并保证援藏队员离藏后，使医院的业务水平能较好地保持在提升的水平。坚持安排专业业务理论讲座，特别是在援藏医疗队员在院期间，每周开设一堂专家讲课，援藏队员们以医院现有的业务能力、接收能力为标准，认真备课，现场学习，讲课深入细致，全年共讲课共14次，其中援藏队员专家讲座为10次。

藏医院

【概况】 截至年底，医院编制床位70张，实际开放床位200张，人员编制105名，实际在岗人员330人，其中正式员工138名，临时工、公益性岗位以及聘用人员高达192人（含制剂室临时工55名）。拥有藏医脾胃、脑病、预防保健等3个国家级重点专科和1个国家级临床重点专科（脾胃）；1个国家级重点学科（藏医内科学）；2项国家级非物质文化遗产保护项目（藏医尿诊、藏药浴），1个国家级非物质文化遗产传承人和1个自治区级非物质文化遗产传承人。

【队伍建设工作】 年内，医院继续坚持通过请进来、走出去、在岗培训、师承教育、重点培养、远程教学等多种形式，选派9名专业医护人员到湖南省人民医院、省中医学院附属二医院、重庆医科大学附属二院、西藏自治区人民医院、藏医院、地区人民医院等区内外各大医院进修深造。引进10名来自湖南、安徽各大医院为期半年至一年半的中短期援藏医疗专家。第五批4名全国名藏医师承学徒年内出师毕业，其中包括1名藏医博士研究生和2名藏医硕士研究生。全年组织在岗人员医护专业业务培训场次56次（含科室内部培训），其中全院性专题交流讲座场次36次，参与培训人次952人；非藏医专业技术人员学习藏医基础知识培训场次16场，参与培训82人次。接受自治区藏医学院实习生26名，甘肃、青海、云南等兄弟省藏区藏医进修实习人员10名，接受地区为期一年的基层藏医骨干培训学员共5名，由自治区藏医药管理局组织的县乡藏医全科医师及医技人员培训学员共35名。年内调整提拔20名科级干部，其中新提拔正科级8名，副科级12名，平职调整2名，聘任副高职称2名，中级职称6名，及时填补空缺职位，强化管理力量，优化职称结构。

【项目建设工作】 完成“十三五”规划编制工作，医院“制剂室改扩建”和“山南地区藏医医院整体布局改造项目”分别申请列入国家和湖南省“十三五”援藏项目。完成国家中医药管理局“预防保健与临床康复能力建设项目”验收工作以及国家中医药管理局“十二五”重点专科建设项目之藏医脾胃专科、预防保健培育专科、脑病专科、国家级临床重点专科

（脾胃）和国家中医药管理局“十二五”重点学科（藏医内科学）中期评估工作；总投资1200万元（含设备购置费），总建筑面积3432.12平方米的湖南省援藏项目“山南地区藏医院医技保障楼”建设项目和总投资1133.9万元，总建筑面积4049.61平方米的地直公租房（藏医院）建设项目，主体工程及室内装修全部完工，年底投入使用。年初计划实施的总投资200余万元的ICU及耳鼻喉科净化装修项目已完成项目初设、概算、投资评审、招标等前期工作，进入施工阶段。总投资660余万元的设备更新项目正在申请政府采购阶段，年内完成招标采购工作。医院下属雍布拉康藏药厂全厂上下加班加点，顺利通过国家级新版GMP认证验收。

【重点工作】 2015年门急诊诊疗服务量为95498人次；出院人数3100人；手术例数303人次；病床使用率为91%。藏医特色疗法人次48023人次；各种辅助检查106221人次；藏药卡擦处方11629张；汤剂处方1819张。医院制剂室拥有100个制剂准字品种、年生产藏药品种250余种、产量35吨、产值2000万元、销售收入1900万元、上缴税收400万元；主办山南地区第四届藏医药学术研讨会。本届学术研讨以“传承与创新”为主题，历时两天，邀请到藏医届知名专家西藏藏医学院旺堆教授在内的拉萨、昌都、日喀则以及全地区12个县及地区藏医医院200余名专家、学者。先后收到100多篇藏医基础理论、临床实践、临床用药研究和藏医护理相关的论文，其中69篇论文发表至《雪域藏医药》刊物，8篇优秀论文在大会上作交流发言；加班加点按期、保质保量地完成2015年度城镇居民及寺庙僧尼健康体检任务，先后体检人次达1700余人；医院35名临聘专业技术人员经过科室推荐、考试考核等层层遴选，确定为享受医院养老保险政策待遇的首批编外专业技术人员，并于2015年7月1日起按照相关规定上缴养老保险，标志着这一惠民利院的民生工程在医院正式启动。加大院内科研项目扶持力度，全年先后评审通过藏医脉泻疗法、降木紫疗法、藏医正骨疗法、藏医食疗等10余项院内科研项目，每项最高扶持资金3万元，最低1万元，为藏医传统疗法运用临床发挥藏医药特色疗法奠定基础。

教育·科技·气象

教育

【概况】 截至年底，全地区共有学校397所，其中中等职业技术学校1所、中学17所、小学95所、特殊学校1所、幼儿园180所、教学点103个；在校学生56225人，其中中职生2593人、高中生6642人、初中生13048人、小学生24899人、特校生135人、学前幼儿在园人数8908人；小学入学率99.99%，初中毛入学率102.19%，高中阶段毛入学率89.07%，学前教育毛入园率87.07%。

【惠民政策】 2015年下达年初预算86140.7万元。落实“三包”经费16224.03万元，召开地区“三包”物资集中采购配送工作现场会，投入203万元为各县配备“三包”经费管理软件，完成管理软件操作培训，提高“三包”经费使用效益。下达学生营养改善计划资金1049.04万元。落实大学生资助资金2153万元，受益6986人。为992名在高寒边远学校连续工作满5年的教师发放特殊补助津贴1984万元。落实乡镇教师生活补助1795.8万元，惠及教师2578人。

【项目建设】 年内完成项目总投资25047万元，改善33所学校办学条件，新建幼儿园10所。第二职业技术学校项目房建工程已经完工，地区第三高级中学项目主体工程基本完工。地区第二幼儿园工程（援藏建设）形象进度达到70%，第三幼儿园工程形象进度达到65%。切实抓好项目安全监管，要求每个项目配备一名监工员，组织开展项目安全专项督查，严格落实项目安全防范措施，未发生项目建设安全事故。大力发展教育信息化，完成133套数字教学资源全覆盖项目，建成40套交互式电子白板教室和2间网络多媒体教室。

【教学质量】 推进《山南地区学校常规管理指导手册》的落实，推行教育局长、学校校长、教师队伍、教研人员、后勤管理人员“十个一”工作法，提升学校管理规范化水平。加强教研工作，开展“一师一优课、一课一名师”、初三高三备考应试指导、送课下乡、送教下乡、学科竞赛、三大考试监测分析等活动，列支50万元经费启动山南地区教育科研课题研究。实施教育质量提升工程，2015年“三大考试”成绩明显提升，得到张永泽书记、普布顿珠专员、燕红副专员的肯定和批示。按照《山南地区教育教学质量激励办法（试行）》规定，根据“三大考试”和小学质量抽测情况，落实教育教学质量激励资金806.35万元。建立内地西藏班抽签分配制度。

【队伍建设】 开展教师“春训”活动，落实教师素质提升计划，选派835名校长、教师参加国培计划，组织4450名教师参加信息技术应用能力提升工程培训项目，组织开展教师信息化应用相关赛事。组织开展首届中小学校长研修班、党支部书记培训班、教研员培训班、地县督学培训班。完成4953名在职教职工机构编制实名制推进工作，对“1+1”录用为正式在编教师进行工龄落实工作，协调援藏省市选派16名教师到山南援教，完成教师职称评聘和105名公招教师的分配工作。

【体育工作】 强化学校体育工作，组织开展形式多样的课外体育活动、学校阳光体育活动、民族传统体育进校园活动，确保学生每天参加体育锻炼1小时。高度重视群众体育工作，组织开展“五一体彩杯”足球赛、“8月8日全民健身日”集体舞比赛、“十一全民健身”篮球赛等活动，开展藏式色子、吉切、锅庄等具有民族特色的体育活动。2015年，山南地区代表团在西藏自治区第十一届中学生运动会中取得团体第二名的好成绩，山南地区业余体校在自治区评估中荣获第一名，体育彩票销售额达到4348万元。

【党的建设】 制定2015年党员教育培训工作计划，通过山南教育手机报、山南教育微信公众平台深化理论政策学习，安排专项资金印制《党纪政纪汇编》《法律法规汇编》等教育读本，推进“空中党课校校通”“微型党课周周讲“道德讲台人人讲”活动深入开展。建立党风廉政建设联系点制度，严格落实党务、政务、财务公开制度，开展“廉政文化进校园”活动，实施考试招生“阳光工程”，提升党风廉政建设工作水平。推进强基惠民活动，争取各项资金106万元，为民办实事57件。扎实开展“三严三实”专题教育，巩固深化党的群众路线教育实践成果，不断改进工作作风。严格执行中央“八项规定”、区党委“约法十章”“九项要求”和地区“十条规则”，三公经费、公文数量、会议数量较上年分别下降16.7%、29%、14.6%。2015年，地区教育局被评为党建工作优秀单位，被授予强基惠民工作先进组织单位。

【完善教育体系】 学前“双语”幼儿园由51所增加至180所，入园率提高27个百分点；完全小学由98所减少至95所，教学点由150个减少至103个，已有6个县义务教育均衡发展通过国家评估，比例达到50%；高中办学规模不断扩大，职业教育模式日趋成熟，高中阶段毛入学率提高17个百分点；新建地区特殊教育学校；形成学前教育、义务教育、高中教育、职业教育、特殊教育为主的教育体系。彻底消除了D级危房，学校网络接通率达到81%，电子白板班班通配备率达到75.6%，网络机房建设率达到68%，学校校舍、教学仪器、实验设备、图书资料、体育运动场所等方面基本达到国家和自治区办学标准。在职教职工由4440人增加至5094人，高寒边远学校和基层学校教师紧缺的现象得到有效解决，先后涌现出一大批教书育人先进典型，小学、初中、高中专任教师学历合格率均提高1个百分点。立德树人工作成效显著，爱国主义教育、社会主义核心价值观教育、民族团结教育等教育深入开展，校园文化建设丰富多彩，涌现出一批以艺术科技教育、校园生态建设、阳光体育活动为鲜明办学特色的学校。教研教改成果丰硕，管理制度得到健全和完善，先后出台《山南地区学校安全管理工作暂行办法》《山南地区学校教学常规管理指导手册》《山南地区学校党建工作指导手册》《山南地区学校德育工作指导手册》等一系列规章制度，推动教学质量稳步提升。地、县本级财政对教育投入比例均达到20%以上，2015年从地区本级财政安排1000万元专项资金作为教育质量激励资金。连续5次提高“三包”标准。实施大学生资助政策，共落实资金5012万元，资助大学生17411人次。

职业教育

【概况】 山南地区职业技术学校前身是1975年创办的山南地区师范学校。1999年，根据国家关于师范教育办学结构改革调整精神，适应大力发展职业教育的形势需要，把原先的职业中学并入师范学校更名为山南地区中专学校。2004年10月，正式挂牌成立“山南地区职业技术学校”“ 山南地区教师进修学校”。2011年被教育部、财政部确定为“国家中等职业教育改革发展示范校建设项目学校”。

学校是一所以职业教育为主，继续教育与升学教育并举的国家级重点职业学校。有2个校区和1个教学实训基地，占地面积达14.9万平方米，建筑面积近5.58万平方米，拥有校内实训场地11个，校外合作实训基地23个。下设办公室、总务处、教务处、培训部、学工处、德育科、团委、教研室、招生就业科、信息部、保卫科等11个内设机构。教职工226人，专任教师211人，其中双师型教师69人，占专任教师总数的32.7%。全日制中专在校生2517人，国家开放大学在册函授学员1255人，其他各类短期培训学员达1032人次，学年在册学生规模达4880人次。多年来学校年招生规模持续稳定在1000名学生左右，学生升学、就业率稳定在85%以上。

学校紧密结合山南地区产业和就业市场特点，科学制定中职教育发展规划和人才培养方案，坚持以服务为宗旨，以就业为导向，以改革为动力，面向市场，狠抓“双师型”教师队伍建设、课程体系建设、专业建设、职业基础能力等建设工作，围绕和服务第一、第三产业为重点，本着“上接高校对口专业，下接岗位实时需求”的原则，形成“高星级饭店运营与管理”“中餐烹饪与营养膳食”“汽车运用与维修”3个国家级重点建设专业为龙头，民族手工艺设计与制作、现代农学、畜牧兽医专业为骨干，以及学前教育、医学护理、建筑施工等为基础的16个专业52个教学班，努力为实现学生就业创业想办法、夯基础、寻出路。

【专业建设、实训基地建设及招生就业】 为地方汽车、餐饮、旅游、服务等行业、企业培养输送6400余名高素质劳动者和技术技能人才。被新华社西藏分社、西藏电视台、西藏日报等多家媒体报道。2015年酒店管理专业、烹饪专业学生参加“中国技能大赛西藏自治区餐饮住宿行业职业技能大赛”取得优异成绩，获得团体铜奖，烹饪藏餐银奖、酒店管理客房服务铜奖。2015年在天津举行的全国职业院校学生技能作品展洽会（交流会）上，学校代表西藏自治区现场展演学生唐卡作品，并在33个省份参赛的“民族文化传承书画类”奖项中荣获二、三等奖。中央统战部、拉萨一职、二职、昌都、林芝等各层次的考察团相继到校考察交流，在自治区形成职业教育学习典范。

【党建工作】 全面落实党委理论中心组学习制度，制定《山南地区职业技术学校2015年党委理论中心组学习计划》，安排理论中心组学习会议14次，校党委召开“三严三实”专题民主生活会，各党支部深入开展“三严三实”专题党员民主评议活动，举行专题研讨9次，学校党委书记带头讲党课2次，深入推进“三严三实”专题教育。认真贯彻落实《地委组织部关于开展在职党员到村（社区）报到服务群众活动的意见》的精神，认真筹备，积极行动，解决资金2万元实施居委会农家乐工程，解决5个失业青年的驾校培训名额，使结莎居委会群众深切感受到党的温暖。制定学校《处置不合格党员试点工作实施方案》，136名党员参加民主评议活动，20人被评为优秀共产党员，合格党员116人，无不合格党员。发展教师新党员1人，发展学生新党员15人，教师预备党员转正3人，党员结对帮扶学生136人。

【党风廉政建设】 学校认真贯彻党风廉政建设责任制，把准“两个责任”，把党风廉政建设和反腐败工作列入重要议事日程，提早安排、周密部署。召开纪检监察工作会议，以党委理论中心组学习为载体，组织全校副科级以上干部，传达学习中央、自治区、地委关于党风廉政建设和反腐败斗争文件精神，开展专题会议16次、作风建设专项检查7次，观看党风廉政教育警示片2部，组织全校党员参观廉政教育基地，撰写党风廉政建设学习体会136篇。设计出版一期宣传“廉政文化进校园”展板，在地区展示宣传。以地区党风廉政建设宣传月活动为契机，扎实开展“廉政文化进校园”活动。

【落实工作任务】 认真贯彻落实地委、行署“法律进万家”活动部署，积极组织安排宣讲工作组，合理分工，明确内容，责任到人，“孝敬之道”“说酒的危害”等独具特色的专题讲座，受到群众好评，学校宣讲组被地委、行署评为山南地区“法律进万家”活动先进宣讲组。把迎“大庆”工作作为一项政治任务，首要工作，严格按照山南地区迎“大庆”工作方案，加强协调配合、加大工作力度，确保学校迎“大庆”、迎中央代表团山南分团参观工作扎实有效顺利完成，并被地委、行署评为西藏自治区成立50周年庆祝活动“先进集体”称号。开展符合64号文件条件人员的提前退休申报工作，9人被批准提前退休。认真贯彻落实《山南地区行署办公室关于转发开展机关事业单位“吃空饷”问题集中治理工作方案的通知》精神，清理学校长期病假人员，严格执行相关规定。认真贯彻落实地委、行署依法收回学校培训用地的工作部署，成立培训部搬迁工作领导小组，积极主动工作，该项工作正在有序进行。

【维稳工作】 牢固树立稳定压倒一切和长期作战的思想，层层签订《学校安全稳定目标责任书》，进一步强化维稳工作意识，完善安全管理制度和应急预案机制以及维稳、综治宣传工作方案，在各敏感节点均制定专项工作方案，大力推进“维稳值班、行政值班、宿舍维稳分包值班、安全保卫巡逻、护校队、便民警务站、双联户”齐抓共管的工作机制，增强维稳工作力量，严格执行既定戒备等级下的值班带班制度，夯实维稳工作基础。成立今冬明春防灾工作领导小组，加大消防、饮食、特种设备等校园安全检查力度，加强网络信息安全工作，签订网络、通讯安全协议，落实维稳值班常态化，充分发挥学校监控室作用，形成“人防、物防、技防”维稳安全防范措施，确保校园持续稳定。

【师资队伍建设】 学校以“学历达标，双师为主”的发展目标，从教师的思想政治素质、专业理论水平、实践教学能力以及教科研能力等几个方面入手，全面提高教师队伍的整体素质。深挖《弟子规》《萨加格言》《卡其巴录》等经典国学内容精髓，深入浅出的作好思想道德、伦理道德、社会美德等教育，树立教师爱岗敬业，忠诚党的教育事业的思想。重视以培养中青年专业学科带头人和骨干教师为重点的教师队伍建设，挂牌成立“非遗钦孜画派传承人扎西江村名师工作室”，以此促进传统工艺美术教学的发展，激励广大教师学有目标，学有榜样，造就一批名教师。年内，7名教师被聘为副高级讲师，8名教师被聘为讲师，16名教师被聘为助理讲师，参加国家级培训教师达5人次、省级地区级培训6人次、校本培训超过4500人次。重视干部的对外交流，积极采取区外挂职锻炼方式，选派2名年轻干部赴黄河交通学院友好学校挂职锻炼。继续加深与西藏大学、北京外事学校等12所友好学校的合作办学关系，选派32名教师参加校级专业骨干教师培训，获取“双证”资格，提高教师专业引领能力。通过邀请地区农牧局专家来校讲课、聘请援藏专业教师、参观地区内农林牧实训基地等多种途径，重点加强农林牧专业教师培训。邀请黄河交通学院和铜陵职教中心专家来校指导汽车运用与维修专业实训基地建设。邀请西藏大学文学院教授克尊进行教师职业道德专题讲座，推进学校教师职业道德建设。与西藏烹饪协会深化合作交流，共建学校藏餐研发中心，进一步完善学生创业园管理，提升学生实践能力和创业就业能力。研究部署“双师型”“双语型”教师队伍建设规划。

【教育教学改革】 为真正落实职业教育“以就业为导向”的办学理念，对所有专业重新修订教学计划，以适应社会需求为目标，以培养学生职业能力为主线，积极转变教学观念，以实用、够用为原则建立课程体系，按照《中等职业学校课程设置标准》要求对文化课、专业基础课和专业技能课进行合理设置。制定《山南地区职业技术学校教学常规管理》，加强考勤管理制度，强化教学常规管理。进一步强化公开课、各类讲座、培训汇报、常规检查和各种研讨活动，有针对性地指导和探讨教师的教育教学工作。4月、10月开展“教学质量月”活动，活动形式丰富多彩，效果显著，突显学校职教师生风采。制定《山南职业技术学校学生日常行为管理办法（试行）》，实行宿舍维稳分包制和封闭式管理，召开首次全校家长会，杜绝校园碳酸饮料和方便面，严肃校纪、校规，规范学生的行为习惯，推进学生管理。积极配合卫生医疗专业机构，认真做好学生疾病预防工作。进一步加快教育信息化进程，对全校网络进行整改，对创业园、5栋教学楼、农林牧实训基地完成综合布线，做到"一局域网"覆盖全校。严格落实《教育信息化十年发展规划(2011—2020年)》,逐步提高教育管理信息化水平和信息技术与教育融合发展的水平。

【德育工作】 学校注重德育工作的时效性、针对性,开展一系列形式多样的德育活动,取得一定的成效。以开展文明科室、文明家庭、文明班级、文明宿舍评比等活动为依托,倡导良好的工作、学习、生活习惯和礼仪风貌,对好人好事及时予以表扬,做好教职工评优评先、优秀学生干部、优秀伙食监督员、优秀护旗队员的评比和表彰工作,弘扬校园正气,促进校风建设,推进学校精神文明建设工作。

通过组织和开展丰富多彩的课外活动,成立学生书法、美术、文学、演艺四个社团,来"影响人,培养人,塑造人",让学生在良好的氛围中逐步形成良好的思想道德素质。积极开展形式多样的活动,尤其是"弟子规"进校园系列活动和"建校40周年"校庆活动,主题鲜明,内容健康,彰显师生积极向上的精神风貌,陶冶学生情操,展示学生的职业技能特色,提高学生的综合能力,促进学生健康成长和全面发展。

【升学就业】 与河北省烹饪协会组织合作,派42名烹饪班学生在内地顶岗实习。选派110名学生分别到山南泽当饭店、拉萨空港花园酒店、开元拉萨饭店和林芝鲁朗、米林南伊沟等相关单位顶岗实习。聘请2名非物质文化继承人到学校对15级工艺美术班的学生进行为期15天的"酥油花"制作培训,把非物质文化请进学校、请进课堂的培训实现传统文化与现代文化的完美融合。学校与地区民政局联合举办退伍军人驾驶培训班,共有74人参加培训;与地区人力资源和社会保障局联合举办22人的"村居两委"工作人员综合能力提升工程培训班;与地区卫生局联合招收60名"一村两医"培训班学员;承办人社局75人的地区公务员初任培训班、57人的教育系统党支部书记培训班、57人的地区教研员培训班、35人的地区教育督学培训班;驾校共开办6期汽车驾驶培训班,共招收社会学员651人。678名驾驶学员通过考试获得机动车驾驶证。组织学生职业技能鉴定考试,11名学生获得劳动部门下发的初级职业资格证书。

【驻村工作】 截至年底,在村委会召开群众感恩教育大会12场次,政策宣讲14场次,举办专题讲座8次,开展新旧西藏对比活动6次,共发放宣传材料290多份,参加活动人数3600多人次,宣传面达到95%以上。大力开展访贫问苦送温暖,"结对子"帮扶等活动,并积极主动争取项目,认真撰写各种惠民建议书,争取183.28万元项目资金。学校驻村工作组的突出业绩和先锋表率,被西藏卫视《新闻时空》予以专题报道,广受好评。学校被授予自治区级强基惠民先进组织单位称号,驻格西村工作队被授予地区级先进驻村工作队称号,驻三林村工作队被授予县级先进驻村工作队称号,格桑平措被授予地区级优秀村党支部第一书记,洛桑强巴、应洪孝被授予自治区级先进驻村工作队员称号,格桑罗布、旦增白姆被授予县级先进驻村工作队员称号。

【基础设施建设工作】 总投资2282.27万元,大力实施校园环境改造提升工程,加强职业教育基础能力建设。改造校园环境,构建美丽校园。投资73.87万元对农林牧专业教学区以及网围栏和通透式围墙中间进行绿化,对主校区和分校区补栽树木。投资199万元实施"毕业生纪念林"西侧空地延伸及绿化项目和附属工程,总建筑规模达到1247.15平方米。投资1463万元实施实训楼、教练场地,"四舍"周边附属建设项目工程,总建筑规模为1754.62平方米。投资95万元建设汽修实训基地操作间。投资59万元实施教学楼、学生宿舍楼及培训部汽驾业务办公大厅维修等其他项目。投资9.4万元采购种养殖实训基地牲畜。投资383万元实施"双语"师资培训中心基础设施设备采购及安装验收。

年内,学校正式获批"国家中等职业教育改革发展示范校"。组织烹饪专业4名学生参加"林芝好食材"餐饮比赛,获得二等奖1名、三等奖2名、优秀奖1名的好成绩。组织11名烹饪专业学生参加2015年中国技能大赛西藏自治区餐饮住宿行业职业技能竞赛,荣获团体铜奖和个人二等奖1名、三等奖2名的佳绩。组织2名传统绘画专业学生参加全国职业院校学生技能成果创新交流大赛,获得二等奖1名、三等奖1名的佳绩。组织酒店管理专业和汽修专业

4名学生代表西藏参加全国职业技能大赛。充分发挥职业教育示范、辐射、引领的作用，学校美誉度进一步提升。

科学技术

【概况】 山南地区科学技术局成立于2002年6月，前身为山南地区科学技术委员会，其成立于1977年7月。山南地区科学技术协会成立于1983年1月。山南地区科技局、科学技术协会是两块牌子、一套班子、合署办公。

【项目申报】 2015年，山南地区共申报国家科技部、中国科协、自治区科技厅项目22个1024万元。其中，国家科技部星火计划项目1个100万元，中国科协"基层科普行动计划"奖补项目5个55万元，自治区科技厅第一批重点科技项目6个765万元，自治区科协基层科普行动计划"奖补项目3个9万元，自治区"强基惠民送科技"项目7个95万元。

【项目批复】 2015年，国家科技部、中国科协、自治区科技厅、自治区科协批复山南地区项目13个605万元，其中，国家科技部星火计划项目1个60万元，中国科协"基层科普行动计划"奖补项目5个55万元，自治区科技厅第一批重点科技项目4个481万元，自治区科协"基层科普行动计划"奖补项目3个9万元。

【项目实施】 2015年，山南地区组织实施各级各类科技项目78个2481.8万元。其中，组织实施国家科技部星火计划项目1个60万元，组织实施中国科协"基层科普行动计划"奖补项目5个55万元，组织实施自治区科技厅2014年重点科技计划项目续建项目6个777.8万元，2015年自治区科技厅第一批重点科技项目4个481万元；组织实施自治区科协"基层科普行动计划"奖补项目3个9万元，组织实施自治区科技特派员创业项目2个40万元，组织实施自治区"强基惠民送科技"项目12个143万元，组织实施地区"科技三项费"项目16个280万元和地区"十大民心工程"项目27个403万元，组织实施桑日、错那两县"三区"人才培训资金240万元。

【农牧民科技特派员服务管理工作】 年内，围绕农牧业生产工作，认真组织全地区农牧民科技特派员参与到高标准农田建设、优良品种示范和推广，良种良法配套、高温堆肥、病虫害生物防治、黄牛改良、藏系牦牛和绵羊选育等技术应用的服务工作中。完成2015年1108名农牧民科技特派员年终考核，兑现2015年度1108名农牧民科技特派员的一次性生活补贴664.8万元。截至年底，山南地区共有农牧民科技特派员1108名，行政村覆盖率达100%，实现每个行政村拥有2名农牧民科技特派员目标。

【科普宣传】 加强科普宣传工作，科技局先后组织开展"五下乡""创新创业、科技惠民"科技活动周、知识产权宣传周、气象知识进校园、流动科技馆、防灾减灾、网络安全等科普宣传活动8次，展出展板40块，发放各类科普图书资料1.5万余册(份)，受益群众1.1万余人次。在贡嘎县中学、浪卡子县中学、措美县中学、扎囊县中学和地区实验中学共五所中学建立科技馆。申报琼结县中学、洛扎县中学两所中学科技馆。流动科技馆已完成地区、琼结县、隆子县的巡展工作。完成2015年全国"基层科普行动计划"和自治区"基层科普行动计划"奖补资金申报工作。积极配合地区文化局做好国家公共文化服务体系示范区创建工作。

【"三区"科技人才计划项目】 按照自治区"三区"人才支持计划科技人员专项计划2015年年度工作安排的有关要求，及时安排30名科技人员到基层开展科技服务工作，并下拨工作经费60万元。于7月30日邀请自治区农科院青稞种植技术、奶牛科学养殖技术和温室蔬菜种植技术等三位专家对山南地区23名"三区"人才支持计划科技人员进行2

天的技术培训。根据国家科技部安排,制定“三区”科技人员培训方案(培训人数各50名,共100名;培训经费各120万元,共240万元)。截至年底,错那、桑日两县37名在岗村医到日喀则职业学校参加学习培训。

【农牧科技示范园区】 园区内先后实施现代农业青稞生产基地、森布日千亩人工种草基地、重点区域公益林、防沙治沙、两江四河流域森布日示范区、森布日村水利工程、森布日村油路等项目建设,完成投资达18837.8万元(国家投资17887.8万元、县级配套500万元、群众投劳450万元),占总投资的40.8%。投入资金包括:交通部门投入资金6000万元、水利部门投入资金1868万元、林业部门投入资金4000万元、农牧部门投入资金5560万元、县级配套500万元、群众投劳450万元、科技部门投入资金459.8万元。

气象

【概况】 山南地区气象局共有内设机构4个(办公室、人事科、业务发展科、计划财务科),直属事业单位4个(气象台、财务核算中心、大气探测中心、气象科技服务中心),地方气象机构2个(山南地区防雷减灾管理办公室、山南地区人工影响天气办公室),山南地区气象科技服务与产业实体1个(山南雪云科技工贸有限责任公司)。局下辖隆子、贡嘎、错那、加查、浪卡子、琼结6个县级气象局,独立设置和管理的国家级措美、桑日、曲松、洛扎、扎囊、错那勒布沟6个国家级无人气象自动观测站和桑耶镇、哲古镇、古堆乡、琼结加麻乡、浪卡子普玛江唐、隆子扎日和斗玉乡、错那曲卓木乡8个区域无人自动气象站,业务管理县级气象局——洛扎县气象局。

截至年底,全地区气象部门在职干部职工108人,其中,藏族干部人数占职工总数的79%;具有大、中专以上学历的人员占职工总数的96%,中级专业技术45人;高级专业技术7人。

【常规服务】 汛期期间,针对主要农区阶段性的高温少雨天气,发布干旱监测预报4期;针对主汛期持续性降水天气,发布气象灾害风险预警4期,与国土资源局联合发布地质灾害预警信息5期;发布重要气象报告3期、气象服务周报15期、各类专题预报57期;针对春耕春播、秋收秋种、冬春作物成熟等农事活动,发布农业气象情报、预报52期;加查局、地区局、浪卡子局和隆子局气象“微信公众平台”相继开通。

【短期气候趋势预测】 汛期结束,对2015年汛期(5—9月)天气实况及气象服务工作进行全面总结分析,除8月降水强度与4月发布的短期气候趋势预测结论略有出入外,其余基本吻合预测结论,准确率比上年显著提升。

【干旱监测和人工增雨】 2015年5—7月,针对沿江农区旱情,及时发布《干旱监测公报》4期,为地方各级党委、政府及涉农部门提供抗旱决策依据。为有效缓解农区旱情,精心组织人影力量,分别于6月10日、6月11日、6月12日、7月4日共4次成功实施人工增雨作业,有效缓解作业影响区内农业旱情。

【地质灾害预警发布】 针对主汛期降水时空分布不均,与地区国土局联合发布5期“地质灾害预警信息”。其中,7月16日发布的《未来48小时地质灾害气象风险预警》得到地委书记张永泽的“建立风险预警预报的做法很好,望继续坚持。有关情况请及时通报相关县和部门,积极做好应对和防范工作”的重要批示。

【科普宣传】 成立科普巡回宣传培训小组,先后到6个县22个乡镇(村),举办20多场防雷科普知识“进农村、进寺庙、进学校、进社区”宣传培训班,受训农牧民、僧尼、学生达到5000余人次,为提升群众科学防灾减灾意识和自救互救技能提供平台。联合地区科技局组织地区一小、三小学生开展1次气象科普教育夏令营活动，共200余名小学生接受科普教育。以开展“在职党员报到社区服务”活动为契机，在山南地区泽当居委会建立全地区首个以社区气象科普园、科普橱窗、科普书屋以及电子显示屏等为一体的“气象科普示范社区”基地，为该社区居民快捷了解和掌握气象预警信息，“零距离”接触气象科普知识提供平台。

【防雷减灾】 派遣防雷技术骨干力量先后对全地区53家易燃易爆场所开展安全隐患排查执法检查，对发现的安全隐患下发整改通知，实现气象行政执法次数、效果的新突破。为全面提升基层县局防雷减灾管理工作水平，以基础理论、易燃易爆场所防雷检测、工程验收、图纸审核、常规检测等为主要内容，首次对下辖6个县气象局防雷减灾服务人员进行培训，实现基层防雷业务培训的新突破。完成对132家单位、94家易燃易爆场所的常规依法检测，完成防雷图纸审核345份、47家防雷工程验收和5个雷电风险评估项目，与历史同期相比，实现防雷减灾服务覆盖面的新突破。

【人影安全管理】 编制印发《高炮（火箭）新弹药出（入）库登记册》《高炮（火箭）废旧弹药出（入）库》《新旧弹药回收（发放）便签册》，使全地区人影弹药管理首次实现统一化、标准化、安全化；首次推出地级《人影作业指导产品》；深入全地区50个作业点，在充分调研的基础上，完成山南地区各县《冰雹路径图》的绘制，为精准消雹、有效保护农田提供顶层指导工具。

【气象监测】 完成全地区26个气象观测站（7个有人站、19个无人自动气象站）的维护、软件升级和综合气象观测标准化自检、自查工作。完成隆子县斗玉珞巴民族乡首个与小城镇融入式6要素无人自动气象观测站、错那县曲卓木乡无人自动站和隆子县扎日乡无人自动气象站建设任务。加强气象探测环境保护和气象行政执法工作，制止一起破坏气象探测环境的违法行为。

地　震

【科普地震知识】 充分利用“5·12”防灾减灾宣传日、“平安中国”防灾宣导系列公益活动和尼泊尔8.1级强地震等契机，借助电视、广播、报刊、网络等新闻媒体，采取播放专题片、印发宣传册（单）、宣传展板等多种形式，广泛开展地震科普知识和法律法规宣传活动，全年共发放宣传资料40860余份，在山南电视台播放防震减灾公益广告365天，发送手机信息50000余条，横幅50余条，出动宣传车辆20余车次，组织《防震减灾法》学习培训1500多人次。通过广泛宣传防震减灾知识，切实增强广大群众防震减灾意识和震灾自救互救能力。

【地震应急演练】 地区地震局联合地区教育局（体育局）在全地区各中小学校组织开展地震应急演练活动，全年共开展应急演练230余次。通过开展避险自救演练、举办主题班会、板报宣传、观看展览和专题片等多种形式，提高中小学生的地震应急自救能力；督查学校建立应急避险教育活动长效机制，开展防震减灾科普示范学校建设工作，为地区青少年、儿童撑起一片安全蓝天。

在“平安中国”防灾宣导千城大行动山南站活动中组织中小学生观看“平安中国”防灾减灾系列公益电影。播放防灾减灾文化题材故事片、科教片、防震减灾公益广告片等16部影片，放映场次达9场、观众人次达8700多人次，有效提升师生的防震减灾意识和能力，取得很好的教育效果。

【群测群防体系建设】 举办第二期地震灾情速报员培训班，对全地区12个县、81个乡（镇）共计120余名地震灾情速报员进行培训，使地区灾情速报员对其基本职责、灾情速报流程和方法都能熟练掌握，加强地区地震灾情速报网络建设，强化地区灾情速报人员责任意识，确保震后能够及时、快速、准确获取震情灾情，为政府决策和紧急救援提供可靠依据。

建立健全群测群防网点、应急通讯网络和灾情信息速报网络，完善地方各级政府防震减灾“三网一员”（地震宏观测报网、地震灾情速报网、地震知识宣传网、防震减灾助理员）体系建设，有效提高地震监测水平。结合地质灾害气象风险预警，加强对可能发生地质灾害危险点的监控，对于危险性大的灾害，及时通知相关部门组织危险区内的群众搬迁、撤离。

【抗震救灾】 2015年4月25日，尼泊尔强地震发生后，地区按照自治区人民政府指示，迅速响应，调集抢险人员、医疗救护人员、应急发电车和物资（价值165万余元）到灾区，协助日喀则地区开展抗震救灾指挥工作，局办公室坚持24小时值班制度，安排好带班领导和值班人员，与灾区保持联系，随时掌握发生的新情况、新问题，做好震情跟踪和上报工作，号召干部职工为灾区捐款（全地区共募集捐款528万元），完成自治区政府交付的各项抢险救灾工作。

【地震监测能力】 根据2015年自治区地震局关于圈定地震危险区（震级5—6级）的地震趋势会商意见，全地区防震减灾形势较为严峻，为缓解现状，地区积极配合自治区地震局抓好各项建设项目工作。

根据《国家发展改革委关于印发“十二五”支持西藏经济社会发展建设项目规划方案的通知》，山南综合地震台建设项目前期工作陆续开展，地区地震局积极协调该报建项目用地预审工作，完成山南综合地震台建设项目规划拟选址意见书、建设项目环境影响登记表等相关手续，并与乃东县泽当镇乃东居委会达成征地协议，该项目已完成自治区国土资源厅项目预审环节。2016年7月动工。该台站的建成将大幅度提升山南地区震害监测预报能力，为山南经济跨越式发展和社会长治久安提供更为可靠的地震安全保障。

文化·广电

文化事业

【概况】 截至年底，全地区有各级各类公共文化机构有专业人员600余人，文化志愿者943人，业余文化工作者8000余人，市县两级组建各类艺术团队17支，550支村级业余文艺演出队，18支卓舞队，34支民间业余藏戏队。全地区共有各类不可移动文物730余处1300个点，各级文物保护单位294处，其中国家级重点文物保护单位16处18个点、自治区级85处87个点、县级193处；现有非物质文化遗产项目205个，国家级非遗保护项目15项、传承人11人，自治区级非遗保护项目43项、传承人52人，县级非遗保护项目147项，传承人143人；珍贵古籍2188函。全地区文化经营场所共237余家。

山南地区文化局（新闻出版局、文物局），三块牌子，一套人马。总编制有30人，其中领导职数为6人，内设9个行政科室、1个事业科室，实有人数为31人，地区群众艺术馆编制28人、实有20人，地区艺术团编制59人、实有36人，地区新华书店编制9人、实有4人，山南图书馆编制2人、实有6人，山南博物馆编制2人、实有3人。12个县设有县文化广播电影电视局（新闻出版局、文物局）行政机构，每县编制有4—5人；全地区12个县设立县综合文化活动中心，各县综合文化活动中心编制不少于5人，并已下达122名编制，配备人员116人；全地区82个乡镇设立乡镇综合文化站，各乡镇综合文化站编制不少于3人，并已下达408名编制，配备人员547人。

【文化设施建设】 投资2000万元的山南地区图书馆项目已基本完工，投资4800万元的地区博物馆项目正在抓紧建设，投资1400万元的地区群艺馆改扩建项目正在实施项目初设工作；12个县综合文化活动中心、影剧院和82个乡镇综合文化站按标准化建设要求进行整治；落实资金500万元，实施国家首批基层综合性文化服务中心试点工作，打造20个村级示范点；覆盖82个乡镇和554个行政村的数字文化长廊项目正在实施。

【群众文化生活】 成功举办2015年中国西藏雅砻文化节、山南地区群众文艺大赛等大型节庆文化活动，不断丰富群众精神文化生活，赢得各级领导及群众的高度赞誉。各级文艺团体认真组织开展文艺作品创作，打造诸多独具地方特色的精品力作。2015年地区艺术团和各县民间艺术团圆满完成演出场次任务。大力开展文化交流联动，邀请中华全国总工会文工团、日喀则市艺术团等区内外文艺团体在地区文化交流演出，为山南文化注入新动力；组织大型风情歌舞乐《雅鲁藏布》在湖北武汉和拉萨演出，组织民间艺术团优秀文艺在拉萨展演，参与西藏自治区成立50周年大庆、第二届中国西藏旅游文化国际博览会等活动，成功地向自治区内外展示山南优秀传统文化，提升对外文化影响力。

【文化市场繁荣发展】 随着市场经济体制的不断完善,山南地区文化市场蓬勃发展。截至年底,全地区共有网吧、音像出租零售店、歌舞娱乐城、朗玛厅等文化经营场所240家。全年地、县两级开展执法检查947次,检查各类文化经营场所1325家/次。按照行政审批制度改革的要求,及时下放文化行政审批事项3项,新闻出版审批事项2项。全年开展"扫黄打非"专项治理行动5次,检查各类文化经营场所810家次。全年查处案件9件。

【公共文化服务体系】 严格按照国家第二批公共文化服务体系示范区创建标准,超额完成七大类25项指标任务。公共文化财政投入持续增加,累计投入创建资金3.73亿元,支持公共文化服务体系示范区建设。公共文化服务设施更加完善,基本实现公共文化设施地县乡村四级全覆盖,基本满足群众文化活动需求。公共文化人才队伍不断壮大,落实县(乡)综合文化活动中心(站)编制530个、配备人员663名,为554个村各配备1名享受财政补贴的文化指导员或辅导员,已招募文化志愿者943名。邀请自治区内外有关专家学者,举办基层公共文化服务体系建设与效能提升专题培训班3期和文化志愿者岗前培训班1期。组织县乡文化干部赴安徽、湖南两省基层文化馆站跟班学习,组织各县文化局局长赴四川成都、甘肃张掖参与公共文化服务体系标准化建设培训和考察,不断提升基层文化工作者业务水平和服务能力。公共文化理论研究取得新成果,形成一批制度设计研究成果,推动21项政策和指导意见的制定和出台,并在实践中得到广泛的应用、推广和完善。以"民族地区现代公共文化服务供给模式研究"为课题的制度设计研究工作于2016年1月14日顺利通过国家评审。

【优秀民族文化】 严格落实文物安全责任,全年未发生任何文物安全事故。开展第一次全国可移动文物普查工作,完成12个县数据资料采集和登记工作。完成藏戏实景拍摄工作,将山南优秀传统戏剧重现昔日风采。完成非物质文化遗产丛书——《山南之韵》(藏汉版),有效促进非物质文化遗产保护。成功举办第十个"文化遗产日"宣传展演活动;组织参加全区藏戏展演、第十届全国少数民族传统体育运动会、第二届中国西藏旅游文化国际博览会等活动,向自治区内外观众展示山南地区优秀传统手工技艺的独特魅力。

【新闻出版事业】 完成《山南文艺》编辑出版发行工作,编辑出版《山南当代文学丛书》。在拉萨市、扎囊县开展"山南地区优秀书法摄影作品巡展"活动。全面推广使用正版软件,全地区政府机关安装正版软件操作系统1630套、办公软件2161套。县级新华书店建设实现全覆盖。地区新华书店完成销售总任务1305万元。

广播电影电视

【概况】 山南地区地直广播影视系统有编制115名,其中行政编制16名,事业编制99名,县级干部6名(含1名援藏干部)。局机关内设办公室(财务室)、政工人事科、科技管理科、宣传管理科、传媒机构管理科、影视管理科和广播电视网络管理中心等7个职能科(室)。下辖地区电影发行放映站、地区电视台、地区广播电视台、地区有线电视台、地区调频广播转播台等5个正科级事业单位。

山南地区广播电视节目采用有线、无线和卫星直播的覆盖方式,有线电视用户达到26000户以上,卫星直播用户达到86569户,截至年底,全地区广播电视综合人口实际覆盖率均达到97%以上。农牧区电影放映工程平均每个行政村每月达到2场次以上。2015年,地区广电局获得自治区级"第四批强基础惠民活动优秀组织单位"荣誉称号和自治区广电系统2015年社会治安综合治理考评并列第一。

【农村电影放映】 2015年,地区农村电影共放映20849场次,超额完成800余场次,观众达184.4万人次。其中进农牧区17355场次,进寺庙563场次,平均每月每行政村达到2场以上,切实丰富群众的精神文化生活。扎囊县作为自治区农村电影室外转室内工程示范点，已完成3个点的建设并投入使用；地区数字影院作为山南“十大民心工程”之一，积极协调地委行署及对口援藏省市等有关部门，投入900余万元用于农村电影事业发展。

【广电事业发展】 投资近200万元，对地区广播电视设备进行更新改造。已完成投入使用4部大型高清摄像机。开播电视藏语频道。山南地区广播电视台藏语频道制作播出系统建设已完成招投标，已协调西藏电视台购置12部藏语译制剧的播映权，并筹办录制藏语《雅砻讲坛》栏目，与拉萨电视台沟通衔接合作推出《快乐双语》栏目。地区电视台无缝拼接屏项目建设投入使用，完成投资53.85万元。投入使用总投资共计193万元的地区广播电视台综合虚拟演播室建设项目，对地区广播电视台以往单一的节目背景和提高自办节目整体质量起到重要的作用。实施总投资302万元的地区调频转播台智能化播出系统及各县天馈系统改造项目，项目已完成招标。完成投资780余万元，购置高清电视转播车，已完成招投标。认真落实“村村通”“户户通”工程，提高广播电视覆盖水平，截至年底，广播电视综合人口实际覆盖率均应达到97%以上。扎实做好“十三五”项目及2016—2018年三年滚动项目编制申报工作，经积极与上级业务部门衔接，地区编制内项目有7项，总投资达1.1亿元，分别为：扎囊等7个县广播电视业务用房建设项目，投资2780万元；县级有线数字电视建设项目，投资2808万元；县级数字影院建设项目，投资达1320万元；地区广播电影电视藏语节目译制中心建设项目，投资1300万元；广播电视“村村通”机顶盒更换项目，投资2129万元；广播电视“舍舍通”建设项目，投资50万元。

【安全播出管理】 2015年，结合社会治安综合管理工作，在全地区组织整治行动30余次，出动执法人员145人次，共查处非法卫星电视广播地面接收设施销售点9处；没收30个卫星接收天线、73个高频头、17个接收机（均为直播卫星接收设备）。同时，进一步完善广播电视安全播出应急预案，实行统一领导、分级处置、属地管理，切实提高广播电视播出系统应对突发事件的应急准备、应急响应和处置能力，确保“三大节日”、自治区“两会”、全国“两会”“三月敏感月”等重大节日、重要会议和敏感时期广播电视安全播出万无一失。

【队伍建设】 深入开展“三严三实”专题教育，持续用力深化整改，积极兑现各项承诺，着力解决党员干部、特别是领导干部“不严不实”问题。截至年底，领导班子查摆不严不实问题4项，班子成员查摆问题24项，已整改落实28项；组织党员专题学习12次，专题研讨3次，专题党课6场，为群众办实事16件；认真开展“创先争优强基惠民活动”，为巩固和深化活动成效，局党组决定并制定出台《地区广电局县级党员领导干部联系驻村工作制度》，指定县级干部每人联系一个驻村点，为四个驻村点争取项目资金达220余万元；开展驻村工作队及困难群众节日慰问活动3次，送去慰问金和慰问品折合人民币达2万余元。通过人才引进，选调以及事业单位公开考录等途径争取9人到局属单位工作，争取3名短期专业技术援藏到地区广播电视台工作，充实广播电视台和电影站人才队伍。积极协调相关部门，争取培训经费6.4万元，邀请湖北电视台、西藏电视台7名专家老师，举办为期7天的山南地区基层广播电视台长业务培训班，对50多名学员从新闻选题和策划到稿件编写、素材摄像、节目编排、后期包装制作及如何提升新闻收视和新闻口碑等相关知识进行全面的交流培训。狠抓党风廉政建设，不断改进工作作风。局党组在严格落实“两个责任”的同时，扎实开展廉政教育活动，共组织党员专题学习5次，观看爱国影片1场、警示教育片1场，撰写个人心得体会62篇，共制作党风廉政宣传展板4个，悬挂廉政标语横幅4条。

民族·宗教

民族宗教事务

【概况】 山南地区民族宗教事务局成立于1984年，主要承担着全地区民族宗教领域和谐稳定的重任。人员编制总数为26名，其中：行政编制12名、工勤编制1名，事业编制2名，机关其他编制11名，县级领导职数5名，科级领导职数10名。内设5个正科级行政机构，即办公室、民族科、宗教一科、宗教二科、法制宣传教育科、山南地区佛教协会办公室。现有干部职工29名。山南地区佛教协会成立于1985年11月，第六届佛教协会组织会长1名，副会长2名、常务理事17名，理事53名。

【拓展民族宗教工作思路】 年内，开展调查研究活动，摸清全地区民族宗教工作新情况、新问题，拓展和深化民族宗教工作思路，找准民族宗教工作服务大局的重点和突破口，形成《关于正确处理"俱力护法神"（杰钦修丹）问题的专题调研报告》《关于山南地区加强和创新社会流动从事宗教活动人员服务管理情况调研》《如何加强民族宗教领域执法队伍建设调研报告》等相关调研内容，为上级科学决策提供强有力的保障。

【开展民族团结宣传教育活动】 年内，制定《山南地区2015年度民族团结宣传教育活动方案》，广泛开展民族团结宣传教育进机关、进企业、进学校、进社区、进寺庙等"七进"活动。9月，紧紧围绕"构建和谐民族关系、同创民族团结典范"这个主题，积极组织民族团结宣传创评领导小组成员单位，采取摆放宣传展板、发放宣传资料、设立咨询点等方式，集中开展第25个民族团结月宣传活动，活动中发放各类宣传资料2000余份、宣传光盘200余张，在泽当镇区、各县城主要街道路口悬挂民族团结宣传横幅150余条。

【民族团结工作】 根据《中共山南地委、行署关于建设"六个模范区"的意见》和《山南地区"民族团结模范区"建设工作细化方案》，地区围绕"共同团结奋斗、共同繁荣发展"民族工作主题，扎实推进"民族团结模范区"建设，积极开展民族团结模范、民族团结宣传教育、民族文化融合等工作，进一步巩固平等、团结、互助、和谐的社会主义民族关系，实现各民族和睦相处、和衷共济、和谐发展。大力推荐先进典型人物。2015年11月，召开山南地区民族团结表彰会议，共有模范集体15个，模范个人20人受到表彰。

【兴边富民项目实施】 截至年底，全地区组织实施2015年第一批少数民族发展资金（兴边富民）项目103个，项目资金共6649万元。其中："兴边富民"项目54个，落实资金3992万元（扶持门巴族民族乡发展项目2个，落实资金860万元；扶持珞巴族乡发展项目3个，落实资金180万元）；少数民族发展资金项目49个，落实资金2657万元。第二批落实财政扶贫少数民族发展资金（兴边富民）项目资金3653万元、支持49个项目建设，兴边富民项目资金1014万元、支持13个项目，少数民族发展资金1715万元、扶持32个项目（其中特色村镇建设项目1个、资金100万），人口较少民族发展资金项目3个、项目资金124万；安排特色优势产业项目资金800万元、扶持1个项目。及时规划编制“十三五”少数民族发展资金（兴边富民）行动项目，规划编制共共623个项目，资金13.62亿元，其中规划人口较少民族发展项目共23个、资金达6963万元，规划兴边富民行动项目600个、资金129175.97万元。

【少数民族服务管理】 积极创新城市民族工作，地区经商、创业、定居的外来少数民族人口被纳入社会治安综合治理范围，管服并重，服务优先，实现有效管理。截至年底，地县民宗部门不断创新服务和管理，与辖区内的新疆籍维吾尔族人员建立帮扶机制，加强沟通联系，增进感情，促进民族团结。对全地区1107户不同民族通婚家庭情况进行详细调研和进一步完善，建立民族通婚家庭信息库。

【宗教领域维稳工作】 年内，始终坚持“保护、管理、引导、服务”的宗教工作理念，按照自治区、地区维稳工作部署和要求，“三月敏感月”“萨嘎达瓦”宗教活动、50周年大庆期间，严格按照自治区、地区维稳工作部署要求，强化服务管理职能，维护宗教领域和谐稳定。认真完善宗教领域维稳工作方案。制定《山南地区民族宗教领域维稳工作方案》《山南地区民族宗教领域维稳工作应急预案》《关于做好萨嘎达瓦宗教活动期间宗教领域维护稳定工作通知》《关于做好50大庆期间全地区民族宗教领域维护稳定工作的通知》，提前对宗教领域维稳工作进行安排部署。认真审批各类佛事活动，严控大型宗教活动规模，做到审批规范、管理有序。成功举办敏珠林寺“珠巴嘎杰”、顶古钦寺“次久节”、扎塘寺“崩果节”、扎果寺“德珠・龙热庆布”、日吾德庆寺“展佛”、桑耶寺“朵底节”、昌珠寺“美朵曲巴”等各类佛事活动，确保佛事活动秩序正常和万无一失。严格按照自治区、地区关于敏感时期做好宗教领域维稳督查的相关通知精神，先后80余次深入到12个县的170余座寺庙，进行督导检查寺庙维稳工作部署落实情况，确保敏感时期全地区民族宗教领域“三不出”，实现“三稳定”目标。

【宗教领域宣传教育】 紧密结合山南地区“法律进万家”活动、爱国爱教宣传服务下乡活动等一系列教育活动，涉宗部门组织宣讲组深入寺庙开展宣讲活动，截至年底，地、县和寺管会三级组织宣讲达890余场次，僧尼参学率达100%，寺庙覆盖率达100%。各寺管会举办藏汉双语、电脑基础知识等僧尼兴趣学习班10余个，培训僧尼500余人次。在西藏佛学院桑耶寺分院举办为期20天的山南地区宗教界人士骨干培训班，全地区50名寺管会副主任、活佛、经师、堪布参加培训，选派100名僧尼参加自治区佛学院边境偏远寺庙僧尼培训班，联合妇联组织20名尼姑到内地考察学习，提高广大僧尼的综合文化知识水平。召开山南地区宗教界人士纪念“3・28”百万农奴解放纪念日活动座谈会，宗教界人士纷纷结合自身所见所闻，深入揭批旧西藏封建农奴制度的残酷性，高度赞扬社会主义制度的优越性。深入开展揭批十四世达赖集团反动罪行活动。制定《山南地区宗教领域开展“深入揭批十四世达赖集团反动罪行”教育活动实施方案》，在寺管会干部和寺庙僧尼中开展“坚定政治立场”宣誓承诺活动，坚定驻寺干部和僧尼的政治立场。

【利寺惠僧】 年内，全地区各寺管会投入1100余万元帮助寺庙、僧尼及僧尼家庭办实事950余件；开展家访3900余次，走访僧尼家庭每户达2次以上。实现寺庙医保、养老保险全覆盖；僧尼低保按照应保尽保原则，将28名困难僧尼纳入低保；对全地区1878名在编僧尼进行免费健康体检，建立健康档案；投入资金580万元对290名新吸收僧尼僧舍进行新建。分批选派8名僧尼参加自治区边缘寺庙卫生员培训。

【寺庙维修项目资金落实】 截至年底，寺庙维修补助资金共185万元，涉及12个县、23座寺庙。“十三五”期间对147座寺庙进行维修，申报资金达

1.24 亿元。

社会流动从事宗教活动人员进行拉网式排查，对民间从事宗教活动人员和非法社会流动从事宗教活动人员进行严格分类和界定，逐一查清其身份、籍贯、宗教信仰、活动规律等情况，做到不留死角、不漏一人。严格落实“五级责任”管理，组织人员一一进行登记，建立明细电子档案，做到底数清、情况明、管理到位。形成《山南地区加强和创新社会流动从事宗教活动人员服务管理实施办法》，及时组织人员认真调查掌握地区伊斯兰教信教群众基本情况。

【发挥佛协组织作用】 开展践行社会主义核心价值观，争做“五好僧尼”活动。地区佛协办紧密结合山南地区“法律进万家”活动，在全地区各寺庙内开展“践行社会主义核心价值观，争做做爱国爱教的好僧尼、做遵规守法的好僧尼、做促进和谐的好僧尼、做造诣精深的好僧尼、做护国利民的好僧尼宣传活动。积极开展宗教界公益事业活动。山南地区各宗教界人士情系灾区、奉献爱心，弘扬“一方有难、八方支援”的中华民族传统美德，向日喀则市聂拉木等灾区捐款 25.2 余万元。

【“三严三实”专题教育活动】 紧密结合“三严三实”专题教育，结合工作实际，组织各级民宗部门干部，召开座谈会、组织集体学习、巡回宣讲等多种形式，在机关干部职工和农牧民群众中传达学习总书记习近平的系列重要讲话精神，召开山南地区涉宗部门学习贯彻孙春兰部长在藏调研时重要讲话精神会议，传达学习总书记习近平在接受班禅额尔德尼・确吉杰布拜见时的重要讲话、自治区党委书记陈全国 6 月 18 日在自治区党委常委（扩大）会议上的重要讲话及其美仁增副主席在地委理论中心组学习会上的重要讲话精神，召开山南地区宗教界人士座谈会，学习总书记习近平在接受班禅额尔德尼・确吉杰布拜见时的重要讲话精神。山南地区宗教界两级政协委员、佛协理事、寺庙负责人 13 名代表，地委统战部、地区民宗局、地区宗教办主要领导参加座谈会。

【受援工作】 与湖北、湖南、安徽三省民宗部门建立有效的长效机制。落实对口支援协议资金 40 万元（湖北援藏解决资金 30 万元、湖南援藏解决资金 10 万元）。向湖北援藏办申报 200 余万元的山南地区民族团结进步创建宣传展示中心建设项目。

武　装

山南军分区

【概况】 年内，山南军分区党委坚决贯彻两级军区党委全会精神，按照“整顿、备战、改革、规划”总体思路，坚持举旗固魂铸忠诚、聚焦备战抓主业、全面整顿肃军纪、厉行法治强根基、紧跟改革谋发展，圆满完成以军事训练和维稳控边为中心的年度各项任务，部队全面建设向上向好。

【思想政治建设】 坚持把学习贯彻习主席系列讲话作为首要政治任务，突出抓好“四个全面”战略布局和古田政工会、“两会”、十八届五中全会精神等重点内容学习。采取原文研读、讨论辨析、周学月考等方式，狠抓党委机关理论学习，安排21名人员参加西藏军区师团干部理论集训。整理下发基层政治工作培训手册，积极探索营以下干部理论学习的有效抓手和管用机制。围绕“法、统、活”抓好以主题教育为重点的各项教育，组织“做四有新人、圆强军梦想”主题演讲比赛，8名师团领导干部为官兵授课13场次。深入开展“新一代革命军人样子”大讨论，自下而上组织“四会”优秀政治教员比武竞赛，2人在西藏军区比赛中分获二等奖和优秀教案奖。投入80余万元加强营区政治文化环境建设，调整制作标语灯箱，全面清理规范军史馆、荣誉室。持续深化“战斗力标准大讨论”，坚持政治工作跟进训练场、巡逻路、执勤点、观察哨，不断激发军人血性虎气。结合纪念中国人民抗日战争暨世界反法西斯战争胜利70周年，组织“唱响抗战歌、激发强军志”歌咏比赛。扎实组织48名新生长干部岗前培训，攒足发展后劲。广泛开展双拥共建活动，向日喀则地震灾区捐款78万余元支援当地群众灾后重建，圆满完成自治区成立50周年大庆安保任务。典型宣传和新闻工作积极作为，全年在各类媒体刊物发表政研文章90篇，新闻稿件296篇（条），分区紧盯使命任务深化主题教育的做法被《解放军报》头版头条刊登。

【作战能力建设】 围绕“能打仗、打胜仗”，扎实开展实战化训练，修订完善分区改进军事训练作风实施细则，明确10项训练指标、13项保障措施和9项训练制度，拟制分区《训风演风考风整治实施方案》，大力纠治3个方面28类训练作风问题。建立军事训练绩效档案，集中力量组织完成《高寒山地边防步兵分队训练大纲》编修，投入经费120余万元整治射击场、投弹场等各类场地38个。大力开展首长机关和直属队针对性训练，迎接两级军区半年军事训练监察考核取得较好成绩。扎实抓好“三分之一”轮训、业务基础训练、参谋集训和机要干部“岗位练兵”活动，组织执勤英语、报话务员、预提指挥士官、分队战术训练骨干、侦察、装甲专业等各类集训18期830余人。选派132人参加两级军区培训。参加上级比武竞赛成绩优异，6名个人被两级军区通报表彰。

【党委班子建设】 深入贯彻落实上级指示要求，扎实开展团以上党委机关“三严三实”专题教育整顿活动，成立7个专项整治小组、1个纪检督察小组，拉单列表进行清理整治。认真参加两级军区首长党课辅导，安排8名师团主官上党课，切实用习主席重要讲话精神武装头脑。召开党委专题民主生活会，坚持党味辣味，认真汇报“四个说清楚”，严肃开展批评和自我批评，人人红脸出汗。采取自查、互查、普查相结合的方式，全面清理涉郭伯雄信息1298份（本），3名人员按要求退出地方社团。全面组织干部大检查和财务大清查，围绕干部工作8个方面48个项目165类问题展开自查，完成792份营以下干部档案、2012年以来任免资料等内容的清理核查，对档案材料不全、达超龄改任技术职务等问题逐项登记造册并限时整改；累计清理房屋及建筑物资产6.89万平方米，涉及金额6884.50万元，完善1100余万平方米土地资产账目，清理上缴2014年度应缴经费173.70万元，清理违规领取西藏地区津贴33人计138.85万元，配合成都军区完成对分区党委班子成员经济责任审计。指导生产团加强“三型团队”（机动作战主力团、维稳执勤先锋团、驻军建设窗口团）建设，进一步提升建设水平。召开分区第十次党代表大会，总结过去五年工作成绩和经验教训，制定今后五年工作规划和奋斗目标，选举第十届党的委员会和新一届纪律检查委员会。制定党委班子改进作风十条自律，坚持公开公平公正处理热点敏感问题，全年调整使用干部317名，选改士官709名，发展党员537名，立功245名，官兵普遍满意。

【依法治军工作】 持续开展“学法规、用法规、守法规”活动，每周组织两次政策法规授课辅导，不断提高广大官兵依法办事水平。修订完善文电办理、车辆动用等“落实法规十项细则”，官兵休假请假管理、集中文印室使用管理等“规范秩序十项措施”，部队建设秩序进一步正规。按照西藏军区试点路子，严密组织346人参加的新纲要培训，各级按纲抓建意识明显增强。制定“三个帮带”计划表，组织148名领导和机关干部蹲连当兵。持续开展“清理十股坏风气、办好十件贴心事”活动，各级机关清退超占基层官兵93人，组织基层风气建设常态化测评，部队风气建设持续向好。大力抓好1.93亿边防一线点建设和灾后重建，投入450万元充实基层文化活动、边防执勤和训练器材，解决基层现实困难。结合安全大检查和保密检查，组织各类安全预案演练96次，对724台涉密计算机、1062个移动存储介质进行升级注册。开展“三类仓库”安全技术防范情况调研和枪爆物品大清查，抓好“五类问题”清理整治。强化明察暗访和督察执纪，狠抓赌博、赊欠账、不假外出等倾向性问题整治，严肃处理违纪违规问题19起48人。集中开展直属队和公勤人员教育整顿活动，规范5类14项秩序。加强与地方信访、维稳机构沟通合作，积极解决12起信访和遗留问题。

【保障能力建设】 着眼加快推进现代后勤“三大建设任务”，大力开展“后勤管理规范年”活动。结合野外驻训组织分队战勤编组作业、野战修理所的展开与撤收、野战装备抢修等科目训练，战场环境下遂行保障任务能力有效提升。严格落实总后《关于组织开展全军资产清查工作的通知》精神，共清查固定资产13类49项、库存物资6类10项，合计金额8468.67万元。有序推进工程建设和房地产资源管理专项整治，妥善解决3宗空余房地产和21间门面房租赁问题，51人按要求上报购买军队经济适用房所需资料。建立官兵健康档案，严密组织官兵体检，安排52名官兵参加疗养，协调41医院巡诊边防一线单位官兵。抓好农副业生产，实现生产总值460.25万元，伙食自给能力不断提升。搞好物资冬囤，为22个边防连点囤运各类物资1064.6吨，药品31.90万元。狠抓后装人才队伍建设，选送新训驾驶员、卫生员、等级厨师、装备保障工作骨干等296人次参加上级培训；分区各级组织驾驶员、司务长、炊事员、种养技术骨干等培训12期649人次。

武警西藏山南地区支队

【概况】 中国人民武装警察部队西藏山南地区支队（简称山南支队）组建于1983年8月，下设司令部、政治处、后勤处三个部门，下辖1个直属大队，1个教导队，17个中队级单位。主要担负山南地区执勤处突、反恐维稳、抢险救灾和战时防卫作战等任务。

【主题教育活动】 以深入学习贯彻习主席系列重要讲话精神为主线，坚持用“四个全面”战略布局、武警战略思想和治藏方略统领思想、建队育人，强化“三个绝对”。严密组织主题教育、形势任务、职能使命、战斗精神和党史军史等经常性思想教育，抓实“新一代革命军人样子”大讨论，广泛开展群众性军事文化活动，清理思想灰尘、回归传统本色。密切关注敏感地区尖锐复杂的反分裂斗争形势，重视意识形态领域工作，持续深化“四反”教育，加强防间反特工作，内部保持纯洁巩固；针对深化军队改革冲击影响，大力开展“六防”“三定”教育，组织谈心交心，化解心结，稳心定神。学习我军光荣传统、弘扬“老西藏精神”、宣树身边先进典型，先后有9个集体、35名个人受到表彰，士官唐军被总队评选为“十佳优秀士官”。注重运用“三帮一带”“四心”等有效载体，做好经常性思想工作，过细排查甄别鉴定“个别人”，跟踪帮教转化。围绕“三场战役”维稳、自治区成立50周年大庆和“卫士—15”演习，研练“三战”战法，灵活运用政治工作“八种基本方法”和“八个到现场”，总结分析反思任务中政治工作效果，强化政治工作作战功能，有力支撑“三月敏感月”战备、虫草采挖备勤、尼泊尔总统进出藏路线警戒和西藏雅砻文化节、自治区50周年大庆安保等重大任务圆满完成。

【提升实战能力】 立足“多能一体、有效维稳”，突出“三场维稳战役”筹划指导，认真贯彻落实湖北、杭州会议精神，紧盯思想、能力、设施等软硬隐患，采取自查自纠、联查联改等方式，扎实开展勤务检查鉴定、安全教育整顿活动，强力推进“四防一体化”建设、执勤隐患治理和AB门建设，着力提高执勤目标安防系数，实现固定执勤安全无事故目标。着眼“稳内、御外、控边”的战略要求，深化转化“卫士—15”演习成果，紧盯重点时段、重要节日、重大活动和敏感时节，准确研判形势任务，细化区分“六个维稳节点”，科学统筹力量，严密组织部队行动，圆满完成执勤战备维稳任务。积极探索军事训练“八落实”方法途径，运用“六种组训模式”，组织实战化训练，抓紧抓实新大纲试训、新兵训练、指挥员训练、人装结合和岗位练兵，圆满完成“八落实”试训任务和2个课目战训法演示，加大反恐防袭、紧急出动演练，重视特勤排、应急班“拳头”力量建设，组织三期290人勤训轮换，选送40名特战、侦查队员参加总队培训，组织53名预提指挥士官集训，新训工作抓得紧而实，官兵军事素质明显提升。认真贯彻落实中央第六次西藏工作座谈会精神和治边稳藏方略，遵循刚柔相济的制胜机理，扎实开展综合维稳“六共”活动，巩固加强民族团结，夯实维稳群众基础。浪卡子中队先后被总队表彰为“六共”活动先进集体，被自治区表彰为“民族团结先进集体”，推荐扎囊县中队参加地区“民族团结先进集体”评选表彰，加查县中队长普珠被地区表彰为“民族团结先进个人”。

【依法管理部队】 突出安全工作基础工程、保底工程重要地位，广泛开展“学法规、用法规、守法规”和“正规依法从严管理”教育整顿活动，严格落实一日生活制度，从党委机关抓起、从领导干部严起、从突出问题治起，强化法治思维和行为习惯，维护保持正规的“四个秩序”，15个中队通过总队正规化达标验收，达标率居总队之首。认真贯彻落实总部“八个规范”网上集训精神，紧紧扭住“人车枪弹酒、水火电毒密、小散远直弱”，严密组织核心涉密人员政治考核，突出军械库、加油站、物资库的守卫警戒，开展百日安全竞赛、密切内部关系、枪弹安全管理、车辆运行秩序治理整顿、安全大检查和“三有三责”群众性建安创安活动，有效防范和消除各类安全隐患。严格落实武警党委《禁酒令》和“八严”纪律规定，采取实地检查、电话随访等方法，重点加强官兵八小时以外和在外人员的教育管理，“一选两退”工作组织严密，专项清理官兵持有因私出国（境）证件和网上涉军有害信息，加大私家车管理力度，集中纠治倾向性问题，设立监督电话，发现问题及时查处，大力整肃军纪，提升安全工作质量内涵。发挥安全委员会职能作用，建立健全党委统揽、主官负责、分管专司、官兵尽责的长效机制，每逢任务转换和敏感时期，及时派出工作组加强督导，定期研究分析形势，从严追责问责，部队实现持续安全稳定。支队勤务做法、安全工作、机要干部队伍教育情况被总队转发。

【干部队伍建设】 深入贯彻纲要，领会实质精髓，把握要义要点，抓好新老纲要对照学习研讨，深化转化总队两批纲要培训成果，逐项逐条内容对照规范落实，紧盯经常性基础性工作的末端效果，利用周交班会讲评、月办公会排序、季夺优胜旗等激励措施，树立大抓基层的鲜明导向。广泛开展机关、基层干部大练“双六功”和支部班子岗位练兵活动，采取以会代训、难题会诊、结对帮带、函授作业等形式，以部队建设常用法规为主学内容，以本职岗位为实践提高的平台，不断提高两官认识问题、分析问题、解决问题、依法抓建的能力。重视配齐配强大（中）队主官，组织1名中队主官互换军政岗位，调整10名机关和基层干部交叉任职，结合不同任务安排17名机关干部下队当兵、代职锻炼，增强按纲抓建本领；贯彻四总部《关于进一步规范基层工作指导和管理秩序若干规定》和总部措施、总队细则，规范抓建秩序，健全落实“三会一线”统筹指导和“一二一”工作运行机制，用好“三治四建”“三帮一提高”活动，帮实建强“三个一线”。规范落实“九项经常性工作”，细化日、周、月、季工作流程，持续整治基层建设中不统一、不规范、不见底的常见病多发病。落实常委包片、股（室）挂钩帮建制度，组织4批联合工作组实施考帮建，在面对面指导帮建中提高部队建设标准和质量内涵，2015年，重点帮建的措美县中队进步明显。推荐评选标兵先进的5个中队全面建设得到总队工作组考评认可。

【**廉政建设工作**】 紧紧抓住肃清郭伯雄、徐才厚案件六个方面流毒影响，自上而下清查清理，自下而上监督整改，专题党委常委会讨论分析，研究部署肃清工作，党委委员深刻反躬自省、查纠自身问题，常委带头反思自查，带头撰写认识材料，带头对标对表整改，全体官兵深入讨论，有力地推动各方面各领域的挖根除弊、拨乱反正。认真贯彻落实总部、总队古田会议推进会精神，召开支队工作推进部署会持续发力，牢固立起政治纪律和政治规矩，紧前推进不挂空挡，全面覆盖不留死角，深入彻底不留尾巴，全方位挖根除弊、正本清源。扎实开展“三严三实”教育整顿，强力推进“四整三查”“八个清理整治”，聚力抓好总部、总队审计反馈问题整改，坚持以上率下、刀口向内，对照整改承诺真查真改、真纠真治，该说清楚的都说清楚，该交明白账的都交明白，清退违规开支12.9万元，“三清”整治抄底见效、清仓归零。坚持党纪挺在前，组织广大党员学习《党的廉洁自律准则》《党的纪律处分条例》，经常对照党章和“三严三实”“五个必须”要求，处处检查反思，时时自省整改，守住纪律“底线”，带头守德立德。着力破立并举、纠建结合，对苗头问题及时扯袖子、咬耳朵，抓早抓小、动辄则咎，海晏河清、新风正气逐步形成。

【**后勤服务保障**】 以建设现代后勤为目标，严把后勤保障重心，深度破解部队保障难题。按照“后勤变前勤”要求，重视“一组五队”建设，积极搞好后勤岗位大练兵活动，认真组织炊事员集训、司务长集体办公和后勤业务培训，严密组织财务大清查，强化审计监督，修订完善《支队财务管理规定》，压减行政消耗性开支70.49万元、接待费6.89万元；有序推进支队机关、干部公寓房和直属大队、教导队规划建设；带着感情、带着责任为基层办实事，投入230万元彻底解决基层“五难”问题，积极协调2名官兵到内地住院治疗，为1名官兵办理评残手续，解决4起官兵家庭涉法问题，拿出2万余元救济补助困难家庭官兵。扎实开展“伙食管理规范年”活动，巩固深化“引智工程”建设成果，统一规划协调驻镇部队两业生产，收益达50多万元，完善集中采购和副食品统一供应模式，强力落实早餐“两个一”标准，持续推行“6+2+1”供餐模式，深入开展后勤服务下基层活动，服务保障效能得到提升。

公安边防

【**概况**】 在纪念抗战胜利70周年、自治区成立50周年、西藏雅砻文化节边防安保任务中，支队党委严格按照“集中优势兵力、提高警力震慑”工作要求，积极召开专题会议，研究相关事宜，党委主动靠前、跟进指挥，安排常委分片包干，负责边境地区维稳工作，在重要通道、山口、道路设置执勤点，抽调业务骨干充实到防控任务重、执勤警力少的基层一线单位，筑牢一线到二线防控屏障。狠抓方（预）案演练，积极参加拉动演练，召开誓师大会，在长达150余天的战备执勤中，全体官兵在平凡的岗位上发扬长期作战、连续作战的顽强作风，以实际行动践行“四有”革命军人使命担当。“4·25”地震发生后，支队立即启动应急增援预案，组建应急救援分队，出动增援车5辆，安全行车1万余千米，拉运救援物资30余吨，达到部队遂行重大任务闻警即动、随警作战、锤炼班子、凝聚队伍的目的。

【维稳控边工作】 按照“四必查”工作要求，严格通行证签发，各执勤点认真落实24小时双向检查制度，加强进出边境管理区人员、车辆、物品查控力度，严防不法分子、危险物品及反宣品进入腹心地区，形成“一线堵截、二线检查、面上管控、纵横联动”的工作格局。坚持社会治安评估机制常态化，坚决将边境治安专项整治行动作为常态化工作，持续强化重点区域、重点人员和枪支弹药等违禁物品的清理排查。

【辅警、驻寺队伍建设】 山南边防支队积极作为，在总队治安辅警员服装经费现有标准上，率先实现辅警人均服装费增加1050元的目标，根据《西藏自治区公安机关使用治安辅警员管理规定实施办法》等文件精神，统一制定相关表格，强化辅警力量队伍制度建设（个人档案、月工作例会、值班记录、政治业务学习和训练、奖惩制度），建立健全辅警力量管理工作长效机制，构建行之有效的管理体系，以规范的管理稳步壮大辅警队伍力量。支队积极请示地方党委、政府以及统战、民宗等部门，任命驻寺民警进入寺管会领导班子，与僧尼建立朋友关系对子，协助寺管会开展僧尼爱国主义教育，使广大僧尼认清达赖集团反动本质，筑牢反分裂防线，严密关注寺庙清退人员、外来流动僧尼动态，建立僧尼档案、宗教场所档案，驻寺管理工作发展态势良好。

【爱民固边战略】 始终把爱民固边战略作为全局性工作，协调地区财政局、民政局等23个单位成功召开爱民固边十周年座谈会，集中对爱民固边十周年成果进行宣传推介。完成11个爱民固边模范乡（镇），22个村（居）挂牌工作，各级主要领导进入驻地党委政府班子，选派一批素质过硬、群众公认的基层派出所警官兼任村官、法制副校长，实现对辖区各行政村和小学警官兼任村官、警官兼任法制副校长100%覆盖。按照“排查做在事发前、宣教走在调处前”的要求，积极走访群众，累计调处矛盾纠纷45起，以真心实意帮助群众解决实际困难为出发点，增设“爱民固边关爱困难儿童募捐箱”13个，充实地区关爱困难儿童“雅砻基金会”基金1.3万余元，连续5年为38名困难儿童购买价值144万元的“英才卡”保险，组织官兵向8名重病群众累计捐款4万余元，争取地方“安居工程”专项资金9万元帮助2户困难群众改建房屋，有效提升警民双向熟悉率和群众满意度。充分发挥驻村工作优势，为驻地群众申请“短、平、快”项目资金26.25万元，用于修建特色产品集中销售区，在构建和谐警民关系中，切实将爱民固边工作做进群众的心坎里。

公安消防

【概况】 山南地区于1983年7月成立消防科，1988年组建消防中队，1989年消防科更名为消防分局，1996年4月脱离武警内卫支队，同年11月18日正式成立山南地区消防支队。

【发挥职能作用】 支队党委认真分析研判地区消防工作整体形势和面临任务，积极向地委行署主要领导请示汇报和建言献策。推动11个县消防队站建设工作。支队党委高度重视，不等不靠，迎难而上，主动作为，已全部完成选址征地及前期经费预算等基础工作，共新征建设用地30.3亩，扩征建设用地27.85亩，协调各县营房建设经费2600余万元，通过实地调查研究，形成《关于山南消防支队11县消防站建设方案修改意见的报告》。推动地区、各县城镇消防基础建设普遍升级改造，区域性连片火灾隐患统一纳入新型城镇化建设规划。推动行署挂牌督办月光市场等重大火灾隐患整改，投资320余万元，拆除1100余平米违章简易建筑。推动行署持续巩固推广寺庙区消防安全管理试点工作经验，12个试点乡镇累计投入资金460余万元用于加强农牧区及寺庙区火灾防控基础建设。

【消防宣传创新工作】 坚持构建网络式、立体化宣传格局，划分人群、区域重点，增强消防技能。推进党政宣传部门主动将消防工作纳入，让消防宣传从党政喉舌发声，消防宣传工作层次进一步提高。提高社区、学校、福利机构等社会行业单位消防宣传能力，模块化、行业化构建消防宣传阵地。成立“白+黑”消防宣传、“格桑花”服务队、农牧区消防安全管理试点等创新宣传基础，进一步拓宽半专业队伍，提升辖区警务站、派出所、居（村）委会初期扑救、消防宣传能力，区域火灾防控基础初步形成。对接虚拟与现实两个平台，微信、微博消防宣传阵地作用日渐显著。年内，支队各级开展消防宣传培训130余次，发放各类宣传资料11.3万余份，推送微博微信1100余条，受教育群众达9万余人。

【消防业务和队伍正规化建设】 紧紧依托全民消防大格局建设，突出抓好消防业务水平提升；围绕“五个主体”责任落实，探索建立部门管行业、行业管个体、群众齐监管的群防群治模式，落实监管、培训、整改等消防工作主体责任，同时，建立消防安全行政监管函告、抄告、移交机制；摒弃专项活动牵引防火监督模式，突出抓形式、力量的整合，“50大庆”消防安全、冬春火灾防控等大项整治活动，一条主线引领，同步部署、同步落实。年内，地县两级公安联合安监、治安、商务、文物等职能部门成立联合检查组14个，共排查单位6341家次，督促整改火灾隐患4332处，地方党委、政府领导20余次亲赴一线监督指导。消防业务受理窗口投入运行，拉近与群众距离，巩固群众路线成果；高压态势严控严管执法腐败9个突出问题，联合地区纪委和人民检察院山南分院共同下发《关于共同开展预防职务违纪违法工作的意见》，接受群众监督，监控范围外延进一步扩大；着力推动自身、社会消防从业队伍业务水平整体提高、全面发展。2015年来，4名年轻干部至防火监督处交流培训，60家重点单位派员63人赴重庆参加消防行业职业技能考试共计，合格49人，合格率位居全区前列，得到党委政府首肯。

【防控工作】 支队党委深入分析寺庙、农牧区、老城区三个火灾防控薄弱环节。指导完成70座自治区级以上寺庙普查工作，推进桑耶寺等一大批寺内消火栓整体外移；深化农牧区消防管理试点四项建设，特别是防火监督、宣传阵地进农家、进家庭活动深入推进，义务消防队伍初期火灾扑救能力不断提升，农牧区消防安全“网格化”管理能力显著提升；集中力量整治乃东县泽当居委会和结沙居委会城乡两个老城区突出隐患，彻底解决占用消防车通道、防火间距不足、公共消火栓不够等10余类重大问题；拓展老城区火灾防控力量，辖区警务站、居委会、个体商户监控处置力量得到充分整合提升。

【队伍建设】 年内，党委确定以深化战训改革为导向，深挖基础战斗力量生成，在战斗编成、单兵素质、指挥处置等环节上下功夫，着眼灾害事故处置需求，科学细化攻坚力量装备配置、科目训练等内容，整体推动灭火救援、执勤岗位练兵。年内，在“4·25”跨区域地震增援任务中，支队增援分队7车50名官兵，300多千米路程冒雪挺进，圆满完成增援任务，部队远程作战的战勤保障、攻坚克难能力得到全面检验和锻炼提升。

【战勤保障能力建设】 年内，各级投入1300余万元购置各类车辆12台，装备器材2000余件套，进一步实现装备结构优化，为圆满完成50大庆安保等系列任务提供坚实后盾。

【整治行动】 变“被动处置”为“主动应对”，开展执法、效能和警务督察，跟踪检查作风建设、重大工作任务落实和各项制度规定执行情况。制定下发贴近实际的财务管理制度3项，清退违规收受财物折合19600元；倒查人事任免工作12项、大额经费开支136项、重大物资采购18项、工程建设项目3项；开展财务收支审计、干部离任经济和执法责任审计10次，配合总队审计2次，金额近2500万元。清查行政用车42辆，对9辆无牌车及时封存。开展各类明察暗访76次，结合公安厅纪委、总队纪委检查验收提出12个问题一并进行综合整改。

【党风廉政建设】 将廉政内容纳入各单位警营文化范畴，深入挖掘6条警营“廉政文化长廊”文化培育作用，充分发挥廉政文化在党风廉政建设中的教育、示范、熏陶、导向作用。同时，利用周二“夜学”时机，班子成员带头讲课，推荐廉政图书书籍。年内，支队政治处共推荐、发放各类书籍150余套，500余本，涵盖党的政策、教育警示、军旅体会等内容。

民政与社会保障

民政

【概况】 山南地区民政局核定总编制44名，其中局机关核定编制总数18名（行政编制13名，事业编制5名。领导职数：局领导职数5名，内设行政机构科级领导职数12名）。机关后勤事业编制2名，事业单位事业编制17名，领导职数12名；山南烈士陵园管理处为全额拨款事业单位，核定事业编制7名，领导职数2名。内设6个正科级行政机构、6个所属事业单位（5个正科级、1个副科级）和1个独立事业单位。全局现有在职人员41名，包括局领导4名，公务员21名，一般干部及工勤人员16名。

【社会救助工作】 年内，12个县全部成立申请救助居民家庭经济状况核对中心，完成城乡低保核查、清理、换证工作，实现动态管理下的应保尽保，截至年底，全地区有城乡低保对象16729户，32548人。全年落实最低生活保障资金共7240.2万元（自治区6046.4万元，地区配套596.9万元，县应配套596.9万元，）。下拨各县最低生活保障资金6643.3万元。城乡医疗救助8143人次，落实医疗救助资金2240.91万元；在沿江腹地7县推行救急难工作，临时救助困难群众1735人、救助资金达288.2万元。在82个乡镇建立"一门受理、一站服务"机制，做到人员相对固定，对分办、转办、办理结果等程序得到进一步完善。

【防灾减灾工作】 争取乡镇救灾物资仓库11个，已全部开工建设，建成后全地区救灾物资储备库达到51个（地级1个、县级11个、乡镇39个），地县乡代储各类救灾物资36631件，落实冬春受灾群众生活补助资金1570万元；全地区共有1.8万人次受灾，紧急转移安置45人次、倒塌房屋45间、严重损坏房屋90间、一般损坏房屋112间，直接经济损失1115.86万元；组织向日喀则地震灾区捐款活动，接收并下拨捐款528.3万元。组织民政系统开展"5·12"防灾减灾日科普宣传活动，共发放各类防灾减灾宣传资料30余种3万余份，展板60个，光盘300个，参加宣传人数有1000余人，出动宣传车3辆，横幅40余条。增强广大群众防大灾、抗大灾、救大灾的意识；已完成救灾应急预案的编制和常备应急分队的组建工作，并在各县和儿童福利院进行防灾处突演练。

【双拥优抚工作】 地区现有国家级双拥模范城（县）2个（错那县、隆子县），自治区级双拥模范城（县）6个（错那县、隆子县、乃东县、曲松县、洛扎县、浪卡子县）；全地区共有双拥共建点153个。开展"三大节日"拥军优属、拥政爱民慰问活动，落实慰问经费30.5万元。对优抚对象的医疗、住房和子女就学补助资金117.2万元。接收2014年冬季退役士兵及转业士官共计159人（其中28名符合安置退役士兵已安置），对有意愿农村退伍军人进行驾驶培训，培训人数总计79名，投入经费39万元。完成烈士陵园南北展馆布展工作，并全面对外开放，接待瞻仰参观人员7000余人。

【“双集中”工作】 全地区共有孤儿378名,已集中378名;共有五保户3087名,已集中2584名,占总数的83.7%,落实五保供养金1450.89万元、“三大节日”期间发放一次性生活补助93万元。12个县“五保”集中供养服务中心项目已全部竣工并已入住,截至年底,除传染病、精神病和不愿集中的外,有意愿集中入住的五保对象入住率达到100%。孤儿集中入住率达到100%。率先在全区实现“双百”目标。

【民政项目实施】 新建11个乡镇救灾仓库,总投资达1056万元,改造地区未成年流浪人员救助保护中心,总投资达709万元,其中援藏投资109万元。建设地区应急避难场所12处(其中:11个学校、1个体育场),总投资达960万元,新建23个村(社区)综合服务中心(站),总投资达1550万元。新建地区荣军院,总投资300万元,该项目与地区老年护理院整合,初设概算已上报地区发改委评审。

【其他工作】 完成浪卡子等高寒边境5个县的地名普查工作,其余7个县的地名普查工作正在开展。整治路牌、路标1458块。扎囊县扎塘镇扎塘村改居工作圆满完成。开展43条县级行政区域界线联检和各类社会组织登记工作。全地区注册登记的各类社会组织50家(地区7家、各县43家),已建立党组织35家,党员816人。

人力资源　社会保障

【概况】 山南市人力资源和社会保障局内设10个正科级行政机构和7个正科级事业单位。行政机构分别是:办公室、财务科(社会保险基金监督科)、公务员科、人力资源管理科(军官转业安置科、自主择业军队转业干部工作科)、专业技术人员管理科(事业单位人事管理科、地区外国专家局)、劳动关系科、工资福利科、社会保险科、调解仲裁管理科(劳动人事争议调解仲裁院)和劳动监察局(地区人力资源和社会保障监察支队)。事业单位分别是:地区劳动就业服务局(职业介绍中心、职业技能鉴定中心)、地区社会保险局、地区农村社会保险局、地区医疗保险局、地区人才流动中心(地区高校毕业生就业服务中心)、信息中心和人事考试中心。编制核定总数54名,其中行政编制17名,机关事业21名、事业16名;核定县级领导职数6名(2正4副),核定科级领导职数34名(17正17副)。现有干部职工70名(含2名援藏干部,下同),其中:县级干部7名,正科级干部18名,副科级干部15名,科员13名,事业单位工作人员3人,工人14名;汉族30名,藏族35名,其他民族5名。

【就业服务与劳务增收】 深入企事业单位做好岗位开发及搜集工作,搭建就业平台,大力开展各类专项招聘活动,多渠道、宽领域推动和促进社会充分就业。2015年,实现城镇新增就业5601人,免费职业指导5396人,免费职业介绍4873人、职业介绍成功4396人,开发就业岗位4300个,城镇零就业家庭动态消除,城镇登记失业率控制在2.08%以内,实现“山南籍应届高校毕业生全部就业,往届高校毕业生基本就业”的目标。

继续深入实施职业技能培训“百千万”工程,不断提高劳动者的劳动能力和就业竞争力,实现由体力型、数量型向技能型、质量型转变。2015年,全地区投入培训资金2100万元(含60万元创业培训资金),举办各类培训班255期,培训各类人员15440人(含创业培训人数200人),培训合格率达95%以上,培训后就业率达60%以上。广泛开展社会化职业技能鉴定,2015年,全地区职业技能鉴定855人,鉴定合格698人,其中初级591人、中级66人、高级41人。

始终坚持把劳务输出作为治本的重大措施来实施,作为重要富民产业来发展,作为最大增收项目来推进,进一步深化和巩固3个自治区级劳务品牌,做强做实12个县劳务品牌,立足传承和保护地方文化,把资源优势转化为经济优势,更加有效地开发利用本地农畜产品资源,促进农牧区人才技术的集中利用,为农牧区富余劳动力转移就业增加收入提供平台。2015年,全地区实现劳务输出9.28万人,18.56万人次,劳务创收4.45亿元,人均创收4793元。

【城乡社会保障体系】 深入宣传贯彻实施《社会保险法》，扎实推进社会保险扩面提质攻坚工作，开展机关事业单位工作人员养老保险制度改革，完成城乡居民社会养老保险信息系统上线工程，社会保险数量与质量实现双提高。年底各项社会保险实现参保310584人次，其中企业职工基本养老保险、城乡居民基本养老保险、基本医疗保险、生育保险、工伤保险、失业保险参保人数分别达到8600人、188000人、50743人、24891人、25500人、12850人，征收社会保险费42753.91万元。积极推动养老保险制度并轨工作科学发展，圆满开展机关事业单位养老保险基础数据采集相关工作，涉及12个县和92家地直单位共21612人。

连续11年调整提高企业离退休人员基本养老金，人均月增资352.2元，城乡居民基本养老保险基础养老金及城镇居民基本医疗保险政府补贴标准分别提高至140元和380元。基本医疗保险住院医疗费用报销起付线标准持续降低，住院费用报销比例、年度最高支付限额稳步提高，大额医疗费商业补充保险年最高赔付限额由8万元提高至14万元，特殊门诊病种数量不断增加，“两定机构”覆盖面进一步扩大，参保人员负担切实减轻。2015年，全地区支付各类社会保险待遇33540.96万元。

经办信息化建设不断加强，城乡居民社会养老保险信息系统上线工作稳步推进，办事效率显著提高。大力开展定点零售药店检查和清理整顿工作，检查定点零售药店26家，社保经办社会监督员作用发挥明显，“两定机构”服务水平进一步提升和规范。开通城镇职工基本医疗保险“医保通”信息服务平台，及时向参保人员发布医疗保险现行政策。特殊门诊续办审批权限下放到各定点医疗机构，在减少患者中间审批环节的同时，激发定点医疗机构活力。基金监管力度切实增强，建立完善社会保险基金管理制度、定期对账制度、基金管理工作流程，组建工作组赴12县检查社保、就业资金管理使用情况，纠正违规行为，规范资金、基金管理，确保基金安全运行。

【人事人才工作】 加强行政机关公务员、专业技术人员、技能人才的培养培训，提高人才综合素质，增强适应工作岗位和推动科学发展的能力。组织开展公务员初任培训班3期，培训新录用公务员175人；组织公开考录工作3场次，设置考场79个，为山南地区考点1905名考生提供公平、公正的考试环境，完成派遣997人，其中派遣到5个边境高寒县人数占派遣总人数40.62%。创新培训载体，充分运用现代网络技术，联合地委组织部举办学习贯彻党的十八届四中全会和全国“两会”热点解读专题在线学习培训班1期，培训公务员100人。实施《山南地区专业技术人员2012—2020年培训规划》，培训农牧卫生专业技术人才111人，完成2015年西藏特培学员选拔申报工作，选拔10名少数民族专业技术人才赴内地高校进行培训，申报推荐9名专业技术管理人员参加区内高级研修班，积极组织专家服务团开展下基层服务活动。

严格按照“用好现有人才、稳住关键人才、引进急需人才、培养未来人才”的人才工作方针，继续实施招才引智工程，严格编报需求，4月，组建工作组到四川、青海、甘肃、云南等7省开展引进工作，通过网络报名和现场招聘等方式，引进急需紧缺人才15人。

充分发挥考核对公务员和专业技术人员的激励作用，切实抓好公务员表彰奖励综合管理，建立动态管理表彰奖励信息库，认真做好专业技术人员考核统计工作，完成2014年全地区政府机关6678人（含机关工人、援藏干部）考核工作，确定优秀等次925人。完成9012名专业技术人员考核评定工作，其中高级253人，中级2617人，初级6142人。认真贯彻落实优惠政策，加大对专业技术人员，特别是高寒边境县乡等基层专业技术人员的补贴补助发放力度，增强待遇留人作用。严格落实科技特派员职称评定相关政策，放宽学历要求和任职条件进行职称评定，有效激发人才主观能动性和干事创业热情。加强工资福利工作，顺利完成全地区机关事业单位在职人员调资工作，稳慎开展地区符合条件的机关事业单位工作人员提前退休和离岗休养审核、汇总、上报工作，上报符合条件人员1605人，审核副县级干部52名，审批科级及其以下公务员、专业技术人员和工人共409人。军转干部安置管理服务工作进一步规范。

【劳动关系调整】 坚持重点预防、源头治理的工作思路，进一步健全完善协调劳动关系三方机制，抓好部门联动，深入开展《中华人民共和国劳动法》《中华人民共和国劳动合同法》等法律法规宣传，认真开展工人基本信息统计工作，加强对劳动合同签订、续订、变更、终止和解除的审查鉴证，规范劳动合同管理行为。全地区全年发放劳动合同8332份，督促26家用人单位与2772名职工签订劳动合同8316份，劳动合同签订率达95.7%，21家企业与1955名职工签订集体合同，集体合同签订率达80%。依法审查、鉴证243家用工单位3021名劳动者劳动合同。

坚持预防和惩处相结合的方式，持续深入推进劳动监察"两网化"建设，组织开展各类业务知识培训，特别是在加查县举办首届山南地区劳动保障监察行政执法现场交流会，劳动保障监察执法能力显著增强。开展清理整顿人力资源市场秩序、农民工工资支付等专项活动，完善农民工工资保证金制度，继续推行建筑行业施工现场悬挂"一牌两须知"制度，积极开展劳动监察日常执法，及时查处劳动用工违法行为。全地区全年检查用工单位4578家/次，受理各类投诉案件128起，办结128起，为1068名劳动者追回工资及赔偿金1161.46万元，参与处置突发事件6起，征缴农民工工资保证金3063.41万元，清退农民工工资保证金1152.12万元，开展各类宣传活动66场次，发放宣传资料5000册(份)，接待咨询665人次，悬挂"一牌两须知"54个。

稳步推进劳动人事争议仲裁机构实体化建设，坚持提前介入、预防为主，重点加强基层劳动争议调解组织建设，企业劳动争议调解委员会覆盖面不断扩大，劳动人事争议处理能力不断提高。不断建立健全信访工作机制，规范信访工作流程，拓宽信访投诉渠道，耐心细致做好政策解答工作，最大限度把矛盾纠纷化解在萌芽状态。坚持依法维护用人单位和劳动者合法权益，简化程序，降低维权成本，积极做好劳动争议调解仲裁工作，全地区全年受理劳动人事争议案件8起，涉及职工25人，为当事人追回工伤待遇和劳动报酬等费用共计94.7万元，限时结案率达100%，全年无因不服劳动争议仲裁引起的上访事件和集体劳动争议案件。

【基础设施建设】 立足于促进城乡公共就业服务均等化，坚持实施就业优先战略和更加积极的就业政策，加快完善基础设施建设，完成12个县人力资源和社会保障综合服务中心和乃东县8个社区人力资源社会保障综合服务中心项目国家投资5875.21万元，完成占比97%。106个基层劳动就业社会保障公共服务平台建设项目稳步推进。充分发挥对口援藏人才、资金优势作用，加快推进就业信息服务平台建设，建成42个。投入资金16.8余万元，建成地、县两级人力资源社会保障门户网站，为广大用工单位和求职者提供高效的信息共享服务，人社系统信息化建设实现新的突破。投入10万余元建设党员活动室，张贴反腐倡廉教育宣传画，以党员活动室为阵地，切实加大党风廉政建设宣传教育力度，不断提高党员干部职工党风、政风修养，提高党员领导干部廉洁从政的意识和严守纪律的自觉性。

【自身建设】 深入开展"三严三实"专题教育，系统不严不实问题得到有效解决，党员干部思想认识水平进一步提高，党群干群关系进一步密切。专题教育中，组织开展"三严三实"讲党课活动10余次，邀请纪委、党校、监察局开展专题党课5次，开展专题研讨4次，达到干部受教育的目标。深入推动"创先争优强基础惠民生"活动，协调落实资金480.36万元，受到驻村所在地党委、政府和群众的一致好评。加大人社干部培训力度，全年共培训400余人次，特别是选派8名人社系统干部赴援藏三省人社系统挂职培训，在湖北省举办1期构建和谐劳动关系培训班和1期山南地区人社系统科(局)长培训班，60人次参训，组建工作组赴湘、鄂、皖三省人社厅汇报衔接工作，在项目建设、资金援助、就业援藏、人才智力援藏等方面争取到更加广泛的援助支持，事业发展后劲显著增强。严格执行中央"八项规定"、自治区"约法十章"，坚持一切从简，严格控制各项经费开支，严禁提高会议用餐、住宿标准，"三公经费"明显减少。在抓好业务工作的同时，按照自治区、地区关于加强维稳工作的安排部署，狠抓重要节点和常态下各项维稳措施的落实，全年无影响社会稳定的案件发生。

县情概况

乃东县

概　况

乃东县位于念青唐古拉山南麓与喜马拉雅山北侧的雅鲁藏布江中游地段，西接扎囊县、北连墨竹工卡县、南由琼结、隆子、措美三县环绕，东与桑日、曲松县毗邻，全县平均海拔3650米，最高海拔6647米的雅拉香波山，是天然的雪山冰川，也是雅砻河的源头。下辖5个乡2个镇、47个村（居）委会，常住人口6.3万人，流动人口2万人，其中农牧民人口3.8万人。

乃东县辖区面积2200余平方千米，耕地11.17万亩，拥有天然草原255.72万亩，可利用草场245.39万亩，林地面积116.68万亩、森林覆盖率达32.67%，是自治区商品粮基地县之一。

乃东县泽当镇是山南地委、行署所在地。距自治区首府拉萨140千米，距贡嘎机场90千米，是山南地区的政治、经济、文化中心，交通便利，基层设施条件相对完善、生产资料和居住相对集中。文化底蕴浓厚，乃东已有建制1600多年，西藏历史上著名的"八个第一"均诞生在这片神奇的土地，被史学家誉为"藏民族之宗，藏文化之源"，拥有藏民族历史文化遗存和藏传佛教文化遗存50余处，古代墓群20余处；拥有国家级重点文物保护单位昌珠寺、吉如拉康和自治区级文物保护单位雍布拉康、西藏四大佛教神山之一贡布山、猴子洞等一批名胜古迹；有西藏目前唯一集名胜古迹和风光景色于一体的国家级风景名胜区——雅砻河谷风景名胜区。

2015年国民经济和社会发展

【经济发展】 2015年，全县实现生产总值39.83亿元（含地直），完成计划的100%，同比增长17.5%；完成固定资产投资14.85亿元，完成计划的100.3%，同比增长15.6%；完成财政收入9365万元，完成任务的84.26%，同比下降3.1%；预计完成税收7856万元，完成计划的77.11%；实现农牧民人均可支配收入1.13万元，完成计划的100%，同比增长16.8%，其中现金收入占75%；完成社会消费品零售总额14.8亿元（不含地直），完成计划的100%，同比增长21.4%。

一产实现增加值1.05亿元，同比增长4.8%，粮经饲结构调整为71∶21∶8，全年实现粮油产量2.51万吨，完成禽类养殖110余万只、产销糌粑170万斤，泽当市场蔬菜供给率达60%，乃东县被国家农业部确定为第三批现代农业示范区；二产实现增加值11.38亿元，同比增长20%，其中完成工业产值1.6亿元，同比增长20.9%。藏禾油菜深加工项目顺利入驻乃东武汉产业援藏园、协和太阳能并网发电、雪域冰川矿泉水即将投产，哗叽改扩建项目基本具备开工条件，中电投光伏、力扬仓储、云雨生物前置手续正在办理，全年完成招商引资3.98亿元；三产实现增加值27.4亿元，同比增长17%。以"藏民族之宗、藏文化之源"为品牌的特色旅游业快速推进，大力开展旅游宣传促销活动，全年接待游客 11.61 万人、同比增长 23.77%，实现旅游综合收入 752.85 万元、同比增长 17.27%，参与旅游服务农牧民 440 人、人均收入 7300 元以上，有力带动商贸物流、餐饮住宿等服务业发展。非公经济迅速发展，注册各类企业 353 家、注册个体工商户 3524 户、注册专合组织 205 户，非公经济注册资金 12.6 亿元。

【项目建设】 2015 年开复工项目 121 个、总投资 29 余亿元，完工率达 82%。实施援藏项目三大类 6 项内容、完成投资 4965 万元，占三年援藏总投资 5400 万元的 92%，实现“三年项目两年完成”的目标。认真编制“十三五”规划，储备项目 112 个、规划投资 37.6 亿元。农牧民实现项目增收 2.2 亿元、占固定资产投资的 15%，大力推进第二职业技术学校、万人小区、武警反恐支队、泽当大道等自治区、地区重大项目建设征地拆迁工作，特别是雅砻水库、结巴水库、江北灌区、高标准农田、乡镇周转房、农村公路等一大批民生项目的实施，有力促进全县产业结构优化升级，极大推动经济跨越发展。

【社会事业】 2015 年，全县用于扶贫开发增收的资金达到 5150 万元，其中高标准农田项目 3450 万元、精准扶贫 1700 万元。在精准扶贫过程中，认真落实精准管理，做到户有卡、村（居）有表、乡（镇）有册、县有网，实现扶贫对象有进有出，全年消除收入 2300 元以下的贫困人口 620 户 2006 人。2015 年，乃东县扶贫办被国务院扶贫开发领导小组评为“全国社会扶贫先进单位”。

社会保障工作有序开展，和谐劳动关系有效构建，实施“百千万”技能培训工程，完成各类技能及引导性培训 1412 人，积极打造自治区级、地区级劳务品牌，泽当哔叽经理巴桑荣获国家级技能大师称号；全年实现劳务输出 1.53 万人次、创收 1.92 亿元，安排空岗公益性岗位 8 人，城镇登记失业率控制在 2% 以内。

落实 2015 年“三包”免费政策，积极实施“教职工之家”工程，资助大学阶段农牧民、城镇低收入家庭子女 388 人、资金 318.9 万元（含民政），城乡学前双语教育入园率达 98% 以上，小学、初中入学率均达 100%，小升初考入内地班达 21 人，在全地区排名第二，教育均衡发展取得新成效。农牧科技服务体系逐步健全，科技三下乡活动广泛开展，发展科技特派员 94 名，科技对农牧业的贡献率逐年提升。

卫生医疗体系、疾病预防控制体系和突发公共卫生事件救治体系不断完善，实现村居标准化卫生室建设和“一村两医”全覆盖，农牧民医疗参加率达 99%，全民健康体检率达 100%。科学制定《乃东县 2015 年卫生人才培训计划》，全年参加地区以上培训的卫生人员达到 82 人次，参加县级培训的卫生人员达到 156 人次，乡村医务人员培训率达到 100%。地方病和传染病防治取得有效进展，人口计生、疫病防控、食品药品监管力度不断增强。

城乡居民养老保险参保率达 96%，城镇职工五大保险征缴率达 100%，在编寺庙僧尼“三险一保障”全覆盖，社会救济救助全面落实，城乡低保实现动态调整下的应保尽保，有意愿的五保老人集中供养率达 100%，全年兑现各类民生补助资金 1056.3 余万元。

开展第二批国家公共文化服务体系示范县创建工作。县文化活动中心、乡镇综合文化服务站、村居文化活动室、民间文艺团体、广播电视、农家书屋等基础设施和基本设备全部配套到位，精神文明创建实现常态化，藏语言文字编译、社会用字规范和藏汉“双语”推广应用成效明显，基本构建起覆盖全县 7 个乡（镇）、47 个村（居）、25 座寺庙拉康的公共文化服务体系。

召开群众宣传大会 60 余次、悬挂宣传横幅 20 余条、发放宣传资料 9000 余份，截至年底，全县完成入户摸底登记 4616 户，入户调查率达 52.5%，推进建立失地农牧民安置保障机制，着力解决项目建设中的“六难”问题，“三规范一提升”取得新成效。

【社会稳定】 全年接待群众来信来访 22 件 97 人次，办结率 77%；法院受理各类案件 308 件，结案率 76.95%；检察院作出批捕决定案件 89 件 115 人、提起公诉并作出判决案件 43 件 53 人，逮捕准确率和有罪判决率均达 100%，并深入查办和预防职务犯罪；公安部门共开展治安隐患排查 26 次，立刑事案件 119 起、破案率 56.3%，受理治安案件 51 起、查处率 100%；大力开展人民调解、安置帮教、社区矫正和特殊人群管控工作，“六五”普法有序推进，“法律进万家”宣讲活动圆满完成。

【援藏工作】 紧紧围绕“产业援藏、项目援藏、智力援藏、系统援藏、理念援藏”五大特色，深入实施“乃东向东”战略，不断深化武汉“援藏模式”，第七援藏工作队在完成1‰援藏投资的基础上引入社会援藏资金1500万元，引进环保、农牧、卫生、林业等短期专业人才12人，发动13个单位与乃东结对帮扶，实施“爱上高原、集善帮扶”行动、资金达200万元，山南藏禾的建成实现武汉市援藏企业“零”的突破。

琼结县

概　况

琼结县地处西藏南部、雅鲁藏布江中游南岸的河谷地带，琼结河横贯南北，县城距山南地区行署驻地泽当28千米，全县总版图面积1030平方千米，总耕地面积2.73万亩，草场面积137.63万亩，林地总面积27.264万亩，总人口1.87万人，辖1个镇3个乡20个行政村，是一个以农为主农牧结合的河谷农区县。

全境长44千米，东北与乃东县相连，西南与措美县接壤，西北与扎囊县为邻。全县西、南、北三面环山，东南为狭窄谷地，地势西高东低，平均海拔3850米，最高海拔6450米，境内有一条季节性琼结河贯穿全境流入雅砻河至雅鲁藏布江，气候属高原温带季风半干旱气候类型，年无霜期125—152天，年日照时数2832小时，年降水量为287毫米，年均气温8.6℃。矿产资源主要有：锑、铬铁、水晶石、玉石等；动物资源主要有：藏羚羊、黑颈鹤、水獭、天鹅、獐子等；植物资源主要有：贝母、雪莲花、麻黄、红景天等。

2015年国民经济和社会发展

【经济发展】 全年完成地区生产总值3.72亿元，本级财政收入突破2000万元大关，固定资产投资完成5.36亿元，社会消费品零售总额实现4256万元，农牧民人均纯收入达到9202元，同比分别增长17.8%、21.2%、4.3%、23.7%和15.9%。

全年完成农作物播种面积2.74万亩，推广良种1.92万亩，建立高产创建示范及测土配方田1.8万亩，建设种子田基地3200亩。农机化水平不断提升，全县机耕、机播、机收面积分别达2.4万亩、2.3万亩、2.2万亩，兑现草补奖资金182.3万元，全年牲畜存栏6.66万头（只、匹），新生仔畜2.65万头（只、匹），仔畜成活2.51万头（只、匹），仔畜成活率达到95%。

【项目建设】 全年共实施108个项目，完成投资5.36亿元。围绕县城功能整体提升，全力实施松赞路改造、旅游步行街建设、县城供水工程建设等重点项目，城镇品位和服务保障功能显著提升；围绕打造藏源文化旅游核心区目标，开工建设五世达赖故居、达瓦卓玛故居、日吾德庆寺遗址、藏源广场、琼结宗等一大批旅游产业项目。

【社会事业】 全面落实各项惠民政策，兑现各类支农惠农资金3366.5万元，城乡低保、大病救助、“双集中”、社会养老保险、农牧民免费健康体检以及新农合补助等水平不断提高、覆盖面持续扩大。积极做好就业和再就业工作，对997名农牧民群众进行实用技能培训，全年劳务输出5611人次，劳务创收4439.5万元。落实各项扶贫措施，完成242户754人的脱贫任务。深入实施义务教育均衡发展，全县办学条件和办学水平显著提升，教育教学质量大幅度提高，获得山南地区学前教育先进县和山南地区2015年度教育教学质量先进县第一名等荣誉奖项。全面启动国家第二批公共文化服务体系示范区创建工作，文化基础设施不断改善，寺庙文化阵地建设得到加强，广播影视覆盖率不断提高，群众性文化生活不断丰富，顺利通过自治区级国家第二批公共文化服务体系示范区验收。水、电、路、讯、气、广播电视、邮政和优美环境“八到农家”工程全面实施，文明新风进入千家万户。

【环境保护】 全面推进“美丽琼结”建设进程，生态文明建设取得明显成效。推进重点防护林、防沙治沙、植树造林等绿化工程建设，完成植树造林4464.1

亩，封山育林5945.1亩，森林覆盖率达到23.92%。完成2个乡、14个行政村的自治区级生态示范乡村创建工作，成功申报琼果沟国家湿地保护项目。对全县生活垃圾集中处置、省道保洁实行公司化托管运营，生活垃圾处理率达100%。在全县范围内配备环保推车20辆、垃圾压缩车3辆，在主要交通干线试行"专职保洁员"制度，聘用11名保洁员负责日常环境卫生工作，城乡卫生得到极大改善。

【党建工作】 坚持党要管党、从严治党方针，先后召开"推进制度建设、壮大村级集体经济、加强服务型党组织建设、规范党建资料"4次现场推进会，有效解决基层党建薄弱环节，党建工作水平得到大幅提升。坚持"信念坚定、为民服务、勤政务实、敢于担当、清正廉洁"好干部标准，在项目建设的主战场、维护稳定的第一线、服务群众的最前沿培养选拔优秀干部156人。采取"请进来授课""派出去培训""岗位带徒弟"等方式，先后组织70余名党员干部赴湖北襄阳及对口支援县(市、区)挂职学习培训，争取环保、卫生、住建等领域32名专业技术人才开展短期援藏。以开展"三严三实"专题教育和"优化发展环境专项整治活动"为契机，深化"五民七助"和结对认亲交朋友活动，813名在职党员到村(居)报到、结对认亲681户，办实事好事320余件，群众满意率达99.9%。

扎囊县

概　况

扎囊县地处西藏中南部、雅鲁藏布江中游，冈底斯山南侧，东临乃东和琼结两县，西连贡嘎县，南与浪卡子和措美县接壤，北接拉萨市和达孜县。全县辖区面积2173平方千米，平均海拔3620米，低于自治区平均海拔。地势中间低两面高，具有明显的高原河谷垂直气候，由于干旱缺水，农牧业生产受到自然条件的制约。

扎囊县地处拉萨和山南行署所在地泽当之间，距西藏首府拉萨市100千米，距泽当45千米，距西藏最大航空港贡嘎机场48千米；101省道、江北公路和雅鲁藏布江横穿县境；长约4.5千米的扎囊雅江特大桥已全面贯通，实现南北互通、南北互动；拉林铁路扎囊段已开工建设，泽贡快速通道已列入"十三五"规划，建成后将进一步提升交通便利功能。

扎囊县位于国家级"雅砻风景名胜区"的中心，文物古迹众多，拥有"AAAA""AAA"和"AA"级景区各1处，有国家级文物保护单位6个(桑耶寺、敏珠林寺、扎塘寺、朗赛岭庄园、松卡石塔、康松桑阿林寺)，区级文物保护单位6个(充堆措巴寺、吉林措巴、顶古钦寺、阿扎寺、强巴林寺、藏仲石碑)，县级文物保护单位9个(施公墓葬、亚青拉康、查色寺、朵阿林寺、亚庆寺、若朗杰寺、白若寺、桑珠琼宗寺、堆荣寺)。拥有西藏第一座佛、法、僧俱全的寺庙——桑耶寺，拥有西藏第一座佛学院——敏珠林寺，拥有西藏第一座大庄园——朗塞岭庄园等众多的西藏第一。更有享誉国内外的舞蹈"果谐"，已被列入国家非物质文化遗产，并先后两次登上中央电视台舞台。著名的"扎囊十三贤人""扎囊四智者"的事迹流传至今，并得到继承和发扬。扎囊这片热土，因独特的历史、宗教文化、人文景观成为雅砻文化的重要旅游景点。

扎囊县所在地区素有"西藏粮仓"之称，是个以农业为主、农牧业并举的大县。全县耕地保有面积9.42万亩。农作物以冬小麦、青稞、马铃薯为主；牧业以牦牛、犏牛、黄牛、绵羊、山羊为主。药用植物有贝母、当归、党参、枸杞、秦艽、人参果、冬虫夏草等。野生动物有国家珍稀保护动物黑顶鹤、獐、鹿、褐马鸡等。地矿种类有大理石、方解石、硅质岩、汉白玉、铬铁、锑、铜、铁、陶土等，储量及开采价值正在逐步勘测。

2015年国民经济和社会发展

【经济发展】 2015年，完成本级财政收入2824万元，同比增长16.1%；完成税收收入2300万元，同比增长9.0%；全年社会消费品零售总额达6157万元，同比增长13.4%；农牧民人均纯收入达到8281元，同比增长12.1%；完成全县地区生产总值56707万元，同比增长0.4%。其中，第一产业完成6155万元，第二产业完成24312万元，第三产业完成26240万元；完成全社会固定资产投资68198万元，其中国家投资完成62144万元，援藏投资完成1517万元，招商引资完成1428万元，民间投资完成3109万元。因招商引资压力较大，致总投资与2014年相比略有下浮。

粮食产量24552吨，油菜产量2545吨，肉类产量1148吨，奶类产量4640吨，牲畜出栏率达34%。完成黄牛改良8213头（目标任务8200头），超额0.16%。全年各类牲畜出栏42400头（只、匹、羽），创收3976.14万元。春季“W”病应免疫107273头（只、匹），实免107169头（只、匹），免疫率达99.9%；秋季“W”病应免疫122100头（只、匹），实免12186头（只、匹），免疫率达99.8%以上。涉农贷款余额为22645万元，比2014年增加5521万元，发放钻石卡88户，金、银、铜卡共6961户，发证面达95%，使用率达98%。共发放惠农卡3056张，设置助农取款服务点72个，电子机具覆盖率达100%。共培育7家小微企业，信贷资金达707万元。2015年，全县共有个体工商户981户，新增184户，同比增长18.1%，从业人员1716人，同比增长18%，注册资金5235万元，同比增长60%；私营户数现有62户，新增20户，同比增长32.25%，其中，农牧民专业合作社155个，新增40个，同比增长25.8%，从业人员2315人，同比增长13.3%，注册资金7554万元，同比增长37.1%，全县非公有制经济发展势头强劲。全年实现劳务输出14126人次，创收4764.23万元，分别完成地区下达目标任务的100.2%和101.1%，人均创收3372.6元；各部门先后组织开展藏帽制作、氆氇编制、藏式餐饮、砌筑工、民族服饰加工、农牧业科技等技能培训21期，参加培训1460人次；城镇登记失业率严格控制在2.1%以内。扎其乡及其辖区内的13个村被自治区评为生态乡（村）。

【项目建设】 2015年，全县共实施项目95个，总投资141607万元，完成投资59870万元，实施江北油路、五保户集中供养中心、第三高级中学、乡（镇）周转房等重点项目。2015年新建“一桥四路”项目总投资7511.4万元，泽贡高速公路已着手实施前期各项准备工作，全县农村公路通行能力整体得到提升和改善。由中铁五局、九局承建的拉林铁路扎囊段全面开工建设。

【社会事业】 2015年，对教育目标投入563.4万元，占上年财政收入的23.2%。投资7000万元的山南地区第三高级中学建设项目稳步实施，2016年秋季启动招生。城乡居民（寺庙僧尼）参加体检39560人，体检率达100%。住院分娩活产数546人，住院分娩率为98.73%，较去年同比下降0.13%，高危孕妇住院分娩率达到100%，全年孕产妇死亡率为零，五岁以下婴儿死亡5人，死亡率为9.04‰，较同期下降0.42‰。新农合参合34731人，参合率达99%。医疗卫生综合信息平台和新农村结算信息平台覆盖到全县5个乡（镇）卫生院、乡（镇）医管办、县人民医院、县医管办，既保障新农合资金安全，也便利广大农牧民群众就医报销。全年共有267人参加企业职工养老保险，缴纳保费347.76万元，参保率达100%。共有1683人参加工伤保险，缴纳保费73.72万元，参保率达100%。共有733人参加失业保险，缴纳保费133.31万元，参保率达100%。共有1669人参加城镇职工基本医疗保险，缴纳保费985.42万元，参保率达100%。共有1617人参加生育保险，缴纳保费68.59万元，参保率达100%。共有1105人（包括寺庙僧尼）参加城镇居民医疗保险，缴纳保费63380元，参保率达100%。共有21536人参加城镇居民养老保险参保，缴纳保费171.44万元，参保率达99%。扎囊县民间艺术团下乡演出活动达62场次，应邀到兄弟县、乡文化交流演出10余场次，在自治区内外打响“扎囊果谐”文化品牌。特别是在自治区成立50周年大庆表演中，扎囊背鼓和卓舞得到自治区人民群众的喜爱和好评。总投资1100万元的县级标准化文化广场建成并投入使用。全年向各农家书屋、寺庙书屋发放各种刊物100余种，数量达10万余册。扎囊县首届氆氇文化节成功召开，为扎囊文化事业特别是氆氇产业发展搭建有力平台，“扎囊氆氇”也成为自治区第一枚地理标志被载入扎囊史册。严格贯彻落实自治区关于保障困难群众生活标准的要求，全县城镇居民最低生活保障标准由每人每月540元调整到每人每月590元，农村最低保障标准由每人每年2150元调整到每人每年 2350 元。2015 年,全县共有农村低保户 907 户 3820 人,城镇低保户 47 户 76 人,共发放全年保障金 518 万元。农村五保户供养标准由每人每年 3650 元调整到每人每年 4400 元,全县共有五保供养对象 337 人,发放供养金 148.28 万元。全县已安排 168 名五保户在县福利院集中居住,配备 19 名工作人员为五保老人提供全方位高质量的保障服务。全县共有残疾人 1720 名,办证残疾人 1544 人,已安排就业 164 名,残疾人就业率达到 10%。2015 年全年累计投入扶贫资金 4870 万元,县级配套 60.8 万元;实施基础设施建设项目 7 个,产业项目 15 个,项目总投资 5254 万元,完成投资 1250 万元。全年实现脱贫 1333 人,完成地区下达 1333 人的脱贫任务。旅游开发和项目建设扎实推进,成功开发"扎玛址桑"环境综合整治等 5 个旅游产业项目;由西藏岷山投资有限公司投资 5000 万元新建的"桑耶岷山大酒店"前置手续完成并已开工建设;与西藏碧雪晴优旅游文化发展有限公司签订朗塞林景区合作开发合同。2015 年,共接待游客 34 万余人次,同比增长 0.38%,其中国外游客达 1967 人次,实现旅游收入 4517 万元。全县义务植树造林、重点区域造林、防护造林共 25468 亩,防沙治沙 131425.5 亩,完成投资 4425 万元,高原安全生态屏障效益凸显。

【党建工作】 全年全县共落实各级党组织党建工作经费 983.5 万元。其中,包括村级组织工作经费 84.5 万元,基层党建工作经费 53 万元,"第一书记"为民办实事活动经费 64 万元,强基惠民服务群众党建工作经费 83 万元,消除"两无"党建专项经费 579 万元,两个村(居)示范点活动场所专项经费 200 万元,扎囊县党内激励帮扶专项资金 5 万元,优秀村(居)干部专项奖励资金 3 万元。不断拓宽党建工作宣传渠道,创新党员教育方式,以手机彩信、微信平台的形式,精心打造"扎囊党建手机周报"和"扎囊党建微信平台",每周向全县党务工作者及县级领导发送党建信息,依托移动通信信息网络,普及党务知识、传递党建动态、宣传政策法规、交流经验做法,为全县广大党员干部搭建寓教育、管理、服务于一体的新平台。

贡嘎县

概　况

贡嘎县历史悠久,是西藏雅砻文化的发祥地之一。公元 14 世纪初,元朝授权帕木竹巴接管西藏地方政权,大司徒绛曲坚赞执政后,始设贡嘎宗。1951 年 5 月,西藏和平解放后,西藏地方政府保持贡嘎宗建制,属西藏地方政府管辖。1959 年 5 月 12 日,成立贡嘎县人民政府,隶属山南地区。截至 2015 年底,贡嘎县县委有正科级单位 6 个,人大、政协及其办公室各 1 个,群团组织 4 个(团县委、县工会、妇联、工商联),有政府工作部门 23 个,全县有编制 1603 个,实有人员 1752 个。

贡嘎县位于西藏自治区山南地区西北部,地处北纬 29° 00′—29° 30′、东经 90° 30′—91° 15′ 之间,东邻扎囊县,西南与浪卡子县接壤,北面与拉萨市的曲水县、堆龙德庆县相连,全县东西长 73.5 千米,南北最宽处为 61.5 千米,呈长条形,总面积 2283.84 平方千米。平均海拔 3750 米。地形地貌以高山和谷地为主,其余部分为小湖盆地等,地质构造复杂。县委、县政府驻地吉雄镇。全县辖 5 镇 3 乡,41 个行政村。2015 年,全县总人口 51133 人。

贡嘎县属高原温带半干旱季风气候区。气候四季不分明,无霜期短,年均 142 天左右。年平均气温 8.6℃,极端最高气温 30.2℃,极端最低气温 -17.0℃,气温年较差小,日较差大。年降水量小,年平均降水量 391.8 毫米集中在 6 月至 9 月。日照时间长,年平均日照时数为 3171 小时,在山南地区属于最高值,日照百分率达 73%。常见的自然灾害有干旱、风灾、霜冻、冰雹、洪水和农作物病虫害。

贡嘎县野生动植物资源丰富,有高等植物 72 科 225 属 427 种,野生脊椎动物 23 目 52 科 212 种,其中,国家和自治区一级重点保护野生动物 8 种,二级重点保护野生动物 22 种。矿藏资源有花岗石、石灰石、磁铁、铜等。

贡嘎县水系发达,雅鲁藏布江流经县境 70 千米,羊卓雍湖距离县城 60 千米,还有 28 条大小不等的季节性溪流，内线水域面积达 18.81 万亩。

贡嘎县交通便捷，县城距拉萨市仅 60 千米，距泽当镇 98 千米，全县境内有一条国道经过，全长 98.7 千米，即国道 349 线由东至西先后途经杰德秀镇、吉雄镇、甲竹林镇、岗堆镇、江塘镇至岗巴拉山顶（浪卡子县交界）。西藏最大的航空港——贡嘎机场坐落在县境甲竹林镇，素有西藏“窗口”“门户”之称。截至 2015 年底，全县 5 镇、3 乡，41 个行政村已全部通车，通车里程达 520.3 千米，其中黑色（水泥）路面 233.4 千米，占全县总通车里程的 44%；全县 8 个乡镇已全部通油路或水泥路；41 个行政村有 32 个行政村通油路或水泥路，行政村通畅率 78%。

2015年国民经济和社会发展

【经济发展】 2015 年，全县生产总值达到 111021 万元，同比增长 21.5%，增速居全地区前列。其中，一产实现增加值 6429 万元，同比增长 6.5%，二产实现增加值 55196 万元，同比增长 22.6%，三产实现增加值 49396 万元，同比增长 22.4%；完成固定资产投资 180171 万元，同比增长 22.1%；完成县级财政收入 9366 万元，同比增长 22%；完成税收收入 6102 万元，同比增长 1.9%；完成社会消费品零售总额 8176 万元，同比增长 18.7%；农牧民人均可支配收入达 9242 元，同比增长 12.3%；各项存款、贷款余额取得突破，分别达 12.6 亿元、3.5 亿元，增长 46.61%、84.87%；拉萨机场运送旅客 2928544 人次，货物 25659.8 吨，分别增长 12.4%、13.4%。

全年粮食总产 3.15 万吨，增长 7%（其中青稞 1.7 万吨），荣获“全国产粮大县”称号；油菜总产 0.14 万吨，与去年基本持平；蔬菜总产 0.72 万顿，增长 11%；肉类总产 0.3 万吨，增长 36%；奶类总产 0.39 万吨，增长 3%。全年新生仔畜 118912 头（匹 / 只），成活 114153 头（匹 / 只），成活率 95%，牲畜出栏率 35%，全部超额完成地区指标任务。黄牛改良完成冻配 8003. 头，配种率达 100%。建设人工饲草基地 3350 亩，投资 3800 万元建设现代农业生产基地 2 万亩，投资 1325 万元建设高标准农田 1 万亩，新建牲畜暖棚圈 540 座，建成 6 个乡（镇）农牧业综合服务中心，落实农机具购置补贴 500 万元，科技对农牧贡献率达到 47%。全年重大动物疫病免疫密度迗到 100%，常见病防治有力，未发生重大动物疫情。

特色产业规模壮大。重点扶持扶贫产业，投入扶贫产业资金 1295 万元，对藏式家具、藏帽、铜器、氆氇等民族手工艺项目进行扶持。投入信贷金 621 万元，扶贫贴息贷款 29265 万元，大力发展特色农牧业、旅游业、民族手工业、藏药业等特色产业。全年新增各类专业合作社、专业协会、公司等各类市场主体 278 家。旅游产业从一般化产业向优势化产业加速转变，全年接待旅客 35.15 万人次，增长 18%，创收 1090 万元，增长 17%。旅游基础设施不断完善，实施贡嘎曲德寺、曲吾日农家乐、多吉扎寺、森布日村 4 个旅游景点基她设施改善项目。杰德秀镇露营基地项目与西藏露营公司达成初步投资协议。招商项目有序推进。成功引进青海瑶池生物科技有限公司，神州买卖提电子商务公司入驻贡嘎县，庆源菌业有限公司双孢菇、大球盖菇种植技术取得突破，青海瑶池树莓试种取得成功，天瑞高原饮料生产线建成投产。

【项目建设】 年内，开复工项目 119 个（续建 33 个，新建 86 个），完成固定资产投资 180171 万元，增长 22%。建设完成投资 2975.8 万元的“两江四河”流域森布日村示范区，投资 8.42 亿元的雅江特大桥（嘎拉山隧道）等重点建设项目。有序推进藏医院、污水处理厂、县城供水、杰德秀基础设施等民生项目。拉林铁路贡嘎段完成投资 1.38 亿元，机场三期改扩建完成投资 2.5 亿元，带动主要经济指标增长和相关产业发展。第七批 7 个援藏项目全部建成并投入使用，累计投资 5050 万元。顺利完成“十二五”规划项目，累计完成项目建设 431 个（含“十二五”规划项目、中期调整及计划外项目），完成固定资产投资 53.27 亿元。顺利开展“十三五”规划编制前期调研工作，完成“多规合一”前期基础资料收集整理，完成 8 个乡（镇）周边建设用地地质灾害危险性评估，基本形成“十三五”规划项目库，计划总投资 62.21 亿元。其中教育、卫生、安居、民政等民生项目 179 个，计划投资预计 5.21 亿元。

【社会事业】 安排 160 万元保障“一乡一策”增收工作开展，对照“六大类型”推动农牧民群众增收。拓宽劳务增收,全年劳务输出17036人次,创收4168万元。落实项目增收,全年交由农牧民施工队的项目涉及资金8714.14万元,人均项目增收1742.8元。发展联户增收,投入资金100万元,设立10个县级联户增收扶持点,惠及25个联户单位,234户、1026人,总收益100.65万元,户均增收4301元。全年农牧民人均可支配收入突破万元大关,达到10004元,增长21.6%。

投入1536万元发展教育事业,完善教育硬件设施,培训骨干教师25人,资助农牧民子女上大学360人。全县双语幼儿园26所,在园1108人;小学适龄儿童入学率达到99.97%,巩固率99.7%;初中入学率达到99.95%,巩固率100%;义务教育巩固率99.4%;全县文盲率0.24%,低于控制水平。实现"一村一医"县域全覆盖,完成僧尼及城乡居民免费健康体检50863人次,完成率达100.71%。合作医疗大病统筹报销2173人,金额1496.6万元;唇腭裂筛查9例,成熟救治4例;先心病患儿筛查4352人、救治7名。免费孕前优生健康检查夫妇499对,出生缺陷干预检查夫妇,389对,住院分娩率达到97.72%,孕产妇实现零死亡,完成"两降一升"工作目标。投入专项资金1100万元,创建公共文化服务体系示范区。建成县级文化活动中心、影剧院、8个乡镇综合文化活动站、41个村级文化资源共享基层服务点,基本实现城乡文化网络全覆盖。新建杰德秀民族手工业和昌果卓舞传习所,传承民族优秀传统文化。开展文艺下乡演出80余场,乡村、部队、学校等基层放映电影1000余场。全县五大保险参保人数7583人,金额1216.7万元,参保率达到100%。城乡居民基本养老保险参保24263人,缴费225.56万元,发放60周岁以上养老金629.64万元,受益9720人。兑现城乡低保补助资金1089.25万元、兑现城乡医疗救助金163.48万元、发放残疾人生活及护理补贴166.3万元,投入79万元购买农牧民人身意外保险、对16名残疾人开展就业培训、为102户困难群众发放临时救助资金32万元、清退城乡低保不符合对象105人。垫资390万元采购五保集中供养中心设备,在全自治区率先正式投入使用,有意愿入住五保对象全部入住。全年争取面上扶贫项目16个,总投资1300万元,农业综合开发项目2个,总投资4464万元。完成精准扶贫专干培训、建档立卡等基础.工作。全年脱贫744户、2380人。全年争取少数民族发展资金项目10个,总投资510万元;投资585万元,为民办实事好事41件;投资451万元,实施"短平快"惠民项目18个。寺庙"九有"工程覆盖率达到100%。全县320名编内持证僧尼全部纳入社会保障范围。投入131万元改善寺庙基础设施,投入14.8万元为寺庙、僧尼、僧尼家庭办实事16件。评选表彰民族团结进步模范集体10个、模范个人15人。

【基础设施】 县级配套316.77万元,完成101省道周边环境整治、县乡公租房附属设施建设;投入援藏资金1951万元,实施县城功能整体提升项目,新修贡嘎大道延长线、桑吉路延长线、县城西边机耕道;投入援藏资金351万元,完成红星社区环境综合整治工程。完成杰德秀镇特色小城镇建设前期摸底调查、调研、现场测量、规划编制等工作。积极推进棚户区改造项目、开工乡(镇)周转房建设,改造农村危房266户,加固农户钢板2800户,对3个居委会开展人居环境综合整治,建设基层政权示范点2个,投入260万元修建县城停车场,投入90万元安装太阳能路灯,实现乡乡通光缆、通宽带,所有行政村通电话。发放农村土地确权登记证1532本,基本完成甲竹林镇整体托管移交。完成扎庆灌区渠系配套与节水改造建设项目、江北灌区森布日子灌区田间配套工程、昌果子灌区田间配套工程、江南灌区岗堆子灌区田间配套工程以及2014年小型农田水利重点县项目,水利建设完成投资8310.16万元。投资2984万元完成东拉乡至打隆镇公路建设,投资3187.2万元,新建4条农村公路。投入125万元,做好农村公路保通工作,确保全县公路畅通。全县油路通车里程达到258.9千米,同比延长25.51千米,实现所有乡(镇)和80%行政村通油路。

县级配套316.77万元,完成101省道周边环境整治、县乡公租房附属设施建设;投入援藏资金1951万元,实施县城功能整体提升项目;新修贡嘎大道延长线、桑吉路延长线、县城西边机耕道;投入援藏资金351万元,完成红星社区环境综合整治工程。完成杰德秀镇特色小城镇建设前期摸底调查、调研、现场测量、规划编制等工作。积极推进棚户区改造项目、开工乡（镇）周转房建设，改造农村危房266户，加固农户钢板2800户，对3个居委会开展人居环境综合整治，建设基层政权示范点2个，投入260万元修建县城停车场，投入90万元安装太阳能路灯，实现乡乡通光缆、通宽带，所有行政村通电话。发放农村土地确权登记证1532本，基本完成甲竹林镇整体托管移交。完成扎庆灌区渠系配套与节水改造建设项目、江北灌区森布日子灌区田间配套工程、昌果子灌区田间配套工程、江南灌区岗堆子灌区田间配套工程以及2014年小型农田水利重点县项目，水利建设完成投资8310.16万元。投资2984万元完成东拉乡至打隆镇公路建设，投资3187.2万元，新建4条农村公路。投入125万元，做好农村公路保通工作，确保全县公路畅通。全县油路通车里程达到258.9千米，同比延长25.51千米，实现所有乡（镇）和80%行政村通油路。

【环境保护】 深入开展环境综合整治，认真落实环保"第一审批权"，执行每月一抽查工作制度。全年开展4次环境质量监测，大气环境、地表水环境、集中式饮用水源地环境质量全部达到国家标准。争取到区、地生态环境建设、水源地保护项目3个，总投资达1260万元。通过环保厅对县7个区级生态村、1个区级生态镇创建报告审核，成功申报东拉乡生态恢复工程。认真完成植树造林任务，完成重点区域生态公益林建设项目造林2748.6亩，完成拉萨周边地区造林绿化工程造林5000亩、封育9000亩，完成高原生态屏障防护林体系人工造林建设15000亩，完成防沙治沙51100亩。深入开展森林草原管理，全年未发生乱砍滥伐现象和森林火灾。病虫害防治面积15万亩，兑现重点公益林补偿资金223万元，兑现草原生态保护奖励资金404.3万元。

【社会稳定】 群众安全感、幸福感明显提高，荣获区、地两级"双联户"先进县称号。全年安排维稳专项经费111万元，疑难信访工作专项经费36万元，调处各类矛盾纠纷29件，调处成功率100%。加强和创新社会治安综合治理工作，打击违法犯罪效果明显。发放联户长补助276.2万元，投资38万元新增10个监控点位。妥善处理"6·10"交通事故，认真汲取教训、加强专项督导，开展打非治违专项行动，重点整治非法营运。全年共发生各类安全生产事故2起、死亡12人，全县工矿商贸领域未发生伤亡事故、未发生火灾。同时，投入282万元新建江塘检查站，投入19.9万元新建江北检查站住宿用房，投入19.9万元设置道路安保标志标牌36块，安全生产秩序得到有效改善。

截至年底，完成8个乡（镇）的共11个重点难点村（居）4229户入户调查工作，受理群众诉求47件，已办结9件，正在办理38件，4户群众主动退还私自圈占土地3.2亩。积极征求地材开采、车辆运输、机械租赁、民工工资参考价意见。专项行动效果初步显现。同时，2015年贡嘎县被成功纳入国家公共文化服务体系示范县、自治区首批电子商务进农村示范县、自治区首批特色小城镇试点建设县，圆满完成自治区成立50周年大庆各项活动，成功举办自治区和地区"双集中"现场会、自治区特色小城镇建设项目启动仪式、地区"两江四河"造林绿化现场会。

浪卡子县

概　况

浪卡子县位于西藏自治区山南地区南部，西藏南部的喜马拉雅山中段北麓，地理坐标为北纬28°46′至29°11′之间、东经91°05′，是山南地区海拔最高的县，也是距离西藏自治区首府拉萨市最近的边境县。浪卡子县东连措美县，南接不丹王国，西与日喀则地区江孜、康玛县接壤，北与拉萨市曲水县隔江相望。全县总面积约8500余平方千米，平均海拔4500米以上，边境线长25千米。县府驻地浪卡子镇，海拔4446米，省道307线穿境而过，交通便利，距贡嘎机场约111.9千米，距拉萨约164千米，距山南地区行署所在地泽当镇约227千米。

2015年国民经济和社会发展

【经济发展】 全县预计完成地区生产总值47175万元，增长4.6%；固定资产投资51631万元，下降

22.3%；财政收入 2535 万元，增长 17%；社会消费品零售总额 9190 万元，增长 18.2%；农牧民人均纯收入 8039 元，增长 12%。

完成各种农作物播种面积 3.8 万亩，粮经饲比例调整在 70∶12∶18 以内，粮油产量达 7375.4 吨。持续落实草场生态补偿奖励机制，兑现补奖资金 1962.5 万元。配套 300 万元防抗灾资金，筹备饲草料 78 万千克。加大重大动物疫病防治和牲畜出栏规模，出栏率达到 37.8%，存栏控制在 292680 头（只、匹）。

做好与华电西藏能源有限公司、山南善水投资有限公司、羊湖建筑公司等企业衔接工作，签订开发意向书，稳慎推进开发工作。成功举办第 24 届打隆物资文化交流会，吸引 802 家客商参展，交易额 3857.81 万元。以打隆物交会为平台，整合民族手工业、物资运输业等，引导经贸畅通，初步形成布局合理、功能完善、层次分明的商贸格局。以深化商事制度改革为契机，推行“三证合一、一照一码”，累计发展各类主体 1082 户，注册资金 1.78 亿元，就业 5719 人。成功注册民族手工业、农畜产品商标 10 件，“羊卓牌”甜奶渣成功打入拉萨、泽当市场。

【项目建设】 全年开复工项目 128 个，重点实施省道 307 线大中修工程、打隆至张达通乡油路、羊卓雍措生态环境保护、公安业务用房、公安综合检查站等一大批项目。完成国家、援藏、招商、民间投资分别为 42157 万元、1500 万元、174 万元、7800 万元。筹备“十三五”规划项目 300 个，总投资达到 110 亿元以上。

依法完成县城总体规划修编，打隆镇小城镇规划通过初审，为推动中心集镇规范化、规模化、集群化发展奠定理论依据，为辐射带动周边发展提供样板。实施县城功能提升、城乡统筹项目、乡镇周转房及 1555 户农村危房改造和建筑节能示范点、11 个村居农村人居综合整治、卡龙村和林西居委会基层政权示范点工程。

推进羊湖旅游景区配套设施，建成旅游接待中心和羊湖乡村环线旅游基础设施项目，规范旅游资源开发和市场管理，羊湖获批 AAA 级景区。投入 2343 万元实施羊湖生态环境保护一期项目，投入 310 万元建设国家重点生态功能区，实施环境保护工程。兑现环保专项资金 150 万元，生态美好模范示范区建设统筹推进。成立环境执法大队和环境监测站，层层签订目标责任书，配备环境监督员。落实生态村补助资金 36 万元，道布龙居委会、格瓦村被授予“自治区级生态村”称号。完成植树造林 4140 亩，实施防沙治沙、天然林保护、野生动物自然保护区和湿地保护等生态项目。圆满完成年度环境质量考核和地质灾害预测预警防治工作。成功举办雅砻文化节环羊湖自行车体验游活动，吸引搜狐网、西藏电视台、山南报等多家新闻媒体参与报道。全年接待国内外游客 30.98 万人次，创收 1394 万元，196 名群众参与旅游服务，带动农牧民直接创收 366.3 万元。启动使用县城垃圾填埋场，选址建设张达乡生活垃圾填埋场，加快申报其他乡镇生活垃圾填埋场项目。开展饮用水源地保护，全面启动饮用水水源地保护区划定工作，保护水质安全。全面实行建设项目环境影响评价机制，大力整治在建项目就地取材、滥挖滥采等影响环境行为。

【社会事业】 整合“十大民心”工程资金 19036.235 万元，本级财政配套 1000 万元，实施民生项目 69 个。落实各项惠民政策资金 8180 万元。实施扶贫农发项目 13 个，带动脱贫 1874 人。五大保险全面推广，参保率达 100%，新型农村社会养老保险参保率达 99.79%。高校毕业生、城镇困难人员、退役军人、失地农牧民等群体就业形势良好，转移富余劳动力就业 5868 人次，创收 2862.22 万元，人均创收 4877.68 元；政府购买公益性岗位动态管理，签订劳动合同 23 人，解除劳动合同 2 人，城镇登记失业率控制在 2.1% 以内。“双集中”工作扎实推进，投入 2048 万元建成五保集中供养中心，有意愿五保老人集中入住率达 100%，孤儿在地区集中收养 53 名。同时，认真组织开展节日慰问和“送温暖”活动。按照要求，认真组织开展元旦、春节、藏历新年和“七一”“八一”慰问活动，切实把党和政府的关心和温暖送到千家万户。

兑现“三包”经费、在校大学生资助资金、农村义务教育营养改善经费 1851.72 万元，落实本级财政投入教育 433 万元；建成县全民健身活动中心、幼儿园和改扩建 17 所中（小）学校，优化软硬件环境，巩固城、乡学前双语教育、小学适龄儿童入学、初中毛入学率分别为100%、62%、100%、103.42%。地、县投入238.3万元建设普玛江塘乡高压氧舱，98个村（居）建有标准化卫生室，巩固“一村两医”目标、“两降一升”控制在指标范围内以内，完成城乡居民及在编僧尼免费健康体检，免费救治确诊2例先心病患儿。县、乡、村文化设施得到进一步改善，县新华书店、影剧院、乡镇文化站建成投入使用，广播电视覆盖率分别达97.5%、98.5%。非物质文化遗产、文物古迹保护持续推进。《辉煌羊卓文化》宣传片在西藏电视台播出。创建国家公共文化服务体系示范区通过自治区验收。

【援藏工作】 援藏交流工作成功对接，争取援藏计划外资金1500余万元，安全有序接待安徽省和铜陵市、宣城市各类考察团组。县委、政府组织党政代表团赴安徽省铜陵、宣城两市及有关县（区），交流汇报援藏工作。组派227名干部参加区内外各类培训，填补充实技术薄弱行业干部队伍。

【党建工作】 严格落实“两个责任”。县委坚持把党的建设摆在突出位置，与中心工作同研究、同部署、同检查、同落实，制定《中共浪卡子县委党风廉政建设主体责任分解及岗位职责》《浪卡子县落实党委党风廉政建设主体责任实施细则》，进一步明确班子成员职责。在规范党委权力运行方面，县委制定《中共浪卡子县常委会议事规则》《中共浪卡子县委常委班子调查研究制度》等规章制度，严格规范“三重一大”议事决策事项，强化党风廉政建设过程中的党委主体责任。积极支持纪委“三转”，选优配齐纪委班子力量，全力支持纪委开展监督和管理工作。严格贯彻落实中央“八项规定”、区党委“约法十章”、地区“十项规则”，对顶风违纪问题予以坚决查处。截至年底，共受理群众来信来访5件（次），立案4件，正在核查1件，开除公职1人。修改完善《浪卡子县公务用车管理办法》《浪卡子县公务接待管理办法》，严格公车管理和公务接待。严格“三公经费”管理使用，对“三公经费”开展专项检查，对不规范的单位负责人进行约谈，并责令其将不规范报账的资金上缴县国库。认真开展党风廉政宣传教育月活动。悬挂廉政名言警句、诗词40余幅，发送廉政格言、警句、党纪条规等廉政短信30余条，开展《中国共产党纪律处分条例》《中国共产党章程》《中国共产党党组工作条例》等党纪政纪和法律法规基本知识为主要内容的廉政考试，确保活动成效。同时，县委牵头，人大、政府、政协党组，与班子成员，各乡镇、分管单位主要负责人层层签订《党风廉政建设责任书》，确保廉政建设主体明确、工作责任、工作追究得到落实。

洛扎县

概　况

洛扎县地处喜马拉雅山南麓，北纬27° 43′—28° 28′，东经90° 22′—91° 36′。南与不丹王国接壤，东北、东南与措美县、错那县相邻，北面与浪卡子县相连。全县边境线长240千米，有通外山口8个（多为季节性通道），争议地区1处（拉郊乡白玉地区，总面积580平方千米）。县境内最高海拔7538.1米、最低海拔2310米，总面积5031平方千米。其中，耕地面积3.2万亩，草场面积333万亩，森林面积255万亩。全县辖2镇5乡，26个村（居）民委员会，100个村（居）民小组，边境乡（镇）6个（扎日乡、生格乡、色乡、拉康镇、边巴乡、拉郊乡），边境村（居）委会21个，截至年底，全县有6326户20218人，其中，边境乡（镇）4088户14233人。全县有1个地方党委、7个乡（镇）党委、1个县直属机关党委、1个非公经济组织党工委，5个党组；25个党总支，138个党支部，共有党员2603名（其中，农牧民党员1931名），占全县总人口的12.7%。洛扎县是藏传佛教噶举派的发祥地，主要教派有噶举派、宁玛派、格鲁派，共有24个宗教活动场所，僧尼核定人员99人，实有僧尼数84人。境内水能、林业、野生动物和旅游等资源十分丰富。其中，野生动植物资源中有国家一级保护动物雪豹、棕尾虹雉和国家一级保护植物红豆杉等。“赛卡古托”粉丝、洛扎清油等洛扎土特产在自治区内享有一定知名度。

2015年国民经济和社会发展

【经济发展】 2015年，全县上下围绕既定目标，大力实施“产业活县、项目带县、城乡塑县、民生和县”四大战略，经济社会事业发展取得新成效。全年完成全县生产总值3.37亿元、社会固定资产投资4.65亿元、县级财政收入2150万元、社会消费品零售总额8033万元、农牧民人均纯收入8689元，分别同比增长-2.4%、-33.6%、19.8%、17.6%、23.9%，完成“十二五”规划的发展目标。

大力推广种子包衣、测土配方施肥、田间管理等实用科技运用，完成3.1万亩作物种植，完成1万亩油豌基地和1983亩现代农业青稞生产基地建设种植，良种覆盖率达到87%以上，实现粮食、油菜产量分别达到9838吨和890.5吨，粮油保持稳定生产。完成地区草畜平衡初验工作，黄牛改良1300头，年末牲畜总头数79731头(只、匹)，新生仔畜成活数31904头(只、匹)，存活率达84.3%，牲畜出栏达24716头，出栏率达31%，牲畜死亡率控制在1.1%以内，肉类、奶类产量分别达到1106.46吨和2869.35吨，牧业实现健康发展。整合资金2000余万元，完成洛扎粉丝厂、扎日清油厂改扩建工作，赛卡古托粉丝品牌成功获得自治区著名商标认证。通过“订单”收购油菜12.8万千克、豌豆9.5万千克，实现群众增收123.87万元，形成“龙头企业+基地+合作社+农户”的发展模式，实现企业增效、群众增收。着力推进《洛扎县雄曲河梯级电站规划报告》审批工作，拉郊电站扩容工程得到地区发改委批复同意并于2015年9月开工建设，已完成投资1.5亿元，占总投资70%。同时，加强中小企业扶持发展，工业生产值达到400.2万元。做好旅游与文化产业结合文章，对《吉祥舞》进行升级打造，对吉堆古墓群、门当和吉堆德乌琼摩崖石刻进行维修保护，为洛扎旅游发展赋予深厚的文化内涵。通过《西藏风情》《乡土》等栏目大力宣传推介洛扎县特色旅游资源，积极开发旅游产品，着力改善景区、景点配套设施和服务条件，全年接待旅客3.51万人次，创收193.4万元。非公有经济市场主体新增155户，三次产业完成1.434亿元。

【项目建设】 全年开复工项目121个，其中新建91个，续建30个，拉郊油路、曲措灌区、县城给水、白玉地区四级沙石路、县城南坡地质灾害综合治理工程等一批“惠民工程、重点工程”得以开工建设。全县基础设施不断完善，农电代管工作开展顺利，已成立《洛扎县供电有限责任公司》，水电通电率达到100%，实现公路通车里程达到864.56千米。2015年，中粮集团投入1000万元援藏资金，因地制宜地在次麦开办藏鸡养殖中心，分别在协其、吉堆、拉郊实施藏红花种植、蔬菜大棚管理提升和木器加工设备更新等一批民生“造血”项目，积极发展农村经济，帮助群众增收，切实用好、用活援藏资金，为“小康洛扎、美丽洛扎”建设做出积极贡献，推动援藏工作向纵深拓展。

2015年，完成门当、嘎波、拉隆人居环境整治工程；完成扎日村和桑玉村基层政权示范点建设工作；完成新增88户农村危房改造和1125户房屋抗震加固打包带工程；完成贡祖、次麦自治区生态村创建工作，新农村建设稳步推进。启动边巴、拉郊、生格、扎日4个乡镇规划编制工作，已完成地形测量和资料收集工作。县城南坡地质灾害综合治理项目开工建设，城乡保障性住房、县城排水、嘎布路项目正在积极建设中，城镇功能不断齐全，城镇品位不断提升。完成重点区域造林4794.3亩和高原生态安全屏障与防护林体系建设960亩，建设4个生态公益林专业管控队伍，生态保护得到进一步加强。严格落实“环保一票否决”制，加大环境综合整治和执法检查力度，关闭21处无证采石采砂场，做好县城饮用水源保护、主要公路沿线及重要景区、景点环境综合整治工作。

【社会事业】 落实4700余万元惠民政策资金，让群众有更多获得感。整合资金3000余万元，落实县城规划区失地群众生活补助30万元，普惠性边境一、二线居民补助分别从1400元提高到1700元、1200元提高到1500元，落实中央生态效益补偿资金396.63万元，让群众得到更多实惠。按照“一乡一策”“一村一品”要求，全年开展藏式绘画、香料制作等技能培训14期，参训人员达到1100人，组织劳务输出6300人，实现转移就业收入4000余万元。落实地区将项目总量15%交由农牧民群众实施的举措，2015年农牧民群众参与项目建设资金达到7247

万元，占全年投资的16.9%。精准扶贫工作扎实推进，完成1509名贫困人脱贫。实现全县农牧民人均可支配收入同比增长23.9%。

全年投入4675万元，用于教育均衡发展，均衡工作顺利通过国家验收，中小学校适龄儿童入学和巩固率均达到100%，教育事业继续保持全地区前列。国家公共文化服务体系创建工作顺利通过自治区验收，乡镇综合文化站、影剧院等项目相继建成并投入使用，广播电视覆盖率分别达到94%和97%。完成县人民医院信息系统安装，创建二甲工作进展顺利，通过自治区卫计委预审。完成26个村级卫生室续建工作。全年孕妇住院分娩率达到96.89%以上，未出现孕产妇死亡案例，5岁以下婴幼儿死亡率控制在14.54‰以内。“两降一升”工作扎实推进。“五大保险”参保率均达99.7%，新型农村合作医疗参保率达100%，落实城乡低保资金430.06万元，做到应保尽保。为373户困难群众落实临时救助资金59万元，落实53名特困大学生一次性补助资金13.8万元。为389名城乡困难群众落实医疗救助资金101.75万元。总投资1365万元的五保户集中供养服务中心已全面投入使用，五保户的供养标准由年人均2900元提高至3650元，共落实五保户资金80.61万元，集中供养有意愿的五保户147人，集中供养率达100%。完成11名孤儿救助安置。落实优抚对象抚恤资金5.54万元，落实2015年度退役士兵家属优待金及自主就业一次性经济补助资金51.8万元。总投资330万元的县残疾人就业综合服务楼已投入使用，落实困难残疾人基本生活补贴和重度残疾人护理补贴资金143.7万元，落实“阳光家园”托养补助资金2.1万元。“六・五”普法工作在地区考评中获得优秀等次，全民法律素质明显提升。实施兴边富民项目18个，总投资达2592万元，改善基础设施。优化发展环境专项行动工作扎实有序，成效显著，推动全县经济社会又好又快发展。“三严三实”专题教育和创先争优强基惠民活动有声有色。

【党建工作】 深入开展“三严三实”教育实践活动，深入打造“党建边境长廊”，全面落实配套的3个工作抓手（创建评选“优秀服务型部门”和“优秀服务型干部”活动、“机关干部进村入户结对帮扶解难忧”活动、广泛推行“十个一”党建基础工程），各级党组织在具体落实中，有重点、有亮点，取得一定实效。共发放158面党旗、2725枚党徽、2725本《党章》、2725本《共产党员活动管理手册》，进一步夯实党建工作基础。全年结合工作和形势需要，调整县机关和村（社区）党组织设置形式，县机关设置5个党总支，调整设置14个党支部；各村（社区）统一设置党支部，村（居）民小组设置党小组，巩固党在洛扎的执政根基。全年共落实基层党建工作经费250余万元，比上年增加近170万元，保障基层党组织开展工作的必要经费。

措美县

概　况

措美县是西藏自治区山南地区的下辖县，位于山南地区西南部，西藏自治区南部，地处北纬28° 11′—28° 57′，东经90° 56′—92° 00′。县境东邻隆子县，西与浪卡子县接壤，南与洛扎县、错那县交界，背靠琼结县、乃东县，县政府驻地措美镇。

措美，藏语意为“湖的下游”，其中所指的湖就是哲古湖。全县面积4549平方千米，其中耕地面积1.48万亩，草场面积556万亩，平均海拔4500米，县城海拔4242米，离山南地区130千米，距拉萨市300千米。在山南地区属地域相对较大、人口相对较少、资源匮乏的高寒偏远县，是山南地区12个县中海拔较高的三个县之一。

全县下辖2个乡（乃西乡、古堆乡）2个镇（措美镇、哲古镇），共16个村居、92个自然村，5008户、14981人，其中农牧业人口13230人，非农业人口1751人。全县共有干部职工989人。党员1751名，其中农牧民党员1022人。县境内共有24座寺庙和拉康，僧人82名。1所中学、5所完小、8个教学点。

措美县境内动植物资源、矿产资源及旅游资源丰富。据不完全统计，全县药用植物有169种之多，主要有：雪莲花、贝母、知母、虫草等；主要食用菌类有野生木耳、野生蘑菇，还有油脂类、花椒等；已发现的兽类约有20种，主要有草猞猁、草狐狸、草原鼠等；鸟类约有28种，主要有乌鸦、水鸥、水鸟等；矿产资源主要有沙金、铅银锌矿、锑矿等。另外已发现的矿种有铜矿、煤矿、硫黄、水晶等，除锑、金外，煤矿、铜矿等矿因蕴藏量较少没有开发利用价值。全县境内共有大小湖泊38处，最大的为哲古湖，约66平方千米，哲古湖地处哲古草原，平均海拔在4500米以上，是天然的旅游胜地。据史料记载，该湖曾是古代西藏苯教的朝圣之地，与著名神山之一的"雅拉香布"玛吾觉寺并为西藏古代南方朝圣之地，有着神秘的色彩。境内还有大小水泉163个，温泉8个，药水泉5处。其中，古堆乡嘛尼顶沟谷中的温泉高达90℃左右，在哲古湖已建成一个70平方米的温泉浴池。全县辖24处宗教活动场所，其中，寺庙14座，拉康10座；宁玛派13座，噶举派5座，格鲁派6座；除此之外，境内还有拉萨朵仁祭坛、古碉楼等一些古遗址。

2015年国民经济和社会发展

【经济发展】 2015年，全县生产总值、全社会固定资产投资、财政收入、税收收入、社会消费品零售总额、农牧民人均可支配收入分别完成28989万元、50223万元、1500万元、1200万元、5509万元、8102元，同比分别增长15.34%、16.28%、21.46%、15.27%、19%、20%。存款额达71630万元，贷款余额突破21200万元。

2015年，科学调整粮经饲比例为68：14：19，全县播种面积14732亩，新增耕地396.6亩，推广优质高产"藏青2000""山东7号"等1850亩，粮食产量3517吨、油菜产量434吨、肉类产量2389吨、奶产量4467吨。全年成畜死亡率控制在1.4%以内，新生仔畜成活率达88%，牲畜出栏率达37%，动物免疫率达100%。完成黄牛改良冻配1679头。草补工作顺利通过自治区验收，兑现草补资金2625万元。农牧业基础不断夯实。现代农业青稞生产基地，293座高寒牧区牲畜棚圈维修，2个乡镇农牧综合服务中心和防抗灾物资储备库建设，农村人居环境综合整治等项目顺利实施。500亩人工种草基地、措美镇水土保持综合治理工程接近尾声。成功纳入自治区级农牧综合开发县和小型农田水利专项县，更多的农业项目挤进自治区、地区发展的"大盘子"。

2015年，措美县当许黑青稞糌粑、哲古牦牛肉、古堆藏野葱、乃西雪莲花等一大批特色农产品已经形成，努力实现产业、品牌、商标"三推进"工作。措美牦牛肉地理标志认证已经申报正待批复。新增私营企业12个、农牧民专业合作社25个、个体工商户103户，新增注册资金11133万元。新型能源迅猛崛起。古堆地热取得矿产资源勘查许可证，全面转入开发利用阶段，相关工作正向上级有关部门衔接中。矿产开发形成1家采矿7家探矿的采探格局。招商引资成果喜人，与6家投资商达成总投资37亿元的意向协议。措美当许光伏和雪热光伏破土动工。

2015年，成功举办第七届措美哲古牧人节和措美县第15届物资交流会。乃西农家乐顺利建成。鲁古拉山口、卡里拉山顶综合整治成效明显。全县累计接待游客2.3万余人次，旅游收入预计达到33.5万元，分别同比增长4.5%和33.95%。预计第三产业增加值达11327.49万元。

【项目建设】 2015年，大力实施项目攻坚，全年累计建设项目107个，完工92个，完成总投资50223万元。城市功能不断提升。古堆通乡油路已经建成。实施县城至乃西，当许至卓德，恰杂至定巴，雪热、波嘎、帕仓通乡村公路建设，通村公路覆盖率达50%。县城自来水厂、藏医院综合楼、"双语"幼儿园、公安业务用房等一批重点工程建成投用。市政功能提升项目已经开工。72套公租房建设，232套乡镇干部职工周转房建设已经完工。寺庙"九有"工程实现全覆盖。农村面貌焕然一新。536户农村危房改造户建筑节能示范工程、2387户农户住房抗震加固工程、9个村组饮水安全工程、6个村组人口相对集中农村环境综合整治工程全面完成。玉美村和鲁麦村2个基层政权示范点建设已经完成。

【社会事业】 2015年，县委、县政府举全县之力，整合各类资金3.6亿元，其中本级财政投入4149万元，实施民生民利"十抓十保"活动。"五大保险"、各项提标资金均已落实到位。33个民生项目全部开工建设，其中30个项目已全部完工。一个个民生热点问题得以落地实施。社会保障不断加强。初步建立以城乡低保、灾害应急救助、大病医疗救助、助学救助和临时救助等为主的社会救助体系。民政救灾体系不断健全。“五大保险”参保率均达100%。五保户集中供养中心投入使用，集中供养率达76.4%。残疾人两项补贴得到有效落实。落实干部职工工资待遇、福利补贴提标资金。村居干部报酬、代课教师工资、民间艺术团等人员工资全面提标。群众福祉稳步提升。义务教育均衡发展步伐不断加快。农牧区“三包”“营养改善”“大学生资助”等政策得到严格落实，控辍保学力度进一步巩固；各级投入资金2939万元用于县教育事业发展。中、小学入学率分别达99.5%和100%，初中升学率上升至83%。公共文化服务体系示范区建设稳步推进。海拔4000米以上的首个措美县当许人民文化公园已经建成。县文化活动中心功能提升项目顺利完成。乡镇文化站、牧家书屋、寺庙书屋全覆盖。藏语言文字使用、规范、传承工作成效明显。广播电视覆盖率分别达到94.2%和96.8%。扎扎服饰非物质文化遗产得以大力传承和发展。《热巴吉念》文艺精品成功登上2015年山南藏历春晚。开展文艺演出103场次、送电影下乡1437场。卫生质量提升工程成效明显。县藏医院建成并投入使用。率先完成16个村居卫生室标准化建设任务，达到一村两医配备格局。完成全民和寺庙在编僧尼免费健康体检工作。孕产妇住院分娩率提高到97.8%，实现零死亡。县卫生服务中心“二级乙等”医院创建工作顺利通过自治区初审。

【社会稳定】 2015年，坚持稳定压倒一切，把维护稳定作为硬任务和第一责任，狠抓落实，保持全县社会大局和谐稳定。深入开展“法律进万家”活动。选派由县级领导带队57名干部组成的10个宣讲组深入村居、寺庙、学校，开展为期4个月的法律政策宣讲活动。农牧民群众遵纪守法意识有新增强，政策理解能力有新提高。县委研究制定全面推进法治措美建设的意见。“六五”普法工作顺利通过地区验收。严防“输入型”隐患，加强流动人口和出租房屋服务管理，开展应急处突演练，充分发挥公安检查站、便民警务站和“双联户”作用，社会面管控得到进一步巩固。落实县乡村三级信访接待日制度，共排查调处矛盾纠纷15起。强化安全生产监管特别是道路交通安全，全年未发生重大安全事故，实现“零亡人”的目标。将综治委成员单位到联系点开展帮扶工作纳入考核范围。党政军警民协调联动，群众安全感明显提高。2015年，县综治工作在山南地区荣获第二名。认真落实各项利寺惠僧政策，继续实施寺庙“温馨工程”。扎实开展和谐模范寺庙暨爱国守法先进僧人评选表彰活动。实行县级领导干部联系寺庙和困难僧人制度。严格驻寺干部请销假管理，按照条件和程序将5名工人转为公务员。强化亦僧亦俗人员服务管理，严格佛事审批，加强风险评估和安全保卫工作，确保宗教和睦、佛事和顺、寺庙和谐。坚持把民兵整组作为党管武装的重要任务来抓，打造一支精干、可靠、管用的后备力量；修订完善维稳处突、抢险救灾等战备预案15套。圆满完成年度征兵、民兵野外驻训，保障炮兵部队演练演习等多样化军事任务。每年投入一定经费，健全完善军械库室配套设施，改善县乡武装部办公、生活条件，建立“青年民兵之家”。

【援藏工作】 截至年底，第五批援藏工作队落实援藏资金6700万元，积极争取计划外资金1530.8万元，实施县城整体功能提升、农牧区基础设施建设、职教中心建设等17个项目，所有项目已经完工，实现三年项目两年建成的目标，援藏力度和效益不断提升，为全县发展稳定工作做出重要贡献。

【党建工作】 2015年，持续深入贯彻落实中央“八项规定”、区党委“约法十章”“九项要求”和地区“十项规则”。严格执行民主集中制，大力惩治腐败，严格落实“两个责任”，查处党员干部违纪行为2起，诫勉谈话3人。大力倡导勤俭节约之风，“三公”经费支出910万元，同比下降17%。

错那县

概　况

错那县地处北纬26°25′—28°27′，东经91°28′—94°22′，位于西藏自治区首府拉萨市的南部、喜马拉雅山脉东南,东与印占珞隅地区相接,西邻不丹,南与印度交界,西北与自治区境内的洛扎县、措美县,东北与隆子县、郎县毗邻。政区总面积为34979平方千米(包括被印度非法占领的“麦克马洪线”以南的门隅地区),现实际控制面积为10094平方千米,东西直线距离为283千米,南北直线距离为165千米,边境控制线长268千米(其中中印控制线长213千米,中不线长55千米),共有边境通道17个,其中长年性通道有4个。县城距山南地委、行署驻地泽当220千米,距拉萨402里。

全县平均海拔4400米(县城所在地海拔为4380米),年平均气温-0.6℃,极端最低气温-37℃,全年无霜期仅有42天,常年天气寒冷,自然条件十分恶劣。错那错是西藏主要的水汽输送通道之一,特点是降水多,气候湿润,日照时间短,旱雨季不分明,在冬季10月至次年2月,寒冷多雪,季平均气温在-0.8℃以下,平均降雪量17.5毫米,时有大雪、冰冻天气,易遭自然灾害,县境内雪灾、霜冻灾害频繁,历年最低气温-38℃,降雪日数为256天,冬季寒冷,大风多,不适宜油粮作物及畜牧的生长。县城经济结构以半农半牧为主。

气候大致可分为半干旱亚寒带高原气候,海拔100米(以下)—3000米之间地区为湿润的亚热带季风气候向半湿润的暖温带季风气候过渡带,海拔3000米—3800米之间为半湿润的暖温带季风气候向半干旱的温带高原气候的过渡带,海拔3800米—4500米之间地区为半干旱的亚寒带高原气候。错那县境内河流属印度洋水系外流河,总流域面积12200平方千米,全县河流总长3050千米,境内有纵横河流218条、大小湖泊207个。主要有拿日雍错、羊措、哑巴措、驳拉措、格金措、古姆措等,拿日雍错面积最大,总面积为58.33平方千米,湖泊补给方式为高山雪融水和降水。

错那县拥有众多种类的植物,苔藓植物、蕨类植物、裸子植物和被子植物四大高等植物门类齐全、种类繁多。其中,有国家保护树种,野生植物资源极为丰富,仅药用植物就有几十种,著名的药材有黄连、天麻、红景天、五味子、虫草、贝母、黄芩、当归、党参等;野果类有木瓜、山丁子、猕猴桃、山核桃、杏桃等。野生动物已列入国家重点保护一类动物的有雪豹、小熊猫、藏野驴等;二类动物的有天鹅、秃鹫、藏雪鸡类等,此外还有贝母鸡、野鸡、野鸽、蛇、黄羊和鱼类等。境内已发现的矿产资源有沙金、炭、铁、锡、铅、锌、锑、黏土、磷等十余种,蕴藏量上万吨。

截至年底,全县辖1镇1处9乡(其中门巴族乡4个),24个行政村(其中居委会2个),55个村民小组,6858户、15919人(其中农业5478户、13661人,非农业1380户、2258人),人口出生率11.9‰,人口死亡率3.5‰,自然生长率8.4‰。居住着藏族、汉族、门巴族、回族、珞巴族等多个民族。错那县是半农半牧县,是全国八个国家级重点生态功能区之一。

2015年国民经济和社会发展

【经济发展】 2015年,完成国内生产总值37881万元,完成计划任务的100.1%,同比增长1.1%(其中第一产业完成2300万元,同比增长3.3%;第二产业完成16080万元,同比下降13.6%;第三产业完成19051万元,同比增长17.5%)。固定资产投资累计完成54566万元,完成计划任务的102%,同比下降13.8%;财政收入完成2270万元,完成计划任务的110%,同比增长26.5%;税收收入完成2104万元,比计划任务增长0.2%,同比下降20.5%;社会消费品零售总额预计完成8012万元,完成计划任务的100.02%,同比增长21.3%;农牧民人均纯收入达到8581元,完成计划任务的109.3%,同比增长26.4%。

投资4297.51万元大力推进万亩现代青稞基地、高标准农田、低产田改造、人工种草和配套灌溉设施工程;大力加强农田水利基础设施建设,投资1173.73万元,新建水塘4座,改造30.42千米引水渠道,新建渠系建筑物488座,大幅度提高渠系水利用系数,提高粮食单产水平。完善防汛抗旱预案,加大防抗灾物资贮备,成功承办2015年度地区农牧业防抗灾工作现场会。加大科技投入,发放科技特派员工资24万元,兑现村级动物防疫员工资102.11万元,加强24名农牧业专技人员培训,加强农牧业生产田间地头指导,引导农牧民增产增收。大力引进藏青2000和黑青稞,完成春播1.92万亩,粮经饲比例调整为62∶16∶22,种植业结构更趋合理。全年完成秋冬播面积0.67万亩,完成粮油归仓5541.89吨;做好接羔育幼,新生子畜成活率达到92%以上，完成黄牛改良1211头，年末牲畜存栏总数为83265头（只、匹），比上年减少5%，超额完成地区下达的指标任务。加强疫病防治，推进饲草料种植，加大牲畜出栏，出栏率达到30%，进一步打牢农牧业基础地位。加强虫草采挖管理，完成虫草采集89.66斤，促进群众增收376.57万元。完成招商引资3000万元。娘江曲水能资源开发利用已经拿到自治区的批文（藏农电〔2015〕69号），工程计划静态投资660509.97万元。投资2939.05万元，完成浪坡电站线路延伸工程。加快地热资源的勘察力度，完成2号、3号验证孔的布钻工作，地热供暖试点工程完成招投标，明年开春后将全面开工建设。推进曲卓木温泉开发建设工作，完成温泉开发利用规划。与中国顺风光电集团达成乃定光伏电站开发建设合作协议，投资10亿元。加快旅游业基础设施建设，全年共接待游客人数达38398人（次），增长44%，实现旅游收入1343.93万元，增长44%。加大特色产业的扶持和开发力度，委托四川大学完成卡达藏刀等11个品牌的商标注册和包装设计工作。卡达藏刀、人参果、勒布茶叶新包装产品已上市，荞麦系列产品、门隅藏香、木碗加工等其他民族手工业正加快发展。通过狠抓旅游产业开发，促进全县社会消费品零售总额迅猛增长，全年完成社会消费品零售总额8012万元，同比增长21.3%。

【项目建设】 项目建设是拉动县域经济社会发展的“火车头”。2015年是“十二五”的收官之年，也是认真谋划“十三五”规划的重要一年。先后五次召开项目梳理汇总分析会，梳理上报项目286个（其中子项目499个），计划总投资184.69亿元。认真梳理2016—2018年三年滚动项目，共梳理滚动项目207个，计划总投资42.92亿元。其中，2016年计划投资14.2亿元，2017年计划投资16.6亿元，2018年计划投资12.11亿元。“十三五”规划项目为今后五年的跨越式发展提供有力的投资支撑。全年续建和开工项目个数达到86个（不含部分子项目），累计完成投资54566万元，完成年初任务的102%，比上年同期减少13.8%。截至年底，完成投资评审项目70个，送审总价1941.9万元，审减资金293.92万元，审减率达到15.1%；接受项目质量举报两起，已成功进行协调处理；上缴6个项目履约保证金3671427.9元（已退还2个竣工项目481989.6元）；邀请有资质的中介机构对麻麻生态文明小康示范村项目进行竣工决算，审减资金255.54万元。

【社会事业】 落实教育保障经费552万元，错那籍农牧民子女上大学期间的学费和路费全部纳入财政承担范围，为230名大学生兑现落实193.5万元补助资金。提高学生“三包”经费标准，实施学生营养改善计划。争取资金1663万元完成觉拉卡达曲卓木完小的附属设施和澡堂、食堂改造或新建任务，各学校办学条件明显改善。中小学适龄儿童入学率、巩固率均保持100%，学龄前儿童入园率达到82.7%。启动义务教育均衡发展各项工作。教职工的住房公积金比例提高至17%，设立教学质量奖，提高校长、班主任岗位津贴，提高代课教师和临时工工资，激发教学热情，出台绩效考核办法，实行乡医、村医绩效考核制度。继续实施弱势群体看病就医“一卡通”制度，77名弱势群体群众看病就医免缴费24.85万元，有效减轻群众经济负担。与西藏军区总医院签订错那籍农牧民看病就医绿色通道协议。联系自治区藏医院专家为51名白内障患者成功实施复明手术。14个村居卫生室标准化建设完成9个，实现“一村两医”目标。完成全民健康体检工作，在编僧尼体检率达到100%，加强地方病防治，健全群众健康档案。新农合参保率达到100%，本级财政垫支群众大病统筹经费100万元。“双降”工作有新举措，提高孕产妇住院分娩补助标准，新法接生189人，接生率达到98.95%。认真落实“一孩双女”补助，兑现奖励扶助资金44.5万元。开展突发卫生应急演练，加强食药卫生执法检查，全年未发生重大卫生安全事故。在县医院开辟“藏医专家门诊通道”。完成县人民医院高原氧仓项目的申报工作。加快推进公共文化服务体系示范创建工作，积极推进县城有线电视数字化建设。改扩建100瓦以上调频转播台1座，50瓦以上电视转播发射台1座，建成村村通广播电视站24座，全县9座寺庙实现广播影视全覆盖。广播、电视综合覆盖率分别达到97%和98%，农牧民“户户通”达到90%

以上。电信、移动信号覆盖率分别达到90%、85%，行政村通邮实现全覆盖。洞嘎文官弓响箭文化节、仓央嘉措情歌旅游文化节等文化传统节庆得到恢复和创新，成为地域性民族文化品牌。成功举办县城20届亚玛荣物资文化交流会和第4届仓央嘉措情歌文化旅游节。开展文艺下乡50余次，积极创作具有本县特色的文艺作品，丰富干部职工及农牧民群众的业余文化生活。健全管理制度，加大县乡文化站所的开放力度。实施寺庙“五小”工程，投资1400多万元，实施扎洞寺、兴玛寺文物保护抢修工程。组织专人深入开展门巴特色文化的挖掘、抢救、保护力度，加大对古寺、古遗址、古碉楼等遗迹的抢救保护力度，加大非遗文化的传承保护，启动文化产业发展工作。大力整顿和规范文化市场，开展联合执法整治活动4次，有效净化文化市场。全面开展城乡低保户摸底核实工作，强力推进特困群众定期救助向农村低保的过渡工作。继续提高残疾人、健康寿星老人健康补助标准。搞好“三大节日”期间“三老人员”、贫困群众的慰问，做好鳏寡老人生活扶助。完成106名有意愿的五保户集中供养工作。各类社会保险征缴力度进一步加大，城乡居民养老保险参保率达到99.9%。加强残疾人就业保障金的征收使用管理，加快推进残疾人生活救助和就业等工作，兑现落实656名残疾人的生活护理补贴52.68万元。明确县城供暖试点项目优先覆盖中学、完小、医院、五保户供养点等区域。投资5442万元，建成358套乡镇干部职工周转房，缓解乡镇一线干部职工住房难的问题。投资1346.35万元，建成96套公共租赁住房，保障低收入家庭有房可住。投资139.7万元，实施77户群众危房改造项目。继续办好惠民利民“十件实事”。投资5000万元的县城地热供暖试点工程，完成招投标。投资2200万元的县城整体功能提升和湿地保护工程已经全面完工，县城形象进一步改善。按照“十个统一”标准和“五个全面提升”要求，大力推进文明卫生县城创建活动，在55个村民小组设立专职保洁员，村居环境面貌得到改善。投入63.92万元加强242千米农村公路养护，保障群众便捷通行。投资2446.3万元实施10个村级政权示范点建设，巩固基层政权基础。完成全县七乡一村城镇规划区内地质灾害危险性评估工作，发放农村宅基地登记证书4016本，发证率达到98%以上。兑现抗震加固资金1909.57万元，对5161户农房实施抗震加固工程措施。726户建筑节能示范工程全面竣工。

全面排查摸底，对城镇低保对象98人，实行“分类管理，分类救助”；对农村低保对象2089人进行全面清查排队，按照“对号入座、分类施策、逐步推进”原则，强力推进特困群众定期救助向农村低保的过渡工作，确保兜底保障政策得到有效落实。及时组建工作专班，到全县10个乡镇24个村居，逐户进行摸底调查，建档立卡扶助对象共1746户4119人，贫困面达到30%。共梳理上报扶贫开发项目16个，项目涉及种植、养殖、基础设施建设各方面，计划总投资2109万元。其中申报国家投资1850万元。截至年底，地区下达批复项目16个，总投资2109万元，其中国家投资1850万元，项目建成后将实现297户824人脱贫。全年完成投资2324.9万元的扶贫项目9个，实现370户875人的脱贫任务。落实各类惠民惠农资金4186.61万元，增长11%，促进农牧民人均增收3000多元。组织365人完成汽车驾驶、建筑施工等技能培训，组织剩余劳动力外出务工8970人（次），认真落实群众务工最低工资保障制度，促进群众劳务性增收2900.1万元，城乡居民失业率控制在2.1%以内。安排总投资达9311万元的17个项目交由农牧民实施，促进务工群众整体创收3445万元。同时，兑现“双联户”户长补助奖励资金18.16万元，安排200万元集体经济发展扶持资金，合理引导和扶持农牧民组建专业合作社，先后投入运营错那镇砖厂、人参果合作社、门隅门香等新产品和项目，促进群众增加产业性收入。农牧民人均纯收入预计达到8581元，同比增长26.4%。

【社会稳定】 围绕“三大节日”、全国和自治区“两会”、三月份维稳敏感期、中央第六次西藏工作座谈会、“9·3”阅兵、自治区成立50周年等重大节庆和敏感时段，按照“三目标”“三不出”“三确保”要求，创新方法和措施，安排财政预算114.18万元，推进“平安错那”创建，加强法制宣传，建立值班备勤机制，加大边境和社会面管控，接待处理26件（次）信访案件，查处终结刑事治安案件11起，登记排查外来流动人口4100人（次），表彰民族团结进步先进集体10个、先进个人20名，表彰和谐模范寺庙10座、优秀驻寺干部23人、爱国守法先进僧人86人。先后多次组织政府有关职能部门对重要领域、重点场所进行全方位、拉网式的隐患排查工作，下达整改通知书8份，实现隐患排查工作横向到边、纵向到底，及时地发现和排除了安全隐患。开展以道路交通安全为主，以建筑工地、非煤矿山、森林防火、民爆物品、危化品等领域的大整治工作，出动警力840人（次），联合执法187次，下达执法通知书187份，有力地净化安全生产环境。

【环境保护】 投资2529.86万元，完成10270亩的植树造林任务，加强后期管护，苗木成活率达到85%以上，在觉拉沟初步形成"绿色长廊"。完成错那镇等4个乡、麻麻村等8个村生态文明村的创建工作。安排53.2万元，在55个行政村设置专职保洁员。本级财政安排1638.3万元，对人口集中、交通不便、信息闭塞的12个行政村实施人居环境整治，农牧区村容村貌进一步改善和美化。

隆子县

概　况

隆子县位于西藏自治区南部，山南地区中偏北，喜马拉雅山东段北麓；北与朗县、加查县接壤，南与错那、东与珞瑜、西与措美县相连，西南与错那、偏北方与曲松县、西北与乃东县、东北与米林县相邻。其地理位置为北纬28°05′—28°48′东经91°52′—94°10′。全县境域面积为10566平方千米，实控面积8165平方千米，辖2镇9乡，80个行政村，432个自然村。境内居住有藏族、珞巴族、汉族、回族等民族，2015年底，全县总人口35682人，其中藏族占99%。其中人口最多的为日当镇，有2429户、7652人；人口最少的乡为玉麦乡，9户、31人。县政府驻地机当，海拔3980米，距西藏自治区首府拉萨市326千米，距山南地区行署所在地泽当147千米。

2015年国民经济和社会发展

【经济发展】 年内，全县生产总值完成73252万元，同比下降1.1%；固定资产投资完成80600万元，同比增长0.3%，比年初目标增长30%；税收完成13947万元，同比增长12.9%；县本级财政收入完成6800万元，同比下降5.9%，社会消费品零售总额完成9412万元，同比增长17.9%；农牧民人均纯收入达8401元，同比增长12.7%，比年初目标增长4.4%。

农业生产持续实现丰产丰收，粮食总产17933吨、油菜总产1100吨。畜牧业稳健发展，全县牲畜存栏181071头（只、匹），牲畜出栏率33.6%。完成黄改冻配7082头，出售改良牛1979头，创收1201.68万元。完成工业总产值5.63亿元，其中华钰公司完成产值55200万元，全年工业增加值达25979万元。非公经济注册1273户，比上年增加302户。加玉青稞加工基地运行良好，"隆子黑青稞"和"隆子黑青稞糌粑"被批准为国家地理标志保护产品，2015年8月，累计加工黑青稞糌粑77.5万斤，实现销售收入509.6万元。

【项目建设】 全年项目开复工总数达140个（续建44个），总投资147599万元，本年累计完成投资80600万元。县城垃圾填埋场、2015年度农发扶贫和准巴至斗玉四级油路等一批重大项目开工建设。投入资金5076万元建设39个农林牧水及生态项目，投入资金2815万元建设3个交通项目，投入资金1142万元实施兴边富民项目，投入资金7070万元实施28个非边境自然村组织活动场所、人居环境综合整治和民房改造项目，强基惠民渠道投入资金7981万元用于农牧区基础设施建设。全年招商引资完成1.9亿元。

安排本级财政资金建设隆子县黑青稞商城、农贸市场入口商品房、新巴步行街商品房、樟木萨路周转房小区商品房。县本级财政投入资金300万元实施樟木萨路管线入地改造工程。县本级财政投入资金360万元对县城主干道雄哲路、常德路街面进行风格统一的墙面改造。完成棚户区改造147户，国家投资661.5万元、县本级财政投资66万元。在县城体质扩容的推动下，非公经济迅猛发展，个体工商户发展到1273户，比去年增加302户。县本级财政安排资金近20万元举办第33届聂雄物资文化交流会,参会商户516户,成交额2950万元,同比增长16.6%,极大地刺激消费。

【社会事业】 落实“三包”经费1462.2万元、农牧区学生营养改善经费327.6万元。兑现上半年乡村教师生活补助91.71万元。开展“送科技”下乡活动2次,组织1期科技培训。新建沼气250座,产气率91%。各渠道投入资金4500万元用于教育均衡发展验收的基础设施和配套设施建设。累计投入资金4000万元用于国家公共文化服务体系示范区创建工作,县本级财政投入资金达520万元。举办首届“聂雄杯”才艺大赛。扎实开展第六次全国可移动文物普查工作。整合资金150.89万元建立农牧民大病预支付专项资金。投入资金1000万元用于县人民医院创二甲工作,已顺利通过初评和预审。全面完成城乡居民和在编僧尼免费健康体检工作。对全县681处牌匾、路标、横幅、门牌等进行检查,进一步规范藏语文社会用字。

县本级财政投入资金7000万元(最终以决算为准)实施民生项目。强基惠民渠道为农牧民解决困难487件,累计投入资金580余万元。五大保险中,城乡居民养老保险参保率为97.2%,其余四大保险参保率均达100%。城镇登记失业率1.85%。向6个边境乡兑现2009年至2015年“工作量”边民补助资金1183万元。落实2014—2015年冬春自然灾害生活补助资金35.6万元。落实前三季度城乡低保资金372万元。垫付资金160万元配备五保集中供养中心设施,落实运转经费3万元,水、电费实报实销,专门安装视频监控,五保集中供养中心投入使用,全县供养人数160人,有意愿的五保集中供养率达100%。为8380户农牧民安居房兑现抗震加固资金3210.5万元。动员社会各界、企业、机关事业单位干部捐资500多万元,县本级财政再安排600万元设立隆子县扶贫资金。

固定资产投资预计完成8.01亿元,交给农牧民实施的项目资金为20025万元,占25%以上。加大农村劳动力转移就业力度,组织劳务输出14128人,总创收7071.4万元,人均创收5005.23元。组织农牧民技能培训5次,培训农牧民1796人。采集虫草1070.6斤,与去年同期相比增加358斤,带动群众增加收入5781万元。加快推进总投资3414.7万元的整乡推进、面上扶贫、劳动力转移等扶贫项目,在民生项目中专门安排沉淀资金1200万元针对热荣、雪沙两个集中连片贫困区域实施19个项目,切实改善饮水、灌溉等基础条件。全年667户、2155人实现脱贫。按照精准扶贫的工作要求,完成3076户9160人的精准扶贫建档立卡工作。制定各乡镇“一乡一策”“一村一策”和“一户一法”群众增收举措。

【社会稳定】 制定“1851”维稳工作思路,不断强化党员干部的维稳意识。加大各敏感节点和敏感期维稳工作。截至年底,累计出动各方警力18000余人次、车辆3600余台次,做好24小时社会面和重点部位巡逻值守工作。调动红袖标、“四护队”、维稳三支队伍、双联户等力量3800余人次,分片区开展942次群防群治联防联控。落实维稳带班值班制度。深化寺庙“六个一”活动,扎实推进“九有”“一个覆盖”“一个创建”“一个教育”“一个工程”活动,组织僧尼集体学习198次,开展党团活动132次,开展家访僧尼168人次,落实慰问及办实事资金20万元,登记朝佛人员2400余人次。按照“一个佛事活动、一套方案、一组安保人员”的要求,全面做好佛事活动安保工作。发挥党政军警民联合护边的作用,出动边防官兵和护边联防队员3950人次,开展边境巡逻434次,搜集边境情报信息6条,俗坡二线检查站检查登记过往人员198503人,车辆87765台,物品297754件,劝返不符合通边条件人员33人。

在各重要敏感节点,组织各方维稳力量580余人、车辆50余台开展维稳安保誓师、武装拉练、反自焚演练等活动。每天安排维稳力量80余人、车辆10台做好维稳应急准备工作。狠抓安全生产、反恐防暴、反自焚专项斗争,累计出动警力574人次,开展道路交通整治50次、枪支弹药排查15次、矿山安全检查18次,查出隐患1起,已整改到位;开展管制刀具、危险化学品排查15次,收缴管制刀具15把;开展消防安全隐患排查32次,查处隐患3起,整改2起,正在整改1起,全县安全生产事故起数持续下降,实现“零”死亡。

【环境保护】 全县悬挂宣传海报860余份，安放大型宣传牌12面，制作专项行动宣传栏11个、大型宣传牌18面，各项宣传手段相结合，确保群众知晓率达100%；入户调查10967户，入户调查率达100%。对专项行动2015年所需经费实报实销，2016年列入本级财政预算。根据入户调查工作需要，举办入户调查培训会1次。专项行动督促检查组，先后两次深入4个乡镇，对专项行动各项工作开展情况进行督导检查。通过专项整治全县发展环境持续优化。

实施重点区域生态公益林建设2761.2亩、高原生态安全屏障防护林建设1605亩，完成义务植树200亩。造林成活率达85%、保存率达90%。落实上半年生态效益补偿资金375.31万元。争取资金144.4万元在玉麦、准巴、三林、斗玉四个乡镇建设专业管护站。科学、合理安排去年自治区和地区安排的220万元环保考核奖励资金。投入县本级财政资金近1000万元改善环保软硬件条件。强化华钰公司扎西康矿山等重点部位的环保监测监管，下发整改通知5份。督促华钰公司扎西康矿山污水处理厂内外安装8个在线监控设备。建设20个农村饮用水水源点保护工程。斗玉珞巴民族乡斗玉村荣获"第四届西藏文明村镇"称号。全县在山南地区生态环保考核中评定为"良好"。

曲松县

概　况

曲松，藏语意为"三条河"（色布河、江扎河、贡布河三条河穿流而过），位于喜马拉雅山北侧，雅鲁藏布江中游南岸，行政区划属于山南地区。其东部与加查县、朗县接壤，南部与隆子县相连，西部与乃东县毗邻，北部与桑日县交界。全县平均海拔4200米，县城所在地海拔3987米，全县国土面积1967平方千米，其中耕地4.1万亩、林地79.76万亩、草场249.98万亩。农作物主要有青稞、小麦、油菜等，牲畜养殖主要有牦牛、绵羊、骡马等。

曲松县属高原温带半干旱季风气候区，冬、春两季多大风、沙尘，年平均气温5.3℃，无霜期在110天左右，年平均降雨量470毫米，全年平均日照时数达2774小时。曲松县城距行署所在地泽当镇60千米，距贡嘎机场150千米，距拉萨市210千米。

全县现辖3个乡2个镇，21个行政村，141个自然村，总人口5386户16960人，有藏、汉、门巴、洛巴等民族，其中藏族占90%。

全县有宗教场所12处。人文景观9处，包括古遗址2处，古墓葬群3处，古寺庙及古建筑群2处，石窟2处。位于县城西南方向的拉加里王宫，始建于13世纪，建造风格独特，具有较高的文物研究价值。堆随拉日石窟、洛村石窟壁画精美细腻，雕刻艺术别具一格。色吾温泉含有多种对人体有益的矿物质，即可沐浴，又可治病，具有较高的开发价值。

境内矿产资源丰富，罗布莎矿是目前全国最大的铬铁矿勘查和开发基地，累计探明储量为600万吨，占全国储量的50%。此外还有花岗岩、沙金、岩金、矿泉水、金刚石、柯石英、多金属矿、铁旦和新矿物等矿产资源。

2015年国民经济和社会发展

【经济发展】 全年实现地区生产总值4.89亿元，固定资产投资5.28亿元，财政收入4233万元，社会消费品零售总额5208万元，税收收入3740万元，农牧民人均可支配收入9030元，主要经济指标均实现两位数增长，完成地区下达的目标任务。

常规农牧业稳步推进，农牧业实现丰产丰收，全年粮食产量7430吨、油菜产量979吨，肉类产量1900吨、奶类产量4597吨。加大对农牧民合作社的扶持力度，形成4家初具规模专合组织。江南矿业成为第二家落户曲松的矿山企业。全年新增铬铁矿25万吨、开采9万吨，实现工业增加值1.34亿元。旅游服务业步入市场化运作进程，全年接待游客5.4万人次，实现旅游收入219.3万元。非公经济加快发展，各类实体经济茁壮成长，全县登记注册实体经济659户，注册资金3亿元，带动就业3982人。产业的蓬勃发展，成为曲松长足发展的不竭动力。

【项目建设】 启动县城总规修编和控制性详规编制工作，编制4个乡（镇）总规。县城污水处理厂、供水工程开工建设,曲松河整治工程、统筹城乡工程建成投入使用,县怡馨小区物业半市场化管理正式运营,全年建设保障性住房304套、安居工程70户,城镇功能不断提升,城乡住房条件日益改善,城乡面貌日新月异,干部群众生产生活条件大幅改善。

落实一大批基础设施、能源、电力、市政等重点项目154个,总投资达4亿元的县变电站整体搬迁和协信20兆瓦光伏发电项目开工建设,破解制约曲松工业发展的瓶颈问题,为今后发展注入强劲动力。

【社会事业】 本级财政安排2100万元民生资金(占上年度财政预算收入的57%),实施新农村建设、乡村道路建设、农田水利建设、村集体经济发展、教育优先发展、文化惠民、医疗卫生等民生领域"七件实事",建设项目35个,解决一批关系农牧民群众的热点难点问题,小项目凸显大民生、带来大效益。

按照"六个精准""五个一批"要求,完成精准识别贫困户1703户、3852人,实现户有卡、村有册、乡有薄、县有档,做到精准扶贫、精准管理。投入2084万元,实施扶贫项目22个,受益建档立卡户684户1872人,实现精准脱贫628人。

坚持教育优先发展,投入1236万元用于教育事业发展,县域义务教育均衡发展以山南地区第一名的好成绩顺利通过国家评估认定。加强三级医疗卫生服务体系建设,村标准化卫生室和"一村两医"实现全覆盖。狠抓"两降一升"工作,孕产妇实现"零"死亡目标。包虫病防治工作顺利通过国家终期评估验收,并得到国家卫计委领导的高度肯定和自治区、地区主要领导的重要批示。四级公共文化服务体系不断健全,广播电视覆盖率达98%以上;《美丽曲松》视频歌碟DVD出版发行5000张,社会反响很好,成为宣传曲松重要载体之一。第二批国家公共文化服务体系示范区顺利通过自治区验收。自治区藏语文社会用字现场会分会场在曲松胜利召开。

全面落实城乡低保、五保供养、困难救助等"兜底"政策,落实各类保障资金400余万元,切实让低收入群体感受到党和政府的关怀和温暖。及时足额兑现各类惠民资金2936万元,未发生挪用、截留、挤占资金等现象。全县"五大社会保险"参保率、征缴率均达98%以上,有意愿"双集中"率达100%。

【社会稳定】 严格落实地区维稳"十条规定",健全完善值班备勤、督导检查、责任追究等工作机制,形成党委主抓、分管部门具体抓、其他部门配合抓、军警民协调联动的维稳体系。强化应急处突演练,做到联防联控力量、重点监管措施、应急处置装备"三到位",确保维稳工作机制更加完善、作用发挥更加明显。驻村、驻寺、驻加油站工作不断深化,"先进双联户"创建评选工作不断巩固,联户保平安、联户促增收工作成效明显,重点人员、重点区域、重点目标、重点场所得到有效管控,情报信息搜集研判不断强化,社会面持续和谐稳定。认真落实"三级信访接待日"和人大代表、政协委员和社会组织第三方参与矛盾纠纷排查调处机制,加大矛盾纠纷排查力度,实现无越级上访目标。强化矿山企业、建筑工地、危化品等领域的安全生产执法检查和日常监管,严格落实道路交通"两限一警"措施,安全生产工作取得喜人成绩,安全生产事故起数和死亡人数实现"零"工作目标。

围绕"守法律、讲政策、爱祖国、感党恩、促发展、保稳定、护团结"主题,认真开展"法律进万家"活动,采取"文艺搭台法律唱戏"、邀请县政府法律顾问宣讲等形式,深入田间地头、虫草采集点、施工地、采矿点、教学点开展法律宣讲1000余场(次),受教育群众1.3万余人(次)。

围绕"六个同步、六个100%"要求,深入开展调研摸底,发现突出问题9类,明确重点乡(镇)和重点村各1个。扎实做好入户宣传,创新开展"入户宣传6+活动",做到群众对专项行动的知晓率100%,对相关法律法规主要条款知晓率100%。全县优化发展环境专项行动工作稳步、稳慎推进,得到广大农牧民群众的理解、支持和参与。

【环境保护】 严守生态安全底线,始终把天蓝、地绿、水清作为生态环境保护终极目标。严格执行各项环保法律法规和规章制度,实现重点资源开发和重大项目建设环评执行率达100%,环境保护工作被自治区评为良好等次。完成曲松下洛国家湿地公园申报工作。自治区级生态乡(镇)、生态村创建工作扎实推进，全县创建自治区级生态乡（镇）、生态村实现过半目标。大力实施重点区域生态公益林保护、退耕还林、防沙治沙等工程，全县森林覆盖率达23.83%，生态环境持续良好。

【援藏工作】 黄石第三批援藏工作队创新援藏模式、拓宽援藏领域、丰富援藏内涵，加大援藏工作力度、扩大援藏效益，6个援藏项目全部建成，实现"三年计划、两年完成"目标。落实计划外1‰援藏资金1795万元，投资1010万元新建自治区县级一流的妇幼保健院，让广大妇女和幼儿享受更好的医疗服务。从黄石市引进农牧、卫生、国土等10余名专业技术人才进行对口援藏，开展"传、帮、带"工作，留下一支永不走的技术人才队伍。选派14名干部到援藏省市挂职锻炼，组织乡、村干部到对口援助省市参观学习、开阔眼界。劲牌公司捐资100万元开展劲牌阳光助学活动，黄石曲松"百梦共圆"活动赢得广大群众广泛赞誉。

【"十三五"规划】 聘请四川大学咨询公司，承担"十三五"规划的编修工作。规划围绕全面建成小康社会奋斗目标，突出"四个全面"战略布局和"创新、协调、绿色、开放、共享"五大发展理念，紧密结合自治区、地区"十三五"规划战略布局，立足曲松区位优势和资源禀赋，主动融入对接，明确发展定位、区域布局、奋斗目标。规划内容可真正用于指导实践，经得起实践的检验。

加查县

概　况

加查，藏语意为"汉盐"。相传文成公主路过此地时，把一块盐巴放在洞里，从此洞里就流出盐水，故得名。位于西藏自治区东南部，系山南地区东大门，属多河流峡谷地带，县境东与林芝市朗县交界，北与林芝市工布江达县接壤，西与桑日、曲松两县相连，南与隆子县毗邻，东西跨度88.2千米，南北距离102.2千米，全县国土面积4646平方千米，森林覆盖面积14万公顷，草场面积19万公顷，总耕地面积1666.3公顷。加查县有虫草、核桃、贝母等特产，是西藏著名的"千年核桃之乡、高原水电之都、生态文化旅游圣地"。全县平均海拔4000米左右，年降雨量440—600毫米，属高原温带半湿润半干旱气候。县城位于雅鲁藏布江中下游南岸，海拔3240米，306省道由城区南侧穿过，西距山南地区行署所在地泽当镇105千米，距自治区首府拉萨市250千米，距朗县76千米。全县辖5个乡2个镇，77个村委会，总人口6873户22700人，其中农村人口5927户19903人。

2015年国民经济和社会发展

【经济发展】 2015年全县生产总值达到11.87亿元，同比增长8.3%；全社会固定资产投资达到25.53亿元，同比增长2.84%；社会消费品零售总额达到2.51亿元，同比增长30%；地方财政收入达到8728万元，同比增长16%；农牧民人均纯收入达到11278元，同比增长12.5%。

大力推进大型水电站建设，藏木水电站6台机组已全部并网运营，加快加查电站、嘎堆电站、冷达电站和县境内流域中小电站的规划建设；推进矿产开采加工，加强矿产资源调查评估，2015年邦布岩金矿产量0.34吨，完成工业产值7050万元，实现增加值5273万元；大力发展新型、节能、环保的建材产品，推进石材、砂石料、水泥制品等建筑建材产业发展，加大招商引资和政策扶持力度，中力鼎盛投资有限责任公司、闽其气体销售有限公司、西藏冶建特种材料有限公司等一批企业先后入驻加查，实现招商引资2.37亿元，为加查县财政培植新的增长点，成为拉动加查县经济增长的"助力器"。

蓝莓种植基地种植面积达243亩，带动当地群众增收220余万元；在加查县加查镇、冷达乡推广种植500亩胡麻，每亩平均产量达160千克；新种植核桃苗木2.3万株，核桃规模发展到1.7万亩46.9万株。

【项目建设】 2015年共实施新建、续建项目81个。投入460万元实施县城拉姆拉措路人行道改造；

投入1200万元实施安绕镇基础设施建设项目；投入675万元实施150户棚户区改造项目建设；投入3000万元、1302万元完成130套保障性住房、112套公租房建设任务；分别投入1720万元、6071万元、7625万元实施拉绥、冷达、坝乡三条通乡油路的建设，实现全县7个乡镇通油目标；投入440万元用于村居政权改造；拉林铁路（加查段）、加查电站三通一平及防护工程、加查电站骨料加工系统及混凝土生产系统、嘎堆电站等大型项目扎实推进，辐射带动作用更加凸显；总投资2700万元的加查县江南灌区（核桃产业基地）项目加快推进。完成义务植树925亩，实施重点区域工程造林572亩，造林成活率达95%。

【社会事业】 2015年，加查县全年新增城镇就业215人，共投入培训资金168.53万元，开展各类转移就业技能培训24期1207人次。农牧区转移就业6100人次，实现劳务创收3299.57万元。强基惠民累计投入资金1142.1万元，为民办实事1887件。

投入资金1504.8万元，用于改善办学条件和提高教师待遇，"义务教育均衡发展"迎验工作有序推进。小学适龄儿童入学率和在校生巩固率均达到100%，初中阶段毛入学率为101.6%，在校生巩固率为98.2%。

文化事业发展继续落实"援藏资金的20%"和"本级财政上年收入的3%"用于文化事业发展的政策要求，总投资3000余万元（援藏资金300万元）、建筑面积8000余平米的达布文化活动中心竣工验收。国家公共文化服务体系示范区创建工作顺利通过自治区验收。

加强卫生计生服务能力，新建4所乡（镇）卫生院和52个村级卫生室。总投入200万元的县人民医院体检中心已投入使用。投入740万元为卫生系统配备办公和医疗设备。农牧民住院分娩率达96.4%，全民体检率达100%。

城乡居民基本养老制度合并实施，各项社会保险参保人数达1.83万人次。社会保障体系不断健全，全年共发放低保金、五保供养金、各类救助资金、补贴补助768.36万元；对社会弱势群体和城镇低收入家庭的关心与帮扶不断增强，县五保集中供养中心、县敬老院分别供养五保户104人、33人，集中供养机构入住率达100%。

【援藏工作】 2015年，宜昌市第三批援藏工作队继续深化以理念援藏创新援藏工作思路、以项目援藏助推经济发展、以系统援藏力促援助全覆盖、以科技援藏惠及民生促农牧民增收的做法，真正做到援助援到点子上、解难解到根本上、帮扶帮到心坎上。

发起加强思想道德建设、加强文化阵地建设，整治文化市场、整治社会风气的"双建设、双整治"活动，深入推动道德模范评选活动，推选树立以全国劳动模范次仁宗巴为代表的8个身边的典型。

总投资3700万元的援藏项目已全部竣工验收，项目涵盖基层政权、医疗卫生、公共文化、扶贫助困等民生领域。先后投资1150万元建成占地面积14700平方米的安绕镇农牧民综合文化体育设施和安绕镇惹米村基层文化阵地；先后在海拔超过4000米的崔久乡等高海拔乡村，建设3个村委会活动场所和创收载体、10座标准化村级卫生室、25座温室、1个粮油加工基地。

深化落实湖北省宜昌市委、市政府关于县市区对口支援加查乡（镇）、市直部门对口支援加查县直部门的"系统援藏"文件精神，进一步拓宽"双向全覆盖"的系统援藏格局。先后协调湖北省及宜昌市28批干部人才到加查开展培训交流；协调加查县32批300余人次基层干部、技术人员和2批26名教师到宜昌进行考察交流、学习培训。争取到1‰以外的帮扶资金1418万元用于农牧民专业技能培训和民生项目建设，积极争取企业家、爱心人士成立"宜+助学基金"并捐款60余万元用于贫困学生帮扶。

组织援藏农技专家先后50多次开展蓝莓、胡麻等经济作物种植现场培训讲解，4000余名农牧民受益，带动当地群众增收220余万元。积极争取2500余册图书，建成全自治区首个县级"职工书屋"；投资200万元购置胃镜检测仪等医疗设备，首次实施无痛胃镜、卵巢囊肿剥除等手术，填补加查县医学历史的空白。首创并推动宜昌市中心医院、市一医院、夷陵医院、市疾控中心对口支援加查县人民医院和疾控中心的医疗援藏模式，先后协调4次24名内地医生来藏开展培训交流，协调12名医生进藏工作，接诊病人16000多例，实施大小手术600余例，处理各种疑难杂症100余例，抢救危急重病人50余例。

桑日县

概　况

桑日，在藏语中是“铜山”之意，是湖南省岳阳市对口援助县。自治区单体投资最大的招商引资项目——华新水泥厂建成在县绒乡冲木达村；另外，中电投、中广核、上海保利协鑫和无锡尚德等4家太阳能光伏企业也在县投资建设。全县国土面积2634平方千米，辖3个乡（增期乡、白堆乡、绒乡）、1个镇（桑日镇），42个村委会，83个自然村，其中，农业村35个，牧业村7个，总人口1.7万人。县城距山南地委、行署所在地泽当镇28千米，距贡嘎机场120千米，距西藏首府拉萨市178千米，区位优势十分明显。

2015年国民经济和社会发展

【经济发展】 2015年，全县生产总值完成13.36亿元，固定资产投资完成23.19亿元，社会消费零售总额完成7700万元，财政收入完成7133万元，税收收入完成1.36亿元，农牧民人均纯收入完成10388元。

全年投入资金1267.64万元，支持传统农牧业发展，全年粮食产量8225吨，牲畜存栏9.99万头（匹、只），全年未发生一起重大动物疫情。推动光伏基地增量扩容，加大工业园区建设，启动山南地区建材物流园招租改造，华新水泥年产能突破125万吨，实现工业增加值6.9亿元。大力推广“游财湖、观马鹿、泡温泉、品帕竹文化”旅游品牌，扶持农牧民开办家庭旅馆3家、旅游接待点2个，接待游客6.72万余人，实现旅游收入221余万元。

严格落实全面深化改革要求，加快推进“三证合一”登记制度改革，大力推广政务“一站式”服务举措，圆满完成农电代管工作，行政效能得到显著提升。受援工作不断深化，湖南省岳阳市第七批援藏项目全部建成，智力援藏取得显著成效，“十三五”援藏规划编制基本完成，桑日岳阳兄弟情谊更加浓厚。全面优化发展投资环境，非公经济不断壮大，市场主体达633户，同比增长17.6%，注册资金7.8亿元，同比增长26.8%，上缴税金1.36亿元。

【项目建设】 大古水电站建设稳步推进，光伏基地总装机容量突破70兆瓦，发电量累计达到8290.56万千瓦时，行政村通电率均达到100%。完善交通基础设施建设，完成农村公路投资1.65亿元，桑墨公路总工程量完成40%，桑加公路二期项目启动招标程序，拉林铁路桑日段完成投资7.98亿元，公路通畅率分别达到100%。推进水利基础设施建设，投入水利基础建设资金4686.7余万元，新建水库1座，防洪堤坝2座，机井1眼，蓄水池（水塘）19座，修建水渠54.92千米，农村安全饮水全覆盖。

【社会事业】 教育支出2870万元，强力推动教育发展，双语幼儿园入学率达到83%、小学中学入学率均达到100%、巩固率均达到100%，义务教育均衡发展成功通过国家验收。投入420万元实施村级卫生室规范化建设，“一村两医”目标基本实现，农村合作医疗参保率达到100%，全民健康体检实现常态化，“两降一升”工作成效显著。累计支出489万元，推进文化事业大发展大繁荣，“村村通”“户户通”全县广播电视覆盖率均为98.6%，国家公共文化服务体系示范区建设通过自治区验收。

落实“十道保障线”制度资金253万元，兑现国家城乡低保、医疗救助、五保供养等各类补贴资金1363万元。千方百计扩大就业，全年新增就业人员256人，城镇登记失业率控制在2%以内。五保户集中供养中心全面投入使用，149名五保户人员实现集中供养。覆盖城乡居民的社会保险体系和社会救助体系基本建立，新型农村社会养老保险参保人数达9339人、参保率99,6%，城镇养老保险参保31人、参保率100%。农牧民安居工程深入推进，改造农牧区危房206户，完成乡镇周转房184套。

大力实施“一乡一策”增收办法，农牧民人均可支配收入比去年增加1328元。大力开展农牧民技能培训，全年开展实用技能培训17期，劳务输出1.3万人次，劳务收入2630万元。按照“六个精准”“五个一批”“八个到位”要求，大力实施精准扶贫、精准脱贫，完成1357户2181人贫困人口的建档立卡工作，实施扶贫项目18个，241户676人成功脱贫。

【环境保护】 实施《西藏生态安全屏障保护与建设规划》，建立完善生态效益补偿长效机制，落实生态公益林补偿和草原生态保护补助奖励资金805.32万元。大力实施重点区域生态公益林保护、退耕还林、防沙治沙等工程，全年完成森林保护管理12.25万公顷，重点区域造林1337.2亩、防护林7680亩、防沙治沙3.42万亩、封山育林8000亩，种植树木66.73万株，成活率达到90%以上。各种生态节能措施不断推广，年内新建成沼气池989座，太阳灶推广率达到93%以上，引导群众养成低碳节能的生活方式。

加大对县城、交通主干线等部位的环境保护力度，开展环保执法活动56次、禁白整治活动14次，严格控制新污染源的产生。加强环境执法监督，严格落实企业、项目环境影响评价制度，严格土地预审和建设用地报批，大力实施土地复垦工程，耕地面积保持在红线以内，实现经济建设与环境保护协调发展。

【社会稳定】 深入开展反分裂斗争、新旧西藏对比、富农强农惠农政策和法制宣传教育，扎实开展“法律进万家”宣传教育活动，各族干部群众自觉与十四世达赖集团划清界限。广泛开展民族团结宣传教育，深入开展民族团结进步创建活动，表彰先进集体10个，先进个人15名，“三个离不开”和“五个认同”思想深入人心。持续开展维稳形势教育，各族干部群众“维稳没有局外人”的思想进一步筑牢，自觉参与维护社会稳定工作，形成全民维稳的良好态势。

【党建工作】 加强党员干部“三个自信”教育，深入开展“三严三实”主题教育活动，召开县委理论学习中心组会议10次，组织党员干部深入学习“三基本”“五当代”233次，组织党员干部培训6期，参训人员1000余人次。

贯彻落实中央八项规定、区党委“约法十章”“九项要求”、地委“十项规则”和县委“九项举措”，县委政府主持召开的会议减少12%、公文减少9%，县级干部下基层调研时间增加23%，全县“三公经费”同比下降13%。认真履行党风廉政建设主体责任，大力支持纪委落实监督责任，深入开展廉政警示教育，扎实开展党风廉政宣传教育月活动，加大纪律审查力度，县纪委受理信访案件8件，立案1件，信访了结6件，诫勉谈话6人，给予党纪处分1人，通报批评1人，追缴违规使用资金49.71万元。

先进名录

受地厅级以上表彰的先进集体名录

获奖单位	获奖名称	表彰时间	授予单位
西藏自治区人民检察院山南分院计划财务装备处	全国检察机关检务保障工作先进集体	2015 年	最高人民检察院
隆子县法院民事审判庭	先进审判庭	2015 年	全国最高人民法院
中国银行山南地区分行	全国五一巾帼标兵岗	2015 年	中华全国总工会
地区人民医院妇产科	全国五一巾帼标兵岗	2015 年	中华全国总工会
人民医院	全国五一巾帼标兵岗	2015 年	全国妇联
山南地区文化执法支队文化市场综合执法支队	全国文化市场综合行政执法先进集体	2016 年	国家文化部
山南边防支队政治处	全国优秀政治机关	2015 年	公安部
公安处政治处宣教科	2013–2015 年深化素质强警交流合作突出集体	2015 年	公安部政治部
琼结县县法院	全国首批青少年事务社会工作示范项目	2015 年	民政部和团中央
曲松县国土资源局	全国国土资源系统先进集体	2015 年	中华人民共和国人力资源和社会保障部、中华人民共和国国土资源部
山南地区档案局（馆）	全国档案系统先进集体	2015 年	人力资源与社会保障部、国家档案局
乃东县	第三批现代农业示范区	2015 年	国家农业部
隆子县国土资源局	国土资源管理系统“六五”普法先进单位	2015 年	国土资源部
地区道路运输管理局	2014 年度交通运输行政执法评议考核优秀基层执法单位	2015 年	交通运输局部
地区水利局	全国水利文明单位	2015 年	水利部精神文明建设指导委员会、中央精神文明建设指导委员会办公室
地区水利局	全国文明单位	2015 年	水利部精神文明建设指导委员会、中央精神文明建设指导委员会办公室

续表

获奖单位	获奖名称	表彰时间	授予单位
扎囊县扎唐镇折木居委会	全国文明单位	2015 年	中央精神文明指导委员会
隆子县委政法委	全国文明单位	2015 年	中央精神文明指导委员会
地区气象局	全国精神文明先进单位	2015 年	中央精神文明建设指导委员会办公室
山南地区质监局	全国文明单位	2015 年	国家文明委
地区妇保院	国家级爱婴医院	2015 年	国家卫计委、联合国儿童基金会、世界卫生组织
地区国家税务局	全国青年文明号	2015 年	国家税务总局、团中央
山南地区公安局看守所	“三共”活动成绩突出单位	2015 年	公安部监管局
普玛江塘边防派出所	基层建设标兵单位集体三等功	2015 年	公安部边防管理局
地区地震局	全国地市级防震减灾工作综合考核先进单位	2015 年	中国地震局
地区地震局	2015 年第四届平安中国防灾宣导系列公益活动优秀组织奖	2015 年	中国地震局
农行山南分行营业部	中国银行业文明规范服务五星级营业网点	2015 年	中国银行业协会
中国银行山南地区分行	全国银行业安全管理“先进单位”	2015 年	中国银行业协会
中国人民银行山南地区中心支行	2012–2014 年度中国人民银行“文明单位”	2015 年	中国人民银行
地区邮政管理局	空白乡镇邮政局所补建工作优秀集体	2015 年	国家邮政局
琼结县民间艺术团	久和卓舞《古都春雷》表演项目一等奖	2015 年	第十届全国少数民族体育运动会组委会
贡嘎县教体局	优秀组织奖	2015 年	全国第五届中小学生艺术展演活动组织委员会
贡嘎县昌果小学	小学甲组一等奖	2015 年	全国第五届中小学生艺术展演活动组织委员会
团地委	山南西部计划志愿者服务队全国志愿服务示范团队	2015 年	中国志愿服务联合会
山南气象科普教育基地	2015 年度优秀全国气象科普教育基地	2016 年	中国气象学会
山南地区	中国最佳文化生态旅游目的地	2015 年	中国国际文化旅游促进协会
山南地区	中国最美人文休闲旅游目的地	2015 年	中国国际文化旅游促进协会
山南地工委驻加查县安绕镇朗村工作队	创先争优强基础惠民生活动第四批驻村（居）工作先进集体	2015 年	自治区党委、自治区政府
行署办公室	自治区创先争优强基础惠民生活动优秀组织单位	2015 年	自治区党委、自治区政府
山南地区行署办公室驻村工作队	创先争优强基础惠民生活动第四批驻村（居）工作先进集体	2015 年	自治区党委、自治区政府
中共山南地区纪委	创先争优强基础惠民生活动第四批驻村（居）工作先进集体	2015 年	自治区党委、自治区政府
地委组织部	自治区创先争优强基础惠民生活动优秀组织单位	2015 年	自治区党委、自治区政府

续表

获奖单位	获奖名称	表彰时间	授予单位
地委组织部驻扎囊县桑叶镇松卡村工作队	创先争优强基础惠民生活动第四批驻村（居）工作先进集体	2015 年	自治区党委、自治区政府
山南地委宣传部	自治区创先争优强基础惠民生活动优秀组织单位	2016 年	自治区党委、自治区政府
山南地委政法委员会	2015 年度“先进双联户”创建活动先进地（市）	2015 年	自治区党委、自治区政府
地区工商局驻隆子县卡塘村工作队	2015 年自治区级先进工作队	2015 年	自治区党委、自治区政府
地区粮食局	自治区创先争优强基础惠民生活动优秀组织单位	2015 年	自治区党委、自治区政府
山南地区统计局、国家统计局山南调查队	创先争优强基础惠民生活动第四批驻村（居）工作先进集体	2015 年	自治区党委、自治区政府
地区人力资源和社会保障局	自治区创先争优强基础惠民生活动优秀组织单位	2015 年	自治区党委、自治区政府
地区人力资源和社会保障局	创先争优强基础惠民生活动第四批驻村（居）工作先进集体	2015 年	自治区党委、自治区政府
地区水利局	自治区创先争优强基础惠民生活动先进驻村工作队	2015 年	自治区党委、自治区政府
山南地区农牧局	创先争优强基础惠民生活动第四批驻村（居）工作先进集体	2015 年	自治区党委、自治区政府
山南地区卫计委驻张达乡张达村工作队	创先争优强基础惠民生活动第四批驻村（居）工作先进集体	2015 年	自治区党委、自治区政府
审计局派驻加查县坝乡秋巴村驻村工作队	创先争优强基础惠民生活动第四批驻村（居）工作先进集体	2015 年	自治区党委、自治区政府
地区广电局	自治区创先争优强基础惠民生活动优秀组织单位	2015 年	自治区党委、自治区政府
地区工商局驻隆子县卡塘村工作队	创先争优强基础惠民生活动第四批驻村（居）工作先进集体	2015 年	自治区党委、自治区政府
山南地区气象局驻村工作队	创先争优强基础惠民生活动第四批驻村（居）工作先进集体	2015 年	自治区党委、自治区政府
地区职业技术学校	自治区创先争优强基础惠民生活动优秀组织单位	2015 年	自治区党委、自治区政府
山南地区藏医医院	创先争优强基础惠民生活动第四批驻村（居）工作先进集体	2015 年	自治区党委、自治区政府
行署办公室	自治区创先争优强基础惠民生活动优秀组织单位	2015 年	自治区党委、自治区政府
山南地区行署办公室驻村工作队	创先争优强基础惠民生活动第四批驻村（居）工作先进集体	2015 年	自治区党委、自治区政府
琼结县琼结镇	全区“先进双联户”创建活动先进乡镇（街道）	2015 年	自治区党委、自治区政府
琼结县	自治区“先进双联户”创建活动先进县	2015 年	自治区党委、自治区政府
扎囊县	自治区“先进双联户”创建活动先进县	2015 年	自治区党委、自治区政府
扎囊县	全区粮食生产先进县（区）	2015 年	自治区党委、自治区政府
扎囊县县委组织部	自治区创先争优强基础惠民生活动优秀组织单位	2015 年	自治区党委、自治区政府

续表

获奖单位	获奖名称	表彰时间	授予单位
扎囊县吉汝乡	自治区创先争优强基础惠民生活动优秀组织单位	2015年	自治区党委、自治区政府
扎囊县县卫生局	全区妇幼健康服务先进集体	2015年	自治区党委、自治区政府
扎囊县阿扎乡章达村	自治区“先进双联户”创建活动先进集体	2015年	自治区党委、自治区政府
吉汝乡格普村	创先争优强基础惠民生活动第四批驻村（居）工作先进集体	2015年	自治区党委、自治区政府
扎囊县桑耶镇	自治区“先进双联户”创建活动先进乡镇	2015年	自治区党委、自治区政府
扎囊县扎唐镇嘎杂村	创先争优强基础惠民生活动第四批驻村（居）工作先进集体	2015年	自治区党委、自治区政府
贡嘎县	自治区成立50周年庆祝活动先进集体	2015年	自治区党委、自治区政府
贡嘎县	民族团结先进集体	2015年	自治区党委、自治区政府
贡嘎县	自治区“先进双联户”创建活动先进县	2015年	自治区党委、自治区政府
贡嘎县森布日村	自治区“先进双联户”创建活动先进集体	2015年	自治区党委、自治区政府
贡嘎县人大办	自治区创先争优强基础惠民生活动优秀组织单位	2015年	自治区党委、自治区政府
贡嘎县江塘镇	自治区创先争优强基础惠民生活动优秀组织单位	2015年	自治区党委、自治区政府
贡嘎县吉雄镇红星社区	创先争优强基础惠民生活动第四批驻村（居）工作先进集体	2015年	自治区党委、自治区政府
洛扎县拉康镇卡久寺管会	自治区先进寺庙管理委员会	2015年	自治区党委、自治区政府
措美县强基办	自治区创先争优强基础惠民生活动优秀组织单位	2015年	自治区党委、自治区政府
隆子县委宣传部	创先争优强基础惠民生活动第四批驻村（居）工作先进集体	2015年	自治区党委、自治区政府
隆子县列麦乡念荣俄村	自治区级先进双联户集体奖	2015年	自治区党委、自治区政府
隆子县隆子镇党委、政府	自治区创先争优强基础惠民生活动优秀组织单位	2015年	自治区党委、自治区政府
地区政法委驻扎果村工作队	创先争优强基础惠民生活动第四批驻村（居）工作先进集体	2015年	自治区党委、自治区政府
曲松县政府办公室	创先争优强基础惠民生活动第四批驻村（居）工作先进集体	2015年	自治区党委、自治区政府
加查县县委办	自治区创先争优强基础惠民生活动优秀组织单位	2015年	自治区党委、自治区政府
加查县离退休党支部	全区离退休干部先进集体	2015年	自治区党委、自治区政府
加查县委政法委	自治区创先争优强基础惠民生活动优秀组织单位	2015年	自治区党委、自治区政府
加查县加查镇	自治区“先进双联户”创建活动先进乡镇	2015年	自治区党委、自治区政府
加查县文广局	“扫黄打非”先进工作单位	2015年	自治区党委、自治区政府

续表

获奖单位	获奖名称	表彰时间	授予单位
加查县圭堆村	创先争优强基础惠民生活动第四批驻村（居）工作先进集体	2015 年	自治区党委、自治区政府
加查县普姆村	创先争优强基础惠民生活动第四批驻村（居）工作先进集体	2015 年	自治区党委、自治区政府
加查县莎娜布村	创先争优强基础惠民生活动第四批驻村（居）工作先进集体	2015 年	自治区党委、自治区政府
加查县惹米村	创先争优强基础惠民生活动第四批驻村（居）工作先进集体	2015 年	自治区党委、自治区政府
加查县聂村	创先争优强基础惠民生活动第四批驻村（居）工作先进集体	2015 年	自治区党委、自治区政府
加查县嘎玛吉塘村	创先争优强基础惠民生活动第四批驻村（居）工作先进集体	2015 年	自治区党委、自治区政府
加查县冷达扎雪村	创先争优强基础惠民生活动第四批驻村（居）工作先进集体	2015 年	自治区党委、自治区政府
加查县江塘村	创先争优强基础惠民生活动第四批驻村（居）工作先进集体	2015 年	自治区党委、自治区政府
加查县吉隆囊村	创先争优强基础惠民生活动第四批驻村（居）工作先进集体	2015 年	自治区党委、自治区政府
乃东县	2015 年自治区民族团结进步模范集体	2015 年	自治区党委、自治区政府
扎囊县吉汝乡	自治区成立 50 周年庆祝活动先进集体	2015 年	自治区党委、自治区政府
扎囊县县民间艺术团	自治区成立 50 周年庆祝活动先进集体	2015 年	自治区党委、自治区政府
隆子列麦乡当来木村	自治区先进集体	2015 年	自治区党委、自治区政府
山南地区发展与改革委员会	2015 年度节能考核等级第一名	2016 年	自治区人民政府
山南地区发展与改革委员会	2015 年度控制温室气体考核等级第三名	2016 年	自治区人民政府
地区藏语委办（编译局）	2014-2015 年度全区社会用字先进集体	2015 年	自治区人民政府
琼结县县文广局	第十届全国少数民族传统体育运动会先进单位	2015 年	自治区人民政府
扎囊县	自治区藏语文工作先进集体	2015 年	自治区人民政府
洛扎县	自治区环境保护考核被评为“优秀”等次	2015 年	自治区人民政府
隆子县环保局	自治区人民政府评为“优秀”等次	2015 年	自治区人民政府
曲松县人民政府	全区规范藏语文社会用字工作先进集体	2015 年	自治区人民政府
扎囊县	全区藏语文社会用字规范现场会先进集体	2015 年	自治区人民政府
隆子县编译局	全区规范藏语文社会用字先进集体	2015 年	自治区人民政府
山南地委督查室	2014-2015 年度全区党委系统督查工作先进集体	2016 年	中共西藏自治区委员会办公厅
山南地区档案局（馆）	全区档案宣传工作先进集体	2015 年	中共西藏自治区委员会办公厅
措美县委机要局	全区党政系统机要密码工作先进单位	2015 年	中共西藏自治区委员会办公厅

续表

获奖单位	获奖名称	表彰时间	授予单位
地委组织部	2015年度全区组织编制系统网宣工作先进集体	2016年	自治区党委组织部
地委组织部	2015年度全区党内统计年报工作优秀报表单位	2016年	自治区党委组织部
山南地区英雄路离退休党支部	全区离退休干部先进集体	2015年	自治区党委组织部
加查县离退休党支部	全区离退休干部先进集体	2015年	自治区党委组织部
山南地委宣传部	全区宣讲先进集体	2016年	自治区党委宣传部
山南地委宣传部课题组	优秀科研成果奖	2016年	自治区党委宣传部
山南地委宣传部	全区舆情信息工作先进集体	2016年	自治区党委宣传部
琼结县民间艺术团	自治区“五个一”工程奖	2015年	自治区党委宣传部
山南地区工会办事处	全区工会帮扶中心规范化建设达标单位	2015年	自治区总工会
山南地区工会办事处	全区工会工作目标责任考核三等奖	2015年	自治区总工会
泽当饭店财务部	“西藏工人先锋号”荣誉称号	2015年	自治区总工会
指挥中心	西藏自治区巾帼文明岗 先进集体	2015年	自治区妇女联合会、自治区直属机关工作委员会自治区公安厅
山南地区实验幼儿园	自治区巾帼文明岗	2015年	自治区教育厅、自治区妇女联合会
山南地区贡嘎县教育体育局妇女委员会	自治区教育行业妇女岗位建功先进集体	2015年	自治区教育厅、自治区妇女联合会
山南地区公安处妇委会	自治区三八红旗集体	2015年	自治区妇女联合会、自治区人力资源和社会保障厅
地区行政公署	2015年度信息报送工作先进集体	2016年	自治区政府办公厅
山南地区公安局	迎七一 倡清廉 西藏公安机关党风廉政建设知识竞赛	2015年	自治区公安厅
山南地区公安局科信科	抗震救灾先进集体	2015年	自治区公安厅
山南地区公安局交警支队	50大庆先进集体	2015年	自治区公安厅
浪卡子县桑顶寺管会	先进寺管会	2015年	自治区统战部
浪卡子县扎热桑丹曲林寺管会	先进寺管会	2015年	自治区统战部
山南地区公安局刑侦支队	指纹对比先进集体	2015年	自治区公安厅刑侦侦查总队
山南地区公安局刑侦支队	串并研判先进集体	2015年	自治区公安厅刑侦侦查总队
洛扎县财政局	自治区文明单位	2015年	自治区精神文明建设指导委员会
洛扎县边巴乡美秀村	自治区文明村镇	2015年	自治区精神文明建设指导委员会
洛扎县扎日乡蒙达村	自治区文明村镇	2015年	自治区精神文明建设指导委员会
洛扎县拉郊乡	自治区文明村镇	2015年	自治区精神文明建设指导委员会

续表

获奖单位	获奖名称	表彰时间	授予单位
洛扎县拉康镇门切社区	自治区文明村镇	2015 年	自治区精神文明建设指导委员会
措美县	自治区文明县城	2015 年	自治区精神建设指导委员会
措美县措美镇	自治区文明村镇	2015 年	自治区精神建设指导委员会
措美县古堆乡	自治区文明村镇	2015 年	自治区精神建设指导委员会
措美县公安局	自治区文明单位	2015 年	自治区精神建设指导委员会
措美县电信局	自治区文明单位	2015 年	自治区精神建设指导委员会
措美县移动公司	自治区文明单位	2015 年	自治区精神建设指导委员会
措美县邮政局	自治区文明单位	2015 年	自治区精神建设指导委员会
贡嘎县公安局	2015 年自治区文明单位	2015 年	自治区精神文明建设指导委员会
地区国家税务局	文明单位	2015 年	自治区精神文明指导委员会办公室
贡嘎团县委	大学生志愿服务西部计划西藏优秀项目	2015 年	共青团西藏自治区委员会
地区民宗局	2015 年度全区民宗系统信息工作第二名	2016 年	自治区民宗委
洛扎县卫生系统	全区妇幼健康服务先进集体	2015 年	自治区卫计委
曲松县卫生局	2015 年度全区包虫病防治工作先进集体	2016 年	自治区卫计委
拉康镇卫生院	群众最满意乡镇卫生院	2015 年	自治区卫计委
山南地区教育局（体育局）	自治区平安校园创建工作第二名	2015 年	自治区教育厅
山南地区教育局（体育局）	自治区学校及周边综合治理第二名	2015 年	自治区教育厅
地区住建局	安全生产先进单位	2015 年	自治区住建厅
地区水利局	2014 年度全区水利系统工作目标管理综合考核第一名	2015 年	自治区水利厅
扎囊县县人社局	全区人力资源社会保障系统先进集体	2015 年	自治区人力资源和社会保障厅
琼结县县武警中队	基层先进中队	2015 年	武警西藏总队
山南边防支队	先进支队级党委	2015 年	西藏武警边防总队
加玉边防派出所	基层建设标兵单位	2015 年	西藏武警边防总队
洞嘎边防派出所	基层建设标兵单位	2015 年	西藏武警边防总队
普玛江塘边防派出所	安全工作标兵单位	2015 年	西藏武警边防总队
勒布边防派出所	爱民固边先进集体	2015 年	西藏武警边防总队
加玉边防派出所	执法示范单位	2015 年	西藏武警边防总队
后勤处运输班	红旗车分队	2015 年	西藏武警边防总队

续表

获奖单位	获奖名称	表彰时间	授予单位
浪卡子边防大队	优秀食堂	2015 年	西藏武警边防总队
雪布下检查站	优秀种植单位	2015 年	西藏武警边防总队
色边防派出所	优秀种植单位	2015 年	西藏武警边防总队
色边防派出所	综合整治先进单位	2015 年	西藏武警边防总队
洞嘎边防派出所	综合整治先进单位	2015 年	西藏武警边防总队
三安曲林边防派出所	驻村驻寺先进单位	2015 年	西藏武警边防总队
普玛江塘边防派出所	五星级党支部	2015 年	西藏武警边防总队
山南地区消防支队抗震救灾增援队	集体嘉奖	2015 年	西藏消防总队
中共武警西藏山南地区消防支队委员会	好班子	2015 年	西藏消防总队
山南地委机要局	2015 年度全区机要先进密码单位	2016 年	自治区党委机要局
措美县委宣传部	首届“西藏拍客”网络摄影节提名奖	2015 年	自治区党委网信办
中共山南地委党校（地区行政学校）	自治区（地区）强基惠民先进集体	2015 年	自治区强基惠民办公室
山南地区行署国资委	自治区级优秀组织单位奖	2015 年	自治区强基惠民办公室
地区文明办	西藏自治区“迎大庆．爱家乡”有奖知识竞赛组织奖	2015 年	自治区文明办
地区公安处禁毒支队	2015 年度全区报刊禁毒知识竞赛	2015 年	自治区禁毒委员会办公室
地区公安处禁毒支队	全区禁毒主题演讲比赛优秀组织奖	2016 年	自治区禁毒委员会办公室
地区公安处禁毒支队	全区公安机关“百城禁毒会战”先进集体	2015 年	自治区禁毒委员会办公室
山南地区公安局刑侦支队	指纹采集先进集体	2015 年	西藏公安厅刑侦侦查总队
山南地委政法委员会	维稳群众工作“六共”活动先进集体荣誉称号	2015 年	自治区推进武警西藏总队维稳群众工作“六共”活动领导小组
西藏山南国家粮食储备库	中央储备粮西南片区先进集体奖	2015 年	中央储备粮管理总公司成都分公司
地区国家税务局	2015 年度“全区税务系统先进单位”	2016 年	自治区国家税务局
地区工商局	自治区工商系统民族团结进步模范集体	2015 年	自治区工商局
地区工商局	自治区工商系统民族团结进步模范集体	2015 年	自治区工商局
山南地区质监局	全区质监系统信息工作先进集体	2015 年	自治区质量技术监督局
地区交通运输局路政管理所	2015 年度路政管理先进集体	2016 年	自治区公路局
地区广电局	全区广电系统 2015 年社会治安综合治理考评第一	2016 年	自治区新闻出版广电局
地区气象局	2015 年全区重大气象服务先进集体	2016 年	自治区气象局

续表

获奖单位	获奖名称	表彰时间	授予单位
国网山南供电公司	2015 年度电力安全生产先进单位三等奖	2015 年	国网西藏电力有限公司
国网山南供电公司	2015 年度政工工作（企业文化和精神文明）先进单位	2015 年	国网西藏电力有限公司
国网山南供电公司	2015 年纪检监察工作先进单位	2015 年	国网西藏电力有限公司
国网山南供电公司研发的“便携式光纤接续平台的开发”项目	2015 年国家电网公司职工技术创新优秀成果奖三等奖	2015 年	国网西藏电力有限公司
国网山南供电公司研发的“便携式光纤接续平台的开发”项目	国网西藏电力有限公司第一届青年创新创意大赛第 1 名	2015 年	国网西藏电力有限公司
农行山南分行	“2015 年金钥匙春天行动零售业务营销示范分行”先进集体	2015 年	农行西藏自治区分行
农行洛扎县支行	“2015 年金钥匙春天行动优秀支行”先进集体	2015 年	农行西藏自治区分行
农行贡嘎县支行	“2015 年金钥匙春天行动优秀支行”先进集体	2015 年	农行西藏自治区分行
农行山南分行	全区农行首届产品知识竞赛一等奖	2015 年	农行西藏自治区分行
农行山南分行	农行西藏分行第六届业务技术比赛团体第一名	2015 年	农行西藏自治区分行
农行洛扎县支行	廉政支行	2015 年	农行西藏自治区分行委员会
农行措美县支行	廉政支行	2015 年	农行西藏自治区分行委员会
农行信息技术管理部	2015 年首届软件开发大赛团体二等奖	2015 年	农行西藏分行技术与产品管理部
地区职业技术学校	中国技能大赛西藏自治区餐饮住宿行业职业技能竞赛团体铜奖	2015 年	自治区烹协大赛组织委员会
错那县勒布乡边防派出所	自治区级青年文明号	2015 年	共青团西藏自治区委员会
人大地工委驻乃东县结巴乡多若村“法律进万家”宣讲组	先进宣讲组	2015 年	中共山南地委、地区行署
地委组织部	山南地区“法律进万家”活动先进宣讲组	2015 年	中共山南地委、地区行署
地委组织部驻扎囊县桑叶镇乃卡村工作队	山南地区创先争优强基础惠民生活动先进驻村（居）工作队	2015 年	中共山南地委、地区行署
山南地委宣传部	山南地区“法律进万家”活动先进宣讲组	2015 年	中共山南地委、地区行署
山南地委宣传部	山南地区创先争优强基础惠民生活动先进驻村（居）工作队	2015 年	中共山南地委、地区行署
山南地委政法委员会	2015 年度综合考评先进单位荣誉称号	2016 年	中共山南地委、地区行署
中共山南地委党校（地区行政学校）	综合考评先进集体	2015 年	中共山南地委、地区行署
团地委	山南地区“法律进万家”活动先进宣讲组	2015 年	中共山南地委、地区行署
山南地区发展与改革委员会	山南地区创先争优强基础惠民生活动优秀组织单位	2015 年	中共山南地委、地区行署

续表

获奖单位	获奖名称	表彰时间	授予单位
地区民宗局	自治区成立50周年庆祝活动先进集体	2015年	中共山南地委、地区行署
山南地区公安局警综办	自治区成立50周年庆祝活动先进集体	2015年	中共山南地委、地区行署
山南地区消防支队	山南地区2015年民族团结进步模范集体	2015年	中共山南地委、地区行署
地区司法处驻加查县冷达乡马岗村驻村工作队	山南地区创先争优强基础惠民生活动先进驻村（居）工作队	2015年	中共山南地委、地区行署
地区财政局	山南地区创先争优强基础惠民生活动优秀组织单位	2015年	中共山南地委、地区行署
地区人力资源和社会保障局	2015年度综合考评先进单位	2015年	中共山南地委、地区行署
地区住建局	西藏自治区成立五十周年先进集体	2015年	中共山南地委、地区行署
地区交通运输局扎囊养护段	2015年山南地区民族团结进步模范集体	2015年	中共山南地委、地区行署
山南地区文化局（新闻出版局 文物局）	自治区成立50周年庆祝活动先进集体	2015年	中共山南地委、地区行署
山南地区卫计委驻张达乡康马村工作队	山南地区先进驻村工作队	2015年	中共山南地委、地区行署
审计局	先进组织单位	2015年	中共山南地委、地区行署
地区外事办公室	山南地区创先争优强基础惠民生活动先进驻村（居）工作队	2015年	中共山南地委、地区行署
地区外事办公室	地区“法律进万家”活动先进集体	2015年	中共山南地委、地区行署
地区林业局	自治区成立50周年庆祝活动先进集体	2015年	中共山南地委、地区行署
地区林业局	山南地区创先争优强基础惠民生活动优秀组织单位	2015年	中共山南地委、地区行署
山南地区质监局	2015年度综合考评先进集体	2015年	中共山南地委、地区行署
地区安全生产监督管理局	山南地区创先争优强基础惠民生活动优秀组织单位	2015年	中共山南地委、地区行署
地区气象局	2015年度“综合考评先进单位”	2016年	中共山南地委、地区行署
中国电信山南分公司驻章麦村工作队	山南地区创先争优强基础惠民生活动先进驻村（居）工作队	2015年	中共山南地委、地区行署
地区职业技术学校	“法律进万家”活动先进宣讲组	2015年	中共山南地委、地区行署
地区职业技术学校	自治区成立50周年庆祝活动先进集体	2015年	中共山南地委、地区行署
地区职业技术学校	山南地区创先争优强基础惠民生活动先进驻村（居）工作队	2015年	中共山南地委、地区行署
中国人民银行山南地区中心支行	山南地区金融支持地方经济社会发展贡献奖	2015年	中共山南地委、地区行署
地区信访局	自治区成立50周年庆祝活动先进集体	2015年	中共山南地委、地区行署
乃东县	自治区成立50周年庆祝活动先进集体	2015年	中共山南地委、地区行署
琼结县琼结镇	山南地区“先进双联户”创建活动先进乡镇	2015年	中共山南地委、地区行署

续表

获奖单位	获奖名称	表彰时间	授予单位
琼结县县文广局	西藏自治区成立50周年庆祝活动特别贡献奖	2015年	中共山南地委、地区行署
琼结县	山南地区“先进双联户”创建活动先进县	2015年	中共山南地委、地区行署
琼结县	2015年度山南地区社会治安综合治理工作第一名	2016年	中共山南地委、地区行署
琼结县县法院	山南地区创先争优强基础惠民生活动优秀组织单位	2015年	中共山南地委、地区行署
琼结县县法院	山南地区法律“进万家”活动先进宣讲组	2015年	中共山南地委、地区行署
扎囊县	山南地区“先进双联户”创建活动第一名	2015年	中共山南地委、地区行署
扎囊县阿扎乡章达村	山南地区“先进双联户”创建活动先进集体	2015年	中共山南地委、地区行署
吉汝乡夏如村	山南地区创先争优强基础惠民生活动先进驻村（居）工作队	2015年	中共山南地委、地区行署
扎囊县农牧局	山南地区创先争优强基础惠民生活动先进驻村（居）工作队	2015年	中共山南地委、地区行署
扎囊县桑耶镇	山南地区“先进双联户”创建活动先进乡镇	2015年	中共山南地委、地区行署
扎囊县扎唐镇杂玉村	山南地区创先争优强基础惠民生活动先进驻村（居）工作队	2015年	中共山南地委、地区行署
贡嘎县	自治区成立50周年庆祝活动先进集体	2015年	中共山南地委、地区行署
贡嘎县	民族团结先进集体	2015年	中共山南地委、地区行署
贡嘎县	山南地区“先进双联户”创建活动先进县	2015年	中共山南地委、地区行署
贡嘎县吉雄镇	自治区成立50周年庆祝活动先进集体	2015年	中共山南地委、地区行署
贡嘎县吉雄镇刘琼村	先进宣讲组（法律进万家）	2015年	中共山南地委、地区行署
贡嘎县民宗局	山南地区2015年民族团结进步模范集体	2015年	中共山南地委、地区行署
贡嘎县森布日村	山南地区“先进双联户”创建活动先进集体	2015年	中共山南地委、地区行署
贡嘎县县委办	山南地区创先争优强基础惠民生活动优秀组织单位	2015年	中共山南地委、地区行署
贡嘎县朗杰学乡朗达村驻村工作队	山南地区创先争优强基础惠民生活动先进驻村（居）工作队	2015年	中共山南地委、地区行署
嘎县吉雄镇扎庆社区	山南地区创先争优强基础惠民生活动先进驻村（居）工作队	2015年	中共山南地委、地区行署
措美县	山南地区社会治安综合治理工作第二名	2015年	中共山南地委、地区行署
措美县乃西乡	山南地区先进双联户创建工作先进乡	2015年	中共山南地委、地区行署
措美县哲古镇宗宗村	山南地区先进双联户创建工作先进村	2015年	中共山南地委、地区行署
隆子县纪委	西藏自治区级优秀组织奖	2015年	中共山南地委、地区行署

续表

获奖单位	获奖名称	表彰时间	授予单位
隆子县隆子镇扎果村第13联户单位	2015年度地区级“先进双联户”	2015年	中共山南地委、地区行署
地区人民医院驻叶巴村工作队	山南地区创先争优强基础惠民生活动先进驻村（居）工作队	2015年	中共山南地委、地区行署
曲松县委 曲松县人民政府	2015年度综合考评先进县	2016年	中共山南地委、地区行署
曲松县强基办	山南地区创先争优强基惠民活动优秀组织单位	2015年	中共山南地委、地区行署
中共曲松县委曲松县人民政府	2015年山南地区民族团结进步先进集体	2015年	中共山南地委、地区行署
加查县江 惹 村	山南地区创先争优强基础惠民生活动先进驻村（居）工作队	2015年	中共山南地委、地区行署
加查县扎西岗定村	山南地区创先争优强基础惠民生活动先进驻村（居）工作队	2015年	中共山南地委、地区行署
加查县拉 索 村	山南地区创先争优强基础惠民生活动先进驻村（居）工作队	2015年	中共山南地委、地区行署
加查县嘎 吉 村	山南地区创先争优强基础惠民生活动先进驻村（居）工作队	2015年	中共山南地委、地区行署
加查县林 堆 村	山南地区创先争优强基础惠民生活动先进驻村（居）工作队	2015年	中共山南地委、地区行署
加查县秋 巴 村	山南地区创先争优强基础惠民生活动先进驻村（居）工作队	2015年	中共山南地委、地区行署
加查县崔 久 村	山南地区创先争优强基础惠民生活动先进驻村（居）工作队	2015年	中共山南地委、地区行署
加查县拉 绥 村	山南地区创先争优强基础惠民生活动先进驻村（居）工作队	2015年	中共山南地委、地区行署
加查县索 囊 村	山南地区创先争优强基础惠民生活动先进驻村（居）工作队	2015年	中共山南地委、地区行署
加查县	“法律进万家”活动先进县	2015年	中共山南地委、地区行署
加查镇	“先进双联户”创建工作先进乡镇	2015年	中共山南地委、地区行署
加查县委组织部	山南地区“法律进万家”活动先进宣讲组	2015年	中共山南地委、地区行署
加查县委组织部	山南地区创先争优强基础惠民生活动优秀组织党委	2015年	中共山南地委、地区行署
加查县人民法院	“法律进万家”活动先进宣讲组	2015年	中共山南地委、地区行署
加查县人民法院	2015年民族团结进步模范集体	2015年	中共山南地委、地区行署
加查县文广局	广播影视工作先进集体	2015年	中共山南地委、地区行署
加查县文广局	文化市场监督及“扫黄打非”工作先进集体	2015年	中共山南地委、地区行署
加查县教育局	山南地区教育系统综治管理先进单位	2015年	中共山南地委、地区行署
地区信访局	自治区成立50周年庆祝活动先进集体	2015年	中共山南地委、地区行署
桑日县	全国法制县（市、区）创建活动先进单位	2015年	中共山南地委、地区行署

续表

获奖单位	获奖名称	表彰时间	授予单位
山南地区中级人民法院驻加查县嘎吉村工作队	山南地区创先争优强基础惠民生活动先进驻村（居）工作队	2015年	中共山南地委、地区行署
地区商务局驻浪卡子县白地乡叶色村工作队	山南地区创先争优强基础惠民生活动先进驻村（居）工作队	2015年	中共山南地委、地区行署
山南地区公安局特警支队	2015年度先进基层党组织	2015年	中共山南地委
地区气象局驻斗玉乡斗玉村工作队	“法律进万家”先进宣讲组	2015年	中共山南地委
地区气象局驻斗玉乡加麦村工作队	“法律进万家”先进宣讲组	2015年	中共山南地委
地区气象局驻斗玉乡其玛普村工作队	“法律进万家”先进宣讲组	2015年	中共山南地委
扎囊县县委组织部	山南地区基层党建工作第一名	2015年	中共山南地委
扎囊县扎唐居委会	先进基层党组织	2015年	中共山南地委
浪卡子县打隆镇党委	先进党组织	2015年	中共山南地委
中共曲松县委	2015年度基层党建工作先进集体	2016年	中共山南地委
山南地区消防支队	山南地区安全生产先进单位	2015年	地区行署
地区财政局	山南地区2015年度消防安全目标责任考评先进单位	2016年	地区行署
地区水利局	2014年全地区政府系统督查工作先进集体	2015年	地区行署
山南地区质监局	山南地区2015年度安全生产工作先进单位	2015年	地区行署
地区安全生产监督管理局	2015年度山南地区安全生产先进单位	2016年	地区行署
地区国家税务局	先进单位	2016年	地区行署
贡嘎县	山南地区义务教育均衡发展先进县	2015年	地区行署
浪卡子县教育局	小学总成绩全地第四名	2015年	地区行署
浪卡子中学	中考总成绩全地区第五名	2015年	地区行署
曲松县商务局	山南地区2015年招商引资先进县	2015年	地区行署
曲松县政协	“法律进万家”曲松宣传组山南地区2015年优秀工作组	2015年	地区行署
曲松县安监局	2015年度安全生产工作先进县	2016年	地区行署
曲松县国土资源局	2015年度耕地保护目标责任先进二等奖	2015年	地区行署

说明：1. 此表仅收录全地区2015年度受地（市）级及以上表彰的先进集体；

2. 以上资料由各县各单位提供。

受地厅级以上表彰的先进个人名录

姓名	性别	民族	工作单位	获奖名称	表彰时间	授予单位
扎西白珍	女	藏	地区农业技术推广中心	全国先进工作者	2015年	国务院
次仁罗布	男	藏族	加查县	全国法院办案标兵	2015年	最高人民法院
满　川	男	汉	山南地区公安局特警支队	全国第二届警务实战教官技能比武个人快速射击个人三等奖	2015年	公安部
白玛多吉	男	藏	贡嘎县公安局正科级干部	抗战胜利70周年安保工作荣誉称号	2015年	公安部
米玛次仁	男	藏	山南地区公安局刑侦支队	全国公安机关优秀专业技术人才三等奖金	2015年	公安部政治部
米玛次仁	男	藏	刑侦支队	全国公安机关优秀专业技术人才三等奖	2015年	公安部政治部
扎西白珍	女	藏	地区推广中心	全国劳模	2015年	中华全国总工会
胡朝霞	女	汉	地区农牧局	全国五一巾帼标兵	2015年	中华全国总工会
美朵吉布	女	藏	扎囊县妇联	“全国城乡妇女岗位建功”先进个人	2015年	全国妇联
渠　伟	男	汉	地区国土资源和规划局	全国国土资源管理系统先进工作者	2015年	人力资源社会保障部、国土资源部
白　珍	女	藏	地区国土资源和规划局	依法行政先进个人	2015年	国土资源部
扎西白珍	女	藏	山南地区农业技术推广中心	全国先进工作者	2015年	国家农业部
加　措	男	藏	扎囊县民主教学点	全国师德楷模	2015年	教育部
秋　宗	女	藏	地区司法处	全国“六五”普法行进工作者	2015年	全国普及法律常识办公室
其米顿珠	男	藏	地区教育局（体育局）	全国群众体育突出贡献奖	2015年	国家体育总局
吕　琳	男	汉	地区地震局	全国市县防震减灾人员考核先进工作者	2015年	中国地震局
邹　威	男	汉	地区邮政管理局	空白乡镇邮政局所补建工作先进个人	2015年	国家邮政局
桑珠次仁	男	藏	农行措美县支行	“2014-2015年全国金融知识下乡”先进个人	2015年	中央金融团工委、中国银行业协会
罗　布	男	藏	农行山南分行	2015年度获中国农业银行五一劳动奖章	2015年	中国农业银行股份有限公司
廖承志	男	汉	农行加查县支行	金融IC卡业务发展有奖征文中获优秀奖	2015年	农行西藏分行零售银行业务部
马俊杰	男	回	农行信息技术管理部	2015年首届软件开发大赛个人二等奖	2015年	农行西藏分行科技与产品管理部
马俊杰	男	回	农行信息技术管理部	2015年第一、三期生产运行专业岗位职业轮训优秀学员	2015年	中国农业银行股份有限公司数据中心
格桑次仁	男	藏	洛扎县教育局	全国教育管理理论与实践创新大赛一等奖	2015年	全国教育管理理论与实践论坛
罗　珍	女	藏	地区行署办公室	西藏自治区成立50周年庆祝活动先进个人	2015年	自治区党委、自治区政府

续表

姓名	性别	民族	工作单位	获奖名称	表彰时间	授予单位
次旦欧珠	男	藏	地区行署办公室	西藏自治区成立50周年庆祝活动先进个人	2015年	自治区党委、自治区政府
嘎　　久	男	藏	地区行署办公室	自治区创先争优强基础惠民生活动第四批先进驻村（居）工作队	2015年	自治区党委、自治区政府
索朗旺青	男	藏	山南地区纪委	自治区创先争优强基础惠民生活动第四批先进驻村（居）工作队	2015年	自治区党委、自治区政府
张盛杰	男	汉	山南地区纪委	党委督查工作先进个人	2015年	自治区党委、自治区政府
次旦平措	男	藏	山南地区中级人民法院	自治区创先争优强基础惠民生活动第四批先进驻村（居）工作队	2015年	自治区党委、自治区政府
普布次仁	男	藏	山南地区中级人民法院	自治区创先争优强基础惠民生活动第四批先进驻村（居）工作队	2015年	自治区党委、自治区政府
朱雪红	女	汉	山南地区中级人民法院	自治区创先争优强基础惠民生活动第四批先进驻村（居）工作队	2015年	自治区党委、自治区政府
扎西旺堆	男	藏	西藏自治区人民检察院山南分院	自治区创先争优强基础惠民生活动第四批先进驻村（居）工作队	2015年	自治区党委、自治区政府
冉启仕	男	汉族	地委组织部	自治区创先争优强基础惠民生活动优秀驻村工作队员	2015年	自治区党委、自治区政府
扎西朗杰	男	藏	地委组织部	自治区创先争优强基础惠民生活动优秀驻村工作队员	2015年	自治区党委、自治区政府
刘海军	男	汉族	地委组织部	自治区创先争优强基础惠民生活动第四批先进驻村（居）工作队	2015年	自治区党委、自治区政府
刘武伦	男	汉	地委党校	自治区创先争优强基础惠民生活动第四批先进驻村（居）工作队	2015年	自治区党委、自治区政府
罗雄文	男	汉	地委党校	自治区创先争优强基础惠民生活动第四批先进驻村（居）工作队	2015年	自治区党委、自治区政府
尼玛次仁	男	藏	地区工商局	自治区创先争优强基础惠民生活动第四批先进驻村（居）工作队	2015年	自治区党委、自治区政府
陈　　敏	女	汉	地区发改委	自治区创先争优强基础惠民生活动第四批先进驻村（居）工作队	2015年	自治区党委、自治区政府
姜　　涛	男	汉	地区财政局	自治区创先争优强基础惠民生活动第四批先进驻村（居）工作队	2015年	自治区党委、自治区政府
闫　　辉	男	汉	地区人力资源和社会保障局	自治区创先争优强基础惠民生活动第四批先进驻村（居）工作队	2015年	自治区党委、自治区政府
张　　凯	男	汉	地区人力资源和社会保障局	自治区创先争优强基础惠民生活动第四批先进驻村（居）工作队	2015年	自治区党委、自治区政府
仓巴次仁	男	藏	地区水利局	自治区创先争优强基础惠民生活动第四批先进驻村（居）工作队	2015年	自治区党委、自治区政府
万　　燕	女	汉	山南地区农牧局	自治区创先争优强基础惠民生活动第四批先进驻村（居）工作队	2015年	自治区党委、自治区政府
格桑加措	男	藏	山南地区畜牧兽医总站	自治区创先争优强基础惠民生活动第四批先进驻村（居）工作队	2015年	自治区党委、自治区政府
边巴卓玛	女	藏	山南地区畜牧兽医总站	自治区创先争优强基础惠民生活动第四批先进驻村（居）工作队	2015年	自治区党委、自治区政府
格桑德吉	女	藏	山南地区农业技术推广中心	自治区创先争优强基础惠民生活动第四批先进驻村（居）工作队	2015年	自治区党委、自治区政府
鲍贤青	男	土	山南地区文化局	自治区成立50周年庆祝活动先进个人	2015年	自治区党委、自治区政府

续表

姓名	性别	民族	工作单位	获奖名称	表彰时间	授予单位
次　仁	男	藏	山南地区群艺馆	自治区成立50周年庆祝活动先进个人	2015年	自治区党委、自治区政府
其米拉珍	女	藏	地区卫计委	自治区创先争优强基础惠民生活动第四批先进驻村（居）工作队	2015年	自治区党委、自治区政府
日巴益西	男	藏	地区疾控中心	自治区创先争优强基础惠民生活动第四批先进驻村（居）工作队	2015年	自治区党委、自治区政府
扎西罗布	男	藏	审计局	自治区创先争优强基础惠民生活动第四批先进驻村（居）工作队	2015年	自治区党委、自治区政府
卓玛央金	女	藏	地区外事办公室	自治区创先争优强基础惠民生活动第四批先进驻村（居）工作队	2015年	自治区党委、自治区政府
尼玛次仁	男	藏	地区工商局	自治区创先争优强基础惠民生活动第四批先进驻村（居）工作队	2015年	自治区党委、自治区政府
张丽娟	女	汉	地区林业局	自治区创先争优强基础惠民生活动第四批先进驻村（居）工作队	2015年	自治区党委、自治区政府
格桑德吉	女	藏	地区农业技术推广中心	自治区创先争优强基础惠民生活动第四批先进驻村（居）工作队	2015年	自治区党委、自治区政府
格桑次仁	男	藏	中国电信山南分公司	自治区创先争优强基础惠民生活动第四批先进驻村（居）工作队	2015年	自治区党委、自治区政府
洛桑顿珠	男	藏	中国电信山南分公司	自治区创先争优强基础惠民生活动第四批先进驻村（居）工作队	2015年	自治区党委、自治区政府
巴　珠	男	藏	农行桑日县支行	自治区创先争优强基础惠民生活动第四批先进驻村（居）工作队	2015年	自治区党委、自治区政府
曲尼边巴	男	藏族	山南地区藏医医院	自治区创先争优强基础惠民生活动第四批先进驻村（居）工作队	2015年	自治区党委、自治区政府
尼玛顿珠	男	藏	扎囊县桑耶镇	自治区创先争优强基础惠民生活动第四批先进驻村（居）工作队	2015年	自治区党委、自治区政府
多吉旺堆	男	藏	扎囊县安监局	自治区创先争优强基础惠民生活动第四批先进驻村（居）工作队	2015年	自治区党委、自治区政府
次仁央宗	女	藏	扎囊县阿扎乡	自治区创先争优强基础惠民生活动第四批先进驻村（居）工作队	2015年	自治区党委、自治区政府
加央桑布	男	藏	扎囊县扎其乡	自治区创先争优强基础惠民生活动第四批先进驻村（居）工作队	2015年	自治区党委、自治区政府
巴桑次仁	男	藏	扎囊县扎其乡	自治区创先争优强基础惠民生活动第四批先进驻村（居）工作队	2015年	自治区党委、自治区政府
央金拉姆	女	藏	扎囊县环保局	自治区创先争优强基础惠民生活动第四批先进驻村（居）工作队	2015年	自治区党委、自治区政府
格桑仓决	女	藏	扎囊县信访局	自治区创先争优强基础惠民生活动第四批先进驻村（居）工作队	2015年	自治区党委、自治区政府
索朗德吉	女	藏	扎囊县申藏村	自治区创先争优强基础惠民生活动第四批先进驻村（居）工作队	2015年	自治区党委、自治区政府
达瓦旦增	男	藏	扎囊中学	自治区创先争优强基础惠民生活动第四批先进驻村（居）工作队	2015年	自治区党委、自治区政府
洛桑曲达	男	藏	扎囊县组织部	自治区创先争优强基础惠民生活动第四批先进驻村（居）工作队	2015年	自治区党委、自治区政府
洛桑达瓦	男	藏	扎囊县吉汝乡念萨村	自治区创先争优强基础惠民生活动第四批先进驻村（居）工作队	2015年	自治区党委、自治区政府
仁　庆	男	藏	扎囊县林业局	自治区创先争优强基础惠民生活动第四批先进驻村（居）工作队	2015年	自治区党委、自治区政府

续表

姓名	性别	民族	工作单位	获奖名称	表彰时间	授予单位
旺　堆	男	藏	扎囊县吉汝二小	自治区创先争优强基础惠民生活动第四批先进驻村（居）工作队	2015年	自治区党委、自治区政府
嘎玛顿珠	男	藏	扎囊县交通局	自治区创先争优强基础惠民生活动第四批先进驻村（居）工作队	2015年	自治区党委、自治区政府
贡布次仁	男	藏	扎囊县住建局	自治区创先争优强基础惠民生活动第四批先进驻村（居）工作队	2015年	自治区党委、自治区政府
拉巴次仁	男	藏	扎囊县吉汝乡格普村	自治区创先争优强基础惠民生活动第四批先进驻村（居）工作队	2015年	自治区党委、自治区政府
贡觉多吉	男	藏	扎囊县吉汝乡	自治区创先争优强基础惠民生活动第四批先进驻村（居）工作队	2015年	自治区党委、自治区政府
次仁多吉	男	藏	扎囊县后勤服务中心	自治区创先争优强基础惠民生活动第四批先进驻村（居）工作队	2015年	自治区党委、自治区政府
边　巴	男	藏	扎囊县公安局	自治区创先争优强基础惠民生活动第四批先进驻村（居）工作队	2015年	自治区党委、自治区政府
次旦桑珠	男	藏	扎囊县纪检委	自治区创先争优强基础惠民生活动第四批先进驻村（居）工作队	2015年	自治区党委、自治区政府
巴　桑	女	藏	扎囊县农牧局	自治区创先争优强基础惠民生活动第四批先进驻村（居）工作队	2015年	自治区党委、自治区政府
次　多	男	藏	扎囊县扎唐镇久麦村	自治区创先争优强基础惠民生活动第四批先进驻村（居）工作队	2015年	自治区党委、自治区政府
德吉央金	女	藏	扎囊县扎唐镇	自治区创先争优强基础惠民生活动第四批先进驻村（居）工作队	2015年	自治区党委、自治区政府
边巴洛珠	男	藏	扎囊县文广局	自治区创先争优强基础惠民生活动第四批先进驻村（居）工作队	2015年	自治区党委、自治区政府
次仁旺杰	男	藏	扎囊县文广局	自治区成立50周年庆祝活动先进个人	2015年	自治区党委、自治区政府
索朗多布杰	男	藏	扎囊县县政府	自治区级语言文字先进工作先进个人	2015年	自治区党委、自治区政府
格桑扎西	男	藏	扎囊县统战部	自治区涉宗领域优秀干部	2015年	自治区党委、自治区政府
索朗曲珍	女	藏	贡嘎县旅游局驻朗杰学乡朗达村工作队队员	自治区创先争优强基础惠民生活动第四批先进驻村（居）工作队	2015年	自治区党委、自治区政府
刘张通	男	汉	贡嘎县县委办驻东拉乡广嘎村工作队队长	自治区创先争优强基础惠民生活动第四批先进驻村（居）工作队	2015年	自治区党委、自治区政府
洛桑多吉	男	藏	贡嘎县交运局驻东拉乡岗巴村工作队队员	自治区创先争优强基础惠民生活动第四批先进驻村（居）工作队	2015年	自治区党委、自治区政府
米　玛	男	藏	贡嘎县环保局驻东拉乡东拉村工作队队长	自治区创先争优强基础惠民生活动第四批先进驻村（居）工作队	2015年	自治区党委、自治区政府
达瓦次仁	男	藏	贡嘎县政府办驻昌果乡昌果村工作队队长	自治区创先争优强基础惠民生活动第四批先进驻村（居）工作队	2015年	自治区党委、自治区政府
次仁旺姆	女	藏	贡嘎县法院驻昌果乡岗旦村工作队副队长	自治区创先争优强基础惠民生活动第四批先进驻村（居）工作队	2015年	自治区党委、自治区政府

续表

姓名	性别	民族	工作单位	获奖名称	表彰时间	授予单位
廖玉红	女	汉	贡嘎县总工会驻江塘镇娘索村工作队队长	自治区创先争优强基础惠民生活动第四批先进驻村（居）工作队	2015年	自治区党委、自治区政府
吕红权	男	汉	贡嘎县农发办派驻江塘镇保吾村工作队队长	自治区创先争优强基础惠民生活动第四批先进驻村（居）工作队	2015年	自治区党委、自治区政府
旦增卓玛	女	藏	贡嘎县后勤服务中心驻岗堆镇森布日村工作队队员	自治区创先争优强基础惠民生活动第四批先进驻村（居）工作队	2015年	自治区党委、自治区政府
曲吉	女	藏	贡嘎县住建局驻岗堆镇雪岗村工作队队长	自治区创先争优强基础惠民生活动第四批先进驻村（居）工作队	2015年	自治区党委、自治区政府
次仁旺布	男	藏	贡嘎县民宗局驻岗堆镇乃萨村工作队副队长	自治区创先争优强基础惠民生活动第四批先进驻村（居）工作队	2015年	自治区党委、自治区政府
王磊	男	汉	贡嘎县妇联驻扎庆社区工作队副队长	自治区创先争优强基础惠民生活动第四批先进驻村（居）工作队	2015年	自治区党委、自治区政府
达瓦	男	藏	贡嘎县信访局、农行驻甲竹林镇甲日村工作队队长	自治区创先争优强基础惠民生活动第四批先进驻村（居）工作队	2015年	自治区党委、自治区政府
尼玛卓嘎	女	藏	贡嘎县宣传部驻吉雄镇红星社区工作队队员	自治区创先争优强基础惠民生活动第四批先进驻村（居）工作队	2015年	自治区党委、自治区政府
益西旺姆	女	藏	贡嘎县信访局、农行驻甲竹林镇甲日村工作队副队长	自治区创先争优强基础惠民生活动第四批先进驻村（居）工作队	2015年	自治区党委、自治区政府
边巴扎西	男	藏	贡嘎县发改委派驻甲竹林镇甲日普村工作队队长	自治区创先争优强基础惠民生活动第四批先进驻村（居）工作队	2015年	自治区党委、自治区政府
巴桑次仁	男	藏	贡嘎县商务局驻杰德秀镇杰德秀居委会工作队副队长	自治区创先争优强基础惠民生活动第四批先进驻村（居）工作队	2015年	自治区党委、自治区政府
索朗卓玛	女	藏	贡嘎县人大办、工商局驻杰德秀镇斯麦居委会工作队队员	自治区创先争优强基础惠民生活动第四批先进驻村（居）工作队	2015年	自治区党委、自治区政府
其米顿珠	男	藏	贡嘎县卫生服务中心驻杰德秀镇秀吾村工作队队长	自治区创先争优强基础惠民生活动第四批先进驻村（居）工作队	2015年	自治区党委、自治区政府
格桑德吉	女	藏	地区农业技术推广中心	自治区创先争优强基础惠民生活动第四批先进驻村（居）工作队	2015年	自治区党委、自治区政府
肖振	男	汉	洛卓龙寺管会	先进驻寺干部	2015年	自治区党委、自治区政府
次仁多吉	男	藏	洛扎县强基办	自治区创先争优强基础惠民生活动第四批先进驻村（居）工作队	2015年	自治区党委、自治区政府
多吉占堆	男	藏	洛扎县拉隆村委会	自治区创先争优强基础惠民生活动第四批先进驻村（居）工作队	2015年	自治区党委、自治区政府
平措	男	藏	洛扎县公安局	自治区创先争优强基础惠民生活动第四批先进驻村（居）工作队	2015年	自治区党委、自治区政府

续表

姓名	性别	民族	工作单位	获奖名称	表彰时间	授予单位
其米措姆	女	藏	洛扎县县人民医院	自治区创先争优强基础惠民生活动第四批先进驻村（居）工作队	2015年	自治区党委、自治区政府
李有邦	男	汉	洛扎县县人民医院	自治区民族团结先进模范个人	2015年	自治区党委、自治区政府
格桑央吉	女	藏	洛扎县拉郊乡人民政府	自治区创先争优强基础惠民生活动第四批先进驻村（居）工作队	2015年	自治区党委、自治区政府
扎西	男	藏	洛扎县卡久寺管会	自治区模范驻寺干部	2015年	自治区党委、自治区政府
米玛次仁	男	藏	洛扎县卡久寺管会	自治区模范驻寺干部	2015年	自治区党委、自治区政府
成志刚	男	汉	洛扎县赛卡古托寺管会	先进驻寺干部	2015年	自治区党委、自治区政府
旦增群培	男	藏	洛扎县赛卡古托寺管会	先进驻寺干部	2015年	自治区党委、自治区政府
拉琼	男	藏	洛扎县洛卓龙寺管会	先进驻寺干部	2015年	自治区党委、自治区政府
尼玛坚增	男	藏	洛扎县洛卓龙寺	先进驻寺干部	2015年	自治区党委、自治区政府
桑旦罗布	男	藏	措美县委组织部	自治区创先争优强基础惠民生活动第四批先进驻村（居）工作队	2015年	自治区党委、自治区政府
闫正帅	男	汉	隆子县法院	自治区创先争优强基础惠民生活动第四批先进驻村（居）工作队	2015年	自治区党委、自治区政府
桑珠	男	藏	隆子县安监局	自治区创先争优强基础惠民生活动第四批先进驻村（居）工作队	2015年	自治区党委、自治区政府
达娃措姆	女	藏	隆子县驻隆子镇堂徒村工作队	自治区创先争优强基础惠民生活动第四批先进驻村（居）工作队	2015年	自治区党委、自治区政府
扎西旺杰	男	藏	隆子县驻隆子镇麦莎村工作队	自治区创先争优强基础惠民生活动第四批先进驻村（居）工作队	2015年	自治区党委、自治区政府
普布扎西	男	藏	曲松县委宣传部	自治区创先争优强基础惠民生活动第四批先进驻村（居）工作队	2015年	自治区党委、自治区政府
普布次仁	男	藏	曲松县编译局	自治区创先争优强基础惠民生活动第四批先进驻村（居）工作队	2015年	自治区党委、自治区政府
索朗曲宗	女	藏	曲松政府办公室	自治区创先争优强基础惠民生活动第四批先进驻村（居）工作队	2015年	自治区党委、自治区政府
洛典	男	藏	国保支队	自治区创先争优强基础惠民生活动第四批先进驻村（居）工作队	2015年	自治区党委、自治区政府
妮尼	女	藏	曲松县委统战部	自治区宗教工作优秀干部	2015年	自治区党委、自治区政府
普琼	男	藏	加查县	2015年度自治区优秀宗教干部	2015年	自治区党委、自治区政府
陈西	男	汉	加查县	自治区创先争优强基础惠民生活动第四批先进驻村（居）工作队	2015年	自治区党委、自治区政府
阿旺白玛	女	藏	加查县	自治区创先争优强基础惠民生活动第四批先进驻村（居）工作队	2015年	自治区党委、自治区政府
益西措姆	女	藏	加查县	自治区创先争优强基础惠民生活动第四批先进驻村（居）工作队	2015年	自治区党委、自治区政府
次旦卓嘎	女	藏	加查县	自治区创先争优强基础惠民生活动第四批先进驻村（居）工作队	2015年	自治区党委、自治区政府
次仁群宗	女	藏	加查县	自治区创先争优强基础惠民生活动第四批先进驻村（居）工作队	2015年	自治区党委、自治区政府

续表

姓名	性别	民族	工作单位	获奖名称	表彰时间	授予单位
尼玛平措	男	藏	加查县	自治区创先争优强基础惠民生活动第四批先进驻村（居）工作队	2015年	自治区党委、自治区政府
次旺拉姆	女	藏	加查县	自治区创先争优强基础惠民生活动第四批先进驻村（居）工作队	2015年	自治区党委、自治区政府
贡　桑	女	藏	加查县	自治区创先争优强基础惠民生活动第四批先进驻村（居）工作队	2015年	自治区党委、自治区政府
赵继鹏	男	汉	加查县	自治区创先争优强基础惠民生活动第四批先进驻村（居）工作队	2015年	自治区党委、自治区政府
干从凤	男	汉	加查县	自治区创先争优强基础惠民生活动第四批先进驻村（居）工作队	2015年	自治区党委、自治区政府
巴桑曲珍	女	藏	加查县	自治区创先争优强基础惠民生活动第四批先进驻村（居）工作队	2015年	自治区党委、自治区政府
涂永国	男	汉	加查县	自治区创先争优强基础惠民生活动第四批先进驻村（居）工作队	2015年	自治区党委、自治区政府
德吉央宗	女	藏	桑日县民宗局	自治区创先争优强基础惠民生活动第四批先进驻村（居）工作队	2015年	自治区党委、自治区政府
扎西顿珠	男	藏	桑日县统战部	自治区创先争优强基础惠民生活动第四批先进驻村（居）工作队	2015年	自治区党委、自治区政府
董云峰	男	汉	桑日县检察院	自治区创先争优强基础惠民生活动第四批先进驻村（居）工作队	2015年	自治区党委、自治区政府
唐渝华	男	藏	地区教育局(体育局)	自治区创先争优强基础惠民生活动第四批先进驻村（居）工作队	2015年	自治区党委、自治区政府
李站英	男	汉	桑日县人大	自治区法律知识一等奖	2015年	自治区人大
边　巴	男	藏	地区政协	全区优秀提案奖	2015年	自治区政协
徐继红	女	汉	地区行办督查室	优秀提案工作者	2015年	自治区政协
巴桑轮珠	男	藏族	山南地区藏医医院	西藏自治区优秀科技工作者	2015年	自治区区党委组织部、人社厅、区科协
卫　东	男	藏	地区审计局	全区离退休干部先进个人	2015年	自治区区党委组织部
央金卓嘎	女	藏	山南地区浪卡子县	全区离退休干部先进个人	2015年	自治区区党委组织部
边巴益西	男	藏	山南浪卡子县	全区离退休干部先进个人	2015年	自治区区党委组织部
嘎玛洛卓	男	藏	曲松县委宣传部	全区舆情信息工作先进个人	2015年	自治区党委宣传部
索朗旺久	男	藏	浪卡子县桑顶寺管会	优秀驻寺干部	2015年	自治区统战部
其米多吉	男	藏	浪卡子县桑顶寺管会	优秀驻寺干部	2015年	自治区统战部
米　玛	男	藏	浪卡子县珠地寺管会	优秀驻寺干部	2015年	自治区统战部
巴桑卓玛	女	藏	浪卡子县嘎多寺管会	优秀驻寺干部	2015年	自治区统战部
热　旦	男	藏	浪卡子县嘎多寺管会	优秀驻寺民警	2015年	自治区统战部
强巴次仁	男	藏	浪卡子县盟嘎曲德寺管会	优秀驻寺干部	2015年	自治区统战部

续表

姓名	性别	民族	工作单位	获奖名称	表彰时间	授予单位
米玛旺久	男	藏	浪卡子县新杂寺管会	优秀驻寺干部	2015年	自治区统战部
扎西罗布	男	藏	浪卡子县塔林曲地寺管会	优秀驻寺干部	2015年	自治区统战部
格桑次仁	男	藏	浪卡子县塔林曲地寺管会	优秀驻寺干部	2015年	自治区统战部
西热桑旦	男	藏	浪卡子县塔林曲地寺管会	优秀驻寺边防干警	2015年	自治区统战部
布　琼	男	藏	浪卡子县拥布多寺管会	优秀驻寺民警	2015年	自治区统战部
边　久	男	藏	浪卡子县扎西归桑寺管会曲林	优秀驻寺干部	2015年	自治区统战部
小次仁	男	藏	浪卡子县扎西归桑寺管会曲林	优秀驻寺干部	2015年	自治区统战部
旦增多吉	男	藏	浪卡子县绒布拉康管委会	优秀驻寺干部	2015年	自治区统战部
桑　珠	男	藏	浪卡子县扎热桑丹曲林寺管会	优秀驻寺民警	2015年	自治区统战部
吴金曲扎	男	藏	浪卡子县扎热桑丹曲林寺管会	优秀驻寺干部	2015年	自治区统战部
云旦杰布	男	藏	浪卡子县宗棍寺管会	优秀驻寺干部	2015年	自治区统战部
措　姆	女	藏	浪卡子县统战部	优秀涉宗干部	2015年	自治区统战部
罗布次仁	男	藏	桑日县委统战部	山南地区优秀宗教干部	2015年	自治区统战部
扎西顿珠	男	藏	桑日县委统战部	自治区优秀宗教干部	2015年	自治区统战部
索朗加措	男	藏	桑日县委统战部	自治区优秀宗教干部	2015年	自治区统战部
次仁旦增	男	藏	桑日县委统战部	自治区优秀宗教干部	2015年	自治区统战部
章　芬	女	汉	地委党校	“庆祝西藏自治区成立50周年论文”三等奖	2015年	自治区党校
王春华	女	汉	地委党校	“庆祝西藏自治区成立50周年论文”三等奖	2015年	自治区党校
王　丽	女	汉	地委党校	“庆祝西藏自治区成立50周年论文”二等奖	2015年	自治区党校
普布顿珠	男	藏	贡嘎县公安局科员	警务复训班优秀学员、嘉奖	2015年	自治区公安厅、山南地区公安处
边巴欧珠	男	藏	山南地区公安局技侦支队	西藏自治区成立50周年大庆安全保卫工作先进个人	2015年	西藏自治区公安厅
索朗扎西	男	藏	交警支队	50大庆先进个人	2015年	自治区公安厅
拉　巴	男	藏	贡嘎县公安局正科级干部	自治区巾帼建功标兵	2015年	自治区公安厅
次仁罗布	男	藏	洛扎县县公安局	2014级西藏专业证书班优秀学员	2015年	自治区公安厅政治部
刘志刚	男	汉	西藏自治区人民检察院山南分院	个人二等功	2015年	西藏自治区人民检察院

续表

姓名	性别	民族	工作单位	获奖名称	表彰时间	授予单位
索朗旺久	男	藏	西藏自治区人民检察院山南分院	个人二等功	2015年	西藏自治区人民检察院
汪　斌	男	汉	西藏自治区人民检察院山南分院	个人二等功	2015年	西藏自治区人民检察院
郭清华	男	汉	西藏自治区人民检察院山南分院	个人三等功	2015年	西藏自治区人民检察院
程　倩	女	汉	山南地区中级人民法院	全区法院民事审判工作办案能手	2015年	自治区高级人民法院
白玛央金	女	藏	山南地区中级人民法院	全区法院刑事审判工作办案能手	2015年	自治区高级人民法院
加　措	男	藏	隆子县法院	民事办案能手	2015年	自治区高级人民法院
索郎边久	男	藏	隆子县法院	自治区级“执行办案能手”	2015年	自治区高级人民法院
玉　珍	女	藏	地区疾控中心	在2015年全区业务技能操作比赛中荣获三等奖	2015年	自治区卫计委、自治区总工会
苏红力	男	汉	江南矿业公司	西藏“五一”劳动奖章	2015年	自治区总工会
央　珍	女	藏	山南地区扎囊县扎塘镇羊嘎居委会妇代会主任	西藏自治区三八红旗手标兵	2015年	自治区妇女联合会 自治区人社厅
扎　桑	女	藏	山南地区乃东县泽当镇结沙居委会四组村民	西藏自治区三八红旗手标兵	2015年	自治区妇女联合会 自治区人社厅
漆春兰	女	汉	山南地区贡嘎县朗杰学乡卫生院院长	西藏自治区三八红旗手	2015年	自治区妇女联合会 自治区人社厅
普布卓嘎	女	藏	山南地区措美县哲古镇哲古小学教师	自治区巾帼建功标兵	2015年	自治区教育厅、自治区妇女联合会
措　姆	女	藏	山南地区洛扎县边巴乡完全小学教师	自治区巾帼建功标兵	2015年	自治区教育厅、自治区妇女联合会
宗　吉	女	藏	山南地区乃东县教育局办公室主任	自治区巾帼建功标兵	2015年	自治区教育厅、自治区妇女联合会
索朗尼玛	女	藏	山南地区隆子县隆子镇完全小学教师	自治区教育行业妇女岗位建功先进个人	2015年	自治区教育厅、自治区妇女联合会
次旦卓玛	女	藏	山南地区浪卡子县浪卡子镇小学教师	自治区教育行业妇女岗位建功先进个人	2015年	自治区教育厅、自治区妇女联合会
索朗德吉	女	藏	山南地区加查县加查镇中心小学教师	自治区教育行业妇女岗位建功先进个人	2015年	自治区教育厅、自治区妇女联合会
尼玛德吉	女	藏	山南地委档案馆	西藏自治区“最美家庭”	2015年	自治区妇女联合会
周英杰	男	汉	山南地区第二高级中学	西藏自治区“最美家庭”	2015年	自治区妇女联合会
仓　决	女	藏	山南地区乃东县颇章乡雪村	西藏自治区“最美家庭”	2015年	自治区妇女联合会
扎西曲宗	女	藏	山南地区错那县卡达乡西午村	西藏自治区“最美家庭”	2015年	自治区妇女联合会
次仁玉珍	女	藏	山南地区桑日县增期乡达杰村	西藏自治区“最美家庭”	2015年	自治区妇女联合会
德庆多吉	女	藏	山南地区洛扎县人民医院	西藏自治区“最美家庭”	2015年	自治区妇女联合会

续表

姓名	性别	民族	工作单位	获奖名称	表彰时间	授予单位
央　　金	女	藏	山南地区琼结县下水乡	西藏自治区“最美家庭”	2015年	自治区妇女联合会
罗布央金	女	藏	山南地区曲松县罗布沙镇罗布沙村	西藏自治区“最美家庭”	2015年	自治区妇女联合会
白　　玛	女	藏	山南地区曲松县曲松镇下洛村	西藏自治区“最美家庭”	2015年	自治区妇女联合会
崔　　成	男	藏	山南地区浪卡子县阿扎乡亚龙村	西藏自治区“最美家庭”	2015年	自治区妇女联合会
格桑欧珠	男	藏	山南地区加查县公安局崔久乡琼果杰寺寺管会	西藏自治区“最美家庭”	2015年	自治区妇女联合会
巴　　珠	男	藏	山南地区加查县政法委	西藏自治区“最美家庭”	2015年	自治区妇女联合会
普布卓玛	女	藏	山南地区乃东县结巴乡多若村	西藏自治区“最美家庭”	2015年	自治区妇女联合会
达　　珍	女	藏	山南地区措美县卫生服务中心	西藏自治区“最美家庭”	2015年	自治区妇女联合会
西　　洛	女	藏	曲松县林业局	自治区优秀妇女工作者	2015年	自治区妇女联合会
巴桑央金	女	藏	山南地区浪卡子县妇联主席	2015年度全区妇联系统先进个人	2015年	自治区妇女联合会
拉　　珍	女	藏	山南地区乃东县妇联副主席	2015年度全区妇联系统先进个人	2015年	自治区妇女联合会
西　　洛	女	藏	山南地区曲松县妇联主席	2015年度全区妇联系统先进个人	2015年	自治区妇女联合会
益西曲珍	女	藏	山南地区错那县妇联科员	2015年度全区妇联系统先进个人	2015年	自治区妇女联合会
扎西拉姆	女	藏	山南地区措美县妇联副主席	2015年度全区妇联系统先进个人	2015年	自治区妇女联合会
德庆多吉	女	藏	洛扎县县人民医院	自治区“最美家庭”	2015年	自治区妇女联合会
王 正 杰	男	汉	共青团扎囊县委	全区优秀志愿者	2015年	共青团自治区委员会
普布仓决	女	藏	桑日县团委	全区优秀共青团干部	2015年	共青团自治区委员会
米久扎西	男	藏	洛扎县拉郊村委会	全区先进文明户	2015年	自治区精神文明建设指导委员会
达珍措珍	男	藏	洛扎县拉康镇门切社区	全区“五好”文明家庭	2015年	自治区精神文明建设指导委员会
白玛旦增	男	藏	洛扎县生格乡仲村2组	全区“五好”文明家庭	2015年	自治区精神文明建设指导委员会
嘎　　次	男	藏	洛扎县色乡色村主任	全区“五好”文明家庭	2015年	自治区精神文明建设指导委员会
次仁扎西	男	藏	洛扎县桑玉村	全区“五好”文明家庭	2015年	自治区精神文明建设指导委员会
次仁多吉	男	藏	洛扎县民宗局	优秀宗教工作者	2015年	自治区民族宗教管理委员会
格桑玉珍	女	藏	扎囊县旅游局	全区机关党内知识法规知识竞赛三等奖	2015年	自治区直属机关工委

续表

姓名	性别	民族	工作单位	获奖名称	表彰时间	授予单位
仓　决	女	藏	地区财政局	全区机关党内法规知识竞赛优秀奖	2015年	自治区直属机关工委
王　鹏	男	汉	桑日县发改委	“十二五”自治区发改系统先进个人	2015年	自治区发改委
德　吉	女	藏	洛扎县县人民医院	全区妇幼健康服务先进个人	2015年	自治区卫计委
达瓦白珍	女	藏	扎日乡卫生院	最美乡村医生	2015年	自治区卫计委
巴桑措姆	女	藏	曲松县卫生局	全区妇幼健康服务先进个人	2015年	自治区卫计委
普布仓觉	女	藏	地区妇保院	自治区级妇幼健康服务先进个人	2015年	自治区卫计委
久米多吉	男	藏	刑侦支队	指纹对比优秀个人	2015年	公安厅刑侦总队
久米多吉	男	藏	刑侦支队	串并研判先进个人	2015年	公安厅刑侦总队
蔺　荣	男	汉	刑侦支队	指纹采集先进个人	2015年	公安厅刑侦总队
邓鹏程	男	汉	扎囊县扎唐镇	全区优秀社区消防宣传大使	2015年	西藏自治区公安消防总队
杜卓欣	男	汉	山南消防支队隆子县大队	三等功	2015年	西藏消防总队
段　荣	男	汉	山南消防支队隆子县大队（驻村工作队）	嘉奖	2015年	西藏消防总队
吴　林	男	汉	山南消防支队扎囊县大队	嘉奖	2015年	西藏消防总队
杨海涛	男	汉	山南消防支队桑日县大队	嘉奖	2015年	西藏消防总队
邓卜川	男	汉	山南消防支队琼结县大队	“4・25”地震抗震救灾先进个人	2015年	西藏消防总队政治部
邓兆成	男	汉	山南消防支队乃东县中队	“4・25”地震抗震救灾先进个人	2015年	西藏消防总队政治部
多　吉	男	藏	隆子县统战部	自治区级优秀涉宗干部	2015年	自治区宗教办
罗　布	男	藏	农行山南分行（行长办）	廉洁从业先进个人	2016年	农行西藏自治区分行委员会
格桑多布杰	男	藏	禁毒支队	全区公安机关“百城禁毒会战”先进个人	2015年	自治区禁毒委员会办公室
桑　珠	男	藏	禁毒支队	全区公安机关“百城禁毒会战”先进个人	2015年	自治区禁毒委员会办公室
巴桑拉姆	女	藏	贡嘎县吉纳小学教师	在“一师一优课，一课一名师”评审活动中被评为自治区级优课	2015年	自治区教育厅
次　央	女	藏	浪卡子县浪卡子镇小学	“师优课”活动中荣获自治区优课	2015年	自治区教育厅
旦　增	男	藏	浪卡子县阿扎乡小学	教学能手	2015年	自治区教育厅
德吉曲珍	女	藏	措美县妇幼保健站	全区妇幼健康年先进个人	2015年	自治区卫生厅
格桑央金	女	藏	隆子县人民医院	自治区妇幼卫生先进工作者	2015年	自治区卫生厅
阿旺卓玛	女	藏	隆子县人民医院	自治区妇幼卫生先进工作者	2015年	自治区卫生厅

续表

姓名	性别	民族	工作单位	获奖名称	表彰时间	授予单位
陈国平	男	汉	地区工商局	自治区工商系统民族团结进步模范个人	2015年	自治区工商局
拉巴次仁	男	藏	地区工商局	自治区工商系统2015年度工商行政管理先进个人	2015年	自治区工商局
尼玛次仁	男	藏	地区工商局	自治区工商系统2015年度工商行政管理先进个人	2015年	自治区工商局
罗琼	男	藏	琼结县工商局	自治区工商系统2015年度工商行政管理先进个人	2015年	自治区工商局
强巴多吉	男	藏	加查县工商局	自治区工商系统2015年度工商行政管理先进个人	2015年	自治区工商局
徐永胜	男	汉	桑日县工商局	自治区工商系统2015年度工商行政管理先进个人	2015年	自治区工商局
许世文	男	汉	乃东县工商局格桑路工商所	自治区工商系统2015年度工商行政管理先进个人	2015年	自治区工商局
次仁平措	男	藏	地区交通运输局扎囊养护段路政所	2015年度路政管理先进个人	2015年	自治区公路局
陈国平	男	汉	地区工商局	自治区工商系统民族团结进步模范个人	2015年	自治区工商局
拉巴次仁	男	藏	地区工商局	自治区工商系统2015年度工商行政管理先进个人	2015年	自治区工商局
尼玛次仁	男	藏	地区工商局	自治区工商系统2015年度工商行政管理先进个人	2015年	自治区工商局
罗琼	男	藏	琼结县工商局	自治区工商系统2015年度工商行政管理先进个人	2015年	自治区工商局
强巴多吉	男	藏	加查县工商局	自治区工商系统2015年度工商行政管理先进个人	2015年	自治区工商局
徐永胜	男	汉	桑日县工商局	自治区工商系统2015年度工商行政管理先进个人	2015年	自治区工商局
许世文	男	汉	乃东县工商局格桑路工商所	自治区工商系统2015年度工商行政管理先进个人	2015年	自治区工商局
孟江南	男	汉	地区质监局	2015年全区质监系统优秀公务员	2015年	西藏自治区质量技术监督局党委
蒙汐恒	男	汉	地区质监局	2015年全区质监系统优秀公务员	2015年	西藏自治区质量技术监督局党委
杜召军	男	汉	地区质监局	2015年全区质监系统先进工作者	2015年	西藏自治区质量技术监督局党委
洛桑仁青	男	藏	地区质监局	2015年全区质监系统先进工作者	2015年	西藏自治区质量技术监督局党委
尼玛德吉	女	藏	地委	全区优秀档案宣传者	2015年	自治区档案局
达瓦次仁	男	藏	贡嘎县气象局	地面气象观测工作优秀个人	2015年	自治区气象局
次仁顿珠	男	藏	洛扎县教育局	西藏自治区中小学幼儿园教师信息技术应用能力提升工程远程培训优秀管理员	2015年	中国教育电视台西藏自治区教育厅师资管理处
拉巴次仁	男	藏	浪卡子县教育局	全区优秀电教工作者	2015年	自治区电教馆
群英多吉	男	藏	农行信息技术管理部	农银大学西藏分校2015年第6期岗位职业轮训优秀学员	2015年	农银大学西藏分校
桑珠次仁	男	藏	农行措美县支行	“2015年金钥匙管理明星”先进个人	2015年	中国农业银行股份有限公司西藏自治区分行

续表

姓名	性别	民族	工作单位	获奖名称	表彰时间	授予单位
次旺多吉	男	藏	农行浪卡子县支行	“2015 年金钥匙管理明星”先进个人	2015 年	中国农业银行股份有限公司西藏自治区分行
达瓦边久	男	藏	农行错那觉拉营业所	“2015 年金钥匙春天之星”先进个人	2015 年	中国农业银行股份有限公司西藏自治区分行
次　央	女	藏	农行隆子县支行	“2015 年金钥匙春天之星”先进个人	2015 年	中国农业银行股份有限公司西藏自治区分行
格勒桑普	男	藏	农行措美县支行	农行成立 20 周年演讲比赛　第三名	2015 年	农行西藏自治区分行
徐　威	男	汉	农行机关运营部	“第六届柜员业务技术比赛运营后台作业录入”　第二名	2015 年	农行西藏自治区分行
王卫东	男	藏	农行机关保卫部	农行西藏自治区分行 20 年杰出人物	2015 年	中共中国农业银行西藏自治区分行委员会
边　巴	男	藏	农行贡嘎县支行	廉洁从业先进个人	2015 年	农行西藏自治区分行委员会
张　东	男	汉	农行隆子县支行	廉洁从业先进个人	2015 年	农行西藏自治区分行委员会
多　金	男	藏	贡嘎县杰德秀小学教师	2015 年全国“宝钢杯”杰出中小学青年教师金奖	2015 年	宝钢教育基金会
达瓦坚参	男	藏	地区行署办公室	自治区成立 50 周年庆祝活动先进个人	2015 年	中共山南地委、地区行署
普　珍	女	藏	地区行署办公室	自治区成立 50 周年庆祝活动先进个人	2015 年	中共山南地委、地区行署
王红兵	男	汉	地区行署办公室	自治区成立 50 周年庆祝活动先进个人	2015 年	中共山南地委、地区行署
谭金元	男	汉	地委办公室	自治区成立 50 周年庆祝活动先进个人	2015 年	中共山南地委、地区行署
李　静	女	汉	地委办公室	自治区成立 50 周年庆祝活动先进个人	2015 年	中共山南地委、地区行署
邱　波	男	汉	地委办公室	自治区成立 50 周年庆祝活动先进个人	2015 年	中共山南地委、地区行署
周　帆	男	汉	地委办公室	自治区创先争优强基础惠民生活动第四批先进驻村（居）工作队员	2015 年	中共山南地委、地区行署
巴桑旺堆	男	藏	山南地区中级人民法院	自治区创先争优强基础惠民生活动第四批先进驻村（居）工作队员	2015 年	中共山南地委、地区行署
王　玺	男	汉	地委组织部	山南地区优秀村（社区）党支部第一书记	2015 年	中共山南地委、地区行署
米　玛	男	藏	地委党校	自治区创先争优强基础惠民生活动第四批先进驻村（居）工作队员	2015 年	中共山南地委、地区行署
朱华平	男	汉	地区发改委	“法律进万家”先进宣传员	2015 年	中共山南地委、地区行署
边　珍	女	藏	山南地区统计局、国家统计局山南调查队	自治区创先争优强基础惠民生活动第四批先进驻村（居）工作队员	2015 年	中共山南地委、地区行署
格桑德吉	女	藏	山南地区公安局纪委	自治区成立 50 周年庆祝活动先进个人	2015 年	中共山南地委、地区行署
梁　夏	男	汉	山南地区公安局办公室	自治区成立 50 周年庆祝活动先进个人	2015 年	中共山南地委、地区行署
边　巴	男	藏	山南地区公安局特警支队	自治区成立 50 周年庆祝活动先进个人	2015 年	中共山南地委、地区行署
刘俊江	男	汉	山南地区公安局科信科	自治区成立 50 周年庆祝活动先进个人	2015 年	中共山南地委、地区行署

续表

姓名	性别	民族	工作单位	获奖名称	表彰时间	授予单位
王　铭	男	汉	山南地区公安局技侦支队	自治区成立50周年庆祝活动先进个人	2015年	中共山南地委、地区行署
朱　清	男	汉	地区司法处	自治区创先争优强基础惠民生活动第四批先进驻村（居）工作队员	2015年	中共山南地委、地区行署
曹翠平	女	汉	地区司法处	自治区创先争优强基础惠民生活动第四批先进驻村（居）工作队员	2015年	中共山南地委、地区行署
索朗旺堆	男	藏	地区交通运输局	自治区成立50周年庆祝活动先进个人	2015年	中共山南地委、地区行署
王　婷	女	汉	山南地区农牧局	自治区创先争优强基础惠民生活动第四批先进驻村（居）工作队员	2015年	中共山南地委、地区行署
查　斯	男	藏	山南地区农牧局	自治区创先争优强基础惠民生活动第四批先进驻村（居）工作队员	2015年	中共山南地委、地区行署
米　玛	男	藏	山南地区畜牧兽医总站	自治区创先争优强基础惠民生活动第四批先进驻村（居）工作队员	2015年	中共山南地委、地区行署
罗布次仁	男	藏	山南地区草原工作（监理）站	自治区创先争优强基础惠民生活动第四批先进驻村（居）工作队员	2015年	中共山南地委、地区行署
魏红亮	男	汉	山南地区农业技术推广中心	自治区创先争优强基础惠民生活动第四批先进驻村（居）工作队员	2015年	中共山南地委、地区行署
杨　涛	男	汉	山南地区农业技术推广中心	自治区创先争优强基础惠民生活动第四批先进驻村（居）工作队员	2015年	中共山南地委、地区行署
索朗旺堆	男	藏	山南地区文化局	自治区成立50周年庆祝活动先进个人	2015年	中共山南地委、地区行署
次旦卓玛	女	藏	山南地区文化局	自治区成立50周年庆祝活动先进个人	2015年	中共山南地委、地区行署
次仁加措	男	藏	山南地区文化局	自治区成立50周年庆祝活动先进个人	2015年	中共山南地委、地区行署
次仁欧珠	男	藏	山南地区文化局	自治区成立50周年庆祝活动先进个人	2015年	中共山南地委、地区行署
白玛央珍	女	藏	山南地区文化局	自治区成立50周年庆祝活动先进个人	2015年	中共山南地委、地区行署
边巴次仁	男	藏	地区卫计委	自治区创先争优强基础惠民生活动第四批先进驻村（居）工作队员	2015年	中共山南地委、地区行署
次仁尼玛	男	藏	地区疾控中心	自治区创先争优强基础惠民生活动第四批先进驻村（居）工作队员	2015年	中共山南地委、地区行署
琪　梅	女	藏	地区外事办公室	地区“法律进万家”活动先进个人	2015年	中共山南地委、地区行署
张志福	男	汉	地区林业局	自治区成立50周年庆祝活动先进个人	2015年	中共山南地委、地区行署
俞　力	男	汉	地区林业局	自治区创先争优强基础惠民生活动第四批先进驻村（居）工作队员	2015年	中共山南地委、地区行署
阿旺格增	男	藏	地区林业局	自治区创先争优强基础惠民生活动第四批先进驻村（居）工作队员	2015年	中共山南地委、地区行署
达　确	女	藏	山南地区旅游局	自治区创先争优强基础惠民生活动第四批先进驻村（居）工作队员	2015年	中共山南地委、地区行署
龙宗美朵	女	藏	山南地区旅游局	山南地区优秀党支部第一书记	2015年	中共山南地委、地区行署
魏洪亮	男	汉	地区农业技术推广中心	自治区创先争优强基础惠民生活动第四批先进驻村（居）工作队员	2015年	中共山南地委、地区行署
杨　涛	男	汉	地区农业技术推广中心	自治区创先争优强基础惠民生活动第四批先进驻村（居）工作队员	2015年	中共山南地委、地区行署

续表

姓名	性别	民族	工作单位	获奖名称	表彰时间	授予单位
扎　　西	男	藏	中国电信山南分公司	自治区创先争优强基础惠民生活动第四批先进驻村（居）工作队员	2015年	中共山南地委、地区行署
顿珠次仁	男	藏	农行琼结县支行	自治区创先争优强基础惠民生活动第四批先进驻村（居）工作队员	2015年	中共山南地委、地区行署
顿珠次仁	男	藏	农行琼结县支行	自治区创先争优强基础惠民生活动第四批先进驻村（居）工作队员	2015年	中共山南地委、地区行署
边巴次仁	男	藏	农行桑日县支行	自治区创先争优强基础惠民生活动第四批先进驻村（居）工作队员	2015年	中共山南地委、地区行署
王应能	男	汉	建行山南分行驻洛扎县门当居委会工作队	自治区创先争优强基础惠民生活动第四批先进驻村（居）工作队员	2015年	中共山南地委、地区行署
普布扎西	男	藏族	山南地区藏医医院	自治区创先争优强基础惠民生活动第四批先进驻村（居）工作队员	2015年	中共山南地委、地区行署
宋旭旭	男	汉	琼结县	优秀村（居）党支部第一书记	2015年	中共山南地委、地区行署
巴桑罗布	男	藏	扎囊县扎唐镇	山南地区优秀村（居）党支部第一书记	2015年	中共山南地委、地区行署
达瓦次仁	男	藏	扎囊县扎唐镇	山南地区优秀村（居）党支部第一书记	2015年	中共山南地委、地区行署
次　　多	男	藏	扎囊县人社局	山南地区优秀村（居）党支部第一书记	2015年	中共山南地委、地区行署
巴桑次仁	男	藏	扎囊县扎其乡	山南地区优秀村（居）党支部第一书记	2015年	中共山南地委、地区行署
达瓦旦增	男	藏	扎囊中学	山南地区优秀村（居）党支部第一书记	2015年	中共山南地委、地区行署
吾金旦增	男	藏	扎囊县吉汝乡	山南地区优秀村（居）党支部第一书记	2015年	中共山南地委、地区行署
贡觉多吉	男	藏	扎囊县吉汝乡	山南地区优秀村（居）党支部第一书记	2015年	中共山南地委、地区行署
洛桑达瓦	男	藏	扎囊县吉汝乡	山南地区优秀村（居）党支部第一书记	2015年	中共山南地委、地区行署
贡布次仁	男	藏	扎囊县住建局	山南地区优秀村（居）党支部第一书记	2015年	中共山南地委、地区行署
王军鸿	男	汉	扎囊县桑耶镇	山南地区优秀村（居）党支部第一书记	2015年	中共山南地委、地区行署
多吉旺堆	男	藏	扎囊县安监局	山南地区优秀村（居）党支部第一书记	2015年	中共山南地委、地区行署
旦增伦珠	男	藏	扎囊县桑耶镇松卡居委会	自治区创先争优强基础惠民生活动第四批先进驻村（居）工作队员	2015年	中共山南地委、地区行署
王军鸿	男	藏	扎囊县桑耶镇念果村	自治区创先争优强基础惠民生活动第四批先进驻村（居）工作队员	2015年	中共山南地委、地区行署
吉米念扎	男	藏	扎囊县扎其乡	自治区创先争优强基础惠民生活动第四批先进驻村（居）工作队员	2015年	中共山南地委、地区行署
花艳超	男	汉	扎囊县扎其乡	自治区创先争优强基础惠民生活动第四批先进驻村（居）工作队员	2015年	中共山南地委、地区行署
央　　宗	女	藏	扎囊县妇联	自治区创先争优强基础惠民生活动第四批先进驻村（居）工作队员	2015年	中共山南地委、地区行署
尼玛曲珍	女	藏	扎囊县司法局	自治区创先争优强基础惠民生活动第四批先进驻村（居）工作队员	2015年	中共山南地委、地区行署
候　　东	男	汉	扎囊县人社局	自治区创先争优强基础惠民生活动第四批先进驻村（居）工作队员	2015年	中共山南地委、地区行署

续表

姓名	性别	民族	工作单位	获奖名称	表彰时间	授予单位
旺青格列	男	藏	扎囊县农发办	自治区创先争优强基础惠民生活动第四批先进驻村（居）工作队员	2015年	中共山南地委、地区行署
旦　增	男	藏	扎囊县吉汝乡	自治区创先争优强基础惠民生活动第四批先进驻村（居）工作队员	2015年	中共山南地委、地区行署
李孟芸	女	汉	扎囊县扎其乡孟卡荣村	自治区创先争优强基础惠民生活动第四批先进驻村（居）工作队员	2015年	中共山南地委、地区行署
小玉珍	女	藏	扎囊县吉汝乡	自治区创先争优强基础惠民生活动第四批先进驻村（居）工作队员	2015年	中共山南地委、地区行署
勾继霖	女	汉	扎囊县吉汝乡	自治区创先争优强基础惠民生活动第四批先进驻村（居）工作队员	2015年	中共山南地委、地区行署
朗杰久米	男	藏	扎囊县吉汝乡	自治区创先争优强基础惠民生活动第四批先进驻村（居）工作队员	2015年	中共山南地委、地区行署
扎　西	男	藏	扎囊县民间艺术团	自治区创先争优强基础惠民生活动第四批先进驻村（居）工作队员	2015年	中共山南地委、地区行署
索朗曲珍	女	藏	扎囊县水利局	自治区创先争优强基础惠民生活动第四批先进驻村（居）工作队员	2015年	中共山南地委、地区行署
白玛拉珍	女	藏	扎囊县水电队	自治区创先争优强基础惠民生活动第四批先进驻村（居）工作队员	2015年	中共山南地委、地区行署
朱忠奎	男	汉	扎囊县吉汝乡	自治区创先争优强基础惠民生活动第四批先进驻村（居）工作队员	2015年	中共山南地委、地区行署
美朵卓嘎	女	藏	扎囊县吉汝乡	自治区创先争优强基础惠民生活动第四批先进驻村（居）工作队员	2015年	中共山南地委、地区行署
达　珍	女	藏	扎囊县人大办	自治区创先争优强基础惠民生活动第四批先进驻村（居）工作队员	2015年	中共山南地委、地区行署
贡觉曲珍	女	藏	扎囊县扎唐镇木那村	自治区创先争优强基础惠民生活动第四批先进驻村（居）工作队员	2015年	中共山南地委、地区行署
边　巴	男	藏	扎囊县文广局	自治区创先争优强基础惠民生活动第四批先进驻村（居）工作队员	2015年	中共山南地委、地区行署
尼玛次仁	男	藏	扎囊县政法委	自治区成立50周年庆祝活动先进个人	2015年	中共山南地委、地区行署
格桑扎西	男	藏	扎囊县统战部	山南地区涉宗领域优秀干部	2015年	中共山南地委、地区行署
洛桑次旦	男	藏	扎囊县扎其完小	山南地区第二届名校长	2015年	中共山南地委、地区行署
白玛措姆	女	藏	扎囊县阿扎完小	山南地区第二届名班主任	2015年	中共山南地委、地区行署
赵　永	男	汉	扎囊县扎唐镇	地区优秀党务工作者	2015年	中共山南地委、地区行署
索　朗	男	藏	贡嘎县吉雄镇政法委员	山南地区2012—2015年度优秀党支部第一书记	2015年	中共山南地委、地区行署
益西旺姆	女	藏	贡嘎县信访局副主任科员	优秀村（居）第一支部书记	2015年	中共山南地委、地区行署
黄　飞	男	汉	贡嘎县商务局派驻杰德秀镇杰德秀居委会工作队队员	自治区创先争优强基础惠民生活动第四批先进驻村（居）工作队员	2015年	中共山南地委、地区行署
索　朗	女	藏	贡嘎县组织部派驻江塘镇江塘村工作队队员	自治区创先争优强基础惠民生活动第四批先进驻村（居）工作队员	2015年	中共山南地委、地区行署

续表

姓名	性别	民族	工作单位	获奖名称	表彰时间	授予单位
桑　杰	男	藏	贡嘎县后勤服务中心派驻岗堆镇森布日村工作队队长	自治区创先争优强基础惠民生活动第四批先进驻村（居）工作队员	2015年	中共山南地委、地区行署
穷　吉	女	藏	贡嘎县团县委、邮政局派驻岗堆镇托嘎村工作队队长	自治区创先争优强基础惠民生活动第四批先进驻村（居）工作队员	2015年	中共山南地委、地区行署
多吉次仁	男	藏	贡嘎县政法委、税务局派驻岗堆镇吉纳村工作队副队长	自治区创先争优强基础惠民生活动第四批先进驻村（居）工作队员	2015年	中共山南地委、地区行署
白玛央宗	女	藏	贡嘎县住建局派驻岗堆镇雪岗村工作队队员	自治区创先争优强基础惠民生活动第四批先进驻村（居）工作队员	2015年	中共山南地委、地区行署
邓金平	女	汉	贡嘎县农牧局派驻杰德秀镇果吉村工作队队长	自治区创先争优强基础惠民生活动第四批先进驻村（居）工作队员	2015年	中共山南地委、地区行署
朗珍桑姆	女	藏	贡嘎县民政局派驻东拉乡吉琼村工作队队员	自治区创先争优强基础惠民生活动第四批先进驻村（居）工作队员	2015年	中共山南地委、地区行署
格桑曲珍	女	藏	贡嘎县政府办派驻昌果乡昌果村工作队队员	自治区创先争优强基础惠民生活动第四批先进驻村（居）工作队员	2015年	中共山南地委、地区行署
拉　珍	女	藏	贡嘎县妇联派驻吉雄镇扎庆社区工作队队员	自治区创先争优强基础惠民生活动第四批先进驻村（居）工作队员	2015年	中共山南地委、地区行署
次成贡布	男	藏	贡嘎县国土局派驻吉雄镇吉雄居委会工作队队员	自治区创先争优强基础惠民生活动第四批先进驻村（居）工作队员	2015年	中共山南地委、地区行署
多吉扎西	男	藏	贡嘎县人社局派驻朗杰学乡朗杰学村工作队队长	自治区创先争优强基础惠民生活动第四批先进驻村（居）工作队员	2015年	中共山南地委、地区行署
田丰林	男	汉	贡嘎县水利局派驻朗杰学乡岗则村工作队队长	自治区创先争优强基础惠民生活动第四批先进驻村（居）工作队员	2015年	中共山南地委、地区行署
扎西白旦	男	藏	贡嘎县卫生局派驻岗堆镇多丁村工作队队员	自治区创先争优强基础惠民生活动第四批先进驻村（居）工作队员	2015年	中共山南地委、地区行署
巨　冰	男	汉	贡嘎县安监局派驻甲竹林镇朗杰林居委会工作队队长	自治区创先争优强基础惠民生活动第四批先进驻村（居）工作队员	2015年	中共山南地委、地区行署
巴　果	女	藏	贡嘎县宣传部派驻吉雄镇红星社区工作队队长	自治区创先争优强基础惠民生活动第四批先进驻村（居）工作队员	2015年	中共山南地委、地区行署
陈燕华	女	汉	贡嘎县人大办、工商局派驻杰德秀镇斯麦居委会工作队队长	自治区创先争优强基础惠民生活动第四批先进驻村（居）工作队员	2015年	中共山南地委、地区行署
达瓦扎西	男	藏	贡嘎县民政局派驻东拉乡吉琼村工作队副队长	自治区创先争优强基础惠民生活动第四批先进驻村（居）工作队员	2015年	中共山南地委、地区行署

续表

姓名	性别	民族	工作单位	获奖名称	表彰时间	授予单位
巴桑列珠	男	藏	贡嘎县林业局派驻岗堆镇普雄村村工作队队长	自治区创先争优强基础惠民生活动第四批先进驻村（居）工作队员	2015年	中共山南地委、地区行署
仓　吉	女	藏	贡嘎县组织部派驻江塘镇江塘村工作队副队长	自治区创先争优强基础惠民生活动第四批先进驻村（居）工作队员	2015年	中共山南地委、地区行署
白玛次仁	男	藏	措美县委办公室	自治区创先争优强基础惠民生活动第四批先进驻村（居）工作队员	2015年	中共山南地委、地区行署
次仁顿珠	男	藏	隆子县水利局	自治区创先争优强基础惠民生活动第四批先进驻村（居）工作队员	2015年	中共山南地委、地区行署
单增旺庆	男	藏	地区人力资源和社会保障局	自治区创先争优强基础惠民生活动第四批先进驻村（居）工作队员	2015年	中共山南地委、地区行署
杨蔚霖	男	汉	地区人力资源和社会保障局	自治区创先争优强基础惠民生活动第四批先进驻村（居）工作队员	2015年	中共山南地委、地区行署
尼玛普赤	女	藏	曲松县政协办公室	自治区创先争优强基础惠民生活动第四批先进驻村（居）工作队员	2015年	中共山南地委、地区行署
罗布占堆	男	藏	曲松县规划局	山南地区2012年—2015年度优秀村党支部书记	2015年	中共山南地委、地区行署
洛桑旺堆	男	藏	曲松县安监局	山南地区2012年—2015年度优秀村党支部书记	2015年	中共山南地委、地区行署
达娃仓吉	女	藏	曲松县民政局	山南地区强基础惠民生活动先进驻村（居）工作队先进个人	2015年	中共山南地委、地区行署
格桑群培	男	藏	曲松县国土资源局	自治区创先争优强基础惠民生活动第四批先进驻村（居）工作队员	2015年	中共山南地委、地区行署
索朗曲珍	女	藏	曲松县民宗局	2015年度山南地区优秀宗教工作者	2015年	中共山南地委、地区行署
次仁欧珠	男	藏	曲松县民政局	山南地区“法律进万家”活动先进宣讲员	2015年	中共山南地委、地区行署
潘　多	女	藏	曲松县民政局	山南地区2012年—2015年度优秀村党支部书记	2015年	中共山南地委、地区行署
普　琼	男	藏	加查县	2015年度山南地区优秀宗教工作干部	2015年	中共山南地委、地区行署
张安华	男	汉	加查县	2015年度山南地区民族团结模范个人	2015年	中共山南地委、地区行署
李晓鸣	男	汉	加查县	“法律进万家”活动优秀宣讲员	2015年	中共山南地委、地区行署
晋美朗杰	男	藏	加查县	自治区创先争优强基础惠民生活动第四批先进驻村（居）工作队员	2015年	中共山南地委、地区行署
旦增次仁	男	藏	加查县	自治区创先争优强基础惠民生活动第四批先进驻村（居）工作队员	2015年	中共山南地委、地区行署
尼玛措姆	女	藏	加查县	自治区创先争优强基础惠民生活动第四批先进驻村（居）工作队员	2015年	中共山南地委、地区行署
白玛拉珍	女	藏	加查县	自治区创先争优强基础惠民生活动第四批先进驻村（居）工作队员	2015年	中共山南地委、地区行署
次仁卓玛	女	藏	加查县	自治区创先争优强基础惠民生活动第四批先进驻村（居）工作队员	2015年	中共山南地委、地区行署
唐黎明	男	汉	加查县	自治区创先争优强基础惠民生活动第四批先进驻村（居）工作队员	2015年	中共山南地委、地区行署
索朗次仁	男	藏	加查县	自治区创先争优强基础惠民生活动第四批先进驻村（居）工作队员	2015年	中共山南地委、地区行署

续表

姓名	性别	民族	工作单位	获奖名称	表彰时间	授予单位
央　宗	女	藏	加查县	自治区创先争优强基础惠民生活动第四批先进驻村（居）工作队员	2015年	中共山南地委、地区行署
嘎玛钻珠	男	藏	加查县	自治区创先争优强基础惠民生活动第四批先进驻村（居）工作队员	2015年	中共山南地委、地区行署
尼玛次仁	男	藏	加查县	自治区创先争优强基础惠民生活动第四批先进驻村（居）工作队员	2015年	中共山南地委、地区行署
普布扎西	男	藏	加查县	自治区创先争优强基础惠民生活动第四批先进驻村（居）工作队员	2015年	中共山南地委、地区行署
旦增旺久	男	藏	加查县	自治区创先争优强基础惠民生活动第四批先进驻村（居）工作队员	2015年	中共山南地委、地区行署
嘎玛达瓦	男	藏	加查县	山南地区第二届名校长荣誉称号	2015年	中共山南地委、地区行署
扎西平措	男	藏	加查县	山南地区集中开展执行“攻坚战”专项活动先进个人	2015年	中共山南地委、地区行署
阿南罗布	男	藏	加查县	创编舞蹈《雅砻之梦》优秀作品	2015年	中共山南地委、地区行署
巴桑次仁	男	藏	扎囊县吉汝乡	“驻村故事”征文活动优秀作品奖	2015年	中共山南地委、地区行署
李文武	男	汉	地区财政局	2015年度“法律进万家”活动优秀宣讲员	2015年	中共山南地委、地区行署
韩红新	男	汉	地区人力资源和社会保障局	第七批优秀援藏干部人才	2015年	中共山南地委、地区行署
平措扎西	男	藏	贡嘎县公安局正科级干部	西藏自治区50周年大庆安保先进个人、山南地区物资交流会先进个人	2015年	中共山南地委、山南地区公安处
桑　杰	男	藏	山南地区康桑离退休党支部	优秀党务工作者	2015年	中共山南地委
丹增顿珠	男	藏	治安管理支队	自治区创先争优强基础惠民生活动第四批先进驻村（居）工作队员	2015年	中共山南地委
宋旭旭	男	汉	琼结县	优秀共产党员	2015年	中共山南地委
德吉卓玛	女	藏	扎囊县公安局	山南地区优秀党务工作者	2015年	中共山南地委
加央桑布	男	藏	扎囊县扎其乡	山南地区优秀共产党员	2015年	中共山南地委
仁增朗杰	男	藏	贡嘎县公安局副科级干部	自治区成立50周年庆祝活动先进个人	2015年	中共山南地委
次仁央点	男	藏	浪卡子县卡龙乡党委书记	优秀党务工作者	2015年	中共山南地委
其米次仁	男	藏	浪卡子县普玛江塘乡完小教务主任	优秀共产党员	2015年	中共山南地委
索朗多布杰	男	藏	贡嘎县农村实验中学校长	山南地区“名校长”	2015年	山南地区行署
次仁玉珍	女	藏	浪卡子县编译局	规范藏语文社会用字工作先进个人	2015年	山南地区行署
克热次仁	男	藏	浪卡子县打隆镇相达小学	名校长	2015年	山南地区行署
次旦卓玛	女	藏	浪卡子县浪卡子镇小学	名班主任	2015年	山南地区行署
边巴多吉	男	藏	浪卡子县浪卡子镇小学	优秀党务工作者	2015年	山南地区行署

姓名	性别	民族	工作单位	获奖名称	表彰时间	授予单位
达瓦次仁	男	藏	浪卡子中学	名教师	2015年	山南地区行署
尼玛次仁	男	藏	浪卡子县中学	师德标兵	2015年	山南地区行署
陈 忠 军	男	汉	加查县	2015年度山南地区招商引资先进工作者	2015年	山南地区行署
马 自 亮	男	汉	地区人力资源和社会保障局	地区2015年度信息报送先进个人	2015年	山南地区行署

说明：1. 此表仅收录全地区2015年度受地（市）级及以上表彰的先进人物；

2. 以上资料由各县各单位提供。

第四届“感动山南十大人物”事迹

华学健 男，汉族，1967年出生，湖南省第四、五、六批援藏干部，现任湖南省娄底市委常委、组织部部长。他是湖南省援藏时间最长的干部，也是全国援藏时间最长的干部之一。拉萨“3·14”事件发生后，他立即返岗，途中边吸氧边赶路，连夜返回隆子县，克服高原反应，安排部署全县维稳工作。他亲自带班，每天巡逻查岗到深夜12点，多次深入基层指导工作，乡道崎岖难行，遇到泥泞不堪的地方，他就下车和工作人员推着车走，遇到不通道路的地方，他就徒步前往查看。

担任隆子县委书记时，他开创性地建设扎西康矿业园区，累计实现招商引资4.5亿元，带动增收3600万元，建成高寒牧业经济带和低海拔特色经济带，隆子县经济实力跃居山南第二名。任山南地委副书记后，他谋划建设山南体育中心、山南四县新农村等一大批民生项目，为山南经济社会跨越式发展做出突出贡献。

2008年，隆子县遭遇雪灾，他第一时间赶到现场，带领干部群众废寝忘食，连续奋战30多天，最终确保人畜安全转移，使受灾损失降到最低。2012年3月，桑日县地势险要的达沽一带发生森林火灾，他连夜驱车4个多小时赶到现场，冒着生命危险，在一线连续七天七夜组织近万人扑灭着火点117个，为国家与人民群众挽救损失千余万元。

援藏9年，他一直把山南当作第二故乡，经常深入农牧区与农牧民群众交心谈心，话家常，求计谋，和农牧民群众一起吃糌粑、喝酥油茶，并帮助他们解决实际困难，每到一户农牧民家里走访，他总会看看他们的粮食和牲畜，关心他们的日子过得好不好。9年来，他先后拿出工资5万多元，长期资助了11名贫困学生。

他舍小家顾大家。父亲病危，家里多次催他回去，但因工作走不开而未能见父亲最后一面。援藏期间，年迈80岁的老母亲三次住院治疗，唯一的女儿经历了初中升高中、高中考大学两个重要阶段，他都把重担留给了妻子独自承担，而把自己的豪情壮志洒在了雪域高原。

党晓飞 女，汉族，1976年出生，扎囊县中学教师。1998年大学毕业后自愿进藏支教。刚参加工作时工资只有700多元，但她坚持每月拿出100多元为学生购买学习用品。她利用互联网发帖寻求好心人帮助，2003年至2005年，为全校近500名贫困生募捐到600多套过冬衣物，并为附近完小募捐衣物200多套，为15名贫困小学生找到帮扶对象。16年来，她直接资助学生人数50多人，资助资金达3万多元。通过其他渠道募集衣物、学习用品等合计资金8万余元，受益学生人数达900多人。

她以一颗慈爱之心关心着学生，却很少在意自己。2011年9月，她正在讲台上为学生讲解试卷时，突然晕倒。当她在医务室清醒后，说的第一句话是：“我的课还没讲完呢！”经西藏武警总医院诊断，她患上了高原性脑供血不足，西藏的医疗条件还无法彻底治愈。当她准备回内地进行治疗时，一百多名学生挤在她的家里话别，同学们都哭作一团。

作为一名化学老师，在长时间的教学过程中她逐渐摸索出了一套适合西藏学生的教学方法。她发表了《少数民族地区初中化学教学中学生阅读能力的培养》、《少数民族地区初中化学教学之我见》等教学论文，其中一篇还获得全国教育改革优秀教学论文大赛一等奖，论文被收录在《中国教育改革论丛》。

王良 男，汉族，1968年出生，曲松县罗布沙镇扶贫建筑队队长。王良与曲松藏族姑娘贡贡喜结连理，组成一个幸福的民族团结之家。1998年在修路施工引爆炸药时发生意外，右手不幸残废。但他不灰心、不绝望、不放弃，在国家惠民政策下，创办“曲松县罗布沙镇扶贫建筑队”，企业由小到大，由弱到强，截至目前建筑队有技术员工45人，工人32人。由注册资金80万元的建筑队发展为目前净资产300万元的小型企业。

在10多年的艰苦创业过程中，他认为自己富了不算富，只有大家共同富裕才算富。在他的建筑队中70%以上的工人均为附近村庄的贫困群众，每个人年均创收可达3万余元。

他十六年如一日，对扶贫困难户给予他都力所能及的关怀和帮助。自2002年以来，平均每年为曲松县创造就业岗位200多个，帮助群众实现劳务输出创收60万余元，十多年以来，累计实现劳务输出创收600余万元，累计投入公益事业资金近50万元。

边巴 女，藏族，1970年出生，曲松公路养护段二工区的工区长。多年来，曲松段S306线第二工区所管养的整条公路，由于海拔高，常年气候恶劣，公路抗灾性能弱，泥石流塌方等自然灾害频发。边巴率先取消双休日，起早贪黑，披星戴月，晴天一身尘，雨天一身泥奋战在高寒养路战线上。一有泥石流等灾害，她总是冲锋在前、从不怕脏和累，有时在泥浆中连续奋战20多个小时。2008年山南地区遭受了百年不遇的特大雪灾，二工区所管养的布当拉公路平均积雪达到80公分，她带领职工24小时不停地推雪铲雪，想方设法抢险保通。同时，她把被困人员带到自己的家中休息，提供热水与食物。

多年来，她和职工共救助受困人员650人次，其中有危重病人6名因抢救及时获得生命，接待救助过往司机、旅客235人，救助被困车辆30台，无偿为被救助人员提供了各种食物和药品价值75000余元，如数归还在交通事故中遗失的虫草、现金共10多万元。她先后荣获“抢险保通先进工作”、“精神文明先进个人”、“养护生产工作先进个人”、“助人为乐先进个人”等诸多嘉奖。

西洛 女，藏族，1963年出生，西藏国策环保山南分公司环卫工人。2007年参加环卫工作，7年来，每天都早出晚归，不管是寒冷的冬天，还是炎热的夏天，不管是刮风下雨，还是冰天雪地，她都能按时出工，高标准完成自己的工作任务，做到了“爱岗敬业，无私奉献”，是环卫工人当中的楷模。

作为一名“马路天使”，一年365天默默坚守在自己的岗位上，整日工作穿梭在车水马龙的街道上，用自己的辛勤和汗水，换来干净整洁的城市街道。每逢过年过节时，当别人与家人、朋友去林卡、去茶园餐厅休闲娱乐时，她仍坚守在自己的工作岗位默默奉献。每当人们还在梦乡时，凌晨五点她就已经开始自己一天的工作，此时路面上除了路灯就是她孤独的身影和手中挥动的扫把。

2002年，她在山沟发现了一名弃婴，孩子命在旦夕，她立即把小孩带到医院治疗，最终挽救了他的生命，周围人劝她把小孩送到孤儿院，她舍不得，在辛苦抚养自己两个小孩的同时，还坚持抚养这个小孩12年直到现在。

旦增珠扎 男，藏族，1979年出生，山南公安边防支队洛扎边防大队副团职大队长，曾荣立个人三等功一次、嘉奖一次。他长年驻守在高海拔地区的边防一线。调任洛扎边防大队一年多的时间里，他用三个多月的时间，行程1000多公里，踏遍洛扎县边境线上的每一寸疆土。在日常巡逻中，他经常把马留给其他战友，自己坚持徒步巡逻，为边防管控做出了突出贡献。

2014年秋天，洛扎边防大队例行在边境线某处巡逻检查，此处位于海拔近6000米的冰山上，环境极其恶劣，正当他和官兵们巡逻时，突然脚下的雪地开始颤抖，如汽车引擎轰鸣的声音正从冰山的某个地方越来越响地传来。他第一反应是雪崩了，马上冲战士们大叫：“快跑！雪崩！”他话音没落，一个巨型雪块朝他们站立的地方砸过来，他不假思索，一把推开身旁的战士，而他却被雪块击伤昏迷了过去。

在洛扎边防大队工作的近两年时间里，他积极向地方党委政府汇报边境地区维稳管控相关工作的开展情况，主动承担守边控边任务。在做好本职工作的同时，他还积极组织官兵为驻地困难群众、孤寡老人送去大米、面粉等慰问品，并将这些困难群众组织起来与官兵一起过年。

土登加措 男，藏族，1993年出生于浪卡子县工布学乡次龙村,现就读于北京大学法学院。他五岁时,就失去了父母的疼爱。幼小的他每天帮姐姐洗衣服、做饭、种地、放牧。刚到学校,上课听不懂老师的讲解,下课害怕和同学交流。他没有退缩,利用一切时间学习,课间玩耍时,他低头在预习下一课的内容;午休时,他一个人在学校操场上读书做题目;夜深人静时,他会偷偷躲过宿管老师的检查再多看一会儿书;帮家里放牧时,他带点糌粑,复习一周的功课……经过坚持,他学习成绩名列前茅。为减轻家里负担,他利用课余时间找兼职,一边学习,一边工作,日复一日,不断的坚持。他还经常帮助其他同学补课,耐心地辅导,细心地讲解。有一次班主任打算把一个助学金的名额给他,可是他坚持把这个名额给其他更加需要帮助的同学。他不仅乐于帮助同学,还积极参加学校团委组织的慰问孤寡老人活动。

功夫不负有心人,他以优异的成绩考入北京大学法学院。当看到山南二高校长拿着奖励资金,浪卡子县又给他的助学金时,他禁不住泪如泉涌,失声痛哭……他庆幸自己生活在社会主义温暖的大家庭。北大期间,他没有放松学习,经常跑图书馆看书查找资料,用科学知识武装自己,决心毕业后,为西藏发展稳定作出应有贡献。

洛桑次仁 男,藏族,1965年生,桑日县桑日镇村医。1980年参加工作,一直为桑日县桑日镇赤康村、颇章村、塔木村的群众服务,足迹遍及村庄的每一个角落、每条小道。村里有人病了,一个电话,他就立即上门诊疗。有一次村民次仁卓嘎在预产当晚,腹部感到剧烈疼痛,随即出现大出血现象,在危急关头,他当机立断,立即对病人实施救治,回到家已是凌晨4点多。

他始终把孤寡老人、特困家庭作为重点关注对象。赤康村洛桑曲珍老人,长期患有肺炎、心脏病,高血压、腿骨骨折,长年无人照顾,他定期送药上门并检查,长达4年之久,从无怨言。塔木村一位年过七旬的五保户老人曲珍,家中无子女照料,患有严重的高血压,他经常主动去老人家里为老人检查身体,还定期打扫卫生,带老人去地区医院做相关治疗,帮她购买药品、生活用品、营养品。

他先后5次被西藏自治区、山南地区、桑日县卫生局分别评为"先进工作者"、"先进个人"、"优秀乡村医生",2013年度因工作表现突出,被塔木村党支部评为"优秀共产党员"。

拉果次仁 男,藏族,1964年出生,贡嘎县杰德秀镇杰德秀居委会7组居民。十岁那年,一场突如其来的大病,使他落下了终身残疾。父亲的早逝、身体的残疾和母亲患有精神疾病,使这个原本一贫如洗的家雪上加霜。家庭的不幸,没有压倒他。他踏上求艺之路,因为行动不便、离家又远,每天必须早早起床坐拖板车前往杰德秀邦典厂学习,到了晚上又得赶回家照顾患有精神疾病的母亲。为了把裁缝技术学好学精,在照顾母亲睡后,他独自返厂勤加练习,有时候学到凌晨,累了就睡在厂里,饿了就吃点糌粑。

2000年,他用多年的积蓄和向亲戚朋友借来的钱开办了手工艺销售店,精心编制的围裙、氆氇、藏装等销往西藏各地,乃至尼泊尔、缅甸等国家,他成为了远近闻名的氆氇裁缝的专家。他还创办"杰德秀镇民族手工艺编织厂"和"残疾人手工艺培训基地",为方圆几公里的残疾人找到了谋生之路,帮助他们自立更生。

他致富后不忘回报社会,先后招收残疾人徒弟9人,家庭贫困的15人,厂内从业人员达30人。每年开展爱心送温暖活动,还常常对孤儿、贫困学生捐资捐物,每年都会到敬老院免费为老人缝补衣服。他还无偿地教授残疾人裁缝技术,先后手把手地帮助4位残疾人走上了自立自强之路。

2014年,他被评为"全国自强模范"。

次仁德吉 女,藏族,1986年出生,乃东县颇章乡斯堆村三组村民。2007年,当得知69岁的曲珍身体多病无人照顾,全靠每天10元钱救助金生活后,她与家人商量,开始照顾老人。两年后,曲珍老阿妈旧病复发,为了给老人看病治疗,她花光了家里仅有的三千元积蓄,连原本留给女儿过"六一"儿童节买新衣服的钱也拿去买药了。

自从老人卧病在床,她把大部分时间都花在了照顾老人饮食起居上，每天给老人擦洗身体、按摩，每天给老人洗脸、喂饭。日复一日，年复一年如亲生女儿般的细心照顾，让曲珍老阿妈实在于心不忍，于是她就绝食、拒绝吃药，不希望给本就生活艰难的她再雪上加霜。她对老人说，“您是我上辈子的妈妈，请不要想不开，让我们共同与病魔作斗争”。

2013年2月，曲珍老人的病情越来越严重了，她不顾医生的劝阻，毫不犹豫地把老人送进了医院。住院期间，她对老人悉心照顾。医生及同病房的人，都看在眼里，感动在心里。2014年5月，次仁德吉用她的辛勤、善良、孝心送走了曲珍老阿妈。

这些年来，除坚持照顾非亲非故的老人，她还独自一人照顾着自己六旬的父母和9岁的女儿，在她身上，体现着敬老爱幼的贤孝美德。

统计资料

山南地区2015年国民经济和社会发展统计公报

山南地区统计局
国家统计局山南调查队

（2016年3月31日）

2015年是“十二五”规划的收官之年。在地委、行署的坚强领导下，全地区上下认真学习贯彻党落实的十八大、十八届三中四中五中全会精神和习近平总书记系列重要讲话精神，按照“一产上水平、二产抓重点、三产大发展”的发展战略，全力推动“六个模范区”“七个山南”建设，圆满完成“十二五”规划各项目标任务，为“十三五”打下坚实基础。

一、综合

初步核算，山南实现地区生产总值（GDP）113.62亿元，按可比价计算，同比增长11%，比上年加快0.2个百分点，增速与全区水平持平，“十二五”年均增长11.6%。其中：第一产业增加值5.85亿元，同比增长3.3%；第二产业增加值55.21亿元，同比增长13.3%；第三产业增加值52.56亿元，同比增长11.5%。人均生产总值31557元，同比增长10.1%。

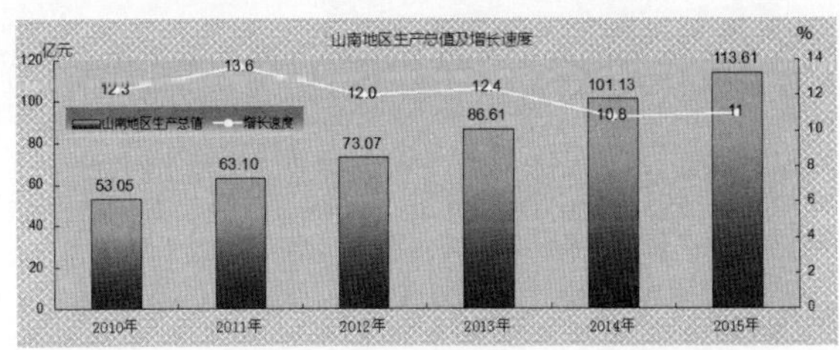

三次产业比由2014年的5.5∶51.3∶43.2调整为2015年的5.1∶48.6∶46.3，一产、二产占比同比下降0.4、2.7个百分点，三产占比提升3.1个百分点。

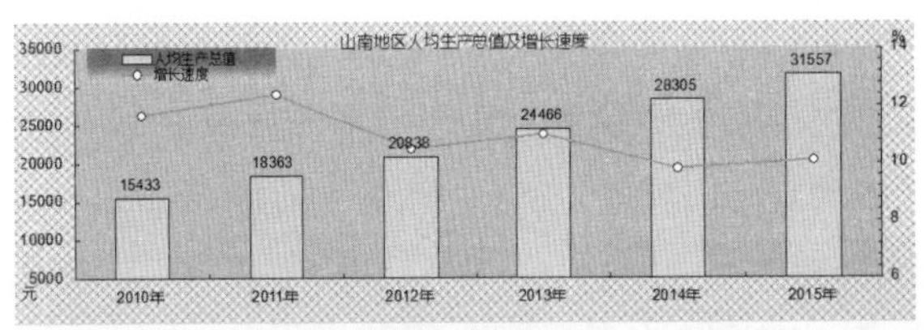

全地区居民消费价格总水平同比上涨1.2%，同比回落1.3个百分点，“十二五”累计上涨15.9%。从八大类看：食品类价格上涨1.5%，累计上涨34.5%，涨幅最高。衣着类、家庭设备及维修类、医疗保健及个人用品类、娱乐文化用品类、居住类、烟酒类价格分别上涨2.7%、1.1%、2.4%、1.3%、0.2%、1.8%，交通和通信类下降3.1%。

年末全地区四下单位从业人员25196人，比上年末增加988人，增长4.1%，从业人员工资总额262128万元，同比增长84.2%，年人均工资105293元，同比增长79.1%。城镇登记失业率控制在2.08%以内，全年新增城镇就业0.56万人。

2010—2015年山南居民消费物价指数

指标	2010 年	2011 年	2012 年	2013 年	2014 年	2015 年
居民消费价格指数	102.8	104.0	103.2	102.7	102.5	101.2
食品类	103.1	109.1	106.3	106.0	105.5	101.5
烟酒及其用品类	105.6	100.6	100.9	100.0	99.5	101.8
衣着类	103.6	102.9	103.5	102.1	101.6	102.7
家庭设备用品及维修服务类	101.9	101.1	102.4	100.5	100.6	101.1
医疗保健和个人用品类	102.1	100.9	101.6	100.4	101.1	102.4
交通和通信类	101.2	102.7	99.5	99.6	100.2	96.9
娱乐教育文化用品及服务类	101.2	97.8	98.9	100.5	101.1	101.3
居住类	100.5	101.9	102.2	105.0	100.3	100.2

二、农牧业

全地区实现农林牧渔业总产值为10.44亿元，实现增加值5.85亿元，同比增长3.3%。其中农业产值4.83亿元、增长1.8%，牧业产值4.96亿元、增长5.1%，林业产值0.15亿元、增长5.8%，服务业产值0.46亿元、下降4.9%。全地区播种总面积32419公顷，粮食作物面积23045公顷，比上年增加73公顷，其中青稞、小麦、油菜、蔬菜瓜果、青饲料面积分别为12941公顷、8776公顷、4586公顷、1769公顷、2974公顷。全地区粮食总产量15.72万吨、增长2.7%。其中小麦、青稞、油菜籽产量分别为7.06万吨、7.97万吨、1.31万吨。全地区蔬菜产量3.23万吨、下降0.8%。全地区年末牲畜存栏头数149.34万头（只），同比减少4.73万头（只），其中大牲畜、羊、猪、家禽存栏数分别为45.09万头、102.25万只、2万头、50.71万只。全年出栏57.17万头（只），出拦率35.5%。肉类产量2.45万吨、增长1.5%，其中牛肉1.83万吨、羊肉5301吨。禽蛋产量1677吨、下降28.9%，奶类产量4.84万吨、下降0.7%，羊毛产量1113吨、下降2.5%。

三、工业和建筑业

全地区工业企业完成产值24.65亿元，实现增加值11.09亿元，同比增长5.2%。其中规模以上企业完成产值19.4亿元，实现增加值8.16亿元，同比增长1.4%，完成销售产值17.33亿元、下降10.9%。规下和个体工业完成产值5.24亿元，实现增加值2.6亿元，同比增长34.5%。主要产品产量：水泥产量124.49万吨、下降4%，中成药15.45吨、下降40.8%，铬矿石9.17万吨、下7.5%，自来水供应量632立方米，同比增长1.2%，发电量16.32亿千瓦时、增长7.5倍。

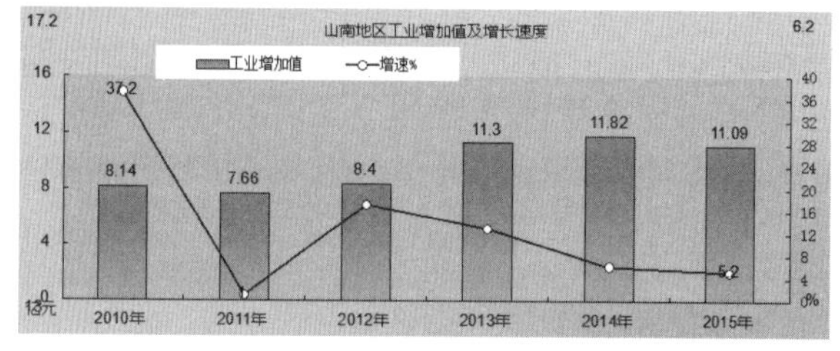

全年建筑业实现增加值44.12亿元，同比年增长13.3%。

四、固定资产投资

全年全地区固定资产投资施工项目共计1465个，完成投资145.91亿元，同比增长6.2%。其中：国家投资完成113.45亿元、增长14.3%，援藏投资完成5.42亿元、增长17.5%；招商投资完成19.58亿元、增长21.8%，民间投资完成7.46亿元、下降57.2%。“十二五”时期累计完成固定资产投资542.44亿元，是“十一五”的2.89倍，国家、援藏、招商、民间累计分别投资292.48亿元、18.04亿元、69.41亿元、62.5亿元。

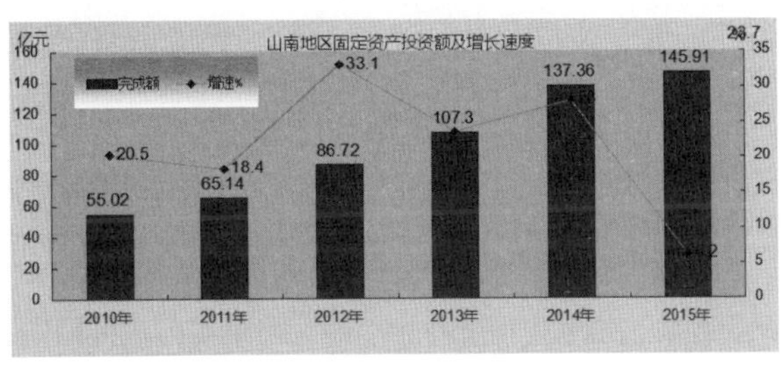

五、商业、贸易

全社会消费品零售总额完成40.11亿元，同比增长11.2%。完成十二五规划的100.3%。按地域分：城乡市场分别完成零售额36.08亿元、4.02亿元，同比分别增长10.6%、16.7%。商品零售、住宿餐饮分别完成零售额35.02亿元、5.09亿元，同比分别增长10%、20.3%。分行业看：限上企业完成零售额12.69亿元、增长3.8%，限下单位完成零售额27.42亿元、增长15%。

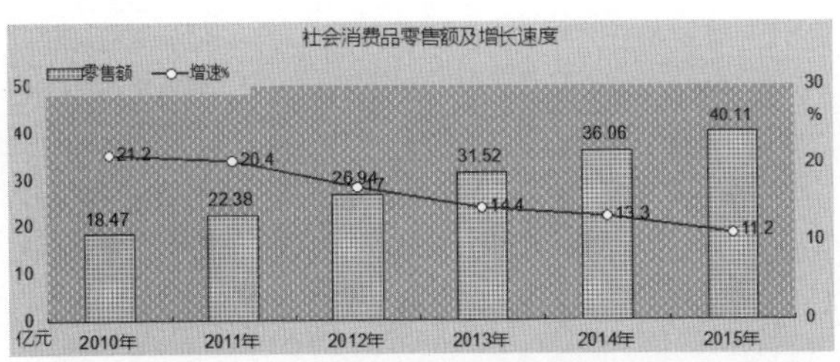

全年进出口总额616.7万美元，比上年下降51.6%。其中：出口总额15.3万美元、下降97.5%，进口总额601.4万美元、下降8.9%。

六、交通、邮电和旅游

全地区完成货运量208万吨、增长12.1%，货运周转量37102万吨千米、增长15.5%。全地区完成客运量254万人、增长5.6%，客运周转量29320万人千米、增长6.7%。

年末公路通车里程6862千米，同比增加122千米。年末全地区民用汽车拥有量24687辆，比上年增加1456辆。

全地区完成邮电业务总量2.71亿元，同比增长4.6%。其中邮政业务量0.28亿元、增长22.9%，电信业务量2.43亿元、增长3.5%。年末全地区固定电话用户10794部，移动电话用户225355部，互联网上网用户17341户，年末农村电话用户188743户。

全地区共接待国内外游客234.98万人次、增长19.4%，实现旅游总收入9.21亿元、增长22.5%。

七、财政和金融

全地区完成公共财政收入11.6亿元、增长17.6%。其中税收收入完成8.72亿元、增长5.6%，占地方财政收入的75.2%。营业税完成3.1亿元、增长17.7%，增值税完成2.1亿元、增长40.4%，企业所得税完成1.28亿元、增长83.3%，个人所得税完成0.68亿元、下降46%。

全地区财政预算总支出121.84亿元、增长58.8%。财政用于民生支出的资金占68%。其中一般公共服务支出21.09亿元、增长4.6%，公共安全7.75亿元、增长62.2%，教育、科学技术、文化体育传媒、社会保障和就业、医疗卫生分别支出18.56亿元、0.25亿元、3.21亿元、7.48亿元、7.63亿元，同比分别增长57.6%、37.7%、67.8%、60.8%、49%，环境保护、城乡社区、农林水、交通运输分别支出1.85亿元、6.03亿元、24.55亿元、8.98亿元，同比分别增长19%、52.8%、102.4%、971.4%。

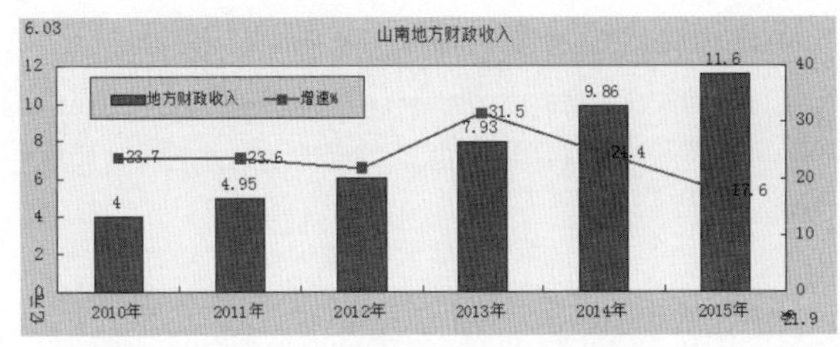

年末全地区金融机构本外币各项存款余额301.05亿元，同比增长27.7%。其中城乡居民储蓄存款63.67亿元，同比增长21.9%。年末各项贷款余额231.5亿元，同比增长22.3%。其中短期贷款余额49.55亿元，同比下降14%；中长期贷款余额181.95

亿元，同比增长 38.2%。

八、教育

全地区共有各类学校 293 所，在校生 57306 人，其中技校生 2874 人、中学生 20490 人、小学生 24899 人、幼儿园 8908 人、特校生 135 人。专任教师 5028 人、增加 449 人。专任教师 5113 人。学前教育入园率达 87.07%，小学入学率达 99.99%，初中毛入学率达 102.19%，高中毛入学率达 89.07%。

九、文化、卫生和体育

全地区共有民间团体 12 个，从业人员 235 人，文化活动中心 12 个，从业人员 24 人。全地区广播电视综合人口覆盖率分别达到 98.1% 和 98.6%，比上年分别提高 0.4 和 0.2 个百分点。

全地区共有卫生机构 743 家，其中：医院 14 所、卫生院 82 个（含乡镇）、疾病预防控制中心 13 个、妇幼保健院（站）13 个，各类诊所及医务室 635 个。全地区实际开放床位 1297 张，其中地区 531 张、县级 475 张、乡镇 291 张。卫生技术人员 1621 人，其中地区级 455 人、夏季 614 人、乡镇 363 人、私立医院及诊所医务室技术人员 189 人。村级卫生人员 1108 人。

十、人口、人民生活和社会保障

据公安部门数据推算，全地区年末总人口 361167 人，比上年增加 2246 人，其中非农业人口 62452 人，占总数的 17.3%，农业人口 298715 人，占总数的 82.7%，少数民族人数占总人数的 96.2%。

全地区城镇居民人均实现可支配收入 23881 元、增长 14.8%，完成十二五规划的 117.1%。农牧民人均可支配收入为 8991 元、增长 12.3%，完成十二五规划的 112.7%，城乡居民收入比为 2.6。

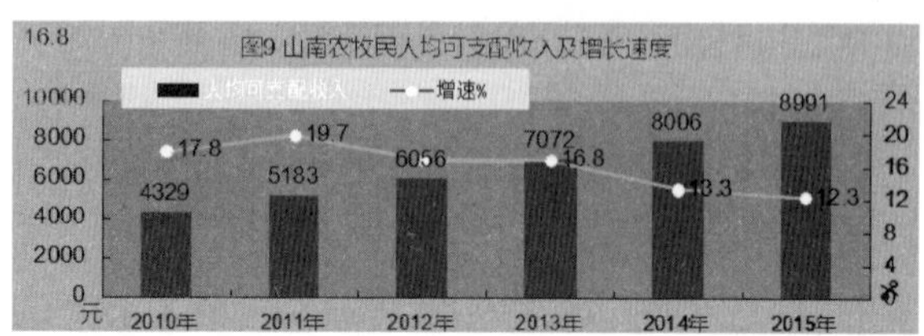

全地区全年各项社会保险参保人数达到 334871 人次。其中：城镇基本养老保险、城镇基本医疗保险、失业保险、新型农村社会养老保险、城镇居民最低生活保障、农村居民最低生活保障分别为 24347 人、45757 人、7195 人、224727 人、3624 人、29222 人，征缴各类保费 28071.5 万元。全年实现劳务输出 10.58 万人，劳务创收 5 亿元，人均创收 4726 元。

全地区有 34940 人得到政府最低生活保障救助，共发放农村低保金 6499 万元，农村 3087 人五保对象共有 2589 人实现集中供养，378 名孤儿有 372 人被妥善收养，有意愿的收养供养率均达 100%。资助 735 名高校特困生。全年共安排救灾资金 1350 万元、增长 32.4%。

山南地区行政区划（一）

县名	行政区划代码	乡镇合计			居民委员会	村民委员会
			乡	镇		
山南地区	540501	83	59	24	59	497
乃东县	540502	7	5	2	18	29
扎朗县	540521	5	3	2	5	57
贡嘎县	540522	9	4	5	8	34
桑日县	540523	4	3	1	—	42
琼结县	540524	4	3	1	5	15
曲松县	540525	5	3	2	—	21
措美县	540526	4	2	2	2	14
洛扎县	540527	7	5	2	8	19
加查县	540528	7	5	2	—	77
隆子县	540529	11	9	2	—	80
错那县	540530	10	9	1	2	22
浪卡子县	540531	10	8	2	11	87

山南地区行政区划（二）

县名	乡镇名
乃东县	泽当镇 昌珠镇 颇章乡 结巴乡 多颇章乡 索珠乡 亚堆乡
扎朗县	扎唐镇 桑伊镇 阿扎乡 扎期乡 吉汝乡
贡嘎县	吉雄镇 岗堆镇 甲竹林镇 江塘镇 杰德秀镇 朗杰学乡 昌果乡 东拉乡 克西乡
桑日县	桑日镇 增期乡 白堆乡 绒乡
琼结县	琼结镇 拉玉乡 下水乡 加麻乡
曲松县	曲松镇 罗布沙镇 邱多江乡 堆水乡 下江乡
措美县	措美镇 哲古镇 乃西乡 古堆乡
洛扎县	洛扎镇 拉康镇 生格乡 边巴乡 扎日乡 色乡 拉郊乡
加查县	加查镇 安绕镇 拉绥乡 崔久乡 坝乡 冷达乡 洛林乡
隆子县	隆子镇 日当镇 加玉乡 列麦乡 热荣乡 三安曲林乡 准巴乡 斗玉洛巴民族乡 雪沙乡 扎日乡 玉麦乡
错那县	错那镇 勒门巴民族乡 贡日门巴民族乡 基巴门巴民族乡 麻玛门巴民族乡 库局乡 曲卓木乡 浪波乡 觉拉乡 卡达乡
浪卡子县	浪卡子镇 打隆镇 普玛江塘乡 多却乡 卡龙乡 阿扎乡 工布学乡 卡热乡 白地乡 张达乡

山南地区行政区划（三）

分类	个数	村名
边境县	4	洛扎县、隆子县、错那县、浪卡子县
农业县	8	乃东县、扎朗县、贡嘎县、桑日县、琼结县、洛扎县、加查县、隆子县
牧业县		
半农半牧县	4	曲松县、措美县、错那县、浪卡子县
粮食基地县	3	乃东县、扎朗县、贡嘎县

各县基本情况

	国土面积（平方公里）	平均海拔（米）	县城距离行署（公里）	耕地面积（千公顷）	草地面积（千公顷）	森林面积（千公顷）
山南地区	78896	3700		31.61	3103.48	2632485
乃东县	2185	3580	2	4.05	170.48	2192
扎朗县	2142	3550	47	4.84	156.86	220
贡嘎县	2386	3560	85	5.63	188.03	722
桑日县	2634	3560	30	1.53	182.84	2778
琼结县	1030	3760	28	1.83	91.75	127
曲松县	2070	3900	57	1.66	171.06	83
措美县	4178	4242	130	0.98	362.65	27
洛扎县	5031	3880	354	2.11	222.17	20765
加查县	4385	3250	160	1.67	189.98	34949
隆子县	9894	3980	147	3.23	427.16	261682
错那县	34979	4380	220	1.48	351.93	2308900
浪卡子县	7982	4454	227	2.6	588.57	40

注：山南地区国土面积采用自治区测绘局的数据。泽当镇海拔 3580 米，距离拉萨 135 公里。

国民经济和社会发展情况（2005－2015年）

指标	2005年	2006年	2007年	2008年	2009年	2010年	2011年	2012年	2013年	2014年	2015年
人口（人）											
年末总人口数	325063	324329	330152	337328	342563	341166	349030	352299	355648	358921	361167
#非农业人口	38411	36095	40247	43260	44791	46736	47812	50447	52399	54452	62452
农业人口	286652	288234	289905	294068	297772	294430	301218	301852	303249	304469	298715
从业人数（人）											
#职工人数	16896	17491	18449	19286	19793	20634	21443	23287	23994	24208	25196
地区生产总值（亿元）	24.47	28.67	33.18	39.89	45.48	53.05	63.37	73.07	86.61	101.13	113.62
第一产业	2.95	3.09	3.36	3.56	3.42	3.98	4.39	4.76	5.12	5.55	5.85
第二产业	7.89	10.73	12.41	16.77	19.36	24.67	29.36	33.66	44.92	51.84	55.21
第三产业	13.63	14.85	17.41	19.57	22.7	24.4	29.62	34.65	36.57	43.74	52.56
固定资产投资（万元）											
固定资产投资总额	256068	260086	280463	331243	456457	550247	651454	867186	1073026	1373619	1459061
财政（万元）											
地方财政收入	15416	18500	20766	24936	32339	40005	49455	60298	79298	98641	116027
财政总支出	96219	105372	164612	194477	241207	285263	379473	492023	615962	767161	1218410
物价指数（上年=100）											
商品零售价格总指数	100.1	98.99	103.4	102.23	99.25	101.6	102.8	101.6	101.8	101.6	100.5
居民消费价格总指数	100.2	101.48	105.6	103.97	101.32	102.78	104	103.2	102.7	102.5	101.2
人民生活											
农牧民人均可支配收入（元）	2159	2529	2893	3305	3675	4329	5183	6056	7072	8006	8991
城镇居民人均可支配收入（元）		8861	10424	12042	12983	14179	15185	17037	19304	20797	23881
城乡储蓄存款余额（万元）	107463	119921	140907	161988	204076	236410	280111	356300	452275	522164	636727
职工工资											
职工工资总额（万元）	43709	47138	77196	82425	86519	97022	107144	121269	163818	174946	262128
职工平均工资（元）	25527	27224	42394	43331	42982	47597	49599	50313	56722	59519	105293

续表

指标	2005 年	2006 年	2007 年	2008 年	2009 年	2010 年	2011 年	2012 年	2013 年	2014 年	2015 年
农业（万元）											
农林牧渔业总产值	55463	59500	59991	65885	69102	72238	78298	84441	90466	97257	104391
#农业产值	30001	31124	33005	34997	33081	34243	37377	39659	42806	45410	48253
牧业产值	19790	20263	20230	23057	27237	29317	32164	35578	39942	45061	49617
主要产品产量											
粮食（吨）	150274	148297	144541	146394	143222	143301	145583	147094	149221	153021	157207
油菜籽（吨）	11541	10448	10027	12117	12196	11777	12156	12811	13164	13092	32345
肉类（吨）	17548	17644	17932	21346	20586	20509	22321	24104	26134	24171	24534
年末牲畜存栏(万头只)	203.98	204.09	201.87	187.37	191.92	198.77	188.03	172.91	159.6	154.1	149.34
大牲畜（万头）	54.95	55.55	55.25	52.25	54.89	55.85	54.08	50.75	46.48	45.68	45.09
猪（万头）	2.35	1.92	1.86	2.05	2.84	2.7	2.16	2.06	1.89	1.95	2
羊（万只）	146.69	146.62	144.76	133.07	134.19	140.21	131.79	120.09	111.23	106.44	102.25
牛（万头）	50.57	51.46	51.41	48.7	51.49	52.64	51.21	48.2	44.35	43.69	43.29
工业											
工业总产值（万元）	36828	43267	62076	70136	89224	120506	129349	146276	202928	239673	246460
主要产品产量											
铬矿石（吨）	59599	55537	68900	55811	110363	107640	114859	123544	132945	91052	91731
发电量（万千瓦时）	14016	12147	13076	13372	63809	59608	55558	52813	55443	36933	211162
水泥（吨）	187300	371000	414106	465312.66	450883.3	744453	795106	1185012	1231029	1323306	1266516
运输、邮电											
货运总量（万吨）	38.8	39.7	41.1	9	84.02	119.07	143.42	150.95	162.63	186	208
客运总量（万人次）	36.8	43.1	46.2	20	167.45	195.23	208.58	214.4	221.39	241	254
货运周转量(万吨公里)	26694	27314	30456	5937	13400	16573	19282	20288	21933	32123	37102
旅客周转量(万人公里)	4085	4905	4806	3852	18223	20018	22451	24582	25001	27479	29320
邮电业务量（万元）	6924	7909	9529	11933	19866	23948	17312	25200	28900	24349	27104
国内贸易											
社会消费品零售总额（万元）	67056	81000	98842	121028	150680	182658	218015	255021	291729	360602	401054

续表

指标	2005 年	2006 年	2007 年	2008 年	2009 年	2010 年	2011 年	2012 年	2013 年	2014 年	2015 年
城镇	57804	70165	85892	97705	122507	140032	167565	199339	228426	326145	360842
乡村	9252	10835	12950	23324	28173	42626	50449	55682	63303	34457	40212
对外贸易											
进出口总额（万美元）	350	510	652	528	681	860	1002	1040	1341	1275	617
进口	200	363	426	342	545	486	360	310	1267	660	601
出口	150	147	226	186	136	374	642	730	74	615	15
旅游											
旅游人数总计（人次）	308958	467614	703190	520000	769998	924003	1148364	1390013	1658970	1969027	2349803
旅游收入（万元）	8012	11200	15800	11900	21300	24936.5	36000	47001	61016	75123	92111
金融											
金融机构各项存款（万元）	279844	314763	392688	493779	612062	716796	960348	1199847	1962488	2357242	3010545
# 城乡居民储蓄存款余额（万元）	107446	119921	140907	161967	204076	236410	280111	356300	452275	522164	636727
金融机构各项贷款（万元）	92854	112890	127353	131047	186144	191032	203737	385127	1685248	1892924	2314975
教育											
在校学生数（人）	58249	58252	58164	58889	57796	57785	57869	58972	57647	57291	57306
中等职业技术学校	1266	1178	1920	4013	4643	4079	3306	3536	2723	2958	2874
普通中学	21584	22567	23512	23753	21950	21884	21014	20815	20616	20109	20490
小学	35399	34498	32732	31123	30078	28863	28027	27225	26158	25399	24899
中、小学校所数（所）	128	125	121	123	134	132	167	216	244	271	293
中等职业技术学校	1	1	1	1	1	1	1	1	1	1	2
普通中学	17	17	16	17	17	17	17	17	17	17	17
小学	110	107	104	105	105	101	98	97	97	95	95
卫生											
医院、卫生院机构数（个）	121	123	122	122	122	122	122	121	121	121	122
医院、卫生院床位数（张）	720	774	798	800	905	905	951	1040	1044	1147	1297
卫生人员总数（人）	972	1047	1044	1062	1349	1426	1456	1259	1277	1327	1621

注：全地区生产总值、城乡居民人可支配纯收入数据为自治区下算数。

国民经济和社会发展结构指标

单位：%

指标	2005 年	2006 年	2007 年	2008 年	2009 年	2010 年	2011 年	2012 年	2013 年	2014 年	2015 年
人口											
城乡结构											
# 非农业人口	11.8	11.1	12.2	12.8	13.1	13.7	13.7	14.3	14.7	15.2	17.3
农业人口	88.2	88.9	87.8	87.2	86.9	86.3	86.3	85.7	85.3	84.8	82.7
性别结构											
男	49.3	49.7	49.7	49.5	49.5	49.4	49.8	49.7	49.7	49.8	49.7
女	50.7	50.3	50.3	50.5	50.5	50.6	50.2	50.3	50.3	50.2	50.3
国内生产总值											
第一产业	12.04	10.8	10.1	8.9	7.5	7.5	6.9	6.5	5.9	5.5	5.2
第二产业	32.24	37.4	37.4	42	42.6	46.5	46.3	46.1	51.9	51.3	50.5
第三产业	55.72	51.8	52.5	49.1	49.9	46	46.8	47.4	42.2	43.2	45.7
投资											
全社会固定资产投资											
# 基本建设	89.7	94.8	98.2	99.9	99.8	98.3	95.2	100	99.7	99.6	100
更新改造	–	–	–			1.7	4.8		0.3	0.4	
资金来源结构											
国家预算内资金	61.8	–	–	81.8	54.9	77.6	75.9	58.9	64.4	77.8	81.6
国内贷款	2.7			–	1.9	–	–		2.1	5.6	4.5
自筹和其他投资	35.5	–	–	18.2	43.2	22.4	24.1	41.1	33.5	16.6	16.1
农业											
农林牧渔业产值结构											
农业	54	52.3	54	51	48	47.4	47.7	47	47.3	46.7	46.2

续表

指标	2005 年	2006 年	2007 年	2008 年	2009 年	2010 年	2011 年	2012 年	2013 年	2014 年	2015 年
林业	3	3.6	3	3	3.6	2.3	2	2.4	1.7	1.6	1.6
牧业	36	35	34	36.4	39.4	40.6	41.1	42	44.2	46.7	47.5
渔业		2.9	2	3.4	2	2	2	1.8	0.8	0.3	0.2
农林牧渔服务业	7	6.2	7	6.2	6.9	7.7	7.2	6.8	6	5	4.5
工业											
轻工业	15.7	14.3	10.2	9.9	5.2	7.1	5.8	3.5	3.2	4.5	2.7
重工业	84.3	85.7	89.8	90.1	94.8	92.9	94.2	96.5	96.8	95.5	97.3

人均主要经济指标

年份	地区生产总值（元）	农业总产值（元）	工业总产值（元）	粮食产量（公斤）	社会消费品零售总额（元）	储蓄存款余额（元）	农牧民人均可支配收入（元）	城镇居民可支配收入（元）	全部职工人均工资（元/年）
2006	8830	1832.5	1332.5	456	2494.6	3310	2529		27224
2006	8830	1833	2333	456	2495	3310	2529	8861	27224
2007	10050	1935	1897	442	3020	4306	2893	10424	42394
2008	11952	2038	2097	439	3626	4854	3305	12041	43331
2009	13378	2017	2625	418	4432	6003	3675	12983	42982
2010	15433	2101	3485	425	5282	6837	4329	14179	47576
2011	18363	2269	3747	422	6317	8117	5183	15185	49599
2012	20837	2408	4172	419	7272	10161	6056	17037	50313
2013	24466	2556	5733	422	8242	12777	7072	19304	56722
2014	28305	2722	6708	428	9334	14615	8006	20797	59519
2015	31557	2890	6824	435	10977	17685	8991	23881	105293

地区生产总值（现价）

单位：亿元

年份	全市生产总值	按一二三产业划分					人均 生产总值（元）
		第一产业	第二产业			第三产业	
				工业	建筑业		
2006	28.67	3.09	10.73	3.01	7.72	14.85	8830
2007	33.18	3.36	12.41	4.01	8.4	17.41	10050
2008	39.89	3.56	16.77	5.91	10.86	19.57	11952
2009	45.48	3.42	19.36	5.58	13.78	22.7	13378
2010	53.05	3.98	24.67	8.14	16.53	24.4	15433
2011	63.37	4.39	29.36	7.66	21.7	29.62	18363
2012	73.07	4.76	33.66	8.4	25.26	34.65	20837
2013	86.61	5.12	44.92	11.3	33.62	36.57	24466
2014	101.13	5.55	51.84	11.82	40.02	43.74	28305
2015	113.62	5.85	55.21	11.09	44.12	52.56	31557

注：本表按当年价格计算。

地区生产总值（可比价）

单位：亿元

年份	地区生产总值	按一二三产业划分					人均 生产总值（元）
		第一产业	第二产业			第三产业	
				工业	建筑业		
2006	27.91	3.14	9.83	2.82	7.01	14.94	8596
2007	31.43	3.27	11.6	3.71	7.89	16.56	9605
2008	34.67	3.43	13.04	4.00	9.12	18.17	10388
2009	43.45	3.6	18.4	5.46	12.94	21.45	12781
2010	53.05	3.98	24.67	8.14	16.53	24.4	15433
2011	60.43	4.19	27.77	7.64	20.13	28.47	17350
2012	67.28	4.36	31.73	8.63	23.09	31.2	19187
2013	77.32	4.76	37.38	9.78	27.59	35.18	21764
2014	87.18	4.99	43.32	10.54	32.78	38.88	23897
2015	98.12	5.14	48.19	11.15	37.04	44.79	27256

注：本表按2005年可比价计算。

地区生产总值构成

单位：%

年份	地区生产总值	按一二三产业划分				
		第一产业	第二产业			第三产业
				工业	建筑业	
2006	100.0	11	37	28	72	52
2007	100.0	10	37	32	68	52
2008	100.0	8.9	42	35.2	64.8	49.1
2009	100.0	7.5	42.6	28.8	71.2	49.9
2010	100.0	7.5	46.5	33	67	46
2011	100.0	6.9	46.3	26	74	46.8
2012	100.0	6.5	46.1	25	75	47.4
2013	100.0	5.9	51.9	25.2	74.8	42.2
2014	100.0	5.5	51.3	22.8	77.2	43.2
2015	100.0	5.1	48.6	20.1	79.9	46.3

注：本表按当年价格计算。

地区生产总值指数

（上年 =100）

单位：%

年份	地区生产总值	按一二三产业划分					人均 生产总值
		第一产业	第二产业			第三产业	
				工业	建筑业		
2006	114.1	106.5	124.7	117.6	127.7	109.6	113.8
2007	112.6	104.2	118.0	131.8	103.5	110.8	111.7
2008	110.3	105	112.4	107.5	115.6	109.7	108.2
2009	112.5	102.8	122.1	105.8	130.5	107.3	110.4
2010	112.3	103.7	121.1	137.2	114.4	106.5	111.7
2011	113.6	104.6	113.9	101	120.2	114.7	112.4
2012	112.0	103.8	115.4	117.2	114.7	109.6	110.5
2013	112.4	103.8	117.4	113	119.3	108.4	111.0
2014	110.8	104.3	115.8	106.2	119.3	105.6	109.8
2015	111.0	103.3	111.3	105.2	113.3	111.5	110.1

注：本表按 2005 年可比价格计算。

地区生产总值构成

行业	2014年总量（万元）	2015年总量（万元）	2014年构成	2015年构成
地区生产总值	1011192	1136224	100.0	100.0
第一产业	55501	58519	5.1	5.5
农业	23226	24202	2.1	2.3
林业	875	973	0.1	0.1
畜牧业	27658	30065	2.6	2.7
渔业	136	67	0.0	0.0
农林牧渔服务业	3606	3212	0.3	0.4
第二产业	518680	552047	48.6	51.4
工业	118504	110868	9.8	11.8
采矿业	58623	45832	4.0	5.8
制造业	53574	44925	4.0	5.3
电力、燃气及水的生产和供应业	6307	20111	1.8	0.6
建筑业	400176	441179	38.8	39.7
第三产业	437011	525658	46.3	43.3
交通运输、仓储和邮政业	29047	31345	2.8	2.9
铁路运输业				
道路运输业	20238	20977	1.8	2.0
城市公共交通业	186	209		
航空运输业	3987	5088	0.4	0.4
装卸搬运和其他运输服务业				
邮电业	4560	4965	0.4	0.5
信息传输、计算机服务和软件业	11077	13244	1.2	1.1
电信和其他信息传输服务业	11077	13244	1.2	1.1
批发和零售业	102648	121466	10.7	10.2
批发业	45073	47091	4.1	4.5
零售业	57575	74375	6.5	5.7

续表

行业	2014 年总量（万元）	2015 年总量（万元）	2014 年构成	2015 年构成
住宿和餐饮业	21947	24852	2.2	2.2
住宿业	11692	12570	1.1	1.2
餐饮业	10255	12282	1.1	1.0
金融业	27764	28391	2.5	2.8
银行业	27360	27934	2.5	2.7
证券业	13	18		
保险业	391	439		
房地产业	9186	10647	0.9	0.9
房地产业	1394	1724	0.1	0.2
居民自有住房	7482	8449	0.7	0.7
租赁和商务服务业	5643	6385	0.6	0.6
科学研究、技术服务和地质勘查业	2703	2879	0.3	0.3
水利、环境和公共设施管理业	1090	1242	0.1	0.1
居民服务和其他服务业	10049	11724	1.0	1.0
教育	34146	44604	3.9	3.4
卫生、社会保障和社会福利业	24940	44346	3.9	2.5
文化、体育和娱乐业	6350	9952	0.9	0.6
文化体育业	5752	8479	0.7	0.6
娱乐业	598	1473	0.1	0.1
公共管理和社会组织	150421	174581	15.4	14.9

补充资料：1. 年平均人口：本年 36.00 万人；上年 35.72 万人；增长 0.78%。

2. 按人口平均的地区生产总值：本年 31557 元；上年 28305 元；增长 10.1%。

附　　录

党政机构和负责人

中共山南地区委员会

书　　记　其美仁增(藏族,6月离)
　　　　　张永泽(6月任)
副 书 记　张永泽(6月离)
　　　　　普布顿珠(藏族,6月任)
　　　　　丁哲峰
　　　　　张　明(安徽援藏)
　　　　　晶　明(藏族,6月离)
　　　　　云　丹(藏族,6月离)
地委委员　张　晓
　　　　　嘎玛旦巴(藏族,6月离)
　　　　　吴　维
　　　　　巴　珠(藏族)
　　　　　姜太强
　　　　　柯东海(湖北援藏)
　　　　　卜建才(湖南援藏)
　　　　　邵　昌(藏族)
　　　　　龚　兵(满族,6月任)
　　　　　赫　沛(6月任)
地委秘书长
　　　　　姜太强
常务副秘书长
　　　　　洛桑扎西(藏族,1月离)
副秘书长　李国伟(中粮集团援藏)
　　　　　罗天华
　　　　　林　伟(安徽援藏)
　　　　　姜艳红(女)
　　　　　郎立辉
　　　　　罗布次仁(藏族,1月任)

地委办公室

地区直属机关工委书记
　　　　　姜太强
地区直属机关工委常务副书记
　　　　　曹祖宇
地区直属机关工委纪工委书记
　　　　　白玛央金(女,藏族)
地委政研室(农工办)主任
　　　　　罗天华
地委政研室(农工办)副主任
　　　　　邢运江
地委政研室(农工办)调研员
　　　　　陈孝沾
地委机要局局长
　　　　　达瓦顿珠(藏族)
地区档案局局长
　　　　　石晓梅(女)
地区档案局副局长
　　　　　党建西

地委办公室调研员
罗　布(藏族)
副调研员　唐成华(女,藏族)

人大山南地区工作委员会党组

书　记　党宗莲(女)
副书记　嘎玛洛桑(藏族)
成　员　扎西加措(藏族)
扎　西(藏族)

人大山南地区工作委员会

主　任　党宗莲(女)
副主任　嘎玛洛桑(藏族)
扎西加措(藏族)
秘书长　扎　西(藏族)
副秘书长　普布次仁(藏族,1月任)
蒋芝辉(1月任)

地区人大办公室

调研员　次仁德吉(女,藏族)
副调研员　邓　杨

山南地区行政公署党组

书　记　张永泽(6月离)
普布顿珠(藏族,6月任)
成　员　云　丹(藏族,6月离)
柯东海(湖北援藏)
卜建才(湖南援藏)
燕　红(女,藏族)
格　桑(藏族)
喻　昌
纪世德(7月离)
黄金城
丹　增(藏族)
张福臣(满族)
王友华
张永林
尼玛次仁(藏族)

山南地区行政公署

专　员　张永泽(6月离)
普布顿珠(藏族,6月任)
常务副专员　云　丹(藏族,6月离)
副专员　柯东海(湖北援藏)
卜建才(湖南援藏)
燕　红(女,藏族)
格　桑(藏族)
喻　昌
纪世德(7月离)
黄金城
丹　增(藏族)
张福臣(满族)
王友华
张永林
秘书长　尼玛次仁(藏族)
副秘书长　田云松
朱远红(女,湖南援藏)
阿旺多吉(藏族)
丹　吉(女,藏族)
刘国军
刘　洁(女)
郭小波(湖北援藏)
胡　晓(湖南援藏)
念　扎(藏族,2月任)
胡　利(2月任)
巴桑次仁(藏族,2月任)

行署办公室

行署办公室调研员　阿旺多吉(藏族)
行署研究室副主任　白江山
驻拉萨办事处主任　苟　爽
行署办公室调研员　黄长庆
行署办公室副调研员　嘎　久(藏族)
小嘎多(藏族)

政协西藏山南地区委员会党组

书　记　边　巴(藏族,6月退)
副书记　张世清(6月退)
王怀亭(6月退)
普布多吉(藏族)
成　员　加　央(藏族)
普　布(藏族)
王胜祝(5月离)
陈海清(藏族)

尼玛扎西（藏族）
洛桑扎西（藏族）
郭 建 军

政协西藏山南地区委员会

主　席　边　巴（藏族，6月退）
副主席　克　珠（藏族，党外人士）
张 世 清（6月退）
王 怀 亭（6月退）
普布多吉（藏族）
加　央（藏族）
普　布（藏族）
王 胜 祝（5月离）
陈 海 清（藏族）
尼玛扎西（藏族）
洛桑扎西（藏族）
秘书长　郭 建 军
副秘书长　扎　西（藏族）
索娜央金（女，藏族，1月任）
黄 政 海（1月任）
田　军（1月离）

政协办公室

副调研员　顾 典 厚

山南军分区党委

书　记　张　晓
副书记　岳安德（9月调离）
李军安（9月任职）
常　委　刘建勋
姚仕成
周太国
刘树洪
张　军
吴国华
蹇忠会（7月调离）
潘成根（7月任职）

山南军分区

司令员　岳安德（9月调离）
李军安（9月任职）
政治委员　张　晓
副司令员　刘建勋
姚仕成
副政治委员　周太国
刘树洪
参谋长　张　军
政治部主任　吴国华
保障部部长　蹇忠会（7月调离）
潘成根（7月任职）

中共山南地区纪律检查委员会（山南地区监察局）

书　记　吴　维
副书记、监察局局长
边巴次仁（藏族）
副书记　扎西占堆（藏族）
杨 安 成（安徽援藏）
冯 玉 忠
委员、监察局副局长
马 玉 玲
徐 志 琴
监察局副局长
尹　超（湖南援藏）

地区中级人民法院党组

书　记　索朗扎西（藏族）
副书记　李 世 蓉（女）
扎桑（藏族）
成　员　周清平（湖南援藏）
普布曲珍（女，藏族）

地区中级人民法院

院　长　索朗扎西（藏族）
常务副院长　李 世 蓉（女）
副院长　扎　桑（藏族，1月任）
周 清 平（湖南援藏）
纪检组组长　普布曲珍（女，藏族）
审委会专职委员
多 布 杰（藏族，1月任）
查　珠（藏族，1月任）
平　措（藏族）
副县级审判员
德　吉（女，藏族）
白玛次仁（藏族）

山南检察分院党组

书　记　刘志刚
副书记　罗布顿珠(藏族,1月任)
　　　　陈龙帅
成　员　周会明(安徽援藏)
　　　　杨　彦(土家族)

山南检察分院

检察长　刘志刚
常务副检察长　罗布顿珠(藏族,1月任)
副检察长　周会明(安徽援藏)
　　　　杨　彦(土家族)
检委会专职委员　索朗旺久(藏族)
副县级检察员　索朗扎西(藏族)
　　　　白玛曲珍(女,藏族)
副县级检察员、反渎职侵权局局长
　　　　汪　斌
副县级检察员民事行政检察处处长
　　　　张振华(女,藏族)
副县级检察员、职务犯罪预防处处长
　　　　扎西旺堆(藏族)
副县级检察员　林　江(藏族)
副县级干部　刘存松
副县级检察员　索朗阳卓(藏族,12月退)
　　　　潘华川(1月任,12月退)

地委组织部

部长　邵　昌(藏族)
常务副部长　沈百存(女)
副部长、编办主任
　　　　尼玛次仁(藏族)
副部长　李爱辉
　　　　虞文胜(安徽援藏)
　　　　刘　晖(湖北援藏)
　　　　余前广(湖南援藏)
　　　　李绍荣(苗族,4月任)
部务委员兼干部一科科长
　　　　侯宝萍(女)

地委老干部局

局长　桑　旦(藏族)
副局长　仓决卓嘎(女,藏族)

地委宣传部

部长　嘎玛旦巴(藏族,6月离)
　　　　赫　沛(6月任)
常务副部长　安兴国(满族)
副部长　张福珊
　　　　严乃锦
　　　　司刚存
　　　　高学军(安徽援藏)
　　　　覃攀贵(湖南援藏)
地区文化市场综合执法支队支队长
　　　　迎　春(女,藏族)
地委外宣办(政府新闻办)主任
　　　　普布次仁(藏族,2月任)
地区互联网信息办公室副主任
　　　　强　巴(藏族,2月任)
副调研员　玉　珍(女,藏族,2月任)

地委统战部

部长　巴　珠(藏族)
常务副部长　罗布扎西(藏族)
部务会成员　保　疆(藏族)
副部长　嘎玛扎西(藏族)
　　　　嘎　达(藏族)
　　　　孟子伟(1月任)
宗教办主任　平措扎西(藏族,4月离)
副调研员　贾灵霞(女)
　　　　巴　珠(藏族)

地委政法委

书记　晶　明(藏族,6月离)
　　　　龚　兵(6月任)
副书记　格　桑(藏族)
常务副书记、综治办主任
　　　　罗　布(藏族)
副书记　康爱民(12月任)
　　　　张绍伟(湖北援藏)
综治办副主任
　　　　查　日(藏族)
维稳办(610办)主任
　　　　阚智会

调 研 员　杨 晓 玲（女）
副调研员　洛　　桑（藏族，1月任）

山南地委党校（地区行政学校）

常务副校长　李 国 庆
副　校　长　田 风 元
　　　　　　沙加次仁（藏族）
　　　　　　王 洪 波

地区工会党组

书　记　赤　　列（藏族）
副书记　戴 锡 兰
成　员　索朗欧珠（藏族）

地区工会

主　任　戴 锡 兰
副主任　赤　　列（藏族）
　　　　索朗欧珠（藏族）
调研员　索朗顿珠（藏族）

团地委党组

书　记　何　　华
副书记、调研员
　　　　杨 道 喜（湖南援藏）
副书记　拉　　宗（女，藏族）
　　　　次仁罗布（藏族）

地区妇联

主　席　徐　　梅（女，藏族）
副主席　格桑美措（女，藏族，1月任）
副主席、调研员
　　　　王　　萍（女，1月任）
副主席　米玛曲珍（女，藏族）
副主席、副调研员
　　　　方 红 梅（女）
副主席　刘 素 芳（女，1月任）

地区工商联

主席、地区非公党工委常务副书记
　　　　保　　疆（藏族）
副主席、地区非公党工委委员兼办公室主任
　　　　巴　　桑（女，藏族）
副主席　马 青 山（回族）

地区发展和改革委员会党组

书　记　王　　霞
副书记　松　　嘎（藏族）
成　员　次仁单增（藏族）
　　　　强巴格桑（藏族）
　　　　王 勇 波
　　　　唐 德 永（安徽援藏）
　　　　朱 华 平（湖北援藏）
　　　　唐 兵 华（湖南援藏）
　　　　熊　　淼

地区发展和改革委员会

主　　任　松　　嘎（藏族）
副 主 任　王　　霞
　　　　　强巴格桑（藏族）
　　　　　王 勇 波
　　　　　唐 德 永（安徽援藏）
　　　　　朱 华 平（湖北援藏）
　　　　　唐 兵 华（湖南援藏）
副主任、受援办主任
　　　　　熊　　淼
受援办副主任
　　　　　王 政 道（湖北援藏）
调 研 员　西　　洛（藏族）
副调研员　金　　珠（藏族）

地区粮食局

局　长　次仁单增（藏族）
副局长　次仁多布杰（藏族）

地区统计局、国家统计局山南调查队党组

书　记　边巴次仁（藏族）
副书记　赵 忠 琼
成　员　王　　猛
　　　　熊 良 跃（6月离）
　　　　向　　阳（藏族）

地区统计局、国家统计局山南调查队

局　长　赵 忠 琼
副局长　边巴次仁（藏族）
副队长　王　　猛

副局长　熊良跃(6月离)
副队长　向　阳(藏族)

地区工业和信息化局党组

书　记　邓世杰(藏族)
副书记　胡柏勤
成　员　卓　嘎(女,藏族)
　　　　邓　博

地区工业和信息化局

局　长　胡柏勤
副局长　邓世杰(藏族)
　　　　卓　嘎(女,藏族)
　　　　邓　博
副调研员　邹盛兴(9月任)
　　　　白玛卓嘎(女,藏族)

地区行署国资委党委

书　记　拉巴次仁(藏族)
副书记　翟　坤
委　员　白玉平
　　　　张秀元(藏族)
　　　　普布次仁(藏族)
　　　　唐志国

地区行署国资委

主　任　翟　坤
副主任　拉巴次仁(藏族)
　　　　白玉平
　　　　张秀元(藏族)
　　　　普布次仁(藏族)
　　　　唐志国
调研员　洛　布(藏族)
副调研员　普　布(藏族)

地区教育局(体育局)党委

书　记　采守宽
副书记　赤列边巴(藏族)
委　员　仓　决(女,藏族)
　　　　夏业柱(安徽援藏)
　　　　杜超伟(湖北援藏)
　　　　何创福(湖南援藏)
　　　　赵志诚
　　　　杨拼兰(女)
　　　　德庆多吉(藏族,12月退)

地区教育局(体育局)

局　长　赤列边巴(藏族)
副局长　采守宽
　　　　仓　决(女,藏族)
　　　　夏业柱(安徽援藏)
　　　　杜超伟(湖北援藏)
　　　　何创福(湖南援藏)
　　　　赵志诚
　　　　杨拼兰(女)
调研员　洛桑次仁(藏族)
副调研员　德庆多吉(藏族,12月退)
　　　　索朗扎西(藏族)

地区科技局党组

书　记　李　湘(6月离)
　　　　肖宗新(6月任)
副书记　多布杰(藏族,6月离)
成　员　姜　安
　　　　强巴次仁(藏族)

地区科技局

局　长　多布杰(藏族,6月离)
副局长　李　湘(6月离)
　　　　肖宗新(6月任)
　　　　姜　安
　　　　强巴次仁(藏族,2月任)

地区民宗局党组

书　记　普布多吉(藏族)
副书记　平措扎西(藏族)

地区民宗局

局　长　普布多吉(藏族)
副局长　平措扎西(藏族)

地区公安处党委

书　记　晶　明(藏族,7月离)
　　　　龚　兵(满族)
副书记　洛桑次仁(藏族)
委　员　洛桑次旦(藏族)

杨 世 斌（藏族）
洛桑坚参（藏族）
胡 智 勇（湖北援藏）
李 亚 平（湖南援藏）
旦增桑珠（藏族）
任 志 福（2月任）
王 旭 昶（1月任）

地区公安处

处长、督察长
洛桑次仁（藏族）
副 处 长 洛桑次旦（藏族）
杨 世 斌（藏族）
调 研 员 洛桑坚参（藏族）
副 处 长 胡 智 勇（湖北援藏）
李 亚 平（湖南援藏）
纪委书记、第一副督察长
旦增桑珠（藏族）
副 处 长 任 志 福（2月任）
政治处主任
王 旭 昶（1月任）
特警支队支队长
元 旦（2月任）
特警支队政委
宋 皓（1月任）
副调研员、看守所所长
赵 忠 良
副调研员、看守所政委
尼玛坚参（藏族）
副调研员 张 东 法
格桑次仁（藏族）
次 仁（藏族）
扎西平措（藏族，2月任）

地区公安消防支队党委

书 记 扎 西（藏族）
副书记 伍灿炜
常 委 王山刚
冯 伟
彭仕江
褚兴旺
席 伟

地区公安消防支队

支 队 长 伍灿炜
政治委员 扎 西（藏族）
副支队长 王山刚
参 谋 长 冯 伟
政治处副主任 彭仕江
后勤处处长 褚兴旺
防火监督处处长 席 伟

武警山南地区支队党委

书 记 边 旺（藏族，9月离）
张 斌（9月任）
副书记 谭 红 彤
常 委 拉巴次仁（藏族）
贾 克 辉
王 荣 全
岳 雪 勤
范 朝 阳（9月离）
彭 光 良（9月任）
周 秘
胡 成 龙

武警山南地区支队

支 队 长 谭 红 彤
第一政治委员 洛桑次仁
政 治 委 员 边 旺（藏族，9月离）
张 斌（9月任）
副 支 队 长 拉巴次仁（藏族）
贾 克 辉
王 荣 全
岳 雪 勤
参 谋 长 范 朝 阳（9月离）
彭 光 良（9月任）
政治处主任 周 秘
后勤处处长 胡 成 龙

地区公安边防支队党委

书 记 曹 卫 祥
副书记 格 列（藏族）

常　委　张　巍
邓亚军（藏族）
王建国
程恒禹
白玛次仁（藏族）
夏　亮（4月任）
耿昆明
旺　达（藏，4月转业）

地区公安边防支队

支队长　格　列（藏族）
政治委员　曹卫祥
支队长　张　巍
邓亚军（藏族，4月任）
王建国
政治委员　程恒禹（4月任）
参谋长　白玛次仁（藏族）
政治处主任　夏　亮（4月任）
后勤处处长　耿昆明
副支队　旺　达（藏族，4月转业）

地区民政局党组

书　记　肖宗新
副书记　索朗仁增（藏族）
周智德
成　员　益西卓嘎（女，藏族）
夏益轩

地区民政局

局　长　索朗仁增（藏族）
副局长　肖宗新
周智德
益西卓嘎（女，藏族）
夏益轩
调研员　多布杰（藏族）
副调研员　李　宏

地区司法处党组

书　记　饶建军
副书记　阿旺加措（藏族）
成　员　旦　增（藏族）
李万华

地区司法处

处　长　阿旺加措（藏族）
副处长　饶建军
旦　增（藏族）
李万华
副调研员　聂勋弘（女）
格　桑（藏族）
李　湘（6月任）

地区财政局党组

书　记　朱　彬
副书记　仓　决（女，藏族）
成　员　索朗达杰（藏族）
陈雪峰
索朗巴珠（藏族）
王　波（湖北援藏）
蒋仕勇（湖南援藏）

地区财政局

局　长　仓　决（女，藏族）
副局长　朱　彬
副局长　索朗达杰（藏族）
陈雪峰
索朗巴珠（藏族）
王　波（湖北援藏）
蒋仕勇（湖南援藏）
调研员　李文武
副调研员　查　果（女，藏族）
张世爱（女）
普布次仁（藏族）
普布次仁（藏族）

地区国土资源和规划局党组

书　记　中次仁（藏族）
副书记　渠　伟
成　员　平　措（藏族）
查　斯（藏族）
吴方兴（湖南援藏）
牛献智

地区国土资源和规划局

局　长　渠　伟

副局长　中次仁（藏族）
平　措（藏族）
查　斯（藏族）
吴方兴（湖南援藏）
牛献智
副调研员　达　瓦（藏族）

地区人力资源和社会保障局党组

书　记　罗布占堆（藏族）
副书记　李贤荣

地区人力资源和社会保障局

局　长　李贤荣
副局长　史华军
韩红新（湖北援藏）
李劲强（湖南援藏）
覃森茂（土家族）
达娃次仁（藏族，1月任）
副调研员　李常琴（女，1月任）

地区住房和城乡建设局党组

书　记　阿旺朗杰（藏族）
副书记　邓　荃
成　员　胡　原
曲　吉（女，藏族）
金中凡（湖北援藏）
陈　笑（湖南援藏）
刘文全（2月任）
更　增（藏族）

地区住房和城乡建设局

局　长　邓　荃
副局长　阿旺朗杰（藏族）
胡　原
曲　吉（女，藏族）
金中凡（湖北援藏）
陈　笑（湖南援藏）
刘文全（2月任）
雅砻风景名胜局局长
更　增（藏族）
副调研员　李国秀（女）
扎西仓决（女，藏族，2月任）

地区交通运输局党组

书　记　艾　啦（藏族）
副书记　尼玛扎西（藏族）

地区交通运输局

局　长　安　军
副局长　尼玛扎西（藏族）
简海云（湖北援藏）
巴桑罗布（藏族）
陈智强
总工程师　赵彩虹（女）
副调研员　白　姆（女，藏族）

地区水利局党组

书　记　平　措（藏族）
副书记　张　维
旺　青（藏族）
成　员　廖仕平
李浩路
龙　环（湖南援藏）

地区水利局

局　长　张　维
副局长　平　措（藏族）
副局长、调研员　旺　青（藏族）
副局长　廖仕平
李浩路
龙　环（湖南援藏）
调研员　丁在亭
副调研员　仓巴次仁（藏族，2月任）

地区农牧局党组

书　记　陈　桑（藏族）
副书记　央中卓嘎（女，藏族，7月任）
次仁达娃（藏族）
成　员　多　吉（藏族）
王爱民
张琼华（湖北援藏）
巴桑卓嘎（女，藏族，2月任）
仓　琼（藏族，2月任）

地区农牧局

局　长　央中卓嘎（女，藏族，7月任）

副局长　陈　　桑（藏族）
　　　　次仁达娃（藏族）
　　　　多　　吉（藏族）
　　　　王 爱 民
　　　　张 琼 华（湖北援藏）
　　　　巴桑卓嘎（女，藏族，2 月任）
推广中心主任
　　　　仓　　琼（藏族，2 月任）
副调研员兼办公室主任
　　　　杨 春 林（2 月任）
副县级干部
　　　　王 海 朋（湖北援藏）

地区商务局党组

书　记　范 和 平
副书记　白玛多吉（藏族，7 月离）
　　　　罗　　云
成　员　巴　　果（女，藏族）
　　　　王 光 辉（湖北援藏）
　　　　晋美扎西（藏族）

地区商务局

局　　长　白玛多吉（藏族，7 月离）
副 局 长　范 和 平
　　　　　罗　　云
　　　　　巴　　果（女，藏族）
　　　　　王 光 辉（湖北援藏）
　　　　　晋美扎西（藏族）
副调研员　扎西次仁（藏族）

地区文化局（新闻出版局、文物局）党组

书　记　李　　虹（女）
副书记　多　　吉（藏族）
成　员　饶 高 原（12 月离）
　　　　巴　　珠（藏族）
　　　　索朗旺堆（藏族，2 月任）

地区文化局（新闻出版局、文物局）

局　　长　多　　吉（藏族）
副 局 长　李　　虹（女）
　　　　　饶 高 原（12 月离）
　　　　　巴　　珠（藏族）
　　　　　索朗旺堆（藏族，2 月任）

副调研员　伍金多吉（藏族）
　　　　　强巴次仁（藏族，2 月任）

地区卫生局（人口和计生委）党组

书　记　李 庆 哲
副书记　桑杰群培（藏族）
成　员　其米拉珍（女，藏族）
　　　　李 鹏 飞（安徽援藏）
　　　　张 绍 翔（湖北援藏）
　　　　袁　　翔（湖南援藏）
　　　　索朗多吉（藏族）

地区卫生局（人口和计生委）

局长、主任　桑杰群培（藏族）
副　局　长　李 庆 哲
　　　　　　其米拉珍（女，藏族）
　　　　　　李 鹏 飞（安徽援藏）
　　　　　　张 绍 翔（湖北援藏）
　　　　　　袁　　翔（湖南援藏）
　　　　　　索朗多吉（藏族）
调　研　员　魏 文 霞（女）
副 调 研员　旺　　杰（藏族）
　　　　　　念　　扎（藏族）
　　　　　　唐 根 燕（女，2 月任）

地区食品药品监督管理局党组

书　记　油 顺 禄
副书记　罗　　胜（藏族）
成　员　巴　　桑（藏族）
　　　　格　　桑（藏族）

地区食品药品监督管理局

局　长　罗　　胜（藏族）
副局长　油 顺 禄
　　　　巴　　桑（藏族）
　　　　格　　桑（藏族）

地区审计局党组

书　记　张 洪 林
副书记　巴桑次仁（藏族）
成　员　夏 朝 红
　　　　旺　　庆（藏族）
　　　　王 显 琼（女）

地区审计局

局　　长　巴桑次仁（藏族）
副 局 长　张 洪 林
　　　　　夏 朝 红
　　　　　旺　　庆（藏族）
总审计师　王 显 琼（女）

地区外事办党组

书　记　辛 丽 萍（女，12月离）
副书记　丹增多吉（藏族）
成　员　王　　鹏（1月任）
　　　　琪　　梅（女，藏族，2月任）

地区外事办

主　任　丹增多吉（藏族）
副主任　辛 丽 萍（女，12月离）
　　　　王　　鹏（1月任）
　　　　琪　　梅（女，藏族，2月任）
调研员　扎西罗布（藏族）

地区广播电影电视局党组

书　记　次　　旺（藏族）
副书记　陈 海 云（12月退）
成　员　沈 新 军
　　　　雷　　进
　　　　黄　　君（湖北援藏）

地区广播电影电视局

局　长　陈 海 云（12月退）
副局长　次　　旺（藏族）
　　　　沈 新 军
　　　　雷　　进
　　　　黄　　君（湖北援藏）
调研员　格桑德吉（女，藏族）

地区工商局党组

书　记　陈 国 平
副书记　米玛次仁（藏族）
成　员　张 瑞 萍（女）
　　　　甄 才 富（湖南援藏）
　　　　李 振 国

地区工商局

局　长　米玛次仁（藏族）
副局长　陈 国 平
　　　　张 瑞 萍（女）
　　　　甄 才 富（湖南援藏）
　　　　李 振 国

地区林业局党组

书　记　阿旺江村（藏族）
副书记　张 志 福
成　员　边巴次仁（藏族）
　　　　周　　凯
　　　　徐　　艺（湖南援藏）
　　　　平　　措（藏族，2月离）
　　　　尼玛次仁（2月任）

地区林业局

局　长　张 志 福
副局长　阿旺江村（藏族）
　　　　边巴次仁（藏族）
　　　　周　　凯
　　　　徐　　艺（湖南援藏）
　　　　平　　措（藏族，2月离）
　　　　尼玛次仁（7月任）

地区旅游局党组

书　记　巴　　珠（藏族）
副书记　邱　　林
成　员　李勤林（1月任）
　　　　常婵娟（女，1月任）
　　　　李意强（湖北援藏）
　　　　郑维藏

地区旅游局

局　长　邱　　林
副局长　巴　　珠（藏族）
　　　　李勤林（1月任）
　　　　常婵娟（女，1月任）
　　　　李意强（湖北援藏）
　　　　郑维藏

地区环保局党组

书　记　吴 凯 建
副书记　次仁加措(藏族)
成　员　赵 玲 芳(女,湖南援藏)
　　　　秦 玉 国(藏族,2月离)
　　　　田 永 辉(2月任)
　　　　格桑次仁(藏族,2月任)
　　　　黄 俊 铭(博士生服务团援藏,11月任)

地区环保局

局　长　次仁加措(藏族)
副局长　吴 凯 建
　　　　赵 玲 芳(女,湖南援藏)
　　　　秦 玉 国(藏族,2月离)
　　　　田 永 辉(2月任)
　　　　格桑次仁(藏族,2月任)
　　　　黄 俊 铭(博士生服务团援藏,11月任)
调研员　尼　　玛(藏族)

地区质量技术监督局党组

书　记　刘敬峰
成　员　刘奎臣
　　　　李永魁
　　　　孟江南(湖北援藏)
　　　　卓　嘎(女,藏族)

地区质量技术监督局

局　　长　刘敬峰
副 局 长　刘奎臣
　　　　　李永魁
　　　　　孟江南(湖北援藏)
副调研员　卓　嘎(女,藏族)

地区安全生产监督管理局党组

书　记　马 超 英
副书记　达娃次仁(藏族)
成　员　张 海 军
　　　　罗布次仁(藏族)
　　　　陈 湘 伟(湖北援藏)

地区安全生产监督管理局

局　　长　达娃次仁(藏族)
副 局 长　马 超 英
　　　　　张 海 军
　　　　　罗布次仁(藏族)
　　　　　陈 湘 伟(湖北援藏)
调 研 员　索　　朗(藏族)
副调研员　任 福 全

地区信访局

局　长　阿旺多吉(藏族)
副局长　索朗旺堆(藏族)

地区扶贫开发领导小组办公室党组

书　记　索朗多吉(藏族)
副书记　邓 建 军
成　员　刘 富 宏
　　　　高 泽 明
　　　　仇 武 兴(12月退)

地区扶贫开发领导小组办公室

主　任　邓 建 军
副主任　索朗多吉(藏族)
　　　　刘 富 宏
　　　　高 泽 明
　　　　仇 武 兴(12月退)
调研员　陈 尚 学(1月退)
　　　　普　　布(藏族)

地区藏语委办(编译局)党组

书　记　桑　　珠(藏族)
副书记　索朗罗布(藏族)
成　员　布　　琼(藏族,12月退)
　　　　易 树 权

地区藏语委办(编译局)

主　任(局　长)　索朗罗布(藏族)
副主任(副局长)　桑　　珠(藏族)
　　　　　　　　布　　琼(藏族,12月退)
　　　　　　　　易 树 权
调　　研　　员　中 达 娃(藏族)
　　　　　　　　金珠扎西(藏族,12月退)

地区地震局党支部

书　记　吕　琳

地区地震局

副局长　吕　琳

地区残联党组

书　记　查　果

地区残联

理事长　查　果

地区国家税务局党组

书　记　冯留性

副书记　白玛旺扎（藏族）

成　员　尼　珍（女，藏族，7月离）

平措坚赞（藏族）

徐玉彬

达瓦次仁（藏族）

德吉卓嘎（女，藏族）

次仁巴桑（藏族）

地区国家税务局

局　长　白玛旺扎（藏族）

副局长　冯留性

尼　珍（女，藏族，7月离）

平措坚赞（藏族）

徐玉彬

达瓦次仁（藏族）

德吉卓嘎（女，藏族）

纪检组长　次仁巴桑（藏族）

地区气象局党组

书　记　毛时成（藏族）

成　员　娄　月（女，满族）

尼玛次仁（藏族）

旦　增（藏族）

建　军（藏族）

地区气象局

局　长　毛时成（藏族）

副局长　娄　月（女，满族）

尼玛次仁（藏族）

旦　增（藏族）

鲁建军（湖北援藏）

纪检组长　建　军（藏族）

副调研员　黎　明（藏族）

江　春（藏族）

国网山南供电公司党委

书　记　拉巴次仁（藏族）

副书记　魏　杰

委　员　赵文俊

廖显春（3月离）

李万智

国网山南供电公司

总经理　魏　杰

副总经理　拉巴次仁（藏族）

纪委书记、工会主席

赵文俊

副总经理　廖显春（3月离）

李万智

达娃伦珠（藏族）

副调研员　郝明森

地区邮政管理局党组

书　记　李卫华（藏族，4月离）

陈智强（4月任）

成　员　邹　威

地区邮政管理局

局　长　李卫华（藏族，4月离）

陈智强（4月任）

纪检组长、副局长

邹　威

地区经济合作局党组

书　记　拉宗卓玛（女，藏族）

副书记　宋晓平

成　员　刘雪英（女）

郑晚亮（湖北援藏）

次仁格桑（藏族）

孙祥伍

地区经济合作局

局　长　宋晓平

副局长　拉宗卓玛（女，藏族）

副局长、调研员

刘雪英（女）

郑晚亮(湖北援藏)
副局长　次仁格桑(藏族)
孙祥伍

地区农业技术推广中心党支部
书　记　明　久(藏族)
地区农业技术推广中心
主任、农艺师　仓　琼(藏族,1月任)
副主任、高级农艺师
明　久(藏族)

中国电信山南分公司党委
书　记　索朗伦珠(藏族,6月离)
张世江(6月任)
委　员　洛桑达娃(藏族)
肖　山(湖北援藏)
罗布次仁(藏族)
中国电信山南分公司
总经理　索朗伦珠(藏族,6月离)
张世江(6月任)
副总经理、财务总监
洛桑达娃(藏族)
副总经理　肖　山(湖北援藏)
罗布次仁(藏族)
总经理助理　单增罗布(藏族)

中国移动山南地区分公司党委
书　记　余昌元
委　员　央金卓玛(女,门巴族)
岗　多(藏族)
中国移动山南地区分公司
总经理　余昌元
副总经理、工会主席
央金卓玛(女,门巴族)
副总经理、纪检书记
岗　多(藏族)

中国联通山南分公司党支部
书　记　平措旺堆(藏族)
中国联通山南分公司
总经理　平措旺堆(藏族)
副总经理、纪律委员
刘长虹
副总经理、工会主席
张嘉川

地区职业技术学校党委
书　记　方承红(女)
副书记　巴　珠(藏族)
委　员　李小运
普布多吉(藏族,1月任)
地区职业技术学校
校　长　巴　珠(藏族)
副校长　方承红(女)
李小运
普布多吉(藏族,1月任)

中国人民银行山南地区中心支行党委
书　记　次旺朗杰(藏族)
委　员　普布赤来(藏族)
向雪玲(女)
胡生明
罗　布(藏族)
王庆国
中国人民银行山南地区中心支行
行　长　次旺朗杰(藏族)
副行长　普布赤来(藏族)
向雪玲(女)
纪委书记　胡生明
副行长　罗　布(藏族)
王庆国
副调研员　普布次仁(藏族)
加　措(藏族)

中国农业银行山南分行党委
书　记　黄泉义(1月离)
罗　布(藏族,1月任)
副书记　李建军
委　员　胡培伟
顿　源(藏族)
苏　畅

扎西次旺（藏族）

中国农业银行山南分行

行　长　黄泉义（1月离）
罗　布（藏族，1月任）
副行长　李建军
胡培伟
纪委书记、副行长
顿　源（藏族）
副行长　苏　畅
扎西次旺（藏族）

中国建设银行山南分行党委

书　记　张连国
成　员　何志明
袁　军

中国建设银行山南分行

行　长　张连国
纪委书记　何志明
副行长　袁　军

中国银行山南地区分行党委

书　记　陈　慰
委　员　加永四郎（藏族）
王瑞凯
边　巴（藏族）
张　涛
冷　冰（女）

中国银行山南地区分行

行　长　陈　慰
纪委书记、副行长
加永四郎（藏族）
副行长　王瑞凯
行长助理　边　巴（藏族）
张　涛
冷　冰（女）

中国人民财产保险股份有限公司山南分公司

总经理　阳传清
副总经理　格桑玉珍（女，藏族）
张晓阳
总经理助理　德吉央宗（女，藏族）

中国人寿保险股份有限公司山南地区分公司

总经理　龚　建

中国平安财产保险股份有限公司山南地区中心支公司

总经理　胡兴峰

地区疾控中心党支部

书　记　洛　旦（藏族，3月任）

地区疾控中心

副主任　索朗扎西（藏族，3月任）
孟硕芬（女，3月任）

地区人民医院党委

书　记　班　巴（藏族，12月退）
副书记　陈　伟
委　员　尼玛次仁（藏族，12月退）
朱华波（湖南援藏）
仓决卓玛（女，藏族，2月任）
索朗次仁（藏族，2月任）
虞德才（安徽援藏，9月任）
司　彤（博士团援藏，11月任）

地区人民医院

院　长　陈　伟
副院长　班　巴（藏族，12月退）
纪委书记　尼玛次仁（藏族，12月退）
副院长　朱华波（援藏）
仓决卓玛（女，藏族，2月任）
索朗次仁（藏族，2月任）
虞德才（安徽援藏，9月任）
司　彤（博士团援藏，11月任）

地区藏医医院党委

书　记　中次仁（藏族）
副书记　扎西次仁（藏族）
委　员　扎西罗亚（藏族）
多　吉（藏族）
拉巴次仁（藏族）

地区藏医医院

院　长　扎西次仁（藏族）
副院长　中次仁（藏族）
纪检书记　扎西罗亚（藏族）

副院长　多　吉(藏族)
拉巴次仁(藏族)

地区妇幼保健院党支部

书　记　仓决白玛(女,藏族)

地区妇幼保健院

院　长　张秀君(女,3月任)
副院长　洛　旦(藏族,3月离)
陈　军(3月任)
旦增晋美(藏族)
方基满(女,安徽援藏)

乃东县

书　记　蒋明浩
县　长　索朗格桑(藏族)
人大主任　布阿林(藏族)
政协主席　古桑曲杰(藏族)

琼结县

书　记　杨兴铭(湖北援藏)
县　长　索朗多吉(藏族)
人大主任　吾根单增(藏族)
政协主席　李长安

扎囊县

书　记　雷　丰(藏族)
县　长　高　军
人大主任　次　仁(藏族)
政协主席　达　娃(藏族,4月任)

贡嘎县

书　记　黄金刚
县　长　次　仁(藏族)
人大主任　西洛次仁(藏族)
政协主席　韩志国

浪卡子县

书　记　次　仁(藏族)
县　长　董安学
人大主任　维色顿珠(藏族)
政协主席　斯达平措(藏族)

洛扎县

书　记　赵天武
县　长　央中卓嘎(女,藏族,7月离)
白玛多吉(藏族,7月任)
人大主任　索朗顿珠(藏族)
政协主席　左训华

措美县

书　记　马玉宏(安徽援藏)
县　长　巴桑欧珠(藏族)
人大主任　洛桑次仁(藏族)
政协主席　达瓦扎西(藏族)

错那县

书　记　余胜能
县　长　布　多(藏族)
人大主任　牛　堃
政协主席　扎西巴珠(藏族)

隆子县

书　记　洛桑平措(藏族)
县　长　刘圣育
人大主任　洛　桑(藏族)
政协主席　索朗巴珠(藏族)

曲松县

书　记　李世平
县　长　拉巴次仁(藏族)
人大主任　次仁多布庆(藏族)
政协主席　白玛顿珠(藏族)

加查县

书　记　贡觉多吉(藏族)
县　长　孙红章
人大主任　扎　西(藏族)
政协主席　李国忠

桑日县

书　记　孙志诚(湖南援藏)
县　长　吾　金(藏族)
人大主任　李战英(藏族)
政协主席　欧珠平措(藏族)

索　引

说明

一、本索引采用主题分析法编制。索引范围包括篇目、类目、部(门)目、条目等。
二、本索引按主题词首字汉语拼音音序(同音按音调)排列,若首字拼音相同则按第二字音序排列,以此类推。
三、索引款目后的数字表示内容所在的页码,数字后的拉丁字母(a、b)表示栏别(从左至右)。
四、篇目、类目、部(门)目用黑体字。

A

B

C

D

H

M

N

T

W

X

Y

Z

山南年鉴2016

「年度风采」

人大山南地区工作委员会

自治区十届人大代表，人大山南地工委党组书记、主任党宗莲（前排左二）参加分团审议

2015年4月7日，人大山南地工委党组书记、主任党宗莲到隆子县三安曲林乡调研乡镇人大工作

2015年6月12日，人大山南地工委党组班子成员与12个县人大常委会主任实地考察学习

2015年4月10日，召开山南地区人大工作会议

2015年10月11日，人大山南地工委与湖南省人大秘书长彭宪法一行举行座谈会

2015年10月27日，人大山南地工委秘书长扎西参加隆子县人大代表之家揭牌仪式

山南地区人大副主任扎西加措带队到拉萨市实地考察学习

山南地区行政公署

2015年8月15日，2015雅砻文化节开幕式，山南地委副书记、行署专员普布顿珠致词

2015年9月2日，山南地委副书记、行署专员普布顿珠到洛扎县调研农牧业发展情况

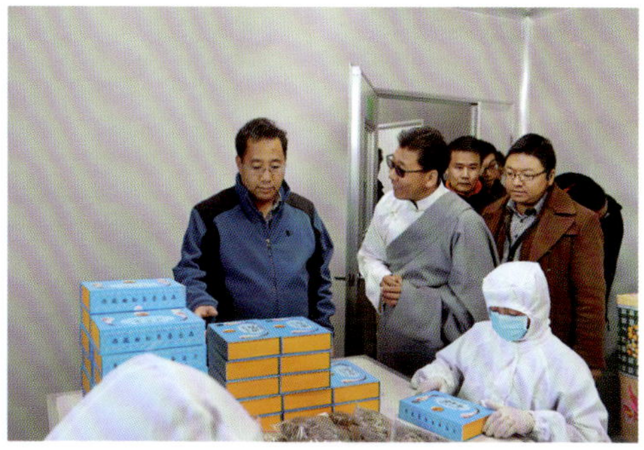

2015年11月28日，山南地委副书记、行署专员普布顿珠到曲松县调研特色产业发展

2015年9月23日，山南地委副书记、行署专员普布顿珠主持召开地区项目建设推进工作会议

2015年8月15日，雅砻文化节开幕式文艺会演

中国人民政治协商会议西藏山南地区委员会

2015年5月4日，自治区政协副主席罗松多吉（居中）听取边境地区教育工作和提案办理工作情况汇报

2015年12月10日—11日，山南地区政协召开第十届山南地区委员会第五次会议

2015年8月7日，山南地区政协召开十届十二次常务委员会会议

2015年6月，山南地区政协围绕“山南地区创建国家公共文化服务体系示范区”召开季度协商座谈会

2015年10月，山南地区政协围绕“人口较少民族地区特色产业发展问题”召开季度协商座谈会

2015年9月，山南地区政协主席边巴（居中）到琼结县强吉村调研

2015年4月，山南地区政协副主席尼玛扎西（左三）到乃东县支那村调研

中共山南地区纪律检查委员会（山南地区监察局）

2015年3月21日，自治区党委常委、宣传部部长董云虎（左三）到山南参观廉政教育基地

2015年1月6日，山南地委委员、纪委书记吴维在廉政承诺书上签字

2015年7月13日，召开山南地区2015年党风廉政建设宣传教育月活动动员大会

2015年1月6日，山南地区举行廉政承诺宣誓活动

2015年6月10日，山南地委委员、纪委书记吴维到前达村检查强基惠民驻村工作

2015年8月21日，山南地委委员、纪委书记吴维（居中）到琼结县拉玉乡检查维稳工作

中共山南地委组织部

2015年7月17日，自治区省级退休老领导听取错那县工作汇报

2015年11月26日，山南地委组织部副部长、编办主任尼玛次仁（右二）进村入户了解情况

2015年9月16日，山南地委组织部开展党建工作宣传教育活动

2015年7月17日，山南地区召开2015年领军人才培养对象座谈会

2015年7月28日，山南地委组织部召开2015年党风廉政建设宣传教育月活动动员会

2015年9月8日，山南地委组织部全体工作人员集中观看西藏自治区成立50周年庆祝大会现场直播

中共山南地委宣传部

2015年6月23日，湖南省委常委、宣传部部长许又声一行到山南报社检查指导工作

2015年7月23日，山南地委宣传部召开党风廉政建设宣传月活动学习会

2015年11月11日，山南地委宣传部学习贯彻十八届五中全会精神专题会议

2015年3月26日，第四届感动山南十大人物颁奖晚会现场

2015年6月2日，山南地委宣传部开展网络安全宣传活动

2015年6月30日，山南地委宣传部党员干部进社区报到活动暨音响设备赠送仪式

2015年3月28日，山南地区举行庆祝“3·28”百万农奴解放纪念日文艺表演活动

中共山南地委统战部

涉宗干部职工参观山南地区廉政教育基地

加强和创新寺庙管理工作小品走进藏历新年晚会

庆祝“3·28”西藏百万农奴解放纪念日座谈会

组织医护人员为僧尼进行免费体检

中共山南地委政法委

2015年2月12日，召开山南地委政法工作会议

2015年7月14日，召开山南地区综治委2015年第一次全体委员（扩大）会议

2015年2月14日，山南地委政法委开展法律进万家街头宣传活动

2015年2月12日，表彰参与2015年度阿里“塔尔钦”宗教活动先进集体

2015年11月18日，山南地区荣获2015年度自治区“先进双联户”创建活动先进地（市）荣誉称号

表彰2015年度“双联户”现场

山南检察分院

2015年9月16日，最高人民检察院检察长曹建明到西藏自治区检察机关调研指导检察工作

2015年7月22日，最高人民检察院渎职侵权检察厅副厅长关福金到山南检察分院调研指导职务犯罪侦查工作

2015年3月25日，西藏自治区检察院检察长张培中到山南检察分院调研指导工作

2015年3月21日，西藏自治区党委常委、宣传部部长董云虎，山南地委书记其美仁增参观山南地区预防职务犯罪警示教育基地

2015年8月4日，山南地委委员、行署常务副专员王友华到山南检察分院办案区视察

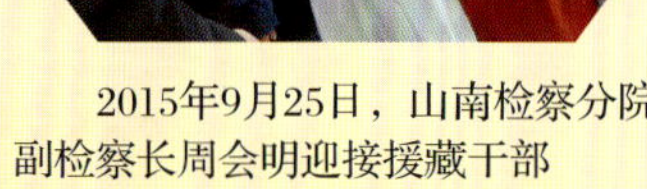

2015年9月25日，山南检察分院副检察长周会明迎接援藏干部

2015年7月1日，山南检察分院检察长刘志刚讲“三严三实”专题党课

2015年8月12日，最高人民检察院新闻采访团到山南检察分院开展专题采访

山南地区工商联

2015年5月7日，山南地委委员、统战部部长巴珠，地区工商联主席保疆到湖北武汉奔腾楚天激光设备有限公司参观考察

2015年7月28日，山南地区工商联主席、非公党工委常务副书记保疆参加洛扎县非公有制经济组织党建工作会议

2015年8月5日，山南地区工商联主席保疆到加查县调研雅江实业有限责任公司生产经营情况

2015年9月10日，山南地区工商联向湖北省工商联赴藏考察组汇报工作

2015年5月8日，山南地区工商联在湖北武汉与省工商联等部门就深化对口援藏工作进行座谈

2015年5月10日，山南地区工商联在湖南长沙与省工商联等部门就深化对口援藏工作进行座谈

中共山南地委党校（山南地区行政学校）

2015年6月21日，山南地委党校常务副校长李国庆讲“三严三实”专题党课

2015年10月16日，山南地委党校副校长沙加次仁在村支部书记培训班上授课

2015年3月15日，“法律进万家”活动培训班现场

2015年4月26日，山南地区党支部第一书记培训班开班仪式

2015年5月16日，组织教职工开展“三严三实”专题学习会议

2015年7月1日，开展庆“七一”趣味游戏活动

2015年10月29日，山南地委党校工作人员向村支部书记宣传戒毒知识

西藏自治区总工会山南地区工会办事处

2015年8月13日，山南地委委员、组织部部长邵昌到地区总工会检查指导工作

2015年4月8日，山南地区工会办事处召开2015年工会工作会议

2015年4月26日，山南地区总工会开展“五送”活动

2015年9月29日，山南地区总工会联合地区司法处、团地委开展“普法”活动

2015年7月5日，湖南、湖北、安徽三省工会有关领导到山南地区总工会检查指导工作

2015年6月7日，山南地区总工会举行临时求助发放暨赠书仪式

共青团山南地区委员会

2015年9月，湖北团省委书记张桂华代表湖北团省委向山南团地委捐赠100万元湖北山南青少年交流发展基金

2015年9月，开展青春与法同行——青少年法律知识大讲堂活动

2015年9月，团地委联合地直和乃东县青年文明号单位到克松居委会开展“三严三实”主题五下乡活动

2015年10月12日，团地委组织地区文化志愿者开展岗前培训

2015年12月，团地委开展学习贯彻中央、区党委、地委党的群团工作会议精神读书班活动

2015年5月30日，团地委联合地区国税等单位到地区儿童福利院为40名孩子过集体生日

山南地区妇女联合会

2015年3月6日，山南地区妇联工作人员到琼结县看望慰问寺庙僧尼

2015年3月8日，妇女思想道德基地挂牌

2015年3月11日，山南地区妇联工作人员到贡嘎县发放宣传资料

2015年4月23日，召开山南地区妇联暨妇女儿童工作会议

2015年4月23日，妇女工作会议表彰先进集体及个人

2015年9月12日，湖北省妇联向山南地区妇联捐赠公益项目资金签约仪式

2015年11月10日，召开山南地委党的群团工作会议

山南地区发展和改革委员会

2015年4月3日，山南地区发改委党组书记、副主任王霞（左二）到贡嘎县贸易交易市场施工现场调研

2015年11月25日，山南地区发改委主任松嘎（右二）到拉林铁路检查指导工作

2015年4月3日，山南地区发改委党组书记、副主任王霞到贡嘎县扎西亚培光电科技有限公司生产车间调研

2015年4月3日，山南地区发改委党组书记、副主任王霞到贡嘎县青少年活动中心调研

2015年9月6日，山南地区发改委副主任王勇波（左二）到藏木电站检查工作

山南地区粮食局

2015年2月10日，山南地区行署副专员丹增（右一）到粮油店实地检查粮油供应情况

2015年2月10日，山南地区行署副专员丹增到粮食局督导检查粮食工作

2015年7月13日，山南地区粮食局组织开展“三严三实”专题学习教育交流活动

2015年10月16日，山南地区粮食局副局长次仁多布杰在学校开展“爱粮节粮知识进校园”活动

2015年10月16日，山南地区粮食局组织开展“世界粮食日”宣传活动

2015年新建洛扎县拉康镇乡库

山南地区教育局（体育局）

2015年10月12日，洛扎县接受国家义务教育均衡验收

乃东县素质教育评估现场

2015年10月19日，山南地区召开2015年教学质量激励表彰大会

召开全区第十一届运动会山南代表团集训动员大会

山南地区科技局

山南地委副书记、行署专员普布顿珠到科技局“五下乡”活动宣传点检查指导工作

2015年12月1日，山南地委副书记、行署专员普布顿珠到科技局“物资交流会”宣传点检查指导工作

2015年7月30日，山南地区行署副专员燕红参加2014—2015年度山南地区“三区”科技人才培训班开班仪式

2015年9月19日，山南地区2015年“全国科普活动日”启动仪式

2015年12月23日，山南地区科技局召开2015年度“三严三实”专题民主生活会

2015年12月30日，山南地区科技局与自治区科技厅农牧处“三区”人才调研组座谈

山南地区行署国资委

2015年5月7日，召开山南地区国资监管工作电视电话会议

2015年10月21日，湖南省国资委与山南地区国资委召开座谈会

2015年11月26日，阿里地区国资委到山南地区国资委开展交流调研活动

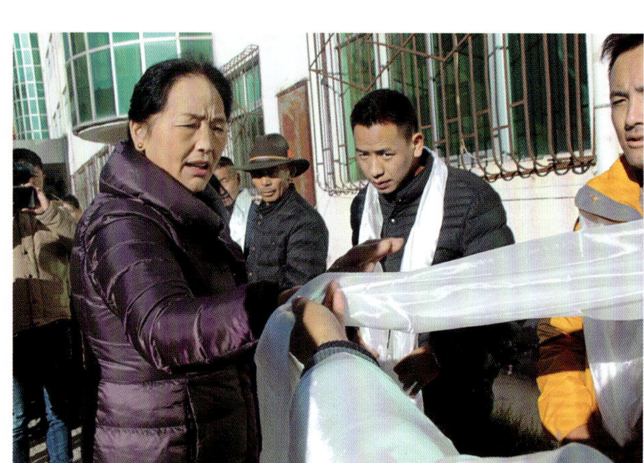
2015年11月20日，山南地区强基办常务副主任白玛卓玛（左一）向国资系统15个第五批驻村工作队队员敬献哈达

2015年11月20日，国资系统15个第五批驻村工作队出发仪式

山南地区民族宗教事务局

2015年6月26日，山南地区民宗局组织召开学习贯彻中央统战部部长孙春兰在藏考察重要讲话精神会议

自治区副主席、区党委统战部常务副部长格桑次仁到山南地区民宗局检查指导工作

2015年7月1日，山南地委统战部、地区民宗局、宗教办庆祝建党94周年活动现场

2015年7月1日，山南地区民宗局领导干部参观地区检察院廉政教育基地

开展2015年山南地区宗教领域爱国爱教宣传服务活动

2015年第25个民族团结月宣传活动现场

山南地区民族团结代表合影

山南地区公安处

2015年3月17日，山南地委委员、地区公安处党组书记龚兵视察3月武装拉动演练进展情况

2015年3月20日，山南地区公安处组织开展法律宣传活动，地委委员、地区公安处党组书记龚兵到现场检查指导工作

2015年8月15日，山南地委委员、地区公安处党组书记龚兵，地区公安处处长洛桑次仁检查指导雅砻文化节现场安保工作

2015年7月20日，山南地区公安处处长洛桑次仁到浪卡子县检查指导道路交通管理工作

2015年9月9日，山南地区公安处处长洛桑次仁指挥调度大庆安保工作

山南地区民政局

2015年5月16日，自治区政府副主席多吉次珠（左二）在区民政厅厅长格桑仁青（左一）和地区民政局党组书记肖宗新（左三）陪同下到山南地区儿童福利院调研

2015年10月2日，山南地区行署副专员张永林到山南地区儿童福利院调研

2015年5月25日，山南地区民政局党组副书记、局长索朗仁增（右三）到错那县调研五保集中供养项目

2015年8月20日，山南地区民政局党组副书记、局长索朗仁增（中）调研村办经济实体项目

山南地区儿童福利院

山南地区司法处

2015年2月12日，召开山南地区2015年司法行政工作会议

2015年5月4日，山南地区司法处组织召开全处干部职工向日喀则地震灾区捐款动员会

2015年5月4日，山南地区司法处全体干部职工向日喀则地震灾区捐款

2015年6月2日，山南地区司法处开展“三严三实”专题教育党课活动

2015年7月1日，山南地区司法处召开纪念建党94周年学习座谈会

山南地区财政局

2015年11月11日，财政部预算司处长江昊为山南地区财政局讲解预算法相关知识

2015年7月23日，山南地委副书记、行署专员普布顿珠及各单位负责人观看全区预算法视频会议

2015年7月9日，山南地区财政局局长仓决作“三严三实”专题研讨发言

山南地区财政局举办“7·1”广播体操比赛

2015年7月1日，山南地区财政局组织职工举行拔河比赛

召开二级班子调整任职大会

山南地区财政局与河北专员办清理规范税收检查组交换意见

山南地区财政局与湖南省信托公司座谈

山南地区人力资源和社会保障局

2015年7月28日，湖北省委组织部副部长翟天山带队的代表团到山南地区考察指导工作

2015年5月20日，山南地委委员、纪检委书记吴维率工作组到地区人社局开展党风廉政建设及反腐败工作调研

2015年3月8日，山南地区人社局妇委会到特殊教育学校慰问

2015年7月1日，山南地区人社局组织党员开展“七一”宣誓活动

2015年7月1日，山南地区人社局组织干部职工参观廉政教育基地

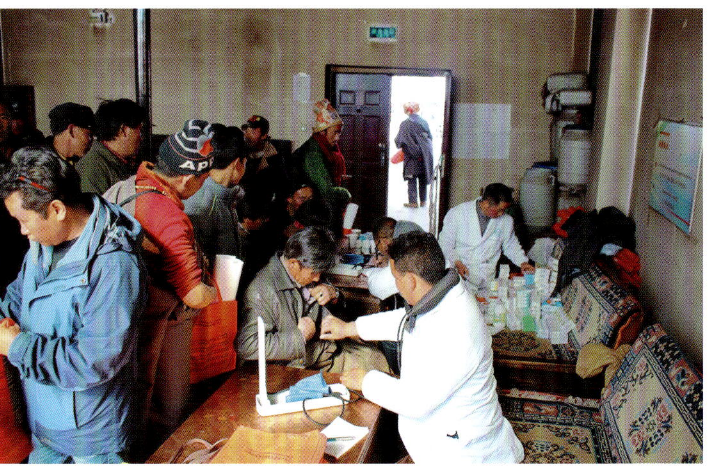

2015年12月12日，山南地区人社局组成专家咨询服务团开展下基层服务活动

山南地区国土资源和规划局

2015年6月16日，山南地区国土资源局党组书记、副局长中次仁（右二）率矿管科工作人员到矿洞、钻井调研

2015年9月21日，山南地区国土资源局党组副书记、局长渠伟（右三）到洛扎县木村滑坡应急治理项目施工现场调研

2015年9月23日，山南地区国土资源局与湖北省国土资源厅举行座谈会并接受捐助

2015年10月14日，山南地区召开土地管理专项整治工作中违法违规用地整改工作会议

2015年10月16日，山南地区国土资源局举办“开展依法治国 依法治藏”法律知识竞赛

2015年4月29日，山南地区国土资源局举办“五四”青年节拔河比赛

2015年5月5日，山南地区国土资源局为日喀则地震灾区捐款

山南地区环境保护局

2015年9月10日，环保部副部长吴晓青查看实验室设备运转情况

2015年9月10日，环保部副部长吴晓青到山南地区环保局检查指导工作

2015年10月14日，山南地区环保局局长次仁加措调研驻村点工作开展情况

2015年，山南地区召开拉林铁路协调会议

2015年4月30日，召开泽当镇污水处理再生水回用工程项目听证会议

山南地区住房和城乡建设局

2015年8月14日，山南地区住建局党组书记阿旺朗杰在自来水厂调研

2015年12月28日，山南地区住建局党组书记阿旺朗杰、局长邓荃参加贡嘎县杰德秀镇特色小城镇建设项目启动仪式

2015年6月3日，山南地区住建局开展“三严三实”专题讲党课活动

2015年8月13日，全局干部职工到烈士陵园参观学习英烈们的先进事迹

2015年8月13日，全局干部职工义务劳动

2015年11月26日，欢送驻村工作队队员

2015年9月7日，学习党风廉政建设相关文件及会议精神

山南地区交通运输局

2015年9月15日，召开交通运输系统“三严三实”专题教育第三个专题研讨会

2015年11月27日，山南地区交通局组织12县分管交通副县长、交通局长召开公路建设项目协调会

安全宣传月活动期间，交通运输局工作人员向群众宣传交通法律法规

2015年新建成的扎囊大桥

2015年新建成的江北公路

2015年新建成的泽当雅江大桥

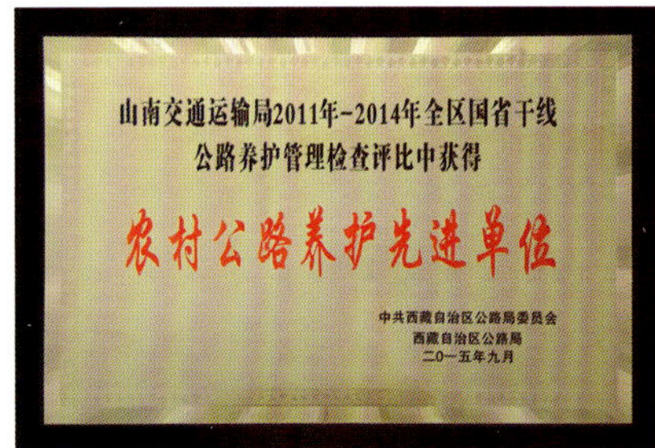

山南交通运输局2011年-2014年全区国省干线公路养护管理检查评比中获得

农村公路养护先进单位

中共西藏自治区公路局委员会
西藏自治区公路局
二〇一五年九月

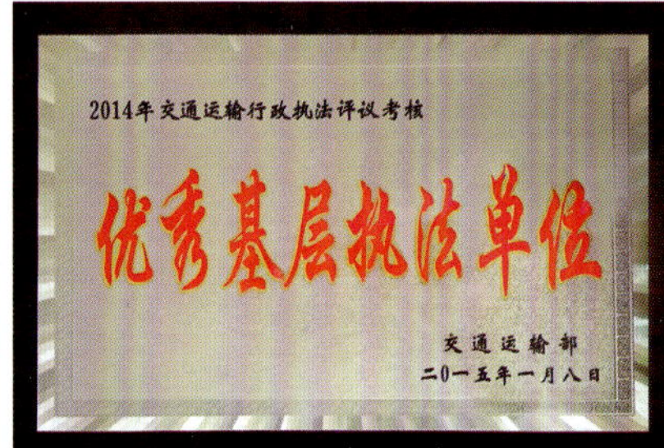

2014年交通运输行政执法评议考核

优秀基层执法单位

交通运输部
二〇一五年一月八日

荣誉证书

桂巴次仁同志：

在自治区创先争优强基础惠民生活动中，被评为：

先进驻村(居)工作队员

中共西藏自治区委员会
西藏自治区人民政府
2015年11月

山南地区水利局

2015年8月18日，湖南省水利厅赴藏考察团到山南地区考察指导水利工作

2015年3月20日，山南地区水利局开展世界水日和中国水周宣传活动

2015年4月23日，召开山南地区水利工作会议

2015年5月12日，山南地区水利局开展“5·12”防灾减灾日宣传活动

2015年7月1日，山南地区结巴水库开工仪式

2015年10月16日，山南地区水利局举办水土保持进党校专题讲座活动

2015年9月17日，山南地区组织召开水功能区划专题会

山南地区农牧局

2015年6月17日，湖北省农业厅厅长戴贵州（右四）、山南行署副专员黄金城（右五）一行视察检测中心工作

2015年12月1日，山南地委副书记、地区行署专员普布顿珠（右二）视察物交会农畜产品展销

2015年10月30日，山南地区农畜产品在武汉农博会展出

2015年11月15日，山南地区农牧局局长央中卓嘎（左一）到曲松县调研

2015年10月30日，山南地区农牧产业与湖北省企业合作对接签约仪式

农业机械化生产

山南地区商务局

2015年3月26日，山南地区商务局党组书记范和平听取驻村工作队工作汇报

山南地区商务局副局长王光辉联合工商、公安等部门到报废汽车点检查指导工作

2015年3月8日，山南地区商务局驻村工作队与所驻村妇女群众共度节日

2015年12月18日，山南地区商务局党组召开“三严三实”专题民主生活会

组织全体干部职工召开学习会议

全体干部职工开展院内美化建设活动

山南地区文化局（新闻出版局、文物局）

2015年6月13日，山南地区举行第十个"文化遗产日"系列宣传活动，地委委员、宣传部部长嘎玛旦巴出席并讲话

2015年12月7日，自治区文化厅厅长尼玛次仁（左二）带队考核验收山南地区创建国家第二批公共文化服务体系示范区加查县达布文化艺术中心

2015年4月15日，2015年"春雨工程"湖北文化志愿者到西藏开展大讲堂活动暨山南地区公共文化服务体系建设与效能提升专题培训班正式开班

2015年10月21日，拉萨市与山南地区文化联动巡演在山南地区雅砻剧院举行

2015年11月18日，山南地区创建国家公共文化服务体系示范区文化联动暨民间艺术团优秀节目展演在拉萨举行

2015年6月14日，那曲地区嘉黎县工作人员到山南地区交流学习公共文化服务体系建设

2015年12月1日，山南地区举办2015雅砻物资交流会

2015年12月11日，召开自治区考核验收山南地区创建国家第二批公共文化服务体系示范区意见反馈会议

山南地区卫生局（人口和计划生育委员会）

自治区卫计委主任普布卓玛到山南地区妇幼保健院调研

2015年11月，山南地区卫生局（人口和计划生育委员会）党组书记李庆哲、局长桑杰群培欢送第五批驻村工作队员

2015年6月8日，山南地区卫生局联合民政局到农牧区宣传婚姻法，开展实地免费办理结婚证服务活动

开展“新家庭计划”养老照护公益活动

2015年4月23日，召开2015山南地区卫生计生暨食品安全工作座谈会

开展“5·12”防灾减灾宣传活动

山南地区审计局

2015年11月2日，西藏自治区审计厅厅长孙秀春到山南地区审计局检查指导工作

2015年9月15日，山南地区审计局召开关于区党委落实党风廉政建设主体责任督导组反馈意见的整改清单专题学习会

2015年7月28日，山南地区审计局召开党风廉政建设宣传月活动动员大会

2015年8月31日，山南地区审计局召开一级戒备期间安全维稳工作专题会议

2015年7月24日，山南地区审计局召开“三严三实”专题讨论会

山南地区外事办公室

2015年4月22日，尼泊尔中国贸易协会代表团一行到山南参观访问

2015年4月24日，澳大利亚驻华大使馆副馆长韩家思一行到山南参观访问

2015年1月2日，西藏山南地区代表团到尼泊尔巴德岗市建立友好城市关系

2015年5月29日，山南地区外事办党组书记辛丽萍到隆子县开展边境调研

山南地区外事办公室主任丹增多吉“三大节日”期间慰问贫困户

2015年3月22日，山南地区外事办公室开展外事宣传活动

2015年6月4日，山南地区外事办公室召开非政府组织涉外项目协调会

山南地区广播电影电视局

湖南省委常委、宣传部部长许又声一行到山南地区广播电视台检查指导工作

“三大节日”期间，山南地区广电局党组书记次旺慰问退休老干部

山南地区广电局党组书记次旺与地区电视台签订党建目标责任书

山南地区广播电视台虚拟演播室录制现场

加查县修建完工的影剧院整体外观

2015年正式投入使用的山南地区数字有线电视机房

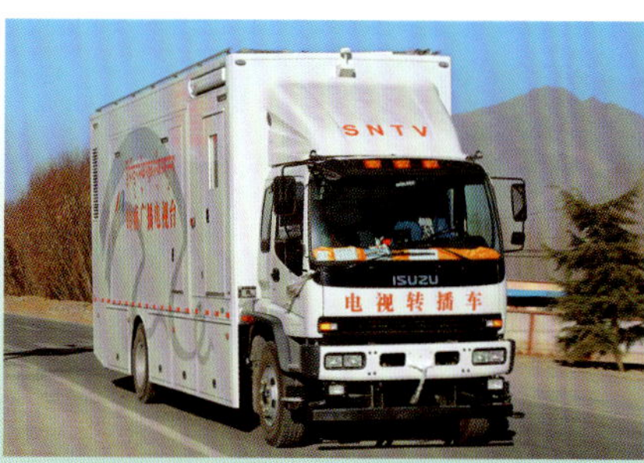

山南地区广播电视台高清电视转播车

山南地区 安全生产监督管理局

2015年6月15日，山南地区行署副专员喻昌到建筑施工工地检查安全生产工作

2015年6月16日，山南地区安监局党组书记马超英带队开展安全生产宣传活动

2015年7月11日，山南地区安监局局长达娃次仁到华钰矿业隆子县扎西康矿区检查工作

2015年6月22日，自治区督导组工作人员到加查县邦布岩金矿检查指导安全生产工作

2015年4月，开展党员报到服务社区安全生产宣传活动

2015年11月25日，邀请湖北省专家讲授安全生产业务知识

山南地区统计局
（国家统计局山南调查队）

2015年3月20日，西藏自治区党委宣传部部长董云虎、山南地区行署专员张永泽到山南地区统计局综治宣传现场检查指导工作

2015年5月26日，山南地区统计局党组书记边巴次仁，党组副书记、局长赵忠琼欢送驻村工作队

2015年9月23日，山南地区统计局党组副书记、局长赵忠琼在第六届中国统计开放日系列宣传活动现场接受山南电视台采访

2015年2月5日，山南地区统计局党组书记边巴次仁（右一）到浪卡子县达隆镇林西村驻村点开展慰问活动

2015年4月17日，山南地区统计局到加查县嘎玛吉塘村开展法律进万家宣讲活动

2015年6月1日，国家统计局山南调查队陪同四川丰浓商贸有限责任公司总经理黄蓉向浪卡子县达隆镇林西村完小举行物资捐助活动

山南地区林业局

2015年4月29日，自治区林业厅副厅长索朗旺堆到山南指导造林工作

2015年5月14日，地委副书记丁哲峰视察苗木繁育情况

2015年6月29日，山南地区行署副专员黄金城参加植树造林现场会

2015年8月4日，山南地区林业局局长张志福到洛扎县林业局检查指导森林防火工作

2015年10月11日，山南地区林业局副局长徐艺（湖南援藏）在森林火险期到各县开展火险排查

2015年8月6日，山南地区林业局举行第一批公益林专业管护人员选拔考试

2015年9月6日，山南地区林业局举办第一批专业管护队培训

2015年9月6日，山南地区第一批公益林专业管护队队员毕业合影

山南地区旅游局

2015年7月16日，山南地区旅游局召开安全生产专题会议

2015年10月26日，山南地区旅游局召开“藏源山南”有奖征文评选碰头会

2015年5月19日，山南地区旅游局开展“5·19”中国旅游日宣传活动

2015年3月24日，山南地区旅游局到各县开展家庭旅馆检查

2015年8月15日，山南地区旅游局组织开展环羊湖自行车体验游活动开幕式

山南地区经济合作局

2015年8月16日，山南地委副书记、行署专员普布顿珠在2015雅砻文化节招商引资推介会作重要讲话

2015年2月10日，山南地区经合局党组书记拉宗卓玛到驻村点进行三大节日慰问

2015年8月16日，山南地区经合局局长宋晓平在2015雅砻文化节招商引资推介会上推介山南优势

2015年3月8日，山南地区经合局副局长次仁格桑进行法律进万家宣讲活动

2015雅砻文化节招商引资项目

2015年8月16日，湖北省考察团与山南地区经合局援藏干部合影

山南地区职业技术学校

西藏藏菜研发中心山南工作室挂牌仪式

钦孜派传承人扎西江村名师工作室挂牌仪式

学校2015级酒店管理及中餐烹饪专业学生到河北省三河市福成国际大酒店实习

农林牧专业学生实践学习

学校40周年庆《中国梦 职教梦 我的梦》主题文艺会演

学校40周年庆学生技能展

山南地区人民医院

2015年9月25日，山南地区人民医院举行安徽省“组团式”援藏受援医院暨安徽省立医院网络成员单位挂牌仪式

山南地区人民医院与安徽省首批20名“组团式”援藏专家召开座谈会

2015年8月8日，山南地区人民医院组织专家到扎囊县扎其乡开展巡诊活动

2015年6月1日–5日，山南地区人民医院首次承办全区医疗质量管理暨医院等级评审评价培训会

2015年4月23日，山南地区人民医院正式批准为“三级乙等”综合医院

2015年12月7日，山南地区人民医院正式开通远程会诊教学

2015年12月30日，山南地区人民医院首批8名护士长到安徽省立医院培训

山南地区藏医医院

2015年11月23日，山南地区藏医医院院长扎西次仁（左一）与新招聘的编外人员签订劳动合同

2015年3月，国家级非遗项目藏医药浴传承人明珠讲授藏医药浴课程

2015年10月31日，召开山南地区藏医药学术研讨会

开展免费“送医、送药、送健康”活动

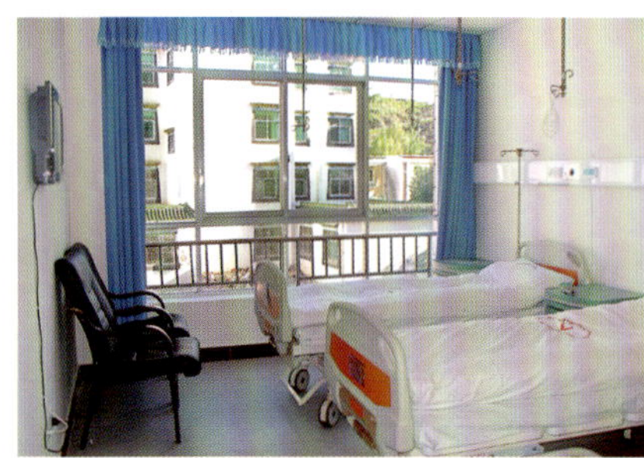

干净舒适的住院部

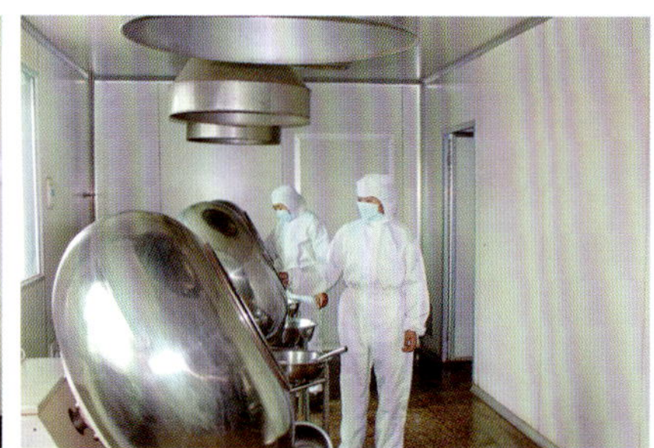

通过新版GMP认证的医院制剂室车间

医院制剂室产品

山南地区藏语委办（编译局）

2015年6月7日，自治区藏语委办（编译局）副局长曲扎（左二）到山南地区检查指导社会用字工作

2015年1月16日，召开山南地区藏语委办（编译局）“三严三实”专题学习会

2015年1月16日，山南地区藏语委办（编译局）开展加强党的建设和党风廉政建设维护社会稳定宣誓暨党员承诺活动

2015年2月11日，山南地区藏语委办（编译局）及相关部门主要负责人到西卡学组开展人工种草项目实地调研

2015年2月3日，山南地区藏语委办（编译局）驻村工作队发放结对认亲慰问金

2015年5月，召开全区藏语文社会用字工作总结表彰暨藏语委办（编译局）工作会议

2015年6月5日，区、地两级领导及山南地区藏语委办（编译局）到隆子县斗玉乡村民家中调研较少民族语言古籍

山南地区藏语委办（编译局）获得全区社会用字工作先进集体

山南地区食品药品监督管理局

自治区人大工作人员到山南地区食品药品监督管理局调研

2015年3月20日，山南地区食品药品监督管理局党组副书记、局长罗胜带队开展综治宣传活动

2015年3月22日，举办药品化妆品及医疗器械不良反应事件监测基础培训班

2015年9月30日，山南地区食品药品监督管理局开展新《食品安全法》宣传活动

2015年7月31日，山南地区开展Ⅲ级食品安全事故应急演练活动

山南地区食品药品监督管理局大楼外景

山南地区地震局

2015年3月24日，国家地震局刘瑞丰、段天山、肖武军等专家到曲松调研

2015年3月31日，开展防震减灾服务宣传活动

2015年4月20日，平安中国山南站启动仪式现场

2015年4月20日，山南地区二高组织地震应急演练活动

2015年4月23日，平安中国电影放映现场

2015年5月10日，山南地区地震局到地区儿童福利院举行地震应急疏散演练

2015年5月12日，开展防震减灾日宣传活动

山南地区档案局（馆）中共山南地委党史研究室（山南地区地方志办公室）

开展“走进档案”主题宣传活动

召开全地区档案业务培训

2015年4月24日，《扎囊县志》复审会在泽当召开

2015年12月24日，《扎囊县志》验收会在拉萨召开

2015年7月28日，错那县第二轮县志初审会在错那县召开

2015年10月16日，《浪卡子县志》复审会在山南地区召开

2015年11月26日，《曲松县志》验收会在拉萨召开

山南地区质量技术监督局

2015年8月，自治区政府副主席董明俊到山南地区质监局调研检查工作

自治区质监局党委书记次仁罗布（左四）一行在错那县勒布茶叶种植基地调研

2015年4月，召开山南地区2015年质量技术监督暨质量振兴工作会议

2015年7月，山南地区质监局第七期特种设备作业人员培训班开班仪式现场

2015年7月，山南地区质监局正式启动导入ISO9001管理体系工作

山南地区质监局举办践行“三严三实”七·一专题党课

2015年12月，山南地区质监局召开领导班子及班子成员“三严三实”专题民主生活会

山南地区国家税务局

2015年7月18日，自治区国税局党组书记董涛看望慰问基层干部

2015年4月29日，山南地区国税局纪检组长次仁巴桑向特邀监察员颁发证书

2015年3月12日，山南地区国税局召开党风廉政工作会议

2015年5月6日，山南地区国税局全体干部职工为日喀则地震灾区捐款

2015年9月1日，山南地区国税局金税三期系统正式上线运行

山南地区国税局“春风行动绿村居”活动现场

2015年首期纳税人学校培训班合影

2015年12月31日，山南地区国税局举办文艺晚会

山南地区工商行政管理局

2015年1月19日，山南地区工商局执法人员开展商品质量专项检查

2015年2月10日，山南地区工商局执法人员开展仿冒军用品专项检查

2015年2月13日，山南地区工商局执法人员开展烟花爆竹市场专项检查

2015年3月15日，开展消费者权益日宣传活动

2015年7月1日，山南地区工商局召开个私协会纪念建党94周年座谈会

山南地区气象局

2015年4月22日，山南地区气象局到一小举行气象科普夏令营活动

山南地区气象局到雪沙乡完小进行防雷宣传

2015年7月1日，山南地区气象局举办建党94周年红歌演唱会

2015年10月17日，山南地区气象局举办首届设施农业气象服务培训班

斗玉乡小城镇融入式无人自动气象站

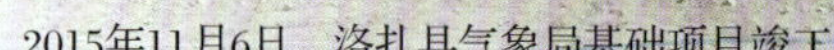

2015年11月6日，洛扎县气象局基础项目竣工

中国邮政 CHINA POST

山南地区邮政管理局

2015年9月11日，山南地区邮政管理局专项督查《中国人民抗日战争暨世界反法西斯战争胜利七十周年》《西藏自治区成立五十周年》纪念邮票发售情况

2015年9月8日，山南地区邮政管理局组织干部职工观看西藏自治区成立50周年庆祝大会节目

2015年9月16日，山南地区邮政管理局开展“9·16”平安山南宣传日活动

开展环境卫生综合整治工作

乃东县索珠乡邮政局所运营揭牌仪式

武警山南地区支队

2015年9月11日，武警总队副司令员戴素军到武警山南支队视察调研

2015年11月23日，武警总队副政委马小俊率工作组到武警山南支队考察

2015年3月29日，一级路线警卫勤务巡逻

2015年4月9日，武警山南地区支队召开“学习践行强军目标，做新一代革命军人”主题教育动员部署会

2015年11月27日，执行雅砻物资交流会期间安保工作

2015年9月5日，武警山南地区支队执行西藏自治区成立50周年期间安保工作

山南地区公安边防支队

2015年10月15日，山南地委书记张永泽到错那县调查边境管控工作

山南地区公安边防支队支队长格列走访慰问僧尼家庭并与僧尼亲切交谈

开展流动人口、重点场所走访登记工作

雪布下检查站官兵正在执法执勤

支队官兵为困难儿童进行募捐

开展辖区治安巡逻

山南地区公安消防支队

2015年1月13日，召开山南地区“全国公安机关爱民模范集体”先进事迹学习宣传会

2015年4月28日，完成“4·25”跨区域抗震救灾增援任务

利用驻地资源　强化党性教育　丰富警营文化

2015年6月26日，山南消防支队举行西藏自治区成立五十周年消防安保誓师大会

2015年10月20日，山南支队轻型地震救援队参加总队“雪域–2015”跨区域地震救援拉动演练

中国人民银行 THE PEOPLE'S BANK OF CHINA 山南地区中心支行

2015年8月14日，中国人民银行总行党委委员、副行长郭庆平（左二）到山南中心支行调研

2015年12月31日，山南地区行署副专员黄金城（左四）慰问工作在年终决算一线的金融干部

2015年5月21日，山南中心支行党委委员、副行长王庆国到琼结县参加农行西藏分行第二批信用县授牌仪式

2015年12月31日，山南地区中心支行行长次旺朗杰（右二）慰问工作在年终决算一线的金融干部

2015年1月7日，中共山南地委、山南地区行署授予人行山南中心支行2014年度综合管理先进单位

2015年3月19日，召开山南地区金融工作电视电话会议

2015年11月27日，山南地区召开第三季度金融运行分析会

中国农业银行 山南分行
AGRICULTURAL BANK OF CHINA

2015年5月20日，农行山南分行行长罗布出席授予曲松县为信用县的授牌仪式

2015年6月5日，农行山南分行联合地区环保局举办世界环境日自行车骑行比赛

农行山南分行机关参加美丽泽当环保活动

农行山南分行2015年综合条线业务培训暨警示教育会议

山南分行

2015年11月18日，西藏自治区建行分行纪委书记次仁顿珠一行到山南分行开展巡视回头看工作

2015年12月18日，西藏自治区建行分行副行长查克健到山南分行参加党委班子民主生活会

2015年12月31日，山南地区行署副专员黄金城看望慰问建行山南分行员工

2015年5月4日，建行山南分行组织员工为日喀则地震灾区开展“情系灾区 奉献爱心”捐款活动

2015年6月18日，建行山南分行到结莎居委会开展“金融知识进万家”活动

2015年7月18日，建行山南分行举办趣味运动会大赛

2015年7月24日，建行山南分行开展青年员工座谈会

2015年7月29日，召开山南地区上半年金融运行分析会

山南地区分行

中国银行山南分行员工

2015年3月27日，中国银行山南分行开展金融知识宣传活动

2015年3月5日，中国银行山南分行开展“爱护环境 保护家园”环保活动

中国电信 CHINA TELECOM 山南分公司

世界触手可及

2015年7月2日，中国电信山南分公司党委书记、总经理张世江开展“三严三实”专题讲党课活动

2015年8月27日，中国电信山南分公司党委书记、总经理张世江慰问困难员工

2015年11月8日，中国电信山南分公司党委书记、总经理张世江实地调研划小承包工作

2015年5月12日，中国电信山南分公司向“4·25”地震灾区捐款

2015年7月3日，中国电信西藏公司举办成立15周年成果展

2015年11月20日，中国电信山南分公司开展员工心理健康辅导

中国移动通信集团西藏有限公司山南分公司

2015年9月16日，山南地委委员、宣传部部长嘎玛旦巴到山南地区移动分公司“9·16”宣传活动现场指导工作

2015年2月19日，行署副专员丹增到山南地区移动分公司开展走访慰问活动

全国“安康杯”竞赛优胜单位

中华全国总工会
国家安全生产监督管理总局
二〇一五年四月

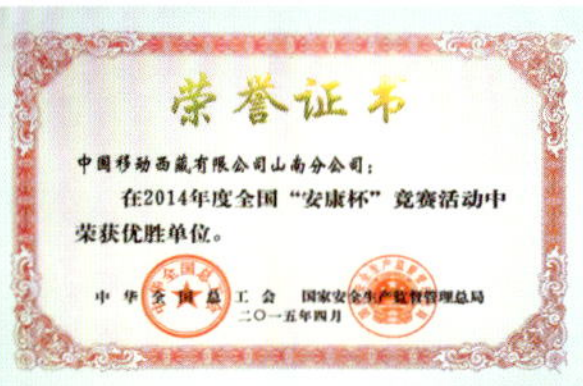
荣誉证书

中国移动西藏有限公司山南分公司：
在2014年度全国“安康杯”竞赛活动中荣获优胜单位。

中华全国总工会 国家安全生产监督管理总局
二〇一五年四月

2015年度网络维护
优秀奖

中国移动通信集团西藏有限公司
二〇一六年二月

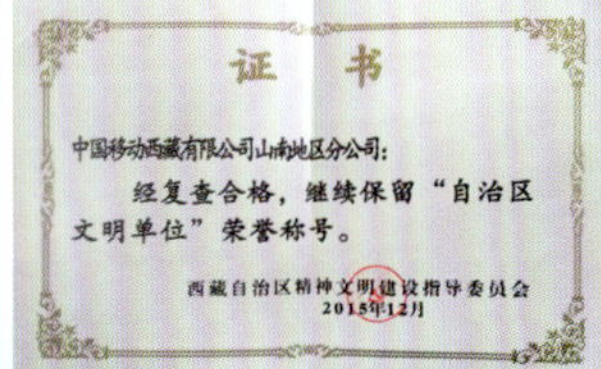
证书

中国移动西藏有限公司山南地区分公司：
经复查合格，继续保留“自治区文明单位”荣誉称号。

西藏自治区精神文明建设指导委员会
2015年12月

乃东县

自治区副主席多吉次珠到乃东县五保户集中供养服务中心调研

2015年12月1日，地委副书记、行署专员普布顿珠视察物资交流会现场

乃东县委副书记、县长索朗格桑到亚堆乡调研

2015年1月29日，山南地区文化站到结巴乡开展文艺会演活动

2015年4月28日，举办“弘扬五四精神 推进依法治国”为主题的法律知识竞赛活动

2015年6月29日，乃东县干部职工开展警示教育参观地区看守所

优化发展环境专项行动动员大会现场

昌珠镇“统筹城乡示范点建设”项目一角

琼结县

2015年7月28日，山南地委副书记、行署专员普布顿珠到琼结县视察工作

2015年1月26日，琼结县委书记杨兴铭慰问退休干部

2015年1月24日，召开第一届琼结县委员会第四次会议

琼结久河卓舞传人

开耕节仪式

琼结光伏发电站

琼结县城全景

扎囊县

2015年7月7日，西藏自治区党委常委、组织部部长曾万明（右一）到扎囊县检查指导党建工作，县委书记雷丰（左三），县委副书记、组织部部长邢飞（左二）陪同

扎囊县县委副书记、县长高军到扎囊县消防大队检查指导工作

2015年9月30日，扎囊县首届氆氇文化节“氆氇之乡形象大使”选拔赛

2015年党风廉政宣传月活动现场

2015年7月1日，扎囊县举办庆祝建党94周年文艺晚会

2015年10月2日，扎囊县首届氆氇文化节在扎囊县文化广场开幕

扎囊县“春之丽”越野自行车赛

贡嘎县

2015年3月17日，青海省教育厅副厅长薛建华、青海省教育厅语言文字工作管理处处长张永胜到贡嘎县调研教育发展情况

2015年9月8日，贡嘎县委书记黄金刚欢送参加自治区成立50周年大庆观礼僧尼

贡嘎县“双集中”供养中心护理员精心照顾五保老人

同庆“八一”建军节，共叙军民鱼水情

中小学生在贡嘎县青少年活动中心阅览室读书

开展防暴恐演练

2015年3月5日，举办贡嘎曲德寺“阿羌”佛事活动

浪卡子县

2015年10月10日，山南地委书记张永泽看望慰问打隆镇康萨居委会、达加居委会驻村工作队队员

山南地委委员、宣传部部长赫沛到浪卡子县指导社会公共文化服务体系示范区建设

浪卡子县委书记次仁看望慰问阿扎村贫困户

浪卡子县召开十二届人大六次会议

浪卡子县委副书记、县长董安学到张达乡检查指导打隆至张达通油公路建设进展情况

白地乡叶色村农牧民喜收青稞

洛扎县

2015年4月23日，自治区政协党组副书记、副主席、机关党组书记罗松多吉一行视察拉康镇小学

2015年3月5日，山南地区行署副专员王友华一行听取洛扎县国土局工作汇报

2015年11月23日，自治区卫计委评审组一行听取洛扎县人民医院工作汇报

2015年11月27日，洛扎县召开第四批驻村工作总结表彰暨第五批驻村工作动员大会

措美县

2015年3月3日，山南地区政协副主席陈海清一行到措美镇检查指导工作，县委副书记杨日军、政协主席达娃扎西、副县长王兵陪同

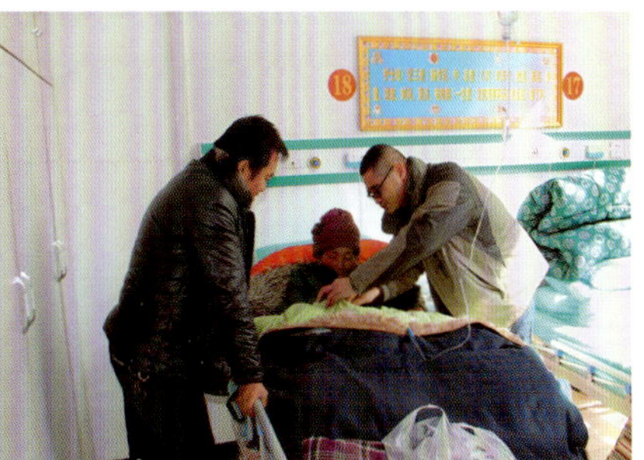

2015年1月17日，措美县委书记马玉宏（右一）慰问重病住院困难群众

2015年3月22日，措美县委副书记、县长巴桑欧珠（右三）检查饲草储备情况

2015年1月29日，措美县召开县委八届三次全委（扩大）会议

2015年8月25日，哲古牧人节舞蹈表演

2015年8月25日，哲古牧人节、哲古赛马活动

2015年10月28日，措美县开展“三严三实”专题法律知识竞赛活动

2015年11月16日，措美县第十五届物资交流会开幕

错那县

自治区副主席董明俊到错那县视察新型城镇化建设工作

山南地委书记张永泽（前排居中）到错那县边境一线视察工作

2015年12月19日，错那县委副书记、县长布多到麻麻生态文明小康示范村检查指导工作

2015年3月2日，错那县召开2015年度经济工作会议

国侨办、暨南大学到错那县开展“侨爱工程—送温暖医疗队义诊”活动

军民共建活动

农家书屋工程

隆子县

2015年6月23日，自治区科教文卫体委副主任其美多吉一行到隆子县视察文化产业发展情况

2015年10月15日，山南地委书记张永泽，隆子县副书记、县长刘圣育一行到斗玉乡考察工作

2015年7月18日，自治区政协民族宗教委员会工作人员到隆子县视察调研

2015年3月28日，隆子县举行“3·28”升国旗仪式

斗玉珞巴民族群众、民间艺术团演员表演原生态大型珞巴舞“犀鸟之魂”

斗玉珞巴民族村

曲松县

2015年5月，国家卫计委调研组一行到曲松县调研村卫生室建设使用情况

2015年10月，山南地委副书记、行署专员普布顿珠到曲松县武装部调研

2015年4月，曲松县委书记李世平看望慰问色吾村贫困党员索朗卓玛

2015年6月，完工的东嘎村水泥路一角

2015年7月，开展"民族团结月"知识竞赛活动

2015年8月，曲松县为农牧民群众发放大庆礼品

加查县

2015年3月24日，自治区党委常委、宣传部部长董云虎到加查县调研考察并看望慰问广大干部群众

2015年4月24日，山南地委书记其美仁增到加查县看望全国劳动模范次仁宗巴

2015年11月25日，山南地委副书记、行署专员普布顿珠到加查县调研经济社会发展情况

2015年8月31日，庆祝西藏自治区成立50周年歌咏比赛活动现场

2015年9月11日，召开《加查县志（2001—2010）》县编纂委员会初评会议

2015年10月16日，加查县举办中央第六次西藏座谈会精神宣讲会

2015年10月30日，加查县嘎堆电站启动仪式

桑日县

西藏自治区人大常委会主任嘎玛到桑日县卡玛当寺检查指导工作

2015年地委书记其美仁增到桑日县绒乡视察工作

2015年6月1日，桑日县委副书记、县长吾金到县幼儿园与孩子共度“六一”

新建社会福利中心

桑日大道

达古新村项目

记忆第32个教师